ENCYCLOPÉDIE MODERNE.

CHL. — COMI.

DE L'IMPRIMERIE MOREAU,
RUE MONTMARTRE, N° 39.

ENCYCLOPÉDIE

MODERNE,

OU

DICTIONNAIRE ABRÉGÉ

DES SCIENCES, DES LETTRES ET DES ARTS,

AVEC L'INDICATION DES OUVRAGES
OU LES DIVERS SUJETS SONT DÉVELOPPÉS ET APPROFONDIS,

PAR M. COURTIN,

ANCIEN MAGISTRAT,

ET PAR UNE SOCIÉTÉ DE GENS DE LETTRES.

TOME SEPTIÈME.

A PARIS,

AU BUREAU DE L'ENCYCLOPÉDIE,

RUE NEUVE-SAINT-ROCH, N°. 24.

1825.

SIGNATURES

DES AUTEURS DU SEPTIÈME VOLUME.

MM.

A.-V. A. . . . ARNAULT.
Az. . . . . . . AZAÏS.
TH. B . . . . BERLIER (le comte).
H. B.. . . . . BERTON.
B. DE ST.-V.. BORY DE ST.-VINCENT.
ED. CH. D'A. CHOPPIN D'ARNOUVILLE.
C...s. . . . . COFFINIÈRES.
B.-C. . . . . BENJAMIN-CONSTANT.
L. D. . . . . . DUBOIS (Louis).
D.M. . . . . . DUMERSAN.
E...s . . . . . EYRIÈS.
F. . . . . . . FRANCŒUR.
N. F. . . . . Lieut.-général baron
         FRIRION.
E. J. . . . . . JOUY.

MM.

K...Y. . . . . KÉRATRY.
A. DE L. . . . DE LABORDE (Alexandre).
M.L. . . . . . Lieut.-général LAMARQUE.
L...s. . . . . LANJUINAIS (le comte).
L. Seb. L. et M. LENORMAND et MELLET.
M. et M.-S. MARC et MARTIN-SOLON.
M...L. . . . . MIRBEL.
N...T. . . . . NICOLLET.
O. et A. D. . ORFILA et A. DEVERGIE.
J.-P. P. . . . J.-P. PAGÈS.
J.-T. P. . . . PARISOT.
L.-B. P. . . . PICARD.
ST.-A. . . . . ST.-AMAND.
P.-F. T. . . TISSOT.
T . . . . TRÉMERY.

FAUTES A CORRIGER

DANS LE SIXIÈME VOLUME.

Page 162, lign. 12, ces. . . . . *lisez* ses.
Ib., 28, Toutes les discussions. Toute discussion.
123, 4, des ouvrages d'or et
d'argent qui sont. . des ouvrages qui sont.
124, 25, *Bud* . . . . *Oud.*
225, 11, Bétacés . . . . Cétacés.
227, 16, du. . . . . de
237, 5, ile. . . . . ville.
239, 23, bâti . . . . construit.
240, 6, Calom-Galani. . . . . Calani-Ganga.
277, 10, quatre-vingts. . . . . quatre-vingt mille.
533, 21, nations. . . . . peuples.
544, 30, Iaa. . . . . Ian.
556, 34, il ne se fait. . . . . . il ne s'en fait.
564, 22, le nacre . . . . la nacre.

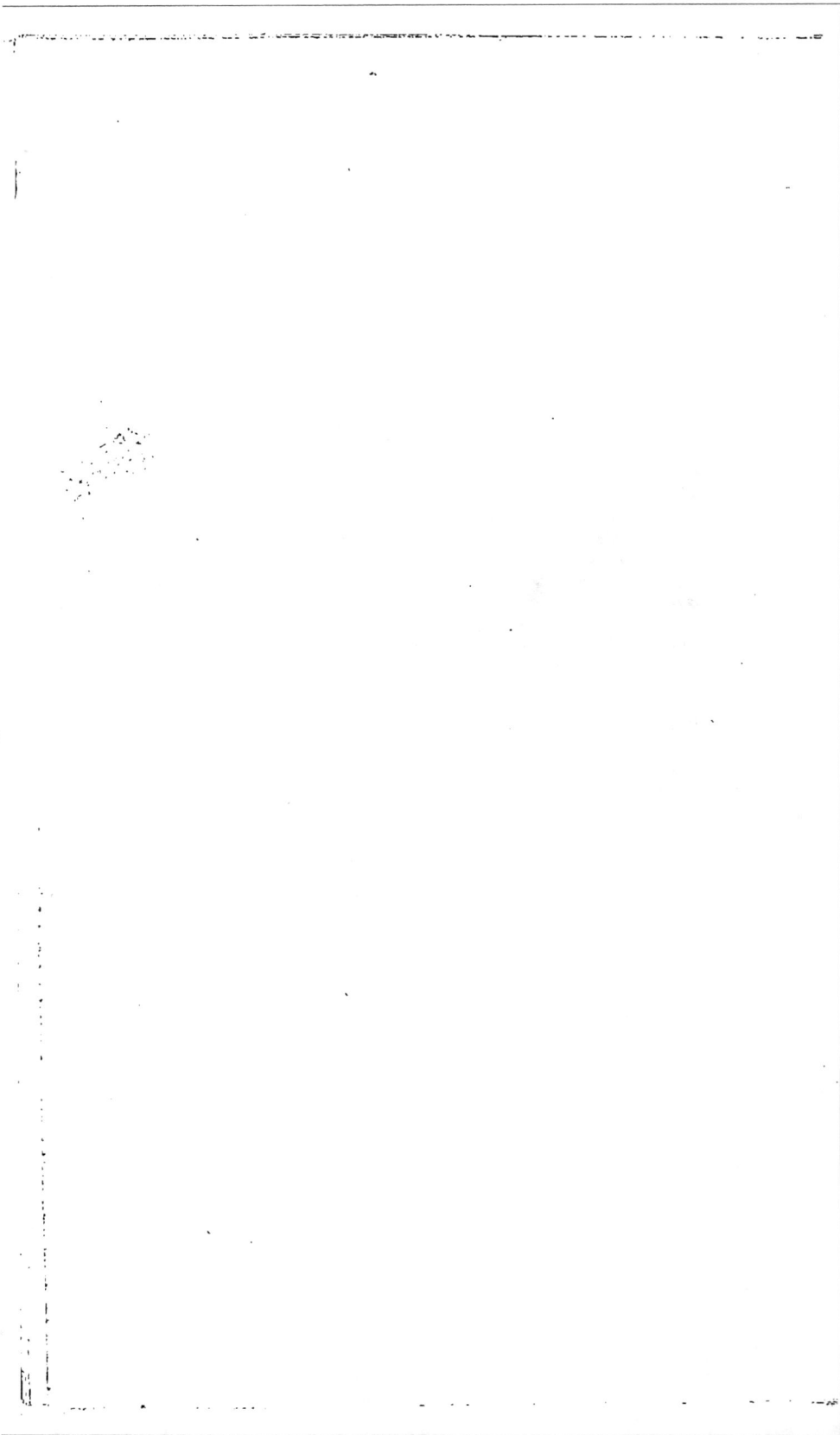

ENCYCLOPÉDIE

MODERNE,

OU

DICTIONNAIRE ABRÉGÉ

DES SCIENCES, DES LETTRES

ET DES ARTS.

CHL.

CHLORE. (*Chimie.*) La découverte de ce corps ne remonte qu'à l'année 1774. C'est à Schéele qu'elle est due; il l'appela *acide marin déphlogistiqué*. A l'époque de la création de la nomenclature chimique, il reçut le nom d'*acide muriatique oxigéné*, parcequ'on le regardait alors comme un composé d'acide muriatique (hydrochlorique) et d'oxigène ; à l'aide de cette hypothèse, on expliquait facilement tous les phénomènes connus qu'il présentait dans son contact avec les autres corps; mais MM. Gay-Lussac et Thénard, ayant fait à ce sujet des expériences nombreuses, furent conduits à ce résultat que loin de regarder le chlore comme un composé d'un acide et d'un corps simple, on pouvait facilement expliquer les propriétés chimiques de cette substance, en la considérant comme un élément. Cependant rien n'obligeait alors à admettre cette théorie; elle entraînait d'ailleurs une foule de changements dans la nomenclature chimique des composés de chlore, en sorte qu'elle ne fut qu'annoncée. La découverte de l'iode, qui eut lieu en 1813, amena cette sorte de révolution chimique. L'iode était un corps nouveau ; il se comportait avec les autres corps à la manière du chlore, il offrait donc avec lui l'analogie la plus frappante, et les chimistes se trouvèrent forcés ou d'admettre deux théories différentes pour expliquer des phénomènes analogues, produits par deux corps, agissant de la même manière sur les autres substances, ou de renverser une théorie ancienne dont les bases étaient mal assurées. Il n'y avait pas à opter : MM. Gay-Lussac et Thénard présentèrent l'acide muriatique oxigéné comme un corps simple auquel ils donnèrent un nom tiré de sa couleur (χλωρος vert), et bientôt Davy adopta exclusivement cette hypothèse. On sent quelle influence elle eut sur la chimie : le nombre des corps simples fut augmenté, les muriates sur-oxigénés ne furent plus regardés que comme des chlorures, la théorie de la combustion fut renversée par quelques chimistes, etc.

L'histoire du chlore est des plus importantes, tant à cause de la place qu'il occupe en chimie, que par les avantages que les arts retirent de son emploi. On peut l'obtenir sous deux états différents, gazeux ou liquide, et dans ces deux états, il peut être privé d'eau ou en contenir une plus ou moins grande quantité. Le procédé le plus généralement adopté consiste à introduire dans un matras un mélange de quatre parties d'hydrochlorate de soude (sel commun) et d'une partie de tritoxide de manganèse (oxide noir de manganèse) ; on y fait arriver, à l'aide d'un tube en S, portions par portions, deux parties d'acide sulfurique (huile de vitriol) étendu de deux parties d'eau. On adapte au col du matras un second tube à l'aide duquel le gaz se dégage ; il est toujours alors chargé d'humidité. Il faut pour le dessécher complètement lui faire traverser un tube contenant du chlorure de calcium (muriate de chaux desséché). Si on voulait l'obtenir dissous dans l'eau ou, comme on le dit communément, à l'état de chlore liquide, on pourrait employer le même appareil ; seulement le tube qui sert au dégagement du gaz devrait plonger dans un flacon contenant un peu d'eau destinée à laver le chlore, et d'où partirait un tube qui conduirait le gaz dans un second récipient où serait placée la quantité d'eau que l'on voudrait saturer. Dans les arts, on se sert à cet effet de l'appareil de Woulff, ou bien on en remplace les flacons par de grandes cuves en pierre, doublées de mastic, dans lesquelles on place des gouttières renversées et destinées à conduire le gaz ; gouttières qui s'élèvent en serpentant jusqu'à la partie supérieure du liquide, de manière à multiplier ses points de contact avec le chlore et à favoriser sa dissolution. En 1823, M. Faraday est parvenu à obtenir du chlore liquide privé d'eau, en congelant du chlore gazeux humide (hydrate de chlore), le desséchant entre des feuilles de papier Joseph, le plaçant dans un tube fermé à la lampe et le chauffant ; il se forme alors deux couches de liquide, l'une d'eau, l'autre de chlore. Depuis ces expériences, M. Bussy a liquéfié du chlore gazeux sec, à l'aide d'un abaissement considérable de température opéré par la volatilisation de l'acide sulfureux liquide.

Le chlore gazeux est jaune-verdâtre, d'une saveur très désagréable, d'une odeur très forte, portant à la gorge et déterminant souvent de la toux, suivie quelquefois de crachement de sang. Sa pesanteur spécifique est de 2,470. Le calorique, la lumière et le fluide électrique ne lui font subir aucune altération lorsqu'il est sec ; il n'en est pas de même quand ce gaz est humide, car dans ce cas, l'eau qu'il contient est décomposée et son hydrogène transforme le chlore en acide hydrochlorique. De tous les corps simples, celui qui produit avec le gaz les phénomènes les plus remarquables est sans contredit l'hydrogène. Que l'on fasse arriver dans un flacon un volume égal de chacun de ces corps parfaitement secs, que l'on ferme hermétique-

1.

ment le vase et qu'on l'expose à la lumière diffuse, au bout de quelques jours, le chlore sera décoloré et les deux gaz remplacés par un volume égal au leur d'acide hydro-chlorique. Si, au lieu d'exposer le flacon à la lumière diffuse on le met en contact avec les rayons solaires, la combinaison sera instantanée et l'expansion de la vapeur d'acide hydrochlorique sera telle, que le vase sera brisé. Cette opération doit toujours être faite avec la plus grande précaution : on peut éviter tout accident en plaçant le flacon à l'ombre dans une cour très vaste, et de manière à ce qu'ayant observé la marche du soleil, l'opérateur ait eu le temps de se mettre à l'abri.

Les caractères essentiels du chlore sont les suivants : il est gazeux, d'un jaune verdâtre, d'une odeur *sui generis;* il éteint les corps en combustion, il jaunit et détruit les couleurs végétales. (On se sert avec avantage de cette propriété pour décolorer une foule de substances soumises à l'analyse chimique.) Il se combine à toutes les tempé-ratures avec le phosphore; il en est de même de l'anti-moine et de l'arsenic réduits en poudre. Ces combinaisons ont toujours lieu avec dégagement de calorique et de lu-mière, lorsque le chlore est bien pur. Les usages de ce corps sont très nombreux. C'est sur la propriété qu'il pos-sède de décolorer les matières végétales et animales qu'est basée la théorie du blanchiment des toiles de lin, de chanvre, de coton, celui des estampes, etc. On concevra facilement cette théorie, en ayant égard à la grande affi-nité du chlore pour l'hydrogène et à la composition des substances végétales et animales qui ont pour éléments l'oxi-gène, l'hydrogène, le carbone et l'azote, ou les trois pre-miers seulement. Le chlore, en contact avec ces substances, leur enlève l'hydrogène et détruit par là, l'harmonie qui existe entre la réunion de leurs principes; la couleur ne peut plus exister quand elle a perdu un des éléments qui la constituaient. C'est aussi de la même manière que le chlore purifie l'air des miasmes qu'il contient; aussi s'en sert-on avec avantage sous forme de fumigation dans les salles de malades ou dans les lieux qui renferment un grand nombre d'individus. C'est le meilleur moyen à mettre en usage pour rappeler à la vie les asphyxiés par les gaz qui s'échappent des fosses d'aisance ; comme dans cette sorte d'empoisonnement, l'acide hydrosulfurique (hydrogène sulfuré) joue souvent le plus grand rôle, le chlore que l'on fait respirer à la personne asphyxiée décompose cet acide, détruit son influence délétère sur l'économie et réveille en même temps les forces vitales éteintes, par l'action irritante qu'il exerce sur les poumons. O. et A. D.

CHOCOLATIER. (*Technologie.*) C'est chez les Mexicains que les Espagnols trouvèrent, en 1520, l'usage du chocolat, établi depuis un temps immémorial. Ce peuple employait comme aliment et en breuvage la décoction de la graine de cacao légèrement torréfiée et pulvérisée, à laquelle on ajoutait quelques aromates plus ou moins âcres et excitants. Les Européens associèrent ensuite le sucre à la pâte de cacao, et c'est le changement le plus important qu'on ait fait à la méthode des Mexicains.

Il existe dans le commerce un grand nombre de variétés de cacao, qu'on distingue en deux sortes principales, le *cacao caraque* ou *terré*, et le *cacao des îles*. Le premier doit obtenir la préférence pour les chocolats surfins ; sa saveur est beaucoup plus douce et plus agréable, mais il a moins d'onctuosité que l'autre ; assez ordinairement, les chocolatiers le mélangent par partie égale, ou bien à raison d'un tiers de caraque.

La première opération consiste à torréfier le cacao mondé, au point convenable, dans un cylindre en tôle rempli aux deux tiers, comme on le fait pour le café. Le cacao grillé est ensuite dépouillé de son écorce, dans un moulin à cylindre, qui ne fait que briser les enveloppes sans trop écraser les amandes ; on crible ensuite le tout pour séparer les pellicules du cacao.

Celui-ci est alors versé et pilé dans un mortier préalablement échauffé, où il se réduit en pâte liquide, à laquelle on ajoute, en trois fois, un poids égal de sucre, en recommençant à piler jusqu'à ce que la pâte redevienne molle et bien homogène.

La pâte est ensuite portée sur la pierre à broyer pour y subir une trituration plus parfaite. Cette opération, que jusqu'à ces derniers temps on avait faite à la main, s'exécute aujourd'hui dans plusieurs fabriques d'une manière bien plus expéditive et plus complète, par le moyen de machines, parmi lesquelles on doit citer la belle machine à vapeur construite par M. Daret pour M. Pelletier à Paris. L'ouvrier, dégagé d'un travail fatigant, n'a plus qu'à étendre la pâte sous le rouleau, et à l'enlever lorsqu'elle est assez broyée. Elle est alors très lisse, très homogène, et elle fond aisément dans la bouche sans laisser de grumeaux. Toute la pâte ayant été broyée, on la remet sur la pierre, et l'on y incorpore le dernier tiers de sucre mélangé des aromates qu'on veut ajouter au chocolat. Quelquefois on ajoute les aromates dès le commencement de l'opération; mais ce procédé est vicieux, en ce que la chaleur de la pierre volatilise et fait perdre une grande partie de l'arôme.

On divise la pâte en portions de 2, 4 ou 8 onces et on la coule dans des moules de fer-blanc de différentes formes, suivant le caprice des fabricants et des consommateurs: il est facile d'en retirer le chocolat, parcequ'il prend assez de retraite en se refroidissant.

Comme cette préparation, lorsqu'elle est bien faite, acquiert de la qualité en vieillissant, les fabricants ont la précaution de préparer à l'avance une assez grande quantité de pâte qu'ils distribuent en gros pains et qu'ils conservent pendant quelques mois dans un endroit très sec, avant d'en faire du chocolat.

Ce comestible est sujet à beaucoup de sophistications: les fabricants les moins scrupuleux commencent par enlever au cacao le beurre ou la matière grasse qu'il contient et la vendent à part ; ils la remplacent par de l'huile d'olive ou d'amandes douces ; d'autres y mélangent une assez grande quantité de farine ou de fécule qu'ils appellent *sucre royal ;* ou bien ils n'emploient que du cacao inférieur et du sucre brut, et font ainsi des chocolats à tout prix, qu'on a soin d'aromatiser toujours fortement, afin de masquer leur mauvais goût. Ils substituent à la vanille des aromates beaucoup moins chers, tels que le storax calamite, le baume du Pérou, etc.

En général, il faut se défier de ces chocolats qui se livrent à bas prix ; la valeur moyenne du bon chocolat est de 3 francs la livre.

On reconnaît sa bonne qualité aux caractères suivants : sa cassure ne doit présenter rien de graveleux, ni des yeux ou cavités ; cuit dans l'eau ou dans le lait, il ne prend qu'une médiocre consistance ; dans le cas contraire, et surtout si le premier bouillon laisse exhaler une odeur de colle, cela indique le mélange d'une matière farineuse ; l'odeur de fromage dénote la présence de graisses animales ; la rancidité, celle de semences émulsives ; enfin, la saveur amère, ou marinée, ou de moisi, annonce que le cacao employé était trop verd, trop grillé, ou avarié.

L. Séb. L. et M.

CHOC DES CORPS. (*Mathématiques.*) Ce problème de mécanique est l'un des plus importants et des plus difficiles de cette science, quand on considère les corps avec toutes les propriétés physiques dont ils sont pourvus, c'est-à-dire en ayant égard à leur figure, leur poids, leurs divers degrés de mollesse, de dureté ou d'élasticité, etc... On sent que, dans un ouvrage de la nature de celui-ci, on ne peut examiner la question dans tous ses rapports : nous ne l'envisagerons donc ici que dans ses circonstances générales, renvoyant pour de plus amples développements à notre traité de mécanique, à ceux de MM. Poisson, de Prony, etc.

1. *Choc direct des corps durs.* Considérons d'abord le

cas où deux points matériels se rencontrent, leurs masses et leurs vitesses étant données, mais ces corps étant privés de toute élasticité. Cette supposition se rapporte à un état qui n'existe jamais dans la nature, mais qui est une limite de l'état ordinaire de la matière, et qui sert de degré pour atteindre aux effets du choc tels que nous les observons.

Il est reconnu que les forces sont proportionnelles aux vitesses qu'elles impriment, et aussi aux masses sur lesquelles elles agissent; ou en d'autres termes *que les forces sont mesurées par le produit des masses par les vitesses*, produit qu'on nomme *quantité de mouvement*. (*Voyez* Forces.) Imaginons donc deux masses m et m', animées des vitesses respectives v et v' qui sont dirigées dans la même droite : à l'instant du choc, les deux mobiles sont précisément dans le même état que si, étant juxta-posés en repos, les forces qui les ont animés venaient tout-à-coup à agir simultanément. Ces forces sont mv pour l'un des mobiles, $m'v'$ pour l'autre : d'où l'on voit que la force $(m\,v \pm m'v')$ agit sur la somme des masses $m + m'$, pour lui communiquer une vitesse inconnue V. Les corps étant parfaitement durs, ne se séparent pas l'un de l'autre après le choc; ils marchent donc ensemble comme ferait un corps unique dont $(m + m')$ serait la masse. Or, pour imprimer la vitesse V à un pareil corps, la force doit être $(m + m')$ V; ainsi cette force équivaut à $mv \pm m'v'$, savoir $(m + m')$ V $= mv \pm m'v'$. Nous cumulons ici par le signe $\pm$ les deux cas où les mobiles vont dans le même sens, ou marchent en sens contraire; on prend le signe $+$ dans le premier, et $-$ dans le second : si l'un m' des mobiles est en repos, on fait sa vitesse v' nulle. Donc on a en général

$$V = \frac{mv + m'v'}{m + m'} \dots\dots (1)$$

pour la vitesse des deux mobiles après leur choc, sous la

condition de faire v' négatif quand ils vont à la rencontre l'un de l'autre, et $v'=o$, quand m' est supposé d'abord en repos.

II. *Choc des corps élastiques.* Maintenant admettons que les mobiles sont doués d'une élasticité parfaite. Voici les circonstances physiques qu'on observe dans le choc. Lorsqu'un corps élastique rencontre un plan dur et iné-branlable, il change de figure; ses molécules se déplacent chacune infiniment peu; de cet effet général, résulte un aplatissement plus ou moins considérable, et qui fait naî-tre une force de restitution dans les parties; chaque mo-lécule fait effort pour revenir à son état primitif, avec une intensité qui, semblable à celle des ressorts qu'on veut courber, augmente de plus en plus. L'effet de cette puis-sance est de détruire peu à peu le mouvement du corps choquant, et il existe un moment infiniment court, du-rant lequel il demeure immobile. Mais cette force de res-titution, qui a atteint le degré où elle a détruit la vitesse du corps, continue de s'exercer avec toute son intensité: c'est une puissance qui agit de l'intérieur du corps à l'ex-térieur, repousse les molécules que la compression a dé-placées, pour les ramener à leur position primitive; et si l'élasticité est parfaite, cette force de restitution est égale, mais opposée, à celle de compression. Le plan sert alors d'appui, et à mesure que le corps reprend sa figure, toutes ses parties reçoivent une impulsion en sens contraire de celui du choc. Le mobile repousse donc le plan, ou, ce qui revient au même, il en est repoussé, et retourne en arrière chassé par une puissance égale à celle qui l'avait poussé d'abord.

D'après ces considérations, supposons que les masses m et m' soient animées de vitesses v et v' dirigées dans le même sens; si m poursuit m' et l'atteint, ces corps se pressent jusqu'à ce qu'ils aient acquis une vitesse com-mune que j'appellerai x; alors m a perdu la vitesse $v-x$, tandis qu'au contraire m' a gagné la vitesse $x-v'$. Dans cet état les corps ne se pressent plus, ils sont simplement juxta-posés, et ont atteint leur *maximum* de compression. Jusqu'ici la force de restitution n'a rien produit, que d'anéantir l'excès de vitesse de m et d'accroître celle de m', et il est clair que tout s'est passé comme si les corps avaient été durs : de sorte que cette vitesse x qui est devenue commune aux deux mobiles, est précisément celle que nous venons de trouver (équation 1) et que nous avons désignée par V.

Mais tout-à-coup la restitution s'opère après que les corps sont demeurés infiniment peu de temps dans l'état stationnaire qui sépare la compression du rétablissement; on doit alors les considérer comme soumis à une force d'élasticité qui agit de l'intérieur à l'extérieur. Dans l'état où se trouvent nos deux corps juxta-posés et sans pression mutuelle, cette force exerce son action sur chacun d'eux avec la même intensité que celle qui en a produit la compression, à cause du ressort supposé parfait. On voit donc que le corps m' sera poussé par l'élasticité de m dans le sens du mouvement commun, et par conséquent m' devra gagner de nouveau la vitesse $(x - v')$; tandis qu'au contraire m sera repoussé en sens opposé par l'élasticité de m', et devra perdre encore la vitesse $v - x$. Ainsi m aura perdu la vitesse $2(v - x)$, et m' aura gagné $2(x - v'.)$ Désignons par u et u' les vitesses inconnues des corps après le choc; pour avoir u, il faudra ôter de la vitesse primitive v dont m était animée, la vitesse $2 (v - x)$ que cette masse a perdue, d'où $u = v - 2 (v - x)$, et pour obtenir u', il faudra au contraire ajouter à v', la vitesse $2 (x - v')$ que la masse m' a gagnée; savoir

$$u' = v' + 2 (x - v'). \text{ Donc}$$
$$u = 2x - v, \qquad u' = 2x - v' \qquad (2).$$

Il ne reste plus qu'à substituer pour x la valeur (1) de V, calcul qui ne présente aucune difficulté.

Si les masses choquées sont égales, ou $m = m'$, on trouve $x = \frac{1}{2}(v + v')$, d'où $u = v'$, $u' = v$: les corps font échange de vitesses et continuent à se mouvoir dans le même sens. En faisant une soustraction, on a $u - u' = v' - v$; ainsi quelles que soient les masses, la différence des vitesses, ou la vitesse relative, est la même avant et après le choc, c'est-à-dire que *à des instants égaux, pris avant et après le choc, les mobiles sont à la même distance l'un de l'autre.*

Quand l'un des corps m' est d'abord en repos, on a $v' = 0$, et on trouve pour les vitesses après le choc

$$u = \frac{v(m - m')}{m + m'}, \qquad u' = \frac{2mv'}{m + m'}$$

1°. Si les masses sont égales, $u = 0$ et $u' = v'$; ainsi le corps choquant demeure en repos et communique à l'autre toute sa vitesse; c'est le cas d'une bille de billard qu'on *choque pleine.* Il suit de là que si l'on dispose plusieurs billes égales suspendues et juxta-posées, leurs centres étant en ligne droite, en les dénommant par A, B, C,.... N, P, Q, lorsqu'on élève A et qu'on la laisse retomber, toutes les billes A, B, C... restent en repos après le choc; mais Q s'élève seule et prend toute la vitesse qu'avait A. Car A donne sa vitesse à B, qui la communique à C en la perdant, et ainsi de proche en proche. De même si l'on enlève les billes B et C, et qu'on les laisse retomber, P et Q entreront seules en mouvement, etc....

2°. Si la masse m surpasse m', les mobiles vont dans le même sens que m après le choc; car u et u' sont positifs; mais si m est plus petit que m', m devra rétrograder.

Quand les mobiles m et m' vont en sens contraire, il suffit de donner à v le signe —, ce dont on peut se rendre aisément raison en reprenant toute la démonstration ci-dessus. On en tire les conséquences suivantes.

1°. Si les vitesses primitives étaient égales, ou $v' = -v$,

on trouve $x = v\,\dfrac{m - m'}{m + m'}$, d'où

$$u = \frac{m - 3m'}{m + m'}\,v, \qquad u' = \frac{3m - m'}{m + m'}\,v.$$

Ainsi m' arrêtera le mouvement d'un corps de masse triple, puisque $m = 3m'$, donne $u = 0$, et il reculera lui-même avec une vitesse double de celle qu'il avait, car alors $u' = 2v$.

2°. Si les masses sont égales, mais les vitesses différentes, on a $x = \frac{1}{2}(v - v')$, d'où l'on tire $u = -v'$ et $u' = v$; ainsi les mobiles rebrousseront chemin l'un et l'autre après avoir échangé leurs vitesses.

Dans toute supposition de grandeurs des masses et des vitesses, les formules générales (2) feront connaître les cas où les mobiles doivent continuer leur route, ou rétrograder en sens contraire.

III. *Force vive perdue par le choc direct.* On appelle force vive d'un corps en mouvement, le produit de sa masse par le carré de sa vitesse. Ce produit joue un grand rôle dans les effets des machines. (*Voyez* à cet égard le mot *Force.*) Lorsque les corps sont durs, $mv^2 + m'v'^2$ est la somme des forces vives imprimées; mais après le choc, puisque la vitesse commune V anime la masse $(m + m')$, la force vive est devenue $(m + m')\,V^2$; ainsi la force vive perdue dans le choc des corps durs est

$$mv^2 + m'v'^2 - (m + m')\,V^2 = \frac{mm'}{m + m'}\,(v - v')^2$$

mais d'un autre côté m perd dans le choc la vitesse $v - V$, et m' gagne $V - v'$, c'est-à-dire perd $v' - V$; en sorte que la force vive due aux vitesses perdues est $m\,(v—V)^2+$ $m'\,(v'—V)^2$. Développons ces carrés, nous aurons

$$(m+m')\,V^2 — 2V\,(m\,v+m'v') + mv^2 + m'v'^2,$$

et en substituant à $(mv+m'v')$ sa valeur $(m+m')\,V$ donnée par l'équation (1), on reconnaît que cette quantité revient à la précédente. Donc *dans le changement brusque qui s'opère par le choc des corps durs, la partie de la force vive qui est détruite, est précisément celle qui résulterait de la vitesse perdue par chaque corps.* Ce théorème, qui s'applique à un nombre quelconque de mobiles, est dû à Carnot. Dans le cas où le choc réduit les corps au repos, c'est-à-dire où les mobiles allant en sens contraires, on aurait $mv = m'v'$, la force vive est entièrement détruite.

Voyons maintenant ce qui arrive dans le cas d'une élasticité parfaite ; la force vive est $m\,v^2 + m'\,v'^2$ avant le choc, et $m\,u^2 + m'\,u'^2$ après : celle-ci se réduit, en substituant les valeurs (2), à

$$4x^2\,(m+m') — 4x\,(mv+mv') + mv^2 + mv'^2$$

Les deux premiers termes s'entre-détruisent, comme on le voit en mettant $(m+m')\,x$ pour sa valeur $mv+m'v'$, ainsi qu'il résulte de l'équation (1). Donc *la force vive est la même avant et après le choc des corps à ressort parfait.*

Comme l'élasticité de la matière est bien loin d'être parfaite, les chocs doivent entraîner dans les machines des pertes de forces vives. On doit donc, par cette raison, éviter, dans ces appareils, tous les changements brusques, parcequ'ils causent des pertes de forces et amènent la destruction des pièces qu'on fait agir. Ainsi, pour qu'une machine soit bien combinée, il faut, autant que possible, qu'elle marche sans bruit et sans secousses, éviter les trépidations, les chocs, et remplacer les efforts par de simples pressions. Si le mouvement doit changer de direction, il faut ralentir peu à peu la vitesse jusqu'à ce qu'elle se réduise à zéro, à l'instant où le changement va se produire.

IV. *Choc oblique des corps.* Si deux points matériels sont lancés dans des directions différentes, à l'instant où ils se rencontrent, on peut les considérer comme ayant été placés en repos au contact, et poussés à la fois chacun par la force qui les avait animés. Lorsqu'on suppose que ces corps sont durs, ils restent accolés et soumis à une action dont la grandeur et la direction sont déterminées par la proposition du *parallélogramme des forces;* ainsi les mobiles parcourent une droite dont la position résulte de la construction d'un parallélogramme dont les côtés, pris sur les directions respectives des mobiles, sont proportionnels à leurs quantités de mouvement; la vitesse résultante est représentée par la diagonale de ce parallélogramme; mais si les corps sont élastiques, les choses se passent tout différemment.

Soit CD (fig. 23 *des planches de géométrie*) un plan fixe et A un mobile à ressort parfait lancé avec la vitesse AF : décomposons cette vitesse en deux autres, dont l'une FI soit perpendiculaire au plan et dont l'autre CF soit dirigée dans le sens du plan. Celle-ci n'éprouve aucun obstacle à son entier effet ; quant à l'autre, si elle existait seule, l'élasticité devrait communiquer au mobile, après sa compression complète, la même vitesse FI, mais en sens opposé de F vers I; ainsi lorsque le mobile est parvenu en F, il est soumis à l'action de deux forces qui lui communiquent les vitesses FI et FD$=$FC : donc il aura dans la direction FB la vitesse FK. On nomme AFI *l'angle d'incidence* et KFI *l'angle de réflexion.* Comme les deux rectangles CI et ID sont égaux, il est visible que ces deux angles le sont aussi. Donc *lorsqu'un corps à ressort parfait vient choquer un obstacle, il se réfléchit*

*en faisant l'angle de réflexion égal à l'angle d'inci-
dence.*

Si le mobile allait choquer une surface courbe ou une
courbe, il faudrait concevoir au point de rencontre un
plan tangent, ou une tangente, et y appliquer ce qui vient
d'être dit. Alors les angles d'incidence et de réflexion sont
ceux que forment avec la normale les directions du mobile avant et après le choc : rien n'est donc plus aisé que
de déterminer ce dernier angle, lorsque l'autre, ou la direction primitive du mobile est donnée.

Voici les solutions graphiques de divers problèmes intéressants, relatifs au choc oblique des corps à ressort,
et qui trouvent leur application *au jeu de billard.*

1°. *Trouver en quel point F (fig. 23) d'un plan CD,
on doit diriger un mobile placé en A, pour qu'il aille rencontrer un corps placé en B?* Menons AH perpendiculaire sur CD, prenons AC = CH; menons HB : le point F
de rencontre de cette droite avec CD sera le point cherché,
et A, lancé suivant AF, se réfléchira suivant FB. En effet,
les deux triangles ACF, HCF, étant égaux, on en conclut qu'il y a égalité entre les angles AFC, CFH et DFK;
donc, etc.... Au jeu de billard on appelle *bricoller* toucher une bille placée en B, en poussant la bille A de manière à frapper d'abord la bande CD.

2°. *Résoudre le même problème par une double bricolle*
(fig. 24). A est le corps choquant, B celui qu'on veut
frapper; menons AH perpendiculaire sur IL, et prenons
AI = IH; il faudra supposer qu'au lieu d'être placée en A,
la bille l'est en H, et qu'elle doit arriver en B, après
avoir rencontré les bandes IL et LK, en des points incon-
nus D et C. De même, menant HF perpendiculaire sur
LK, puis prenant HG = GF, on transportera de nouveau
la bille H en F. Or, la droite FB est visiblement la direction que cette bille devra suivre pour aller en B, et C
sera le point où elle traversera la ligne LK. De même HC
sera la direction qui va de H en C, laquelle coupera IL

en un point D; donc AD sera la ligne suivant laquelle on devra chasser la bille A, et elle suivra la route brisée ADCB. En effet, d'une part les angles ADI, CDL sont égaux à l'angle IDH, et la vitesse AD se réfléchira suivant DC; d'une autre part les angles HCG, BCK sont égaux à GCF, et la vitesse DC devra se réfléchir suivant CD. Donc, etc...

La même construction s'applique à un nombre quelconque de bricolles sur des bandes inclinées comme on voudra, et formant un polygone donné. C'est ce qu'on voit sur la fig. 25, où la bille A va frapper la bille B en suivant la route brisée ADCC′C″B.

Nous supposons dans ce qui précède les billes réduites à leur centre; ainsi l'on doit remplacer les bandes de billard par des lignes qui, tracées en dedans de l'aire, leur sont respectivement parallèles et qui en sont distantes de quantités égales au rayon de la bille.

3°. *Étant données les deux billes égales A et L* (fig. 26) *faire en sorte que celle-ci étant choquée par la première, aille en C; trouver la direction du mouvement de la bille A après le choc.* Par le point donné C, menons CL, et faisons toucher la bille A au point I où la surface est rencontrée par CL, en prenant I*i* égal au rayon et dirigeant A selon A*i*. Abaissons AB perpendiculaire sur CI prolongé, et achevons le rectangle BD : on voit que la force AI équivaut aux forces B*i* et D*i*; la première est entièrement employée à pousser la bille L vers C, et si cette action existait seule, la bille A demeurerait immobile après le choc, ainsi qu'on l'a vu précédemment. Mais il reste à A l'autre vitesse D*i* qui ne contribue en rien au choc, puisqu'elle est dirigée selon D*ie* parallèle à la tangente IE à la bille B. Ainsi, après le choc, la bille A suivra la direction *ie* avec la vitesse D*i*. Quand une bille en a choqué une autre obliquement, elle conserve donc une vitesse dirigée selon la tangente au point de collision, et perpendiculaire à la direction que suit la bille choquée. C'est sur cette proposition que sont fondées les règles du *carambolage* et des *pertes de billes*.

4°. *Faire bricoller la bille B (fig.* 27) *de manière à choquer ensuite la bille A et à l'envoyer dans la direction donnée IK.* Tirez EF parallèle à MN, distante de cette bande de E*a* égale au rayon des billes; prolongez KI vers O, et prenez I*i* égale à ce même rayon. Tirez BD perpendiculaire à EF, et prenez DE = BE. Enfin, menez D*i* et BC; BC*i* sera la route que devra suivre la bille B. En effet, le rectangle PO montre que la force du choc se décompose en O*i* et P*i*; la première composante chasse la bille A selon la ligne donnée IK; et la seconde est la vitesse que conserve la bille B après le choc.   F.

CHŒUR. (*Littérature.*) Réunion d'acteurs qui chantent ou qui déclament. De toutes les parties de l'art dramatique dont se composait l'héritage des anciens, c'est peut-être celle que nous avons reçue avec le moins de faveur sur la scène. Hors de la scène, il n'y en a pas, même pour nous, de plus intéressante ni de plus curieuse. Le chœur est l'origine, le berceau du théâtre ancien, qui devint le père de tous les autres. Rien de ce qui s'y rapporte ne peut donc nous être indifférent; il est permis de s'arrêter, d'errer quelques instants avec vénération près d'une source si antique et si féconde.

On chantait des hymnes dans les fêtes de Bacchus; car c'est aux inspirations tumultueuses du moins régulier de tous les dieux que nous devons les premiers principes d'un art sublime. Susavion et Thespis, tous deux nés dans l'Attique, imaginèrent de placer les chanteurs, l'un sur des tréteaux, l'autre sur un chariot:

> Thespis fut le premier qui barbouillé de lie,
> Promena par les bourgs cette heureuse folie,
> Et d'acteurs mal ornés chargeant un tombereau,
> Amusa les passants d'un spectacle nouveau.

Jusqu'à lui le chœur avait formé un personnage principal , ou plutôt unique, occupant continuellement la scène, et la remplissant par ses hymnes ou ses dithyrambes. Quelquefois seulement un des chanteurs , monté sur une table , formait avec le chœur une espèce de dialogue. Thespis s'empara de cet acteur, composa pour lui des récits , dont l'histoire des héros lui fournissait la matière , le chargea de les prononcer alternativement avec les hymnes que chantait le chœur, et d'abord le rôle de cet acteur accessoire sembla n'avoir pour but que de laisser au chœur le temps de reprendre haleine et que de le soulager de ses perpétuels cantiques ; mais l'impulsion était donnée : l'accessoire devait bientôt l'emporter sur le principal , les récits d'abord nommés épisodes reçurent le nom d'actes , la tragédie prit naissance ; les chanteurs furent réduits au second rôle, et dès lors l'histoire de ce personnage sorti des chœurs eut plus d'un trait de ressemblance avec celle de ces héros , qui , sortis de la foule où ils sont nés , tournent contre elle leurs premiers efforts et ne tardent pas à l'asservir.

Cette usurpation dramatique, cette création d'un nouveau genre de plaisir, effraya les magistrats chargés de veiller dans l'intérêt des mœurs ; ce n'est pas que les anciennes chansons dont on essayait de modifier les formes fussent de parfaits modèles d'innocence et de pureté, mais Solon craignit que les mensonges qu'on introduisait sur la scène ne pénétrassent bientôt dans des engagements plus sacrés. Tous les obstacles furent inutiles : Eschyle parut, et le théâtre d'Athènes s'éleva désormais sur une base éternelle. Il suffit de dire à la louange de ce rude, mais vaste et profond génie, qu'il fit plus encore pour le théâtre de son pays, que Corneille n'a fait pour le nôtre; il ne le porta pas si haut, il est vrai; mais il l'avait trouvé bien plus bas; disons mieux , avant lui il n'y avait pas de théâtre. Ce n'est pas ici le lieu de rappeler tous les travaux de ce grand homme , nous ne devons parler que de son influence sur le sujet qui nous occupe.

Il semble qu'Eschyle, en ravissant au Chœur la première place, voulut, pour ainsi dire, l'en dédommager en lui donnant une grandeur, en l'environnant d'une majesté jusqu'alors inconnue. On peut assurer que tant qu'il fut acteur principal, le chœur ne produisit jamais autant d'effet que lorsque, détrôné par Eschyle, il devint acteur secondaire; au lieu de descendre, il s'éleva. Dès ce moment il reçut une forme déterminée, un emploi fixe et marqué; il devint spectateur intéressé à l'action, tantôt par la simple curiosité, comme dans Prométhée, tantôt par la crainte, comme dans les Sept chefs, tantôt par la vengeance, comme dans les Euménides; tantôt réunissant toutes ses voix pour chanter ses douleurs, son indignation, ou son épouvante, tantôt déclamant et dialoguant avec l'acteur par le seul organe de son coryphée. Dans Eschyle le chœur n'a pas encore reçu la mission de marquer bien nettement la division des actes par des hymnes décorés du nom de strophes et d'antistrophes: Sophocle et Euripide apportèrent plus de soin et d'exactitude dans cette partie; mais quelle que soit d'ailleurs la pompe de leur style et la richesse de leur poésie, c'est à peu près là le seul bienfait dont le chœur tragique leur soit redevable. Supérieurs à Eschyle par le choix des sujets, l'ordonnance des plans, la science des passions et l'imitation de la nature, ils ne purent le surpasser, l'égaler même dans la magnificence, dans le grandiose de ses chœurs. L'effet du chœur des Euménides est aussi connu que le nom d'Eschyle même; la simple lecture suffit presque pour en renouveler la terreur. Rien de plus touchant, de plus vrai que celui des vieillards dans la tragédie des Perses. On a dit avec raison que le chœur du second acte des Sept chefs devant Thèbes surpassait toutes les odes de Pindare; c'est un morceau lyrique dont la poésie ne peut trouver de rivale que dans les livres saints.

Eschyle, qui sut en même temps créer le drame tragique, le théâtre, les décorations, les costumes et les ac-

2.

teurs, qui sentait bien toute l'importance de la pompe du spectacle, avait porté le nombre des choristes à cinquante. Depuis la tragédie des Euménides il fut réduit à quinze. Les magistrats craignirent le retour des malheurs véritables que l'aspect d'un malheur imaginaire avait causés.

Après les chœurs d'Eschyle, les plus beaux que l'on connaisse sont ceux de l'OEdipe-roi, de Sophocle, et du Philoctète, du même auteur. Cependant on accusa ce grand homme d'avoir dégradé la majesté du genre en introduisant dans ses chœurs l'harmonie phrygienne, dont le mode doux et tendre inspirait la modération; Eschyle n'avait admis que le rhythme des airs ou nomes qui excitaient le courage. Euripide poussa plus loin le sacrilége; il adopta les innovations que Timothée faisait subir à l'ancienne musique, et il employa dans ses compositions tous les modes, ne témoignant de préférence que pour ceux dont la douceur et la mollesse s'accordaient avec le caractère de sa poésie. Son opiniâtre persécuteur, Aristophane, lui en fit sur la scène de sanglants reproches. « Faisons chanter Euripide, disait-il, dans la pièce inti-» tulée les Grenouilles; qu'il prenne une lyre, ou plutôt » une paire de coquilles, c'est le seul accompagnement » que ses vers puissent soutenir. »

Le nom d'Aristophane rappelle celui de la comédie.

> Des succès fortunés du théâtre tragique,
> Dans Athènes naquit la comédie antique.

Ou plutôt la comédie, née dans les villages de la Grèce, alla se polir en Sicile sur les leçons d'Épicharme, et revint bientôt réclamer le droit de cité dans sa patrie par la voix de Cratinus d'Eupolis et d'Aristophane. Le chœur, dans ce nouveau poème, ne joua pas d'abord un rôle moins important que dans la tragédie; il représentait le peuple, tantôt par allégorie, comme dans les Oiseaux, les Guêpes, les Nuées; tantôt réellement, comme dans les Acharniens, les Harangueuses et les Chevaliers. Mais faut-il que des souvenirs si douloureux se rattachent à l'histoire d'une forme de la littérature? C'est ici qu'en écrivant celle des chœurs antiques, nous ne pouvons nous défendre de l'amertume des regrets, et nous empêcher de gémir sur le funeste abus du talent. Le chœur, dans son origine, était la prière, l'hymne qui rapproche des cieux; Eschyle en avait fait l'hymne qui enflamme le courage, relève le malheur, console les opprimés; Aristophane en fit la satire, qui poursuit le juste et flétrit la vertu. Ce fut dans un chœur qu'on osa lancer publiquement la première accusation contre Socrate! Un chœur a peut-être avancé le dernier jour du plus grand des sages! Détournons les yeux de cette image affreuse, et rappelons, pour l'honneur de la société, qu'une telle licence ne fut pas longtemps tolérée; on la réprima trop tard, sans doute, mais enfin on la réprima; l'ancienne comédie, celle qui blessait sans justice, et qui nommait sans pudeur, fut abolie à jamais; le chœur fut réduit au silence :

Turpiter obticuit sublato jure nocendi.

Les auteurs comiques furent condamnés à ne plus chercher à plaire que par le privilége du génie et du talent. Cet arrêt dut sembler au plus grand nombre d'une extrême sévérité; le chœur ne reparut dans leurs pièces que rarement, et il ne servait plus qu'à l'enchaînement des actes.

Outre la tragédie et la comédie, les Grecs avaient encore un troisième genre dramatique, la satire et la pastorale, qui participaient des deux premiers; les personnages du chœur y figuraient presque toujours sous la forme bizarre qu'on attribue aux Faunes et aux Satyres, anciennes divinités des bois.

Nous ne parlerons pas des chœurs de la tragédie romaine, parceque, nés d'une imitation servile, avec tous les défauts de ceux de la tragédie grecque, ils n'en ont pas reproduit les beautés. Ce sont des déclamations de rhéteur et de sophiste, qui ne servent qu'à nous montrer avec quelle audace impie on s'exprimait sur la scène dans la ville de Numa. C'est dans un chœur d'une des tragé- dies attribuées à Sénèque que se trouve ce vers fameux :

> Post mortem nihil est, ipsaque mors nihil.

Pour nous résumer sur les diverses fonctions du chœur chez les anciens, nous ne pouvons mieux faire que de rap- peler ces vers judicieux d'Horace dans l'Art poétique :

> Actoris partes chorus officiumque virile
> Defendat : nec quid medios intercinat actus
> Quod non proposito conducat et hæreat aptè :
> Ille bonis faveatque et consilietur amicis,
> Et regat iratos, et amet pacare tumentes ;
> Ille dapes laudet mensæ brevis ; ille salubrem
> Justitiam, legesque, et apertis otia portis ;
> Ille tegat commissa ; deosque precetur et oret
> Ut redeat miseris, abeat fortuna superbis.

A ces vers, qui contiennent une si parfaite énuméra- tion de tous les devoirs du chœur, nous ajouterons seu- lement quelques réflexions et quelques détails qui leur serviront de commentaire.

Si l'on demandait en raison de quel avantage particu- lier les anciens avaient établi des chœurs sur leur théâ- tre, on répondrait d'abord qu'ils ne les ont pas établis, qu'ils les y ont trouvés; que les chœurs étant l'origine du théâtre, ils s'étaient habitués à les considérer, comme en formant une partie essentielle et inséparable; on répon- drait, de plus, que le chœur représentait le peuple, et que le peuple d'Athènes surtout, dont la vanité démocra- tique était poussée jusqu'à la folie, ne devait pas être médiocrement flatté de se voir attribuer un rôle et une importance dans toutes les grandes scènes de son histoire nationale.

Le chœur avait encore d'autres avantages incontesta- bles sur ces immenses théâtres, auprès desquels les nô-

tres, quant aux proportions matérielles, ressemblent tout
au plus à des théâtres d'enfants; trente mille spectateurs
se plaçaient facilement dans celui d'Athènes. Le chœur
servait à peupler cette vaste solitude de la scène, dont le
vide effrayant eût affligé les yeux; d'autre part quinze ou
vingt voix réunies, soutenues par les instruments, fortifiées par l'harmonie, n'étaient pas de trop pour ébranler
de temps en temps les échos de cette enceinte gigantesque, dans laquelle une voix seule, répondant toujours à
une voix seule, eût semblé comme perdue, et aurait offert trop exactement l'image de cet emblème parfait de la
tristesse : *vox clamantis in deserto.*

Qu'on se représente, au contraire, ce peuple composé
d'hommes ou de femmes, de vieillards ou de jeunes-gens,
de citoyens ou d'esclaves, de prêtres ou de soldats, entrant majestueusement sur le théâtre dès la première
scène pour y rester jusqu'à la dernière, précédés des
joueurs de flûte ou de lyre qui règlent leurs pas, se plaçant dans un lieu moins élevé que le reste du théâtre, entre
les spectateurs et les acteurs. Un héros, une princesse,
un roi se présentent, le chœur l'interroge ou lui répond :
prend part à ses douleurs, ou conseille son infortune; la
scène reste vide, le chœur se charge de la remplir par un
mélodieux intermède, et dans ses chants il parcourt librement le domaine des passions et de la morale; quelquefois il se partage en deux groupes dirigés par deux
chefs qui se racontent quelques circonstances d'une action, ou se communiquent leurs craintes et leurs espérances; qu'on joigne à l'excellence de la poésie que l'auteur
a répandue dans les accents du chœur, aux modes touchants sur lesquels il a placé les paroles, la perfection du
geste et de la pantomime des acteurs qui remplissent ce
rôle collectif; car le maître du chœur, dit le savant auteur d'Anacharsis, ne se bornait pas à diriger la voix de
ceux qui étaient sous ses ordres, il devait encore leur
donner des leçons des deux espèces de danse que le théâ-

tre réclamait alors; l'une est la danse proprement dite, l'autre est celle qui, en réglant les mouvements et les diverses inflexions du corps, est parvenue à peindre avec plus de précision que la première les actions, les mœurs et les sentiments; qu'on rassemble tous ces objets, disons-nous, sous un même point de vue, et l'on ne se formera encore qu'une idée bien faible et bien lointaine de la grandeur, de la majesté, de l'intérêt que la présence du chœur ajoutait aux solennités du théâtre antique.

En signalant les avantages que l'art dramatique devait à l'intervention du chœur, on ne peut dissimuler la gêne et les entraves que cette même intervention lui imposait. Pour conserver la vraisemblance, il fallait toujours que le lieu de la scène fût un temple, un portique, une place publique, où le peuple fût censé pouvoir accourir. Sous ce rapport, on pouvait encore, à force d'art, sauver la vraisemblance; mais combien de fois, en d'autres moments, n'était-elle pas blessée? Ne fallait-il pas traiter des affaires les plus sérieuses, dévoiler les plus intimes secrets devant une foule de témoins souvent amenés sans motif? Que l'on juge d'un système dramatique qui forçait Médée à publier devant le peuple les affreux projets qu'elle méditait, et Phèdre à y déclarer une passion qu'elle aurait voulu se cacher à elle-même! Voilà quelques-uns des graves reproches que l'on pouvait adresser au système des chœurs anciens; il fallait que leur utilité fût alors bien grande pour faire oublier l'importance de leurs dangers et de leurs vices.

Si des anciens nous passons aux modernes, nous apercevons du premier coup d'œil que pas un seul des motifs qui réclamaient l'institution des chœurs chez les premiers, ne la justifie chez les seconds. Tout est changé, depuis le caractère des peuples jusqu'à la forme et à la dimension des salles de spectacle. Dans tout le système du théâtre moderne, nous ne trouvons que des raisons pour en bannir les chœurs, et cependant à la renaissance des lettres, plusieurs fois même encore depuis cette époque,

les chœurs essayèrent de s'y glisser, parcequc l'esprit
d'imitation est presque toujours plus fort que la raison.

Chez les Italiens, le Tasse et Guarini introduisirent le
chœur dans leurs charmantes pastorales, et du moins on
ne peut pas se plaindre du style que lui prêta leur doux
langage; le chœur joue dans ces petites pièces le même
personnage que sur le théâtre ancien; il s'intéresse à l'action comme spectateur, comme témoin; il dialogue parfois avec les acteurs et remplit toujours les intermèdes;
rien de plus frais que la peinture de l'âge d'or dans l'A-
minte du Tasse. Tout le monde connaît les vers délicieux
du Pastor Fido sur le baiser :

> . . . . Quello é morto bacio, a cui
> La baciata beltà bacio non rende.

Les premiers poètes tragiques que puisse nommer la
France, les Garnier, les Jodelle, les Hardi crurent sincè-
rement imiter les anciens en allongeant chacun de leurs
actes de tirades sentencieuses et de lieux communs de
morale rédigés en forme de chœurs. On a retenu ces
trois vers de Hardi; c'est le chœur qui se parle à lui-
même, à propos d'un accident qu'il aurait pu sans doute
empêcher facilement s'il eût daigné agir au lieu de parler :

> O couards, ô chétifs, ô lâches que nous sommes!
> Indignes de tenir un rang parmi les hommes!
> Endurer, spectateurs, tel opprobre commis!

Jusqu'au temps de Hardi le chœur était chanté. Dans
les pièces connues sous le nom de mystères, le Père-
Éternel parlait à trois voix, un dessus, une haute-contre
et une basse à l'unisson. Hardi réduisit le chœur à ne
parler que par l'entremise du coryphée; dans le Coriolan
de ce poète, le chœur dialogue de cette manière avec le
sénat et dit de suite jusqu'à quarante vers.

De Hardi à Racine l'intervalle est immense; nous le

franchissons d'une haleine, parceque nous ne trouvons rien sur notre route qui soit digne de nous arrêter.

Le théâtre français avait été formé par Corneille, et ce grand homme n'avait pris au théâtre ancien que ce qui convenait au nôtre. Racine, profondément nourri de la lecture des tragiques grecs, éprouva quelquefois la tentation, le désir vague d'introduire les chœurs grecs sur notre scène; mais tel était, dans ce génie aussi prudent que passionné, aussi éclairé que tendre, le sentiment des convenances et du goût, qu'il n'osa jamais réaliser sa pensée : une voix secrète l'avertissait sans doute qu'en composant des chœurs il travaillerait plutôt pour satisfaire un ancien caprice qu'il tenait de l'étude que pour offrir au public une séduction nouvelle, un plaisir de plus. Ce ne fut que long-temps après avoir quitté le théâtre, lorsque Mme. de Maintenon sollicita de sa muse un poème dramatique dont l'esprit et les maximes fussent conformes à la pieuse éducation de ses jeunes disciples, que l'auteur de Phèdre, inspiré par les livres saints, et sûr pour cette fois des dispositions de l'auditoire auquel il destinait ses veilles, exécuta le dessein « qui, suivant » ses propres paroles, lui avait souvent passé par l'esprit, » de lier, comme dans les anciennes tragédies grecques, le » chœur et le chant avec l'action, et d'employer à chan- » ter les louanges du vrai Dieu cette partie du chœur que » les païens employaient à chanter les louanges de leurs » fausses divinités. »

Il est inutile de citer ici ou de transcrire les vers dont se composent les chœurs d'Esther et d'Athalie, aussi sublimes que la parole des prophètes, immortels comme notre langue. Si Racine en les écrivant eut des modèles, il les a tous surpassés, et ne sera jamais égalé par aucun imitateur. Il nous suffit d'avoir fait observer que l'exemple et l'autorité de Racine lui-même concourent à prouver que les chœurs anciens ne sont pas faits pour notre théâtre et y seront toujours déplacés.

Après Racine, Voltaire, jeune encore, épris d'enthousiasme pour le sujet d'OEdipe-roi, et prévoyant en lui-
même un digne rival de Sophocle, voulut, pour ainsi
dire, dès son début, lutter corps à corps avec son modèle,
et composa des chœurs dans le style grec ; nul sujet ne
pouvait mieux s'y prêter que celui d'OEdipe : à la représentation il fallut pourtant supprimer les chœurs ; et le
goût sûr du jeune poète le consola probablement assez
vite du sacrifice de ses vers. Quelques amateurs de son
beau génie ne prirent pas leur parti si facilement. OEdipe
fut joué en 1718. En 1769, lorsque Voltaire obtint justice à Toulouse pour le malheureux Sirven, M. de Mer-
vil, avocat chargé de cette cause, refusa toute espèce
d'honoraires, et demanda, pour toute reconnaissance à
Voltaire, qu'il voulût bien ajouter des chœurs à son
OEdipe ; il est impossible de pousser plus loin l'amour des
chœurs et le désintéressement.

Nous ne passerons pas en revue les tentatives plus récentes qui avaient pour but de ramener en France la
mode antique des chœurs. Nous dirons seulement que
malgré la beauté des vers, l'extrême richesse de la poésie, la coupe savante des poèmes, elles ont toutes été
malheureuses. Nos théâtres sont trop petits pour avoir
besoin d'une pompe étrangère ; nos tragédies ne peuvent
vivre que d'action, de mouvement et de passions. L'effet
des chœurs serait de tout refroidir et de tout suspendre.

Il existe un motif de proscription plus fort et plus décisif encore, surtout chez les Français, et le voici : c'est
que les chœurs, en liant ensemble tous les actes d'une
tragédie qui dure déjà près de trois heures, en forment
une pièce compacte qui se prolonge pendant quatre heures sans interruption, et qui fatigue l'attention par la
monotonie d'un plaisir dont on est accablé sans paix ni
trève. Le peuple de Paris, sous certains rapports, ressemble bien à celui d'Athènes, mais ce n'est pas au moins
dans son goût pour les spectacles d'une longueur déme-

surée. Le temps n'est plus où, comme dans les grandes dyonisiaques, on pouvait supporter un spectacle composé de cinq à six tragédies par jour, dont la représentation commençait de bonne heure le matin, ne finissait que le soir, et continuait ainsi plusieurs jours de suite. Il est vrai que dans Athènes de pareilles fêtes ne se célébraient qu'une fois par an, et que le Parisien court au spectacle tous les soirs; cela peut revenir au même à la fin de l'année.

Concluons de toutes les réflexions précédentes, qu'il faut admirer les chœurs des anciens chez eux, quand ils sont beaux, mais renoncer à la vaine espérance de les transporter chez nous : leur véritable place est le grand Opéra, qui partage avec le Théâtre-Français le riche héritage de l'antique Melpomène.   P.-F. T.

CHOEUR. (*Musique.*) Morceau d'harmonie complète à quatre parties vocales ou plus, chanté à la fois par toutes les voix, et joué par tout l'orchestre.

Dans le courant d'un ouvrage lyrique, chaque acteur a sa partie distincte dans les quatuor, quintetti, finale; mais le *chœur*, ordinairement écrit à quatre parties, est exécuté par un grand nombre de voix, puisque toutes celles du même diapason chantent la même partie. Le compositeur prouve son génie par l'agréable mélodie des airs, duos et trios, mais il peut dans les *chœurs* nous offrir des masses imposantes et déployer avec pompe toutes les richesses de l'harmonie; aussi le *chœur* est-il un des plus beaux ornements de la scène lyrique, et le résultat le plus magnifique de l'union de la mélodie à l'harmonie, et des voix à l'orchestre.

On donne aussi le nom de *chœur* à la réunion des musiciens qui doivent chanter les *chœurs*. On dit *faire entrer* les chœurs *par les deux côtés du théâtre.*

On dit aussi : *chœur* de combattants, *chœur* de paysans, *chœur* de femmes, etc...., lorsque dans le même morceau, il se trouve plusieurs *chœurs* de styles divers, et alors tous ces *chœurs*, différents entre eux séparément, s'accordent ensemble et font un merveilleux effet.

Chœur, signifie encore la partie de l'église où l'on chante l'office divin, et qui est séparée de celle qu'on appelle *la nef*.

On appelle *Choriste*, un homme ou une femme qui ne chante que dans les *chœurs*. H. B.

CHOUETTES. (*Histoire naturelle.*) V. OISEAUX DE NUIT.

CHRÊME. (*Religion.*) Huile consacrée à l'usage de certains sacrements dans les églises grecque et romaine. Il y a deux espèces de chrême, l'un qui se compose d'huile d'olive et de baume, l'autre qui ne contient que de l'huile. Le premier s'emploie dans le baptême, la confirmation et l'ordre; le second seulement dans l'extrême-onction. L'usage du chrême, dans les sacrements de l'ordre et de la confirmation, est réservé aux seuls évêques; il est laissé aux prêtres dans les deux autres.

La bénédiction des huiles appartient exclusivement à l'évêque : elle se fait tous les ans, le jour du jeudi saint, d'une manière solennelle et avec des cérémonies déterminées. Les curés sont obligés de se pourvoir chaque année du chrême nouvellement consacré, et de brûler l'ancien dont il leur est expressément défendu de se servir. Cette défense s'explique par l'usage où étaient autrefois les évêques, de percevoir sur le clergé, pour la distribution du chrême, une sorte de contribution qu'ils appelaient, *denarii chrismales.* Cet impôt a été supprimé par plusieurs conciles; mais la défense qui avait pour objet de le rendre plus productif, est demeurée.

L'Église attribue au saint-chrême une vertu sacramentelle par laquelle la grâce du Saint-Esprit est communiquée à ceux qui en reçoivent l'onction ; cela pourtant, sans assimiler la modification que subit la matière du chrême, par le fait de la bénédiction, à la transsubstantiation des espèces, dans le sacrement de l'eucharistie.

On remarque quelques différences dans la croyance et la pratique des églises grecque et romaine à l'égard du chrême : la principale consiste en ce que, dans la confirmation, les Grecs considèrent l'onction comme la partie essentielle du sacrement, tandis que c'est surtout dans l'imposition des mains que les Latins la font consister.

Les protestants rejettent l'usage du chrême et toutes les cérémonies qui s'y rattachent.　　　　　St.-A.

CHRISTIANISME. (*Causes humaines qui, indépendamment de sa source divine, ont concouru à son établissement.*) En consentant à insérer dans l'Encyclopédie moderne un aperçu des causes purement humaines de l'établissement d'une religion dont je ne conteste, ni ne méconnais la source divine, je ne me déguise pas les inconvénients qu'il me sera impossible d'éviter. Je me vois forcé de resserrer en peu de pages ce qui devrait former des volumes, et m'étant occupé, durant toute ma vie, de ce sujet important, je puis avoir conçu à cet égard quelques idées qui diffèrent des opinions les plus universellement répandues. Ces idées exigeraient des développements : ces développements seront supprimés. Il en pourra résulter de l'obscurité et des lacunes : je ferai pourtant de mon mieux. La période que je vais traiter est fort éloignée de celle où je suis arrivé dans mon ouvrage sur la religion. La durée de la vie est incertaine. Quand on croit être parvenu par des méditations assidues à quelques vérités utiles, il ne faut pas les livrer aux chances d'un avenir toujours douteux. Mais j'ai dû prévenir le lecteur, qu'obligé d'être court, je puis paraître quelquefois obscur ou incomplet. Je m'en remets à son intelligence, pour qu'elle supplée aux idées intermédiaires que j'aurai retranchées, et à sa justice, pour qu'elle tolère d'inévitables inconvénients.

Bien avant notre ère, le polythéisme était parvenu à son

point le plus haut de perfection ; mais la perfection est passagère, comme tout ce qui tient de notre nature. Imparfait dans Eschyle, parfait dans Sophocle, le polythéisme déclina au même instant, puisque les germes de sa décadence s'aperçoivent dans Euripide.

Ces germes étaient nombreux.

Les dieux s'étaient multipliés jusqu'à l'infini, par les personnifications et les allégories. De là, une confusion étrange dans les doctrines, les fables et les pratiques.

Une disproportion toujours croissante entre les dogmes du polythéisme et l'état des lumières s'était introduite.

Les progrès des connaissances physiques, découvrant à l'homme les causes naturelles des événements qu'il considérait jadis comme miraculeux, avaient ébranlé les traditions religieuses.

La lutte inévitable entre le pouvoir religieux et le pouvoir politique avait produit un effet fâcheux sur l'opinion des profanes.

La philosophie, après avoir marché long-temps à côté du polythéisme, s'était tournée contre lui, parcequ'il avait voulu l'opprimer.

Les opinions les plus discordantes s'étaient entassées dans la partie occulte de la religion, et les dépositaires de cette partie mystérieuse, orgueilleux comme on l'est toujours de posséder des secrets, les avaient laissé deviner au peuple.

De toutes ces causes était résulté, pour la classe éclairée, un partage inégal entre des opinions philosophiques, qui, toutes, étaient opposées au polythéisme, et pour le peuple une incrédulité brutale, aussi folle que la plus folle superstition, puisqu'ainsi que la superstition, elle n'était fondée sur aucun examen.

Cependant, le sentiment religieux cherchait à se satis-

faire. La raillerie, en sapant la croyance, ne détruit pas
le besoin de croire : elle en fait en quelque sorte un besoin honteux de lui-même, mais qui n'en est que plus
irritable et plus ardent, parcequ'en s'y livrant on se ca-
che, et qu'on le satisfait ainsi incomplètement, à la hâte,
avec trouble, sauf, si l'on est découvert, à se relever du
ridicule, en se moquant de soi-même.

A cette époque, l'état de l'espèce humaine est des plus
étranges, et cet état étrange devient bientôt l'état le plus
triste.

Le scepticisme a détruit toute conviction dans ses racines. La morale est ébranlée moins encore par l'effet direct de l'incrédulité, que par le souvenir des traditions
religieuses qui survivent à cette incrédulité. Ces traditions, dans les temps crédules, servaient d'appui aux
idées morales. L'appui s'écroulant, ces idées s'écroulent.
Il n'est pas toujours sûr que telle religion fasse du bien,
pendant qu'on y croit; mais il est sûr que toute religion
fait du mal, quand on n'y croit pas.

L'univers, au moment de l'apparition du christianisme,
était dans cette position. Fatiguée de l'incrédulité dont
elle s'était vantée, une portion de l'espèce humaine cherchait à remplacer la croyance perdue par l'adoption des
religions étrangères; une autre y substituait les extravagances de la magie; une autre encore essayait de se rattacher à la religion tombée.

Cette dernière tentative est la seule qui nous intéresse,
parcequ'elle fut la cause principale de la lutte que le christianisme eut à soutenir, et des obstacles qu'il eut à combattre. C'est donc de cette tentative que nous devons
nous occuper exclusivement.

Lorsqu'il s'agit de revenir à une croyance décréditée,
ceux-mêmes qui désirent lui rendre de l'autorité ou de la
faveur, ne sont pas d'accord sur ce qu'il est utile et possible d'en conserver ou d'en rétablir.

En conséquence, immédiatement avant la chute définitive du polythéisme, nous voyons ses partisans se diviser, suivant leurs intérêts et leurs habitudes, entre deux routes très différentes, bien que promettant toutes deux de les conduire au même but. Les premiers voulaient qu'on retournât au polythéisme, tel qu'il avait été professé dans les temps d'une piété docile, avant les doutes et les objections philosophiques. Transmis, disaient-ils, de générations en générations, antérieur à toutes les spéculations abstraites qui n'aboutissent qu'à de vagues conjectures, n'a-t-il pas, durant une longue suite de siècles assuré la pureté des mœurs, la tranquillité des États, le bonheur des peuples? Au lieu de s'abandonner aux tâtonnements des prétendus sages qui se démentent et se contredisent, ne vaut-il pas mieux que l'homme adopte, comme règle de la vérité, les enseignements de ses pères, et qu'il prenne pour guides ces hommes favorisés, illustres ancêtres de la race humaine, et disciples des dieux, dès l'origine du monde [1]?

Aucun des ouvrages qui contenaient ce système d'orthodoxie dans le polythéisme, ne nous est parvenu, mais Plutarque [2] nous apprend par un exemple, quelle était la logique de ses défenseurs. Les incrédules d'alors avaient puisé des objections contre la divinité des oracles, dans le style souvent barbare de la Pythie, à peu près comme les incrédules du dix-huitième siècle avaient cherché des arguments contre la Bible dans certaines expressions qui paraissent étranges. Les polythéistes orthodoxes, loin de convenir que le style de la Pythie fût barbare, répondaient qu'il ne semblait tel qu'à une génération indigne d'en sentir les beautés simples et primitives, et que ce n'était pas le langage des dieux qu'il fallait changer, mais les hommes qu'il fallait de nouveau rendre capables d'en apprécier la sublimité.

[1] *Voyez* le discours de Cecilius, dans Minutius Felix.
[2] De Pyth. Orac.

Ainsi, loin de capituler avec l'incrédulité, sur les imperfections et la grossièreté supposée des notions précédentes, ils affirmaient que ces accusations n'étaient dictées que par la présomption de l'homme, toujours ami de la nouveauté. Ne courbons point la religion, disaient-ils, sous des modifications arbitraires. Faisons au contraire plier sous son joug les esprits rebelles que l'habitude d'un examen téméraire a corrompus, et qui prétendent sacrifier les traditions saintes à leurs vaines et fausses délicatesses.

Ce parti voulait qu'on brûlât les livres de Cicéron [1]. Il repoussait les interprétations des philosophes. Il prouvait par des faits incontestables, que les mœurs avaient été d'autant plus sévères, qu'on avait adopté avec une foi plus littérale les fables qu'une raison présomptueuse affectait de dédaigner. Il répétait ce qu'avaient affirmé les grands hommes des siècles passés, et il avait cet avantage qu'il présentait quelque chose de fixe, tandis que ceux qui s'écartaient de la rigueur de l'orthodoxie, n'offraient rien que de vague et d'indécis.

Ces efforts toutefois ne pouvaient obtenir aucun succès. L'homme ne reprend pas du respect pour ce qui a cessé de lui sembler respectable. Au fond de l'enthousiasme apparent pour l'ancien polythéisme, il n'y avait que du calcul. A cette époque de sa décadence, on désirait y croire, parceque la misère du doute faisait regretter les jouissances d'une foi sincère ; comme à une époque antérieure, on s'était efforcé de le maintenir, parcequ'on regardait comme utile que d'autres y crussent. Mais sa faiblesse était trop dévoilée ; les outrages qu'il avait subis, trop irréparables. Lorsque les croyances sont déchues, les souvenirs planent autour des autels qu'on veut entourer d'une majesté qui s'est éclipsée. Si l'incrédulité n'est plus une preuve de lumières, un sujet de gloire, elle

[1] Arnob. Adv. gent.

est devenue une habitude; et de même que dans ses commencements, des réminiscences religieuses importunaient
les incrédules, des réminiscences incrédules importunent
les hommes qui voudraient se refaire religieux.

Les défenseurs orthodoxes du polythéisme ne pouvaient
donc obtenir aucun succès. Mais un autre parti se présentait, dont les espérances paraissaient plausibles, et
dont les concessions à l'esprit du siècle devaient rendre
la résistance de l'opinion moins violente, en jetant sur
les adversaires de la religion qu'ils défendaient, l'odieux
de l'obstination et de l'hostilité.

Ce parti s'efforçait d'expliquer allégoriquement ou mé-
taphysiquement les fables qui choquaient les convictions
contemporaines. Il les justifiait par un sens mystérieux.
La poésie d'une part, la philosophie de l'autre, lui four-
nissaient des moyens d'apologie ou d'explication; et rien
n'est plus curieux que d'observer les efforts des hommes
les plus ingénieux des second et troisième siècles de notre
ère, pour combiner deux choses inconciliables, l'enthousiasme le plus exalté dont ils sentaient le besoin dans la
reconstruction d'une croyance, et l'abstraction la plus
aride dont leur philosophie leur avait fait une nécessité
non moins impérieuse. Nous ne saurions ici donner des
exemples, ils nous jetteraient hors de notre sujet; mais
tous ceux qui ont lu les Ennéades de Plotin, ont dû remarquer qu'il part de la supposition d'un premier principe dépourvu d'intelligence, de volonté, de toute qualité physique ou morale, pour arriver à un système, grâce
auquel il s'unit par l'extase quatre fois par jour avec la
Divinité.

Ces novateurs, polythéistes plutôt en apparence qu'en
réalité, ne pouvaient donc réussir mieux que les polythéistes orthodoxes. Ils composaient une religion de distinctions insaisissables et de notions incompatibles; et
cette religion n'était susceptible d'acquérir ni la faveur de
la popularité comme l'ancien polythéisme dans sa force,

3.

ni l'appui du raisonnement comme les doctrines philosophiques. L'état de l'opinion devait donc rester le même,
et continuer à flotter entre l'incrédulité comme théorie,
et la superstition comme pratique.

Il fallait un culte nouveau, plus jeune et plus fort,
dont l'étendard n'eût point encore été profané, et qui,
remplissant les ames d'une exaltation réelle, étouffât les
doutes au lieu de les discuter, et triomphât des objections en ne leur permettant pas de naître.

Ce culte ne pouvait être que le théisme. Il y a, dans le
sentiment religieux, une tendance vers l'unité. Si l'homme
n'y arrive qu'après beaucoup de révolutions successives,
c'est que les circonstances dans lesquelles il se trouve,
troublent son sentiment et donnent à ses idées une direction différente. L'ignorance assigne à chaque effet de détail une cause à part; l'égoïsme divise la puissance divine
pour la mettre plus à sa portée; le raisonnement fonde ses
syllogismes sur les témoignages trompeurs des apparences
extérieures.

Mais l'ignorance se dissipe, l'égoïsme s'éclaire, le raisonnement se perfectionne par l'expérience. Plus la régularité des effets est évidente, plus l'unité de la cause
devient vraisemblable. La vue des désordres, des bouleversements, des exceptions ; en un mot, à la règle générale, avaient procuré au polythéisme sa supériorité. Il est
connu maintenant que ces exceptions ne sont qu'apparentes. Le polythéisme perd donc son principal appui.

En même temps, le besoin du théisme se fait sentir à
l'homme plus fortement que jamais; il est parvenu au
dernier terme de la civilisation; son ame, rassasiée, fatiguée, épuisée, s'inflige à elle-même ses propres souffrances, plus amères que celles qui lui viennent du dehors. Que ferait-il contre ces souffrances des dieux grossiers, dont la protection toute matérielle suffisait à ses
ancêtres ignorants? Que ferait-il du fétiche qui ne pro-
curait au sauvage qu'une chasse ou une pêche abondante?

Que ferait-il de ces divinités de l'Olympe, qui, ne sévis-
sant que contre les crimes, ne préservent leurs protégés
que des maux extérieurs? Il lui faut d'autres dieux qui le
comprennent, le raniment, lui rendent une force qu'il
n'a plus, le sauvent de lui-même, sondent ses plus secrètes blessures, et sachent y verser, d'une main secou-
rable, les bienfaits d'une indulgente pitié. Tels sont les
dieux ou plutôt tel est le dieu qu'il lui faut; car plusieurs
divinités, bornées dans leurs facultés, divisées d'intérêts,
imparfaites par ces bornes et cette division même, ne
sauraient remplir ces fonctions délicates.

Aussi, immédiatement avant l'établissement du christianisme, l'unité était-elle devenue l'idée dominante de
tous les systèmes tant religieux que philosophiques. Cette
idée avait pénétré partout. Elle était célébrée par les poètes.
Elle était réclamée par les érudits comme la découverte
oubliée de l'antiquité la plus reculée. Elle était enseignée
par les moralistes; elle se glissait jusque dans les ouvrages
des écrivains sans réflexion propre, et se reproduisait sous
la plume des simples compilateurs.

Quand cette doctrine d'unité ne composait pas la partie principale et avouée d'un système, elle était annoncée
comme son résultat. Quand elle n'était pas sur le devant
du tableau, on l'apercevait en perspective, ici, combinée avec la croyance populaire, là présentée comme
l'explication de cette croyance; le peuple même se créait
des images sensibles de cette notion abstraite. Partout
étaient placées sur les autels domestiques des statues où
se réunissaient et se confondaient les attributs de toutes
les divinités [1].

Dans cet état de choses, l'esprit humain semblait arrivé jusqu'à l'extrême frontière du polythéisme. On eût
dit qu'un pas seulement lui restait à faire pour proclamer
l'unité d'un Dieu, et pour ériger en religion pratique cette

[1] Les statues Panthées.

théorie sublime. Mais la même civilisation qui avait rendu la durée du polythéisme impossible, avait privé l'homme de cette jeunesse de sentiment, de cette énergie intérieure, de cette puissance de conviction, de cette faculté d'enthousiasme, conditions nécessaires pour qu'une religion nouvelle s'établisse, et pour que les hésitations des philosophes, les secrets compliqués et confus des prêtres, les vœux et les regrets fugitifs qui traversent des ames souffrantes, mais affaiblies et découragées, se réunissent en un corps, et composent une croyance publique, nationale et consacrée.

Le théisme était partout en principe, il n'était nulle part en application.

L'autorité ne pouvait le vouloir; elle ne le connaissait guère que comme une doctrine ennemie de l'ordre établi, et ne l'apercevait sous une forme distincte que chez des philosophes qu'elle croyait dangereux.

Les prêtres, dans leurs révélations à des initiés, tantôt défiguraient le théisme, tantôt le repoussaient. Ils lui imposaient toujours une alliance forcée avec les anciennes traditions, et quand il voulait s'y soustraire, c'était à ces traditions mystérieusement interprétées que le sacerdoce donnait la préférence.

Beaucoup de philosophes adoptaient le théisme; mais il était discuté sans cesse, soumis chaque jour à un examen nouveau, cité devant le tribunal de chacun de ceux qui commençaient à fréquenter les écoles, compris par chacun d'une manière différente. Une portion nombreuse de ses partisans rejetait l'influence des cérémonies, l'efficacité de la prière, l'espoir des secours surnaturels, et faisaient ainsi du théisme une opinion abstraite qui ne pouvait servir de base à un culte.

Dans les rangs supérieurs des sociétés, la tendance au théisme existait sans doute; mais les intérêts de la terre, pressants et continus, couvraient aisément cette voix intérieure. Chez les peuples très civilisés, les hommes éclairés sont fort ardents pour leurs intérêts et très modérés dans leurs opinions ; or, les partis modérés conservent ce qui est, mais toute création est au-dessus de leur force.

Le peuple ne pouvait admettre comme religion une opinion qui n'avait nul ensemble, nulle consistance. Il répétait quelques formules qui impliquaient l'unité d'un Dieu, mais plutôt par imitation que par conviction. Tandis que les habitudes de l'incrédulité rendaient pour la classe supérieure la renaissance d'une forme religieuse presqu'impossible, la magie rendait pour la multitude cette renaissance presque superflue, parcequ'elle offrait à l'imagination des appâts plus puissants, et à l'espérance des promesses d'une exécution plus rapprochée.

Pour réunir l'espèce humaine autour du théisme, il suffisait d'un étendard ; mais nul bras n'était assez fort, et l'étendard restait à terre.

Elle s'est toutefois effectuée, cette révolution mémorable. Une circonstance extraordinaire a rendu tout-à-coup aux ames assez d'énergie, aux intelligences assez d'activité, pour donner aux désirs, aux besoins, aux espérances une forme positive. Nous traitons ici de cette circonstance sous ses rapports humains ; mais nous dirons que nous ne saurions nous plaire à combattre l'opinion qui assigne à cette révolution importante des causes surnaturelles.

Certes, alors que nous contemplons l'homme, tel qu'il est, quand il a rejeté toute foi religieuse, alors que nous voyons le sentiment religieux impuissant et vague, se précipiter tantôt dans la magie, tantôt dans l'extase et le délire ; l'enthousiasme enfanter des extravagances d'autant plus incurables qu'elles partent du raisonnement, pour arriver méthodiquement à la folie ; la raison n'offrir pour résultat de huit siècles de travaux, d'abord que le néant, puis de chimériques et contradictoires hypothèses ; l'intelligence parvenant à tout détruire et hors d'état de rien rétablir ; oserons-nous dire qu'à cette épo-

que la pitié céleste ne soit pas venue au secours du monde,
qu'un éclair n'ait pas sillonné la nue pour montrer la
route à notre race égarée, qu'une main divine ne l'ait
pas aidée à franchir la barrière contre laquelle elle se
brisait?

Tout serait ensuite rentré dans l'ordre. L'homme abandonné de nouveau à lui-même aurait recommencé son
travail. Son esprit se serait débattu suivant sa nature autour de la grande découverte; il lui aurait donné des formes imparfaites; il aurait rabaissé sa sublimité. Le calcul,
l'égoïsme, le monopole se la seraient disputée pour en abu-
ser; mais l'homme en aurait conservé pourtant le souvenir
ineffaçable; le pas immense aurait été fait : et par degrés,
des formes plus pures, des conceptions plus justes lui auraient permis de jouir sans mélange de l'inestimable bienfait.

A l'époque qui fait le sujet de nos recherches, la religion des Hébreux était la seule dont les sectateurs eussent conservé non-seulement un attachement mécanique aux formes religieuses, mais une conviction profonde.
En même temps, le dogme fondamental de cette religion était conforme au besoin universel de l'espèce humaine. Ce fut à ce flambeau que se ranima le sentiment
religieux.

Mais si le dogme fondamental de la religion juive ré-
pondait à la demande de toutes les ames, il y avait dans
cette religion des parties terribles.

Nous ne nous rangeons assurément point parmi les détracteurs de la loi mosaïque. Nous ne méconnaissons nullement la supériorité de sa doctrine, dans son ensemble
et dans plusieurs de ses détails, sur toutes les religions
contemporaines.

Mais sa sublimité même avait contribué à l'empreindre
d'une sévérité excessive, nécessitée par sa disproportion
avec les idées tant du peuple qui la professait que des voisins de ce peuple, voisins qui par là même étaient devenus ses ennemis.

Ajoutez à cela l'esprit du sacerdoce juif, pareil, à beaucoup d'égards, à celui de toutes les corporations sacerdotales de l'antiquité, et que les obstacles mêmes qu'il avait
dû vaincre avaient rendu plus farouche et plus ombrageux
encore.

L'on n'a pas, ce nous semble, distingué suffisamment
la doctrine de Moïse de l'esprit du sacerdoce, organe
et défenseur de cette doctrine. C'est néanmoins dans cette
distinction que réside la solution de toutes les difficultés
qui ont paru donner tant d'avantage aux ennemis des idées
religieuses et du christianisme.

Au reste, notre objet n'est point de juger ici la religion
judaïque. Il nous suffit qu'au moment où le polythéisme
touchait à son terme, et où toutes les croyances étaient
ébranlées, la religion juive, seule encore vivante et en-
racinée dans l'ame d'un peuple, ait offert au reste du genre
humain le théisme comme point de ralliement.

Si cependant le théisme des Hébreux s'était présenté
aux nations détachées du polythéisme, sous les formes
qu'il avait revêtues à son origine chez le peuple qui le
professait, il est douteux qu'il eût obtenu le succès qui a
fait de l'adoration d'un dieu unique la croyance universelle de tous les peuples civilisés.

Des esprits accoutumés aux subtilités d'une philosophie
qui avait rafiné sur toutes les combinaisons des idées et
sur toutes les formes de la dialectique, auraient vraisemblablement rejeté une doctrine dont la simplicité dogmatique imposait des articles de foi, au lieu de présenter
une série de raisonnements. L'absence presque totale de
notions sur la nature de l'ame et sur son immortalité,
aurait blessé ces mêmes esprits, préparés par le platonisme, à se livrer à des espérances et à se lancer dans des
hypothèses sur l'existence future de l'homme. Le caractère du dieu des Juifs, représenté comme despotique,
ombrageux et jaloux, n'aurait pu s'accorder avec les conceptions plus douces et plus abstraites des sages de la

Grèce. La multitude des rites, des cérémonies et des pratiques, aurait fatigué des hommes dont les plus religieux
pensaient que le culte intérieur et la pureté de la conduite
étaient les hommages les plus agréables à l'Être-Suprême.
Enfin la morale même du judaïsme, qui faisait de l'assentiment à de certaines propositions, la vertu principale et
indispensable, aurait contrasté trop fortement avec les
principes de tolérance universellement adoptés.

Mais les Juifs, initiés depuis long-temps et surtout depuis leur séjour à Alexandrie, dans toutes les discussions
de la philosophie, avaient fait dans cette carrière des pas
presque égaux à ceux des philosophes païens. Ils ne s'é-
taient pas montrés moins subtils qu'eux, dans les recherches métaphysiques, et vers l'époque où le christianisme
parut, le judaïsme avait subi des modifications suffisantes,
pour que la doctrine qui sortait de son sein, pût attirer la curiosité, fixer l'attention et bientôt captiver le suffrage
d'un grand nombre d'hommes éclairés. Ce fut donc appuyé d'une part sur le judaïsme, et fort en même temps
de tous les travaux des siècles antérieurs, chez des nations
plus avancées que la masse des Juifs, que le christianisme
apparut au monde.

On a beaucoup dit qu'il ne fut adopté lors de son apparition, que par la classe la plus ignorante et la plus vile;
rien n'est plus faux et rien n'aurait été plus inexplicable.

C'était par les progrès des lumières que le genre humain avait été poussé du polythéisme au théisme. Le christianisme était la plus pure des formes du théisme, et
cependant elle n'aurait été embrassée que par la populace,
sur laquelle le progrès des lumières avait dû produire le
moins d'effet!

Il était au contraire dans la nature des choses que des
hommes de toutes les classes l'adoptassent. La religion
qui alors convenait le mieux ou plutôt qui convenait seule,
était celle qui élevait l'homme au-dessus de tous les objets visibles, ne le rattachant à aucune des institutions

religieuses qui étaient décréditées, à aucune des institutions politiques qui étaient oppressives; la seule religion
possible était celle qui, dans un moment où les nations
n'étaient que des troupeaux d'esclaves, chez lesquels le
patriotisme ne pouvait exister, rassemblait toutes ces nations autour d'une même foi, et transformait en frères des
hommes qui n'étaient plus des concitoyens.

La religion chrétienne réunissait tous ces avantages. En
proscrivant la sensualité, l'amour des richesses, toutes les
passions ignobles, en annonçant au-delà de la tombe une
vie plus importante, par sa durée éternelle, que toutes les
félicités de la terre, elle se conciliait tous ceux qui avaient
conservé le sentiment de la dignité humaine. En procla-
mant une révélation immédiate, une communication directe avec la Divinité, et une succession d'inspirations
obtenues par la foi et la prière, et accompagnées de forces
surnaturelles, elle plaisait à ceux que la soif du merveilleux et le nouveau platonisme avaient accoutumés à
désirer un commerce habituel avec les natures surhu-
maines. En substituant des cérémonies simples, modestes,
et en petit nombre à des rites, les uns révoltants, les autres décrédités, elle satisfaisait la raison. Elle présentait
aux pauvres les secours, aux opprimés la justice, aux esclaves la liberté, comme un droit. Enfin, et ce ne fut pas
à cette époque un de ses moindres avantages, elle s'inter-
disait soigneusement toutes les recherches philosophiques
et métaphysiques, recherches frappées de discrédit par les
souvenirs, toutes les questions sur la nature et la substance de Dieu, toutes les hypothèses sur les lois et les
forces de la nature, et sur l'action du monde invisible,
toutes les discussions sur la destinée en opposition avec
la Providence. Elle ne disait qu'un fait et n'offrait qu'une
espérance; or l'homme avait besoin d'une pierre pour
reposer sa tête. Il lui fallait un fait, un fait miraculeux,
pour que délivré du tourment du doute, il pût respirer,

reprendre des forces et recommencer ensuite le grand travail intellectuel.

Aussi la foi en Jésus-Christ fut-elle embrassée dès les premiers temps par une multitude, qui n'était étrangère ni à l'instruction, ni à l'opulence. Pline atteste que déjà, sous le règne de Trajan, des personnes de tout état se réunissaient aux pieds de la croix [1]. Des hommes consulaires, des sénateurs, des matrones de la plus noble extraction, s'étaient voués à ce culte. Les chrétiens, comme ils le disent eux-mêmes dans leurs apologies, abondaient à la cour, dans les camps, dans le forum.

Néanmoins, l'étendard une fois levé, la lutte devait suivre; et dans cette lutte, le christianisme rencontrait parmi ses ennemis l'autorité, les prêtres, une partie des philosophes, et la populace.

L'autorité n'examine jamais, elle juge sur les apparences; elle voyait une société d'hommes qui ne voulaient point de culte extérieur; elle les déclarait athées.

Dans ses rapports avec l'existence humaine, le christianisme était diamétralement opposé à l'idée que des hommes d'état, dans un siècle incrédule surtout, se forment de l'utilité de la religion. A leurs yeux, elle doit être intimement liée aux intérêts de la société. Cette vie est le but, la religion un moyen. Les chrétiens considéraient au contraire la vie comme un moyen d'atteindre un autre but. Leur enthousiasme pour un monde futur les détachait des soins de ce monde, et de toute occupation d'un présent passager et périssable. L'amour de la patrie, dont les gouvernements parlent toujours d'autant plus que la patrie existe moins, était menacé par leur mépris des choses terrestres. On leur en faisait un crime; et l'accusation portée contre eux s'est reproduite sous la plume de leurs détracteurs modernes. Mais de quelle patrie leur

---

[1] *Multi omnis ætatis, omnis ordinis, utriusque sexûs.*

reprochait-on de se détacher? Était-ce une patrie que cet empire immense, assemblage informe de mille nations garrottées au lieu d'être réunies, et qui n'avaient de commun entre elles que le même malheur sous le même joug?

Les moyens de l'autorité contre l'opinion sont les mêmes dans tous les pays et dans tous les siècles. Ce sont les délations, les persécutions et les supplices. Les effets de ces moyens sont aussi toujours les mêmes; les opprimés obtiennent la sympathie de toutes les ames qui ont quelque valeur. Ils donnent au sein de l'adversité, en présence de la mort, de sublimes exemples de dévouement et de constance. Qu'importe qu'on ait exagéré peut-être, ou la fréquence des persécutions ou le nombre des martyrs? Leur courage en fut-il moins admirable? C'est une triste impartialité que celle qui se place entre les bourreaux et les victimes.

Les rigueurs de l'autorité contre le christianisme, accélérèrent donc ses progrès. Il y a quelque chose de contagieux dans le spectacle du désintéressement, de l'intrépidité et de l'espérance, au milieu d'une race abâtardie et dégénérée.

La persécution a ceci de particulier, que lorsqu'elle ne révolte pas, c'est qu'elle n'était pas nécessaire. Le peuple qui la souffre n'était pas à craindre. Quand elle est nécessaire, elle révolte, et par là même devient inutile.

A cette considération, applicable au christianisme, comme à toutes les opinions proscrites ou menacées, ajoutez une circonstance caractéristique de l'époque. Nous voulons parler des démentis que l'autorité se donnait à elle-même, parcequ'elle ne se sentait appuyée d'aucune force morale. Galère, l'un des plus féroces ennemis du christianisme, s'arrêtant tout à coup dans sa carrière de sang et de tyrannie, termine un écrit par lequel il accorde aux chrétiens une tolérance momentanée, en les invitant

à implorer pour lui la Divinité qu'ils adorent[1], preuve
étrange du peu de conviction des polythéistes, même les
plus violents dans leurs efforts pour relever la religion
vaincue, et de l'instinct secret qui les entraînait vers la
croyance, objet de leurs fureurs.

Le sacerdoce ne pouvait pas avoir plus de succès contre la religion nouvelle que l'autorité. Vainement rassem-
blait-il ses forces éparses, et formait-il des alliances mons-
trueuses contre l'ennemi commun. Vainement faisait-il un
appel à toutes les doctrines qui, n'importe à quelle époque, s'étaient glissées dans la religion qu'il voulait défendre, doctrines que long-temps il avait repoussées. Par
une méprise assez naturelle, il croyait se fortifier du
nombre et de la diversité de ses troupes, tandis que ce
nombre même et la bigarrure de ses auxiliaires discor-
dants le décréditaient encore.

Il cherchait à conserver ou à rétablir sa domination sur
l'esprit du peuple, en redoublant de pratiques et de traditions anciennes, et en inventant d'autres traditions et
d'autres pratiques, auxquelles il s'efforçait de donner un
air d'antiquité. Loin de réformer ce qu'il y avait d'in-
décent dans ses mystères, devenus à peu près publics, il
comptait plutôt sur leur indécence, comme leur méritant
l'appui de la corruption du siècle. Il introduisait dans ces
mystères toutes les privations à côté de toutes les obscé-
nités; il y introduisait les pratiques sanguinaires, les muti-
lations, les supplices volontaires, dont il faisait un devoir
aux initiés.

Et en même temps, jongleurs semi-philosophes, les prêtres de la religion ancienne proposaient leur doctrine plutôt qu'ils ne l'imposaient; leurs rites étaient affreux, leur
langage timide. Ils portaient l'hésitation jusque dans l'ana-
thème, et levant une main pour lancer la foudre, de l'autre
ils faisaient signe qu'ils se prêteraient à des transactions.

[1] Euseb. Præp. ev. viii, 17. Lactant. De mort. persec. c. 54.

Mais nulle transaction n'était possible. Ils offraient de placer le nouveau Dieu parmi les divinités antiques. Les sectateurs du Christ s'indignant à cette pensée, qui leur semblait un outrage, forcèrent au combat les adversaires qui aspiraient à négocier.

On a de nos jours voulu savoir gré au polythéisme de cette tolérance, de cette douceur, de ces intentions conciliatrices; en effet, désarmé qu'il était à cette époque ou plutôt anéanti, ses apparences sont moins véhémentes, son style plus débonnaire que celui du christianisme naissant. Mais c'est que le christianisme existait, tandis que le polythéisme était une ombre vaine. Sa longanimité, ses complaisances, toutes les qualités qu'on admire en lui n'étaient que les vertus des morts. Les hommes recommençaient à lutter, parcequ'ils recommençaient à vivre, et loin de chercher dans cette lutte énergique un sujet d'accusation contre le christianisme, il faut lui rendre grâce d'avoir ranimé la vie de l'ame et réveillé la poussière des tombeaux.

Tandis que les chrétiens marchaient entourés d'incontestables miracles, parcequ'ils étaient pleins d'une conviction inébranlable, leurs rivaux leur opposaient des prodiges factices, puériles, révoqués en doute, copies effacées de ceux qu'ils imitaient. Car ils imitaient le christianisme pour lui résister, en croyant le combattre avec ses propres armes. L'un des malheurs et l'une des maladresses des vaincus, c'est de conclure des victoires de leurs adversaires à la puissance de leurs moyens, et de s'emparer de ces moyens, sans examiner si ce n'est pas au but pour lequel on les emploie, qu'ils doivent leur force.

Les chrétiens avaient pour eux et le raisonnement et la foi. En dirigeant le raisonnement contre leurs adversaires, ils ne craignaient point de compromettre leur propre cause. Elle avait son protecteur dans le ciel; elle ne pouvait être compromise. Les païens essayaient aussi du raisonnement et de l'enthousiasme, mais leur enthousiasme était faible et forcé; leurs raisonnements réagissaient contre

eux, et nuisaient plus encore à ce qu'ils affirmaient qu'à
ce qu'il était dans leur intention de contester.

Nous avons parlé déjà de cette fraction de philosophes
qui tâchaient d'étayer l'édifice ruiné du polythéisme, et
nous avons indiqué la cause qui frappait leurs efforts d'une
incurable impuissance.

Quant à la populace, elle criait : les chrétiens aux bêtes!
comme elle criera bientôt : les païens aux bûchers! Elle
déchirait ou voyait avec joie déchirer des hommes au
nom de Jupiter, comme bientôt avec le même délice elle
en verra déchirer au nom de l'Homousion ou de l'Ho-
moousion. Elle se montrait ce qu'elle est toujours, ivre
de fureur, en faveur de la force, là où elle l'aperçoit, et
déployant la même fureur, et passant à la même ivresse
dans le sens opposé, quand la force passe d'un parti à
l'autre.

Clair et cohérent, simple et précis, calmant les passions
terrestres que l'espèce humaine avait en satiété, la sortant de l'atmosphère de corruption où elle respirait avec
angoisse et avec un dégoût profond d'elle-même; se rattachant à tous les souvenirs, à la philosophie par les
doctrines qu'il conservait pures en les rendant moins
subtiles, à l'histoire par les traditions d'un peuple dont
il consacrait l'antique splendeur, sans les proposer pour
objets d'imitation, aux anciens usages en retranchant
ce qu'ils avaient de minutieux, de sévère et d'hostile;
délivrant la raison des interminables difficultés de la dialectique; parlant à l'ame le langage qu'elle avait besoin d'entendre; le christianisme devait triompher d'un
ramas d'ennemis, sans accord entre eux, sans système
fixe, n'ayant à leur disposition que la force brutale, et
pressentant leur défaite au moment même où ils employaient des moyens atroces pour la retarder.

Il triompha donc en effet. Un nouvel ordre de choses
commença pour l'homme; et cet ordre de choses, lancé
comme du haut du ciel par une main toute-puissante,

après avoir régénéré les peuples corrompus, adoucit et civilisa les peuples barbares.

Sans doute, ce qu'il y a d'imparfait dans la nature de l'homme, mêla, presque dès l'origine, à cette amélioration immense un alliage funeste.

L'intolérance qui, sous le règne du polythéisme, semblait une exception à ses principes fondamentaux, parut devenir pendant long-temps l'esprit permanent du christianisme. Le sacerdoce s'arrogea une autorité pareille à celle qui avait courbé sous son joug le plus grand nombre des nations anciennes; il étendit cette autorité terrible sur des peuples qui jusqu'alors avaient échappé à son despotisme. La morale, faussée et pervertie, tomba dans la dépendance d'interprétations ardues et de préceptes arbitraires. Les facultés humaines furent frappées d'immobilité, et ne parvinrent à reconquérir, nous ne dirons pas leur liberté légitime qui leur a toujours été disputée, mais le droit d'exister, qu'à travers une persécution qui atteignit les hommes les plus courageux et les plus éclairés.

Considérons néanmoins de près ces graves inconvénients. Ne se retrouveront-ils pas tous dans le polythéisme des nations soumises aux corporations sacerdotales? Transportez la croyance et les prêtres de l'Égypte à Madrid ou à Goa, vous aurez, au nom d'Isis et d'Horus, des inquisiteurs qui ne le céderont en férocité ou en hypocrisie à nul de leurs collègues modernes, et vous aurez de plus des sacrifices humains, des orgies licencieuses, des cérémonies révoltantes, qui n'ont jamais souillé le christianisme, même corrompu.

D'ailleurs, les philosophes qui ont loué la tolérance du polythéisme sont tombés peut-être involontairement dans une erreur bizarre; la tolérance qu'ils vantaient dans cette croyance ne reposait point sur le respect que la société doit aux opinions des individus. Les peuples, tolérants les uns envers les autres, comme corps de nation, n'en méconnaissaient pas moins ce principe éternel, seule base de toute tolérance éclairée, que chacun a le droit d'adorer son Dieu de la manière qui lui semble la meilleure. Les citoyens étaient, au contraire, tenus de se conformer au culte de la cité; ils n'avaient pas la liberté d'adopter un culte étranger, bien qu'autorisé dans la cité pour les étrangers qui le pratiquaient. L'indépendance de la pensée, celle du sentiment religieux ne gagnaient donc rien à cette tolérance du polythéisme.

Certes, le zèle de Chosroès, qui ne voulait traiter avec ses ennemis que s'ils rendaient hommage à ses dieux, les fureurs réciproques des Tentyrites et des Ombrites [1], les guerres acharnées que se livrèrent les habitants d'Oxyrinque et de Cynopolis, jusqu'à ce que les Romains les eussent forcés à la paix [2], la haine qui divise aux Indes les adorateurs de Schiven et de Wichnou, les proscriptions auxquelles furent tour à tour en butte les Bramines et les Bouddhistes, démentent suffisamment les éloges prodigués en haine du christianisme aux cultes supplantés par lui.

Disons-le franchement: partout où la puissance du sacerdoce n'est pas renfermée dans ses justes limites, il y a eu intolérance, et si l'on considère le fond des croyances, la véritable tolérance n'a existé jusqu'ici que dans le christianisme, affranchi de tout pouvoir étranger. C'est là, seulement, que le Dieu suprême, père de tous les hommes, tout amour, toute bonté, ne reproche point à ses créatures les efforts qu'elles font pour le servir avec plus de zèle. Leurs erreurs ne sauraient exciter que sa pitié. Tous les hommages lui sont également agréables, quand les intentions sont également pures.

L'autre accusation est-elle plus fondée? Si l'axiome, qu'il vaut mieux obéir à Dieu qu'aux hommes, a conduit des fanatiques chrétiens aux plus grands forfaits, si l'on a pro-

---

[1] Juvénal.
[2] Plutarque.

clamé sous ce prétexte, que la cruauté, le raffinement dans les supplices, l'oubli des liens du sang et de l'affection, le parjure envers les partisans de toute autre croyance, étaient les devoirs du chrétien fidèle, ouvrez le Shastabade, le Bhaguat Gita, les livres Zend, vous trouverez ces désastreux préceptes inculqués d'une manière bien plus positive et bien plus fervente, et il y aura cette différence que chez les Perses et les Hindoux, cette morale abominable se rencontre dans leurs livres sacrés mêmes, tandis que chez les chrétiens on ne l'aperçoit que chez des commentateurs misérables, falsifiant les textes de l'Évangile dans l'intérêt de leur corporation ou de leur caste.

Enfin, si une tyrannie insolente a quelquefois, au nom du Christ qui la désavouait, enchaîné l'essor des facultés humaines, le plus beau don de la Providence, ces facultés étaient-elles plus libres chez ceux des peuples polythéistes, auxquels la moindre altération dans leur croyance, dans la figure, dans les attributs des dieux, la moindre connaissance de l'écriture, la moindre participation aux sciences, étaient interdites?

Ainsi, sous quelque point de vue qu'on envisage le christianisme, lors même qu'il était corrompu par les hommes, il valait mieux encore que le polythéisme de la plupart des nations; et délivré de cette corruption, qui lui est étrangère, il a des avantages que ne saurait avoir le polythéisme le plus perfectionné.

On s'est trompé grossièrement sur le sens d'une assertion qui sert de base à un ouvrage dont le premier volume a paru[1]. De ce que l'auteur distinguait les formes religieuses du sentiment religieux, on a prétendu qu'il professait une indifférence égale pour toutes ces formes. Bien au contraire, ces formes sont progressives; les unes toujours

---

[1] De la religion, etc.

meilleures que les autres, et les meilleures données à l'homme en temps opportun par la Divinité.

Et ce système, ce n'est pas celui d'un écrivain moderne, c'est celui de Saint Paul, de Saint-Paul qui dit, en termes exprès, que lorsque l'homme était encore enfant, il était assujetti aux premières et plus grossières instructions que Dieu lui eût données [1], et que l'état d'ignorance étant passé, Dieu a envoyé le Christ sur la terre pour abolir l'ancienne loi [2]. Dieu proportionne donc ses instructions à l'état de l'homme. Ses premières instructions, que Saint-Paul qualifie de grossières, étaient ce qu'il fallait aux peuples enfants. Ces instructions grossières ont dû disparaître quand l'état d'enfance a cessé. Reconnaître cette progression dans la bonté divine, est-ce se montrer irréligieux? Les Pharisiens le disaient aux apôtres, les empereurs romains aux martyrs.   B.-C.

CHROMATIQUE. (*Musique.*) Genre de musique qui procède par plusieurs demi-tons consécutifs.

On appelle une basse *chromatique,* une gamme *chromatique,* une marche d'harmonie qui procède par demi-tons dans le grave, une gamme qui s'élève ou descend par demi-tons.   H. B.

CHROME. (*Chimie.*) On a donné ce nom à ce métal, parcequ'il a la propriété de former des composés qui pour la plupart sont colorés; de là les avantages que l'on peut en retirer dans la peinture. C'est en 1797 que M. Vauquelin le découvrit dans le plomb rouge de la Sibérie ou chrômate de plomb. Il est solide, fragile, d'un blanc grisâtre, poreux et comme spongieux, parcequ'il se fond très difficilement. Il donne, à une température rouge et par son contact avec l'oxigène, un oxide vert (protoxide); il peut en outre fournir un deutoxide et un acide. L'oxide vert est employé dans la préparation

[1] Ep. aux Galat., 4, 3.
[2] Ep. aux Eph., 2, 15.

des belles couleurs vertes avec lesquelles on peint la porcelaine; on s'en sert aussi dans l'imitation des pierres précieuses. On obtient cet oxide en décomposant l'hydrochlorate de chrôme par la potasse et en le chauffant de manière à perdre l'eau qu'il contient. Quant au métal, c'est en soumettant le protoxide naturel à l'action du charbon et d'une température élevée, qu'on se le procure.

O. et A. D.

CHRONIQUES. *Voyez* HISTOIRE.

CHRONOLOGIE. Ce mot composé de χρόνος temps, et de λόγος discours, signifie la *Science des temps*. L'étude de la chronologie est une de celles qui ont le plus exercé la sagacité des modernes. Vainement cette science a-t-elle enfanté une énorme quantité d'écrits, l'obscurité qui l'enveloppe n'a fait que s'accroître par les nombreux systèmes imaginés jusqu'à nos jours.

SECTION Iʳᵉ. *Origine de la Chronologie*. Dans l'enfance des sociétés, l'homme, trop occupé des besoins physiques pour songer au perfectionnement de ses facultés morales et intellectuelles, ignorant, et ne concevant pas même l'écriture, ne pouvait transmettre que de vive voix à ses enfants les faits qui l'avaient assez frappé pour rester dans sa mémoire. Ce n'est donc (en raisonnant toujours dans la même hypothèse) que depuis l'invention de l'écriture, c'est-à-dire après une longue suite de siècles, que l'homme a pu, sans craindre les altérations inséparables de la tradition orale, constater l'existence des événements qui s'étaient passés sous ses yeux, et dont il désirait que ses descendants conservassent le souvenir; nous disons l'existence et non la date des événements, car le mot *date* suppose non-seulement un fait préexistant connu et servant de point de départ, mais encore une connaissance au moins grossière, et pour ainsi dire empyrique des phénomènes célestes, résultant de l'observation assez exacte, quoique purement instinctive, des sensations que lui font alternativement éprouver les diverses températu-

res produites par le retour périodique des saisons. De là
a pu venir à l'homme la notion confuse de ce que nous
nommons *année*.

Quels furent les premiers chronologistes. La chronologie, cette science encore si peu avancée de nos jours,
ne remonte pas à une époque très-reculée. Elle est presque toute d'induction dans les écrivains anciens jusqu'au
temps des successeurs d'Alexandre, sous lesquels elle commença réellement à être explicite, par les soins de Bérose,
de Manéthon, d'Apollodore et d'Eratosthène, qui donnèrent à l'histoire une forme nouvelle, en rattachant les événements à la succession des olympiades, des rois de
Sparte et des prêtresses de Junon à Argos.

Degré de certitude de la chronologie. Le peu d'accord qui règne entre les écrivains anciens, a fait naître
une confusion dont les modernes se sont prévalus pour
créer des systèmes de chronologie plus ou moins absurdes, plus ou moins contradictoires. Les textes hébreu,
samaritain et grec de l'Ancien-Testament, malgré les
différences qui s'y rencontrent, prétendent à la même
authenticité. De la création au déluge il y a 1656 ans,
selon le texte hébreu; 1307, selon le texte samaritain;
quant aux Septante, ils donnent 2242 ans suivant Eusèbe, 2256 suivant Josèphe, et 2262 suivant saint
Épiphane et Jules l'Africain. La différence entre le texte
samaritain et la version des Septante, expliquée par saint
Épiphane et par Jules l'Africain, est donc de 955 ans. On
voit par là que non-seulement les textes ne s'accordent nullement entre eux, mais encore que le même texte est diversement interprété. Si des premiers âges du monde
nous arrivons aux temps des patriarches, nous y trouvons
que les hommes vivent jusqu'à neuf cents ans. On voit
qu'il nous faut nécessairement arriver à des temps où
l'Ancien-Testament fasse mention d'événements dont parle
aussi quelque écrivain profane, non que la Bible ait besoin de ce secours pour appuyer son témoignage, mais

afin de déterminer les époques d'une manière invariable, en les rapportant à l'ère vulgaire, qui sert aujourd'hui de point de départ aux chronologistes.

Si nous recourons à l'histoire des autres peuples, nous n'y voyons point de tradition qui remonte à des temps aussi anciens que la date qu'assigne la version des Septante au repeuplement de la terre par les enfants de Noé, c'est-à-dire 3600 ans avant J.-C. Quelques nations, à la vérité, ont imaginé des fables dont l'antiquité serait plus reculée que celle des faits contenus dans la Genèse; les annales de tous les pays sont composées de deux parties qu'on ne saurait trop distinguer l'une de l'autre, sous le rapport de la chronologie : partout on trouve des temps fabuleux, et partout des temps historiques. Il est une époque au-delà de laquelle les monuments cessent de nous éclairer, et les traditions, devenant de plus en plus incertaines, ne présentent que des êtres chimériques, des fantômes de personnages, des événements surnaturels; la race humaine semble être encore dans le néant; la terre alors n'est peuplée que de dieux, de génies et de monstres; la nature n'a pas encore dévoilé ses immuables décrets, et les lois éternelles qui régissent le monde sont confondues avec les fictions les plus bizarres. Chez plusieurs peuples, et notamment chez les Grecs, les premiers temps n'offrent qu'un amas indigeste de faits assez souvent contradictoires, sans ordre ni liaison chronologique. Il n'en est pas ainsi des Égyptiens, des Babyloniens et des Chinois, dont les mythes paraissent aussi bien coordonnés dans toutes leurs parties que l'histoire elle-même; la raison en est probablement que ces fables ne sont qu'une exposition allégorique de leurs opinions sur la formation de l'univers.

Hésiode, Hellanicus et Acusilas, chez les Grecs, ont donné des généalogies qui s'entredétruisent et n'ont presque rien de commun que le nom. Timée accuse Éphore de mensonge, et les écrivains même les plus estimés ne sont pas exempts d'erreurs chronologiques.

Si nous jetons les yeux sur les premiers siècles de l'histoire romaine, nous y voyons régner plus d'incertitude encore. Personne n'ignore en effet que les monuments originaux furent détruits par les Gaulois, et que Fabius Pictor, le plus ancien des historiens latins, a emprunté des Grecs la majeure partie de son ouvrage.

Fondements de la chronologie. Mais ce serait se faire une fausse idée de la chronologie que de regarder, d'après ce que nous venons de dire, comme arbitraire, une science qui a pour base le témoignage des historiens; elle est en outre fondée sur des monuments irrécusables qui nous restent de l'antiquité, et même sur des observations astronomiques. C'est pourquoi on l'a divisée en chronologie mathématique et en chronologie historique. La première a pour objet la division du temps, et la seconde, le rapport de ses parties à des faits contingents.

La chronologie mathématique résulte de la connaissance de phénomènes célestes, d'après lesquels on a partagé le temps en années, en mois et en jours. Cette partie de la science donne lieu, comme on voit, à des divisions qui doivent trouver place dans des articles spéciaux.

Les principales observations astronomiques dont s'appuie la chronologie, sont celles des éclipses de soleil et de lune qui offrent des preuves incontestables de l'époque d'un grand nombre d'événements. Mais ces preuves, il faut l'avouer, nous les devons principalement à la superstition des anciens, qui mettaient d'autant plus de soin à transmettre le souvenir des éclipses dont ils avaient été témoins, qu'ils leur attribuaient une puissante et maligne influence sur la destinée des empires, le sort des batailles, la vie des rois, etc. Le système chronologique de Calvisius est presque entièrement fondé sur cent quarante-quatre éclipses de soleil, et cent vingt-sept de lune, qu'il dit avoir calculées. Il est d'autres phénomènes célestes dont la chronologie peut se prévaloir avec avantage : telle est, par exemple, la conjonction de Saturne et de Jupiter, qui, selon Kepler, n'arrive que tous les huit cents ans. On peut y ajouter toutes les particularités que les planètes présentent à l'observateur.

Cependant quelque certaines, quelque irréfragables que soient les preuves fournies à la chronologie par l'astronomie, cette dernière science ne vient que subsidiairement, soit pour confirmer, soit pour rectifier le témoignage de l'histoire, qui, par son secours, acquiert une précision géométrique. Certains critiques se sont étrangement trompés lorsqu'ils ont prétendu que le chronologiste devait être astronome; n'est-ce pas en effet l'histoire seule qui nous apprend que tel fait coïncide avec une éclipse? Nous ne saurions jamais, par l'astronomie, de quelle éclipse un écrivain a voulu parler, si l'histoire, qui nous instruit de la coïncidence, n'en donnait implicitement ou expressément une époque au moins approximative. Les fonctions de l'astronome simplement accessoires en matière de chronologie, se réduisent donc à constater l'existence et à préciser la date de l'éclipse dont parle l'historien.

La chronologie historique est un flambeau à l'aide duquel on peut pénétrer dans la nuit des temps, et sans lequel quiconque veut étudier l'histoire ne trouverait qu'une masse incohérente de faits et de noms, sur la succession desquels n'ayant aucune idée, il s'égarerait infailliblement dans un labyrinthe inextricable. Les événements dispersés dans l'immensité du temps et recueillis par l'histoire, sont rassemblés, suivant leurs dates, par la chronologie qui en présente un tableau où se déploient à nos yeux les phénomènes de l'ordre physique et moral qui ont rendu à jamais célèbres les époques auxquelles ils appartiennent.

Le témoignage de l'histoire, malgré les défauts que nous avons signalés plus haut, constitue, comme on voit, la principale base de la chronologie en général. Les historiens anciens étaient des hommes, c'est-à-dire des êtres sujets aux passions et à l'erreur : il serait néanmoins injuste d'accu-

ser d'imposture ou de crédulité des écrivains dont les récits ont été consacrés par la croyance de tous les siècles.
L'étude des monuments antiques a souvent été de la plus
grande utilité pour suppléer à l'insuffisance des livres historiques. On peut, en conséquence, regarder les médailles et les inscriptions comme servant aussi de fondement à la chronologie historique. L'inscription dont cette
science ait tiré le plus de secours est celle des marbres de
Paros. C'est une chronique dont l'auteur vivait vers l'an
264, avant l'ère vulgaire, et qui, malgré quelques inexactitudes (notamment pour le règne de Darius le Mède),
nous est infiniment précieuse pour constater et rectifier
un grand nombre de faits des temps dits héroïques ou fabuleux, qui, sans ce monument, ne nous seraient que
très imparfaitement connus. La chronique de Paros renferme un espace de 1227 ans avant J.-C., depuis le règne
de Cécrops jusqu'à l'archontat de Callistrate.

Division du temps. La nature elle-même semble s'être
plu à fournir au chronologiste, par les révolutions du soleil et
de la lune, des unités qui pussent lui servir à mesurer le
temps. Ce sont ces révolutions qui ont amené les divisions
connues sous le nom d'années sidérales, de saisons, de mois
solaires et lunaires, de jours et de nuits. Dans la suite, non
contents de ces divisions naturelles, les hommes, c'est-à-
dire les astronomes, les législateurs et les prêtres en imaginèrent d'autres pour leurs usages respectifs; tels sont
les siècles, les cycles, les lustres, les olympiades, les mois
civils, les décades, les semaines, les heures, etc.

Varron, et après lui Censorin, divisent (historique-
ment parlant) le temps en trois périodes : la première
comprend l'intervalle qui a pu exister entre la création
du monde et le premier cataclysme, ils la nomment ἄδηλόν
obscure, incertaine. La seconde, qu'ils appellent μύθικον,
fabuleuse, parceque beaucoup de fictions s'y rattachent,
embrasse le temps qui s'est écoulé depuis ce premier cataclysme sous Ogygès, jusqu'à la première olympiade,

en 776 avant l'ère vulgaire. La troisième période, nommée *historique* (ἱστορικόν) commence à cette dernière époque et dure encore. La première, selon les mêmes auteurs, est d'une longueur impossible à déterminer, soit qu'elle ait eu un commencement, soit qu'elle ait toujours existé; ils évaluent la seconde approximativement à 1600 ans; la troisième enfin, dont la durée est indéfinie, remonte à une époque sur laquelle les historiens sont assez d'accord. Mais nous verrons que les travaux des modernes ont reculé, pour quelques nations, les bornes de la certitude historique indiquées par Varron et Censorin.

Ères. Le chronologiste se sert, comme l'astronome, de certains points donnés auxquels il rapporte ses calculs. C'est de ces points pris dans une partie quelconque du temps passé, que l'on compte les autres parties du temps, soit en avant, soit en arrière, suivant que le fait dont il s'agit est antérieur ou postérieur à celui d'où l'on part. Cette partie indivisible de la durée se nomme *ère* et plus vulgairement *époque*. Les époques sont arbitraires : l'histoire s'arrête aux événements qui lui paraissent le plus propres à être pris pour date des faits qu'elle raconte.

Les principales ères sont : 1°. l'ère dite Kaliougam, chez les Indiens; 2°. l'ère des Olympiades; 3°. l'ère de la fondation de Rome; 4°. l'ère de Nabonassar; 5°. l'ère des Séleucides; 6°. l'ère chrétienne; 7°. l'ère de l'hégire, qu'emploient les Mahométans et qui date de l'an 622 de J.-C.; 8°. l'ère de Jezdegerd, ou des Persans, qui n'est autre chose que l'ère de Nabonassar, telle qu'elle a été introduite en Perse, l'an 632 de J.-C. L'ère de Nabonassar et l'ère chrétienne sont les seules dont nous ayons à nous occuper en ce moment.

On a faussement supposé que les Babyloniens se servaient communément de l'ère de Nabonassar, rien n'indique qu'elle ait jamais été en usage comme ère civile; mais les astronomes l'ont prise pour date de leurs observations. C'est dans le *canon royal* de Ptolémée, que nous trouvons cette ère, qu'on fait remonter au 26 février de l'an 747 avant J.-C., ce qui répond au premier jour du mois égyptien *thoth* de l'année 575, de la période sothiaque, selon Censorin, et 2035, selon Fréret et Bailly. Cette époque est celle de l'avènement de Nabonassar au trône de Babylone ; et la computation en a été obtenue au moyen d'observations astronomiques faites la première année du règne de Mardocempad, et d'après lesquelles on est remonté, en suivant la liste donnée par Ptolémée, jusqu'à l'année et au jour où Nabonassar commença à régner. Au reste, les deux premières sections du *canon royal* où se trouve la liste des rois Assyriens, Mèdes et Perses qui ont régné à Babylone, ont été, suivant toute apparence, rédigées dans cette ville ; et des copies de ce canon ont été portées à Alexandrie, où sans doute il a été continué depuis Alexandre-le-Grand jusqu'à Dioclétien inclusivement.

L'an 4714 de la période julienne, 754 de la fondation de Rome, 747 de l'ère de Nabonassar, ou la première année de la 195e. olympiade, commence l'ère célèbre que les chronologistes nomment *ère chrétienne* ou *vulgaire*. C'est plus de 500 ans après l'établissement de la religion chrétienne, qu'on s'occupa de rechercher l'époque à laquelle J.-C. vint au monde. Cette indifférence paraîtra bien extraordinaire à quiconque sait avec quelle ardeur les Chrétiens de l'Orient se livraient à la théologie et à l'histoire ecclésiastique. Le premier qui essaya de trouver par des calculs chronologiques, l'année de la naissance de J.-C. fut le moine Denys, surnommé *Exiguus* ou *le Petit*, vivant obscurément à Rome dans le sixième siècle. Il fixa cette naissance à l'année 754 de la fondation de Rome. Son calcul a été suivi jusqu'à nos jours ; telle est la base de l'ère dont nous nous servons, et qui, depuis Charlemagne, est devenue d'un usage général chez les Chrétiens, excepté dans l'église grecque. Il paraît cependant que Denys s'est trompé, et que la naissance de

J.-C. est antérieure à l'époque qu'il lui a assignée; mais ce ne fut que dans le douzième siècle que son calcul fut reconnu défectueux. On compte sur cette date rapportée à la création du monde, cent trente-deux opinions, dont les extrêmes diffèrent de trois mille trois cents ans. Pour nous, sans remonter aussi haut, nous nous contenterons de la déterminer d'après des données historiques : ainsi, nous placerons avec certitude, la naissance de Jésus-Christ à l'année 750 de la fondation de Rome, 743 de l'ère de Nabonassar, 4710 de la période Julienne, et première de la cent quatre-vingt-quatorzième olympiade : c'est-à-dire quatre ans avant l'ère vulgaire indiquée par Denys-le-Petit. Néanmoins il vaut mieux adopter sa computation, toute erronée qu'elle est, que de porter de la confusion dans la chronologie, par une trop scrupuleuse exactitude.

SECTION II. Les peuples qui prétendent à la plus haute antiquité sont les Égyptiens, les Chinois, les Indiens et les Chaldéens. Leurs fables paraissent appartenir à des temps antérieurs à l'époque même de la création du monde, suivant la Genèse. D'après ce que nous avons dit plus haut, ces nations ont, pour les temps fabuleux, une chronologie possible, au lieu que celle des Grecs, dont la religion ne forme pas un système, ne commence qu'avec les temps historiques, c'est-à-dire à l'époque du retour des Héraclides dans le Péloponèse, en 1190 avant J.-C. Si nous portons nos regards vers l'autre hémisphère, nous n'y voyons que des traditions assez modernes; celles des Mexicains n'étaient guère antérieures à l'ère vulgaire, et celles des Péruviens ne dataient que de cinq siècles avant la découverte de l'Amérique.

Cette section renfermera la chronologie des principaux peuples de l'antiquité. Nous commencerons par les Égyptiens, comme étant la nation dont l'ancienneté remonte le plus haut par les monuments historiques.

Égyptiens. Les extraits de Manéthon, conservés par

Josèphe, Eusèbe et Jules l'Africain, ne peuvent nous donner qu'une notion imparfaite de l'antiquité de la monarchie égyptienne; car ces extraits diffèrent sensiblement entre eux, tant pour le nombre que pour la durée totale et partielle des règnes. Quelle que fût la version que les Chrétiens adoptassent, ils ne pouvaient la concilier avec leur chronologie, qui n'admettait pas une durée à beaucoup près aussi longue; ils imaginèrent en conséquence de retrancher les quinze premières dynasties de Manéthon, ne songeant pas qu'il pouvait y avoir eu, comme Marsham l'a démontré, des dynasties collatérales dans les différents petits États dont se composait l'Égypte. Le Syncelle nous apprend que Manéthon réduisait ses trente et une dynasties à cent treize règnes successifs pour un espace de 3555 ans, depuis la fondation de la monarchie, ce qui fait environ trente et un ans cinq mois quinze jours pour chaque règne jusqu'à l'an 345 avant J.-C.

Ce que disent Hérodote et Diodore, sur la durée de la monarchie égyptienne, quoiqu'ils l'expriment en années, doit inspirer d'autant moins de confiance, que les prêtres qu'ils avaient consultés n'ont probablement pas employé l'année de 365 jours suivie par Manéthon. Diodore lui-même, qui, d'après Hécatée de Milet, donne 9,500 ans au règne des hommes en Égypte, depuis Menès jusqu'à l'invasion de Cambyse, Diodore nous apprend en effet que plusieurs Égyptiens de son temps ne donnaient que trois ou quatre mois à ces anciennes années. Il faut donc réduire de beaucoup les 11,340 ans donnés par Hérodote au règne des hommes, depuis Menès jusqu'à Séthon, et en les assimilant, d'après Fréret, à des saisons de trois mois, nous aurons 2,794 années solaires, c'est-à-dire l'intervalle compris entre l'an 3,504 et l'an 710 avant l'ère vulgaire. Quant aux 9,500 ans de Diodore, pris pour des saisons de quatre mois lunaires, ils reviennent à 2,964 années solaires entre Menès et Cambyse : l'invasion de celui-ci ayant eu lieu en 538 avant J.-C. Le règne de Menès remontera à l'an 3,502, ce qui fait entre Hérodote et Diodore une différence de deux ans seulement. Selon ce dernier, le règne des Dieux en Égypte avait duré 18,000 ans, et depuis Osiris jusqu'à Alexandre il s'était écoulé 10,000 ans ; Diogène de Laërte comptait 48,863 ans depuis Vulcain, le plus ancien des dieux, jusqu'à la conquête d'Alexandre ; le Soleil, le second des dieux, régna 25,000 ans avant cette dernière époque, selon Diodore, et 36,525 ans, selon le Syncelle.

Cette chronologie, fondée apparemment sur des considérations astronomiques, ne servait sans doute qu'à représenter, d'une manière allégorique, les révolutions des sphères célestes. De 36,525 ans de la chronique égyptienne, il y en avait 33,984 pour le règne des dieux, savoir 30,000 pour le soleil, et le surplus pour Saturne et les douze autres dieux inférieurs. Ainsi il ne restait que 2541 ans pour le règne des hommes, jusqu'à la 15ᵉ année avant la conquête d'Alexandre, c'est-à-dire jusqu'à l'an 347 avant J.-C.

Les progrès qu'a faits récemment et que fait encore l'étude des antiquités de l'Égypte, font remonter d'une manière certaine à la fin du 19ᵉ siècle avant l'ère chrétienne, la chronologie de ce pays. C'est à cette époque, après l'expulsion des rois *hicshos* ou *pasteurs,* auxquels Manéthon donne 260 ans de règne, que l'Égypte vit commencer la 18ᵉ dynastie dont parle cet historien, et qui fut la plus célèbre dans l'histoire par les grands événements qui en furent contemporains, tels que la restauration de la monarchie égyptienne, la sortie des Hébreux, la migration d'une colonie en Grèce, sous la conduite de Danaüs, enfin la construction des plus beaux édifices de Thèbes et de la Nubie. Nous devons aux travaux de MM. Champollion, les documents les plus précieux sur ces temps mémorables de l'antique Égypte. Ils nous apprennent qu'Amoris, premier roi de cette dynastie composée de dix-sept Pharaons, monta sur le trône en 1822 avant l'ère vulgaire, et

régna trente ans. Aménophis II, son septième successeur, paraît être le Memnon dont la statue parlante passait
pour une des sept merveilles du monde. C'est sous
Tmauhmot ou Akenchrès, sa petite-fille, que, suivant
Manéthon, s'effectua l'Exode sous la conduite de Moïse.
Armaïs ou Ramsès II, quatorzième roi de la dynastie, est
le même que Danaüs, qui se réfugia en Grèce, vers l'année 1586 avant J.-C., et régna dans l'Aryolide. Ses trois
successeurs portèrent le même nom; et le dernier cessa
de régner en 1473 avant l'ère chrétienne; d'où il suit
que l'Égypte fut gouvernée pendant 348 ans, selon Eusèbe
et le Syncelle, par cette illustre dynastie qui compta deux
femmes parmi ses Pharaons, et sous laquelle la monarchie parvint à son plus haut degré de splendeur. C'est ici
le lieu de relever un anachronisme du savant Fréret, qui
place le règne de Ramsès VI ou Sésostris à l'année 1570;
par une conséquence inévitable, il lui a attribué l'expulsion des rois *Pasteurs*, et les persécutions exercées
contre les Juifs. Il est constant aujourd'hui que la date de
son règne, qui commença la dix-neuvième dynastie, doit
être portée à l'an 1473 avant J.-C.

En 525, l'Égypte fut conquise par Cambyse, qui devint le chef de la vingt-septième dynastie. Les rois de
Perse perdirent et recouvrèrent cette conquête, qui enfin
leur fut enlevée l'an 332 avant l'ère vulgaire, par Alexandre, auquel commença la trente-deuxième dynastie, dite
des Macédoniens. Les Ptolémées, successeurs de ce prince,
cessèrent de régner l'an 30 avant J.-C., époque à laquelle
l'Égypte devint une province romaine.

Chinois. Quoique les Chinois (au rapport du P. Gaubil),
presque exclusivement occupés à se procurer les agréments
et les jouissances de la vie, n'aient jamais porté les sciences spéculatives à un certain degré de perfection, et qu'il
ait fallu que de temps en temps des étrangers vinssent les
instruire à tirer des principes que leur pénétration leur
avait fait trouver, les conséquences que leur apathique in-

dolence leur rendait inaccessibles, cependant le soin avec lequel ils se sont attachés à rapporter leurs observations des phénomènes célestes, nous portent invinciblement à croire qu'ils se sont appliqués, non-seulement à l'astronomie, mais encore à la chronologie, sans laquelle il n'y aurait point d'astronomie; puisque celle-ci, comme l'observe Fréret, est fondée sur la connaissance exacte de la durée des révolutions planétaires, et que nous ne parvenons à connaître cette durée que par celle des intervalles de temps qui séparent les observations astronomiques.

Des *Kings* ou livres sacrés sur lesquels se fonde la chronologie chinoise, il y en a trois qui renferment tous les fragments historiques échappés à la combustion ordonnée par l'empereur Hoam-ti, qui régna 246 ans avant J.-C. Ces livres sont : le *Chou-King*, le *Chi-King* et le *Tchunc-Tsiéou*.

Les Chinois font remonter si haut leur histoire, qu'elle est, suivant eux, antérieure à celle de tous les autres empires, et que, vers le commencement du siècle dernier, quelques missionnaires ont pensé que l'histoire des premiers empereurs chinois, était celle de Noé portée en Chine par les conducteurs de la colonie, qui, dit-on, peupla ce pays du temps de Phaleg. Il serait superflu de s'arrêter à l'examen de cette opinion.

Les temps fabuleux, qui, chez les Chinois, comme chez les autres peuples, précèdent les temps historiques, ne méritent pas plus notre attention que les périodes imaginaires des astronomes; celle de Liéouhine était de 143,127 ans; d'autres après lui en inventèrent de plus longues encore, de 200 et même de 300 millions d'années. Les Chinois, dans leurs computations, font usage d'un cycle de 60 ans, qu'on fait remonter à l'an 2697 avant J.-C., et qui est appelé *kiat-se*, d'après la dénomination de la première année de ce cycle, dont chaque année est désignée par deux lettres qui la distinguent des autres; et toutes les années des empereurs, pendant plus de 2000 ans, ont eu des noms qui leur sont communs avec l'année correspondante du cycle.

Tous ceux qui ont été à portée de consulter les annales chinoises, nous en donnent une idée qui doit, pour les temps historiques, nous inspirer une grande confiance. Chez les autres peuples, le soin d'écrire l'histoire est abandonné aux particuliers; en Chine, c'est un tribunal composé des plus savants lettrés, qui préside à la rédaction des annales. Ce tribunal est toujours assisté d'habiles astronomes chargés de marquer exactement les éclipses et les autres phénomènes célestes. C'est ce qui se voit particulièrement dans un fragment historique de Confucius, sur le royaume de Lou, sa patrie. Ce fragment, quoique assez court, est d'une extrême importance, puisqu'il contient les dates précises de trente-cinq éclipses de soleil, qui, vérifiées par les astronomes modernes, servent à constater les annales de la Chine, depuis l'an 720 jusqu'à l'an 481 avant J.-C. L'extrait des hypothèses de Liéouhine, qu'a donné le P. Gaubil, nous apprend que les éclipses anciennes dont il est parlé dans les Kings, ne peuvent avoir été déterminées après coup par des calculs astronomiques; car, d'après les mêmes hypothèses, il était presque impossible de calculer seulement les syzygies d'une année à l'autre.

L'histoire de la Chine se divise en deux parties très distinctes, sous le rapport de la certitude morale. L'une, qui commence à l'an 206 avant J.-C. et comprend l'histoire des Hanes et des seize dynasties qui leur ont succédé, est revêtue d'un plus haut degré d'authenticité que l'autre, qui, fondée sur des fragments d'anciennes annales, renferme l'histoire des familles impériales que la tradition fait régner en Chine avant l'établissement de l'ordre successif.

La Chine, suivant Meng-Tzé, couverte d'eau et de forêts jusqu'au temps d'Yao, était presque déserte. Ce chef de horde leur apprit à dessécher les marais et à cultiver la terre. Peu à peu le pays se peupla, et les habitants se livrèrent de plus en plus à l'agriculture. La Chine se policça d'abord dans la partie septentrionale.

Quoique Meng-Tzé fasse remonter à Yao les commencements de la monarchie chinoise, néanmoins Confucius son maître et un autre écrivain contemporain nous apprennent qu'avant ce prince la Chine a eu six rois, dont au reste on ne connaît guère que le nom. Les fables qui obscurcissent cette histoire, et le silence de Confucius à cet égard, ne nous permettent pas de faire remonter au-delà les annales chinoises, et nous autorisent à révoquer en doute les actions attribuées à Fo-hi, à Chine-noung, et même à Hoang-ti, qui régnaient, dit-on, dans le 25e. ou 26e. siècle avant J.-C., et à chacun desquels on donne près de cent ans de règne.

On connaît pour le règne d'Yao jusqu'à onze dates, qu'à la vérité on peut réduire à quatre, et qui comprennent dans leur diversité, un espace de 284 ans. On voit par là combien sont peu dignes de foi les supputations de ces temps obscurs. Nous trouvons dans l'ouvrage de Gaubil, la traduction d'un fragment qui peut servir à fixer cette époque, d'après une observation astronomique, mais reste toujours une différence de deux cents ans entre la chronologie de *Tsou-chou* et les annales de *Semacouang*. Pour résoudre la question, Fréret nous présente des considérations tirées du calendrier chinois, tel qu'il fut rétabli sous les Hanes, et dont la conséquence est que « les règnes d'Yao et de Chune, les deux fonda-»teurs et législateurs de la monarchie chinoise, ont fini »1991 ans avant l'ère vulgaire; la durée de ces règnes »est au plus de cent cinquante-six ans; ainsi ils ne peu-»vent avoir commencé que vers l'an 2147, et dix ans »après la vocation d'Abraham. »

Il serait du ressort de l'histoire proprement dite plutôt que de la chronologie, de suivre la monarchie chinoise dans les nombreux changements qu'elle a subis; nous nous bornerons à présenter le résultat de nos recherches, qui consistera à dire que la Chine fut gouvernée, pendant 3603 ans, par quatorze dynasties, dont la première fut celle des Hia, et la dernière celle des Taï-ming, qui s'éteignit en 1644 après J.-C., époque à laquelle les Tartares Mandchoux envahirent la Chine et fondèrent une nouvelle dynastie appelée Taï-tsing.

Indiens. Nous ne dirons qu'un mot des Indiens, chez lesquels la seule époque chronologique à laquelle, d'après l'état actuel de nos connaissances, on puisse s'attacher est le *Kal-iougam* ou période courante. On ne trouve rien au-delà qui porte un caractère historique.

Les années indiennes se mesurent par le retour du soleil à la même étoile fixe; c'est pourquoi elles sont un peu plus longues que les années juliennes. Les Brahmanes ont calculé que l'année astronomique était de 365 j. 6 h. 12′ 30′; ainsi, suivant les astronomes modernes, ils se sont trompés de 23′ 44′ 30″. Leur année excède même notre année sidérale de 2′ 19′, ce qui fait tous les soixante ans près d'un jour, ou exactement, 23 h. 44′ 30′.

Le Kal-iougam date de la neuvième apparition de Vischnou, qui, selon les calculs astronomiques, aurait eu lieu au mois de janvier de l'année 3102 avant J.-C., ce qui d'ailleurs s'accorde assez bien avec la chronologie de la version des Septante.

Babyloniens. Bérose faisait remonter à 150,000 ans l'origine de Babylone, mais ne faisait commencer qu'à Alorus les temps historiques, qu'il divisait en deux périodes : la première comprenait le règne de dix rois successifs, et un espace de 120 *sares* [1], depuis Alorus jusqu'au déluge universel sous Xisuthrus; la seconde embrassait neuf sares et demi, jusqu'au règne d'Evechoüs, depuis lequel on commença à compter par années solaires

---

[1] Le sare équivaut à 222 ou 223 mois lunaires, environ dix-huit ans et demi.

de 365 jours; et il s'écoula, selon le Syncelle, 1865 ans entre cette époque et la destruction de l'empire d'Assyrie, sous le dernier Sardanapale, en 608 avant l'ère chrétienne.

La chronologie babylonienne est, comme on voit, moins ancienne que celle des Égyptiens : l'ancienne chronique égyptienne comptait quatre-vingt-douze rois successifs, et les annales babyloniennes quatre-vingt-six. Mais les observations astronomiques, auxquelles on sait que se sont livrés les Chaldéens, de temps immémorial, donnent à la chronologie de Babylone, une plus rigoureuse précision.

Perses. Le règne de Cyrus, fondateur de la monarchie des Perses, étant une des époques les plus mémorables de l'histoire ancienne, et le seul point par lequel on puisse lier la chronologie des Juifs avec celle des autres peuples, il importe extrêmement d'en fixer le commencement et la fin.

Jules l'Africain, cité par Eusèbe, nous assure, d'après Diodore, Polybe et Phlégon, que Cyrus monta sur le trône la première année de la 55e. olympiade, ce qui re vient aux six derniers mois de l'an 560 avant J.-C., ou aux six premiers de l'an 559. (Voyez ci-dessous la chronologie Juive.) Cambyse, son fils, lui succéda en 529. L'opinion d'Hérodote, d'Eusèbe, de Ptolémée et de Georges le Syncelle, que partagent Scaliger, Ussérius et Petau, et qui consiste à ne donner à Cambyse que huit ans de règne, nous paraît bien préférable à celle de Ctésias, de Jules l'Africain et de Clément d'Alexandrie, qui le font régner dix-huit ou dix-neuf ans. Ainsi l'éclipse du 16 juillet 523, sera non de la deuxième, mais de la sixième année de Cambyse. Darius, fils d'Hystaspes, âgé de vingt-huit ans environ, conspira contre Smerdis le Mage, usurpateur de la couronne qu'il avait gardée sept mois, et monta sur le trône en 521, la troisième année de la 64e. olympiade. Sous son règne il y eut deux éclipses la première arriva le 19 novembre de l'an 502, et la seconde le 25 avril de l'an 491. Ce prince mourut en 489, selon les marbres de Paros; en 486, selon Hérodote, et en 485, d'après le canon de Ptolémée; mais, comme dit Fréret, les événements arrivés entre la mort de Darius et la bataille de Salamine, rendent bien plus probable l'opinion d'Hérodote. Il eut pour successeur, son fils Xerxès, qui, vraisemblablement, mourut en 464, un an après la condamnation de Thémistocle à l'ostracisme. Il eut huit successeurs en y comprenant Xerxès le jeune et son frère Sogdien, qui ne régnèrent que dix mois. Le dernier, Darius Codoman, fut dépouillé de ses États en 331, par Alexandre. Ainsi fut détruite, après une durée de 208 ans, la monarchie de Cyrus.

Juifs. La chronologie juive, qui a tant occupé les critiques depuis le second siècle de l'ère vulgaire, est encore enveloppée d'une grande obscurité pour les événements même les plus remarquables. Les chronologistes ont toujours voulu partir de la création du monde, époque sur laquelle il existe plus de quarante opinions, toutes fondées sur la Genèse : et cette méthode, jointe aux lacunes qui se rencontrent dans la Bible, notamment dans le Livre des Rois et dans les Paralipomènes, paraît avoir mis long-temps obstacle aux progrès de cette partie de la chronologie.

Sans vouloir concilier les textes hébreu, samaritain et grec de l'ancien testament, ni les opinions de Marsham et de Pezron, qui diffèrent de 1294 ans pour le temps qui s'est écoulé depuis le déluge jusqu'à la fin de la captivité, nous nous hâterons d'arriver à des époques susceptibles d'être chronologiquement discutées, et dont l'étude puisse offrir des résultats satisfaisants pour la raison.

Après leur sortie de l'Égypte, vers la fin du 15e siècle avant l'ère vulgaire, les Juifs furent gouvernés pendant près de 400 ans par des chefs appelés *juges.* Ce régime, fécond en troubles politiques, et sous lequel la nation, souvent en proie à l'anarchie, fut réduite six fois à la servitude, fit place, en 1105, au gouvernement monarchique. Saül, premier roi des Juifs, régna quarante ans. Après lui, David, sacré roi, régna sept ans et demi à Hébron et trente-trois à Jérusalem. Il eut pour successeur Salomon, qui, la quatrième année de son règne, 480 ans après l'Exode, et 1021 ans avant J.-C., fonda le temple de Jérusalem dont la construction dura huit ans. Sous Roboam, son successeur, en 986, il s'opéra un schisme politique dans le peuple juif; cette division en royaume d'Israël et royaume de Juda donna naissance à deux séries collatérales de rois, dont la chronologie offre des difficultés non encore résolues; aussi le doute, nonobstant ses inconvénients, nous paraîtra-t-il préférable à une décision arbitraire, et nous suspendrons notre jugement avec Scaliger et Fréret sur ces époques, où, selon Vossius et Petau, la confusion et l'obscurité vont toujours croissant. En conséquence il nous suffira d'indiquer la durée respective des deux royaumes. Celui d'Israël, où la succession des règnes est interrompue par des guerres civiles et des usurpations, après avoir subsisté pendant 205 ans sous dix-neuf rois, fut détruit en 781 avant l'ère chrétienne, à la prise de Samarie par Salmanazar, qui emmena captives à Babylone les dix tribus schismatiques. Le royaume de Juda, composé des tribus de Juda et d'Israël, se maintint encore 192 ans jusqu'à la onzième année du règne de Sédécias, 589 ans avant J.-C. A cette époque, Nabocolassar prit Jérusalem, la saccagea, ruina son temple de fond en comble et emmena également à Babylone le reste du peuple juif. Cette nation resta captive jusqu'à la prise de Babylone par Cyrus, en 539; alors Zorobabel la ramena en Judée, où elle fut gouvernée par des pontifes, soumis d'abord aux rois de Perse, puis à Alexandre et à ses successeurs, et enfin aux Romains.

Grecs. La chronologie des premiers temps de la Grèce

est presque entièrement fondée sur le calcul des générations. Il importe donc de se fixer sur l'idée qu'on doit attacher au mot *génération*, chronologiquement parlant. Les supputations des modernes nous apprennent que dans l'origine une génération comprenait environ 40 ans. Mais cette durée paraît diminuer en proportion avec la civilisation et la corruption des mœurs. En conséquence, on concevra facilement qu'à Sparte, dont les citoyens menaient une vie austère et frugale, les générations étaient plus longues que dans le reste de la Grèce. Nous en trouvons une preuve irrécusable dans la famille d'Agésilas, où nous voyons que treize générations font 433 ans.

Newton est évidemment dans l'erreur, quand il compte cinq générations pour cent ans, se fondant en cela sur la supposition gratuite que les hommes se mariaient à dix-sept ans et devenaient pères à dix-huit ou à vingt ans au plus tard.

Mais les historiens ont eu besoin d'un terme moyen pour déterminer plus régulièrement la durée des générations; la nature le leur a offert en quelque sorte. En effet l'expérience a prouvé que trois générations équivalent à un siècle pour les peuples occidentaux. Toutefois quelque positif que soit, à ce sujet, le témoignage d'Hésiode et de Platon, il n'en est pas moins vrai que la chronologie basée sur les générations ne peut être que conjecturale, et on y chercherait vainement la même précision que dans celle des temps historiques. Il faut donc, en ce cas, se contenter de probabilités et d'approximations, que même on n'a pas toujours le bonheur de rencontrer, encore est-on obligé de s'en rapporter souvent à des généalogies de familles particulières où se trouvent des obscurités, des inexactitudes, et, de plus, des traditions combattues par l'histoire ou l'opinion publique.

Il est à propos de rectifier ici une erreur commise par quelques chronologistes, et en particulier par le grand Newton. Ils paraissent avoir confondu les règnes avec les générations. La règle fondée sur l'observation, et qui donne cent ans pour trois générations, ne peut s'appliquer aux règnes, qui sont sujets à tant de variations provenant de différentes causes. Dans les gouvernements électifs, par exemple, on ne confie ordinairement l'autorité souveraine qu'à des hommes d'un âge mûr; ainsi le nombre des règnes y est toujours plus grand que celui des générations. Il y a plus, car dans les États même où le trône est héréditaire, il n'est pas rare de voir la succession interrompue par l'extinction de la famille régnante, par des troubles, des usurpations, etc. On aurait donc également tort dans cette hypothèse de donner aux règnes une aussi longue durée qu'aux générations.

Hérodote, le plus ancien des historiens qui nous sont parvenus, et qui naquit en 447 avant J.-C., fixe le siècle de Bacchus à 1060 ans avant sa naissance, celui d'Hercule à 900, et celui de Pan à 800 ans; il évalue à 790 ans le temps qui s'est écoulé entre la prise de Troie et l'invasion de Xerxès en Grèce; suivant le même, la famille des Héraclides, en possession du trône de Lydie, depuis l'an 675 avant la prise de Sardes par Cyrus, avait régné 505 ans de père en fils, à compter d'Argon, descendant d'Alcée, 48 ans après la prise de Troie, ce qui revient à l'an 1222 avant l'ère vulgaire. D'après le même historien, les Héraclides, sous la conduite d'Aristodème, arrière-petit-fils de Hyllus, fils d'Hercule et de Déjanire, s'emparèrent de presque tout le Péloponnèse, que l'aïeul d'Aristodème avait possédé en grande partie, comme héritier de Persée. Cet événement eut lieu 80 ans après la prise de Troie, et 53 ans après la mort d'Hercule.

Thucydide paraît avoir adopté la chronologie d'Hérodote. Ce judicieux historien fixe, avec un soin extrême, la date des événements qu'il rapporte, et est peut-être, sous ce rapport comme sous d'autres, plus exact qu'Hérodote lui-même; il marque avec la plus grande attention les archontes d'Athènes, les éphores de Sparte, la célébration des jeux olympiques et l'année de la sacrificature des prêtresses de Junon à Argos.

La chronologie des Athéniens repose sur des bases beaucoup plus sûres que celle des Péloponnésiens, ce qu'on doit attribuer à l'usage où étaient les premiers de conserver leurs antiquités, et à la paix dont l'Attique, long-temps exempte de révolutions, avait joui pendant les guerres qui ensanglantèrent le Péloponnèse. Des monuments de toute espèce, d'anciennes poésies venaient au secours de la tradition orale et perpétuaient le souvenir des faits les plus mémorables.

À l'usage de compter par générations succéda celui de rattacher les événements à l'époque de certaines magistratures. On établit à Athènes des magistrats nommés *archontes*, qui, d'abord perpétuels, et ensuite décennaux, devinrent annuels en 684 avant J.-C. De ces magistrats, au nombre de neuf, le premier, appelé proprement *archonte*, donnait son nom à l'année pour la date des actes politiques et civils, et se nommait pour cela *éponyme* (ἐπώνυμος). Ainsi ce fut sous l'archontat de Callias que se donna la bataille de Salamine, 480 ans avant l'ère vulgaire : Callias fut donc le 204e. archonte annuel; c'est ce sur quoi s'accordent la chronique de Paros, Denys d'Halicarnasse, Jules l'Africain, Eusèbe et Georges le Syncelle.

Dracon donna ses lois sous le 89e. archonte, et Solon trente ans après. En 560, avant J.-C., sous le 123e. archonte, Pisistrate s'empara de l'autorité suprême à Athènes, qui ne recouvra sa liberté qu'un demi-siècle après. On peut diviser l'histoire d'Athènes en cinq périodes, depuis Cécrops jusqu'à la bataille de Salamine, 1° 429 ans sous les descendants de Cécrops et d'Erecthée; 2° 58 ans sous ceux de Nélée; 3° 335 ans sous les archontes perpétuels; 4° 70 ans sous les archontes décennaux; 5° 203 ans sous les archontes annuels; total 1095 ans.

On peut s'étonner que la Grèce, qui a produit de si

grands génies, n'ait point eu d'ère générale pour tous les peuples qui l'habitaient. Dans chacune des petites républiques dont ce pays était composé, les années étaient désignées, comme nous venons de le voir à Athènes, par le nom de ceux qui occupaient les premières charges de l'État. On sent combien il était difficile aux historiens de donner aux événements qu'ils racontaient une date qui fût intelligible pour tous les Grecs. L'historien Timée de Sicile, qui vécut vers l'an 260 avant J.-C., ayant observé que chaque célébration des jeux olympiques fournissait une époque connue de la Grèce entière, et d'après laquelle on pouvait diviser le temps d'une manière uniforme, adopta, dans ses ouvrages, qui sont perdus, l'ère des *olympiades* ou intervalles de quatre ans d'une célébration à l'autre. Dès lors cette division fut suivie par tous les historiens; et chaque olympiade fut désignée par le nom de l'athlète vainqueur, que, depuis la vingt-huitième célébration des jeux après Iphitus, on avait coutume d'inscrire sur des tables. La première olympiade historique est celle de Corœbus, qui remporta le prix de la course; elle est portée d'un commun accord à l'an 776 avant J.-C. Par suite d'une longue habitude, lors même qu'on eut cessé de célébrer les jeux olympiques, on continua néanmoins de compter par olympiades. Mais cet usage tomba peu à peu en désuétude, et vers l'an 312 de J.-C., sous Constantin, les *indictions* commencèrent à prévaloir. De ce que plusieurs écrivains du moyen âge se servent du mot *olympiade*, il n'en faut pas conclure que ce mode de computation fût encore usité alors; ce terme signifie seulement un espace de quatre ans, sans égard à l'origine ou à la succession des périodes que les Grecs nommaient ainsi. Enfin on observera que les olympiades n'ont jamais été une ère civile; que cette computation était exclusivement réservée à l'histoire; et que les jeux olympiques étaient célébrés à la première nouvelle lune après le solstice d'été, c'est-à-dire dans le mois athénien Hécatombéon , d'où il s'ensuit qu'une année olympique comprend les six derniers mois d'une année julienne et les six premiers de la suivante, et réciproquement.

Syrie. Douze ans après la mort d'Alexandre, arrivée en 324 avant J.-C., la 4ᵉ. année de la 113ᵉ. olympiade, Seleucus, un des capitaines de ce prince, fonda une vaste monarchie qui s'étendait depuis la Méditerranée jusqu'à l'Indus, et fut surnommé Nicanor et déclaré roi de Syrie. C'est de son entrée à Babylone, après sa victoire sur Antigone, que date son avènement au trône, qui donna naissance à l'ère des Séleucides ou *des contrats* ainsi appelée par les Juifs, de ce que les rois de Syrie les contraignirent d'en faire usage dans leurs actes civils. Cette ère commence à l'an 312 avant J.-C. La première année de la 117ᵉ. olympiade, Seleucus mourut à l'âge de soixante-quinze ans, après en avoir régné trente-deux, et transmit la couronne à ses descendants, appelés *Séleucides,* sous lesquels le royaume de Syrie fut le théâtre de sanglantes révolutions. Enfin l'invasion des Romains amena la catastrophe de cette monarchie, qui, après une durée de 247 ans, fut détruite en 64 avant J.-C., la quatrième année de la 178ᵉ. olympiade.

Rome. Rome existait déjà depuis six siècles, et personne ne s'était encore occupé de rechercher l'époque de la fondation de cette ville. Caton l'ancien, le premier, qui vécut 150 ans avant l'ère vulgaire, essaya de la déterminer. Il la fixa d'après les fastes du Capitole, à la première année de la 7ᵉ. olympiade, qui répond à la 753ᵉ. avant J.-C. Mais les chronologistes ont pour la plupart préféré la computation de Varron, comme fondée sur l'astronomie; ce dernier fait remonter la fondation de Rome à la quatrième année de la 6ᵉ. olympiade, et 753 ans accomplis, ou la 754ᵉ. année avant l'ère vulgaire. Il est important de remarquer que l'ère de la fondation de Rome, non plus que celle de Nabonassar et des olympiades, n'a

jamais été employée comme ère civile. Les historiens seuls
en ont fait usage, ce qu'ils exprimaient par ces lettres :
A. V. C. (*anno urbis conditæ.*)

L'année 509 avant J.-C. vit Rome expulser ses rois, se
constituer en république et confier l'autorité civile et militaire à deux magistrats annuels appelés *consuls.* Cet événement arriva l'an de Rome 245, selon Varron, et 244,
selon les marbres du Vatican : ce qui revient à la quatrième année de la 67e. olympiade ou à la première année
de la 68e. A cette époque commença, pour les Romains,
une nouvelle ère dite *de la république* ou *des consuls,* qui
servit à dater les actes du gouvernement, et depuis laquelle les années furent désignées par les noms des consuls. Les fastes consulaires ont subi quelques interruptions
occasionées par les troubles politiques auxquels Rome
fut souvent en proie, c'est-à-dire sous les décemvirs, les
tribuns militaires, les dictateurs et les triumvirs. Quoique
les consuls, à partir de la bataille d'Actium en 31 avant
J.-C., perdissent tous les jours de leur puissance, et qu'ils
ne fussent plus, dès le règne de Tibère, que l'ombre de
ce qu'ils étaient sous la république, cependant l'usage de
marquer les années par le nom des hommes décorés annuellement du vain titre de consul, se maintint jusqu'au
règne de l'empereur Léon VI, dit le Sage, vers la fin du
9e. siècle de l'ère vulgaire. Ce moyen de désignation avait
l'avantage réel de la facilité et de la précision, et c'est
sans doute pour cela seul que le titre a survécu à la
dignité. Nous remarquerons enfin que, lorsque la guerre,
et par suite la conquête, eurent établi de fréquentes relations entre les Grecs et les Romains, les écrivains de
ce dernier peuple employèrent conjointement l'ère de
Rome et celle des olympiades.

Les principaux auteurs qui ont écrit sur la chronologie
sont Apollodore, Eusèbe, Georges le Syncelle, Riccioli,
Desvignoles, Petau, Buret de Longchamp, dont on peut

consulter les tables avec fruit; et surtout le très savant Fréret, dans les écrits duquel on ne saurait trop puiser.

E. Сн. d'A.

CHRONOMÈTRE. (*Musique.*) On nomme ainsi tous les instruments qui servent à mesurer le temps. Ce mot est composé des mots grecs *chronos* (temps) et *métron* (mesure). D'après cette définition, les horloges et les montres seraient des *chronomètres,* mais on a consacré ce mot à l'instrument qui marque la mesure et qui rappelle dans un temps éloigné ou à une distance quelconque, le mouvement primitif que l'auteur a voulu donner à son œuvre.

Plusieurs physiciens ont inventé des instruments pour cet objet, mais aucun n'a réuni la perfection du *métronome* du célèbre mécanicien *Maëlzel.*   H. B.

CHRYSALIDES. (*Histoire naturelle.*) *V.* Insectes.

CI.

CICINDELETTES. (*Histoire naturelle.*) Tribu d'insectes coléoptères de la famille des carnassiers. (*Voyez* ce mot.) Elle se forme du genre, si nombreux en espèces, appelée par Linné *Cicindela,* que l'on a traduit en français par Cicindèle. Voisins des Carabiques (*Voyez* ce mot), ce sont comme eux des animaux à la fois agiles, élégants, souvent brillants de teintes métalliques, mais voraces et destructeurs; dans tous leurs états ils aiment la chaleur; l'ardeur et l'éclat du soleil semblent leur donner une nouvelle vie; leurs larves séjournent dans le sable. L'insecte parfait voltige à sa surface ou dans les lieux arides et découverts. L'espèce appelée *Cicindela hybrida* L., Buprestes à broderies blanches de Geoffroy, est l'une des plus communes et des plus remarquables par sa beauté entre les Cicin tèles de l'Europe; elle est d'un beau vert, à la fois métallique et velouté, avec une petite ligne blanche et

transversale, correspondant d'un élytre à l'autre, brisée
d'angles et de courbures, avec des points ou des rudiments
d'une ou deux autres lignes pareilles. Dans les jours très
chauds de l'été, elle répand une odeur rosée assez agréable, quand cette odeur ne devient pas celle des cantha
rides.   B. DE ST.-V.

CIDRE. (*Économie domestique.—Technologie.*) Après
le vin, la plus belle, la plus variée et la plus généreuse
de toutes les boissons, le cidre tient le premier rang parmi
les liqueurs fermentées dont nous faisons un usage habituel. Le poiré vient ensuite.

Dans les contrées où la température n'a pas assez de
chaleur pour mûrir le raisin, le pommier et le poirier
croissent et prospèrent. Quoique la liqueur que l'on exprime de leurs fruits soit inférieure au bon vin, elle n'en
fournit pas moins une boisson saine et rafraîchissante
quand elle est bien préparée, une eau-de-vie presque
aussi agréable que celle de Cognac, et un vinaigre fort
et durable. Sous d'autres rapports, les arbres à cidre présentent plusieurs avantages : ils offrent abondamment un
excellent chauffage, et ils n'occupent pas à eux seuls le
terrain qui les nourrit. En effet, sous leur ombrage tutélaire les bestiaux paissent une herbe féconde, et l'on cultive toutes sortes de céréales et de légumes.

On sait qu'une pomme fut le préliminaire des hostilités
d'Alexandre contre Clytus, qui paya de sa vie un mot
hardi, et qu'une autre, lancée par la Discorde, occasiona
entre trois déesses de funestes débats. Aussi Constantin
et Ladislas Jagellon avaient-ils une aversion prononcée
pour le fruit qui causa la ruine de Troie, qui séduisit Ève,
qui ralentit la course et la défense d'Atalante, et qu'Hercule eut tant de mérite à enlever du jardin des Hespérides.

C'est à tort qu'on a dit que la culture du pommier à
cidre ne remontait pas en Normandie au-delà de Charles-le-Mauvais, roi de Navarre (quatorzième siècle). On voit,
dans la Philippide de Guillaume-le-Breton, que, dès le

treizième siècle, le pays d'Auge abondait « en pommes, dont les Normands faisaient découler un cidre agréable.»

Le cidre se tire des pommes soit douces, soit amères, ou bien d'un mélange de ces deux variétés, ce qui vaut mieux encore. Ce n'est pas qu'on n'en pût obtenir, et même de très délicats, de la pomme de reinette et de quelques autres pommes acide-sucrées ; mais comme on tire de ces fruits un parti plus avantageux pour la table, on ne les livre pas au pressurage.

On distingue en trois espèces, d'après l'époque de leur maturité, les pommes à cidre dont on exprime cette boisson : les précoces qui mûrissent en septembre, les moyennes que l'on cueille en octobre, et les tardives qu'on n'abat qu'en novembre. Ces deux dernières sont celles qui produisent une liqueur plus spiritueuse et plus durable. Les précoces en donnent une qui est légère et saine, mais qui ne se conserverait pas au-delà d'une année, tandis que les deux autres variétés composent des cidres que l'on garde de deux à quatre ans.

Quand les pommes sont mûres, on monte sur l'arbre pour le secouer, et l'on fait ensuite, à coups de gaule, tomber ce qui reste de fruits. Portées au grenier, à l'air, ou dans tout autre endroit à l'abri de la pluie, les pommes complètent leur maturité, prennent une belle couleur et une odeur agréable. Alors, après en avoir rejeté les fruits gâtés, on soumet les pommes à l'action du pressoir. Broyées en pâte grossière dans une auge, sous les coups du pilon, pour de petites quantités, et, pour de plus grandes, dans l'auge circulaire du pressoir proprement dit, elles sont disposées à céder tout leur jus sous le poids de l'huis (assemblage de planches) qui les comprime. On ne jette dans l'auge qu'autant de fruits que la meule en peut écraser avec facilité. Quand cette pilée ou cette quantité de fruits convertis en bouillie est prête, on la dresse en motte sur le tablier du pressoir. Cette motte est de forme carrée, et se compose de couches ou tuiles sur chacune desquelles on distribue du glui ou longue paille pour empêcher le tout de s'évaser. Chaque tuile est épaisse, au moment où on la dresse, d'environ un décimètre (quatre pouces). A mesure que l'on broie de nouvelles pilées, on élève la motte de marc jusqu'à ce qu'elle présente une hauteur d'un mètre à un mètre et demi (trois à quatre pieds six pouces). On laisse égoutter et se consolider cette construction qui s'éboulerait si elle était pressée d'abord. Le cidre en découle de lui-même dans un cuvier établi auprès et au-dessous du tablier. Quand la motte, au bout de vingt-quatre heures, a pris de la solidité, on pose dessus, avec précaution, l'assemblage qu'on appelle *huis* et qui, comme les couches de glui, s'étend d'un décimètre au-delà de chaque côté de la motte. On établit sur le huis quelques traverses de bois carrées, et l'on abaisse à l'aide d'une vis le bélier ou arbre qui met en presse le marc, et qui, à mesure qu'il a rendu son cidre, le comprime davantage, jusqu'à complète expression.

Cette liqueur est pure et sans aucune addition d'eau. Elle est très douce, très sucrée même et propre à produire, par l'évaporation sur le feu, un sirop très riche en principes saccharins.

Au lieu de porter ce cidre de suite dans les tonneaux, on peut, pour l'améliorer et lui donner une belle couleur, le verser dans un autre cuvier, d'où, au bout de deux jours, on le tirera débarrassé de ses grosses lies.

Ce cidre resté pur et soutiré aussitôt qu'il est bien éclairci, ce qui s'opère en un mois à peu près, est très propre à mettre en bouteilles. C'est pour l'été une boisson pétillante, forte et très agréable, légèrement acide, vineuse et sucrée, ayant quelques rapports avec les vins mousseux de la Champagne.

Pour l'usage habituel de la table, le cidre est conservé dans des futailles plus ou moins grandes. Quelques personnes le laissent sur sa lie pour lui maintenir de la force, ce qui le rend bientôt acerbe; tandis que d'autres le soutirent au bout d'un ou de deux mois, et alors il reste toujours agréable et sain.

La motte de marc ayant été étreinte jusqu'à ce qu'il n'en découle plus de liqueur, on la desserre au moyen de la vis qui relève le bélier; on démonte les tuiles; on met de côté le glui pour un nouvel emploi, et on soumet le marc brisé à un nouveau foulage dans l'auge circulaire du pressoir. On traite chaque pilée, comme on a fait la première fois.

Pendant cette opération que l'on appelle *rémiage*, parceque de nouveau on émie le fruit, on verse sur chaque pilée soixante à soixante-dix litres d'eau, et on écrase et mélange soigneusement le tout afin de bien détremper cette bouillie et d'y amalgamer parfaitement les liquides. Retiré de l'auge, à mesure qu'il a été convenablement broyé, on jette ce marc dans un cuvier où, pendant un jour, on le dépose en l'agitant de temps en temps avec une perche ou une grande pelle de bois. Il y prend de la couleur. De là on le retire pour le dresser en motte, comme on avait fait d'abord. Le reste de cette seconde opération se fait comme la première. Au bout de douze à quinze heures, on peut presser la motte de marc. Le cidre qui en provient est beaucoup moins fort que le précédent; mais jetés ensemble dans le même tonneau, ils donnent un cidre mitoyen (c'est son nom) qui est encore très spiritueux et très bon pour l'usage.

On sent bien que la quantité d'eau que nous avons prescrite pour chaque pilée, ne saurait être de rigueur. L'intelligence de l'ouvrier doit la proportionner à la qualité des fruits, à la force qu'il veut donner à sa boisson, et à la durée du temps pendant lequel elle doit être conservée.

Le cidre mitoyen est généralement considéré comme le dédommagement complet des frais, tant de la récolte des fruits que de leur pressurage.

Il est encore une opération à laquelle on n'a recours que dans les années de disette : c'est le tiersage ou troisième pressurage. Il n'est guère productif que lorsque les meules du pressoir sont de bois, parcequ'elles ont moins écrasé les pommes; et que lorsque ces fruits sont à chair ferme, parcequ'ils ne cèdent pas d'abord tout leur jus. Le tiersage se conduit comme le rémiage, avec cette différence qu'on ne jette dans chaque pilée que trente à trente-cinq litres d'eau.

Ordinairement, pour rendre plus fort le produit du tiersage, qui ne vaudrait pas ce qu'il coûte si l'année était abondante en pommes, on y mélange, pendant l'opération, les lies et les restes de cidre de l'année précédente; ou bien on réserve pour pressurer avec ce marc, les fruits tombés et ramassés avant leur maturité, que l'on a réunis successivement depuis le mois de septembre. Toutefois le petit cidre qu'on obtient du tiersage est faible et de peu de durée. Réuni au cidre pur et au produit du rémiage, il forme dans quelques exploitations la boisson des maîtres et des ouvriers, qui la trouvent très bonne; elle est aussi très saine, quand elle a été faite avec soin, soutirée et dégagée ainsi de ses lies.

Quand la motte est définitivement pressée, et qu'il n'en découle plus de liqueur, on la coupe avec un grand couteau fait exprès, par petits carrés d'environ trente centimètres (un pied environ). Séchées au soleil, ou dans un grenier, à l'air libre, ces pièces de marc qu'on désigne sous le nom de tuiles, sont propres à être brûlées. Le marc de poiré surtout produit un bon chauffage. Quand on nourrit des cochons d'hiver, le marc de pommes, conservé en terre dans un trou couvert, leur est donné dans une auge avec quelques déchets de la cuisine et de la laiterie.

Aussitôt que le cidre a été entonné, il faut tous les jours visiter les bondes des futailles pendant deux mois, afin de prévenir les accidents qui résulteraient des effets

6.

de la fermentation vineuse. Quand il survient des gelées fortes, il est prudent de tirer des tonneaux une certaine quantité de cidre pour y ménager un vide suffisant.

Le cidre pur pare plus lentement que le mitoyen, et celui-ci moins vite que le petit cidre. Celui dans lequel il y a des pommes acides est plus promptement paré que celui des pommes douces ; le plus lent à parer est celui qui provient des pommes amères.

Quand la fermentation des cidres est terminée et que cette liqueur mise dans un verre y pétille bien et paraît nette et claire, on enfonce les bondons des tonneaux ; jusqu'alors on les avait seulement posés sur l'orifice pour laisser passage au dégorgement des lies légères que la première fermentation rejette à la surface de la liqueur.

Chaque pressurage, ou marc à proprement parler, se compose de dix-huit charges de cheval : c'est environ deux cents myriagrammes (plus de 4,000 livres) de pommes. Elles produisent onze à douze cents litres de cidre pur, qui, après le soutirage, fournissent un millier de litres. Le rémiage en procure au moins six cents.

Il est d'usage, et c'est une bonne opération, dans quelques exploitations dirigées avec intelligence, de préparer le cidre mitoyen de la manière suivante. Dès le premier pressurage, on verse sur chaque pilée trente à quarante litres d'eau ; on continue ainsi jusqu'au rémiage, dans lequel on n'emploie que quinze à vingt litres par pilée. Ce n'est pas sans raison que cette boisson, dans laquelle l'eau s'unit avantageusement par le foulage et la fermentation, est regardée comme meilleure au goût et d'un usage plus salutaire que le cidre pur dans lequel on verse plus ou moins d'eau à mesure qu'on le boit.

En général, on mélange sans distinction tous les fruits doux ou amers d'une même récolte : il vaudrait mieux, si le verger était disposé en conséquence, composer le marc de deux tiers de pommes amères et d'un tiers de pommes douces : le cidre en serait plus fort et produirait à la distillation beaucoup d'eau-de-vie. Quant aux cidres que l'on voudrait pour l'usage rendre plus légers, plus agréables, et plus tôt potables, le mélange devrait se composer de deux tiers de pommes douces et d'un tiers de pommes amères.

Le poiré se prépare comme le cidre; mais comme la liqueur s'extrait plus facilement et plus complètement que celle qui provient de la pomme, on n'a jamais recours au tiersage. Les poires doivent être d'ailleurs pressurées aussitôt qu'elles sont mûres; plus tard elles deviendraient molles, et il n'en résulterait qu'un breuvage insipide.

On distingue, sous le nom de halbi, une boisson composée de pommes et de poires mélangées. Nouvellement parée, elle est agréable et rafraîchissante.

Pour dépurer plus parfaitement les cidres et les rendre plus délicats, on verse quelques litres de cidre doux, au sortir de la cuve, dans le tonneau dont la liqueur commence à se calmer après ses premiers mouvements de fermentation. Il résulte de cette addition une fermentation nouvelle. Quand le cidre est naturellement épais, on peut renouveler deux ou trois fois l'addition de cidre doux.

L'eau-de-vie de cidre, ainsi que celle de poiré, se distille comme celle de vin, excepté qu'on les passe deux fois. A moins de soins attentifs, la première surtout contracte facilement dans la chaudière la saveur désagréable d'empyreume ou de brûlé, parceque le cidre renferme toujours une grande quantité de mucilage. Le cidre, ainsi que le poiré, ne contient qu'un dixième d'esprit.

On prépare aussi de très bon vinaigre avec le cidre, et principalement avec le poiré.

Il est à regretter que la chimie ne se soit pas encore exercée sur les cidres et les poirés, dont l'exacte analyse offrirait beaucoup d'intérêt et d'utilité. Toutefois on sait qu'il existe dans le cidre, 1°. du sucre qui s'y trouve en abondance; 2°. de l'alcool; 3°. beaucoup de mucilage gommeux; 4°. un peu de gluten qui sert à développer la fermentation; 5°. un principe extractif plus ou moins amer ou acerbe; 6°. une substance colorante; 7°. beaucoup d'acide carbonique; 8°. de l'acide malique; 9°. de l'acide acétique; et 10°. plusieurs substances, soit salines, soit terreuses. Le cidre et le poiré ne contiennent point de tartre, mais beaucoup plus d'eau que les vins généreux.

Après le pressurage le plus complet que l'on exerce ordinairement sur les pommes, on est bien loin d'avoir séparé de ces fruits toute leur matière fermentescible, puisqu'ils ne contiennent pas plus de deux centièmes de parenchyme.

On regarde avec raison le cidre comme étant plus nourrissant que le poiré. Affaiblis par une suffisante quantité d'eau, ils sont tous deux rafraîchissants et sains, étanchent promptement la soif, tempèrent l'ardeur du sang. Julien Le Paulmier, Lemery et Poissonnier, bons juges en cette matière, assurent que, trempé d'eau, le cidre est une boisson plus rafraîchissante et même plus salutaire que le vin. Haxham en a recommandé l'usage, comme propre à guérir le scorbut, et par conséquent comme devant faire partie de l'approvisionnement des vaisseaux que l'on destine à des voyages de long cours. Il ne faut pourtant pas dissimuler que le cidre et le poiré sont des boissons gazeuses qui, lorsqu'on en abuse, ont l'inconvénient de stimuler trop fortement les organes de la digestion. On est même un peu fondé à croire qu'ils produisent l'effet des narcotiques et qu'ils finissent par affaiblir lentement ceux qui en font un usage immodéré. Quoi qu'il en soit, le cidre convient peu aux tempéraments glaireux et lymphatiques; le poiré, nullement aux individus dont les nerfs sont délicats.

Le cidre est plus pesant que le vin : le pied cube du premier pèse soixante-onze livres, tandis que la même quantité du second n'en pèse que soixante-neuf.   L. D.

CIEL. (*Religion.*) Ce mot est souvent employé dans l'Écriture, où il signifie tantôt l'air, tantôt la région des planètes et des étoiles, mais plus souvent la demeure de Dieu, des anges et des bienheureux, et c'est là son acception propre dans le langage des théologiens. Le ciel, dans ce sens, est le point le plus élevé de l'espace, ou l'empyrée. Saint Paul, qui y fut ravi, l'appelle le troisième ciel, ce qui en suppose deux autres, et entraîne avec soi tout un système du monde. On l'appelle encore le séjour de la Divinité, le royaume de Dieu ou des Cieux, le paradis, la Jérusalem céleste..... Le prophète Isaïe et l'apôtre saint Jean ont donné du ciel des descriptions brillantes et détaillées. C'est dans ce lieu, selon les livres saints et leurs interprètes, que les justes recevront la récompense de leurs vertus, par la contemplation éternelle de la Divinité, et par la faculté de la comprendre.

Ciel, dans un sens figuré, se dit aussi de Dieu lui-même et de ses attributs.

L'idée d'un ciel matériel, d'un espace déterminé quelconque où l'essence divine puisse être contenue, doit paraître inconciliable, sans doute, avec d'autres notions non moins nécessaires à l'intégralité de la religion, telles que l'immatérialité, l'infinité et l'ubiquité de Dieu. Mais, à cet égard, il faut savoir prendre un parti et avouer sans rougir son ignorance; car s'il est vrai, comme on l'a dit déjà sous tant de formes, et comme l'a si heureusement exprimé un écrivain moderne, que la religion se trouve toujours placée à la circonférence de nos connaissances, il en résulte, en définitive, que toutes les difficultés en matière religieuse peuvent se réduire à cette simple expression, qu'il est impossible de connaître l'inconnu, ce que personne sans doute ne sera tenté de nier. St.-A.

CIGALE, *Cicada.* (*Histoire naturelle.*) Genre d'insectes, de l'ordre des hémiptères, dont les entomologistes comptent aujourd'hui un très grand nombre d'espèces et dès long-temps fort connu par la cigale ordinaire qui lui sert de type. Tous les habitants du midi de l'Europe connaissent le bruit singulier que fait entendre cette espèce, lorsque, durant les jours ardents de l'été, appliquée contre les troncs d'arbres, elle semble s'occuper uniquement de manifester au loin sa frêle existence. C'est une chose singulière qu'un si petit animal fasse tant de tapage dans le monde, et qu'il n'y ait pas été détruit, puisqu'en se trahissant sans cesse, il semblait devoir appeler l'oiseau ennemi qui en fait sa proie. Mais, par une singularité non moins grande, ce bruit retentissant dans les airs à une si grande distance, est décevant; et si l'oreille y devient attentive, elle ne peut guère discerner de quel côté il lui arrive. Il faut s'être exercé comme font les enfants dans les parties chaudes de la France, à étudier les mœurs des Cigales, pour que leur monotone musique conduise vers le tronc ou le roc grisâtre contre lequel elles se tiennent appliquées et conséquemment cachées, car leur couleur sombre les fait confondre avec ce qui les environne. Aussi les véritables Cigales sont-elles fort peu connues, et c'est à tort que l'on applique le plus souvent leur nom aux grandes sauterelles vertes, si communes dans les prairies où elles produisent, vers le soir, des sons analogues, mais bien moins forts.

On appelle vulgairement *chant* le bruit que font entendre les Cigales, mais c'est encore à tort. Il faut consulter les travaux de Réaumur, du savant Latreille et de M. Chabier pour concevoir le mécanisme admirable de l'appareil dont il provient; c'est un véritable instrument à vent assez compliqué, situé en dessous et en avant du ventre, à sa jonction au thorax. La Cigale plébéienne, la plus commune et la plus grande de nos climats (elle a jusqu'à un pouce et demi de long), est aussi celle dont la voix, s'il est ici permis d'employer ce terme, se fait entendre de plus loin. Les bois de pins sont les lieux où elle se plaît davantage. On ne peut se faire d'idée, quand on n'y a point voyagé, du ramage que font ces Cigales dans les landes aquitaniques et dans ces bois de l'aride et déplorable Castille que coupe la grande route de Bayonne à Madrid.

La figure de la Cigale n'est pas moins étrange que l'instrument dont elle joue sans cesse; sa tête large, triangulaire, comme tronquée en avant, ses grands yeux brillants, ses belles ailes, longues, gazées, élégamment veinées de fortes nervures brunes, rougeâtres ou verdâtres, son corps conique et pointu postérieurement, lui donnent un aspect singulier. Il en existe de fort petites; leurs mœurs sont assez bien observées. Les femelles déposent leurs œufs dans les branches des arbres dont elles percent le bois jusqu'à la moelle; c'est là seulement que la tarière, à l'aide de laquelle on les voit faire une si grande opération, se courbant, prolonge le trou entre la partie dure et la partie molle du rameau pour aller placer leur progéniture, à l'abri de tout danger, dans une nouvelle direction. La larve qui provient de ces œufs descend bientôt à terre pour s'y enfoncer et pour s'y nourrir de racines. Au bout d'un an elle en sort, grimpe sur quelque tronc, s'y cramponne immobile, jusqu'à ce que la chaleur ayant desséché sa peau, celle-ci s'ouvre par le dos, et un animal ailé s'en échappe. On trouve souvent de ces peaux de larve dans les campagnes; on dirait un petit animal en verre grisâtre ou en parchemin transparent.

B. DE ST.-V.

CIGOGNE, *Ciconia*. (*Histoire naturelle*.) Genre d'oiseaux de l'ordre des gralles. Quatre doigts, dont trois antérieurs réunis par une membrane, de longues jambes, un long cou, surtout un bec également fort long, pointu, droit ou légèrement recourbé en dessus de son insertion jusqu'à sa pointe, et des ailes médiocres en étendue, le caractérisent; mais il ne faut pas croire que la brièveté de l'envergure condamne les Cigognes à la condition d'oiseaux sédentaires, elles peuvent, au con-

traire , fournir le vol le plus soutenu; et les longues
routes , à travers les régions les plus élevées des airs ,
leur sont familières.

Les Cigognes que Linné a confondues dans un même
groupe avec les grues et les hérons , vivent de reptiles et
habitent partout où ces animaux peuvent leur fournir
une nourriture abondante. La guerre active qu'elles leur
font a valu aux Cigognes, chez tous les peuples, non-seulement de l'affection, mais encore une protection efficace.
Il est des pays où des ordonnances sévères , mais raison-
nables , punissent quiconque les tourmente ou les tue. La
bienveillance qu'on leur témoigne et la douceur naturelle de leur caractère les ont rendues presque familières
en beaucoup de cantons; nous en avons vu dans la Prusse
ducale , en Poméranie , en Belgique et jusqu'en Espagne,
au royaume de Léon, que l'approche de l'homme effrayait
si peu, qu'on pouvait regarder jusque dans leur nid. Celui-ci , fort grand, arrondi, formé de gros brins de plantes
ligneuses et de forte paille, rempli d'une couche d'herbes
sèches plus fines , de mousse , ou de duvet recueilli sur des
buissons, est ordinairement situé sur le clocher du village,
sur la cime de quelque tour antique, ou jusque sur les
cheminées des plus hautes maisons, quand les paysans,
pour attirer les Cigognes , ne préparent pas au-dessus de
leurs toits quelque vieille roue de charrette fixée par le
moyeu, à l'extrémité d'une forte perche, afin que son
plat puisse supporter la construction incubatoire. Il est
des pays marécageux où l'on trouve à chaque pas de ces
nids protégés; de temps immémorial, des couples mo-
nogames et fidèles y viennent tous les ans pondre et soi-
gner l'éducation de leurs petits. La ponte consiste en deux,
trois ou quatre œufs jaunâtres ou verdâtres , quelquefois
légèrement tachetés de brun , que la femelle couve avec
la plus tendre sollicitude. On en a vu se laisser brûler
par les incendies qui détruisaient des villages , plutôt que
d'abandonner leur progéniture. Les chroniques de Delft

rapportent une preuve pareille de l'attachement des Cigognes pour leurs œufs. Nous avons été témoins nousmême d'un fait analogue, le jour de la mémorable bataille de Friedland : une ferme voisine de la ville avait pris feu par la chute d'un obus; un nid de Cigogne y dominait un vieil arbre sec au milieu de l'une des cours : la mère ne quitta d'abord le nid que lorsque les flammes l'environnèrent de toutes parts; s'élevant perpendiculairement au-dessus, pour tournoyer quand elle était parvenue à une grande hauteur, elle y replongeait aussitôt comme si elle eût tenté d'enlever le précieux dépôt qui s'y trouvait contenu; enfin, dans une de ces descentes, enveloppée par un tourbillon de fumée brûlante, elle tomba à nos yeux au milieu des décombres embrasés.

A cette constance dans l'incubation succèdent des soins non moins assidus pour l'éducation des petits. Le père et la mère ne les perdent pas de vue, ou ne s'en éloignent jamais à la fois; tandis que l'un des deux est à la recherche des serpents, des grenouilles, des lézards ou des limaçons, qui doivent former la part journalière de la famille naissante, l'autre demeure en sentinelle pour s'opposer aux attaques de l'oiseau de proie. Touchent-ils au moment de l'émancipation, on voit le tendre couple les soutenir, les aider dans la première carrière qu'ils fournissent dans les airs. Le père, la mère, les petits continuent à vivre en communauté jusqu'à la saison rigoureuse dont l'approche devient le signal du départ. Les Cigognes quittent alors les pays septentrionaux pour descendre vers les régions plus chaudes. C'est au terme de leurs migrations que l'Afrique méditerranée, l'Égypte surtout, en voient des troupes innombrables le long des eaux, soit de la mer Rouge soit de la vallée du Nil; elles y observent, comme en Europe, le plus parfait silence, car les Cigognes n'ont pas de voix; mais lorsqu'elles aperçoivent quelque objet importun, elles font entendre un bruit extraordinaire et particulier qui se propage très loin et qu'on ne peut mieux comparer qu'à celui de la crécelle du jeudi saint. C'est en frappant à coups précipités les mandibules du bec l'une contre l'autre, la pointe en l'air et la tête renversée sur le dos, qu'elles le produisent.

Les principales espèces du genre qui nous occupe, sont la Cigogne blanche ou vulgaire, dont le bec est rougeâtre et qui joue un rôle distingué dans les apologues de Lafontaine; l'Argala d'Afrique, remarquable par sa tournure hétéroclite et par une poche membraneuse pendante vers le bas du cou qui est nu et que l'animal tient replié, de sorte qu'on croirait qu'il n'existe point et que sa tête bizarre est posée immédiatement sur le corps, entre les ailes; enfin le Jabiru, grand oiseau de la Guyane où il s'enfonce jusqu'à mi-corps dans la vase des marais, pour y pêcher des reptiles; son bec énorme et puissant est sensiblement courbé en dessus : l'usage où est cet oiseau de plonger ainsi dans la vase, dépouille le cou qui est très fort et recouvert d'une peau calleuse, noirâtre-rougeâtre et d'un aspect repoussant.   B. DE ST.-V.

CIMETIÈRES. Un cimetière est un terrain découvert, destiné à la sépulture des morts. Tous les peuples ne firent pas servir également le sein de la terre aux inhumations, et les honneurs funèbres ne se rendirent pas de la même manière chez les nations diverses, ou à des époques différentes, de temps immémorial. Cependant on enterra généralement partout les morts, et les tombeaux qu'on leur éleva remontent à la plus haute antiquité. Des usages particuliers, que l'on remarque à cet égard, dans quelques contrées, tinrent sans doute aux mœurs et aux préjugés de ceux qui les adoptèrent. Ainsi l'on vit des cadavres jetés dans des précipices ou abandonnés dans des vallées et des déserts; on en vit d'autres exposés à la voracité des bêtes féroces et à la faim des vautours; ailleurs ils étaient livrés à la pâture des poissons, au courant des fleuves ou aux vagues de l'Océan. Dans les Indes-Orientales, on les faisait dessécher par le feu, on les en veloppait ensuite dans plusieurs étoffes, et on les déposait en cet état dans la terre. Dans d'autres pays, la flamme des bûchers les réduisait en cendres. Les superstitieux Parsis avaient deux cimetières, un noir et un blanc; celui-ci devenait la dernière demeure de l'homme qui avait constamment pratiqué la vertu; l'autre était destiné à celui dont la vie n'avait pas été irréprochable. Des peuples du sud de l'Orénoque, les Arragues, ne connaissaient pas de moyen plus sûr de prouver leur respect et leur vénération pour les êtres qui avaient cessé d'exister et dont la mémoire leur était chère, que de leur servir eux-mêmes de tombeaux. Ils les suspendaient dans leur cabane, jusqu'à ce que le temps en eût consumé les chairs; ils réduisaient alors les os en poudre et la faisaient infuser dans leur boisson, ou ils brûlaient les corps et se nourrissaient de leurs cendres. A Matumba, on enduisait les cadavres de résine, après les avoir embaumés, et on les plaçait ensuite dans des fosses profondes, où des esclaves les gardaient jusqu'à ce qu'ils fussent réduits en poussière. Les Scythes les inhumaient sous les neiges et les glaces qu'amoncelaient chez eux les hivers. Les Garamantiens les enterraient dans le sable. Les Babyloniens et les Assyriens les enduisaient de cire avant de les ensevelir, et cet usage s'était conservé pour les princes de la Scythie et les rois de Lacédémone. Les Grecs, pour échapper aux gaz délétères qui s'exhalent de la putréfaction, transportaient au loin leurs morts. Les Égyptiens qui, malgré la stupidité de leurs cultes divers, aussi bizarres que ridicules, et au milieu de toutes les superstitions, avaient cependant conservé le dogme consolant et sacré de l'immortalité de l'ame, avaient une grande vénération pour les morts, embaumaient leurs corps et les conservaient soigneusement dans leurs maisons ou dans des catacombes uniquement destinées à cet usage.

Si les peuples divers varièrent sur le mode de manifester leur respect pour la dépouille mortelle de l'homme, s'ils différèrent dans les moyens, ils furent tous d'accord sur le principe, et la vénération des vivants pour les morts se retrouve dans les institutions les plus anciennes. On voit, aux époques les plus reculées, des cimetières consacrés par les lois et sanctionnés par la religion.

Les Hébreux avaient leurs champs funéraires; leur premier soin, en arrivant dans un pays nouveau, était d'acheter un terrain pour leurs sépultures. Chaque cité avait son cimetière public hors de ses murs; celui de Jérusalem était dans la vallée de Cédron, et non loin de là les Pharisiens en avaient établi un particulier pour les étrangers. Les Grecs, avant d'adopter l'usage des Phrygiens, de brûler les morts, avaient aussi leur champ du sommeil, et Rome, dès son berceau, suivit le mode d'inhumation établi dans toute l'Italie.

La religion, l'amour et la reconnaissance, la tendresse des pères, la piété filiale et les liens sacrés des époux inspirèrent une vénération profonde pour les morts, et les tombeaux devinrent l'objet d'un culte religieux. Les cérémonies funèbres furent considérées comme un devoir et une obligation, leur transgression comme une impiété, et la violation du dernier asile de l'homme comme un sacrilége. Les lieux destinés à la sépulture des Romains étaient consacrés aux dieux mêmes et soustraits à la circulation du public ; le respect pour les morts avait un caractère si sacré, qu'en portant seulement la main sur un cadavre, avant qu'il n'eût reçu les derniers devoirs, on se rendait coupable d'une profanation que les eaux lustrales pouvaient seules effacer.

Le besoin d'éloigner les dangers de la putréfaction fit établir les cimetières hors des villes, et les Romains dont les institutions, le culte et les usages se répandirent d'un bout de l'univers à l'autre, dérogèrent rarement à cet ordre de choses; la violation en eût été regardée comme attentatoire aux lois sanitaires. La loi des douze tables défendait expressément de brûler ou d'ensevelir aucun cadavre dans les villes : *Hominem mortuum in urbe ne sepelito neve urito.*

Cette défense d'élever des tombeaux dans le sein des cités n'arrêta pas toujours l'émulation de la vanité, et la contagion de l'exemple força souvent les magistrats de la renouveler. Les chrétiens qui, dans les premiers siècles de l'Église, n'avaient pas de sépultures distinctes de celles des païens, et que l'on inhumait avec les autres sujets de l'empire dans le cimetière de Calliste, le plus grand et le plus vaste de Rome, ou sur le bord des grands chemins et toujours hors des villes ; les chrétiens eurent leurs champs funéraires particuliers cinq cents ans après l'établissement du christianisme ; et bientôt, malgré les édits des princes, les décrétales des souverains pontifes, les canons des conciles et des synodes, la loi des douze tables tomba en désuétude. L'empereur Léon, surnommé le philosophe, l'abrogea en 886. Les morts envahirent alors le domaine des vivants ; les cités devinrent d'immenses catacombes, les églises furent pavées de cadavres, et l'avide intérêt du clergé qui vendait chèrement aux morts la faveur de déposer leur poussière au pied des autels, la stupide vanité des familles qui mettaient leur grandeur à ne pas mêler les cendres de leurs pères avec celles du peuple qu'ils avaient écrasé par leur ambition, leur faste ou leur orgueil, toutes ces distinctions frivoles et cet amour de l'or perpétuèrent long-temps l'usage de faire de nos temples de véritables tombeaux, malgré les défenses réitérées des papes et des conciles, malgré les dangers d'une putréfaction dont il fallait redouter les funestes exhalaisons, malgré les maladies contagieuses qui en furent souvent la suite et la mort dont la faux terrible dépeuplait les villes et les campagnes.

Dans des temps de ferveur, où la philosophie n'osait point encore aborder des questions d'un ordre supérieur, où l'on ne marchait qu'à la lueur du flambeau de la foi, les chrétiens méconnaissaient déjà tellement cette simplicité et cette humilité évangéliques dont le rédempteur du monde fut le plus parfait modèle, les besoins de leur orgueil devinrent si scandaleux et leurs dépenses pour les inhumations si excessives, que le pape Pie V, au milieu du seizième siècle, fut obligé de défendre toute espèce de luxe et de faste dans les sépultures. Il permit seulement d'ériger des cénotaphes en marbre, mais à condition que les corps de ceux à qui on les élèverait, n'y seraient point renfermés.

Ce n'était pas uniquement dans les grandes métropoles, c'était jusque dans les bourgs et les hameaux que les riches et les grands se disputaient quelques pieds du sol des églises et des temples pour y creuser des tombeaux. Paris qui, sous la domination des Romains, n'avait eu pour lieux de sépulture, que les champs et les bords des grands chemins, en trouva, sous ses premiers rois chrétiens, jusqu'au pied de nos sanctuaires; mais dès le septième siècle sa population s'accrut si prodigieusement, que ses magistrats furent obligés d'établir des cimetières publics hors de ses murs. Cette heureuse amélioration n'eut que des avantages momentanés; les nouveaux lieux destinés aux inhumations ne tardèrent pas à se retrouver renfermés dans l'enceinte de la capitale, en raison de ses accroissements successifs et de son étendue. L'approche de ces asiles de la mort n'était pas même défendue par une simple haie; ils étaient le théâtre de toutes les profanations, de toutes les infamies, le rendez-vous nocturne des femmes sans pudeur et des hommes sans mœurs. Le cimetière des Innocents ne fut réellement un enclos funéraire que vers l'an 1188, époque où Philippe-Auguste le fit entourer de murs.

En 1765, le parlement de Paris, frappé des dangers sans cesse renaissants d'ouvrir et de refermer à chaque instant des tombeaux dans les églises et de conserver plus long-temps des cimetières au centre d'une nombreuse population, ordonna par un arrêt de réglement sur la police des sépultures, que les champs mortuaires seraient désormais placés hors de l'enceinte des murs de la capitale, et que l'on fermerait ceux qui se trouveraient dans son intérieur; cet arrêt, dicté par l'amour du bien public, resta sans effet; le clergé, à qui nous ne voulons pas prêter des vues d'intérêt ou d'ambition, mais qui se trompa sans doute, s'opposa à son exécution. Cependant la déclaration de 1776 apporta quelques changements salutaires dans les inhumations; ce n'était néanmoins qu'une demi-mesure, elle frappait à la vérité sur quelques abus, mais elle laissait subsister les plus graves; le cimetière des Innocents était toujours le foyer d'où s'exhalaient la contagion et la mort, et les caveaux de nos temples ne cessaient pas de s'ouvrir pour ceux dont l'or pouvait y marquer une place.

Enfin, l'assemblée constituante défendit, en 1790, d'inhumer dans les églises, et cette défense fut renouvelée en 1801; un décret du vingt-trois prairial an 12 ordonna que toute inhumation cesserait dans les églises, les temples, les synagogues, les hôpitaux, les chapelles publiques, et généralement dans les édifices clos et fermés, où les citoyens se réunissent pour célébrer les mystères de leur culte, dans l'enceinte des villes et des bourgs. Il fut ordonné par le même décret, que les cimetières seraient éloignés de trente-cinq à quarante mètres des communes, que les particuliers pourraient se faire enterrer dans leurs propriétés, mais à condition qu'ils observeraient les mêmes distances. Les lieux de sépultures, sans aucune exception, furent mis sous la surveillance des administrations municipales, clos de murailles ou de bois, à l'abri de toute profanation et de toute injure, et environnés du respect religieux que l'on doit aux morts. On en ferma l'accès aux bestiaux, on en interdit l'entrée au commerce, on en bannit les jeux et les danses.

La paix des tombeaux ne fut plus troublée, et la santé publique fut rassurée par le décret de 1808, qui défend d'é-

lever des édifices, ou de creuser des puits à une distance moindre de celle de cent mètres, des nouveaux cimetières, et qui ne veut pas qu'on agrandisse, ni même qu'on répare ceux qui y avaient été construits antérieurement à la loi ; ce fut en exécution de ces sages réglements que l'on établit quatre cimetières hors de l'enceinte de la capitale de la France : les cimetières de Montmartre, du Père Lachaise, de Vaugirard et de Sainte-Catherine. Celui du Père Lachaise mérite une place particulière dans cet article.

Cet enclos funéraire est au nord-est de Paris, à quelque distance de la barrière des Amandiers, dans la commune de Charonne ; il a une superficie de cinquante-un arpents, quarante-cinq perches, qui se partagent en plaines et en coteaux ; on découvre de sa plus haute élévation, d'un côté la plus grande partie de la ville, de l'autre, à une vaste étendue, les campagnes environnantes. Les inégalités du terrain prêtent quelque chose de pittoresque à ce domaine de la mort, et la vue y est frappée par la diversité des monuments qui semblent en partager l'empire ; les uns d'une simplicité touchante portent tous les caractères d'une profonde douleur ; d'autres d'une insultante magnificence semblent bien moins élevés à la mémoire des défunts qu'à l'orgueil des vivants, et, comme le dit saint Augustin : *curatio funeris, conditio sepulturæ, pompa exequiarum, magis vivorum solatia quàm subsidia mortuorum.* Enfin, dans la plupart on croit voir la triste mélancolie respirer sous le ciseau de l'artiste, et des larmes brûlantes tomber sur l'urne funéraire d'un père, d'un fils, ou d'une épouse.

Au milieu des colonnes, des obélisques, des pyramides, des vases funéraires, des fleurs, des guirlandes, qui décorent le cimetière du Père Lachaise, qui sont pleins de vie, qui la font aimer, on ne marche que sur des générations éteintes, on ne foule aux pieds qu'une terre qui a vécu. Héloïse et Abélard, le vainqueur d'Essling, Jacques

Delille, Molière et Lafontaine, le savant et l'artiste, le magistrat et le guerrier, l'ambitieux et l'ami des hommes, le sexe et l'âge, tout est confondu dans cette enceinte sépulcrale ; il n'y a plus de distinctions au-delà du tombeau ; le temps détruira demain le monument qui est encore debout aujourd'hui, tout sera égal alors : « de l'esclave et du roi la poussière est la même. »   AL. DE L.

CIRCONCISION. (*Religion.*) Pratique religieuse observée par les Juifs et les Mahométans ; elle consiste à couper le prépuce aux enfants mâles.

L'usage de la circoncision a été commun à plusieurs peuples anciens de l'Orient ; Hérodote assure qu'il était établi de toute antiquité chez les Éthiopiens et les Égyptiens. On a peu de lumière sur la circoncision de ces peuples ; on croit cependant qu'elle n'était point chez eux de précepte religieux, et qu'elle ne s'observait point indistinctement dans toutes les classes de la société. Il paraît qu'en Égypte il n'y avait que les prêtres et les initiés qui y fussent soumis. Sous ces deux rapports, elle différait essentiellement de celle qui fait l'objet de cet article.

Aux différentes époques où les esprits se sont partagés sur l'autorité de l'Ancien Testament, on s'est beaucoup disputé pour savoir si les Juifs avaient enseigné la circoncision aux peuples avec lesquels ils avaient vécu, ou la leur avaient empruntée. Cette question n'a point été résolue, et probablement ne le sera pas, au moins dans l'intérêt qui l'a soulevée. Importante peut-être sous un point de vue purement historique, et dans le but de découvrir les rapports des peuples anciens et leur filiation, elle est devenue complètement oiseuse aujourd'hui quant à son premier objet.

La Genèse nous apprend que Dieu lui-même prescrivit la circoncision à Abraham, comme signe de l'alliance qu'il faisait avec lui : *Tous les mâles qui sont parmi vous,* dit le Seigneur, *seront circoncis, afin que cela soit une marque de l'alliance entre moi et vous..... L'enfant de*

7·

huit jours sera circoncis, tant les enfants libres et domes-
tiques, que les esclaves et les étrangers qui seront à vous...
L'enfant dont la chair ne sera pas circoncise, sera exter-
miné de son peuple, parcequ'il a rendu mon alliance
inutile. Le précepte de la circoncision fut, dans la suite,
renouvelé à Moïse, et les Juifs l'observèrent toujours très
religieusement. Jésus-Christ lui-même, qui était venu
pour abolir l'ancienne loi, en subit encore la servitude
à cet égard [1].

La loi n'a rien prescrit touchant les cérémonies, l'instrument ou le ministre de la circoncision. Voici ce qui
s'observe généralement à cet égard parmi les Juifs modernes : l'enfant reçoit un parrain et une marraine ; la
nuit qui précède la Circoncision est, pour les parents du
nouveau-né, un temps de réjouissances qu'ils passent ordinairement à recevoir les félicitations de leurs amis. Le
moment arrivé où l'opération doit se faire, la marraine
va prendre l'enfant à la maison paternelle et le porte jusqu'à l'entrée de la synagogue. Arrivée en cet endroit,
elle le remet au parrain, parcequ'il ne lui est pas permis
de pénétrer plus avant, non plus qu'aux autres femmes
dont elle peut être accompagnée. Deux sièges revêtus de
carreaux de soie ont été préparés dans l'intérieur de la
synagogue ; l'un est destiné au parrain et l'autre au prophète Élie, qui, selon la croyance des Juifs, assiste invi-
siblement à toutes les circoncisions. Le parrain place l'en-

---

[1] La mémoire de cette circoncision a été conservée et honorée par l'é-
glise catholique dans une fête spéciale qu'elle célèbre chaque année, le
premier jour de janvier. Toutes les circonstances de cet événement,
comme toutes celles qui se rapportent à la vie de Jésus-Christ, ont été
pendant long-temps l'objet de la vénération des chrétiens. On montrait autrefois, dans l'abbaye de Saint-Corneille, à Compiègne,
un couteau de pierre que l'on disait avoir servi à la circoncision du
Sauveur ; quant au sacré prépuce, plusieurs églises se sont glorifiées
de le posséder. Ce qui n'est pas moins étonnant que tout cela, sans
doute, ce sont les longues et graves dissertations qui existent sur cette
matière.

fant sur ses genoux, et le dispose pour l'opération qu'il va subir; le circonciseur prend avec ses doigts ou avec une pince d'argent, la portion du prépuce qu'il veut couper; puis tenant à la main l'instrument qui doit servir à l'amputation, et qui est ordinairement un rasoir, il dit : *Béni soyez-vous, Seigneur, qui nous avez commandé la circoncision ;* en même temps, il coupe la première peau du prépuce, qui est la plus épaisse, et déchire la seconde avec les ongles des pouces, qu'il laisse croître pour cet effet. Il exprime aussitôt avec sa bouche, à deux ou trois reprises, le sang qui sort de la plaie, et le rejette dans un vase plein de vin; il met ensuite différentes substances astringentes sur la partie amputée, et enveloppe le tout. Cela fait, il bénit le vin dans lequel il a rejeté le sang de la circoncision, bénit aussi l'enfant, lui impose le nom qui lui est destiné, en prononçant ces paroles d'Iséchiel : *Et j'ai dit, vis en ton sang*, et lui mouille les lèvres de la liqueur bénite. On récite ensuite le psaume 128, *Bienheureux tout homme qui craint le Seigneur ;* après quoi le parrain remet l'enfant à la marraine, qui le reporte à sa mère. Ceux qui ont assisté à la cérémonie disent au père, en s'en allant : *Puissiez-vous assister à ses noces.* Il arrive ordinairement que l'enfant est guéri au bout de vingt-quatre heures.

La circoncision peut avoir lieu dans la maison paternelle; elle peut être faite indifféremment par le père ou par une personne de son choix. Le titre de *Mohel* ou circonciseur, est en grand honneur parmi les Juifs.

Lorsque les anciens Juifs recevaient un prosélyte d'une nation où la circoncision était en usage, ils se contentaient de lui tirer quelques gouttes de sang de l'endroit même où cette opération avait été pratiquée une première fois; c'est ce qu'ils appelaient le sang de l'alliance.

Quelques auteurs ont prétendu que la marque de la circoncision était ineffaçable ; mais cette assertion se trouve démentie par plusieurs témoignages d'une grande autorité. On trouve dans le 1er. livre des Machabées, que les Juifs qui se séparaient de leur nation faisaient disparaître en eux ce sceau de leur origine : *Fecerunt sibi præputia, et recesserunt à Testamento sancto.* On rapporte pareille chose d'un grand nombre de Juifs pendant la persécution des Romains, après la destruction du Temple; enfin, saint Paul, qui était Juif lui-même, croit évidemment à la possibilité du fait, lorsqu'il dit à ceux de sa nation, devenus chrétiens : *Circumcisus aliquis vocatus est? non adducat præputium.* A l'appui de ces témoignages, on peut encore citer celui de saint Épiphane, qui parle des moyens dont se servaient les médecins pour faire disparaître la marque de la circoncision, et les traités, sur cette matière, attribués à Celse et à Galien.

Les pères de l'Église et les théologiens sont partagés sur la valeur de la circoncision pendant le règne de l'ancienne loi. Saint Justin le martyr, saint Irénée, saint Chrysostôme, saint Épiphane, Hilaire diacre, saint Jérôme, saint Jean-Damascène, n'ont vu dans la circoncision qu'un signe sensible, ayant seulement pour objet de distinguer les Hébreux des peuples qui n'étaient pas dans l'alliance du Seigneur. Saint Augustin, et après lui saint Grégoire-le-Grand, saint Prosper, saint Fulgence, Bède le vénérable, saint Bernard, se fondant sur ce que l'Écriture condamnait à l'extermination les enfants qui n'auraient pas été circoncis le huitième jour, ont prétendu que la circoncision remettait le péché originel. Ceux qui voudront entrer dans cette controverse rencontreront de puissantes objections contre le sentiment du dernier parti; celles-ci, entre autres, que si la circoncision avait eu la vertu que ce parti lui attribue, les femmes n'en auraient point été exclues, et qu'ensuite, dans ce cas, elle aurait rendu inutile en partie, au moins pour les hommes, l'œuvre mystérieuse de la rédemption. L'Église, au surplus, ne s'est point directement et formellement prononcée dans cette querelle, retenue en cela, sans doute, par les grands noms qui y figurent de part et d'autre.

La circoncision des Mahométans est, comme celle des Juifs, de précepte religieux. Ces peuples, cependant, ne regardent pas cette pratique comme indispensable au salut; aussi ne se pressent-ils pas d'y soumettre leurs enfants : les Turcs attendent, pour cela, qu'ils soient âgés de sept à huit ans, et les Persans de treize. On a remarqué que la plaie de la circoncision se guérissait plus difficilement sur les Mahométans que sur les Juifs, ce que l'on attribue à leur manière différente d'opérer, et qui consiste principalement à couper la peau du prépuce tout entière, au lieu d'en déchirer une partie, comme font les Juifs. Cette différence peut bien être pour quelque chose dans la difficulté relative de leur guérison; mais il est probable que celle de l'âge y entre aussi pour beaucoup.

St.-A.

CIRCONFÉRENCE. (*Mathématiques.*) Nom donné à la longueur rectifiée du périmètre de toute courbe fermée. Comme la recherche de cette longueur fera l'objet spécial de l'article *Rectification*, nous ne nous occuperons ici que de la partie de ce problème qui est relative à la Circonférence du cercle. La facilité qu'on trouve à décrire cette courbe, les propriétés bien connues qui lui sont propres, conduisent à en faire un examen particulier. Nous ne démontrerons pas ici les propriétés qu'on trouve exposées dans tous les traités de géométrie; mais nous nous arrêterons à celles qui dépendent de la rectification de la circonférence du cercle, parcequ'elles sont dignes d'intérêt, ayant été le sujet des pénibles recherches des géomètres qui ont voulu trouver la *quadrature du cercle.*

Cette proposition bien connue que quand le rayon devient double ou triple, la circonférence croît dans le même rapport, montre que si l'on connaissait la longueur juste d'une circonférence rectifiée, on aurait exac-

tement celle de toute autre circonférence. En effet, de
ce que *les circonférences sont entre elles comme leurs
rayons*, on conclut cette proportion entre deux circonférences de cercle C et c, dont les rayons sont R et r,

$C : c :: R : r$, d'où l'on tire $C = R \times \dfrac{c}{r}$, en sorte

que, lorsque R, c et r sont connus, on en conclut C, en mul-

tipliant le rapport $\dfrac{c}{r}$ par R. Désignons par π le rapport cons-

tant de toute circonférence c à son diamètre $2r$, ou $\pi = \dfrac{c}{2r}$,

on trouve $2\pi = \dfrac{c}{r}$, d'où $C = 2\pi R$.

On voit donc que si l'on connaît le nombre que nous avons
désigné par π, qui désigne le nombre de fois que toute circonférence de cercle contient son diamètre, on trouvera
aisément la longueur développée de toute circonférence.
En outre, si le diamètre $2R = 1$, on a $C = \pi$; si le rayon
$R = 1$, on a $\pi = \frac{1}{2}C$; en sorte que ce nombre π est la
circonférence du cercle, dont le diamètre est 1, et la
demi-circonférence, dont le rayon est l'unité métrique.

La recherche du *rapport π du diamètre à la circonférence*, se peut faire par les seuls éléments de géométrie, quoique ce procédé exige des calculs très longs pour
obtenir une approximation médiocre; car il convient
d'observer avant tout qu'il est démontré que ce nombre π
est incommensurable, et que par conséquent on ne
peut l'exprimer par des fractions exactes (*voyez* les
notes qui suivent la géométrie de M. Le Gendre): aussi
est-il certain que *la quadrature du cercle est certainement impossible à trouver en toute rigueur*, et qu'un
homme qui sait la géométrie ne perd pas son temps à
chercher la solution de ce problème. Mais à défaut de la
solution exacte, on a la valeur de π avec une telle approximation qu'elle surpasse de beaucoup tous les besoins du

géomètre. Ce nombre est donné avec 154 décimales en
tête des tables de logarithmes de Callet, p. 96 : nous le
mettrons ici avec 31 figures, ce qui suffit, et au-delà.

$$\pi = 3,14159 \quad 26555 \quad 89793 \quad 23846 \quad 26433 \quad 83279$$
$$log. \; \pi = 0,49714 \quad 98726 \quad 94133 \quad 85435 \quad 12682 \quad 88291$$

Soient AB et EF les côtés de deux polygones réguliers, l'un inscrit, l'autre circonscrit au cercle AOB (*figure* 20 *des planches de géométrie*), les tangentes AK,
BL, et les cordes AC, CB déterminent les côtés AC, KL
des polygones réguliers inscrit et circonscrit d'un nombre double de côtés. Or, connaissant le rayon $AO = r$
et le côté $AB = a$, il est facile de trouver les autres
lignes de la figure ; car faisons $OI = z$, $EF = x$, on a
dans le triangle rectangle AOI, $OI = z = \sqrt{(r^2 - \frac{1}{4}a^2)}$;
et les triangles semblables AOI, EOC donnent la propor-
tion $OI : OC \; \because \; AI : CE \; \because \; AB : EF$, ou $z : r \; \because \; a : x$;
donc

$$x = \frac{ar}{z}, \qquad z = \sqrt{(r^2 - \frac{1}{4}a^2)}$$

D'ailleurs AC étant moyen proportionnel entre le diamètre et $CI = r - z$, on a $2r : AC \; \because \; AC : r - z$, et
faisant $AC = y$,

$$y = \sqrt{2r(r - z)}.$$

Etant donnée la longueur a, ces formules feront connaître z, puis les côtés x et y, des polygones réguliers,
l'un circonscrit du même nombre de côtés que le polygone AB, l'autre inscrit d'un nombre de côtés double.
Par exemple, on sait que le carré inscrit au cercle a
pour côté $a = r\sqrt{2}$, on aura donc $z = \frac{1}{2}r\sqrt{2}$, puis $x = 2r$
pour le côté du carré circonscrit, et $y = r. \sqrt{(2 - \sqrt{2})}$
$= r \times 0,7653667$ pour le côté de l'octogone inscrit. En
prenant $a = 0,7653667.r$, on trouverait la valeur de z
qui se rapporte au côté AC, et par suite celle des côtés

LK de l'octogone circonscrit, et du côté du polygone inscrit de 16 côtés; et ainsi de suite.

Il est clair que cette marche de calculs fera connaître le nombre π; car supposons que le cercle ait pour rayon l'unité ou $r = 1$, on aura

$$z = \sqrt{(1 - \tfrac{1}{4} a^2)}, \; x = \frac{a}{z}, \quad y = \sqrt{2 - 2z}$$

Le calcul des côtés des polygones réguliers inscrits et circonscrits, dont le nombre des côtés va croissant selon la progression double 4, 8, 16, 32..., fera connaître les périmètres de ces polygones, en multipliant la longueur d'un côté par le nombre de ces côtés. Par exemple on trouve que les côtés des polygones réguliers inscrits et circonscrits de 96 côtés, étant multipliés par 48, donnent 3,1392 et 3,1410 pour les demi-périmètres de ces figures. Or, la demi-circonférence a sa longueur intermédiaire entre ces nombres, puisqu'un arc ACB est toujours plus grand que sa corde AB, et moindre que la tangente EF : d'un autre côté nos deux nombres ont pour partie commune 3,14; donc la demi-circonférence du cercle, dont le rayon est 1, est 3,14 $= \pi$, lorsqu'on se contente de 2 décimales.

Pour obtenir une plus grande approximation, il suffira de rendre les côtés des polygones plus nombreux; car leurs périmètres approcheront de plus en plus l'un de l'autre et de la circonférence qu'ils comprennent entre eux; en sorte que, lorsque les longueurs des demi-périmètres se trouveront ne différer qu'à la 8e. décimale, les 7 premières figures appartiendront à l'un et à l'autre, aussi-bien qu'à la demi-circonférence. Ces calculs ne sont pas fort longs, parcequ'on peut y appliquer les logarithmes : n désignant le nombre des côtés des polygones, on a

$$z = \sqrt{(1 + \tfrac{1}{2} a)(1 - \tfrac{1}{2} a)}, \; nx = \frac{na}{z}, \; y = n\sqrt{2(1 - z)}$$

Mais si l'on demande une grande approximation, les logarithmes ne peuvent plus servir; il faut donc se servir d'un procédé plus commode. Le suivant est dû à Euler. On connaît le développement de l'arc λ en fonction de sa tangente

$$\lambda = tang\,\lambda - \tfrac{1}{3}\,tang^3\,\lambda + \tfrac{1}{5}\,tang^5\,\lambda - \tfrac{1}{7}\,tang^7\,\lambda \ldots$$

Le rayon du cercle est ici l'unité. (Voyez *Séries et Tangentes*.) Concevons deux arcs λ et λ' dont les tangentes soient $\tfrac{1}{2}$ et $\tfrac{1}{3}$, nous ferons ici $tang\,\lambda = \tfrac{1}{2}$, et $tang\,\lambda = \tfrac{1}{3}$, d'où

$$\lambda = \tfrac{1}{2} - \tfrac{1}{24} + \tfrac{1}{160}\,\text{etc.}, \quad \lambda' = \tfrac{1}{3} - \tfrac{1}{81} + \tfrac{1}{1215}\,\text{etc.}$$

Ces séries sont fort convergentes, et rien n'est plus facile que d'évaluer λ et λ' avec une assez grande approximation. On trouve, par exemple, avec 4 décimales $\lambda = 0,4637$, $\lambda' = 0,3217$.

Mais ces deux arcs λ et λ' ajoutés font 45 degrés, ou le huitième de la circonférence, puisque la tangente de leur somme est de

$$tang\,(\lambda + \lambda') = \frac{tang\,\lambda + tang\,\lambda'}{1 - tang\,\lambda\,tang\,\lambda'} = \frac{\tfrac{1}{2} + \tfrac{1}{3}}{1 - \tfrac{1}{6}} = 1$$

Faisons donc la somme des valeurs de λ et λ', et nous trouverons que l'arc de 45 degrés, dans le cercle dont le rayon est 1, a pour longueur $\lambda + \lambda' = 0,7854$. Répétant quatre fois ce résultat, nous voyons que la demi-circonférence est $\pi = 3,1416$, qui est en effet la valeur exacte de π avec 4 décimales.

L'approximation marche plus rapidement en se servant du procédé suivant, imaginé par un géomètre anglais nommé *Machin*. Prenons l'arc λ dont la tangente est $\tfrac{1}{5}$; nous aurons

$$tang\,2\lambda = \frac{2\,tang\,\lambda}{1 - tang^2\,\lambda} = \tfrac{5}{12},\; tang\,4\lambda = \frac{2\cdot\tfrac{5}{12}}{1 - \left(\tfrac{5}{12}\right)^2} = \tfrac{120}{119}$$

Cet arc 4λ diffère, comme on voit, très peu de 45 degrés ; soit λ' l'excès de 4λ sur 45°, ou $\lambda' = 4\lambda - 45°$; on a

$$tang\ \lambda' = \frac{tang\ 4\lambda - 1}{1 + tang\ 4\lambda} = \frac{1}{239}.$$

Ce calcul prouve que si l'on prend 4 fois l'arc λ qui a pour tangente le cinquième du rayon, cet arc 4λ surpassera l'arc de 45 degrés d'une petite quantité, et cet excès sera l'arc dont la tangente n'est que le 239e. du rayon. Faisons dans la série précédente $\lambda = \frac{1}{5}$ et quadruplons, puis $\lambda' = \frac{1}{239}$, nous aurons

$$4\lambda = 4\left(\frac{1}{5} - \frac{1}{3}\left(\frac{1}{5}\right)^3 + \frac{1}{5}\left(\frac{1}{5}\right)^5 \dots\right), \quad \lambda' = \frac{1}{239} - \frac{1}{3}\left(\frac{1}{239}\right)^2 \dots .$$

Les séries sont très convergentes, et il est facile de faire la somme des divers termes pris avec un degré d'approximation déterminé. La différence de ces résultats sera, comme ci-dessus, la longueur de l'arc de 45 degrés pris dans le cercle dont le rayon est 1 ; multipliant par 4, on a enfin le nombre cherché π.

Archimède, à l'aide de moyens géométriques équivalents à ceux que nous avons exposés d'abord, avait trouvé le rapport $\pi = \frac{22}{7}$, c'est-à-dire qu'une circonférence de 7 pieds de diamètre a 22 pieds de contour. Ce nombre très simple revient à $3\frac{1}{7}$, en sorte que toute circonférence a pour périmètre 3 fois et $\frac{1}{7}$ la longueur de son rayon. Ce rapport $\frac{22}{7}$ est exact jusqu'à la troisième décimale ; c'est celui qu'on emploie dans les arts et dans tous les calculs où l'on n'exige pas une grande précision.

Adrien Métius a trouvé ce rapport plus précis et plus compliqué $\pi = \frac{355}{113}$, mais remarquable en ce qu'il est formé des trois premiers nombres impairs 1, 3, 5, chacun écrit deux fois consécutives, en séparant le résultat en deux tranches de 3 chiffres, pour composer les termes de la fraction, ou 113, 355. Ce rapport est exact jusqu'à la 7e. décimale inclusivement.

Les géomètres ont long-temps cherché à exprimer le rapport de la circonférence au diamètre par des lignes de construction facile à l'aide de la règle et du compas ; mais ces recherches n'ont pas été plus heureuses que les premières. On n'a réussi à trouver que des approximations souvent fort compliquées. Voici les plus simples de ces constructions.

Menez le rayon DC (*fig.* 21) perpendiculaire au diamètre AB de la circonférence du cercle dont vous voulez avoir le développement en ligne droite. Portez le rayon AC de A en E ; tirez la corde EB prolongée ; portez sur ce prolongement, de B en F, la corde BD, et EF sera la demi-circonférence développée. En effet, EB est le côté du triangle équilatéral inscrit, et BD = BF est celui du carré ; mais on sait que ces côtés ont pour expression de leurs longueurs $EB = r\sqrt{3}$, $BF = r\sqrt{2}$; la somme est donc $EF = r(\sqrt{3} + \sqrt{2})$, quantité qui, réduite en décimales, revient à $r \times (1,732 + 1,414)$ ou $r \times 3,146$, valeur de la demi-circonférence, exacte jusqu'aux centièmes.

Après avoir mené le rayon DC perpendiculaire au diamètre AB (*fig.* 22), et porté la corde DB de D en I, prenez le milieu E de CB, et portez la longueur ED en EF ; prenez l'arc B qui a sa corde égale à FC ; le milieu H de cet arc donne une ouverture de compas BH, qui, portée en BK, rend la longueur KI égale à la demi-circonférence. En effet, $DI = BD = r\sqrt{2}$, comme étant le côté du carré inscrit ; d'un autre côté le point F coupe le rayon AC en moyenne et extrême raison. (*Voyez* mon Cours de Mathématiques, n°. 330, XI), en sorte que FC est le côté du décagone inscrit. L'arc BG est le dixième, et l'arc BH le vingtième de la circonférence, ou l'arc de 18 degrés. La corde de BH est deux fois le sinus de 9 degrés ; donc $KI = 2r\sqrt{2} + 2r \sin 10° = 2r(1,4142 + 0,1564)$ ou $KI = r \times 3,1413$, quantité dont la 4e. décimale est presque exacte.   F.

CIRCULATION. (*Zoologie.*) On donne ce nom à une fonction qui a pour objet le mouvement progressif du sang dans les êtres vivants. Cette fonction existe dans presque tous les degrés de l'échelle animale, mais avec des modifications nombreuses.

On ne l'observe pas chez les zoophytes. Les matériaux nutritifs qu'ils absorbent vont immédiatement nourrir leurs organes.

Les insectes n'ont point de circulation proprement dite. Ils sont seulement pourvus d'une sorte de vaisseau contractile qui représente tout l'appareil de la circulation, renferme, et agite d'un mouvement oscillatoire, un fluide jaunâtre, visqueux et transparent, analogue au sang par ses usages. Ce fluide destiné à porter les matériaux de la nutrition et des sécrétions dans les organes de ces animaux, reçoit l'influence de l'air par les trachées dont ils sont pourvus.

Les crustacés, les vers et les mollusques se rapprochent davantage des animaux d'un ordre supérieur par cette fonction. Chez eux le sang est soumis à l'influence de l'air par des branchies. Chez les uns, les vers, par exemple, la circulation s'effectue à l'aide des vaisseaux seulement; chez les autres, les crustacés et la plupart des mollusques, le cœur n'existe que pour conduire le sang artériel de l'organe respiratoire aux diverses parties du corps, tandis que les vaisseaux seuls ramènent le sang de ces parties à l'organe de la respiration : chez quelques-uns de ces animaux, on trouve jusqu'à quatre cœurs, mais ces cœurs différents ne sont autre chose que des modifications des cavités du même organe qui se trouvent réunies dans les classes supérieures.

Les poissons présentent une conformation analogue. Leur sang arrive de tous leurs organes au cœur par des veines, puis il se rend à toutes les parties du corps par des artères qui traversent les branchies pour lui faire recevoir les changements qu'il doit éprouver par l'action de l'air avant de se rendre aux divers organes.

On trouve dans les organes circulatoires des reptiles
d'assez nombreuses modifications, cependant la circulation offre ceci de général que, dans cette classe d'animaux, le sang qui revient des poumons et celui des autres
parties du corps se rendent dans une oreillette commune.
C'est ce que l'on observe dans le genre batracien, où l'on
voit de plus le système artériel naître par un seul tronc
d'un même ventricule, et fournir des branches aux poumons et aux autres parties du corps. Quoique dans
d'autres genres de cette classe, le cœur et les vaisseaux
offrent des dispositions différentes, cependant on peut
dire que toujours le résultat est semblable, et que la
circulation pulmonaire n'est qu'une fraction de la grande
circulation.

Il n'en est pas de même des oiseaux et des mammifères.
La circulation dans ces deux classes d'animaux réunit,
pour ainsi dire, tous les genres de perfection. En effet,
les oiseaux et les mammifères ont, comme les mollusques
et les poissons, une circulation double, c'est-à-dire que
la totalité du sang est soumise à l'action vivifiante de l'air,
par la petite circulation ou circulation pulmonaire, avant
de se distribuer aux autres parties du corps par la
grande circulation. Mais comme les poissons, les mollusques et la plupart des vers, respirent seulement l'air
dissous dans l'eau, il en résulte que leur sang se vivifie
moins que celui des oiseaux et des mammifères qui respirent dans l'air.

Les reptiles jouissent bien de ce dernier avantage,
mais comme la circulation pulmonaire de ces animaux au
lieu d'être complète n'est qu'une fraction de la grande
circulation, leur sang ne peut qu'en partie éprouver l'action de l'oxigène qui doit lui rendre la chaleur et la vie.
Aussi, quoique les reptiles respirent dans l'air, la température de leur corps ne s'élève pas plus que celle des
poissons, des mollusques, des crustacés et des vers qui
respirent dans l'eau. Cette différence de température du

sang a fait donner à ces diverses classes le nom d'animaux à sang froid, tandis que l'on appelle animaux à sang chaud, les oiseaux et les mammifères.

D'après cet aperçu général de la circulation, on voit que cette fonction essentielle à la vie, a principalement pour objet d'envoyer le sang veineux à l'appareil respiratoire, afin qu'il y subisse l'influence de l'air, et que, devenu sang artériel, il aille se distribuer à toutes les parties du corps pour les nourrir et les réparer; puis redevenu sang veineux, il retourne aux organes de la respiration, et suit ainsi un trajet circulaire, ce qui a fait donner le nom de circulation à cette importante fonction.

La circulation est une découverte moderne. Cependant Hottingérus, *in Bibliographiâ physico-sacrâ*, et d'autres auteurs ont prétendu prouver que Salomon en avait eu connaissance. D'autres croient trouver dans l'interprétation de quelques paragraphes d'Hippocrate, des phrases qui prouvent que ce grand observateur connaissait la circulation; mais ces divers passages sont loin de pouvoir faire admettre un tel fait. Les anciens n'avaient sur le mouvement du sang que des idées vagues et confuses. Ils se le représentaient comme une sorte de flux et reflux. Aristote et Érasistrate croyaient les artères vides, ou tout au plus remplies d'un esprit vital, d'une espèce d'air; et quoique Galien ait reconnu cette erreur, il se forma toutefois, sur le mouvement du sang, des idées qui ne s'accordent en rien avec la nature; car il supposait que les veines tirent leur origine du foie; que le sang, parvenu au ventricule droit, se partage en deux portions, dont l'une traverse la cloison de ces ventricules pour passer dans le ventricule gauche, tandis que l'artère pulmonaire conduit l'autre dans les poumons pour servir à leur nutrition; et qu'il n'y a qu'une très petite quantité seulement de ce fluide qui revienne au cœur par les veines pulmonaires. L'arrêt burlesque que l'on trouve dans notre satirique Boileau (Tom. III, p. 397, éd. Lefèvre, 1821),

prouve que de son temps quelques médecins admet
taient encore ces théories erronées. Pendant le moyen
âge, les Arabes se contentant de copier leurs devanciers,
n'avancèrent nullement ce point de la science. Il faut
arriver jusqu'à Michel Servet, médecin théologien du
16ᵐᵉ. siècle, pour trouver, dans un ouvrage qu'il fit imprimer en 1553, quelques aperçus sur le mouvement
circulatoire du sang. Colombus vint ensuite et décrivit
très bien la circulation pulmonaire. En 1571, Césalpin
entrevit les phénomènes de la circulation; mais il était
réservé à l'immortel Harvey d'en démontrer complètement
l'admirable mécanisme.

Guillaume Harvey naquit à Folkton, dans le Kentsire,
en 1579. Il étudia depuis 1598 jusqu'en 1602, sous le célèbre Fabrice d'Aquapendente, qui lui apprit l'existence
des valvules dans toutes les veines du corps. Depuis lors
il s'efforça de découvrir l'usage de ces valvules, fit des
expériences qui le conduisirent à des résultats exacts, et,
en 1619, il enseigna publiquement la circulation à Lon-
dres. Il appuya sa découverte de preuves irréfragables
tirées, 1°. de la disposition des valvules sigmoïdes de l'artère aorte, qui permet l'arrivée du sang dans ce vaisseau et l'empêche de retourner au cœur; 2°. de la conformation des valvules veineuses, qui laissent passer le sang
des radicules vers les troncs et l'empêchent de prendre
une marche rétrograde; 3°. d'une disposition semblable
des valvules tricuspide et mitrale; 4°. de la ligature des
veines qui empêche le sang de revenir au cœur, et de
la ligature des artères qui s'oppose à ce que le sang aille
du cœur aux parties placées au-dessous d'elle: 5°. du passage des injections des artères dans les veines; enfin, des
hémorrhagies mortelles qui accompagnent la blessure des
artères si on ne s'y oppose par la ligature ou la compression du vaisseau.

Quoique appuyé sur des expériences pleines de sagacité,
et sur des raisonnements clairs et concluants, cette belle

découverte fut loin d'entraîner la conviction générale. Elle changeait tellement les opinions émises jusqu'alors, qu'elle trouva dans le monde savant une foule de détracteurs et d'antagonistes. Un petit nombre d'hommes éclairés admirent les idées nouvelles et contribuèrent à les propager. On doit compter parmi eux le célèbre réformateur de la philosophie, René Descartes. Il adopta la nouvelle théorie dès l'année 1737, dans une lettre écrite à Jean de Beverwik. Enfin, avec le temps, les amours-propres irrités se calmèrent, la vérité put être reconnue, et cette belle découverte généralement admise, devint aussi utile à la physiologie qu'à la médecine pratique.

Avant d'exposer le mécanisme de cette fonction, nous parlerons des agents qu'elle emploie et du fluide qu'elle fait mouvoir. Ces agents sont le cœur, les artères, les vaisseaux capillaires et les veines. On donne le nom de sang au fluide, et on le distingue en artériel et veineux. Nous nous sommes déterminés à ne point suivre l'ordre alphabétique pour ces diverses descriptions, afin de ne point éloigner les éléments d'un article qu'on sera bien aise de trouver rapprochés les uns des autres.

Le *Cœur*, est un organe creux, de nature musculaire, enveloppé d'une membrane séro-fibreuse, placé dans la poitrine dont il occupe une partie des régions moyenne et gauche au-devant de l'œsophage et de l'artère aorte, derrière le sternum, entre les poumons et au-dessous du diaphragme, sur lequel, chez l'homme, sa face inférieure repose.

Cet organe a, d'après les observations de M. Laennec, le volume du poing du sujet sur lequel on l'examine. Il est plus gros dans l'homme que chez la femme. Sa forme est celle d'un cône obliquement couché et aplati sur deux faces, l'une supérieure, l'autre inférieure. La première est un peu convexe et formée principalement par l'oreillette et le ventricule droits; l'inférieure, presque plate, est constituée dans la plus grande partie de son étendue, par le ven-

tricule gauche et l'oreillette du même côté. Ces deux
faces sont traversées par des sillons qui reçoivent les vaisseaux coronaires ou cardiaques; sa base est dirigée en arrière en haut et à droite; formée par les oreillettes, elle
adhère au péricarde par les gros vaisseaux qui se rendent
au cœur et par ceux qui en naissent. La pointe ou le
sommet, placé dans un sens opposé, correspond à l'intervalle qui sépare le cartilage de la sixième côte de celui
de la septième; c'est dans cet intervalle que l'on peut
sentir et voir les battements du cœur. Le bord droit de
cet organe, plus long que le gauche, est formé par le
ventricule droit; et le bord gauche, plus épais que le précédent, par le ventricule gauche.

On voit dans l'intérieur du cœur des particularités plus
importantes à examiner, parcequ'il est nécessaire d'en bien
connaître les dispositions pour comprendre plus facilement le mécanisme de la circulation. Ces cavités, au nombre de quatre, constituent les deux oreillettes et les deux
ventricules. L'oreillette droite offre une cavité plus spa-
cieuse que la gauche; elle est pourvue de colonnes charnues assez nombreuses, adhérentes par un côté, libres
par l'autre. En avant, cette cavité communique avec
celle du ventricule par une ouverture; en haut et en arrière, on voit l'orifice de la veine cave supérieure et la
cavité de l'appendice auriculaire droite; en bas, l'orifice
de la veine cave inférieure garnie de la valvule d'Eustache;
au-devant de cette valvule existe l'orifice de la veine coronaire principale et la valvule qui en recouvre l'entrée.
En dedans on trouve la cloison qui sépare les deux oreillettes vers la partie postérieure et inférieure de laquelle
existe une dépression que l'on nomme fosse ovale. Cet
enfoncement n'est bien marqué qu'en haut où il est borné
par un rebord saillant, formant plus d'un demi-cercle et
s'effaçant insensiblement à ses extrémités. Dans le fœtus
la fosse ovale est remplacée par une ouverture qu'on appelle trou de Botal.

8.

Le ventricule droit ou pulmonaire, plus large et moins épais que le gauche; offre une cavité dans laquelle on remarque une foule de colonnes charnues qui naissent de ses parois et se terminent par de petits tendons au bord d'une valvule que l'on appelle tricuspide ou triglochine, parcequ'elle présente trois divisions : cette valvule est adhérente par son autre bord au contour d'une ouverture nommée auriculo-ventriculaire qui fait communiquer le ventricule avec l'oreillette. Lorsque le cœur est en contraction, cette ouverture est fermée par la valvule tricuspide qui devient horizontale. Au-devant de l'orifice auriculo-ventriculaire, on en voit un autre qui fait communiquer cette cavité avec l'artère pulmonaire; cette ouverture est garnie de trois valvules nommées sigmoïdes ou semi-lunaires à cause de leur forme; elles ont une face dirigée vers le centre de l'ouverture, une autre appliquée contre son contour, un bord convexe tourné vers le cœur, et un droit situé du côté de l'artère; on voit sur le milieu de ce dernier un petit tubercule dur et consistant. Lorsque ces valvules sont rapprochées l'une de l'autre, elles ferment presque entièrement la communication du ventricule et de l'artère pulmonaire.

L'oreillette gauche, analogue à la droite par sa conformation, offre antérieurement l'ouverture auriculaire du ventricule gauche; postérieurement, l'orifice des quatre veines pulmonaires; en dedans, la cloison qui sépare cette oreillette de la droite; et en dehors et en haut, le sinus de l'appendice auriculaire gauche.

Le ventricule gauche, ou aortique, forme une cavité moins large que le droit; mais il ressemble à ce dernier par la disposition des diverses parties qui le composent. Il offre en arrière l'ouverture auriculo-ventriculaire qui le fait communiquer avec l'oreillette gauche. Cette ouverture est garnie d'une valvule nommée mitrale, parcequ'on a cru lui trouver de la ressemblance avec une mitre; on l'appelle aussi bicuspide, parcequ'elle n'a que deux divisions. L'orifice de l'artère aorte est placé en haut et en avant; on lui trouve des replis semblables aux valvules sigmoïdes que nous avons décrites. Les parois de ce ventricule sont plus épaisses, et présentent en dedans des colonnes charnues plus nombreuses et plus grosses que celles du ventricule droit. Ces colonnes sont disposées de diverses manières; les unes, très petites, s'entrecroisent dans tous les sens et forment des aréoles; d'autres, plus volumineuses, se dirigent des parois du ventricule vers l'orifice auriculo-ventriculaire et se terminent par des tendons très fins, mais très forts, à la valvule qui en tapisse l'entrée; les ventricules sont séparés par une cloison commune fort épaisse.

Le cœur est formé d'un tissu musculaire très dense et très serré, composé de fibres disposées en anses et entrecroisées les unes avec les autres. Il entre aussi dans sa composition plusieurs membranes, des vaisseaux et des nerfs. L'une des membranes est interne, très mince et très adhérente aux parties qu'elle recouvre; elle tapisse les cavités des oreillettes et des ventricules, forme les divers replis que nous avons décrits, et se continue avec la membrane interne des artères et des veines. La face externe du cœur est recouverte d'une autre membrane très mince, qui lui adhère par un tissu cellulaire dans lequel on ne voit ordinairement que fort peu de graisse. Cette dernière membrane n'est autre chose que le feuillet réfléchi du péricarde, membrane séro-fibreuse, destinée à envelopper le cœur et à sécréter autour de lui une petite quantité de sérosité qui facilite ses mouvements.

Le cœur reçoit deux artères qui naissent de l'aorte immédiatement au-dessus des valvules sigmoïdes, et qui se divisent en plusieurs branches dans son tissu. Ces artères portent le nom de coronaires ou cardiaques. Les veines du cœur sont à peu près disposées comme les artères; elles se rendent par plusieurs ouvertures dans l'oreillette droite, mais l'une d'elles, beaucoup plus considérable que les

autres, a constamment son orifice auprès de la valvule
d'Eustache. Les vaisseaux lymphatiques suivent la direction des vaisseaux sanguins, traversent les ganglions qui
avoisinent l'artère aorte, et se rendent, ou dans le canal
thorachique, ou dans la grande veine lymphatique droite,
ou bien enfin dans les veines jugulaires et sous-clavières.
Le nerf grand sympathique et le pneumo-gastrique envoient
à cet organe des filets nombreux et très denses qui accompagnent ses vaisseaux. Mais quoique le cœur soit pourvu
de beaucoup de nerfs et d'une grande vitalité, cependant
on peut le toucher sans que l'animal paraisse le sentir.
On conçoit combien il était important, pour la conservation de l'individu, que cet organe fût soustrait à l'influence de ce que Bichat appelait sensibilité animale, et
qu'il fût doué seulement de la sensibilité que le même
auteur appelait organique.

Le cœur est un des organes dont le développement est
le plus précoce et le plus rapide. Celui du poulet existe
avant que les quarante-huit premières heures de l'incubation soient écoulées. Mais il ne présente alors qu'une
seule cavité qui plus tard se divise en quatre, par des cloisons que l'on voit peu à peu se développer. Dans le fœtus
humain, les deux oreillettes sont confondues en une seule
ou séparées par une cloison à peine sensible et largement
percée par le trou de Botal. La valvule d'Eustache, alors très
développée, fait suite à la cloison, en sorte que la veine
cave, située derrière cette valvule, s'ouvre plutôt dans
l'oreillette gauche que dans la droite. Ce n'est qu'au troisième mois qu'un double feuillet, destiné plus tard à séparer les deux oreillettes, s'élève des bords de cette ouverture et la ferme entièrement vers l'époque de la naissance.
En même temps, la valvule d'Eustache s'affaisse et acquiert la disposition que nous avons décrite. Dans la vieillesse, le tissu du cœur devient mou et flasque; ses cavités, surtout les droites, s'agrandissent, et sa surface se
charge de plus ou moins de graisse.

Le cœur peut offrir des anomalies et des vices de conformation : il en sera question à l'occasion de ses maladies. Cet organe, chez les mammifères et les oiseaux, présente une conformation analogue à celle du cœur de l'homme ; mais on voit dans les autres classes de nombreuses différences. Elles ont été indiquées lorsque nous avons parlé de la circulation en général. Les bornes dans lesquelles nous devons nous renfermer nous empêchent de nous étendre plus longuement sur ce sujet : passons à la description des artères.

Les *Artères* appelées par les Grecs αρτηριαι de ἀήρ air et de τηρειν conserver, parceque les Anciens croyaient qu'elles renfermaient de l'air, sont des vaisseaux destinés à porter le sang du cœur à tous les organes. Ce sont des canaux cylindriques, fermes, élastiques, d'un blanc jaunâtre, peu dilatables et formés de trois membranes superposées et intimement réunies. L'interne, très fine et transparente, se continue avec celle qui tapisse les ventricules du cœur ; la moyenne, épaisse et jaunâtre, donne à ces vaisseaux leur forme et leur élasticité ; l'externe, celluleuse et extensible, est en contact avec le tissu cellulaire qui unit les artères aux parties environnantes. Les parois de ces canaux membraneux reçoivent, pour leur nutrition, de petits vaisseaux artériels et veineux, fournis par les rameaux qui les avoisinent. On trouve également entre leurs diverses tuniques, quelques filets nerveux très déliés. Les artères les plus volumineuses portent des noms particuliers.

On appelle pulmonaire l'artère qui naît du ventricule droit. Elle se partage en deux branches qui se rendent, l'une au poumon droit, l'autre au poumon gauche.

L'artère aorte, plus considérable que la précédente, est destinée à transmettre le sang à toutes les parties du corps. Elle naît du ventricule gauche, forme, peu de temps après sa naissance, une courbure de la convexité de laquelle naissent trois gros troncs. Le premier, appelé

brachio-céphalique, se divise lui-même en deux branches :
l'axillaire, qui porte le sang au bras droit, et la carotide
primitive, qui le transmet par ses divisions aux parties latérales droites du col et de la tête. Le second tronc artériel fourni par l'aorte prend le nom de carotide primitive
gauche, et le troisième celui d'axillaire gauche. Ces vaisseaux envoient le sang aux parties latérales gauches du
col et de la tête et au bras gauche. Après avoir donné
naissance à ces troncs principaux, l'artère aorte descend
en longeant le côté gauche de la colonne vertébrale, traverse le diaphragme, arrive dans le ventre et se partage
en deux branches vers la réunion des vertèbres avec le
bassin. Dans ce long trajet, elle fournit des vaisseaux à
tous les organes de la poitrine et du ventre. Chacune de ces
artères porte le nom de l'organe qui la reçoit : ainsi elles
s'appellent œsophagiennes, hépatiques, rénales, etc. Chacune des dernières divisions de l'artère aorte prend le nom
d'artère iliaque primitive, et donne les nombreuses branches
qui vont porter la vie aux organes du bassin et aux membres inférieurs, dans lesquels elles se divisent et se subdi-
visent à l'infini. Les principales branches et les principaux
rameaux prennent en général le nom des régions où elles
sont situées, des parties qui les reçoivent, ou de la forme
qu'elles affectent.

Le développement des artères commence presque aussitôt que celui du cœur. L'artère aorte apparaît d'abord
comme un filet rougeâtre, dépendant du cœur et qui donne
peu à peu naissance aux diverses branches que nous avons
indiquées. Dans le fœtus humain et dans celui des mammifères, les artères aorte et pulmonaire présentent une
disposition dont nous devons parler. Au lieu de se diviser
en deux branches, l'artère pulmonaire se divise en trois,
deux très petites qui constitueront plus tard les artères pulmonaires et une troisième que l'on appelle canal artériel.
Cette dernière branche semble être la continuation du
tronc principal. Elle se rend dans l'artère aorte au-dessous

de la crosse. Cette conformation modifie beaucoup la circulation du fœtus. Vers la naissance, les artères pulmonaires acquièrent le volume qu'elles doivent avoir, le canal artériel s'oblitère, se transforme en un cordon celluleux et les deux artères cessent de communiquer ensemble. Enfin la terminaison de l'artère aorte présente aussi des modifications qui seront décrites à l'histoire du fœtus. Dans la vieillesse, les artères deviennent plus denses; elles sont susceptibles de recevoir une certaine quantité de phosphate de chaux et de devenir osseuses dans une plus ou moins grande partie de leur étendue. Après s'être divisées en branches, en rameaux et en ramuscules, les dernières ramifications des troncs artériels se rendent aux systèmes capillaires.

On donne le nom de *Système capillaire* à un ensemble de petits vaisseaux d'une extrême ténuité, formés par la terminaison des artères et le commencement des veines.

La difficulté que l'on éprouve à les apercevoir fait que leur disposition est peu connue. Tout ce que l'on sait de leur conformation, c'est qu'ils communiquent ensemble par de nombreuses anastomoses, ou branches de communication, et qu'ils forment un véritable réseau répandu dans tout le corps. Il faut admettre deux grandes divisions dans les vaisseaux capillaires : l'une placée à la terminaison des branches fournies par l'aorte, a reçu le nom de système capillaire général; l'autre existe entre les artères et les veines pulmonaires et constitue le système capillaire pulmonaire. Si cette distinction n'offre point de différence sous le rapport anatomique, on verra qu'elle en présente une bien grande lorsque nous exposerons le mécanisme de la circulation.

L'existence des vaisseaux capillaires est démontrée par des injections qui les développent artificiellement, et que l'on pratique en injectant dans les artères des liquides colorés. L'inflammation qui les injecte et les dilate par l'afflux naturel du sang, les fait reconnaître dans des organes où on ne les aurait pas soupçonnés; enfin il est certaines parties, les joues par exemple, où l'existence des vaisseaux capillaires est constamment manifeste, parceque là ils sont très développés. Si, comme Malpighi, on examine les nageoires, les branchies des poissons, ou le mésentère d'une grenouille, à l'aide d'un microscope, on voit distinctement le sang passer des artères dans les veines à travers les vaisseaux capillaires. Ces vaisseaux ont des parois extrêmement ténues et un diamètre plus ou moins grand. Les uns admettent les globules rouges du sang, d'autres n'admettent pas de globules colorés. C'est ce qui a fait distinguer les capillaires en rouges et en blancs. Les muscles ou la chair reçoivent beaucoup de capillaires; la conjonctive, membrane de l'œil, en reçoit principalement de blancs dans l'état de santé, mais lorsque l'œil s'enflamme, cette membrane acquiert une couleur rouge très intense, parceque les globules rouges y affluent en grand nombre et rapprochés les uns des autres.

On ignore complètement comment sont disposées les ouvertures des extrémités vasculaires dans le système capillaire. Bichat considérait ce système comme un vaste réservoir d'où naissent, outre les veines, des vaisseaux d'un ordre particulier appelés exhalants et destinés à transmettre au dehors certains fluides. Quelles qu'aient été les opinions émises sur les vaisseaux capillaires, tous les physiologistes pensent que c'est dans leur intérieur que le sang subit les altérations que doivent lui faire éprouver les nutritions, les sécrétions et l'acte de la respiration. De plus, ces vaisseaux paraissent jouir d'une force tonique qui contribue à faire arriver le sang dans les veines.

On donne le nom de *Veines* aux conduits qui ramènent le sang aux oreillettes du cœur. Ce sont des canaux cylindriques, mais qui s'affaissent lorsqu'ils sont vides, parceque leurs parois, plus faibles que celles des artères, ne gardent pas aussi bien leur forme. Ces parois sont composées de trois tuniques, une celluleuse externe, une

moyenne de nature particulière, et que l'on a crue musculaire parcequ'elle a une apparence fibrillaire, et une interne très fine qui se continue avec celle des oreillettes
du cœur. Cette dernière membrane forme dans l'intérieur
d'un grand nombre de veines, surtout dans celles des
membres inférieurs, des replis que l'on appelle valvules.
Ces valvules ont un bord libre dirigé vers le cœur, un
bord adhérent tourné du côté de la naissance des veines,
une face appuyée contre la veine, et une autre qui correspond au centre de ce vaisseau ; elles permettent au sang
d'arriver au cœur, mais s'il tendait à retourner aux parties d'où il vient, elles se redresseraient et formeraient
dans l'intérieur de la veine un plan qui s'opposerait à la
marche rétrograde du sang.

Les veines naissent des vaisseaux capillaires. Celles qui
viennent du système capillaire du poumon s'abouchent et
se réunissent les unes aux autres pour ne plus former que
quatre troncs principaux qui se rendent dans l'oreillette
gauche ; on les appelle veines pulmonaires. Le sang du
système capillaire général arrive à l'oreillette droite du
cœur par deux veines, l'une que l'on appelle veine cave
supérieure, qui communique avec les veines de la tête,
du col et des membres supérieurs, l'autre nommée veine
cave inférieure, qui ramène le sang des membres inférieurs et des organes abdominaux. Les deux veines caves
sont réunies par une veine particulière que l'on appelle
azygos. Les veines accompagnent les artères dans tous les
organes, excepté au cerveau, où elles ont une disposition
différente ; elles prennent le nom des artères qu'elles accompagnent et sont toujours plus larges et plus nombreuses qu'elles. Aux membres, au tronc et à la face,
outre les veines qui suivent les artères, il y en a beaucoup
d'autres qui forment une couche superficielle. La couleur
bleue de ces veines se fait remarquer à travers la peau,
surtout aux endroits où cette membrane est très blanche
et très fine. Aux tempes, aux seins, et au pli du coude,

ces veines sont ordinairement très apparentes; c'est pour
cela que l'on choisit celles de cette dernière région pour
pratiquer l'opération de la saignée.

Le développement des veines se fait en même temps
que celui des artères. On verra à l'article *Fœtus* qu'à cet
âge il existe une veine particulière appelée ombilicale, qui
est destinée à établir la communication de la mère à l'enfant. On trouve dans le foie une veine qui présente des
dispositions spéciales. A mesure que l'on avance en âge,
les parois des veines s'affaiblissent et leurs dilatations
ou varices deviennent plus fréquentes.

Après avoir décrit les agents de la circulation, il nous
reste à parler du fluide qu'ils contiennent et qu'ils font
mouvoir. L'histoire détaillée de ce fluide, nommé sang,
se trouvera dans un autre article (voyez *Sang*). Nous indiquerons brièvement dans celui-ci les notions nécessaires
pour bien comprendre la circulation.

Le *Sang* est un liquide plus ou moins rouge, onctueux
au toucher, d'une saveur salée, d'une odeur particulière,
d'une pesanteur un peu plus grande que celle de l'eau,
d'une température de 30 à 32 degrés; destiné à porter
dans les organes les matériaux de la nutrition et des diverses sécrétions; devant se réparer par les éléments du
chyle, produit de la digestion, et par l'action de l'air dans
la respiration. L'analyse chimique a démontré que le sang
est composé d'eau, d'albumine, de fibrine, de différents
sels et d'une matière colorante. La physiologie fait reconnaître dans ce fluide des différences importantes à remarquer; elle le distingue en sang rouge essentiellement vital
ou artériel, et en sang noir ou veineux.

Le sang rouge, doué des propriétés réparatrices et vivifiantes, prend sa source dans le système capillaire des
poumons, coule ensuite dans les veines pulmonaires, arrive dans les cavités gauches du cœur, et de là dans l'artère aorte, qui le transmet par ses divisions à toutes les
parties du corps jusqu'au système capillaire général. Là

il perd deux degrés de chaleur et d'autres qualités essentielles en dispensant une partie de ses principes entre des fonctions importantes, la nutrition, la calorification et les sécrétions. Devenu noir, le sang parcourt les diverses veines du corps, reçoit le chyle et la lymphe au voisinage du cœur, se rend dans les cavités droites de cet organe qui, par l'artère pulmonaire, l'envoie aux vaisseaux capillaires des poumons, où, vivifié par l'action de l'air, il reprend les qualités de sang rouge ou artériel.

Les différences que l'âge, le sexe, les divers tempéraments, etc., etc., peuvent faire observer dans le sang, seront indiquées ailleurs. Nous rappellerons seulement ici que ce liquide, à peu près semblable chez les mammifères, a une température plus élevée de quelques degrés chez les oiseaux, et qu'au contraire la température de celui des poissons, des reptiles et des autres animaux des classes inférieures, est seulement un peu plus haute que celle du milieu dans lequel ils vivent.

Le *mécanisme* par lequel le sang parcourt les diverses routes qui lui sont assignées dans les dernières classes des êtres vivants, a suffisamment été indiqué dans les généralités sur la circulation, pour que les bornes de cet article ne nous permettent plus d'y revenir : mais ce mécanisme étant le même pour les classes supérieures, les oiseaux et les mammifères, nous l'exposerons avec quelques détails en prenant pour type la circulation de l'homme, qu'il nous intéresse plus particulièrement de connaître.

Le sang contenu dans les deux veines caves, est versé dans l'oreillette droite ; il y rencontre celui qui revient du cœur lui-même, et que la veine coronaire y conduit ; il y rencontre aussi celui qui, se trouvant dans l'espace conique de la valvule tricuspide, a reflué dans l'oreillette, par le soulèvement de cette valvule, pendant la contraction du ventricule. L'oreillette ainsi dilatée, se contracte et mêle les diverses quantités de sang qu'elle a reçues. Ce liquide tend à s'échapper par les diverses ouvertures de la cavité qui le renferme, mais celle de la veine cave supérieure lui oppose le poids de la colonne de sang qui arrive à l'oreillette, les orifices des autres veines sont protégées de valvules, il ne reste de libre que l'ouverture auriculo-ventriculaire. Le sang la traverse, dilate le ventricule droit, se mêle à la partie de ce liquide qui a reflué de l'artère pulmonaire avant que les valvules sigmoïdes se fussent complètement rapprochées. Pressé par la contraction du ventricule, le sang n'en peut sortir par l'ouverture auriculo-ventriculaire, parcequ'il soulève la valvule tricuspide qui, devenant horizontale, s'oppose presqu'entièrement à son passage : il pénètre dans l'artère pulmonaire. Aussitôt que celle-ci a été dilatée, elle se resserre, le sang qu'elle contient, ne pouvant rentrer qu'en très petite portion dans le ventricule droit, à cause du rapprochement des valvules sigmoïdes, il est forcé de suivre les nombreuses divisions de cette artère; il traverse le système capillaire des poumons, se rend dans les veines pulmonaires qui le versent par quatre ouvertures dans l'oreillette gauche. Comprimé par la contraction de cette oreillette, le sang passe dans le ventricule gauche, où pressé de nouveau par le resserrement de cette cavité à parois musculaires, et ne pouvant rentrer dans l'oreillette à cause du soulèvement de la valvule mitrale, il pénètre dans l'artère aorte, et de là dans toutes les artères de la circulation générale. Telle est la marche qu'une quantité donnée de sang suit dans le cœur, mais il faut ajouter que les contractions des diverses cavités de ce muscle n'ont point ainsi lieu les unes après les autres. Les deux oreillettes se dilatent simultanément, pour recevoir le sang que leur amènent les veines qui s'ouvrent dans leurs cavités, en même temps que les ventricules se contractent pour expulser celui qu'ils viennent de recevoir; de même aussi, quand les deux oreillettes se contractent, les deux ventricules se dilatent pour recevoir le sang qui arrive dans leur cavité. On donne le nom de *diastole* à la dilatation de ces diverses cavités, et celui de *systole* à la contraction de leurs parois. Ainsi, on observe alternativement dans chaque cavité la diastole et la systole, mais pendant qu'il y a diastole des oreillettes la systole des ventricules a lieu, et *vice versâ*. Il y a donc simultanéité d'action entre les deux oreillettes et les deux ventricules, et au contraire, alternative d'action entre les oreillettes et les ventricules.

Il est difficile de dire quelle quantité de sang le cœur projette à chaque systole, car elle varie selon la force des contractions de l'organe et la masse de sang qui lui arrive. On l'évalue généralement à deux onces. Les causes de contraction et de dilatation alternatives du cœur, sont encore plus difficiles à indiquer. Elles sont involontaires et entièrement placées sous la dépendance du système nerveux. La force de ces contractions n'est pas mieux connue; et, si elle a été exagérée par Borelli, qui estima la puissance de cet organe égale à 180,000 livres, il n'en est pas moins vrai qu'elle doit être considérable, puisque ces contractions sont la cause principale du mouvement progressif du sang dans l'appareil circulatoire.

Les artères reçoivent le sang des ventricules et le transmettent aux vaisseaux capillaires. La systole des ventricules est la cause principale de ce phénomène. En effet, si on met à nu, sur un animal vivant, une artère, on la voit, à chaque contraction du ventricule se dilater, puis revenir à son volume primitif. Cette dilatation provient de l'ondée de sang que le cœur projette dans sa cavité. Si on la touche, elle fait éprouver au doigt un battement qui résulte des deux changements qu'elle éprouve et qui constituent ce qu'on appelle le *pouls*. Les artères jouissent donc, comme le cœur, d'un mouvement de diastole et d'un mouvement de systole. La diastole des artères correspond à la systole des ventricules, et leur systole à la diastole de ces derniers. Les artères prennent-elles une part active dans la circulation, ou bien n'y jouent-elles d'autre

rôle que celui de tuyaux inertes, ainsi que le pensait Harvey ?
Cette question, long-temps agitée par les physiologistes, est
encore loin d'être résolue. Ce qu'il y a de certain, c'est
qu'on ne peut refuser à ces vaisseaux une certaine élasticité qui leur donne la faculté de réagir sur le sang, lorsque le cœur le projette dans leur cavité, et d'ajouter ainsi
à l'impulsion qu'il a déjà reçue par la contraction des
ventricules. C'est pour cela que le cours du sang présente
une sorte d'intermittence dans les artères, où il est alternativement plus vite et plus lent ; plus vite au moment de
la systole du cœur, parcequ'alors le fluide, que les vaisseaux contenaient déjà, et celui que le ventricule lui envoie, se meuvent par l'influence de la puissance motrice
de ce même ventricule ; plus lent, lors de la diastole,
parcequ'alors il ne se meut que sous l'influence de la
réaction élastique des artères. Dans le premier moment,
il coule par jets qui coïncident avec les contractions des
ventricules ; dans le second, il ne coule d'une artère ouverte que par nappes. Ce phénomène de la circulation
artérielle est plus remarquable dans les grosses artères
que dans les petites, parceque, dans ces dernières, l'influence du cœur est beaucoup diminuée. La force et la vitesse avec laquelle une quantité plus ou moins grande de
sang traverse les artères constitue les nombreuses variétés
du pouls (Voyez ce mot). Arrivé à l'extrémité des artères,
le sang pénètre dans le système capillaire.

Les vaisseaux capillaires constituent la portion de l'appareil circulatoire où se passent les phénomènes les plus
importants de la circulation. C'est dans le système capillaire des poumons que le sang veineux se change en sang
artériel ; c'est dans le système capillaire général que s'o-
père la calorification, la nutrition et les sécrétions, et
que le sang artériel se change en sang veineux. Par quel
moyen ce liquide peut-il parcourir les détours nombreux
et mille fois contournés de ces petits vaisseaux ? La contraction des ventricules du cœur suffit-elle, ainsi que le

pensait Harvey, pour faire passer le sang des artères dans les veines; ou bien, comme l'ont cru des physiologistes modernes, cette partie de la circulation ne s'opère-t-elle pas plutôt par les seuls efforts des vaisseaux capillaires? Ces questions sont encore loin d'être résolues; et peut-être la vérité se trouve-t-elle entre ces deux opinions opposées. En effet, si le sang n'a pas dans les vaisseaux capillaires le mouvement saccadé que le cœur lui communique dans les artères, il est probable qu'il lui reste suffisamment de l'impulsion qu'il a reçue pour lui faire suivre le grand cercle et passer des artères dans les veines. D'un autre côté, comme souvent les vaisseaux capillaires font affluer dans une partie irritée par un agent quelconque, une quantité de sang plus grande sans que le cœur y prenne une part active, comment leur refuserait-on la faculté de pouvoir habituellement faciliter ce passage? Enfin si les veines jouissent, ainsi qu'on l'a avancé, d'une sorte de faculté d'absorption, ne pourrait-on pas admettre qu'en l'exerçant sur le sang contenu dans le système capillaire, elle en facilite le mouvement? Il résulterait donc de ce qui vient d'être dit que les contractions des ventricules du cœur, l'action propre des vaisseaux capillaires, et peut-être celle des radicules veineuses, se réuniraient pour opérer la circulation capillaire et faire ainsi passer le sang des artères dans les veines.

Les veines font circuler le sang du système capillaire du poumon aux cavités gauches du cœur, et du système capillaire général aux cavités droites de cet organe. Harvey n'assignait d'autre cause à cette partie de la circulation que l'action du cœur dont l'influence se communiquait, selon lui, de proche en proche jusqu'à cette dernière partie du cercle. Bichat nia l'influence du cœur sur la circulation veineuse, et avança qu'elle se faisait par l'action des systèmes capillaires. Il est facile de démontrer qu'il y a de l'exagération dans l'une et l'autre opinion. En effet, si l'on examine le jet de sang qui sort des veines, dans la saignée par exemple, on voit bien qu'il n'est pas saccadé comme lorsqu'il s'échappe d'une artère; mais on ne peut nier que ce jet ne conserve quelquefois un peu de l'impulsion intermittente que le cœur communique avec tant de force au sang qu'il envoie aux artères. De plus, si pendant cette même opération on comprime l'artère du membre sur lequel on la pratique, le sang cesse presque aussitôt de couler, quoique la veine en contienne encore une grande quantité. Ces faits prouvent que le cœur est loin d'être étranger à la progression du sang dans les veines. Cependant comme l'action de cet organe trop éloigné des radicules veineuses ne suffirait pas pour y faire circuler le sang, la nature prévoyante en a facilité le cours par plusieurs moyens; les anastomoses ou communications multipliées qui existent entre les veines, les valvules que l'on voit dans leur intérieur, et qui s'opposent à ce que le sang puisse rétrograder, la contraction des muscles pour les veines profondes, la tonicité de la peau pour les veines superficielles, l'action propre des veines, enfin la diminution de capacité que présente le système veineux de son origine à sa terminaison, et qui permet de faire l'application de ce principe d'hydrodynamique, que le cours de tout fluide s'accélère quand le tuyau où il circule se rétrécit.

Telles sont les causes qui ramènent le sang au cœur, et complètent ainsi la circulation dont on se représentera facilement l'ensemble, en se rappelant ce qui a été dit en parlant de la contraction des quatre cavités du cœur. Revenu à cet organe, le sang parcourt de nouveau les diverses routes où nous l'avons suivi. Excitant le cerveau par le mouvement que les pulsations des artères lui impriment et les qualités du sang qu'elles lui apportent; envoyant aux organes sécréteurs les matériaux dont ils ont besoin; se chargeant des éléments devenus inutiles ou nuisibles et qu'il faut émettre au dehors par nos divers émonctoires, enfin se liant à toutes les fonctions et formant avec l'innervation et la respiration une triple alliance sans laquelle les phénomènes vitaux ne peuvent se soutenir long-temps.

Nous ne chercherons point à déterminer en combien de temps s'accomplit le cercle circulatoire, en combien de temps un globule de sang sorti du cœur peut y revenir; les auteurs ont donné sur ce sujet des évaluations très différentes, puisque les uns ont pensé qu'il fallait vingt heures et que d'autres ont avancé que deux minutes suffisaient. Les variétés que l'on observe dans la masse du sang, la capacité et les forces contractiles du cœur des divers individus, rendent de telles questions insolubles.

La circulation du fœtus présente de nombreuses modifications dépendantes des communications vasculaires qui lient l'enfant à la mère, et du peu de sang que les poumons, non encore pénétrés d'air, peuvent recevoir. Aussitôt que l'enfant est sorti du sein maternel, le sang suit partout la marche que nous avons décrite, excepté au cerveau et au foie, comme nous le verrons à la description de ces organes. Pendant les premières années de la vie, l'activité de la circulation correspond au besoin des organes, pour leur accroissement : aussi compte-t-on jusqu'à cent battements aux pouls des enfants, tandis que celui des adultes en donne soixante-dix, et que l'on en trouve seulement soixante chez les vieillards. Cette fonction, dont l'examen est d'une si grande importance en médecine, est encore susceptible de modifications qui lui sont apportées par le sexe, les tempéraments, les affections de l'ame et surtout les diverses maladies. Toutes ces différences et toutes ces modifications seront indiquées aux articles Fœtus, Pouls, Sexe, Tempérament, etc., etc.

M. et M. S.

CIRCULATION. *Voyez* Commerce, Monnaie et Papier-Monnaie.

CIRE. (*Chimie.*) Il existe un très grand nombre de cires différentes, mais qui jusqu'alors n'ont pas encore été étudiées avec assez de soin pour que nous puissions indiquer les différences qu'elles présentent. On en recueille en effet de plusieurs végétaux et de plusieurs insectes. Celle que l'on obtient des abeilles est la plus abondante, la plus usitée et la mieux connue. Voici comment on la recueille : après avoir séparé le miel des gâteaux, on plonge ceux-ci dans des chaudières contenant de l'eau bouillante; la cire fond et par sa pesanteur spécifique vient occuper la partie supérieure du liquide où elle forme une couche; on la laisse refroidir, on la coupe par tranches minces et on l'expose à la rosée afin de lui enlever la matière colorante avec laquelle elle est unie. On peut arriver au même résultat en la traitant par une dissolution affaiblie de chlore. La cire est solide, blanche, insipide et presque inodore; elle paraît formée de quatre-vingt-onze parties de *cérine* (principe immédiat, particulier, que l'on retrouve encore dans le liége, le pollen des fleurs, à la surface des feuilles du chou, etc.) et de huit parties de *myricine* (autre principe trouvé par John, dans la cire des abeilles et dans celle des *myricas*). Elle entre en fusion à 68° centigr. et se transforme en un fluide transparent qui peut se concréter par le refroidissement. Les huiles fixes et volatiles la dissolvent à l'aide de la chaleur. La potasse et la soude la transforment en savon. Le chlore, l'acide nitrique étendus d'eau la blanchissent. O. et A. D.

CIRE A CACHETER. (*Technologie.*) Cette cire, dite également *cire d'Espagne*, n'est autre chose qu'une combinaison de substances résineuses, et par conséquent inflammables, colorées par un oxide métallique ou une autre couleur.

Les Indiens qui récoltent dans leur pays la gomme laque, paraissent être les premiers qui aient fabriqué la cire à cacheter, dont quelques échantillons furent portés à Venise; de là, ils passèrent en Portugal, et ensuite chez les Espagnols. Ce dernier peuple en fit un grand commerce, et c'est de cette dernière circonstance qu'est venu le nom de cire d'Espagne.

Composition pour la cire de première qualité : gomme laque, 4 hectogr.; térébenthine de Venise, 1 hect.; cinabre ou vermillon de la Chine, 3 hect.

Les matières étant bien liquéfiées et mélangées, on en forme les bâtons qui sont de deux sortes : les uns sont ronds ou carrés, les autres sont ovales, unis ou cannelés et couverts, sur une face seulement, de dessins et du nom du fabricant. Les premiers sont façonnés en les roulant sur une table; les autres sont coulés dans des moules unis ou gravés, en acier poli, qui portent les impressions et les ornements du fabricant, avec son nom et la qualité de la cire; les bâtons sortent parfaitement polis de ces moules.

Pour la cire de couleur, on substitue au vermillon d'autres matières colorantes métalliques, sans compter l'indigo pour le bleu et le vert.

La cire d'or doit son apparence à la poudre d'or qu'on y mêle et qui est une espèce de mica, connue vulgairement sous le nom d'*or de chat.* Les paillettes dorées se répandent dans la masse et imitent l'aventurine.

On fait encore des cires noires dans lesquelles entre le noir de fumée de Paris, des cires marbrées ou diaprées, des cires parfumées ou rendues odorantes par le mélange d'huiles essentielles, et particulièrement par l'addition du musc.   L. Séb. L. et M.

CIRIER. (*Technologie.*) L'art du cirier comprend toutes les préparations de la cire, depuis son extraction de la ruche, jusqu'à sa transformation en bougies et en cierges. Les rayons des abeilles sont composés, comme on sait, de deux substances particulières : la cire, qui constitue la partie solide disposée en alvéoles, et le miel contenu dans ces alvéoles, qui est destiné à la nourriture de ces insectes. Pour séparer le miel d'avec la cire, on coupe les gâteaux par tranches et on les met égoutter sur des claies; la première portion de liquide visqueux ainsi écoulée est appelée *miel vierge;* pour séparer l'autre partie qui est restée adhérente aux gâteaux, on brise ceuxcî en plus petits morceaux et on les soumet à la presse dans des sacs de toile un peu claire ; ce qui donne un miel de deuxième sorte. La cire est ensuite liquéfiée au feu et tenue quelque temps en fusion paisible, dans un vase contenant un peu d'eau, et au fond duquel le liquide laisse précipiter ses impuretés.

La cire, s'étant refroidie et figée, conserve une couleur plus ou moins jaune, dont on la dépouille par deux opérations subséquentes : la *purification* et le *blanchiment*.

On purifie la cire en la liquéfiant de nouveau dans une chaudière où l'on verse une petite quantité de crème de tartre pulvérisée (1 kil. sur 400). On la coule ensuite dans des lingotières percées au fond d'une rangée de petits trous par lesquels la cire tombe en filets déliés sur un cylindre tournant, plongé en partie dans de l'eau fraîche. La cire est ainsi réduite en lanières ou rubans très minces, et est dans un état de division convenable pour le succès du blanchiment ; c'est ce qu'on appelle *grêler la cire*.

On enlève la cire ainsi rubanée et on la dispose sur de grands châssis garnis de toile, qui sont placés dans un lieu très aéré. Chaque jour on la remue plusieurs fois, afin d'en renouveler la surface ; et, lorsque le blanchiment ne fait plus de progrès, on refond et rubane la cire pour l'exposer de nouveau à l'action successive de la rosée et de la lumière ; et on continue jusqu'à ce que le blanchiment ait acquis sa perfection.

On refond alors la cire une dernière fois pour la passer au travers d'un tamis de soie ou de crin serré, et la couler en petits pains ronds du poids de 6 décagrammes environ ; c'est dans cet état qu'elle est livrée au commerce, et elle prend sous cette forme le nom de *cire vierge*.

Les dépôts et résidus sont réunis et fondus de nouveau ; mais le produit qu'on en obtient reste souvent grisâtre et ne donne qu'une cire de seconde qualité, qu'on réserve pour les bougies communes, dites *rats de cave*.

On distingue deux sortes de bougies : la bougie filée et

la bougie de table. La première est ainsi nommée parcequ'en la fabriquant, on la dévide sur un tour, de la même
manière qu'on tire les métaux en fil dans les tréfileries. Sa
longueur est illimitée, et, pour l'usage, on la roule en
spirale, ou en hélice, ou en peloton.

Pour la fabriquer, l'ouvrier prend une mèche de coton
de la longueur et de la grosseur convenables, qu'il charge
de cire, en la faisant passer d'un bout à l'autre dans un
bain de cire fondue; il passe ensuite la mèche dans les trous
d'une filière qui vont toujours en augmentant de diamètre. On fait ainsi passer la mèche alternativement dans le
bain de cire et dans les ouvertures de plus en plus grandes
de la filière, jusqu'à ce qu'elle ait atteint la grosseur demandée, par la superposition des couches successives.

La bougie de table est aussi de deux sortes : la *bougie
coulée* ou *moulée*, et la *bougie à la cuiller*. Les cierges se
fabriquent aussi *à la cuiller*.

La bougie moulée se coule dans des moules de verre et
se fabrique de la même manière que la chandelle. (*Voyez*
CHANDELIER.) Les mèches sont en coton; on les tord un
peu; on les cire d'abord avec de la cire blanche, afin
de les égaliser sur toute leur longueur et de ne laisser
échapper aucun poil qui pénétrerait dans le reste de la
bougie.

On fait, depuis peu de temps, des bougies diaphanes,
dont on a vu de beaux échantillons à l'exposition de 1823.
Pour les obtenir, on met parties égales de blanc de baleine
et de belle cire blanche; on fait fondre à très petit feu et
fort lentement le blanc de baleine; on ajoute la cire
peu à peu, en remuant toujours, et l'on coule dans des
moules de verre, comme pour la fabrication des autres
bougies.

Les bougies à la cuiller, ainsi que les cierges, se font
en versant, avec une cuiller, la cire liquéfiée, le long
des mèches de coton suspendues verticalement. On arrose
ainsi les mèches dix à douze fois de suite, jusqu'à ce que

les couches de cire figée donnent une grosseur désirée. Le premier arrosement ne fait que tremper la mèche, le second commence à la couvrir et les autres lui donnent la forme et l'épaisseur. Pour les cierges, on a soin que chaque arrosement qui suit le quatrième, se fasse de plus en plus bas, afin qu'ils prennent une figure conique. Avant que les bougies ou les cierges soient refroidis, on leur donne une forme parfaitement cylindrique ou conique, en les roulant et les polissant sur une table longue et unie, et à l'aide d'un outil nommé *polissoire*. Il ne reste plus qu'à les suspendre à des cerceaux, pour les faire sécher, durcir et exposer en vente.   L. Séb. L. et M.

CIRQUE. (*Antiquités.*) Les jeux et les spectacles des anciens devaient leur origine à la religion; c'étaient des solennités publiques dont aucune de nos institutions ne se rapproche.

Nos mœurs et nos usages ont si peu d'analogie avec ceux des peuples de l'antiquité, nos édifices publics ressemblent si peu aux leurs, qu'à peine peut-on concevoir ces immenses réunions où les sénateurs, les chevaliers et le peuple de Rome venaient assister aux spectacles qui étaient divisés en deux classes, les jeux scéniques dont nous parlerons à l'article *Théâtre*, et les jeux du cirque. On peut avoir une idée de ces jeux, lorsqu'on songe que le grand cirque de Rome avait, selon Pline, trois stades et demi de longueur, que l'on évalue à 2180 pieds, et qu'il était large de 960 pieds; il pouvait contenir, selon Denys d'Halicarnasse, 150 mille personnes, selon Pline, 260 mille, et même 380 mille, selon Publius Victor.

Les bâtiments qu'on appelait *cirques* à Rome, s'appelaient en Grèce *hippodromes* et *stades*. L'hippodrome de Constantinople et le stade d'Olympie étaient célèbres.

Un cirque était un grand bâtiment plus long que large, où l'on donnait différents spectacles. Il ne fut d'abord qu'un simple enclos de bois, les spectateurs étaient debout, excepté quelques-uns des plus distingués. Un simple mât indiquait le milieu de la *spina*, où l'on vit depuis un magnifique obélisque.

Les deux côtés furent ensuite garnis de siéges en gradins, placés en amphithéâtre, pour contenir les spectateurs. L'un des deux bouts, plus large que l'autre, était arrondi en demi-cercle. Le plus étroit était terminé en ligne droite, et était composé de douze portiques pour les chevaux et pour les chars; on les appelait *carceres*. C'était de là que commençaient les courses. Aux quatre angles du cirque, il y avait ordinairement quatre bâtiments carrés, dont le haut était chargé de trophées; quelquefois il y en avait trois autres dans le milieu du pourtour, qu'on appelait *meniana*.

Le milieu de l'espace renfermé entre les quatre façades était occupé par un massif d'une forte maçonnerie, de douze pieds d'épaisseur sur six de haut : on l'appelait *spina circi*.

Il y avait, sur la *spina*, des autels, de petits temples, des obélisques, des pyramides, des statues et des tours coniques. Quelquefois les tours coniques étaient élevées aux deux extrémités sur des massifs de pierre carrés, et elles étaient séparées de la *spina* par un petit intervalle.

Au-delà du grand obélisque qui ornait le milieu de la *spina*, s'élevaient des colonnes avec leur architrave, portant des pierres sphéroïdes, dorées, appelées *ova curriculorum*, (les œufs des courses), parcequ'on les plaçait selon le nombre des courses achevées. Ces œufs furent en usage dès l'an 578 de Rome; les dauphins qui servirent au même usage ne le furent qu'en 721.

Au bas des gradins ou amphithéâtres, on avait creusé un large fossé rempli d'eau, destiné à empêcher les bêtes de s'élancer sur les spectateurs; ce fossé s'appelait *euripe*.

Les jeux, les combats, les courses se faisaient dans l'espace compris de tous côtés entre l'*euripe* et la *spina* du cirque. Cet espace s'appelait *area*, aire ou arène.

Ce nom venait de ce qu'on couvrait le sol de sable

blanc. Des empereurs y firent répandre du cinabre, du succin, du sulfate de fer bleu (du vitriol bleu), par allusion aux couleurs des factions du cirque.

On appelait *podium* la saillie du mur qui formait une espèce de balcon entre l'euripe et les gradins, et *suggestus* la loge de l'empereur.

Les gradins inférieurs étaient occupés par les consuls, les sénateurs, les tribuns, les édiles, les vestales et les chevaliers. Les citoyens qui pouvaient se procurer une toge blanche, occupaient avec leurs femmes les autres gradins, jusqu'au portique. Sous ce portique se plaçaient les épouses des dignitaires, sur des siéges particuliers. Derrière elles, et sous le portique, étaient quelques gradins pour les étrangers, les gens de la campagne qui portaient un manteau (*lacerna*) et les pauvres citoyens qui n'avaient pas de toge. Lorsque les sénateurs étaient en deuil de quelque empereur, ils ne paraissaient dans les jeux que sous le costume des chevaliers et avec la *lacerna*. L'an 294 avant l'ère vulgaire, les Romains assistèrent pour la première fois aux jeux, portant des couronnes à cause de leurs succès militaires, et l'on y distribua des palmes aux vainqueurs. Caligula permit aux Romains de porter dans les jeux des chapeaux thessaliens, à bords larges et plats, pour les défendre du soleil.

A l'extérieur, le *cirque* était environné de colonnades, de galeries, d'édifices, de boutiques de toutes sortes de marchands, et de lieux publics.

Le cirque, ainsi que les théâtres et les amphithéâtres étaient fréquentés par les courtisanes qui se promenaient sur l'arène après que les jeux étaient finis, au milieu des désœuvrés qui s'y rassemblaient. (Lamprid. Heliogab. C. 26 et 32, et Isidor. XVIII. 42.)

On célébrait dans les cirques la course de chars, *aurigatio;* des combats de gladiateurs à pieds, *pugna pedestris;* la lutte, *luctatio;* les combats contre les bêtes, *venatio,* exécutés par les *bestiaires; ludus Trojæ,* les jeux de Troie ; et la naumachie, ou combat naval, *naumachia*.

Les jeux du cirque, *ludi circenses*, étaient précédés de la pompe du cirque qui en était le prélude, et qui n'était qu'une cavalcade en l'honneur du soleil. Ces jeux étaient nommés aussi *ludi romani*, jeux romains, ou *ludi magni*, grands jeux. Ils avaient été institués, en l'honneur de Neptune, par Évandre, qui les avait apportés d'Arcadie ; ils furent rétablis par Romulus. (Valer.-Maxim. II., 4.)

Tertullien (*de Spectaculis*) dit que le nom de cirque, vient de Circé, fille du Soleil. En effet le temple et l'image de ce dieu ornaient le milieu de la *spina*. Tout le passage de Tertullien, où il décrit les jeux du cirque, en blâmant les chrétiens d'y assister, est extrêmement curieux.

La course de chars faisait la partie principale des jeux du cirque. On en attribue l'origine aux jeux olympiques. On appelait *biga*, un char à deux chevaux ; *triga*, *quadriga*, *sesiga*, le char à trois, quatre et six chevaux. On attelait les chevaux de front, au lieu de les mettre l'un devant l'autre comme dans nos attelages ; par ce moyen ils se gênaient et s'embarrassaient moins, et déployaient leurs mouvements avec beaucoup plus d'ardeur et de liberté.

Avant que de partir, tous les chars s'assemblaient à la barrière : on tirait au sort les places et les rangs.

Le signal était donné par les consuls et, en leur absence, par les préteurs, d'abord en élevant une torche allumée, et dans les temps postérieurs en jetant une nappe que l'on appelait *mappa circensis*. On voit le consul tenant dans la main cette *mappa*, sur des *diptyques*, ou tablettes d'ivoire que les consuls faisaient sculpter, et qu'ils distribuaient le premier jour de l'année, ou à l'occasion des jeux.

Tous les chars partaient à la fois ; chacun s'efforçait de devancer les autres, et plusieurs étaient renversés en chemin. Les bornes, *metæ*, étaient l'écueil de la plupart des concurrents ; il fallait les raser de près pour gagner de vitesse, et l'on courait risque d'y briser sa roue. On faisait sept fois de suite le tour de la *spina*.

Celui qui arrivait le premier à la barrière recevait le prix destiné au vainqueur, c'était de l'or, de l'argent, des vêtements, des chevaux ou une couronne.

Aux courses de chars succédaient les courses de chevaux, et ensuite les courses à pied.

Les couleurs distinguaient les *factions*, c'est le nom que les Romains donnaient aux différentes troupes de combattants qui couraient sur des chars dans les jeux du cirque. Il y en avait quatre principales distinguées par le vert, le bleu, le rouge et le blanc. Domitien y en ajouta deux autres, la pourpre et la dorée ; elles ne subsistèrent qu'un siècle.

Dans les spectacles la faveur se partageait entre les factions, chacune avait ses partisans. Caligula fut pour la faction verte et Vitellius pour la bleue. Il résulta quelquefois de grands désordres de la partialité des empereurs ou du peuple pour ces factions. Sous Justinien, on rapporte qu'il y eut quarante mille hommes de tués pour les factions verte et bleue. Ce terrible événement fit supprimer le nom de faction dans les jeux du cirque.

Il est souvent fait mention dans les inscriptions romaines de ces factions, dont les chefs étaient appelés *domini factionum*, et les cochers, *agitatores*. Les chevaux même qui les avaient fait triompher, y sont mentionnés. (Voyez *Gruter. Thes. Inscript.*)

On découvrit à Lyon, en 1806, une mosaïque représentant les courses du cirque. Ce monument, décrit et publié par M. Artaud, est d'autant plus intéressant que les objets y sont coloriés, et que les figures ont huit pouces de hauteur. Les cochers sont des quatre factions, verte, rouge, bleue et blanche ; leurs tuniques sont de ces quatre couleurs. Ils portent à la ceinture un poignard recourbé, qui servait à couper les rênes dans lesquelles le cocher était embarrassé lorsque le char se brisait.

On fait remonter l'origine des courses de chars jusqu'à Pélops et Ænomaüs. Les Romains prirent ces jeux des Étrusques, chez qui ils étaient établis depuis long-temps; on les y voit dès l'époque de l'enlèvement des Sabines.

Lorsque les courses de chars et les jeux équestres étaient finis, entraient les coureurs à pied, les pugiles et les lutteurs. (Dionys. hal. l. VII.) C'étaient ceux que l'on appelait chez les Grecs les athlètes, qui étaient tous de condition libre; mais à Rome c'étaient des gens payés comme les bestiaires. Les athlètes grecs se battaient nus et frottés d'huile. Chez les Romains ils étaient quelquefois vêtus. Les lutteurs développaient la force de leurs muscles et cherchaient à se renverser. Les *pugiles* combattaient, ou à coups de poings, comme leur nom l'indique, ou avec le *ceste,* espèce de gantelet garni de cuir et de plomb. Ces exercices étaient originaires de la Grèce, et étaient venus aux Romains des Étrusques. (Tit.-Liv., I. 1.) On donnait aussi, au lieu où l'on s'y livrait le nom de *palæstre,* et on ajoutait aux jeux précédents celui du *palet* ou du *disque,* que l'on lançait avec force. Un beau médaillon de Caracalla, frappé à Philippopolis de Thrace, représente un discobole. (*Voyez* Mionnet, suppl., t. II, p. 470, pl. V.) Les anciens écrivains ont célébré une belle statue de bronze de Miron, que l'on nommait le discobole. On trouve dans Properce une belle description de la *palæstre.* (Éleg., liv. III.)

Les gladiateurs étaient des hommes vils, méprisés, des captifs, des esclaves qui se vendaient pour combattre à outrance et jusqu'à la mort. Cependant on vit sous les empereurs des sénateurs, des chevaliers, descendre dans l'arène et y combattre les uns contre les autres ou contre des bêtes féroces. *Suétone* et *Tranquillus* rapportent que sous le règne de Domitien, des femmes, et même des dames romaines, y combattirent.

Stace, Martial et Juvénal font allusion à cette innovation dans plusieurs épigrammes.

Les *gladiateurs* se servaient d'abord d'armes de bois (*lusoria*), et ensuite de véritables armes avec lesquelles ils combattaient nus ou revêtus d'une simple tunique. Au premier sang le gladiateur pouvait mettre bas les armes, et sa vie dépendait de la volonté des spectateurs, ou de l'*éditeur des jeux*, ou de l'arrivée imprévue de l'empereur. Lorsque le gladiateur avait combattu avec courage, sa grâce lui était presque toujours accordée; s'il s'était battu lâchement, son arrêt de mort n'était pas douteux. Les spectateurs avançaient la main, levaient le pouce et le dirigeaient contre le malheureux qui présentait la gorge, pour recevoir le coup mortel. Ces horribles spectacles faisaient les délices des Romains; ils ne cessèrent que vers l'an 500 de l'ère vulgaire, lorsque l'empire d'Occident fut détruit par Théodoric, roi des Goths. Non-seulement le peuple, mais aussi les chevaliers, y prenaient tellement de goût, que souvent, au milieu d'une représentation dramatique, ils interrompaient la pièce pour demander des spectacles de gladiateurs ou de bêtes féroces.

Les *bestiaires* étaient ceux qui combattaient contre les bêtes ou qui y étaient exposés. Les Athéniens avaient, les premiers, introduit dans leur ville ces combats, selon Cassiodore (*Epist.*, v. 42) : Lucien, *in Toxari*, fait mention de ces combats établis à Athènes dès le temps de Solon et d'Anacharsis.

On peut distinguer trois sortes de bestiaires. Les premiers étaient des prisonniers de guerre ou des esclaves qui s'étaient rendus coupables envers leurs maîtres, ou des hommes condamnés pour crime capital. Cette première classe était exposée aux bêtes sans armes et sans défense. Le même animal tuait ordinairement plusieurs bestiaires. Cicéron (*Oratio pro Sextio*) parle d'un lion qui, à lui seul, en avait tué deux cents.

La seconde espèce de bestiaires était composée d'hommes qui exerçaient ce métier pour de l'argent. On les louait pour combattre aux funérailles, ainsi que les gladiateurs : pour amuser le peuple dans les spectacles, et pour assouvir les goûts barbares de quelques empereurs tels qu'Elagabale, qui se plaisait à manger dans un salon élevé d'où il pouvait voir les combats des bestiaires. (Lamprid. c. 25.)

Il y avait des écoles où ces bestiaires étudiaient les finesses de leur profession. (Tertullien Apolog. c. 35.)

La troisième classe de bestiaires était composée de jeunes gens qui, pour s'exercer au maniement des armes, combattaient tantôt entre eux, tantôt contre des bêtes; et de braves qui, pour faire parade de leur courage et de leur adresse, s'exposaient à ces dangereux combats (*Sénèque, Epist.* 70). Auguste fit descendre dans l'arène des jeunes gens de la première noblesse. (*Sueton. in Aug.* 43.) Néron s'y exposa lui-même (*Id. in Nerone*), et c'était pour avoir tué des bêtes dans l'amphithéâtre, que Commode se fit appeler l'*Hercule romain*.

La première et la seconde classes des bestiaires étaient déclarées infâmes par les lois; et l'on ne pouvait condamner un citoyen romain à ce supplice. Les chrétiens perdirent seuls ce privilége.

Les gladiateurs étaient divisés en diverses classes, parmi lesquelles on doit remarquer les *rétiaires* et les *mirmillons*. Ceux-ci se battaient avec une fourche, contre les rétiaires qui cherchaient à les envelopper dans un grand filet.

Les *tauréadors* d'Espagne sont des espèces de bestiaires.

Nous avons encore en France quelques restes de ces jeux barbares dans le *combat du taureau*, qui existe à l'une des barrières de Paris. Le peuple a toujours aimé les jeux cruels, et les exécutions sont pour lui un spectacle : mais l'autorité devrait supprimer tout ce qui tend à endurcir le cœur, et ce qui peut habituer l'homme à la cruauté. Comment se fait-il donc qu'au dix-neuvième siècle on souffre à la porte de notre capitale ces arènes de *bestiaires ?*

On cherche en vain la dignité de l'homme dans ces jeux sanglants et cruels qui charmaient les Romains. En effet, ils furent long-temps aussi barbares que les peuples qu'ils combattaient, et leur langue et leurs mœurs étaient dans une égale rudesse, lorsque la conquête de la Grande Grèce et de la Sicile vint préparer dans Rome une révolution complète[1] ; mais en accueillant les arts et les lettres, les Romains les traitèrent en vainqueurs et en despotes, ils les firent cultiver chez eux et ne les cultivèrent point eux-mêmes. Excepté quelques nobles esprits qui se distinguè-rent par l'étude des sciences et de la philosophie, le peuple demeura ce qu'il était. Inconstant, ingrat, cruel, il fut rampant sous ses vicieux empereurs, adulateur de monstres couronnés, et il mérita d'être traité par eux comme il traitait lui-même les hommes.

La chasse, *venatio*, était un spectacle peu différent de celui des bestiaires ; il avait également lieu dans le cirque ou dans l'amphithéâtre. Les Romains étaient passionnés pour ce genre de spectacle qui s'exécutait de plusieurs manières. Souvent on plantait des arbres dans l'arène, afin qu'elle ressemblât à une forêt. Tantôt on faisait com-battre les bêtes entre elles, ou contre des hommes : quel-quefois on laissait au peuple la liberté d'entrer dans l'arène, d'y tuer les bêtes fauves qu'on y lâchait, comme des san-gliers, des cerfs et des daims, et de les emporter.

La première chasse de bête à bête fut donnée, l'an de Rome 503, par Q. Métellus, qui fit paraître dans le cirque cent quarante-deux éléphants pris sur les Carthaginois.

Depuis cette époque, cette sorte de combat ne se donna guère que dans l'amphithéâtre, et le cirque fut réservé pour les courses et les autres jeux.

---

[1] *Græcia capta forum victorem cepit.* HORACK, liv. II, ép. 1.

Dans les combats d'hommes contre une bête, les gladiateurs se présentaient quelquefois les armes à la main, sans aucune précaution ; d'autrefois, ils employaient divers stratagèmes. Les uns se servaient de globes d'osier qu'ils roulaient devant eux ; les autres avaient un grand bouclier hérissé de pointes de roseaux rompus, qui piquaient l'animal, et sous lequel le combattant se glissait pour le frapper. Les ruses qu'employaient les combattants divertissaient les spectateurs.

Les animaux qu'on employait étaient de diverses espèces, c'était le plus souvent des lions. Spartien dit que du temps d'Hadrien, il y en eut jusqu'à cent de tués. La dépense de ces combats était énorme, parcequ'il fallait faire venir à grands frais, de pays éloignés, une multitude incroyable d'animaux que l'on nourrissait jusqu'au temps des spectacles.

La *naumachie* était la représentation d'un combat naval. La première fut donnée à Rome dans un lac creusé près du Tibre. Dans la suite, le plaisir que prirent les Romains à ces sortes de spectacles, les engagea à faire construire des endroits spécialement consacrés à ces combats, et qui furent nommés *naumachies*. Quelquefois on célébrait ces jeux dans l'amphithéâtre et dans le *grand cirque*, à cause de la facilité que donnaient les canaux, d'en inonder tout le bas et d'en former une espèce de lac. Les empereurs firent des dépenses considérables pour ces sortes de combats. On y voyait des nymphes, des tritons et des monstres marins représentés avec beaucoup d'art.

Ces jeux furent d'abord imaginés pour exercer les troupes aux combats de mer ; ils ne furent ensuite qu'un spectacle.

Claude donna une *naumachie* sur le lac Fucin, et eut la curiosité de voir passer devant lui les combattants, parmi lesquels il y avait plusieurs condamnés à mort. Ils lui dirent en passant : *Ave, imperator, morituri te salutant!* «Salut, empereur, ceux qui vont mourir te saluent !»

Le stupide et cruel empereur se contenta de répondre : *Avete vos !* « Je vous salue », et il ne changea rien à son barbare amusement.

Néron fit exécuter une naumachie où l'on embarqua près de vingt mille combattants. Celle de Domitien fut moins nombreuse ; mais elle fut remarquable par la grandeur et la magnificence des portiques qu'il fit construire. (*Suétone, Vies des empereurs.*) La représentation de cette naumachie a été donnée par Fischer. (*Essai historique d'architecture, pl.* iv.)

Les jeux troyens (*ludi Trojæ*) institués par Énée en mémoire d'Ascagne, étaient exécutés par des enfants et des jeunes gens. Celui qui les présidait était appelé le prince de la jeunesse, *Princeps juventutis.* Auguste donna ce titre à *Caius* et à *Lucius*, fils d'Agrippa son gendre. On voit les jeux de Troie sur une médaille de grand bronze de *Géta*, qui représente trois figures courant à cheval, avec l'inscription : PRINC. IVVENT.

On comptait à Rome jusqu'à quinze cirques, mais ils n'étaient pas tous de la même grandeur et de la même magnificence. Ces cirques ont été construits à diverses époques par les rois, les consuls et les empereurs romains. Il en reste à peine aujourd'hui quelques ruines. Ceux dont on aperçoit encore des vestiges, sont le cirque d'Élagabale, qui avait été réparé par Aurélien ; celui de Caracalla, dont on voit encore la forme. *Panvinius* a donné un plan et une élévation de ce cirque, et une vue de ses ruines, mais avec inexactitude. Ce travail a été refait par *Fabretti*, et plus récemment par M. *Paris*, dont les dessins ont été reproduits dans le volume des planches du dictionnaire d'architecture de *l'Encyclopédie méthodique.* Voyez aussi *Parallèles des édifices*, etc., par Durand.

Le *grand cirque* était dans la troisième région qui portait son nom. On l'appelait *circus Maximus*, parcequ'on y célébrait les jeux en l'honneur des grands dieux, ou parcequ'il était le plus grand des cirques. Il fut commencé par Tarquin l'Ancien, dans la vallée Murcia entre les monts Palatin et Aventin. Il fut orné, embelli et renouvelé sous plusieurs empereurs, mais surtout sous Jules-César.

Le *circus intimus* était dans la vallée Murcia; mais comme le grand cirque s'y trouvait aussi, on les confond l'un avec l'autre. Les autres cirques dont les historiens font mention, sont les suivants.

Le *cirque Apollinaire*, qui était ainsi nommé parcequ'on y célébrait les jeux en l'honneur d'Apollon. Il eut aussi le nom de cirque Flaminius, parcequ'il fut bâti l'an 520, par Cnéius Flaminius, censeur, le même qui fut défait par Annibal près du lac Trasimène.

Cnéius Octavius l'orna d'une double galerie de colonnes corinthiennes.

C'était là que commençait la marche des triomphes. Les triomphateurs y distribuaient les récompenses militaires.

Quand il était inondé par le Tibre, les jeux se célébraient au Mont-Quirinal. On assure qu'au dixième siècle on en voyait encore des vestiges.

Le *cirque de Flore* était dans la sixième région, entre le Mont-Quirinal et le Pincius. On y célébrait les jeux floraux. On croit que c'était un théâtre et un cirque, il occupait l'endroit appelé aujourd'hui *la Piazza Grimana*.

Le *circus castrensis* était devant la porte *Labicana* ou de Préneste, aujourd'hui *la Porta Maggiore*. On prétend qu'il n'était qu'à l'usage des soldats, et que c'était le même cirque que celui de Caracalla.

Le *cirque d'Hadrien* était dans la quatorzième région, près de l'endroit où est aujourd'hui le château Saint-Ange. Les uns disent que c'était un simple enclos de bois, d'autres qu'il était de pierre noire. Toutefois une médaille intéressante relative à ce cirque a été frappée sous Hadrien. On y voit le génie des jeux, assis, tenant d'une main la borne, *meta*, de l'autre une roue, relative aux courses de chars; on lit autour : ANN. D. CCC. L. XXIIII. NAT. VRB. P. CIR. COND. Cette légende indique la fondation d'un cirque public, l'an de Rome 874.

Le *cirque de Néron* était dans la quatorzième région de la ville, entre le mont Janicule et le Vatican, où est aujourd'hui l'église de Saint-Pierre de Rome, devant laquelle Sixte Quint fit élever son obélisque. C'est le même que quelques-uns appellent le *cirque Vatican*.

Le *cirque d'Antonin Caracalla*, ou peut-être de *Gallien*, était dans la première région, à l'endroit où est maintenant la porte Saint-Sébastien. Le pape Innocent X fit ériger son obélisque sur la fontaine de la place Navonne. Ce cirque a 225 toises de long et 42 dans sa plus grande largeur.

Le *cirque d'Élagabale* était dans la quinzième région. On voit dans la cour du palais *Barberini* des fragments de son obélisque.

Le *cirque d'Alexandre*, ainsi appelé d'Alexandre Sévère, était dans la neuvième région, où est aujourd'hui la place Navonne. On en voit la figure sur les médailles de cet empereur; on le nommait aussi *Agonal*.

Les jeux du cirque sont représentés sur plusieurs monuments des anciens. Des médailles d'or et de bronze de Trajan et de Caracalla représentent le cirque même au milieu duquel on voit des courses.

Sur un médaillon de Gordien est empreint l'amphithéâtre, ou le cirque orné de statues et de colonnes; dans l'arène on voit un taureau et un éléphant qui combattent; l'empereur est placé sur une estrade au milieu des spectateurs.

Les médailles qu'on nomme contorniates, et qui représentent souvent des athlètes et les jeux du cirque, ont été, selon toute apparence, frappées pour ces jeux. On retrouve sur plusieurs bas-reliefs en marbre le cirque, les courses, et différentes espèces de jeux. Un de ceux qui ornent les jardins Farnèse fait voir ces jeux exécutés par des enfant, dans lesquels on doit voir les génies des jeux.

L'ouvrage spécial d'*Onuphrius Panvinius* réunit une grandes quantité de figures représentant ces monuments.

Les modernes donnent le nom de cirque à quelques lieux ou édifices qui rappellent la forme ou les usages des cirques des anciens. A *Bath*, en Angleterre, on a donné le nom de cirque à une grande et belle place *circulaire*, bâtie en 1754, sur les dessins de M. Wood; c'est ainsi que l'on nomme *Cirque Olympique* un spectacle équestre établi à Paris.

Il ne faut pas confondre les cirques avec les théâtres et les amphithéâtres dont nous parlerons à l'article *Spectacles* ou *Jeux* [1].
D. M.

CIRRHIPÈDES, *Cirrhipedæ*. (*Histoire naturelle.*) Nous avons vu dans l'article *Animal*, que ce nom s'ap-

---

[1] Il existe encore, en Espagne, les ruines de plusieurs cirques antiques; mais nous croyons devoir renvoyer nos lecteurs à l'ouvrage publié par M. de Laborde.

Un amateur zélé des beaux-arts, M. Gasparin, membre de l'Académie du département du Gard, après avoir fait fouiller avec persévérance sur une grande étendue, les ruines antiques qui longent la droite de la scène du théâtre d'Orange, paraît avoir trouvé les restes du cirque de cette ville; son hémicycle serait taillé dans le roc de même que celui du théâtre. L'élévation extérieure des cycles, dont il existe encore quelques parties actuellement englobées dans des maisons particulières, offre, ainsi que le grand cirque de Rome, deux rangs d'arcades superposées, entre lesquels sont des colonnes engagées; le revêtement de ce monument, y compris les colonnes elles-mêmes, est construit en petit appareil régulier de 5 pouces carrés sur 10 pouces environ de queue, comme celui de l'aquéduc d'Arcueil; les corniches et les chapiteaux des deux ordres seulement étaient en pierre de taille.

Nous espérons bientôt posséder une restauration aussi complète que possible de cet édifice; l'un de nos jeunes architectes, M. Lenoir, fils de l'ancien Conservateur des monuments français, se proposant de les publier.

L'obélisque de granit, élevé aujourd'hui sur la place publique d'Arles, peut faire supposer que cette ville possédait un cirque. M. le comte de Laborde, dans les Antiquités françaises, indique un cirque, don tlaurait trouvé quelques indices à Douay, l'ancienne *Duanum*. D...

plique à l'une des classes établies par M. de Lamarck, entre les invertébrés; elle ne se compose pas d'un grand nombre de genres; mais il n'en a pas moins semblé nécessaire de la diviser en deux ordres.

Les Cirrhipèdes sessiles, dont le corps n'a point de pédoncule et se trouve enfermé dans une coquille fixée sur les corps marins; la bouche y est située à la partie supérieure et antérieure du corps. Cet ordre contient les genres *Tubicinelle, Coronule, Balane, Acaste, Pyrgome* et *Creusie.*

Les Cirrhipèdes pédonculés dont le corps est soutenu par un pédoncule tubuleux, mobile, ayant sa base fixée sur ces corps marins, et la bouche presque inférieure. Les genres qui appartiennent à ce second ordre sont les *Anatifes, Pouce-pied, Cineras, Otion* et *Aurifera* de M. de Blainville.

Les balanes, les anatifes et les pouce-pieds, sont les Cirrhipèdes les plus connus. Les premiers, vulgairement appelés *glands de mer,* sont dans toutes les collections de conchiliologie parmi les multivalves : il en est de petits et blanchâtres, qui sur nos côtes couvrent les rochers, les jetées et madriers de nos ports, les fucacées mêmes, et qui s'introduisent dans la substance des alcyonidiées. Les plus gros, qui s'attachent à la quille des navires, dans les mers chaudes, sont aussi les plus beaux ; des teintes violettes en décorent les valves.

Les anatifes ont dû leur célébrité à des préjugés ridicules, anciennement établis, et qui se sont conservés dans le Nord. On y prétend encore que des oiseaux en proviennent. On y raconte que ces animaux sont des fruits qui croissent au bord de la mer, où ils tombent quand ils ont atteint leur maturité. Ils s'y ouvrent; ensuite la bernache et la macreuse, espèces du genre canard (*Voyez* ce mot), en sortent pour voltiger à la surface des flots. Dès le treizième siècle, Albert le Grand réfuta ces absurdités; mais il s'est trouvé au dix-septième,

des auteurs assez hardis pour les reproduire et en soutenir la possibilité.

Les pouce-pieds, remarquables par la forme de leur pédoncule, sont communs dans la Méditerranée; l'on
mange la chair qui s'y trouve contenue, après l'avoir fait
simplement bouillir; elle est agréable, et rappelle pour le
goût, la consistance et la couleur, celle de l'écrevisse.

B. DE ST.-V.

CISELEUR. (*Technologie.*) Il faut distinguer deux
sortes d'ouvriers qui portent le nom de *ciseleurs*, quoique
exécutant des travaux différents. Les premiers sont souvent appelés *ciseleurs répareurs*, et les autres *ciseleurs*
proprement dits.

Ceux-là réparent les pièces qui ont été moulées en métal, mais dont les dessins n'ont pu sortir du moule d'une
manière parfaitement correcte; ils s'exercent, par exemple, sur les bronzes que l'on veut dorer, tels que des
pendules, des bras de cheminées, des chandeliers, des feux
ou des chenets, et autres ouvrages massifs du même
genre.

L'autre espèce de ciseleur fait un travail plus savant;
c'est avec des feuilles de métal et avec beaucoup d'adresse
et de goût qu'il façonne le sujet qu'il se propose, soit en
relief, en demi-relief ou en bas-relief. Il commence par
passer au feu sa plaque mince pour la ramollir; il dessine
grossièrement dessus les grands contours de son sujet; et
à l'aide de l'enclume, du tas, des bigornes et des marteaux, il emboutit les parties qui doivent être les plus
saillantes; ensuite, après avoir fait recuire la pièce une
autre fois, il la met en ciment.

Le ciment n'est autre chose qu'une pâte composée de
cire, de résine et de brique bien pulvérisée et tamisée.
Cette composition est d'autant plus dure qu'on y met
plus de brique et moins de cire, et réciproquement.

Le ciseleur remplit les creux de sa pièce avec du ciment,

et la place sur le mandrin, après l'avoir fait chauffer suffisamment pour que le ciment tienne bien, et il en met une assez grande quantité pour que son ouvrage se fasse sans difficulté. Il a des mandrins de différentes formes et appropriés aux diverses pièces qu'il a occasion de confectionner. Il place ensuite et fixe le mandrin sur un support garni d'une articulation sphérique avec vis de pression : ce qui donne la possibilité d'incliner et de fixer le sujet dans plusieurs sens pour la facilité du travail.

A l'aide de cette disposition, et après avoir dessiné correctement les diverses parties de son sujet par le moyen de ciselets dont l'ouvrier a un assortiment considérable, et du marteau, il enfonce à petits coups toutes les parties qui doivent être creuses, et donne à l'ouvrage la perfection dont il est susceptible. Le ciment doit être assez dur pour résister suffisamment aux coups de marteau, et assez mou pour ne pas opposer une trop grande résistance. Il termine son ouvrage en donnant dans les endroits qui en ont besoin des coups de limes plus ou moins fines. Ces limes, dites *rifloirs*, ont des formes particulières et variées. Enfin il polit avec le brunissoir (voyez *Brunisseurs*), et enlève sa pièce de dessus le ciment en la faisant chauffer pour détacher ce dernier.

Le ciseleur réparateur se sert, comme le ciseleur proprement dit, d'une grande quantité de ciselets, de rifloirs et de brunissoirs, mais il met rarement les pièces en ciment, si ce n'est les petites. Les grandes sont en fonte épaisse, qui a toute la consistance nécessaire pour résister aux coups de marteau. Le ciseleur réparateur emploie de plus que l'autre des burins, des échoppes de différentes formes, et des limes. Il est obligé d'enlever la matière pour faire les creux, tandis que le ciseleur proprement dit l'enfonce dans le ciment. Aussi les ciselets de l'un sont-ils tranchants, tandis que ceux de l'autre sont mousses.

L'art du ciseleur a quelques rapports avec ceux du statuaire et du sculpteur, et pour y bien réussir, il faut que le goût, ou même le génie, domine la dextérité corporelle.   L. Séb. L. et M.

CISTÉES. (*Botanique.*) Des herbes, des sous-arbrisseaux, des arbrisseaux composent cette famille végétale, qui n'a offert jusqu'ici aucun arbre. En général, les Cistées se plaisent dans les lieux arides et surtout dans les rochers. Beaucoup d'espèces ont des rameaux grêles, qui partent de la racine et s'étalent sur le sol. Les feuilles indivisées, ordinairement toutes opposées, quelquefois alternes vers l'extrémité des rameaux, relevées de nervures pennées, sont munies ou dépourvues de stipules. Les pédoncules sont opposés aux feuilles ou partent de leurs aisselles. Les fleurs sont tantôt solitaires, tantôt réunies en petits groupes, et tantôt disposées en grappes, en panicules ou en ombelles simples; souvent elles se portent toutes d'un seul côté. Les pétales forment une rosace purpurine ou jaunâtre ou blanchâtre, quelquefois marquée d'une tache à son centre : le matin ils s'épanouissent, le soir ils se ferment ou se flétrissent et tombent : leur durée est presque toujours éphémère.

Le calice est libre et persistant : il a cinq sépales dont deux extérieurs, ordinairement plus petits, manquent quelquefois. Les sépales en préfleuraison sont contournés l'un sur l'autre. Les pétales au nombre de cinq, les étamines en nombre variable et le plus souvent très nombreuses sont attachées sous l'ovaire. Dans la préfleuraison les pétales sont roulés tous ensemble sur eux-mêmes. Les étamines ont des anthères ovoïdes fixées aux filets bout-à-bout. L'ovaire, surmonté d'un style grêle que termine un stigmate, est composé de trois, cinq ou dix coques uniloculaires, convergentes, solidement soudées ensemble par leurs côtés. Quelquefois les cloisons de séparation se détruisent au centre, de sorte que toutes les loges communiquent entre elles. Les ovules sont rangés en une double série dans chaque loge. L'ovaire, parfaitement dé-

veloppé, est une capsule qui s'ouvre en trois, cinq ou
dix valves. Chaque valve porte sur sa ligne médiane
une cloison entière ou les vestiges d'une cloison détruite.
Quand cette cloison est entière, les graines sont attachées sur deux rangs le long de sa crête interne; quand
il n'en subsiste que des vestiges, c'est de l'un et de l'autre
côté, contre la ligne médiane de la valve, que sont attachées les graines; elles sont petites ordinairement nombreuses. L'embryon, plongé dans un périsperme fari-
neux, a deux cotylédons; il est tantôt roulé en spirale et
tantôt plié en deux, de manière que la radicule vient
s'appliquer contre le tranchant des cotylédons. La radicule est éloignée du hile et dans une autre direction.

Cent soixante-trois espèces de Cistées ont été examinées
et décrites. La terre natale de quatre d'entre elles est
ignorée. Cette famille paraît être tout-à-fait étrangère à la
Nouvelle-Hollande et aux Indes orientales. Les botanistes
voyageurs ne commencent à indiquer sa présence en
Asie qu'à partir de la Syrie et de l'Arabie.

Une espèce a été découverte au cap de Bonne-Espérance;
les autres espèces de l'Afrique appartiennent aux contrées
boréales de cette partie du monde; du moins aucun voyageur n'en a encore signalé dans l'Afrique équatoriale.

L'Amérique, depuis le détroit de Magellan, jusqu'aux
frontières septentrionales du Mexique, en a offert cinq:
une au Brésil, quatre au Mexique.

Dans l'Amérique du nord elles sont un peu moins rares;
on en a compté treize depuis la frontière septentrionale de
la Floride jusqu'à la baie d'Hudson.

En Europe, douze à quinze au plus sont dispersées depuis le 60e. jusqu'au 45e. degré de latitude; de là jusqu'aux
extrémités méridionales de l'Europe, en y comprenant les
îles de la Méditerranée, on en trouve cent dix à cent
quinze.

Le nombre total des espèces européennes s'élève à cent
vingt-un.

En pénétrant en Asie par l'Orient et tournant à droite les côtes de la Méditerranée, sans trop s'approcher du Tropique, on peut en rencontrer sept ou huit.

Enfin il en existe trente-deux dans les contrées africaines voisines de la Méditerranée, depuis la mer Rouge jusqu'à l'Océan, et dans les îles Atlantiques de cette partie du monde, situées sous les mêmes parallèles.

L'Asie et l'Afrique boréale, selon ces données, produisent donc environ quarante-trois espèces de Cistées; mais plus de la moitié de celles-ci croissent également en Europe.

Il résulte de l'ensemble des faits, que la plupart des Cistées appartiennent à l'ancien monde et se pressent de tous côtés vers le bassin de la Méditerranée; que peu s'accommodent de la température des contrées situées au nord du 45e. degré de latitude; que moins encore bravent les chaleurs de la zone équatoriale; et que toute la famille, à l'exception d'une seule espèce, est exclue des régions australes.

On doit présumer que de nouvelles excursions botaniques, particulièrement dans l'Amérique et l'Asie boréales, apporteront quelques modifications dans ces résultats.

La plupart des Cistées contiennent un suc glutineux.

Le *Cistus ladaniferus*, arbuste d'une odeur aromatique, abondant dans le midi de l'Europe et en Orient, ainsi que plusieurs autres espèces du même genre, telles que les *Cistus creticus*, *laurifolius*, etc., fournit le *ladanum*, substance résineuse, balsamique, amère, dissoluble presqu'en totalité dans l'alcohol. Réduite en poudre et projetée sur des charbons ardents, elle brûle et répand une fumée blanche d'une odeur agréable. Il est fort rare que le *ladanum* du commerce soit bien pur; d'ailleurs, il ne possède qu'à un très faible degré les propriétés communes à toutes les autres substances résineuses; aussi n'en fait-on plus guère usage en médecine. Les parfumeurs l'emploient quelquefois dans leurs préparations cosmétiques.

La beauté des fleurs de plusieurs Cistées, notamment du genre *Cistus*, les font recommander comme plantes d'ornement. Je citerai entre autres, le *Cistus laurifolius* de l'Espagne et du midi de la France, le *Cistus purpureus* de l'Orient, le *Cistus variegatus* des îles Canaries.

M...L.

CITATION. (*Législation.*) Dans son acception la plus générale, ce mot désigne l'acte par lequel une partie est appelée devant les tribunaux, pour défendre à une demande formée contre elle. Sous ce rapport, il est synonyme des mots *ajournement* et *assignation.*

Mais dans l'usage, on appelle *citation* l'exploit introductif d'une instance devant la justice de paix ou le tribunal de police; tandis qu'on qualifie *assignation* l'acte par lequel une partie est appelée devant les tribunaux du premier ou du second degré de juridiction.

Les citations sont assujetties à certaines formalités, dont le Code de procédure prescrit l'observation, à peine de nullité.

Peut-être serait-il à désirer que les tribunaux fussent d'un plus facile accès pour les justiciables, et que les droits les plus légitimes ne pussent être compromis par l'omission de quelques formalités peu importantes.

Au fond, la citation doit clairement désigner la demande sur laquelle les tribunaux sont appelés à prononcer; sans doute, par des conclusions subséquentes, le demandeur peut faire valoir de nouveaux moyens à l'appui de sa réclamation : mais il importe qu'on ne puisse lui opposer qu'il présente une demande nouvelle, dont les tribunaux ne sont légalement saisis que par un exploit introductif d'instance.

C...s.

CIVETTE, *Viverra.* (*Histoire naturelle.*) Voyez MANGOUSTE.

CIVILISATION. Marche progressive des sociétés humaines vers l'instruction et le bien-être.

L'homme est non-seulement le plus intelligent des êtres organisés, il en est encore le plus sensible; sa faculté d'aimer est aussi étendue, aussi profonde que sa faculté de connaître; c'est ce qui fait, de la *sociabilité*, le premier penchant de sa nature; il a besoin de se lier à ses semblables, de mettre en commun ses vœux, ses craintes, ses efforts, ses progrès, ses idées; il ne peut embellir son existence, il ne peut même l'assurer; il ne peut la défendre contre les dangers qui la menacent, qu'en formant avec ses semblables, un faisceau d'action, de prévoyance et de volonté.

Ainsi, l'*état social* est la tendance essentielle de l'espèce humaine; les sociétés humaines, les peuples, sont des genres d'êtres que la nature tend sans cesse à produire; êtres collectifs, mais essentiellement organisés, puisqu'ils ont pour élément des êtres d'une organisation éminente.

L'être organisé collectif ne peut manquer d'être formé sur le modèle de l'être organisé élémentaire. Cela veut dire que, pour vivre, se développer, se diriger, tout peuple a besoin d'être essentiellement constitué comme l'homme, d'avoir un chef, une tête, un foyer de l'action intellectuelle, et des foyers organiques, des institutions secondaires, toutes subordonnées au foyer principal, toutes en relations et en harmonie. Si de telles conditions ne s'établissent pas, l'existence sociale est impossible.

Tout peuple, disons-nous, est un être organiquement constitué; il est donc assujetti à la loi générale de l'existence organique : balancement mutuel de ses diverses parties, et *compensations* réciproques entre les diverses périodes de sa durée; en un mot *équilibre*, non stationnaire et immobile, mais par *compensation*, dans le mouvement et le progrès. (Voyez *Compensations.*)

Ainsi, semblable à chacun des individus qui le composent, tout peuple s'élève et tombe, naît et meurt; ses divers âges se succèdent dans le même ordre, que les divers âges de l'individu, et ils ont nécessairement les mêmes caractères.

Or, il est une condition qui s'étend sur toute la succession des divers âges de l'individu; c'est la tendance continue à l'augmentation du bien-être et des lumières. Les peines et les souffrances qui sont amenées par la progression de l'âge, ont même pour compensation ordinaire et principale, dans le sort de l'individu, ce progrès de bien-être et d'instruction.

Telle est également la tendance essentielle et continue des sociétés humaines; et cette tendance, qui a pour fruit progressif la *civilisation*, compense progressivement les pertes que le temps amène, et la sensation des souffrances qui, dans le sort des peuples, comme dans le sort de l'individu, se distribuent sur l'âge du retour.

Le début de l'existence d'un peuple, ce que l'on pourrait appeler l'instant de la conception, est déterminé par la puissance d'une cause de concentration appliquée, avec plus ou moins d'énergie, à un certain nombre d'hommes et de familles; c'est généralement le besoin commun; à un certain nombre d'hommes et de familles, de se tenir étroitement liés pour défendre leur existence, soit contre d'autres réunions d'hommes, soit contre des accidents naturels qui ont de la force et de la permanence, soit enfin contre des animaux malfaisants.

De ce premier terme de la vie, et c'est déjà alors que la civilisation commence, chaque peuple s'avance sans cesse vers le dernier terme, en se développant sous l'influence constamment croissante de cette *force expansive* qui est universellement la vie de la nature (*Voyez* le mot *Expansion*); le progrès vital de chaque peuple, comme celui de chaque individu, n'est jamais qu'un progrès d'*expansion*. Pendant les deux premières périodes, pendant l'enfance et la jeunesse de chaque peuple, les causes de concentration qui ont déterminé sa naissance, restent prépondérantes, mais en perdant chaque jour un degré de leur prépondérance. La maturité arrive, lorsque la force qui rassemble les individus, qui, par conséquent, s'exécute de la circonférence vers le centre, est égale à la force qui sépare et qui s'exécute du centre vers la circonférence. Cette égalité précise entre la concentration et l'expansion, est très fugitive; on peut la représenter par l'état de liquidité auquel arrivent les substances inorganiques, lorsqu'elles passent de l'état solide à l'état gazeux. A ce terme de liquidité, ces substances coulent avec facilité, et tendent sans cesse vers le niveau de surface; avant ce terme, elles étaient compactes, leurs mouvements étaient graves, et se faisaient par masses prononcées; tout en cédant aux impulsions qui naissaient des circonstances, elles gardaient leurs formes, leurs saillies, leurs angles, leurs aspérités. Au contraire, lorsque la liquidité a été dépassée, lorsque ces substances sont parvenues à l'état gazeux, il n'y a plus eu, nulle part, liaison persistante, formes arrêtées; mais chaque molécule a joui d'un grand ressort et d'une grande mobilité.

Dans cette image est toute l'histoire intérieure des sociétés humaines ou de leur civilisation progressive. C'est ce que nous pourrions montrer par le tableau de la civilisation des anciens peuples, du peuple romain, par exemple. Mais prenons un exemple plus près de nous, et plus frappant pour nous-mêmes. Traçons, dans le sens de notre sujet, l'histoire générale de l'Europe, et plus particulièrement du peuple français.

Rome allait accomplir sa destinée; elle tombait; elle entraînait, dans sa chute, ses lois, ses institutions et ses mœurs.

La religion chrétienne parut; une vertu passionnée, par conséquent sévère, s'établit aisément sur les débris du paganisme. Cette religion, grande par sa simplicité, belle par sa morale, se mit, dès sa naissance, en opposition tranchée, et avec les absurdités de l'idolâtrie, et avec la licence honteuse de Tibère, d'Héliogabale, et de leurs abrutis contemporains.

Les hommes se lassent de tout ; ils ne goûtaient plus les allégories ingénieuses de la mythologie, et ils ne trouvaient plus de sensations dans l'excès de la volupté. Ils embrassèrent avec ardeur une nouveauté frappante, qui, par son caractère touchant et simple, séduisait leur esprit, et qui, par ses préceptes, et les privations même qu'elle ordonnait, fournissait au sentiment un emploi énergique. L'infâme turpitude des derniers sectateurs du paganisme avait produit une réaction profonde ; elle avait mis en honneur, dans l'ame des premiers chrétiens, toutes les idées répressives, toutes les vertus rigides ; c'est ainsi qu'au premier rang des vertus fut placée la continence.

Lorsque la sanction dogmatique fut donnée à cette nouvelle direction des mœurs publiques, le zèle fut échauffé par l'enthousiasme, par le désir secret, toujours inhérent au cœur de l'homme, de se montrer extraordinaire, de prendre de soi-même une grande idée, et de se distinguer aux yeux de tous. L'austérité de la vie devint une sorte de fanatisme ; cependant les vertus intéressantes et la douceur de caractère n'en furent point altérées, parceque l'esprit humain recevait encore les derniers reflets de l'instruction et de la civilisation des Grecs et des Romains. D'ailleurs, les premiers chrétiens étaient persécutés. Toute société religieuse s'affermit et s'épure par les combats qu'elle éprouve, parceque l'affection et l'estime mutuelles s'exaltent dans le cœur des hommes qui souffrent pour la même cause, surtout lorsqu'on leur fait souffrir des maux qu'ils n'ont point mérités.

Rome succombe, mais avec lenteur et convulsions ; son agonie dure quatre siècles ; enfin elle expire ; des torrents de barbares inondent l'Europe; tout ce qui conserve un simulacre de force est attaqué, renversé, anéanti.

Les premiers de ces conquérants féroces cherchent vainement à s'établir sur les théâtres de leurs ravages; de nouveaux conquérants viennent, les attaquent, les exterminent, sont exterminés à leur tour. Pendant près de deux siècles, rien ne se fixe en Europe, si ce n'est la désolation et le carnage.

Enfin, les sources de ces calamités s'épuisent; le Nord ne fournit plus de dévastateurs; les Saxons s'établissent au midi de l'Angleterre; les Francs s'emparent des Gaules, les Huns de la Pannonie, les Goths de l'Espagne et les Lombards de l'Italie.

Tout est changé à la surface de ces régions antiques; les lois, les mœurs, la langue des Romains, tout ce qui venait de ce grand peuple disparaît, et est remplacé par des lois, des mœurs et un langage barbares.

Quelques chrétiens épars subsistent encore; ils étaient doux, timides et faibles; ils sont épargnés; ils avaient conservé quelques débris des arts et de la civilisation romaine; ils pratiquaient les vertus que le christianisme commande : ils inspirent aux vainqueurs de l'intérêt et de l'estime; ils parviennent même à faire adopter, par quelques-uns, leur foi et leurs principes.

Mais bientôt le christianisme lui-même reçoit le joug de la barbarie; à mesure que les temps de la civilisation s'éloignent, ses bienfaits s'affaiblissent et s'effacent; les ecclésiastiques mêmes tombent dans une profonde ignorance; la religion chrétienne n'est plus entendue; elle ne fait plus que prêter son nom à une superstition grossière.

Pendant les quatre siècles qui suivirent l'établissement des hommes du Nord dans les anciennes provinces de l'Empire romain, la civilisation de ce grand peuple ne fit que s'éteindre au lieu de se relever. Le système féodal acheva d'en effacer les traces, mais en devenant, à son tour, fondement d'une société nouvelle.

Les hommes du Nord, à l'époque où ils avaient quitté leurs forêts, jouissaient de cette indépendance brutale qui fait aujourd'hui le seul bien des sauvages de l'Amérique. Lorsqu'ils prenaient possession d'un pays, ils en partageaient les terres; chaque soldat acquérait ainsi une propriété qui l'intéressait à la stabilité de la horde dont il faisait partie. Mais, pour défendre ses possessions contre de nouveaux aventuriers, chaque horde fixée avait besoin d'être toujours prête à combattre; ainsi, tout propriétaire continuait d'être guerrier; la hiérarchie militaire se conservait; le chef suprême commandait à la nation entière; au moindre danger, il appelait ses officiers, ou les grands vassaux, qui rassemblaient autour de lui les soldats ou simples propriétaires. A la faveur de ce régime, les conquêtes publiques étaient affermies.

Mais, lorsque les dangers communs s'affaiblirent, les liens qui tenaient associés ces hommes barbares, perdirent leur force; chacun alors ne songea plus qu'à étendre sa propriété. Dans le partage du butin et des terres, chaque guerrier avait pris une portion indiquée par le rang qu'il tenait dans l'armée; celle du roi, ou chef suprême, était la plus considérable; et c'était à la paix, le seul fondement de son autorité. Mais, comme la plus grande partie de la terre, occupée par cette fédération de soldats, était inculte, et que les communications publiques étaient très difficiles, les grands vassaux échappaient aisément à la puissance du chef. Chacun étendait peu à peu son empire; le territoire entier se partageait ainsi en un grand nombre de principautés, soumises, chacune, à la tyrannie d'un barbare plus fort que les autres. Ces féroces dominateurs se réunissaient pour résister à l'autorité du Prince, lorsque celui-ci voulait les contenir. D'ordinaire, le Prince échouait dans son entreprise; et alors, les tyrans subalternes, devenus plus audacieux, usurpaient tous les droits, tous les priviléges; chacun se constituait souverain dans son domaine; la guerre civile, ou plutôt l'anarchie, était continue, universelle; les petits tyrans, n'ayant plus à se réunir contre personne, se battaient les uns contre les autres, et associaient tous leurs esclaves à leurs querelles; une forteresse était élevée au centre de chaque principauté particulière; et ces forteresses n'étaient point de paisibles asiles, elles étaient des repaires de brigands affamés de pillage et de vengeance.

Sans doute, à de telles époques, la morale chrétienne était anéantie; heureusement le dogme chrétien existait encore. Les idées dogmatiques subsistent toujours profondément chez les peuples barbares, parceque ces idées sont frappantes, faciles à retenir, et difficiles à comprendre; de telles idées ont alors, pour avantage, de former un lien très fort entre les hommes; elles finissent par les rapprocher, ou même les confondre, en les entraînant à des résolutions communes. C'est le dogme chrétien qui inspira la pensée des croisades, qui en échauffa l'ardeur; et ce sont les croisades qui, en déblayant l'Europe de ses principaux ferments d'agitation, rendit, aux semences de la civilisation antique, la faculté de germer et de s'étendre.

Pendant deux siècles, l'Europe ne cessa de jeter, vers l'Asie, des légions innombrables d'hommes de tout rang, de tout âge; les infortunés, lassés de leurs malheurs, les tyrans même, lassés de leur propre tyrannie, tous, persuadés que les fautes et les crimes étaient expiés par des actes extraordinaires, tous, enfin, avides de changements et d'aventures, écoutèrent avec enthousiasme la voix des enthousiastes, qui leur ordonnaient, de la part de Dieu, d'aller arracher la Terre-Sainte au joug des infidèles.

Ce torrent impétueux, dans sa première violence, renversa tout ce qui s'opposait à ses efforts. Une partie de l'Asie-Mineure, la Syrie, la Palestine furent conquises; Constantinople même se soumit aux croisés. Les établissements qu'ils formèrent dans tous ces lieux ne purent se

soutenir; mais les effets qui résultèrent, en Europe même,
de ces expéditions insensées, furent nombreux et rapides.

Les croisés, en parcourant l'Italie, et surtout l'empire
des califes d'Orient, prirent des idées nouvelles; et ces
idées, très supérieures à toutes celles que déjà ils possédaient, éclairèrent et agrandirent leur ame. Constantinople était alors la plus grande et la plus belle ville du
monde; elle n'avait jamais été ravagée par les barbares;
elle seule avait conservé, du moins par traditions, les
arts, les sciences, la politesse des Romains. Le christianisme s'y était maintenu, même depuis que les Mahométans en avaient fait la conquête.

Les croisés, en rentrant dans leur patrie, y apportèrent
un esprit très différent de celui qu'ils avaient lorsqu'ils
s'en étaient éloignés; et, dans tous les lieux, dans tous
les temps, les progrès de l'industrie, de l'art social, en
un mot, de la civilisation, sont principalement excités
par les avantages que rapportent à d'autres peuples des
biens dont on les a vus en possession, et que soi-même
on ne possède pas encore.

Mais, dans tous les temps, dans tous les lieux, les institutions nouvelles rencontrent l'opposition des institutions anciennes, parceque celles-ci ont naturellement,
pour défenseurs, les hommes qui en profitent; ces hommes, tant qu'ils ne sont point fatigués des avantages
mêmes de leur sort, résistent, par un intérêt souvent
légitime, toujours excusable, à l'introduction et à la domination des nouvelles idées. C'est ce qui fait que le développement des sociétés ne marche qu'avec lenteur,
surtout vers leur naissance.

Les idées nouvelles rapportées par les croisés ne forcèrent que péniblement la révolution des mœurs; et cette
révolution n'aurait pu être que plus longue, plus difficile, sans les changements politiques que les croisades
mêmes avaient occasionés.

Premièrement, aucun des soùverains de l'Europe ne s'était engagé dans la première croisade; mais un très grand nombre de leurs vassaux s'étaient portés avec ardeur vers cette expédition séduisante. Pour se procurer l'argent qui leur était nécessaire, ils avaient vendu à leurs souverains mêmes la plus grande partie de leurs propres héritages. Les souverains avaient profité de cette occasion pour s'agrandir.

En second lieu, tandis que l'autorité royale faisait ainsi des acquisitions très avantageuses à la tranquillité publique, des acquisitions plus considérables encore, et non moins heureuses, étaient faites par les habitants des villes et par ceux des campagnes. Une grande partie du commerce de l'Orient qui, jusque-là, se portait tout entier vers Constantinople, fut attiré en Italie; Venise, Gênes, Pise, s'enrichirent; et, à la faveur de cette force, de cette indépendance, que la richesse donne, elles s'affranchirent de la servitude féodale.

Un tel exemple était séduisant pour les autres villes de l'Europe, et tous les souverains encouragèrent celles qui tentèrent de le suivre; ils affaiblissaient ainsi la puissance de leurs grands vassaux, et, à cette époque, les souverains n'avaient point d'ambition plus pressante.

Peu à peu l'affranchissement passa des villes aux villages, de ceux-ci aux campagnes; les laboureurs mêmes finirent par n'être plus esclaves. L'industrie alors fut excitée; la population prit un accroissement rapide; les villes se multiplièrent; l'étendue de chacune fut augmentée; la civilisation fit des progrès sensibles.

Les réformes les plus importantes s'introduisirent dans l'administration de la justice; le Roi en devint le chef suprême; les habitants des villes et des campagnes reçurent le droit d'appeler, aux tribunaux des souverains, des sentences rendues par les tribunaux des seigneurs. La procédure judiciaire parvint elle-même à s'épurer des formes absurdes et barbares, qui, fréquemment, l'avaient rendue plus fatale à l'innocent qu'au coupable ; à cet égard, les formes suivies dans les tribunaux ecclésiastiques servirent de modèle. Les ecclésiastiques, plutôt ramenés que les laïques à la paix, à l'instruction, à la morale chrétienne, avaient établi les premiers, dans le sein de leur ordre, les idées, les institutions, qui favorisent la civilisation des peuples.

Une circonstance très heureuse donna de l'accélération à ce développement. Vers le milieu du douzième siècle, un exemplaire d'une partie des lois de Justinien fut découvert en Italie. Quelques siècles plus tôt, cette découverte eût resté inutile, ce beau monument de la sagesse ancienne n'aurait pu être apprécié ; mais les peuples d'Europe commençaient alors à devenir dignes d'entendre ces lois, de les admettre et de les suivre ; elles se répandirent rapidement ; elles étendirent et réglèrent les idées sociales ; les hommes les plus studieux, les plus éclairés, s'appliquèrent à les commenter, à en provoquer l'exécution ; la profession de jurisconsulte prit naissance.

Nous touchons à l'aurore de la grandeur ; tout s'épure et s'élève ; les nobles perdent sans cesse des priviléges, de la fortune ; mais ils suivent l'amélioration de leur siècle ; ils acquièrent de l'étendue dans les idées ; ils gagnent du désintéressement, de la piété religieuse, de la politesse, du loisir, la faculté heureuse de connaître le sentiment de la pitié et celui de l'amour. La profession des armes était toujours la plus brillante ; les nobles n'y renoncent pas ; ils sont jaloux de la remplir avec dignité ; mais les croisades sont terminées ; les nobles n'ont plus l'occasion de signaler leur ardeur guerrière ; ils lui donnent l'emploi le plus honorable ; ils ont l'idée généreuse de se déclarer vengeurs des opprimés ; le courage alors prend la loyauté pour mobile ; la profession militaire se croit instituée pour défendre la faiblesse ; la piété, la constance, la tendresse, s'unissent à la valeur.

Ce droit de protection établi sur la force, en faveur

de la faiblesse, ne pouvait imprimer ainsi un grand caractère de dignité aux affections humaines, sans que l'a-
mour-propre, devenu fierté, n'attachât à la faiblesse une
idée de honte, à la force une idée de gloire; chacun
voulut paraître trouver en lui-même son appui et son
protecteur. C'est ainsi que l'*honneur* vint décorer la nature humaine.

Ce fut alors aussi que les femmes qui, jusque-là, n'avaient
pu perdre leur innocence sans crime, reçurent un nouveau joug dont elles ne purent s'affranchir sans ignominie. La nature les avait faites délicates et tendres; elle
les avait disposées plus que les hommes aux sentiments
séducteurs dont l'amour se compose, c'est pour cela
même que l'honneur multiplia sur elles le poids de ses
chaînes; mais l'honneur était une jouissance, et la piété
le soutenait; la contrainte avait son dédommagement, le
feu de la vie son emploi; il donnait de l'ardeur à tous les
sentiments qui recommandent l'innocence; les égards,
les hommages attachés à la distinction des rangs, étaient
encore un adoucissement à la nécessité de ne jamais descendre; c'est ainsi que l'orgueil facilitait d'autant plus
la pureté, qu'il l'exigeait d'une voix plus sévère.

Tandis que les vertus sociales acquéraient chaque jour
un nouvel empire, la lumière des sciences commençait
à se répandre en Europe; elle précédait même la renaissance des lettres et des arts; cela tenait à une circonstance particulière. Les sciences, chez les Orientaux,
étaient plus cultivées que les arts et les lettres, lorsque
les croisés se répandirent en Asie; les Arabes et les Grecs
s'occupaient fortement, les uns de géométrie, d'astronomie, de médecine, les autres de dialectique et de
métaphysique; l'esprit humain avait pris, en Asie, l'habitude d'un exercice profond, soutenu, et quoique la
connaissance de la nature fût trop peu avancée à cette
époque, pour que les pensées des savants eussent de la ré-

gularité et de l'exactitude, l'occupation des hommes distingués n'en était pas moins propre à imprimer généralement une direction rapide vers le raisonnement et la science véritable.

La théologie scolastique fut transportée de l'Asie en Europe; pendant long-temps elle enfanta, sans doute, plus d'absurdités que d'idées saines; l'imagination presque seule était chargée de parcourir le champ immense de l'inconnu, mais ce qu'elle apercevait excitait à vérifier, à découvrir, ou du moins à chercher encore. Les scolastiques et les métaphysiciens traitaient, sans le savoir, des questions qui appartenaient uniquement à la physique, ou qui préparaient des idées, des raisonnements en faveur des grands physiciens.

D'ailleurs, cette étude et ces discussions rendaient, chaque jour, les ecclésiastiques plus éclairés, plus dignes de la confiance des peuples; ils recommençaient à lire et à comprendre les ouvrages des Pères et des Docteurs de la primitive Église; la morale des premiers chrétiens gagnait chaque jour de nouveaux appuis, une nouvelle influence. De plus, les ouvrages de quelques uns des Pères de l'Église primitive, entre autres de saint Augustin, préparaient les esprits à goûter les charmes de la littérature.

Nous devons placer ici une circonstance qui accéléra avec promptitude le développement des sociétés européennes. La boussole fut découverte peu de temps après la fin des croisades. La navigation fit alors de rapides progrès; bientôt elle osa embrasser des régions immenses, aborder des contrées inconnues, étendre le commerce, répandre ses avantages. Peu à peu les productions vivifiantes des climats échauffés par le soleil furent portées en Europe; la propreté, la commodité, la magnificence même s'introduisirent dans les vêtements; les habitations devinrent plus agréables; la nourriture générale devint plus abondante et plus saine, l'organisation et la sensibilité de l'homme se perfectionnèrent en raison des douceurs qui se répandirent sur sa vie.

Peu de temps après, l'imprimerie fut inventée; ce moyen de communication entre les idées en augmenta rapidement le nombre et l'étendue.

Lorsqu'enfin, par la gradation et le concours de toutes les causes que nous venons de décrire, la nature humaine eut pris un degré élevé de développement, lorsque les Européens, adoucis, policés, furent devenus très supérieurs à leurs ancêtres barbares, les beaux-arts et la littérature reprirent naissance. Ce fut d'abord en Italie que se montrèrent et se perfectionnèrent rapidement l'art du peintre, celui de l'architecte et celui du sculpteur. Les monuments antiques, échappés aux ravages du temps et des hordes sauvages, fécondèrent les idées, et servirent de modèles.

L'art de l'écrivain, de l'orateur, du poète, en un mot la littérature ne marche point du même pas que l'art du peintre, du sculpteur, de l'architecte. Premièrement, les idées que le peintre, l'architecte ou le sculpteur exécutent sont plus simples, plus immédiatement fournies par les objets extérieurs, plus tôt acquises que les idées, les sentiments, les connaissances, que le littérateur exprime. En second lieu, il faut essentiellement de la raison et de l'ordre dans les productions littéraires; avec l'imagination seule, on sème des traits qui peuvent être brillants, quelquefois sublimes, mais on les disperse inutilement au sein de la diffusion, de l'absurdité, de l'incohérence. L'ordre, l'étendue, la raison, ne s'établissent dans l'esprit humain que lorsqu'il commence à devenir libre, parcequ'alors il cherche la vérité, il cultive les sciences positives, il étudie la nature.

Le dogme chrétien était prononcé, exclusif; il gênait la liberté de l'homme qui voulait étudier la nature; il n'imposait point, à beaucoup près, le même degré de

contrainte à l'architecte, au peintre et au sculpteur; au
contraire, la religion chrétienne les encourageait, les employait; elle fournissait au sculpteur et au peintre des
sujets nombreux et intéressants.

Il fallait que le dogme chrétien perdît quelque chose
de sa puissance impérative pour que l'esprit humain ac-
quît la liberté de se livrer à la recherche des idées précises, et à la culture des lettres.

Cette révolution se fit au seizième siècle; les moyens
en furent fournis, d'un côté, par l'esprit de discussion,
de subtilité, de dispute même, que la théologie scolastique entretenait sans cesse; d'un autre côté, par le besoin d'innovation toujours inhérent à la nature humaine,
et enfin, par les effets d'un autre penchant également
naturel à l'homme. Le pouvoir du clergé, fondé d'abord
sur la juste vénération des peuples, était devenu excès-
sif à l'aide de la superstition et de l'artifice. Les ecclésiastiques avaient acquis des richesses immenses; ils étaient
hommes, ils s'étaient corrompus, ils avaient abusé de
leurs avantages, de leurs priviléges, parceque l'abus suit
toujours le long usage.

Les réformateurs n'étaient presque tous que d'audacieux
révolutionnaires; ils n'en furent pas moins soutenus par la
plus grande partie des hommes estimables de leur siècle.
Les hommes estimables sont toujours les premiers appuis
des révolutions de mœurs et d'opinion, parcequ'ils sont
les plus indignés contre les abus et le scandale.

Les guerres affreuses que la Réforme entraîna, furent
des guerres civiles et révolutionnaires; mais elles eurent
un caractère étranger aux guerres civiles et révolutionnaires de l'antiquité; les croyances religieuses mêlèrent
leurs motifs sacrés aux motifs profanes d'ambition humaine; alors commencèrent, pour les nations modernes,
les grandes compensations des grands bienfaits du christianisme; chaque chrétien d'une ame ardente et d'un zèle
soutenu par la bonne foi, recevait de sa conscience la

mission de défendre la cause du ciel; chacun voyait dans l'homme qui ne partageait pas son opinion, un ennemi de Dieu, un obstacle aux volontés de la Providence; le combattre, le mettre à mort, était un acte de piété; le traiter avec indulgence était se rendre complice des maux qu'il allait répandre.

C'est ainsi que, par l'influence malheureuse d'une sombre ignorance, les sentiments les plus féroces devenaient la déviation fatale de principes élevés et de vertus sublimes.

La Réforme amena, dans le système ecclésiastique, une révolution semblable à celle que les croisades avaient amenée dans le système féodal; et généralement tous les orages que les sociétés éprouvent, tant qu'elles s'avancent vers la civilisation, augmentent les forces de la société, en laissant après eux des effets salutaires; ce sont des crises semblables à celles de l'homme qui passe de l'enfance à la jeunesse, de la jeunesse à l'âge mûr; il n'en est pas ainsi des crises éprouvées, soit par l'homme, soit par les sociétés qui passent de l'âge mûr à la vieillesse.

La puissance du dogme fut profondément ébranlée par les événements que j'indique; mais la morale chrétienne, également conservée par les sectateurs de l'Église romaine et par ceux de la Réforme, augmenta de droits et de force sur l'esprit du peuple, parceque, pendant les intermittences des guerres civiles, la plupart des chefs de l'une et de l'autre église menèrent une conduite pure, édifiante, vraiment chrétienne. De part et d'autre, les ministres et leurs sectateurs redoutèrent la censure de leurs adversaires; et cette crainte, que ni les uns ni les autres n'aperçurent pas toujours en eux-mêmes, que d'ailleurs ils n'auraient pas avouée lors même qu'ils l'auraient aperçue, n'en fut pas moins l'une des causes principales de cette ardeur, de cette sublimité, à laquelle la religion chrétienne s'éleva bientôt dans les ames pures et sensibles.

La contrainte dogmatique s'étant affaiblie, les sciences

prirent un essor audacieux. L'étude des sciences exactes, où tout s'enchaîne, se classe, s'analyse, s'ordonne, se démontre, où l'on ne peut rien omettre d'essentiel, où l'on ne peut rien dire d'inutile, accoutuma insensiblement l'esprit à la précision, à l'étendue; lui fit un besoin de la régularité et de la méthode. Dès lors l'imagination, un peu descendue de ses divagations éthérées, mais échauffant encore les pensées humaines, s'unit au bon esprit qui mesure, qui apprécie, qui rejette ou approuve. La littérature ancienne devint le fondement de toutes les études littéraires; elle fournit des modèles aux historiens, aux poètes, aux orateurs.

Elle modifia aussi le caractère des hommes qui recevaient une éducation distinguée; elle pénétra leur ame de la fierté et des vertus antiques; c'est par elle que Camille devint le plus grand des Romains.

Les orateurs chrétiens eux-mêmes se nourrirent de l'étude des anciens; ils embellirent, fortifièrent leurs discours et leurs pensées chrétiennes de toute l'instruction qu'ils puisèrent à cette source féconde.

Si le plus grand nombre des ouvrages laissés par les anciens, étaient des modèles de composition littéraire, toutes les idées présentées par ces ouvrages n'étaient pas propres à inspirer la sagesse; au contraire, les penchants de la faiblesse humaine étaient secondés par la religion même des Païens. Mais à l'époque où les ouvrages des anciens commencèrent à être les fondements de l'instruction publique, les vertus chrétiennes étaient profondément respectées, et l'honneur était fortement imprimé par les mœurs nationales. La religion et l'honneur s'unissaient pour commander la chasteté, vertu qui donne de la force à toutes les autres, qui transporte le feu de la vie sur les plaisirs qu'elle autorise, et sur les désirs secrets qu'elle ne peut toujours interdire. Quel mouvement alors ne dut point être produit par les idées séduisantes d'une mythologie voluptueuse, sur des esprits déjà préparés à la fermentation par la pureté et la contrainte! Les ames vives et tendres furent remplies d'idées poétiques dont le mouvement les agita; mais la piété et l'honneur réprimèrent, dans un grand nombre, l'action de ces idées; et la chaleur même qu'elles excitaient fut contrainte, dans les hommes sages, de se verser sur les nobles entreprises, sur les résolutions généreuses, sur les méditations soutenues, sur les pensées profondes.

On le voit maintenant : l'époque dont nous traçons l'histoire, dut être celle de la force dans tous les mouvements de l'ame; car la force se compose de vivacité et de constance, d'énergie et de simplicité. A cette époque mémorable, toutes les affections humaines trempées, pour ainsi dire, dans la retraite, exaltées par le recueillement et la contrainte, durent se changer en passions ardentes, les sentiments de l'homme sage en transports sublimes, et, par la même raison, les besoins de l'homme coupable en supplices dévorants.

Aussi, que l'impartialité nous garantisse d'enthousiasme; qu'elle fixe toujours la mesure de nos regrets et de notre estime; qu'elle dirige toujours nos jugements. Le dix-septième siècle fut celui, sans doute, où de très beaux ouvrages furent composés, où de grandes vertus éclatèrent; mais ce fut aussi le siècle où, au sein même de la paix et du bien-être, les plus grands maux furent éprouvés. La sensibilité de l'homme, plus active qu'elle n'avait pu l'être encore, et cependant toujours concentrée par les lois, les institutions, les opinions, les habitudes, bouillonnait sans cesse dans l'ame de chaque individu. Cette fermentation violente que, dans des temps postérieurs, nous avons vue saisissant une nation entière, établissait alors son siége dans le sein de chaque homme profondément sensible; c'était aussi, pour chacun de ces hommes, le temps d'une succession impétueuse dans ses désirs, ses sentiments, ses résolutions et sa conduite; le même homme passait brusquement de la douceur à l'agitation, de la piété au crime, de l'extase aux remords; et, dans le sein des familles, que d'affections généreuses, que de sombres victimes, que d'estime profonde, que d'inquiète défiance; que d'amour, que de haine; que de tendres constances, que d'implacables ressentiments!

O siècle de splendeur et de richesse! les grands hommes pouvaient produire de grands effets; et la noble ambition de produire de grands effets faisait naître de grands hommes. O siècle d'humiliation et de souffrance! tous les défauts étaient prononcés et opiniâtres; toutes les passions honteuses et cruelles s'exerçaient avec acharnement et vigueur.

O siècle d'émulation et de gloire! les bons écrits étaient lus par un grand nombre d'hommes capables de les sentir; les belles actions étaient connues d'un grand nombre d'hommes capables de les admirer et de les reproduire. O siècle d'ignorance et de tyrannie! l'opinion publique frappait avec colère des pensées vraies, des actions innocentes; un grand nombre d'hommes, livrés, dès leur enfance, à des dogmes sauvages, à des études absurdes, à une éducation lugubre, à des maîtres barbares, contractaient, pour le reste de leurs jours, toutes les maladies du corps, toutes les infirmités de l'ame!

Ces temps sont passés avec leurs maux affreux et leurs immenses avantages; ils ne reviendront plus. Le siècle de la raison se forme et s'avance; il a pour cortége la santé et la gaîté de l'homme, la beauté de l'espèce humaine, l'accord des esprits, les opinions vraies, calmes et durables, la sagesse des souverains, la publicité de leur administration, la popularité des grands, la dignité des petits, le rapprochement des caractères, l'inclination vers les sentiments paisibles. La civilisation, par ses progrès, a répandu sur la masse générale des peuples d'Europe, les lumières, la liberté, le bien-être. En France surtout, si l'on compare la génération actuelle à celle du siècle précédent, on voit qu'elle se compose d'un beau-

coup plus grand nombre d'hommes associés, non-seulement par leurs idées, mais encore par leurs habitudes,
leurs vêtements; leur logement, leur nourriture, aux
douceurs de la vie sociale; il y a par conséquent un beaucoup plus grand nombre d'hommes d'une valeur organique très élevée, qui, pour cette raison, sont accessibles
à tous les genres d'instruction et à tous les genres de
plaisirs. Et comme la pratique des vertus douces est, pour
l'homme, une source féconde de plaisirs vrais, le penchant à la probité, à la délicatesse, à la confiance, penchant relégué autrefois dans les classes supérieures, est
devenu commun et général. On voit un grand nombre
d'hommes et de femmes dans les classes inférieures,
parmi les artisans, parmi les gens de service, qui se
conduisent noblement, scrupuleusement, sans néanmoins
y prétendre, ni s'en faire un mérite, parceque cette conduite, loin de leur coûter des efforts, les tient habituellement satisfaits. Ils agissent consciencieusement avec
facilité, par l'effet des mêmes causes, ou dispositions,
qui leur donnent, à un degré remarquable, la faculté de
bien raisonner, de bien juger, de bien s'exprimer.

Tels sont les avantages vrais, nombreux, de première
importance, que la haute civilisation a versés en Europe,
et principalement en France, sur la nature humaine. Mais
voici le balancement.

Cette même amélioration organique qui augmente généralement l'intelligence, la sensibilité et la valeur vitale
de l'individu, lui donnant la faculté de goûter avec ardeur les jouissances de tout genre, le porte à les désirer
vivement; ce qui lui imprime une mobilité de caractère
qui l'empêche de se fixer sur rien de profond, de soutenu, et en même temps une facilité de dépense qui,
d'un jour à l'autre, compromet son sort : il n'est plus
maintenant, pour l'esprit, d'occupation à la fois grave et
permanente; on conçoit rapidement, mais on oublie; on
juge avec une sagacité pénétrante, mais presqu'aussitôt

on délaisse ce que l'on a le plus estimé : et dans l'État, quelle institution serait durable lorsque l'individu n'a plus de constance, lorsqu'il n'y a plus de fixité dans la situation des familles? que peut même devenir l'esprit de famille? La même instabilité qui fait que si peu de fortunes s'affermissent et se transmettent, fait aussi que peu de sentiments se perpétuent. Chacun s'isole ; ce qui tarit bien des sources de bonheur.

On le voit maintenant : l'image que nous avons employée au commencement de cet écrit, était exacte. La civilisation, puissance progressive d'expansion sociale, conduit graduellement les peuples, d'abord de l'âpreté de masses compactes à l'ondulation et au mélange de substances flexibles, et ensuite à la mobilité, à la transparence, à l'étendue d'une vaste atmosphère dont chaque élément est doué d'un vif ressort. Et pendant cette succession de développement, échange continu d'inconvénients et d'avantages, balancement de destinée, en un mot, équilibre par compensation ; c'est la loi éternelle et universelle.   Az.

CIVILITÉ. (*Morale.*) Du latin *civilitas*, mot qui, dans son sens primitif, signifiait *ce qui concerne la cité*, et s'employait le plus habituellement dans le sens politique.

Civilité, dans le sens que nous lui donnons, a celui que Cicéron attachait au mot *urbanitas*, urbanité, mot qui caractérisait particulièrement les mœurs de Rome, *urbs*, la ville par excellence.

-La *Civilité* est l'art de vivre dans le monde, l'exacte observation des bienséances, l'attention continuelle à éviter les expressions et les manières qui peuvent déplaire, eût-on même l'intention de nuire ; c'est la pratique de cet usage qui voulait qu'on se dît *le très humble et très obéissant serviteur* de l'inférieur à qui l'on écrivait pour lui donner un ordre, et qu'on saluât l'homme avec lequel on allait se couper la gorge.

La *Civilité* n'est pas une vertu, bien que Cicéron

lui donne ce nom, mais une imitation de certaines ver·
tus. Par elle nous paraissons bienveillants, indulgents,
modestes, non parcequ'il est honnête d'être tel, mais
parceque, se montrer autrement, ce serait se montrer
incivil ; c'est pour soi plus encore que pour les autres
qu'on se pique de civilité

La *Civilité* est moins l'art de réprimer ses passions
que celui de les déguiser ; c'est moins l'effet d'un sentiment de justice que du sentiment des convenances. Mais
cet effet est utile à la société, en ce qu'il tend à y maintenir l'harmonie.

La *Civilité* ne rend pas l'homme meilleur, mais
elle le rend plus sociable. Résultat de l'action continuelle
que les hommes, dans l'état de civilisation, exercent les
uns sur les autres, là, elle est pour eux ce qu'est pour le
marbre l'effet du frottement qui lui enlève ses aspérités,
sans lui ôter sa dureté, et, sous le poli qu'il lui donne,
lui laisse sa nature tout entière.

La *Civilité* perfectionnée prend le nom de *politesse :* non contente alors d'éviter ce qui peut déplaire, elle
recherche ce qui doit plaire. Répandue dans le maintien
comme dans la physionomie, dans l'accent comme dans le
discours, la politesse ajoute au charme des sentiments les
plus doux, tempère l'âpreté des transports les plus violents
et prête même de la grâce aux propos et aux actes les
plus indifférents. La politesse est le plus utile des liens
qui enlacent la société, et l'on doit d'autant plus ménager
la fragilité de ce lien, qu'on ne saurait le rompre sans
provoquer la dissolution de la société elle-même. Dégagée d'affectation, la politesse ressemble presque à de l'affection ; mais plus gracieuse que la civilité, elle n'en
est souvent que plus perfide.

On emploie quelquefois *courtoisie* comme synonyme
de civilité. Ces deux mots n'ont pourtant pas le même
sens.

COURTOISIE, *cortesia*, qui vient de l'italien *corte*,

cour , désignait la politesse du palais , comme civilité
celle de la cité. C'était ce mélange de galanterie et de
loyauté qui caractérisait les mœurs des anciens preux.
C'était l'opposé des mœurs des vilains. Ce mot est presque
tombé en désuétude comme la chose.

Affabilité, quoi qu'aient dit certains lexicographes,
n'est pas non plus un synonyme de civilité; mais un
de ses caractères. On peut accueillir un homme avec
bienveillance , avec franchise , et de manière à lui inspirer
toute confiance, et lui répondre avec brusquerie , avec
rudesse. On peut être affable sans être civil, tels sont
certains bourrus. L'affabilité est la qualité de l'homme
dont on peut faire son *affidé ;* de l'homme auquel on
peut s'*affier ou se confier ;* de l'homme *afféable,* vieux
mot dont nous avons fait *affable.*

Honnêteté se prend quelquefois dans le sens de civilité.

Civilité se dit aussi des actes par lesquels la civilité
se manifeste : on fait , on offre ses civilités :

> Tandis que tous les deux étaient précipités
> Dans les convulsions de leurs *civilités.*

Il en est de même de politesse , *faire politesse, faire
des politesses* à quelqu'un. On lui fait aussi des *honnêtetés.* De ces divers substantifs dérivent les adjectifs civil , poli , courtois , honnête.

Observons , à l'occasion d'honnête, que joint au mot
homme , dans l'acception de civil ou de poli, cet adjectif doit suivre le substantif: ce n'est pas dans ce cas-là

> Qu'il n'importe guère
> Que Paschal soit devant ou Paschal soit derrière.

Un honnête homme et un homme honnête ne sont pas
nécessairement la même chose. Souvent même , les gens
qui manquent le plus d'honnêteté , sont ceux qui prodi-
guent le plus les honnêtetés.

L'absence de civilité et l'excès de civilité sont deux défauts, au milieu desquels se tient la civilité : l'un nous blesse, l'autre nous importune; et si le premier fait douter de la bienveillance de l'homme grossier, le second fait douter de la sincérité de l'homme affecté.

Qualité utile dans toutes les conditions, la civilité est nécessaire surtout aux gens en place. C'est un des leurres auxquels le commun des hommes se laisse prendre le plus facilement, par cela peut-être que c'est la qualité dont le commun des hommes manque le plus souvent; sous ce rapport, c'est flatter les petits que se montrer civil avec eux.

La civilité semble rétablir l'égalité entre les hommes, et même constater la supériorité de l'homme qui en est l'objet, sur l'homme qui la pratique. *Jean Sans-Peur* portait la civilité jusqu'à toucher dans la main au boucher *Caboche*, et à *Capeluche*, bourreau de Paris; c'était la porter loin. Des grands aux petits, une civilité équivaut à une grâce ; une politesse, à un bienfait. Aussi les chefs de parti les plus habiles n'ont-ils pas négligé d'employer ce moyen de séduction; c'est la base de la popularité. Guise le *Balafré* se complaisait à saluer tout le monde, jusqu'aux moindres particuliers. Guillaume de *Nassau* n'était pas non plus avare de *bonnetades.* « Les hommes qui ne coûtent qu'une belle parole ou un » coup de chapeau, sont achetés à bon marché, » disait le libérateur de la Hollande.

Cet excès de civilité, convenable à un chef de parti, me semble moins bien placé dans le chef d'une nation. La civilité qui convient à un roi, c'est l'*affabilité* : c'était la politesse d'Henri IV; ce n'était pas celle de Louis XIV. Toujours roi avec les hommes, celui-là semblait ne se souvenir qu'il était homme qu'auprès des dames ; sa politesse était la galanterie.

Quel exemple de politesse ne donna-t-il pas pourtant, quand, outragé par Lauzun qui, brisant son épée,

avait dit : « Je ne veux plus servir un roi qui manque à sa
» parole ; » ce roi jeta sa canne par la fenêtre, en s'écriant :
« Il ne sera pas dit que j'aie battu un gentilhomme ! »
Jamais on n'a battu son homme plus poliment, jamais
on n'a porté plus loin le sentiment de toutes les convenances. La civilité est-elle autre chose? Citons un autre
trait de politesse royale, trait aussi spirituel que celui-ci
est noble; il est d'un roi qui a reçu aussi le surnom de
Grand.

Frédéric prenait beaucoup de tabac. Pour s'éviter la
peine de fouiller dans sa poche, il avait fait placer, sur
chaque cheminée des pièces de son appartement, une tabatière où il puisait au besoin. Un jour, il voit de son
cabinet un page qui, ne se croyant pas vu et curieux de
goûter du tabac royal, mettait sans façon sa main dans
la boîte ouverte sur la cheminée. Il ne dit rien d'abord ;
mais au bout d'une heure, il appelle le page indiscret,
se fait apporter la tabatière, et après l'avoir invité à y
prendre une prise : « Comment trouvez-vous ce tabac ? —
» Excellent, sire. — Et cette tabatière ? — Superbe, sire.
» — Hé bien, Monsieur, prenez-la ; car je la crois trop
» petite pour nous deux. »   A.-V. A.

CIVIQUE. (*Morale.*) *De civisme ;* (voyez *Couronne
civique.*) On dit : *inscription civique, vertus civiques,
serments civiques.*

Inscriptions civiques : inscriptions en l'honneur d'un
citoyen ou d'une cité. Chez les anciens on trouvait de ces
inscriptions dans les temples et sur les monuments publics : rien n'était plus propre à élever l'ame et à la porter
aux actions généreuses que de leur attribuer pour récompense un genre d'hommage qui devait en consacrer l'objet
à l'admiration des contemporains et à la reconnaissance
de la postérité. Dans les temps modernes, les rois s'élèvent
à eux-mêmes des statues et des monuments dont les peuples font la dépense. Si les traits de civisme sont rares
chez les modernes, les inscriptions en leur honneur sont

plus rares encore. Qu'aurait-on pu inscrire de mieux sur la colonne qui sert de piédestal au buste de l'illustre Desaix que les dernières paroles de ce héros mourant sur le champ de bataille : *Allez dire au général en chef que je meurs avec le regret de n'avoir pas assez fait pour la patrie?*

Vertus civiques. C'est l'élan naturel des grandes ames et des imaginations ardentes que transporte l'amour de la patrie : elles sont plus communément le partage de la jeunesse : l'âge mûr pour en continuer la pratique, a sans cesse à lutter contre la morale des intérêts privés; les vieillards qui ne les ont reniées à aucune époque de leur vie sont une rare et sublime exception à la règle commune.

Serment civique. Serment d'accomplir tous ses devoirs de citoyen : ce mot n'a plus d'acception parmi nous. Faire jurer à un électeur qu'il donnera son suffrage selon l'inspiration de sa conscience, et le contraindre ensuite ou par menace ou par séduction, n'est-ce pas transformer en loi de l'État, la violation du *serment civique,* contracté au nom et en présence de la Divinité? Rappelons, à ce sujet, les paroles que Barthélemy met dans la bouche d'Anacharsis, parlant du serment civique chez les Athéniens dégénérés : « J'ai vu que cette cérémonie » auguste n'était plus qu'une formalité outrageante pour » les dieux, inutile à la société et offensante pour ceux » qu'on oblige de s'y soumettre. »

Consacrons ici les noms des généraux Gouvion Saint-Cyr et Dessoles, et du baron Louis : ces trois ministres ne pouvant conserver leurs portefeuilles sans trahir leur conscience, les ont déposés sur l'autel où ils avaient prêté leur *serment civique.*   E. J.

CL.

CLAIR-OBSCUR. (*Beaux-Arts.*) Il n'est pas d'art qui n'ait sa partie mystérieuse; c'est par celle-ci que l'on cherche à rehausser le mérite de chaque profession. Ainsi tels procédés, fruits du hasard ou de l'observation, et faciles à saisir par des intelligences ordinaires, se voilent tout à-coup pour le public, au gré des adeptes, et plus d'une fois pour les adeptes eux-mêmes. La science du clair-obscur est le grand mystère de la peinture. C'est pourtant la chose la plus simple que l'on puisse imaginer; mais comme elle est aussi la plus essentielle à la confection d'un bon tableau, les uns l'ont définie avec trop de recherche, les autres n'ont peut-être voulu en parler qu'avec une sorte d'ambiguité dans les termes, et il en est résulté des sens si différents, que les maîtres, en traitant ce sujet, ont entre eux quelque peine à s'entendre. Quant aux élèves, la plupart peignent sans savoir ce que c'est que le clair-obscur, et le spectateur qui s'arrête devant leurs tableaux s'en inquiète encore moins. Il faut l'avouer, Diderot lui-même a peu éclairé cette matière. Les deux chapitres qu'il lui a consacrés, s'ils ne déposent de l'embarras de ses idées, attestent au moins qu'au lieu de recourir à une explication simple et nette, il s'est contenté d'user d'un jargon insignifiant et mystique. Que ne s'en tenait-il à sa première définition? « le clair-obscur est la juste distribution des ombres et de la lumière. » Peut-être il eût dû ajouter que cette distribution demande à être toujours conséquente aux lois physiques qui régissent la lumière, quels que soient l'origine de celle-ci et ses accidents admis dans le tableau, car le peintre a le choix du système de jours qu'il se propose d'y introduire; mais bientôt l'auteur de l'*Essai sur la peinture* vous dira que « la difficulté » du problème s'accroît à mesure que les formes de l'objet » sont variées, à mesure que la scène s'étend, que les êtres » s'y multiplient, que la lumière y arrive de plusieurs en-» droits et que les lumières sont diverses. »

Certes s'il est un moyen de parvenir péniblement à composer un très mauvais tableau, le voilà trouvé. Diderot recommande ici, comme objet d'études, ce que

par-dessus tout l'artiste doit éviter, la diversité des jours.
Il est étonnant que l'ingratitude d'un pareil travail échappe
à sa pénétration. Les efforts du pinceau, ainsi dirigés,
n'aboutiraient qu'à un amas d'objets discords; la vue serait sans repos et la composition manquerait de ce lien
d'unité qui en rassemble les parties, autant pour la satisfaction de la pensée que pour celle du coup-d'œil; car il
ne faut pas oublier qu'il y a connexité en peinture entre
l'ame et la vue, de telle sorte qu'il est fort difficile de
mécontenter l'une et de plaire simultanément à l'autre.
Mais, sans contredit, de ces deux juges, l'œil est celui
qui exige le plus de respect; jamais il ne sera permis de
lui parler par saccades ou avec incohérence dans les tons.

C'est bien pis, quand l'écrivain, plus littérateur qu'artiste, en nous entretenant du clair-obscur, veut que le
pinceau s'attache à saisir dans un paysage «le moment où,
»sur la fin d'un beau jour, le soleil plonge ses rayons
»obliques à travers la masse touffue des arbres, dont les
»branches entremêlées les arrêtent, les renvoient, les
»brisent, les rompent, les dispersent sur les troncs, sur
»la terre, entre les feuilles, et produisent autour de nous
»une variété d'ombres fortes, de parties obscures, moins
»obscures, éclairées, plus éclairées, tout-à-fait éclatan-
»tes. Alors les passages de l'obscurité à l'ombre, de l'om-
»bre à la lumière, de la lumière au grand éclat, sont
»si doux, si touchants, si merveilleux, que l'aspect
»d'une branche, d'une feuille, arrête l'œil et suspend la
»conversation, au moment même le plus intéressant;
»nos pas s'arrêtent involontairement, nos regards se pro-
»mènent sur la toile magique et nous nous écrions: quel
»tableau! oh! que cela est beau!»

Et nous, nous disons: Voilà comme on pousse un artiste dans la fausse route! Si ces détails n'ont, en effet,
qu'un très mince prix sous la plume descriptive de l'écrivain, combien ne seraient-ils pas plus pauvres et plus misérables sous le plus habile pinceau! Nous y voyons bien

un clair-obscur pour le promeneur, aucun pour le peintre, à moins qu'il ne se résigne à faire du papillotage à la
manière des satins de l'école hollandaise. Non, ce n'est
pas là le clair-obscur des Claude le Lorrain et des Ruis-
dael; ce n'est pas là cette magie qui, dans les compositions de figures, enchante nos regards, quand le pinceau
du Corrège embrasse la toile et célèbre, pour ainsi dire,
avec elle une douce alliance.

Serons-nous mieux instruits lorsque nous aurons lu,
dans le même chapitre : « Imaginez, comme dans la géo-
» métrie des indivisibles de Cavalléri, toute la profondeur
» de la toile coupée, n'importe en quel sens, par une in-
» finité de plans infiniment petits; le difficile, c'est la
» dispensation juste de la lumière et des ombres et sur
» chacun de ces plans et sur chaque tranche infiniment
» petite des objets qui les occupent; ce sont les échos, les
» reflets de toutes ces lumières les unes sur les autres. »

Nous doutons fort que, par de semblables procédés, on
parvînt à donner de l'harmonie à un tableau; le travail
en deviendrait pour l'artiste un vrai tourment, et, en désespoir de cause, il finirait par jeter la palette à vingt pas
du chevalet. Notre tâche n'en est pas devenue plus difficile de ce que nous montrons ici à quelles erreurs peut
se laisser entraîner un esprit ardent, poussé par un sentiment vif et quelquefois trop peu réfléchi. Par ses erreurs même, Diderot aura simplifié la question qui nous
occupe; s'il avait eu autant de goût que d'imagination,
s'il avait observé un peu plus et couru un peu moins après
l'effet, nous croyons qu'il en eût donné une bien meilleure solution. Quant à nous, cherchons-la avec simplicité;
c'est ainsi qu'il faut interroger la nature.

Tout est clair-obscur autour de nous; il ne faut apprendre qu'à le voir et à le saisir. Soir, matin, sous le
vif soleil du midi, comme sous un pâle rayon de lune, il y
a constamment de l'harmonie entre les jours qui frappent les objets et les ombres qui les repoussent, parce

que c'est la même lumière qui se prolonge dans un champ
vaste ou resserré, et que ses effets, directs ou acciden-
tels, ne cessent jamais d'être motivés et d'être propor-
tionnés à la cause qui les produit.

Cependant les chefs d'école ont éclairé diversement
leurs toiles; cela vient de ce qu'ils ont envisagé les objets
d'un point de vue divers, ou plutôt de ce que, par suite
de leurs combinaisons plus ou moins savantes, ils ont
agrandi ou rétréci dans leurs tableaux le champ de la lumière. Les uns l'ont répandue à flots, à l'exemple des peintres vénitiens; d'autres en ont été plus économes, ainsi
qu'on l'a vu dans l'école lombarde; il en est qui, la pro-
jetant avec vigueur, ne l'ont fait déboucher sur la scène
que par d'étroites issues, et ont obtenu des effets d'autant plus décidés qu'ils se sont cru obligés de forcer leurs
ombres en raison de l'éclat de leurs jours. La fidélité rigoureuse à cette dernière méthode a rencontré quelques
inconvénients; plus d'une fois elle a péché par défaut en
privant les ombres de leur transparence, et par excès, en
plongeant dans une obscurité complète des objets trop
voisins d'une grande lumière et qui eussent dû être au
moins éclairés par reflet; ensuite elle a tellement resserré
l'espace accordé à l'action, qu'après un mûr examen le
prestige de l'art a disparu, ou s'est trouvé réduit à un
procédé si simple, si facile même, que le spectateur ne
s'est pas jugé suffisamment dédommagé de la perte d'un
grand charme, nous voulons dire de celui qui consiste à représenter la nature dans ses accords les plus suaves, alors
que, se parant d'un jour radieux, elle s'embellit encore
de demi-teintes et qu'elle invite si doucement l'œil à s'é-
garer vers une perspective fuyante et vaporeuse.

Le clair-obscur adopté par le Caravage, qui tirait ses
jours de haut, est d'un effet impétueux (si nous osons
nous exprimer ainsi), mais pourtant borné comme la limite dans laquelle il a plu à l'artiste de le circonscrire;
Paul Véronèse, en inondant de lumière un vaste tableau,

détache admirablement ses figures sur un fond clair et ne
se réserve, pour leur donner du relief, que la ressource
des nuances, des teintes, des demi-teintes et quelquefois
des couleurs vierges; mais il les anime, il les rend vivantes, l'air circule à l'entour, vous croyez avec elles
errer sur les parvis ou sous les portiques; pareilles au
héros troyen qui se montre tout-à-coup devant Didon,
elles semblent avoir échappé au nuage dont elles étaient
enveloppées : « *Et in œthera purgat apertum.* » (Énéide,
liv. I.)

Cet éclat fatigue à la longue; le Titien en a été plus
économe, et peut-être a-t-il rencontré dans ses tableaux
la juste mesure de distribution de l'ombre et de la lumière. Il aurait créé le véritable clair-obscur propre aux
grands sujets, si, moins prodigue encore de jours que
lui, le Corrège n'en avait poussé plus loin l'effet, sans
l'outrer, tort justement reproché à quelques artistes de
l'école flamande. Toutefois, malgré le charme infini attaché aux moindres compositions de ce dernier auteur,
nous pensons que le Titien, ne cessant jamais d'être harmonieux dans ses tons, est plus classique dans l'entente
du clair-obscur que le fondateur de l'école lombarde. C'est
sûrement ici le cas de placer la définition qu'il se plaisait
à donner de cette partie importante de son art. Tout objet, disait-il, exposé à la lumière, à moins qu'il ne lui
présente une surface plane, aura plus ou moins de rapports avec une grappe de vigne, où quelques grains fortement éclairés sont en prééminence et tournent par la
fuite de leurs bords, où d'autres ne participent qu'à un
jour latéral souvent dû à de simples reflets, et où il en
est de noyés dans la demi-teinte, s'ils ne s'y effacent
presque absolument, tandis que la grappe, dans son ensemble, offre une large masse de lumière. Ainsi doit-il en
être d'un tableau bien ordonné quant aux ombres et aux
jours.

Reynolds remarque avec raison que le Titien avait

adopté, comme la règle la plus convenable, de livrer en somme à la partie éclairée le quart de la composition, y compris les lumières principales et secondaires, un second quart à l'ombre la plus forte possible, et l'autre moitié aux demi-teintes, desquelles résulte l'éclat harmonieux et doux des travaux de ce maître. Effectivement la part qu'il a faite à un clair-obscur large, c'est-à-dire ne poussant qu'avec une grande modération vers les ombres, en décide le principal caractère. A l'instar d'un conquérant devant lequel tout plierait sans bruit et sans résistance, la lumière s'empare des cinq huitièmes du terrain de Paul Véronèse; à peine en reste-t-il deux aux demi-teintes et un à l'ombre. Rembrant a trouvé le secret de se recommander par un genre de prestige tout opposé : cet artiste ne laisse à la lumière qu'un huitième de sa toile, mais d'autant plus éclatant, d'autant plus dominateur dans sa concentration que l'ombre en remplit près de six, et que les demi-teintes n'en réclament guère qu'un seul. Dans cette évaluation du clair-obscur, nous n'aurons garde d'oublier le traité passé par le Corrège avec l'ombre et la lumière; nous croyons que ce qui établit à cet égard une différence entre sa manière et celle du Titien, c'est qu'accordant avec lui au jour pur un quart de l'espace, au lieu de concéder l'autre quart à l'ombre, il partage presque également les six autres huitièmes qui lui restent entre des demi-teintes, dont il use admirablement, et des ombres auxquelles il donne plus ou moins de transparence. Transportant la même mesure aux tableaux d'un artiste qui nous apparaîtrait sans doute en première ligne de l'école française, si nos yeux n'en cherchaient le chef par-delà notre horizon, nous dirons que M. Gérard, modifiant ce dernier procédé, dote l'ombre et la lumière chacune de trois huitièmes, et livre les deux autres aux demi-teintes; du moins telle est l'impression qu'a produite sur nous la vue de la *Bataille d'Austerlitz* et de l'*Entrée de Henri IV à Paris*. Sans blâmer, sans louer ce genre de clair-obscur, nous nous bornons à exprimer un fait qui, comme tout autre, doit avoir sa conséquence.

Essayons de rendre cette théorie plus sensible par son application à une composition d'une seule figure. Comment la science du clair-obscur se produira-t-elle dans un champ aussi borné? Certes, par le défaut d'oppositions et par l'absence presque absolue de passages, ici le talent aura plus de difficultés à vaincre, mais son charme sera bien doux, s'il les surmonte. Cependant quelle que soit la méthode adoptée par les maîtres, l'exécution du sujet, dans sa simplicité, ne laissera pas de déceler le procédé dont ils ont l'habitude. Supposons un moment que ce soit un portrait : si vous le demandez à la palette brillante de Paul Véronèse, vous aurez, pour orner votre appartement, un de ces personnages qu'il a prodigués dans les noces de Cana, où tout est portrait. L'ombre y sera presque nulle; les nuances s'y confondront avec les demi-teintes, et cette femme ou cet homme, dans un calme animé, vous semblera participer à la vie réelle. Vous êtes-vous adressé à Rembrant? la figure, au sein d'une nuit ténébreuse, paraîtra s'élancer de la toile; le sentiment qu'elle vous causera sera presque de l'effroi; serait-ce votre mère, votre sœur, ou votre maîtresse? vous frémirez, car la fraîcheur et la vérité des carnations, en se détachant d'un fond obscur, en seront plus frappantes; il n'y aura pas un coup de lumière qui n'aille à votre ame, un mouvement commencé qui ne vous parle, qui ne soit prêt à s'achever, et la force du relief vous obligera de demander grâce et de détourner vos yeux de l'image. Il en sera tout autrement, si vous recourez au pinceau du Corrège : peut-être sera-t-il aussi économe de lumière que Rembrant, mais quelle différence dans l'emploi qu'il en fera! comme ses demi-teintes les mettront en valeur! Ou plutôt l'ensemble de son tableau ne vous présentera qu'une demi-teinte admirable, relevée par de vifs effets de lumière, et c'est à travers ce voile doux et diaphane qu'il rendra à votre amour des traits dont votre œil ne pourra se séparer sans regrets. Ce sera, si vous le voulez, la *Magdeleine liseuse* dans le désert. Quelques jours décidés y effleureront à peine un bras, une chevelure blonde et ondoyante, le front pur qu'elle partage, une épaule, le sein qui s'en rapproche et un pied qui fuit avec le reste du corps ; mais ce sera assez pour animer la toile et pour y faire reposer autant de grâces que la terre peut en porter, dût votre tendresse être prodigue de ses préventions en faveur de l'être qui mérita vos hommages. Vous aurez alors devant vous le triomphe le plus éclatant de la science du clair-obscur.

Pour achever de préciser celle-ci, il nous reste à dire deux mots d'une dernière difficulté qu'elle a souvent à vaincre et qui consiste dans l'uniformité des objets dont on lui demande la représentation. Le peu que nous en toucherons servira peut-être à fixer le sens du clair-obscur dans le vocabulaire de l'art. C'est un aperçu de détails, il est vrai, mais pour en tirer un meilleur parti, il ne faudra qu'en faire l'application sur une plus grande échelle.

Un dessin, tout parfait qu'il soit, ne devient un tableau que par le clair-obscur. Le dessin se borne à donner le trait, les angles ou le contour d'un objet. C'est uniquement par son clair-obscur reproduit avec fidélité qu'il prend sa vraie forme sur la toile ; il n'aura d'existence que de ce seul moment. On dit que Parrhasius vainquit un célèbre rival en l'abusant sur la réalité d'un rideau qu'il offrait à ses regards ; cela suppose une grande science de clair-obscur. Examinez, à votre tour, le rideau blanc interposé entre votre fenêtre et vous, quand le soleil y darde ses rayons : quelques renflements de plis tournés vers le jour seront chaudement illuminés, tandis que d'autres plus voisins de votre table dégraderont leur blancheur jusqu'à dégénérer en ombres ; encore leurs saillies seront éclairées par le léger reflet du jour qui existe dans l'intérieur de votre chambre, et les plus lar-

ges masses de la percale sembleront s'épancher en demi-
teintes. Ainsi vous discernerez ici trois natures d'accidents,
au milieu desquels les demi-teintes occuperont au moins
la moitié de votre rideau. L'école vénitienne s'est rapprochée de ce genre de clair-obscur, et les artistes anglais
en usent à certains égards avec bonheur pour leurs charmants portraits de femmes et d'enfants. C'est aussi ce
que le peintre Largillières, auquel ce procédé était fami-
lier, expliquait très bien à son élève Oudry, en examinant avec lui une touffe de fleurs blanches qu'il lui enjoi-
gnait de placer sur un fond clair, et qu'Oudry parvint à
rendre avec un petit nombre de touches d'un blanc pur,
quelques ombres vigoureuses dans les interstices et au
milieu des corolles, et, sur les bords, des nappes de demi-teintes relevées ou nuancées par des reflets. A parler
exactement, le pinceau avait réussi à feindre la blancheur
presque sans le secours de la couleur blanche, parcequ'il
s'était sagement étudié à reproduire les formes diverses
du bouquet, non par l'emploi du blanc pur qu'on eût
prodigué sans résultat, mais par la simple copie des accidents de l'ombre et de la lumière qui en devenaient la fidèle expression. Cette touffe de fleurs, suivant Oudry,
tenait sa masse colorée, même assez grise dans ses contours, sur le fond clair, dont elle se détachait à merveille,
et pourtant le bouquet paraissait aussi blanc qu'on eût pu
le désirer, car Largillières avait surpris le secret de la
nature.

Ceci nous apprend deux choses : l'une que le fond d'un
tableau doit être exactement consulté pour parvenir à une
bonne dispensation des jours et des ombres, autrement du
clair-obscur, et que ce fond doit être au moins projeté, s'il
n'est achevé avant les figures, quand on veut leur donner
une couleur locale et harmonieuse; l'autre, que les re-
poussoirs noircis d'ombres sur leurs bords, qu'on place
dans le devant d'un tableau très éclairé, sont toujours
faux de ton. Voyez, en effet, une foule de peuple sur une

place publique ou éparpillée dans la campagne : par quel hasard les figures les plus voisines de votre œil seraient-elles les plus indécises dans la forme, les plus sombres dans la couleur ? vous supposez qu'un nuage, en passant, couvre cette partie de la scène; on vous l'accorde, mais cette portion de l'espace et les objets qu'elle renferme n'en doivent pas moins être nets et distincts. Jetés dans une demi-teinte encore légère, éclairés même par reflets, ils appellent des contours peut-être moins vifs, mais fièrement arrêtés et d'une couleur transparente et vigoureuse.

Plusieurs ouvrages du quinzième siècle, quoique assez purs de formes et assez vrais de couleur, surtout dans les chairs, faute de science du clair-obscur, n'ont été que des esquisses sans relief.

Les productions d'Albert-Durer lui-même, contemporain de Raphaël et quelquefois admirable coloriste, pèchent par l'absence de cette partie essentielle de l'art; le Pérugin l'a bien plus méconnue, et c'est ce grand pas que Raphaël Sanzio a franchi, avec moins de succès pourtant que le Corrège et le Titien Vécelli, ses inférieurs dans les autres qualités de la composition.

Tous les grands peintres ont eu un clair-obscur; mais, ainsi que nous venons de l'exposer, tous l'ont entendu différemment, tous ont varié de goût et de choix dans cette manière de donner une harmonie forte ou touchante à leurs tableaux.

Le véritable artiste, sans cesser d'être maître de ce choix, doit acquérir la connaissance des formes et des objets qui réfléchissent la lumière, qui la réfractent, qui l'absorbent ou qui la conservent dans son éclat; car il n'est pas au monde une autre manière de les peindre que par leurs effets. Le sculpteur n'est astreint qu'à modeler; c'est le ciel qui fera son clair-obscur. Disons mieux : le ciseau, en creusant des dépressions et en ménageant des éminences sur le marbre, opère une réalité, tandis que tout l'art du pinceau se borne à simuler les unes et les

autres sur la toile par la magie du clair-obscur. Une de
ces imitations est directe, l'autre est détournée, et c'est
la plus difficile; cependant le plus beau morceau de statuaire ne laisse pas de demander à être exposé dans un
jour favorable.   K...y.

CLARIFICATION. (*Technologie.*) On clarifie dans
les arts un grand nombre de liquides dont la transparence
est troublée par des matières étrangères qu'ils tiennent en
suspension. Telles sont les eaux bourbeuses, qu'on veut
rendre potables ou approprier à quelques usages qui exigent la limpidité; les vins, les sirops, les huiles, etc.

Un repos prolongé, la filtration, ou des agents chimiques, sont autant de moyens que l'on emploie suivant les
cas, pour effectuer la clarification des liquides. *Voyez* Eaux
épurées, Sirops, Sucre, Vins, etc.   L. Séb. L. et M.

CLARINETTE. (*Musique.*) Instrument de musique à
vent, à bec et à anche.

C'est l'instrument à vent le plus récent; il a été inventé
à Nuremberg, il y a environ un siècle. Comme cet instrument n'est point encore parvenu au degré de perfection qu'il peut atteindre par la suite, puisque le son
change de caractère et de timbre à chaque octave, et que
la position des clefs gêne souvent l'exécution dans différents tons, on a imaginé plusieurs *clarinettes* pour jouer
dans tous les tons; la plus longue est la plus basse, c'est
la *clarinette* en *sol;* et la plus aiguë, et par conséquent la
plus courte, est celle en *fa.*

Les *clarinettes* en *la*, en *si b* et en *ut* sont les seules
admises à l'orchestre; on regarde la seconde comme
ayant les sons les plus flatteurs, presque tous les solos
sont écrits dans les tons de *mi b* et de *si b.*

Des maîtres habiles ont su corriger les défauts de cet
instrument, et plusieurs réunissent la pureté du son à
une exécution aussi rapide que brillante.

La *clarinette* est la base des orchestres militaires; elle

y tient le même rang que le violon dans les symphonies ou les orchestres de théâtre.

Dans les partitions, les parties de *clarinettes* se placent au-dessous des flûtes et hautbois; l'étendue de cet instrument est de trois octaves et demie; les sons les plus bas, depuis le *mi* au-dessous de la grosse corde du violon jusqu'au *si b*, formant une octave et demie, se nomment *tons-chalumeaux*, ceux de l'octave suivante se nomment *tons-clarinettes*, et les plus hauts se nomment *tons-aigus*.

Quand on transpose les parties de *clarinettes*, on a soin d'indiquer en tête du morceau dans quel ton les *clarinettes* doivent jouer : *clarinettes* en *si b*, en *la*, en *ut*, ou *clarinetti in B*, *in A*, *in C*. Quand il n'y a aucune indication, on se sert de la *clarinette* en *ut*, dont le système s'accorde parfaitement avec celui des autres instruments de l'orchestre.

Clarinette, jeu que l'on obtient sur les orgues, en réunissant les jeux de flûtes traversières et de flûtes coniques au jeu de trompette.   H.B.

CLASSIFICATION. (*Histoire naturelle.*) *Voyez* Méthode.

CLASSIQUE. (*Littérature.*) Ce mot, il y a vingt ans, n'avait qu'un sens unique et simple, que le Dictionnaire de l'Académie définissait ainsi : « Classique. Auteur clas-
» sique, c'est-à-dire un auteur ancien, approuvé, et qui fait
» autorité dans une certaine matière : Platon, Aristote,
» Homère, Démosthène, Cicéron, Virgile, Tite-Live, etc.,
» sont des auteurs classiques. »

Le mot classique a reçu un autre sens, depuis qu'on l'a opposé à celui de *romantique*, terme nouveau, créé pour désigner une littérature nouvelle, étrangère par son origine et par sa nature, à celle des Grecs et des Romains.

Nous parlerons de l'une et de l'autre acception du mot classique : pour suivre l'ordre des temps et des idées, nous nous occuperons d'abord de la première.

I. Lorsque le mot classique est pris comme synonyme

de beau et de parfait en littérature, il exprime le résultat de l'une des opérations les plus longues et les plus difficiles des facultés de l'esprit humain, combinées avec les progrès successifs de la société.

Le mot classique a pour racine le mot *classe*, et désignait d'abord exclusivement ces auteurs que l'on explique dans les colléges, et ceux dont on permet à la jeunesse de se nourrir sans réserve, parceque, dans leurs écrits, le nombre des défauts, comparé à celui des beautés, est si faible que l'imitation n'en peut jamais devenir dangereuse, même pour des esprits imprudents et avides. Mais combien l'écolier le plus intelligent, qui croit avoir deviné toutes les beautés d'Horace et de Virgile, qui dévore pour la dixième fois les pages du Télémaque ou d'Athalie, est encore loin de connaître, de pénétrer les écrivains qu'il admire! Que de choses lui échappent dans les passages qu'il sait le mieux! Il y reconnaît l'accent de la nature; il est sensible à l'élégance des tours, au nombre, à l'harmonie, à la cadence des paroles; il répète avec extase la phrase harmonieuse et savante qui a trouvé le chemin de son oreille et de son cœur. Il a beau la répéter, il n'y voit toujours que cette phrase et les mots qui la composent. Mais sous cette phrase, sous chacun de ces mots qu'un aveugle usage a formés, que le génie a réunis, qu'il a enflammés d'un souffle de vie, que de mystères, que de rapports secrets, que de siècles sont cachés!

A peine la société est-elle formée, à peine le premier moyen de communication et de salut, le langage, est-il trouvé, que l'homme éprouve le besoin d'en faire un moyen de plaisir, et il essaie de peindre les objets qui frappent ses sens, les images et les sentiments qui se forment dans son ame. Cette imitation est long-temps grossière et imparfaite, parceque l'homme veut tout imiter sans distinction et sans choix, parceque l'instrument qu'il emploie est encore dans l'enfance.

Par quel merveilleux concours de circonstances et de

hasards, de travaux et de persévérance, d'influences di-
vines et humaines, le système général des idées chez un
peuple et le langage qui sert à l'exprimer, parviennent-
ils tout à coup, et après tant de siècles, à ce degré d'élévation nécessaire pour donner l'essor à la muse d'un
Homère, d'un Virgile, d'un Tasse, ou d'un Racine;
pour former l'éloquence d'un Démosthène, d'un Cicéron,
ou d'un Bossuet?

Sous ce point de vue, on aperçoit qu'un traité du classique embrasserait l'histoire de la littérature tout entière :
nous tâcherons de ne pas empiéter sur ce vaste sujet, et
de nous renfermer dans les bornes du nôtre.

On discute sur le mérite général d'un auteur, sur la
beauté de tel ou tel passage : on discute rarement pour
savoir si tel ou tel auteur est ou n'est pas classique. Concluons de là que ce titre de classique n'est pas soumis à
l'arbitraire; qu'il tient à des caractères fixes et invaria-
bles, comme les lois de la raison. Essayons de préciser
ces caractères : voyons comment ils se forment, de quels
éléments ils se composent, s'ils sont indépendants l'un
de l'autre, quelle est leur différente physionomie aux diverses époques de la civilisation; examinons enfin comment ils se perdent et se réduisent.

Le classique est, en littérature, le plus haut degré de
perfection possible. La littérature est un art d'imitation :
le premier caractère du classique doit donc être la vérité;
sans la vérité, pas de grand poète, pas de grand écrivain,
pas d'auteur classique.

Cet axiome est trop évident pour que nous ayons besoin d'invoquer des arguments à son secours : ajoutons
seulement que lorsque nous parlons de vérité, nous n'entendons pas cette vérité timide et servile, infidèle à force
de fidélité. Nous parlons de cette vérité, dans laquelle
l'idéal entre pour quelque chose; qui sait faire grâce de
quelques défauts à son modèle, ou plutôt qui se compose
de traits dérobés à plusieurs modèles réunis : voilà la vé-

13.

rité du classique. Tel en est le premier, l'indispensable
élément.

Vérité de caractères, vérité de sentiments et d'images,
vérité de discours et d'action, voilà l'objet du premier
devoir auquel se sont soumis les auteurs classiques de tous
les siècles et de tous les pays.

Mais, parmi les objets que la nature présente en foule
aux regards de l'artiste, tous ne sont pas également dignes d'être imités; tous n'excitent pas le même intérêt;
tous ne s'environnent pas de la même importance : il en
est d'indifférents, il en est qui inspirent le dédain et l'hor-
reur. Un auteur pourrait donc être toujours vrai, toujours copier la nature avec exactitude, et cependant ne
jamais obtenir le titre de classique. Il faut encore savoir
choisir entre les différents aspects du monde visible, et
les divers sentiments de ce monde intérieur que déroule
à nos yeux le cœur de l'homme; il faut être doué de ce
tact précieux, de cet instinct sûr et rapide, qui révèlent
ces objets d'élite, cette noble famille d'originaux et de
modèles, dont l'imitation exacte est toujours sûre de
plaire et d'enchanter; le choix sévère des objets d'imitation est donc le second caractère ou élément du classique.

Ce choix est-il toujours facile à faire? Est-il toujours
possible? C'est une des prérogatives du génie : mais le
génie même peut-il en tout temps et malgré toutes les
circonstances exercer cette prérogative plus céleste qu'humaine? Non, sans doute; et c'est dès à présent qu'on
peut apercevoir de combien d'efforts inutiles, d'avorte-
ments laborieux, ce grand enfantement du classique doit
être précédé. La longue enfance des sociétés est en même
temps celle du génie; quand la nuit couvre encore toutes
les institutions civiles, le génie lui-même est enveloppé
de ses voiles; il travaille dans les ténèbres; un épais
brouillard offusque sa vue. Non-seulement il ne découvre
pas assez loin autour de lui, pour pouvoir comparer et

choisir à une certaine distance les objets qui l'environnent ; mais à peine il entrevoit l'objet auquel il touche et
qu'il veut imiter : ainsi même souvent son travail man-
quera de la vérité, ce premier élément du classique, faute
d'un jour, d'une clarté suffisante pour bien saisir les
traits du modèle.

La vérité des couleurs, ou *l'observation*, le choix des
objets, ou *le goût*, ne sont rien encore, sans la présence
d'un troisième caractère, qui complète, pour ainsi dire,
la trinité classique : ce caractère, c'est l'excellence de
l'instrument d'imitation, ou, en d'autres termes, la perfection du langage. Chez toutes les nations littéraires, une
seule époque a produit des écrivains classiques, celle où
l'idiome national, enfin dégagé de sa rudesse, venait d'atteindre son plus haut période de richesse, d'énergie et de
pureté : c'est le siècle des Cicéron et des Virgile, des Pascal et des Racine : l'âge de force et de maturité que précède une longue et pénible enfance, et que suit toujours
une décadence rapide. En-deçà et au-delà de cet âge, on
peut trouver des écrivains estimables, des conteurs naïfs
ou des moralistes profonds, des poètes pleins de verve
ou des prosateurs élégants, jamais d'auteur classique. Ce
titre n'appartient qu'aux écrivains fortunés que la nature
a enrichis de ses dons, et qui de plus ont reçu d'elle le
bienfait inappréciable de venir à propos.

Combien de temps dure cet âge heureux, cette époque
glorieuse et prédestinée? Il est impossible de le déterminer avec justesse : tant de causes inattendues peuvent en
hâter la fin ! On prédirait aussi facilement combien durera
la pureté d'un fleuve, qu'un orage suffit pour troubler.
En-deçà et au-delà de cet âge, avons-nous dit, point d'auteur classique : nous avons posé une règle bien rigoureuse,
et nous avons dû le faire, parceque nous raisonnions en
thèse générale. Hâtons-nous d'ajouter cependant qu'à
cette règle, on connaît des exceptions illustres; procla-
mons hautement qu'il n'est point de terme de rigueur pour

le génie : en quelque temps qu'il vienne , il est toujours le génie : on le reconnaît toujours ; et quelquefois , il lui a été donné de reculer ou de devancer l'époque privilégiée du classique et du beau. On a vu des écrivains qui , nourris des ouvrages du grand siècle , en retrouvaient le charme et la pureté dans un siècle de décadence : quelquefois un peu de rouille et d'alliage venait ternir ces chefs- d'œuvre que , sous un certain rapport, on pourrait nommer posthumes : mais plus souvent encore ils étonnaient par leur éclat. Pline et Florus écrivaient deux siècles après Cicéron et César : Plutarque et Lucien, cinq siècles après Xénophon et Démosthène. De tels exemples serviront de preuve à l'exception ; quant à la règle , elle n'en a pas besoin.

Ainsi trois qualités principales constituent l'auteur classique. Il semble d'abord que les deux premières dépendent uniquement de son génie , la dernière de l'époque où il est né : on pourrait croire qu'aucun lien ne les rattache l'une à l'autre et que , par exemple , long-temps avant l'époque où le langage chez un peuple a reçu son plus haut lustre , on doit néanmoins rencontrer des auteurs doués d'observation et de goût, qui peignent les objets avec vérité , après les avoir choisis avec sagesse; ce serait une grave erreur que l'expérience et la réflexion ne tarderaient pas à faire disparaître.

Les trois conditions auxquelles le titre d'auteur classique est attaché se réalisent presque toujours à la fois : l'accomplissement de l'une devance rarement celui de l'autre. Nous disons rarement , car nous ne prétendons pas soutenir que jamais , avant l'aurore des siècles classiques , on ne découvre dans certains auteurs des passages plus ou moins importants , des traits plus ou moins nombreux qui décèlent le talent *de l'observation* , et l'étincelle *du goût :* ce que nous avançons et ce que tous les faits justifient , c'est que lorsque l'idiome d'un peuple est encore barbare , *l'observation* et *le goût* sont encore grossiers;

l'observation , le goût et *le langage* se polissent et se perfectionnent à la fois : ce sont trois fruits qui mûrissent en même temps, et nous pouvons ajouter, par la même cause. En effet, si la même influence n'agissait pas sur leurs progrès, comment expliquer la marche égale et constamment uniforme de leur croissance et de leur maturité ?

Cette influence, dont le soleil féconde tous les arts, a été souvent signalée par des hommes éclairés ; elle se développe et grandit elle-même avec la civilisation ; elle est née de la culture des arts et de la raison, et à son tour, elle précipite leur essor de toute sa puissance : en un mot, c'est l'*esprit philosophique*, qu'il faut bien se garder de confondre avec la philosophie ; car, si toujours l'un contribue à la naissance du classique, souvent l'autre en amène le terme. Avec Portalis, nous définissons l'esprit philosophique, le coup d'œil d'une raison exercée, et nous ajoutons avec lui, « qu'il est pour l'entendement ce que la conscience est pour le cœur. »

C'est l'esprit philosophique qui forme les mœurs et les lois : guidé par cet esprit de recherche et de lumières, l'homme social apprend à considérer les objets physiques ou moraux sous leurs diverses faces, à en découvrir tous les rapports secrets, à en pénétrer l'origine et la fin ; c'est à la lueur de ce flambeau que les écrivains commencent à distinguer, à choisir leurs modèles, que le langage s'épure, et que l'âge du classique se prépare.

Mais cet esprit dont le résultat est de faire un art de l'observation et du goût, de créer une théorie des convenances et du beau, de porter l'instrument d'imitation à son plus haut degré d'excellence, cet esprit ne peut naître et se former lui-même qu'avec le temps : il est le produit d'une longue suite d'observations et d'erreurs : il s'exerce à la fois sur tous les objets qui sont du ressort des sens et de l'intelligence, et pour être si vaste et si générale, sa marche n'en est d'abord que plus incertaine

et plus lente : nous ne la suivrons pas dans toutes ses
phases ; il nous suffit d'avoir signalé des faits dont l'examen peut démontrer l'exactitude. Le classique, nous le
répétons, se compose de trois éléments divers : ces éléments, l'esprit philosophique les développe et les mûrit
en même temps, et cet esprit philosophique ne brille chez
une nation qu'après plusieurs siècles de ténèbres et d'enfance.

Par quel singulier hasard, qui semble d'abord renverser les principes que nous avons posés, le premier
poète que l'antiquité nous présente est-il classique ?
Homère nous apparaît et nous présente dans ses deux
vastes poèmes les deux premiers gages du génie littéraire de l'homme et les premiers monuments de la
civilisation de son pays et de son siècle. En faut-il conclure que parmi tant d'autres priviléges qui lui furent oc-
troyés, la littérature grecque obtint encore celui de s'é-
lancer toute armée du cerveau de Jupiter, comme la
Minerve de ses poètes ? La langue des Hellènes, et leur
mélodieuse poésie n'ont-elles eu besoin, pour éclore et
se polir, que de la volonté du génie ? Non, sans doute,
aucun de ces miracles n'est vraisemblable ni possible.
Homère est le premier poète dont les accents aient traversé les siècles : mais Homère n'a pas été le premier
poète de sa patrie. Il en a fixé la langue, et il suffirait de
ce fait unique pour prouver que ses chants avaient été
précédés par d'autres chants, ses travaux précédés par
d'autres travaux : les noms d'Orphée, de Linus, de Mu-
sée, plus heureux que leurs ouvrages, sont venus jusqu'à
nous, et déposent en faveur de cette importante vérité.
« Homère, dit un savant écrivain, l'abbé Barthélemy,
» trouva donc un art qui, depuis quelque temps, était
» sorti de l'enfance, et dont l'émulation hâtait sans cesse
» les progrès : il le prit dans son développement et le porta
» si loin qu'il paraît en être le créateur. »
Voilà quelle fut en effet la véritable gloire d'Homère :

nous pouvons, sans impiété, la réduire à des formes humaines : elle sera toujours assez vaste pour nous étonner de sa grandeur. Convenons en même temps que par une de ces exceptions que nous avons déjà placées dans l'apanage du génie, Homère devança le temps, et s'est élancé dans le domaine intellectuel, vers la sphère du classique, beaucoup plus loin que, suivant nos principes, l'état des mœurs, de la langue et des idées contemporaines, en un mot l'atmosphère sociale qui l'environnait ne permettaient à un mortel de l'espérer. La nature, en créant Homère, a sans doute fait un effort prodigieux ; quel long repos, quel long silence après lui ! Anacréon, Sapho, Eschyle, Sophocle et Pindare n'ont paru que des siècles plus tard, et encore nul d'entre eux n'a osé s'essayer dans le genre de composition épuisé par Homère.

Telle est donc en peu de mots la marche du classique chez les Grecs : l'absence de documents, de traditions avant Homère, concourent avec le génie d'Homère lui-même, à jeter sur son histoire une couleur presque fabuleuse, à soustraire ses progrès à toute espèce de règle et de système. Les seuls faits que nous puissions en recueillir avec certitude, c'est que le classique est né dans les écrits d'Homère, de l'étude de la nature, de l'inspiration du ciel, du commerce des hommes, et de l'habitude des voyages. De ces éléments divers s'est formée cette beauté grande, simple, naïve, dont nous retrouvons l'image palpable dans quelques statues échappées à tant de débris ; beauté plus physique que morale, il est vrai, car en lisant les écrits d'Homère et de tous les poètes de son pays, nous nous sentons ramener sans cesse vers les objets sensibles, et plus rarement aux sentiments du cœur. C'est le spectacle de la nature, plutôt que l'analyse des passions qui a formé l'essence et la base du classique chez le premier peuple littéraire du monde.

Ce que nous avons cherché en vain chez les Grecs,

nous le trouvons chez les Romains ; nous y voyons le spectacle d'une littérature naissante et du classique se formant par degrés. C'est dans les vers de Plaute, et dans quelques fragments antiques, c'est surtout dans le poème si fameux de Lucrèce, qu'on peut contempler la lutte du bon principe contre le mauvais, de la barbarie contre la politesse. Que l'on compare quelques vers de Lucrèce à quelques vers de Virgile, dans les passages où les deux poètes expriment les mêmes idées ; qu'on examine leur structure, et qu'on médite sur l'alliance des mots qui les composent, alors on pourra mesurer la distance qui sépare un vrai poète d'un poète classique ; un écrivain doué de génie, mais qui se sert d'un instrument rude et grossier, de celui qui possède l'immense avantage de manier un langage souple, riche et docile.

Les Romains ont tout emprunté des Grecs : chez eux nous voyons, il est vrai, naître le classique ; mais ce n'est plus la nature, comme chez les Grecs, c'est l'imitation qui le produit, aussi le caractère du classique chez les descendants de Numa, est-il à peu près le même que chez ceux de Cécrops ; seulement une civilisation plus avancée, des mœurs plus austères en modifient légèrement l'essence et la couleur : en lisant les écrivains de la seconde période classique, on sent que le monde est moins jeune de plusieurs siècles.

Sans sortir de l'Italie, nous retrouvons encore après de longues ténèbres un nouvel âge d'or littéraire, un nouveau classique naissant encore de l'imitation ; car désormais, c'est la loi commune, et les doctrines littéraires seront comme les flambeaux qu'on se passait de main en main aux jeux d'Olympie. Cette fois au moins l'imitation n'est pas aussi servile, et le caractère du classique a subi des changements plus importants. Les dieux du paganisme ne sont plus ; un nouveau culte est venu spiritualiser l'univers ; les anciens idiomes ont péri ; des idiomes nouveaux, créés plutôt pour le service de la pen-

sée que pour celui des sens ont pris leur place. Nous retrouvons en Italie un poète qui, renouvelant presque le
prodige opéré par Homère, et devançant l'âge de lumière
de plus d'un siècle, fixe la langue italienne, comme Homère avait fixé la langue grecque. Le Dante est bientôt
suivi de Pétrarque : viennent enfin l'Arioste et le Tasse,
et les rayons du siècle de Léon X jaillissent même à travers l'obscurité de la vieille France.

L'Italie comptait déjà un second siècle classique : la
France en attendait encore un premier qui se préparait en
silence. Le règne de François Ier. donne un démenti for-
mel à ceux qui pensent que les causes morales sont toutes
puissantes sur les progrès des lettres et du goût : ce n'est
pas l'attrait des récompenses et des honneurs, c'est la
marche du temps qui fait le classique : la science la plus
profonde et la plus universelle ne peut pas non plus remplacer le temps; Rabelais, avec tout l'esprit qu'un homme
puisse avoir, avec tout le savoir que son siècle pouvait
donner, n'a enfanté qu'un monstre; cent ans plus tard il
aurait fait sans doute un chef-d'œuvre.

Amyot, Marot et Montaigne, Balzac, Voiture et
Malherbe, voilà les écrivains dont les travaux ont puissamment servi la langue française, et ont préparé sa future
splendeur; Pascal écrivit quelques lettres, et la fixa;
Corneille l'éleva, Bossuet l'enrichit, Racine en fit l'idiome
de l'Europe entière. « Le maniement des beaux esprits, dit
» Montaigne, donne prix à la langue : non pas l'innovant,
» tant, comme la remplissant de plus vigoureux et divers
» services, l'estirant et ployant. Ils n'y apportent point de
» mots : mais ils enrichissent les leurs, appesantissent et
» enfoncent leur signification et leur usage, lui apprenant
» des mouvements inaccoutumés, mais prudemment et in-
» génieusement. » On ne pouvait mieux caractériser d'a-
vance, et sans les connaître, les bienfaits que la langue
française devait recevoir des écrivains de son grand siècle.
Dans ce siècle mémorable le classique reçut encore un

caractère nouveau : noble, élégant, majestueux et tendre, il réunissait quelques traits de la beauté antique à ceux du prince qui siégeait alors sur le trône.

On ne compte ordinairement que quatre siècles classiques, dont le premier appartient à la Grèce, les deux suivants à l'Italie, et le dernier à la France. Dans ce partage des époques fameuses, on ne voit figurer ni l'Espagne, ni l'Angleterre, ni la Germanie : cependant chacune de ces nations a sa littérature, et ses classiques reconnus par l'Europe entière. Chacune d'elles a eu son beau siècle ; l'Espagne, après l'Italie chrétienne ; l'Angleterre, presque en même temps que nous : il y a peu d'années celui de l'Allemagne durait encore. Il serait intéressant de suivre dans leurs progrès la littérature de ces différents peuples, si partout on ne voyait le même spectacle se renouveler ; si les mêmes phénomènes ne se représentaient pas toujours. Mais telle est la loi suprême, et tant que la littérature se composera des mêmes éléments, ceux du classique ne changeront pas davantage de nature ni de destinée : pour qu'ils sortent du chaos, il faudra toujours que l'esprit philosophique, dont la culture exige du temps, les éclaire et les féconde.

Nous avons traité jusqu'ici de l'origine du classique, il ne reste plus qu'à parler de son déclin : nous avons dit comment il se forme, il faut montrer comment il s'altère. Mais si tout à l'heure il nous était possible de tout ramener à un principe unique, ici vingt causes diverses se présentent à la fois, et semblent se disputer une triste préférence. Il n'est qu'un seul moyen de parvenir au classique ; il y en a vingt de s'en éloigner. Les conquêtes, les invasions, le mélange des peuples et des idiomes, les discordes civiles, les calamités célestes, tous ces fléaux peuvent tour à tour influer sur la littérature, en corrompre la couleur et la pureté.

Écartons toutes ces causes de décadence, qui ne sont pas les plus redoutables ; il en est une plus sûre et plus funeste, parcequ'elle tient à l'essence même de la littérature.

Le classique a ses limites ainsi que le beau. L'imitation d'une nature choisie a des bornes : le nombre des modèles et des formes d'imitation est bientôt épuisé. Mais l'esprit humain ne s'arrête jamais ; pour trouver du neuf, il s'écarte du vrai, ou le déguise dans ses peintures ; de l'imitation d'une nature excellente, il descend à celle d'une nature plus vulgaire ; il altère l'instrument d'imitation, pour le rendre plus fécond, plus facile, et pour en tirer des effets bizarres : plus de *vérité !* plus de *choix !* plus de *perfection dans le langage !* les trois éléments du classique sont perdus en un instant. Le beau siècle de la littérature est fini, celui de la décadence a commencé.

Mais cet âge de décadence, comment se termine t-il ? où s'arrête la décrépitude littéraire des nations ? S'il faut répondre par les faits, nous dirons que jusqu'ici elle n'a trouvé de terme que dans la barbarie. C'est dans la barbarie que la vieille Rome a repris une nouvelle jeunesse ; c'est de cet abîme qu'elle s'est élancée presque aussi belle et aussi brillante que la Rome des César et des Auguste.

N'existe-t-il pas de nos jours un nouvel espoir de jeunesse et de résurrection pour une littérature vieillie ? La marche du temps et des idées n'a-t-elle pas découvert un nouvel ordre de sentiments, une nouvelle source d'images ?

Il est facile de voir que la réponse à cette question dépend de la solution d'une autre, dont nous allons parler, sans essayer encore de la résoudre.

II. Nous venons de considérer le mot *classique* comme désignant en littérature le dernier degré de perfection possible : il nous reste à l'envisager comme caractérisant un genre particulier de littérature.

Dans cette nouvelle acception, le mot *classique* devient

le correctif du mot *romantique :* l'emploi de ces deux
termes, par opposition l'un à l'autre, suppose un fait
fondamental, c'est-à-dire l'existence de deux littératures
distinctes d'époque, de patrie et de couleur, celle du
midi et des cieux d'Homère, celle du nord et du christianisme.

Nous ne devons pas dissimuler qu'en France un grand
nombre de bons esprits, d'écrivains distingués ont refusé
jusqu'à présent de reconnaître cette division de la littérature en deux cultes différents. Suivant eux, le romantique
n'est que le symbole de l'absurde ; les mots classique et
romantique peuvent se traduire par ceux-ci : beau et gro-
tesque, sublime et ridicule.

Telle n'est pas l'opinion dominante en Angleterre et
en Allemagne ; l'une et l'autre se glorifient de posséder
une littérature romantique : on y croit fermement au
dogme d'une nouvelle religion littéraire, et comme enfin
cette croyance a trouvé même parmi nous des apôtres
éloquents, elle vaut bien la peine qu'on l'examine et qu'on
la soumette à une discussion de bonne foi.

Mais nous ne pensons pas que ce soit le moment de
l'entreprendre ; dans l'examen de cette thèse importante
il nous serait impossible de séparer ce que nous avons à
dire du classique et du romantique, et l'ordre des matières ne nous permet pas de traiter encore ce dernier
mot.

Bornons-nous donc, quant à présent, à énoncer ce
qu'on entend par littérature classique ; passons rapidement en revue son essence et ses principes : c'est seulement au mot *Romantique* que nous verrons de quelle
manière ces principes sont attaqués, et que nous devrons
nous occuper de leurs moyens de défense.

Le *classique* embrasse la littérature grecque et romaine : il comprend aussi toutes les littératures modernes, en tant qu'elles sont imitées des deux premières.

Les lois qui le gouvernent ont été pour la première fois réduites en corps de doctrine par Aristote. Le code précis et serré qu'il nous a transmis, et dont il ne nous reste que des fragments, a fait éclore d'innombrables volumes de commentaires : c'est le sort de tous les recueils de lois; mais par une singularité qui semble exclusivement réservée à celles du classique, les commentateurs, au lieu d'en étendre et d'en adoucir le sens, n'ont pris à tâche que de le rendre plus rigoureux et plus sévère; au lieu de tomber en désuétude, ainsi que toutes les lois, plus elles ont vieilli, plus elles sont devenues exigeantes et tyranniques.

La littérature grecque, la première que nous connaissions, est la littérature classique par excellence; car c'est de la nature même qu'elle tient ce caractère.

La société a ses âges, ainsi que l'homme; et les diverses périodes de ces deux existences, si différentes par leur durée, semblent présenter les mêmes affections et les mêmes symptômes. L'homme dans son enfance n'est touché que des objets qui frappent ses sens; il est avide de voir, et son esprit ne fait aucun effort pour pénétrer au-delà de l'apparence physique. Peu susceptible d'abstraction, s'il s'élève jusqu'à l'idée d'une cause suprême, il se la représente aussitôt sous une forme corporelle, et par la même faiblesse d'intelligence, il la divise en autant d'êtres différents qu'il parvient à lui reconnaître d'attributs. L'image de l'homme à cet âge rappelle celle de la société, à l'époque où la littérature commença chez les Grecs. Elle y naquit toute physique, et, pour ainsi dire, à l'image de leur religion; la poésie n'y était qu'un spectacle, et toute la mission du poète consistait à montrer ce qu'il avait vu.

Tout favorisa chez les Grecs cette disposition naturelle à une société naissante : un ciel doux, pur et serein, qui permettait de vivre continuellement en présence de la nature et des objets sensibles; un idiome riche, flexible et sonore, qui permettait de reproduire sans effort par la parole tous les objets qui frappaient la vue, toutes les mélodies qui enchantaient l'oreille.

L'existence des Grecs, et par conséquent leur littérature, furent donc tout extérieures; le bonheur se présentait à leur imagination sous la forme de la beauté, sous l'aspect de l'accord harmonieux des diverses facultés de l'homme. Loin de sentir en eux-mêmes le combat douloureux d'une double nature, c'était dans l'union intime et paisible de l'ame et du corps qu'ils cherchaient la félicité. Schlegel a dit que leur religion était l'apothéose des forces de la nature et de la vie terrestre. Tout était donc positif, clair et fini dans leur religion, dans leurs vœux et dans leurs espérances. Tel est aussi le caractère dominant que nous retrouvons dans leur littérature, type véritable et original du classique.

Pour exprimer ce caractère d'unité, de simplicité, le même critique Schlegel a emprunté aux arts une image, et il a dit « que le génie statuaire inspirait les poètes an- » ciens; car la sculpture dirige exclusivement notre atten- » tion vers le groupe qu'elle représente; elle le détache » autant que possible de tous ses alentours, et s'il exige » quelques accessoires, elle ne les indique que légère- » ment. » Pour peindre cette autre disposition des Grecs à donner une forme extérieure aux plus secrets sentiments de l'homme, ne pourrait-on pas aussi dérober une image à Homère? Lorsque, dans le premier chant de *l'Iliade*, Achille est prêt à tirer le glaive contre le roi des rois, Pallas descend des cieux, envoyée par Junon, elle saisit le fils de Thétis par sa blonde chevelure, lui révèle l'ordre céleste, et le glaive rentre dans le fourreau. Ainsi, non-seulement l'intervention des dieux ennoblissait les résolutions des héros, mais encore elle rendait sensibles aux yeux les mystérieuses et rapides révolutions du cœur humain.

Dans ces deux emblèmes rapprochés l'un de l'autre,

se trouvent contenus, selon nous, et l'esprit du classique, et la raison de tous les principes constitutifs de ce système. Unité, clarté, formes arrêtées et finies, manifestation extérieure des sentiments et des pensées, voilà quels ont été chez les Grecs ses caractères principaux, caractères que la nature autant que l'imitation transmit aux Romains, et que l'imitation seule a fait passer chez les peuples modernes. En effet, comme nous l'avons dit déjà dans le paragraphe précédent, chez les Romains, la doctrine religieuse était, à quelques nuances près, la même que chez les Grecs; la Grèce et l'Italie contemplaient pour ainsi dire un même ciel; les époques étaient aussi voisines que les contrées; une même littérature pouvait donc étendre de l'une à l'autre ses profondes racines. Chez les modernes, au contraire, tout avait changé, la religion, les climats et les mœurs; il ne fallait rien moins que l'ardent enthousiasme, allumé par la grande révolution du quinzième siècle, pour soumettre une littérature nouvelle et qui avait déjà essayé de la liberté, au joug des lois sévères qui régissaient l'ancienne littérature.

Enfin ce prodige s'accomplit, on vit renaître successivement le classique en Italie et en France; tous les poètes s'efforcèrent de reproduire avec des couleurs modernes les traits effacés de la beauté antique. Le nom d'Aristote reparut avec plus d'empire que jamais; on prétendit trouver dans sa doctrine toutes les lois de l'épopée et du théâtre.

De la poétique d'Aristote, combinée avec les écrits nombreux de ses interprètes, se composa chez les modernes cette théorie du classique, dont on peut extraire les axiomes suivants comme les principaux, et comme ceux sur lesquels les romantiques dirigent leurs plus vives attaques.

Il n'y a de beau dans la littérature, comme dans les arts, que ce dont l'intelligence peut se rendre un compte exact par l'analyse.

VII. 14

La différence des genres doit être scrupuleusement ob-servée et leur mélange sévèrement proscrit.

La tragédie n'admet pas le comique.

La comédie n'admet pas le pathétique.

La tragédie doit être écrite en vers.

La tragédie et la comédie sont également soumises à la règle des trois unités d'action, de temps et de lieu.

Ces deux poèmes doivent se renfermer dans une étendue circonscrite, de telle sorte qu'il soit facile d'embrasser leur ensemble d'un coup-d'œil, et d'en former dans l'esprit un seul tableau.

A ce petit nombre d'axiomes fondamentaux, il faudrait ajouter une innombrable quantité de règles délicates, de bienséances fugitives, qu'on doit regarder comme les accessoires inséparables de la théorie du classique, mais dont le détail serait infini.

Pour suivre fidèlement le plan que nous nous sommes tracé, nous nous contenterons d'avoir exposé ces divers points de doctrine, sans les discuter ; cette discussion trouvera sa place quand nous en serons venus à la théorie du romantique.

La brièveté que nous nous imposons dans cette circonstance, et que l'on pourrait trouver excessive, n'a d'autre motif que le désir de ne pas répéter deux fois les mêmes arguments et les mêmes réponses. (*Voyez* Ro-mantique.) P.-F. T.

CLAVECIN. (*Musique.*) Instrument de musique à cordes de métal et à clavier, de la même nature que le piano, et que celui-ci a fait abandonner. (*Voyez* Piano.)

CLAVIER. (*Musique,*) Le *clavier* est l'assemblage de toutes les touches du piano, lesquelles représentent tous les sons qui peuvent être employés dans l'harmonie.

L'orgue est l'instrument à touches le plus ancien. Ses touches étant destinées à ouvrir et fermer les portes au vent, on leur donna d'abord le nom de *clefs* (*claves*), d'où dérive *clavier*.

Le clavecin, inventé long-temps après l'orgue, reçut par analogie le nom latin de *clavicymbalum*, et l'épinette celui de *clavicordium*, parcequ'ils avaient des *claviers*.

Les instruments à *clavier* sont l'orgue, le piano, la vielle : les carillons ont aussi des *claviers*.

On nomme encore *clavier*, la portée générale ou somme des sons de tout le système, qui résulte de la position relative des sept clefs.   H. B.

CLEF. (*Musique.*) Caractère de musique qui se met au commencement d'une portée, pour déterminer le degré d'élévation de cette portée dans le clavier général, et indiquer les noms de toutes les notes qu'elle contient dans la ligne de cette *clef*.

Anciennement, on appelait *clefs* les lettres par lesquelles on désignait les sons de la gamme. Ainsi la lettre A était *la clef* de la note *la*, C *la clef* d'*ut*, E *la clef* de *mi*, etc... Par la suite on sentit l'embarras et la difficulté de cette multitude de clefs, et on les remplaça par trois seulement, que l'on plaça à la quinte les unes des autres ; la plus basse sur le *fa*, la moyenne sur l'*ut* et la plus haute sur le *sol*. Ces *clefs* placées sur les différentes lignes remplacèrent les 7 clefs. — On avait donc 2 *clefs* de *sol* placées sur la 1re. et la 2e. ligne ; 4 *clefs* d'*ut* placées sur les 1re., 2e., 3e. et 4e. ligne, et 2 *clefs* de *fa* ; mais comme la *clef* de *sol* sur la 1re. ligne donnait les mêmes résultats que la *clef* de *fa* 4e. ligne, on a supprimé la 1re., et nous avons actuellement 7 *clefs*, savoir : 2 de *fa*, 4 d'*ut* et 1 de *sol*.

Le nombre des *clefs* est égal à celui des voix. Il existe entre elles la différence d'une tierce qui se rencontre aussi dans le diapason d'une voix à celle qui la suit immédiatement.

Ainsi la *clef* de *sol* présente le diapason du 1er. dessus ;
La *clef* d'*ut* sur la 1re. ligne, celui du second dessus ;
La *clef* d'*ut* sur la deuxième ligne, celui du contralto de femme ;

La *clef* d'*ut* sur la 3e. ligne, celui de la haute-contre;

La *clef* d'*ut* sur la 4e. ligne, celui des tailles ou ténor;

La *clef* de *fa* sur la 3e. ligne, celui du bariton ou basse-taille;

Enfin, la *clef* de *fa* sur la 4e. ligne, représente le diapason de la voix de basse la plus grave de toutes.

Maintenant on a abandonné la *clef* de *fa* 3e. ligne, et l'on copie le *bariton* sur la *clef* d'*ut* 4e. ligne.

Lorsque dans les solos d'instruments on monte plus haut que le diapason de la *clef*, les petites lignes ajoutées embrouillent souvent le lecteur; dans ce cas, on copie le trait à l'octave plus bas, et l'on met au-dessus un 8 et ce mot 8va. suivi d'un trait jusqu'à ce que l'on ne doive jouer le passage dans son diapason, alors on se sert du mot *loco*, et l'on exécute ce qui est noté. Ce signe est très fréquent dans la musique de violon, de flûte et de piano.

CLEF. On appelle *clef* une espèce de croix de fer, percée par l'un de ses bouts d'un trou carré dans lequel on fait entrer la tête des chevilles des harpes, des pianos et autres instruments, pour monter ou lâcher les cordes. La *clef* de piano se nomme aussi *marteau*, parceque les extrémités ont la force de cet outil et servent quelquefois à raffermir les chevilles.

CLEFS, soupapes de métal, adaptées à certains instruments à vent, tels que le hautbois, la flûte, la clarinette, le basson, pour ouvrir ou fermer les trous que leur position rend inaccessibles aux doigts. H. B.

CLÉMENCE. (*Politique.*) Les lois criminelles sont l'égide de la société; la sûreté publique exige qu'elles soient exécutées selon leur rigueur salutaire. Mais 1°. ces lois peuvent être l'ouvrage d'une époque de barbarie, de despotisme religieux ou monarchique, de licence ou de réaction populaire; elles peuvent ériger en crime ce qui ne l'est point, établir des peines au-dessus des délits, créer des supplices effroyables, et porter ainsi une empreinte de cruauté qui outrage la morale et déshonore le genre humain. Mais 2°. des magistrats ambitieux, élevant leur fortune sur le sang qu'ils répandent, peuvent, dans les jours de trouble ou d'oppression, trouver leur profit à être plus atroces que les lois ; des magistrats pusillanimes, céder à des impressions supérieures ; des magistrats ignorants, plier l'équité à ces iniques considérations qu'on a revêtues du titre ténébreux de raison d'état ; enfin des magistrats sages, éclairés, peuvent, dans tous les temps, et toujours de bonne foi, se laisser séduire par de trompeuses probabilités, et accabler l'innocent de la peine qui devait n'atteindre que le coupable. Mais 3°. le criminel peut avoir agi sans préméditation, dans le délire de ses facultés morales, dans la fougue d'une passion irrésistible, séduit par une erreur fatale, religieuse ou politique, entraîné par les mœurs ou les préjugés nationaux ; et le crime peut trouver alors, dans les actes qui l'accompagnent, quelque motif qui le fait absoudre, ou quelque excuse qui l'atténue. Il faut donc qu'au-dessus des lois, des magistrats et des coupables, il existe une vertu qui réconcilie la législation avec la justice, et la justice avec l'humanité, et cette vertu se nomme *clémence*.

Elle ne saurait exister dans les républiques, parcequ'il n'est pas de fonctionnaire à qui l'on puisse confier sans péril cette puissance morale ; celui qui eût pu rouvrir les portes d'Athènes ou de Rome à Alcibiade ou à Coriolan, eût perdu la liberté publique. La clémence se trouve dans l'état aristocratique, mais comme une statue dans un temple, toujours implorée et toujours sourde et muette. Vertu des monarchies, la clémence est le soutien des trônes. « Les monarques, dit Montesquieu, ont tout à gagner par la clémence ; elle est suivie de tant d'amour, ils en tirent tant de gloire, que c'est presque toujours un bonheur pour eux d'avoir l'occasion de l'exercer. »

Machiavel, au contraire, pense que la douceur est plus funeste que la cruauté ; elle cause, ajoute-t-il, des maux infinis, tels que le meurtre et les vols. Ce publiciste a confondu la clémence qui pardonne ou qui modère le châtiment, avec cette faiblesse anti-sociale qui soustrait l'accusé aux juges ou le condamné à la peine qu'il a méritée. Défendre aux tribunaux de poursuivre les crimes commis contre les particuliers, est un attentat contre la société, qui n'a été formée que pour placer l'homme à l'abri des passions de l'homme; les lettres de sauvegarde ou d'abolition, ce genre d'impunité qui consiste dans l'inertie du ministère public pour plusieurs genres de délits, ne sont pas une prérogative du pouvoir, mais un abus de puissance, une véritable tyrannie. Les princes qui possèdent déjà ou qui usurpent encore le pouvoir absolu, sont d'une rare et coupable mansuétude pour les vols et les meurtres; ils n'envoient aux juges que ceux qu'ils veulent faire condamner pour assurer l'envahissement de leur despotisme. Pour eux, l'État réside dans leur personne, et l'attentat qui ne les frappe pas personnellement, ne leur importe point. Comme leur vie est tout, celle de leurs sujets n'est rien; les lois sociales sont en oubli quand les *lois de majesté* sont en honneur. Le règne où les citoyens éclairés ne peuvent penser, parler, se mouvoir impunément, est celui où les prolétaires peuvent tout se permettre avec impunité. Les princes justes veulent l'amour du peuple, les princes cruels briguent l'appui de la populace; il y a entre eux une bizarre sympathie de férocité; Néron même en obtint un mausolée, des pleurs et presque la vengeance.

Les rois cléments furent toujours sévères justiciers. Antonin, Trajan, Marc-Aurèle, Louis XII et Henri IV exécutèrent les lois pénales avec une austère équité; leur justice assurait la paix civile à chaque citoyen, tandis que leur clémence assurait à l'État la paix politique. Les grâces du trône ne sont pas destinées à consoler les coupables que des tribunaux avoués ont condamnés pour les crimes prévus et punis par les lois. L'on ne doit excepter que les actions fatales commises dans le premier mouvement d'u

délire de ces grandes passions que la raison humaine ne
peut souvent refréner, ou ces actes insolites que le législateur frappe, mais que la religion, les mœurs ou les préjugés nationaux absolvent. Louis IX ayant accordé, durant sa prière, le pardon d'un assassin, déclara ensuite
que cet homme était coupable envers ses sujets, et que
l'autorité souveraine ne pouvait le soustraire au supplice.
Ainsi le roi sage rétracta la grâce qu'avait accordée le
chrétien débonnaire.

Mais, si dans les délits ordinaires, la clémence est quelquefois voisine de l'injustice ou de la faiblesse, elle est
toujours dans les condamnations politiques la vertu des
belles ames. Elle n'illustre le trône que quand ce trône est
lui-même illustré par un grand roi; et quelquefois les
meilleurs, n'osant s'élever jusqu'à elle, ont marqué leur
règne par le sang humain : la seule grâce que n'a pas accordée Henri IV, est la seule tache qui souille sa mémoire.

Quand la clémence a des dangers, ces dangers sont très
visibles, a dit Montesquieu. Sans doute pour que le prince
puisse, sans péril, exercer sa clémence, il faut qu'il joigne
à ses vertus personnelles quelque connaissance du cœur
humain. Lorsque le crime politique est uniquement dirigé
contre la personne du monarque, ce crime est toujours
isolé, toujours un acte de folie, et la clémence facile qui
le pardonne n'est pas même l'effort d'une haute vertu.
Si l'on attaque dans la personne du prince le système de
son gouvernement, un acte oppresseur, une tendance
despotique, la clémence n'est pas alors inséparable de
péril; car ce n'est pas tout que de pardonner l'attentat en
lui-même, il faut encore faire disparaître pour l'avenir les
motifs qui ont porté à le commettre, et qui pourraient
susciter de nouveaux criminels.

Cette observation, que les historiens auraient dû recueillir, explique la cruauté de quelques princes et la
magnanimité de quelques autres : Louis IX, Louis XII,
Henri IV, régnant dans l'intérêt général de la nation, ont

loyalement oublié toutes les injures personnelles, parceque'ils n'avaient pour ennemis que des individus isolés : les maires du palais gouvernant dans l'intérêt des grands vassaux , les successeurs de Charlemagne gouvernant dans l'intérêt du haut clergé , Louis XI , Louis XIII gouvernant dans l'intérêt spécial de la couronne, ont abdiqué toute clémence, parceque les délits politiques n'étaient pas d'homme à homme, mais de caste à caste, ou de système à système, et qu'alors il ne suffit pas au prince de pardonner aux mécontents , il faut encore changer ce mode de gouverner qui fait naître le mécontentement.

Les dépositaires du pouvoir et de la faveur, recommandent au prince une méfiance perpétuelle, et cette cruauté qu'ils appellent justice ; ils l'isolent sous le vain prétexte de sa sûreté, et se pressent autour de lui pour accaparer exclusivement sa puissance et dévorer à l'aise ses trésors. Quelques philosophes, pensant que la vérité pourrait traverser cette atmosphère de flatteries héréditaires et de craintes intéressées, ont écrit sur la magnanimité royale des pages empreintes d'une saine morale et d'une haute éloquence. Le dirai-je ? Cicéron qui avait arbitrairement massacré les amis de Catilina, sollicitait aussi la clémence de César pour Ligarius ; et Sénèque , après avoir fait en plein sénat l'apologie du meurtre d'Agrippine, écrivit sur la clémence.

Que peuvent les livres contre la frayeur des princes faibles , les haines des ministres et l'ambition des courtisans ? Ils ont environné le droit de faire grâce de formalités et d'entraves ; ils ont métamorphosé une prérogative royale en une faveur ministérielle ; ils ont fait descendre la clémence de la place qu'elle occupait parmi les plus sublimes vertus , les plus hautes combinaisons politiques, pour la reléguer dans les bureaux d'un ministre , et dans les détails minutieux de l'administration ; ils ont imaginé une échelle décroissante sur laquelle ils mesurent la magnanimité royale. La grâce entière, le changement de supplice, la commutation de peine, la modération de sa durée : tout cela sort du domaine de la politique et rentre dans celui de la législation. (*Voyez* Grace.)   J.-P. P.

CLERGÉ. (*Science de la religion et du droit ecclésiastique.*) Il ne faut pas confondre les mots *clergé, prêtrise, sacerdoce, ministres du culte.* Ces trois derniers termes désignent des officiers établis pour remplir les fonctions du culte religieux des chrétiens; *clergé* désigne particulièrement les fonctionnaires possibles ou actuels, publics ou privés du culte chrétien, et par extension les moines, les religieux, les ermites qui furent longtemps laïques, les enfants et autres personnes qui portent dans le monde un costume ecclésiastique, et même les femmes qui se sont dévouées à de certains exercices de piété.

Sacerdoce est un mot commun à d'autres religions que le christianisme. On applique les mots *prêtrise* et *prêtre* aux cultes extra-chrétiens ; cependant *prêtrise, clergé, ecclésiastiques, gens d'église,* sont des mots nés du christianisme, et qui lui sont demeurés propres, sauf les écarts d'un style badin, satirique ou burlesque.

Le mot *clergé* signifie, dans le sens littéral ou radical et elliptique, les hommes du *lot,* du *partage* de Dieu, et réciproquement ceux qui font profession d'avoir ici-bas Dieu même pour partage, pour objet de leurs fonctions.

Chez les juifs, les *esséniens,* les *thérapeutes,* les *nazaréens,* étaient des religieux, autrement des réguliers, mais des laïques. Les *lévites* seuls sont surnommés, dans un sens très spécial, le *lot,* le *partage du Seigneur,* en plusieurs textes de l'Ancien Testament. Je dis qu'ils sont *surnommés,* car leur nom appellatif ordinaire était *lévites :* j'ajoute que dans un sens plus large le surnom, l'épithète de *partage du Seigneur,* se donnait à tout le peuple, d'où le Messie devait sortir.

En grec, le mot *cléros* qui signifie *sort* et *partage* (de Dieu), est, dans l'épître première de saint Paul, ch. V,

*. 3, un nom collectif donné aux chefs ou pasteurs spirituels de l'Église, et même à tous les chrétiens considérés comme fidèles, comme soumis canoniquement à leurs pasteurs. Aussi, dès les premiers siècles de l'église chrétienne, et jusqu'à présent, les mots *cléros* et *clérikos* en grec, et en latin *clerus* et *clericus*, furent employés pour désigner d'abord, les seuls ministres actifs, titulaires de la religion chrétienne, et puis tous les personnages actifs ou oisifs qui furent considérés comme des accessoires de ces ministres, par leurs costumes ou leur profession de vie dévote, quoique souvent, dans le fait, leur vie fût indépendante et mondaine.

Clericus, traduit en roman, fit *cler*, *clerc* et *clerg*, d'où vinrent ensuite nos mots français, *clergé*, *cléricature*, *clergie*, etc.; et comme les vrais ministres de la religion chrétienne doivent être assez doctes pour l'enseigner, nos ancêtres, peu savants, ont dit *clerc* pour laïque un peu docte, pour celui qui sait au moins lire, écrire, compter, faire des écritures.

Jésus-Christ n'institua, et les apôtres ne connurent d'abord que des apôtres, et parmi eux un premier apôtre saint Pierre, puis des disciples inférieurs en plus grand nombre. Aux apôtres succédèrent les évêques ou inspecteurs, et aux autres disciples les prêtres ou les anciens. Les apôtres instituèrent les diacres; voilà tout le clergé primitif.

Vinrent ensuite les sous-diacres, et au-dessous d'eux, divers ordres mineurs, savoir : les acolytes, les lecteurs, les catéchistes, les chantres, les portiers, les gardes-malades, et même les entrepreneurs de sépulture; car tout cela fut appelé clergé, et devint sujet des évêques par accident, par accessoire, par fiction, pendant que la puissance civile dormait.

Les rangs des évêques mêmes se multiplièrent et furent subordonnés l'un à l'autre. Il y eut dès le troisième siècle, et même dès le second, des évêques métropolitains, ensuite des évêques primats, des évêques patriarches, des évêques coadjuteurs et des chorévêques, et des évêques purement titulaires et honorifiques comme au dix-neuvième siècle, sans compter les évêques démissionnaires. Et au-dessus d'eux tous était, du consentement de l'Église, l'évêque de Rome, auquel fut enfin approprié le nom, long-temps commun à tous les évêques, de *pape* ou père des fidèles. Les droits spéciaux et essentiels de la primauté d'honneur et d'autorité, instituée par Jésus-Christ, n'ont jamais été définis; mais il n'est que trop vrai qu'en des temps d'ignorance et de barbarie, par une suite d'abus presqu'incroyables, peu à peu il s'établit de fait, assez généralement, que le pape est la source divine, nécessaire et immédiate des pouvoirs ecclésiastiques, quoique Jésus-Christ ait donné mission, non-seulement aux apôtres, mais même aux disciples; il s'établit de fait que le pape est infaillible, qu'il peut changer le mal en bien et le bien en mal; qu'il est supérieur à tous ses conseils, nonobstant les conciles qui l'ont destitué; enfin qu'il a un glaive et même les deux glaives. Les nations devinrent ses tributaires; il commanda aux rois dans les choses temporelles; il leur partagea la terre; il les destitua, les remplaça et les rétablit par une bulle; et puis en son nom furent établis le trafic des choses saintes, l'inquisition et ses horreurs, et une politique passée en proverbe. De là les schismes, les guerres de religion, la naissance de la réforme et la continuation de sa durée.

Des titres distinctifs subordonnèrent aussi les prêtres entre eux; l'archiprêtre fut mis avec le temps au-dessous de l'archidiacre; on eut des grands chantres, des grands pénitenciers, des grands vicaires, des tribunaux d'officialité. Après tous les dignitaires du presbytère, appelé ensuite chapitre épiscopal, vinrent les dignitaires, les chanoines des cathédrales ou des collégiales, les chanoines de premier ordre ou de second ordre, les cha-

noines honoraires maintenant sans nombre en France,
les prêtres, les clercs de *bas-chœur*, les curés, leurs vicaires, les habitués de paroisse, les chapelains, les aumôniers, les clercs mineurs, et après eux tous les simples
tonsurés. Avant 1789, on prenait la tonsure pour se procurer les priviléges du clergé, pour être chef spirituel ou
séculier d'un monastère, pour jouir d'un bénéfice, pour
avoir un costume plus économique et mieux accueilli dans
le monde. Il y avait là sans doute bien des institutions
énormément abusives que la révolution avait retranchées ;
mais on les voit renaître, et le dix-neuvième siècle reproduit des clercs bigarrés de toutes sortes d'insignes et
de rubans cléricaux et séculiers, des prêtres chevaliers,
barons, comtes, ducs, princes, altesses, etc. De même
nous avons des officiaux de fait, au mépris de la raison
et de la loi.

Observez que je n'ai parlé encore, ni des moines qui
parurent dans le troisième siècle, qui étaient laïques
alors, mariés même quelques-uns et usant du mariage ;
ni du clergé ermite, du clergé régulier des siècles
postérieurs, ni du clergé mendiant, ni des clercs réguliers, ni des Jésuites enfin qui ont joué, qui jouent
un si grand rôle, qui furent établis pour protéger les
gouvernements [1], qui ont voulu, en conséquence, rester
mixtes ou *tels quels*, c'est-à-dire, à la fois ecclésiastiques
et laïques, séculiers et réguliers ; ils ont voulu que leur
institut fût commun aux deux sexes, à tout âge et à tout
costume. Je dois parler d'une autre sorte de clergé accessoire ou fictif, du clergé féminin, c'est-à-dire des filles
ou femmes religieuses long-temps aussi demeurées laïques,
des chanoinesses comptées jadis aussi improprement parmi les ministres du culte. Quoiqu'il n'y ait point d'acception des personnes devant Dieu, nous avions autrefois des
chanoines et des chanoinesses nobles, des moines nobles,

_____

[1] Fait révélé par le cardinal de Bausset, vie de Fénélon, t. I, p. 16.

des religieuses nobles par statuts spéciaux. Encore aujour-
d'hui, distinguez bien les religieuses de chœur d'avec les
religieuses converses, et avec celles-ci, n'allez pas confondre les sœurs tourières demeurées laïques, quoique soumises à un costume et à des pratiques spéciales. Remarquez
aussi que ces classes de clergé ne sont pas toutes reconnues par nos lois, et qu'elles furent privilégiées, par loi
en matière d'impôt, dès 1824, en attendant qu'elles fussent reconnues par loi ou sans loi, comme elles le sont
toutes par quelque ordonnance.

Notre clergé catholique, avant 1825, le seul essentiel
et salarié du trésor, le clergé pastoral ou fonctionnaire,
ou aspirant à l'être, ou hors de service par l'âge, est
dans nos villes au moins très abondant, et notre clergé
accessoire ou fictif, masculin et féminin, est excessivement
nombreux, sans compter ni les jésuites ou jésuitesses de
robe courte, ni les *confrères* et *consœurs* des innombrables
confréries, toutes illégales dans toutes les paroisses du
royaume, et d'autres encore demeurées à peu près inconnues.

Ce n'est pas ici le lieu de s'étendre sur le clergé des
communions réformées. Beaucoup de ces sociétés, en ex-
ceptant l'église *établie* de l'Empire Britannique, n'admettent, ni comme nécessaire, ni comme divine, la distinction
du clergé d'avec les laïques; elles la croient d'institution humaine, et l'ont ou supprimée ou modifiée, ainsi qu'elles
ont voulu; et presque toutes, comme l'église de Russie,
ont reconnu l'autorité *spirituelle* et suprême des rois
et des magistrats sur les affaires de la religion.

Clergé.—Acquisitions, biens-immeubles. L'Évangile dit
aux ministres de la religion : Imitez celui qui voulut naître
dans une crèche et n'avoir pas à lui de quoi reposer sa
tête. Saint Paul les avertit qu'ils doivent être contents
lorsqu'ils ont le vêtement et la nourriture. Cependant
notre clergé n'a point voulu se contenter des salaires que
lui assure la loi, ni du casuel que lui garantit un décret et

un tarif d'exécution; il s'est fait donner, en janvier 1817, la faculté d'acquérir par dons et autrement, tous biens, meubles et immeubles, sans autres limites que la volonté d'un ministre qui est évêque, sans autre condition, sinon que l'établissement donataire soit reconnu par la loi; et plusieurs acquièrent sans être légalement reconnus; et l'on pétitionne, l'on écrit des brochures pour que le clergé soit indemnisé aussi, et doté en biens-fonds. Les établissements ecclésiastiques sont devenus autant et plus nombreux qu'avant 1789, temps où ils l'étaient beaucoup trop. Enfin, sans l'opposition de la chambre des pairs, cette reconnaissance par loi eût été changée, dès 1824, en reconnaissance par autorité ministérielle, c'est-à-dire par simple ordonnance, au mépris d'une législation trop nécessaire de plus de cinq siècles. Ce n'est pas tout : l'art. 7 de la loi du 12 juin 1824, a conféré à tout le clergé réel ou fictif, utile ou abusif, le privilège d'acquérir certains immeubles sans payer les droits de mutation qui sont d'environ le septième de la valeur, ce qui a fait dire : *On ne tue plus les hommes, on tue les lois quand elles gênent.* Méditons ces vérités consignées dans Montesquieu : « Qui voudrait parler pour les acquisitions sans fin par le clergé, serait regardé comme imbécile; mais le clergé a toujours acquis; il a toujours rendu; il acquiert encore. »

Clergé.—*Affaires séculières.* Le divin législateur a dit aux évêques et aux prêtres, en parlant à ses disciples : *Je vous ai tirés du monde; vous n'êtes plus du monde.* Saint Paul aussi leur a dit : *Point de gestion, point d'administration séculière; aucun soldat de Jésus-Christ ne s'implique dans les affaires du monde.* L'Église a parlé de même dans ses canons; c'est avec cette profession de devoirs et de sentiments, c'est à la condition tacite de s'y conformer, que la religion est reçue dans l'État. Cependant il est en Europe un évêque roi temporel, et un Docteur Francia autocrate dans le Paraguay. En France, nous avons un évêque, membre du ministère royal, des cardinaux, des

archevêques, des évêques colégislateurs et conseillers d'É-
tat, quittant leurs diocèses [1], au moins leur saint ministère, pour des affaires du monde, comme le singulier
triage des articles *réglementaires* de la charte, de certaines *lois de mort*, la réduction des rentes dues par l'É-
tat, les mines, les canaux, etc.; nous avons des prêtres
sous-ministres du roi, ou inspecteurs royaux, ou commis
en des bureaux d'affaires séculières. Il est au moins permis de croire 1°. que le clergé se trouve réellement assez nombreux pour son ministère propre, puisqu'il occupe tant de places mondaines; 2°. que ces anomalies
sont voulues généralement par le clergé, en même temps
qu'elles sont condamnées par l'Évangile. L'expérience
a prouvé depuis long-temps qu'elles ne font point chérir
les rois, qu'elles sont haïes des peuples, et très ennemies des plus justes libertés publiques.

Clergé ambulant, ou missionnaires à l'intérieur.
V. *Stabilité.* Les missionnaires, dans les pays infidèles,
sont de nécessité, ambulants ou gyrovagues. Mais dans
les pays chrétiens la prudence et la discipline de l'Église
veulent que les prêtres soient stationnaires et résidants,
et que les fonctions pastorales soient généralement ré-
servées à des pasteurs fixes et résidants, que déconsidè-
rent toujours plus ou moins des missionnaires de passage. Leurs absolutions hâtives données à ceux qu'ils
ne connaissent pas et ne reverront pas, leurs déclamations trop passionnées, leurs doctrines hardies, leurs
conférences parfois légères, leur constante manie d'a-
jouter à la grande, légale et canonique confrérie pa-
roissiale des confréries illégales sans nombre, occupées
de minuties, de costumes affectés, de processions peu
nécessaires, formées en ligue, ayant des secrets, et

---

[1] Cependant nos évêques signent leurs lettres pastorales dans leurs *palais épiscopaux* ou *archiépiscopaux* : les pères de l'Église les signaient
dans les maisons presbytérales, *in presbyterio.* Comment parlent-ils de
palais, *ceux qui ne sont plus de ce monde?*

levant des deniers, acquérant des biens meubles et des
rentes, correspondant avec de jeunes missionnaires auxquels on témoigne un bien vif attachement; tout cela
ne mérite guère d'être encouragé et fait crier au jésui-
tisme pseudonyme. Cependant les maisons de missionnaires se fondent à grands frais et pullulent dans nos
villes, pendant qu'on se plaint de ne pouvoir trouver des
prêtres pour résider dans les campagnes, et qu'un cinquième de nos communes est destitué de pasteurs.

Clergé amovible. La multiplication énorme et abusive
du clergé figure dans les faits historiques, mais non dans
les règles de l'Écriture ni dans l'esprit de la religion. Celle-
ci ne veut dans le clergé que des ouvriers nécessaires pour
la moisson spirituelle, c'est-à-dire pour l'enseignement
des dogmes et de la morale, et pour l'administration des
sacrements. La discipline de l'Église recommande positivement la stabilité dans les offices cléricaux. C'est la règle
posée dans le concile général de Calcédoine, et souvent
renouvelée. La loi d'avril 1802, connue pour avoir établi
un prétexte de moins payer le plus grand nombre des pasteurs du second ordre, les nomme vicaires et les déclare
amovibles. Ils sont restés dans cet état jusqu'ici; abus
très déplorable qu'on devrait supprimer avant de multiplier les évêques, les vicaires généraux, les missionnaires de l'intérieur, les moines et les congrégations religieuses. (Voyez *Traité de l'amovibilité des pasteurs du
deuxième ordre* in-8°.; et *Supplément à ce traité*, in-8°,
Paris, 1821 et 1822.)

Clergé.—Appel comme d'abus. Tout est dit sur la nécessité religieuse et politique de l'appel comme d'abus, considéré comme recours ou plainte civile devant les cours
royales des lieux, dans les cas où l'on soutient qu'il y a
eu, de la part des fonctionnaires ecclésiastiques, dans
leurs fonctions, *en matière spirituelle,* ou *en matière
mixte,* violation des canons ou des maximes reçues en
France, ou violation des lois, des réglements du royaume,

des droits des citoyens, ou enfin violence, voie de fait
dans l'exercice des fonctions ecclésiastiques.

Sans doute, cet appel ne doit pas exiger d'autre forme
particulière que d'être porté en premier et dernier ressort, sauf recours en cassation devant des tribunaux pré-
sumés plus indépendants et plus éclairés. Mais de sa nature, ce pourvoi ne peut être formé au conseil-d'État qui
n'est qu'un comité consultatif, et qui s'assemble à trente,
cinquante, cent, deux cents lieues, des justiciables. Aussi,
l'art. 8 du projet de loi, sur le malheureux concordat
de 1817, dit que *les cas d'abus seront portés directement*
aux cours royales. C'est un besoin bien vivement senti
dans tout le royaume; il peut être satisfait, ou par une
loi, si on le veut, ou seulement par une ordonnance,
pour l'exécution des art. 58, 62 et 68 de la Charte.
(*Voyez* le projet de loi sur le concordat de 1817, et
les écrits divers sur l'appel comme d'abus et les inter-
dits arbitraires de célébrer la messe, par M. Tabaraud,
Paris, 1820.)

Clergé aulique ou domestique, c'est-à-dire chapelains,
chantres, aumôniers et confesseurs des rois, des princes.
(Voy. *Histoire ecclésiastique de la cour de France.* Paris,
2 vol. in-4°. 1776 et 1777.)

Des Conflits de la juridiction de l'Ordinaire avec
les prétentions des grands aumôniers de France. Paris,
in-8°, 1824, par M. Aimé Guillon de Lyon. On apprend
dans cet ouvrage curieux, que les aumôniers de France
étaient laïques avant le XVI°. siècle, et que leur transformation en ecclésiastiques est due à la trop fameuse Duchesse
d'Étampes. On y voit aussi que Louis XIV était jésuite
profès laïque des quatre vœux; et que par un grand-au-
mônier, les anti-gallicans ont obtenu, à Paris, la fête de
St.-Pie V, qui s'arrogea, comme Grégoire VII, la disposition des trônes; enfin, que par le même canal, ils ont fait
demander à Rome la canonisation d'une pauvre insensée, de
Marguerite Marie Alacoque, dont les indécentes rêveries

ont affligé autrefois et scandalisé l'église de France. (*Voy.*
ci-après *Clergé.—Privilége.* ⁴ *Voyez* aussi l'*Histoire des
confesseurs des empereurs et des rois*, par M. Grégoire,
ancien évêque de Blois. Paris, 1824, in-8°, 1 vol.)

Nous avons en France des chapelains pour les vaisseaux
et pour chaque régiment. Ils sont de fait réputés du
clergé aulique ; ils sont nommés et destitués par le grand-
aumônier devenu ecclésiastique ; il n'y a pas de raison pour fonder le nom d'aumônier qu'on leur donne,
et le titre d'*évêque de l'armée de France*, que le grand-
aumônier a pris plusieurs fois dans le dix - neuvième
siècle.

Clergé.—Domination. Il est malheureusement vrai que
bien avant les attentats de Grégoire VII, contre les empereurs et les rois, nos évêques et nos abbés, sous prétexte
de pénitence et d'excommunication, avaient aidé aux fils de
Louis, dit le Pieux, le Débonnaire, à détrôner leur père. Il
est vrai que le pape et des évêques de France, à eux joints
des curés, les jésuites et les capucins, etc., firent la *ligue*
pour exécuter la bulle qui détrônait Henri IV. Il est vrai
que j'ai sous les yeux le discours imprimé de M. de ***, alors
député, où l'on voit qu'aujourd'hui même, un roi de France
non catholique, devrait être privé du trône ; il est vrai que
cette doctrine la plus séditieuse, a été soutenue en France
publiquement et impunément, en 1824 ². Cependant le

---

¹ *Voyez* le chapitre des Cordicoles ou du Cordicolisme, tome 2 de
l'*Histoire des sectes*, par l'ancien évêque de Blois ; et l'ouvrage intitulé :
*Des sacrés cœurs de Jésus et de Marie, avec des observations sur la nouvelle
édition des bréviaires de Paris*, 2ᵉ. édition, in-8°., Paris, 1824.

² Voyez *Concordance du mémorial religieux avec les doctrines des auteurs
jésuites les plus fanatiques, et de la complicité de la commission de censure dans la publication de ces doctrines*, par M. Gilbert de Voisins, ancien député. in-8°. Paris, 1824. On a oublié, dans cet ouvrage, de rapporter l'excellente formule de pétition imaginée par M. de Maistre, pour
demander au pape la destitution d'un roi dyscole, ou d'une dynastie
qui déplairait aux états-généraux. *Voyez* le livre de cet auteur, intitulé
De l'Église gallicane, pour faire suite au livre *du Pape*. A Lyon, chez Ru-
sand, imprimeur-libraire du clergé.

Sauveur a dit à ses disciples : « Les rois despotisent les na-» tions, vous ne despotiserez point. » Ceci étant adressé à saint Pierre et aux autres premiers pasteurs, l'est sans doute à tous les ministres de l'Évangile, sans exception. Les hommes d'État doivent non-seulement protéger et faire respecter le clergé, mais surveiller et arrêter avec une grande vigilance les entreprises des prêtres et des pontifes. L'histoire ne justifie que trop la nécessité de cette politique. Si les maximes ultramontaines faisaient partie intégrante du catholicisme, cette religion ne pourrait être nulle part la religion de l'État; car elle serait une religion contre l'État. Mais l'hypothèse que nous venons d'admettre pour un instant est insoutenable; il faut pervertir le catholicisme pour y trouver les maximes ultramontaines.

Clergé — Excommunication , refus de sépulture ecclésiastique. Nous avons en France trois maximes, dont l'oubli passager est la principale cause des scandales et des tumultes, dont nous sommes quelquefois témoins.

Première maxime fondée sur les règles canoniques et sur le droit ecclésiastique du royaume : il ne peut y avoir en notre pays d'excommunication valable, sans trois monitions précédentes , sans décision nominative et individuelle de l'évêque, et sans publication dans la paroisse de l'excommunié. Voyez tous nos livres de droit et ecclésiastiques français. *Seconde,* fondée sur l'art. 16 de nos libertés : les rois et leurs officiers ne peuvent être valablement excommuniés pour le fait de leurs offices. Sans cela, les évêques et le Pape se pourraient faire indirectement les maîtres de tous les États du monde. *Troisième;* il est défendu de publier et de donner effet à aucune bulle d'excommunication ou autre; si ce n'est avec l'agrément de l'autorité séculière. Voyez BULLE, EXCOMMUNICATION.

(Voyez *des Refus publics des sacrements et de sépulture*, par M. Mauroy, avocat aux conseils. Paris, 1824, in-8°. 50 p.)

Clergé. — Fustigation pénale, fustigation volontaire.

15.

(Voyez le recueil intitulé : *La bâtonnade et la fustigation*, *considérés chez les nations anciennes et chez les modernes*. Paris, 1825, in-16.)

Clergé.—Instruction publique. Cette instruction depuis l'*a*, *b*, *c*, jusques et y compris l'astronomie, le droit public, les sciences naturelles, la médecine, la science des accouchements, les beaux-arts, est devenue dans tout le royaume le monopole arbitraire du clergé. Sur ce sujet les anciennes lois sont abrogées par *décrets* ou par *ordonnances;* les ordonnances sont projetées, contre-signées et exécutées par un évêque, tout à la fois grand-maître de l'université et ministre du roi, à ce titre le surveillant du grand-maître. Cette absence de lois et ce genre de supplément et d'exécution par ordonnances constituent l'arbitraire, et tout ce qu'il y a de plus contraire au gouvernement constitutionnel et aux règles de l'Église les plus sages et les plus méconnues. Il n'y a pas là de quoi s'extasier d'admiration dans quelques discours que ce puisse être; mais il y a de quoi gémir, et de quoi motiver des pétitions au Roi et aux Chambres législatives.

Clergé. —Juridiction contentieuse ou Officialités. Le clergé n'a reçu de Jésus-Christ aucun tribunal extérieur ni civil ni criminel, aucun appareil d'audience, de plaidoiries, de procédures, de ministère public, aucune force coactive extérieure. Notre clergé s'était donné tout cela de lui-même, dans les temps d'ignorance, ou l'avait quelquefois obtenu par certains diplômes des rois. Vainement donc Jésus-Christ avait dit : « Je ne suis point venu dans le monde pour juger, mais pour *servir;* imitez-moi; le disciple n'est pas plus grand que le maître. » Une sage loi de 1791 supprima les officialités; cependant les évêques les ont impunément rétablies de fait, au mépris de la loi; les almanachs et les actes de prise de possession des évêques parlent de ces fantômes impuissants et anti-évangéliques. Ils font des procédures écrites; ils donnent des audiences, on plaide devant eux ; ils paraissent *juger* des causes, sur les conclusions de leur prétendu *ministère public ;* un soi-disant official, après bien des procédures a donné couleur de *nullité de mariage,* au légal et très solennel *divorce* de Napoléon ; ces scènes de scandale produisent un casuel illégal, des levées de deniers inconstitutionnelles. (Voyez le *Mémoire sur les officialités anciennes et modernes,* par l'auteur de cet article, in-8°, Paris, 1821, *74 pages,* avec plusieurs réponses où l'on se borne à dire que tout cela est essentiellement nécessaire et surtout purement *spirituel ;* on le dit peut-être par direction d'intention et avec restriction mentale.)

Clergé.—Préséances et qualifications honorifiques. Une simple ordonnance attribue aux membres du clergé, pairs de France, la préséance sur les pairs laïques de tout âge et de tout titre. Mais la charte qui dit *pairs,* dit qu'ils sont égaux dans l'exercice de leurs fonctions publiques. Cette ordonnance, qui a compromis la responsabilité des ministres, et qui tendrait au rétablissement des trois ordres, n'a point ou presque point d'exécution. La révolution a fondu le clergé dans la nation. Il n'est plus question des ordres en France, si ce n'est dans des prônes inexacts en ce point, et dans quelques médailles officielles de 1824 et de 1825, dont j'ai eu connaissance.

Les évêques étaient appelés autrefois *révérends,* ensuite *révérendissimes,* c'est-à-dire respectables et puis très respectables. C'étaient des qualifications judicieuses. Les évêques de France des derniers temps, se lassèrent de n'être pas autrement distingués parmi les hommes, leurs frères. Oubliant les préceptes du maître : *Soyez humbles de cœur ; qui voudra être plus grand parmi vous, qu'il soit le serviteur de tous,* ils crurent s'agrandir, en statuant de se faire appeler *monseigneur* et *grandeur.* La cour et le bon peuple se soumirent à ce pacte, et voilà tout le fondement du prétendu privilège des monseigneurs, qui ne sont pas de ce monde ; la loi du 8 avril 1802 leur a in-

terdit le *monseigneur*. L'Almanach royal a long-temps
enseigné qu'on peut appeler les évêques *monsieur* ou
monseigneur. Le premier signifie mon petit seigneur, ou
mon petit plus ancien, car monseigneur ne veut dire que
mon plus ancien; c'est un comparatif de respectable. *Sa*
grandeur ou *votre grandeur*, semble désigner un autre
privilége qui n'est en réalité pas plus signifiant; car toute
grandeur est relative : *Dieu seul est grand, mes frères,*
disait si bien Massillon.

Clergé. — Privilége ou exemption de l'autorité épis-
copale. « Le culte catholique sera exercé sous la direction des archevêques et évêques dans leurs diocèses, et
sous celle des curés dans leurs paroisses. Tout privilége
portant exemption ou attribution de juridiction épiscopale
est aboli. » Art. 9 et 10 de la loi du 8 avril 1802. (Voyez
Clergé autique.) Le déplorable concordat de 1817, entre
autres désordres qu'il établissait, devait dans les art. 10
et 11, sanctionner l'abus des *exemptions de la juridiction*
épiscopale, pour des *abbayes,* des *prieurés,* etc. Ce ne fut
pas un des moindres motifs du mécontentement général
qu'il excita, et du rejet tacite qu'il a éprouvé. On parle
aujourd'hui du séminaire diocésain de Paris, comme
exempt de l'autorité de l'archevêque du diocèse : ce serait un abus inouï, dont il faut croire pieusement que
le dix-neuvième siècle ne sera pas affligé.

Clergé. — Registres de l'état civil. Lorsqu'au XVI⁰ siècle
on recommença l'institution de cette sorte de registres,
on en chargea les curés; on a continué de même jusqu'à
la loi du 20 septembre 1792, confirmée par beaucoup
de lois subséquentes, dont il résulte qu'au maire appartient la tenue de ces registres. La nation qui ne doit pas
se diviser en diverses communions religieuses, a dû établir pour tous les citoyens de tels registres, et des officiers
qu'ils puissent requérir sans répugnance et sans avoir à en
redouter aucune scène fâcheuse, aucun retard, aucun refus vexatoire. C'est ainsi que le sage et religieux Marc-

Aurèle avait institué et réglé pour tout l'empire romain ,
la tenue de cette espèce de registres. Les prêtres anti-gallicans réclament aujourd'hui pour faire rétablir, à cet
égard, les dangereuses formes du seizième siècle (*Voy.* les
nouveaux *mandements* et *instructions* pastorales de Toulouse , de St.-Brieuc , de Rouen , etc.)

Des pétitions sont provoquées, présentées, renvoyées
aux ministres, des vœux sont émis par des administrateurs
nommés et destituables arbitrairement, pour faire abro-
ger la loi salutaire et nécessaire qui défend de bénir le
mariage avant qu'il soit contracté à la municipalité. Espérons que nous échapperons aux dangers de cette entreprise la plus pernicieuse.

Voyez le livre intitulé : *Traité sur l'état civil*, par M. Huteau d'Ori-
gny. in-8°. Paris, 1824, 1 vol. ; et *Examen de deux propositions de loi sur
la célébration du mariage et les registres de l'état civil.* Limoges ; in-8°.,
1824. 60 p.   L...s.

CLIMAT. (*Politique.*) Partie du globe de la terre
comprise entre deux cercles parallèles à l'équateur. L'antiquité, les Arabes et le moyen âge partageaient la terre par
climats dont le nombre et la division ont toujours varié ;
de nos jours ils sont remplacés par les degrés de latitude.
La médecine a conservé le mot de climat , mais elle le
prend dans l'acception de température. Il faut cependant
observer que la température varie dans le même climat
selon la position topographique de chaque lieu, les mers ,
les montagnes qui l'entourent , les vents qui dominent ,
les saisons qui règnent, et que ce mot est par conséquent aussi vague en médecine qu'il l'était en géographie.

Les publicistes l'ont transporté dans la politique :
Bodin, Montesquieu et Rousseau ont donné au système
des climats la célébrité de leur génie. Il importe d'apprécier ce qu'il y a de mensonge et de vérité dans cette brillante hypothèse.

La température exerce sur l'homme et sur le terrain

qu'il habite une influence connue et incontestable. Dans les pays chauds, l'homme a des facultés morales plus ardentes, plus mobiles; ses idées sont plus vives et moins profondes, ses passions plus exaltées et moins constantes; son ame plus facile à émouvoir, à frapper, à séduire. La chaleur y invite la nature à produire, et la terre y doit sa fertilité plutôt à un ciel heureux qu'au travail de ses habitants. Cette double influence du climat porte les hommes à la paresse. Le travail leur étant peu nécessaire, ils doivent travailler peu : mais les facultés morales sans cesse excitées, doivent aussi réagir sur le physique : l'imagination augmente l'ascendant des passions, et l'ame rend au corps la force que le climat a énervée.

Lorsqu'on dirige cette activité morale vers un but social, on sent d'abord combien elle peut facilement sortir des règles ordinaires de la vie commune. Cette paresse du corps, ce travail de l'ame, cette existence habituellement contemplative, cette turbulence momentanée mais hors de toute mesure, donnent aux climats favorisés du soleil une physionomie spéciale et une merveilleuse aptitude à recevoir les impressions les plus singulières et les plus désordonnées. C'est dans le Midi que naquirent toutes les religions, toutes les libertés, tous les despotismes. Là se trouve un besoin insatiable d'émotions, de désirs, de jouissances, d'amour et de haine; de là provint dans les républiques grecques cette soif inextinguible d'indépendance, cette antipathie de toutes les supériorités, l'ostracisme des grands hommes, et cette ardeur qui portait les peuples à vouloir être plus libres que la liberté même; de là naquit dans l'Orient cet instinct qui poussait les despotes à la plus entière autocratie, et cette apathie qui poussait les esclaves à reculer les limites connues de la servitude.

Dans les pays froids la nature est ingrate; un travail opiniâtre peut seul vaincre sa stérilité. L'homme plus occupé du physique, a moins de temps à donner au moral.

Pour lui, vivre n'est pas un plaisir mais un travail. Son existence uniforme produit une certaine constance dans ses idées, dans ses passions, dans ses mœurs : le corps asservit l'ame; son cœur est lent à s'émouvoir, sa tête à s'échauffer. Toute exaltation lui est étrangère. Les changements l'épouvantent moins par les dangers qui les accompagnent que par le mouvement qu'ils exigent; les révolutions ne sont pour lui que le résultat longuement désiré, patiemment attendu, des crimes des rois, des malheurs des peuples, et des efforts prolongés des grands citoyens. Il tient sur toutes choses à rester tel qu'il est. Il faudrait violenter un Russe pour le conduire à la liberté, et un Anglais pour le façonner à la servitude.

Dans les climats de la ligne et des pôles, l'industrie de l'homme est tout occupée à se défendre contre la nature. L'excès, dans des causes contraires, produit un même effet : le Lapon et le Cafre languissent dans un état physique et moral également déplorable. Les hordes placées sous un ciel qui s'oppose au développement des facultés physiques et morales, ne peuvent servir de type, et leur exemple ne saurait rien prouver pour ou contre le système des climats.

Il serait donc absurde de nier l'influence de la température sur le physique et par suite sur le moral de l'homme. Il faut reconnaître que le climat donne aux peuples une physionomie caractéristique et des passions spéciales. Si l'on m'oppose le climat de la Chine et la longue uniformité de ses mœurs, je réponds que les mœurs ont vaincu le climat. Le Chinois n'a qu'une existence matérielle et pratique; abrité contre l'étranger, il se connaît seul, n'est jamais excité par le contraste d'une meilleure vie, averti par l'exemple d'un autre bonheur. Les générations et les siècles se succèdent en s'imitant; ce sont les abeilles, les castors de l'espèce humaine. L'inconstance des mœurs des Tartares forme une opposition également frappante avec le climat qu'ils habitent : mais ces mœurs n'appar-

tiennent pas à ce climat. Voyez, dans Justin, comment la
vie des anciens Scythes était uniforme et monotone :
leurs descendants corrompus par l'Asie, qu'ils ont tant de
fois conquise et tant de fois abandonnée, nous offrent au
milieu des glaces, le génie inquiet et turbulent des peuples
méridionaux.

Tous les législateurs ont reconnu cette influence du
climat; les rois se sont assujettis à cet ascendant, les
grands hommes en ont triomphé. Moïse, Confucius,
Mahomet, ont par leurs lois mis les peuples comme à l'abri
de la nature. Les Indiens, les Persans, les Turcs, les
États du Mexique et du Pérou se sont laissé vaincre par
le soleil.

Leur exemple a frappé nos publicistes. Raisonnant de
ce qui est à ce qui doit être, Bodin, Montesquieu et Rousseau ont prétendu que le degré de liberté dont jouissent
les peuples, est en raison inverse du degré de chaleur des
climats qu'ils habitent. Cette manière de calculer sur le
méridien et de mesurer au thermomètre l'indépendance
de l'espèce humaine, doit être fort ingénieuse, car ce
système n'a manqué ni de prosélytes ni d'admirateurs.
Tâchons d'en apprécier la vérité.

L'homme du Nord, dit Montesquieu, *est plus fort,
donc il doit être plus libre.* Il ne s'agit point de la force
de l'homme, mais du génie du peuple. Le Polonais, le
Russe, le Turc, sont forts, et sont esclaves : la république
de Tlascala s'élevait au milieu de la servitude mexicaine;
si les Grecs ont tremblé pendant cinq cents ans dans les
mêmes lieux où Sparte fit trembler les Persans, la nature
de l'homme était la même, mais le génie du peuple était
changé : on aimait mieux vivre honteusement dans son
foyer que mourir avec gloire aux Thermopyles.

Les pays chauds, ajoute l'immortel auteur de l'Esprit
des lois, *n'ont point de montagnes et de rivières qui
puissent servir de rempart à la liberté.* Voilà le monde
aplani du Caucase au Lahor, et d'un sommet à l'autre

des Cordellières; voilà les fleuves desséchés de l'Euphrate au Gange et de l'Orénoque à l'Amazone. Tant l'esprit de système peut égarer les meilleurs esprits!

Les pays froids, dit Rousseau, *ne pourraient faire vivre un despote;* mais il est des pays froids plus fertiles que certains pays chauds : la Moscovie est plus féconde que les deux tiers de l'Arabie, que les trois quarts de l'A-frique. Il est aussi des despotes moins affamés que d'au-tres : un kan, un murse de Tartarie coûte moins que le grand-seigneur, et le despotisme des Cafres est à meil-leur marché que celui des Persans.

Il faut se résumer. Le climat exerce une grande in-fluence sur le moral de l'homme : mais les institutions sociales peuvent triompher du climat. La Grèce long-temps libre, long-temps esclave, s'efforce de remonter à la liberté; Rome tomba des mains de Caton dans celles de Caligula. Malgré la loi des climats, l'Arabie jouit de l'in-dépendance, la Russie vit dans la servitude, Saint-Do-mingue a brisé ses fers, l'Amérique rejette le joug. Tous les hommes sont également appelés à jouir des immunités de l'existence : mais la liberté ne répond que quand le courage et la vertu l'appellent, et voilà pourquoi l'indé-pendance et l'oppression règnent tour-à-tour dans les mêmes lieux, se partagent ou se disputent le monde.

J.-P. P.

CLOCHE. (*Marine.*) Cet instrument sert encore à bord des bâtiments de commerce, pour annoncer à l'équi-page les changements de quart, l'instant de prendre les repas, celui de faire branle-bas, etc.; au son de la *cloche,* pendant la nuit, tout le monde doit se lever sans excep-tion. A bord des bâtiments de guerre français, la plupart des mouvements sont annoncés maintenant au son du tam-bour; la *cloche* y sert néanmoins toujours à indiquer l'heure, ce qui se fait en frappant autant de coups avec le battant, qu'il y a de demi-heures d'écoulées depuis le re-nouvellement du quart, et comme le quart est ordinairement de quatre heures, on ne frappe jamais plus de huit coups. La *cloche* est encore employée comme signal de conserve, quand la brume est assez épaisse pour empêcher les bâtiments d'une même armée, escadre ou division, de s'apercevoir les uns les autres.

On appelle *cloche à plongeur* une machine en forme de *cloche*, dans laquelle se placent un ou plusieurs hommes, qu'on descend au fond de la mer, pour y faire des recherches ou exécuter quelques travaux. L'air que renferme la *cloche* empêche l'eau de s'y élever au-delà d'une certaine hauteur, et les hommes peuvent y rester aussi longtemps que cet air continue d'être respirable, et un temps indéfini, lorsqu'on a employé des moyens pour le renouveler. Les auteurs de l'Encyclopédie méthodique ont décrit la *cloche* à plongeur, telle qu'on la construisait au temps où ils écrivaient. Depuis cette époque, bien qu'on ne s'en serve presque pas dans nos ports (où nous n'avons même jamais eu occasion d'en voir), on l'a considérablement perfectionnée. Nous avons ouï citer celle dont on a fait usage récemment à Cherbourg, pour les constructions sous-marines, qu'on a eu à faire dans ce port; elle contenait jusqu'à quatre hommes. Il ne nous a pas été possible de nous procurer la description de cette machine. Toutefois nous pouvons y suppléer jusqu'à un certain point; et pour satisfaire la curiosité des lecteurs, nous allons décrire celle dont se servent les Anglais, qui construisent la plupart de leurs machines avec tant de perfection. Nous tirons cette description du bel ouvrage de M. Charles-Dupin, *Voyages dans la Grande-Bretagne*, etc., tome IV, pages 236 et suivantes :

« La *cloche* que les Anglais emploient à tous les grands travaux hydrauliques, est en fer coulé d'un seul jet; elle a la figure d'un tronc de pyramide quadrangulaire; la base inférieure a deux mètres de longueur, et environ un mètre et un quart de largeur; la hauteur intérieure de la *cloche* est d'un mètre et demi. La face supérieure est percée de douze trous circulaires dans lesquels sont incrustés des verres illuminateurs. Avec leur secours, à huit mètres sous l'eau, on voit assez clair pour exécuter des travaux qui demandent de la précision, tels, par exemple, que de travailler les fondations des murs de quai, à sept et même huit mètres au-dessous du niveau des eaux. On construit, à l'aide de la *cloche*, toute la partie submergée de ces murs, sans avoir besoin de recourir aux méthodes dispendieuses d'assèchement par batardeaux. Il y a dans l'intérieur de la cloche, 1°. deux bancs sur lesquels les ouvriers s'asseoient; 2°. des anneaux portant des cordes auxquelles sont attachés les outils que les ouvriers peuvent ainsi laisser tomber, sans qu'ils aillent se perdre au fond de la mer; 3°. des cordes attachées à d'autres anneaux à la face supérieure de la *cloche*, pour suspendre les fardeaux qu'on veut lever sous l'eau.

» Entre les douze illuminateurs, se trouve un renfort en fer, percé de deux trous fort larges pour recevoir chacun le dernier anneau du bout de chaîne sur lequel est frappé le palan qui sert à faire monter et descendre la *cloche*. Entre ces deux trous, est une petite ouverture ronde, avec un renfort sur le rebord duquel on visse le bout en cuivre d'un tuyau de cuir par lequel on introduit de l'air frais dans la cloche lorsqu'elle est sous l'eau.

» Voici quel est l'appareil employé pour faire servir la *cloche* aux constructions sous-marines. On plante d'abord deux rangées parallèles de pilots, l'une en avant, l'autre en arrière de la partie du mur qu'il s'agit de fonder. On réunit la tête des pilots, 1°. dans chaque rangée, par des pièces longitudinales; 2°. d'une rangée à l'autre, par des pièces transversales. Des planches jetées sur ces dernières pièces, forment une plate-forme allongée, sur les bords de laquelle sont établies solidement deux barres de fer dentées, afin de former une roue en fer.

» Un premier chariot se compose d'une plate-forme à jour et de quatre roulettes dentées qui s'engrènent sur les deux barres de fer dont nous venons de fixer la position; ainsi ce chariot court parallèlement à la longueur du mur.

» Les longs côtés de la plate-forme du chariot sont perpendiculaires à la direction du mur et garnis de nouvelles barres dentées, sur lesquelles s'engrènent les roues pareillement dentées qui portent un second chariot. Celui-ci court donc sur le premier, perpendiculairement à la longueur du mur. C'est à ce second chariot que sont fixés les palans employés, soit pour monter et descendre la *cloche*, soit pour descendre les blocs de pierre qu'il s'agit de poser. Par la marche combinée des deux chariots, on peut, comme on le voit, transporter la cloche dans un endroit quelconque de la longueur et de la largeur du mur. Chacun des chariots est mû par une manivelle double, dont l'axe porte deux pignons qui s'engrènent sur deux des roues du chariot.

» Une petite pompe à air est manœuvrée sur un radeau à proximité de la *cloche*; l'air qu'elle fournit passe par le tuyau de cuir dont j'ai déjà parlé, pour renouveler l'air de la *cloche*. Par l'effet d'un continuel renouvellement d'air, les ouvriers restent sous l'eau des heures entières sans être incommodés. Lorsqu'on veut travailler aux fondations, on se prépare à descendre les pierres de taille qu'il s'agit de poser, en les suspendant avec un palan frappé sur une traverse du second chariot qu'on a fait avancer jusqu'à ce que la pierre se trouve précisément à l'aplomb de la place qu'elle doit occuper. On file le palan, et la pierre descend. Un autre appareil de chariot sert à descendre la *cloche* sur la pierre simplement présentée; les ouvriers placés sous la *cloche* prennent pied sur le terrain ou sur les assises déjà posées, et travaillent, comme s'ils étaient en plein air, avec leurs pinces, leurs marteaux, etc.

» Quelquefois on suspend la *cloche* à la poupe d'un bâtiment qui la transporte où l'on veut; installée de la sorte, elle sert pour enlever dans les rivières, rades, ports et bassins, tous les objets volumineux tombés au fond de l'eau, tels que des ancres, des canons, des débris de bâtiments naufragés, etc. On emploie encore la *cloche* pour faire sauter par la mine des rochers cachés sous l'eau et dangereux pour la navigation. »

Une *cloche* telle que celle qui vient d'être décrite, est excellente lorsqu'il s'agit d'opérer sur le fond de l'eau, ou en général sur un plan horizontal; mais s'il s'agissait d'opérer sur un plan vertical ou incliné vers les travailleurs, ou enfin le long des flancs ou sous la carène d'un vaisseau, elle ne serait d'aucun secours. Il importerait donc d'organiser dans chaque grand port militaire, ainsi qu'on l'a plusieurs fois recommandé, une compagnie de plongeurs qu'on tiendrait constamment en exercice, et auxquels on enseignerait en outre le métier de calfat. Ces hommes pourraient rendre de grands services, et dans bien des cas ils préviendraient la perte totale d'un bâtiment échoué, ou celle d'un navire dans les fonds duquel il se serait déclaré en pleine mer une voie d'eau considérable, et que toutes les pompes ne pourraient empêcher de couler à fond. J.-T. P.

GLOITRE. (*Religion.*) Partie intérieure des monastères où se promènent les religieux. C'est un espace entouré de galeries, au milieu duquel est un jardin ou préau. Ce mot, dans un sens plus étendu, se prend aussi pour l'habitation religieuse tout entière. Les monastères, sous le nom de cloîtres, figurent souvent dans l'histoire comme des lieux de détention destinés aux grands personnages. C'était là que les empereurs grecs renfermaient ceux de leurs enfants ou de leurs sujets qui leur portaient ombrage; ce fut dans un cloître, comme on sait, que les fils de Louis-le-Débonnaire retinrent leur père en captivité après l'avoir chassé du trône.

Les cloîtres sont fréquemment représentés aussi comme

des lieux consacrés à l'instruction de la jeunesse; à cet égard, *voyez* ÉCOLE, MONASTÈRE.

Cloître, dans un sens figuré, se dit encore de la vie monastique elle-même, et des obligations qu'elle impose. Pour ce qui regarde cette dernière acception, *voyez* VOEUX MONASTIQUES. ST.-A.

CLOUTIER. (*Technologie.*) Les clous, dont on emploie des quantités si considérables dans toutes les constructions, sont de plusieurs espèces différentes, soit par leur forme, soit par leur dimension. C'est de leur usage que la plupart tirent leur nom : ainsi on fabrique des *clous à bateau*, *à planchers*, *à lattes*, *à ardoises*, *à cheval*, *à charrettes ou à bandage*, *à souliers*, etc., pour ferrer ou clouer ces divers objets; il y a des *clous à tapissier*, *à layetier*, *à marqueteur*, des *clous d'épingle*, des *clous sans tête*, des *clous rivets*, des *clous à vis*.

Sans entrer dans la description de ces nombreuses sortes de clous, nous dirons en général qu'ils se fabriquent de trois manières différentes, savoir :

1°. Des clous forgés, ou façonnés à chaud;

2°. Des clous découpés et façonnés à froid;

3°. Des clous fondus et jetés en moule.

Clous forgés. — La forge est établie au milieu de l'atelier et isolément, afin que plusieurs ouvriers, rangés tout autour, puissent y faire chauffer leur fer; le foyer est sans cesse activé par un soufflet que fait mouvoir un apprenti, ou même un chien dressé à ce travail, par le moyen d'une roue à tambour dans laquelle il marche.

C'est avec du fer en verge de première qualité qu'on forge les clous; chaque ouvrier en a toujours plusieurs baguettes au feu, pendant qu'il en travaille une. Laissant chauffer à blanc, il forge d'abord la pointe sur le tas et avec le marteau; il coupe ensuite le clou, en posant la tige sur un ciseau fixé au tas, et frappant dessus, mais de manière à ne pas le séparer entièrement de la baguette, afin de pouvoir se servir de celle-ci pour porter le clou dans la *cloutière*. Cette cloutière est une espèce de moule de fer aciéré, percé d'un trou, dans lequel on introduit la tige du clou pour y rabattre et façonner la tête à coups de marteau. Quand le clou est terminé, on le fait sauter hors de la cloutière, en donnant un coup avec la même baguette de fer qui a servi à le former.

Ces opérations se font très rapidement ; un bon ouvrier fait habituellement un et même deux clous par chaude, c'est-à-dire 12, 15 et même 20 par minutes, suivant le numéro. Les clous forgés se vendent au poids, et leur prix augmente en raison de leur petitesse.

Clous découpés et façonnés à froid. — De ce nombre, sont les clous d'épingles faits avec des fils de fer ou de cuivre ; les clous découpés dans la tôle, et les clous fabriqués en cuivre ou en zinc, pour le doublage des vaisseaux.

Les *clous d'épingles* se font en trois opérations, dont la première n'a pas besoin d'explication : 1°. couper les fils métalliques par bouts égaux d'une longueur de 6 à 7 décimètres et les dresser ; 2°. appointir et couper les clous de longueur ; 3°. former la tête.

On appointit les bouts de fil sur une meule d'acier dont la surface est taillée en lime et qui tourne rapidement. L'empointeur, prenant un certain nombre de bouts entre ses deux mains, les appuie légèrement contre la meule, tout en les faisant tourner sur eux-mêmes, et forme ainsi la pointe à tous à la fois en un instant. La limaille que la meule en détache est projetée au loin en forme de gerbe lumineuse, qui, pendant la nuit, donne une vive clarté.

Les pointes faites, le même ouvrier, réunissant tous les fils en un faisceau, les coupe à la cisaille et les passe aux ouvriers qui forment la tête. Ceux-ci les serrent dans un étau, en laissant passer au-dessus du mors une quantité de fil de fer suffisante pour que, d'un seul coup de marteau, ils l'aplatissent et en forment la tête.

Les *clous découpés dans la tôle* se prennent dans ces

VII. 16

feuilles de métal de l'épaisseur convenable ; c'est avec des cisailles circulaires qu'on découpe celles-ci en bandes parallèles , d'une largeur égale à la longueur que doivent avoir les clous. On découpe ensuite ces bandes en petits coins qui ont alternativement leur tête de côté et d'autre, et qui forment les éléments des clous.

Ce second découpage est effectué à l'aide de plusieurs machines , parmi lesquelles nous ne citerons que celle pour former les petits clous.

Cette machine est formée de deux fortes molettes ou cylindres d'acier , dont l'épaisseur est égale à la longueur des clous , et dont les circonférences sont taillées de manière à se servir réciproquement d'emporte-pièce.

Les têtes des clous découpés se façonnent comme celles des clous d'épingles, sur un étau à mâchoire , et d'un seul coup de marteau.

Comme le découpage laisse beaucoup d'aspérités à la surface des clous , on les met pendant quelques heures dans des tonneaux à polir , avec du gravier et du grès pilé. Mais on se garde bien de faire disparaître entièrement ces rugosités ; car elles sont une des causes qui font tenir très fortement les clous dans le bois.

La plus considérable de nos fabriques de clous découpés est celle de M. Lemire , aux forges de Clairvaux (Ain), où l'on en fabriquait déjà , en 1822, plus de 300,000 quintaux.

Les *clous en cuivre pour le doublage des vaisseaux* se confectionnent comme les précédents, ainsi que les clous de zinc dont le prix est peu élevé.

Clous fondus. — Les Anglais fabriquent des clous , même ceux d'un numéro très fin , en fonte de fer. Ils les moulent dans le sable à l'ordinaire, en faisant usage de châssis de fonte de 5 décimètres en carré, et de modèles en cuivre entièrement groupés. Ces clous , qui sont très fragiles au sortir du moule, sont portés dans les fours à recuire , où ils deviennent très malléables. On les met en-

suite dans des tonneaux à polir qui les nettoient parfaitement, et de là on les jette dans un bain d'étain, pour les
étamer ou les blanchir.

Les *clous fondus en cuivre*, ou les *clous rivets en cuivre
rouge*, dont les chaudronniers font un si grand usage, se
confectionnent comme tous les autres objets coulés que fabrique le FONDEUR EN CUIVRE. (*Voyez* ce mot.)

L. Séb L. et M.

CLUPES. (*Histoire naturelle.*) Les ichtyologistes désignent sous ce nom une famille de poissons des plus naturelles, et fort intéressante à connaître, parceque la
plupart des espèces dont elle se compose sont, par leur
pêche, de grands éléments de prospérité publique pour
les nations qui s'y adonnent. Les harengs, les sardines,
l'alose et l'anchois en font partie. C'est au mot *Hareng*,
d'un usage plus commun, que nous donnerons l'histoire
des Clupes.   B. DE ST.-V.

CO.

COATI, *Nasua.* (*Histoire naturelle.*) Genre de mammifères américains de la famille des plantigrades parmi les
carnassiers, confondu d'abord par les auteurs systéma-
tiques avec les ours, sous le nom d'*Ursus lotor;* mais
bien distinct par l'alongement du museau qui, plus
effilé, se termine comme chez le cochon en un véritable
grouin, où paraît résider spécialement l'organe du tact;
car l'animal l'agite sans cesse, et n'aperçoit rien ou ne
saisit rien qu'auparavant il n'ait tâté chaque objet avec le
prolongement de ce nez. L'agitation perpétuelle de cette
partie que le Coati a bien soin de relever le plus possible
pour ne pas la mouiller lorsqu'il boit, donne à toute l'allure de ce quadrupède un caractère particulier d'inquié-
tude et de turbulence que ne dément pas le reste de ses
habitudes. Nul être n'est plus curieux ni plus tracassier, de
sorte que l'on ne peut jamais abandonner à eux-mêmes
les individus qu'on a assez aisément apprivoisés; ils tou--

16.

chent, renversent, déplacent tout ce qui, appelant leur attention, se trouve à leur portée.

On connaît deux espèces de ce genre qui, l'une et l'autre, variant beaucoup par les teintes de leur pelage, présentent cependant à peu près les mêmes formes; l'une et l'autre ne sont guère plus grosses que le renard, mais ont les pattes beaucoup plus courtes; elles habitent également les vastes forêts de l'Amérique méridionale, partie du globe à laquelle toutes deux sont exclusivement propres; elles y vivent en petites troupes sur les grands arbres, où, essentiellement carnivores, elles se nourrissent d'oiseaux et d'œufs. On voit cependant des Coatis qui mangent des fruits; et quand ils descendent à terre, ils y fouissent avec leur espèce de grouin pour goûter quelques racines ou chercher des insectes et des larves. Le chasseur menace-t-il d'abattre l'arbre sur lequel il en surprend une bande, chacun se laisse tomber comme une masse du point où il se trouvait, et gagne le fourré aussitôt après sa chute, sans paraître en éprouver la moindre douleur. Nullement féroces, les Coatis deviennent fort doux et même caressants pour peu qu'on leur prodigue des soins après les avoir pris. Ce sont de fort jolis animaux qui ne sont pas sans grâce; leur queue qu'ils portent relevée est longue et souvent mêlée de brun et de grisâtre; le reste de leur poil est noir, brunâtre, ou roux, ou varié de ces diverses teintes; ils n'ont pas l'habitude de ronger leur queue ainsi que l'a prétendu Buffon. On leur fait la guerre seulement pour leur fourrure qui cependant est assez commune et peu répandue.

B. DE ST.-V.

COBALT. (*Chimie.*) Brandt découvrit ce métal en 1733, dans un minerai qui était employé depuis le quinzième siècle à colorer le verre en bleu. On ne le trouve jamais dans la nature à l'état de pureté; il y est toujours uni soit à l'arsenic, à l'argent et au fer, soit à l'oxigène: aussi les minéralogistes établissent-ils plusieurs espèces de

mines de cobalt et beaucoup de variétés. Les principales
espèces sont : 1°, le cobalt arsenical gris et le cobalt arsenical blanc, qui contiennent, dans des proportions différentes, de l'oxide de cobalt, de l'arsenic, de l'oxide de
fer, de la silice et du soufre; 2°. le cobalt oxidé noir,
brun, jaune; 3°. le cobalt arseniaté formé d'acide arse-
nique et d'oxide de cobalt; 4°. le cobalt merdoie ou ar-
gentifère; 5°. le cobalt sulfaté; 6°. enfin, celui que l'on
appelle sulfuré. De toutes ces espèces, il n'y a guère que
le cobalt gris et le cobalt arsenical qui se rencontrent en
assez grande quantité pour mériter leur exploitation. L'extraction du cobalt exige une foule d'opérations qu'il serait
trop long de détailler, et malgré ces opérations nombreuses on ne parvient jamais à obtenir ce métal parfaitement
pur, puisqu'il contient toujours un peu de charbon. Il est
solide, blanc-gris, dur, cassant, moins magnétique que le
fer; d'une pesanteur spécifique égale à 8,5. Il ne fond qu'à
une température de 130° du pyromètre de Wedgwood. Il
donne naissance, par sa combinaison avec l'oxigène, à
trois oxides, dont le protoxide seulement ou oxide gris, est
usité. En effet, il donne par son mélange avec les verres,
les cristaux, les émaux, la porcelaine, etc., une belle couleur bleue. C'est avec cet oxide que l'on forme l'azur,
poudre bleue que l'on obtient en grillant la mine de cobalt, et la faisant fondre avec trois parties de potasse et
de sable. Il en résulte un verre auquel on donne le nom
de *smalt*. Il suffit de le triturer et de le laver pour en séparer l'azur qui se trouve suspendu dans l'eau qui a servi
au lavage, et que l'on a eu soin de décanter.

Les oxides de cobalt forment par leur union avec les
acides, des sels qui sont pour la plupart colorés en rose;
l'un de ces sels, le phosphate, sert à la préparation du
bleu de Thénard, que l'on obtient en mêlant ce sel
avec huit parties d'alumine en gelée; cette couleur est
tellement belle qu'elle peut remplacer l'outremer. L'hydrochlorate de cobalt (muriate) est encore employé

comme *encre de sympathie*, et cette propriété est basée sur la couleur qu'acquiert la dissolution plus ou moins concentrée de ce sel dans l'eau. Si on dissout une très grande quantité de muriate de cobalt dans une petite quantité de liquide, la liqueur est d'un bleu foncé. Si on y ajoute une plus grande quantité d'eau, elle passe au rose; dans cet état on peut alors tracer sur le papier des caractères qui, en se desséchant, deviennent invisibles, et qui acquièrent une couleur bleue très marquée quand on les approche du feu; ils disparaissent de nouveau en les mouillant ou en les exposant à l'air. Le cobalt lui-même est sans usage.   O. et A. D.

COBALT. (*Histoire naturelle.*) *Voyez* MÉTAL.

COBAYE, *Anœma*. (*Histoire naturelle.*) Genre de rongeurs dont les naturalistes ne connaissent qu'une espèce maintenant fort répandue en Europe, où elle est vulgairement connue sous le nom de *Cochon d'Inde*. En domesticité où cet animal paraît se plaire, où nous le voyons s'apprivoiser sans qu'on fasse rien pour son éducation, sa couleur est variée; les plus belles teintes du blanc pur, du noir et du fauve ardent diaprent sa robe, tandis que dans l'état sauvage sa couleur est un noirâtre lavé, ou plutôt celle de notre rat avec le ventre blanchâtre.

Nul animal ne change autant dans ses penchants et dans ses mœurs, lorsque de la liberté, dont il paraît ne se soucier guère, il passe sous la domination de l'homme qu'il semble rechercher, de sorte qu'il est probable que si cette espèce eût offert à la nôtre quelque grande utilité, elle serait aujourd'hui, ainsi que les chiens domestiques, les moutons et les chameaux, fort rare dans l'état de nature; nous l'eussions comme identifiée à nos habitudes, et certains naturalistes s'enquerraient où fut le berceau du Cobaye, ou si cet animal exista jamais autrement qu'à l'état d'esclave. C'est de la bêtise du Cobaye que vient ce penchant à renoncer à lui-même, pour se complaire dans une sorte de dégradation, et le peu d'in-

telligence de cet animal fournit un puissant argument aux
physiologistes qui veulent voir dans les replis du cerveau
le siège des facultés du raisonnement. Il n'existe nulle cir-
convolution dans cette partie du cochon d'Inde, véritable
automate qui, lorsque le sommeil ne l'engourdit pas,
ne sait employer sa vivacité naturelle qu'à manger rapidement et à faire l'amour sans relâche.

Dans l'état sauvage, vivant le long des fleuves de l'A-
mérique méridionale, entre la Plata et le fleuve des Amazones, dans les buissons qu'il ne quitte jamais pour entrer
au bois, le Cobaye, appelé *aparéa*, est peu farouche. La
femelle qui n'a que deux mamelles ne porte aussi que deux
petits par an; sa conformation lui permettant difficilement
d'en nourrir davantage, elle ne se livre au mâle qu'autant
qu'il n'en doit pas résulter une progéniture plus considérable, et ce mâle, occupé de pourvoir à son existence ou
bien à sa sûreté, ne fatigue pas sa compagne de ses lu-
briques poursuites. En domesticité, les deux sexes, aux
besoins desquels l'homme a pourvu, semblent, pour
ne plus songer qu'aux voluptés de l'accouplement, abandonner leur sûreté et la conservation de l'espèce au
maître qui les tient captifs. La femelle apte à concevoir
dès l'âge de deux mois, toujours pressée de solliciter les
caresses du mâle, se donne à peine le temps d'allaiter de
cinq à dix petits qu'elle éloigne, qu'elle tue même s'ils
s'opiniâtrent autour du sein maternel après le quinzième
jour de leur naissance. Le père montre la même fureur
contre une progéniture qui nuit au seul plaisir qu'il connaisse. Il faut le voir au milieu du plus nombreux sérail
répondre à toutes les avances, satisfaire tous les désirs; il
cherche à jouir autant qu'à manger, et il mange indifféremment à toute heure du jour et de la nuit. Cependant
l'on a soigneusement comparé des crânes de Cobayes sauvages si continents, et de Cobayes domestiques si dé-
bordés, on n'y a trouvé nulle différence; la bosse de l'a-

mour physique n'existait pas plus dans les uns que dans les autres. B. DE ST.-V.

COCHENILLE, *Coccus.* (*Histoire naturelle.*) S'il est peu d'insectes utiles à l'homme, ceux qui lui offrent quelque secours dans les arts sont peut-être les animaux dont il obtient proportionnellement les plus importants résultats; ainsi quel vésicant est aussi énergique que la cantharide? quel tissu, plus souple et plus brillant que celui du ver à soie? quelles substances, comparables à la cire ou bien au miel de l'abeille? quelle couleur aussi vive que le carmin que nous tirons de la Cochenille? Ce dernier animal qui appartient à la famille des gallinsectes de l'ordre des hémiptères, n'est pas moins intéressant par la singularité de ses mœurs que par la valeur des produits qu'il jette dans le commerce. Le mâle y est fort différent de la femelle; les larves des deux sexes sont très agiles, même au sortir de l'œuf; elles courent avec une extrême rapidité sur les branches et le feuillage des végétaux propres à chaque espèce, tels que le figuier, l'oranger, l'olivier, et surtout le nopal, espèce du genre *cactus,* vulgairement appelée *raquette;* ces larves sont si petites qu'on ne les peut apercevoir qu'au moyen d'une loupe; elles sont plates, ovales et dépourvues d'ailes. Celles des mâles n'ont point d'organes propres à la manducation; ils doivent vivre et mourir sans avoir connu d'autre appétit que celui qui les porte une fois à l'acte de la propagation. Les femelles ont un petit bec conique, une sorte de trompe au moyen de laquelle, perçant l'épiderme des feuilles, elles pompent la substance nourricière appropriée à leurs besoins. Après avoir changé de peau un certain nombre de fois, elles se préparent à leur plus importante métamorphose, en se pratiquant un petit nid composé d'un duvet cotonneux où elles demeurent immobiles jusqu'à ce que, devenues insectes parfaits, elles en sortent presque aussi grosses qu'un pois, parceque leur corps est rempli d'œufs; ayant conservé de leur première jeunesse la trompe buccale, on les voit encore circuler sur les plantes selon leur besoin, et s'y bien nourrir jusqu'à l'instant où elles travaillent à se reproduire.

Les mâles moins nombreux que les femelles et qui doivent demeurer constamment plus petits, ne pouvant prendre de nourriture, ne tardent pas à se fixer contre le branchage; leur peau se durcit dans cet état de repos, et une coque y reste enfermée. Vers le commencement du printemps, ces diverses enveloppes s'ouvrant à la partie postérieure, l'insecte parfait en sort à reculons; de forme alongée, deux ailes finement veinées lui facilitent les moyens de se porter rapidement aux lieux où leur femelle l'attend en mangeant. Si les mâles n'ont pas de bouche, la nature les traita fort bien sous d'autres rapports; aussi, dès qu'ils ont trouvé celle qu'ils cherchent, les voit-on promener en tressaillant sur son corps bien plus gros que le leur; ils y cherchent l'orifice, ou, dès qu'ils l'ont trouvé, on les voit s'attacher jusqu'à la mort pour féconder les œufs contenus en très grand nombre chez la mère. Celle-ci ne doit pas non plus survivre long-temps aux caresses qui lui viennent d'être prodiguées. A peine a-t-elle pondu qu'elle cesse de vivre, et son cadavre desséché en coupe renversée sert dans cet état de toit protecteur à sa progéniture.

De cinquante espèces de Cochenilles qui nous sont connues, dont le plus grand nombre se trouve dans l'Europe chaude, et qui pénètrent souvent dans les serres qu'elles infestent, un très grand nombre répand, quand on les écrase, des sucs plus ou moins colorés, brunâtres, sanguinolents ou pourprés; la plus célèbre possède cette qualité à un très haut degré et répand une admirable couleur. Cette espèce est la Cochenille proprement dite, originaire du Mexique, où les naturels l'élevaient soigneusement dès avant la découverte des Amériques, et que M. Thierry de Menonville avait réussi à enlever aux Espagnols, pour en transporter le revenu dans les colonies françaises. Le voyage de cet homme éclairé obtint une juste célébrité; mais le résultat de son entreprise hardie fut perdu par la négligence des planteurs de Saint-Domingue, cultivateurs routiniers qui ne concevaient guère d'autres éléments de prospérité coloniale que le sucre, l'indigo ou le café. Cependant rien n'est plus simple et moins dispendieux que l'éducation de la Cochenille, ni en même temps plus lucratif. Un homme seul peut entretenir un arpent planté en nopal, qui suffit pour procurer l'aisance d'une nombreuse famille; car la livre de Cochenille ne vaut pas moins de 24 fr. ordinairement, et s'est élevée jusqu'à 120 fr. en temps de guerre.

C'est surtout dans les campagnes d'Oxaca et de Quaxaca au Mexique, qu'on voit les Indiens s'occuper de l'éducation de cet insecte. Après avoir formé une plantation qu'ils appellent nopalerie, ils y transportent, vers le milieu d'octobre, un petit nid formé avec une sorte de filasse obtenue des pétioles d'un palmier, et dans lequel sont conservées huit à dix femelles mortes et desséchées servant d'abris à des milliers d'œufs; on a soin de placer le nid de façon à ce que le soleil levant le réchauffe de bonne heure, et bientôt on en voit sortir les petites larves déjà rouges, mais couvertes d'une poussière blanchâtre : errant d'abord de proche en proche, elles se répandent au loin sur toute la surface du nord, y subissent leurs métamorphoses, s'y nourrissent, et y sont récoltées à l'état parfait sans que la nopalerie en souffre; encore que l'opération réitérée trois ou quatre fois par an, le pût être jusqu'à six, si la saison des pluies ne venait interrompre le cours des travaux de la campagne. Pour détacher la Cochenille du végétal nourricier, on se sert d'un couteau qui ne coupe pas assez pour endommager la plante ou l'insecte, et qu'on fait passer entre l'un et l'autre; on reçoit ce dernier sur des feuilles de papier. Lorsqu'on en a réuni le plus qu'on peut, on les fait mourir soit en les plongeant dans l'eau chaude, soit en les exposant à la chaleur du four. C'est desséchée et mise à l'abri de toute humidité, que la Cochenille est transportée en Europe. MM. Pelletier et Caventou l'ayant soigneusement analysée, ont reconnu qu'elle renfermait une matière colorante propre, différente de toutes celles qui nous sont connues, et que les chimistes ont appelée *carmine.* (*V.* ce mot.)

Il existe dans l'Amérique équinoxiale une autre espèce de Cochenille désignée sous le nom de *sylvestre,* qui fournit aussi du carmin, mais de moindre qualité, et comme elle est beaucoup plus commune, on s'en sert fréquemment pour falsifier celle de première qualité.

Au temps où le voyage de Thierry fit beaucoup de bruit, et où dans les colonies on ne rêvait qu'importation de la Cochenille, M. Céré, directeur du jardin de botanique de l'Ile-de-France, ayant trouvé sur une anone de Madagascar une espèce de ce genre, crut y reconnaître, d'après le livre imprimé à Paris, le précieux insecte du Nouveau-Monde; il mit tous ses soins à le répandre, et malheureusement ils furent couronnés d'un plein succès; car il se trouva qu'au lieu de carmin la Cochenille de l'anone ne donnait qu'une couleur fausse, désagréable, et que se jetant partout jusque sur les personnes, elle tachait le linge indélébilement toutes les fois qu'on l'y écrasait. On est parvenu à l'exterminer. B. DE ST.-V.

COCHINCHINE. (*Géographie.*) *Voyez* ANNAM.

COCHON, *Sus.* (*Histoire naturelle.*) Genre de mammifères de l'ordre des pachydermes, où, dans la méthode de M. Cuvier, il prend naturellement sa place entre l'hippopotame et le rhinocéros, non loin de l'éléphant, et dans lequel il dut avoir encore pour voisins les anoplothériums, qui n'existent plus à la surface de la terre, mais dont il a été parlé dans l'article *Animaux perdus.* Les caractères du genre Cochon consistent : dans les quatre pieds tous munis de deux doigts, mitoyens, grands, armés de sabots, et de deux, extérieurs, beaucoup plus courts, ne touchant presque pas à terre; dans les incisives, qui sont en nombre variable, mais dont les inférieures sont toujours couchées en avant, tandis que les canines, sortant de la bouche, se recourbent l'une et l'autre vers le haut. Le museau, communément désigné sous le nom de grouin, est terminé par un boutoir tronqué, sur le disque duquel sont percées les narines, très sensible, s'alongeant plus ou moins, mobile, propre à fouir, et qui semble représenter, en diminutif, un rudiment de trompe analogue à des éléphants.

Buffon, dans une douzaine de pages environ qu'il consacre à l'histoire du Cochon, en emploie quatre, au moins, pour établir « que l'espèce en est unique; qu'elle est isolée et semble exister plus solitairement qu'aucune autre, n'étant voisine d'aucune autre espèce qu'on puisse regarder comme principale ni comme accessoire......; enfin, que ce n'est ni un solipède, ni un pied fourchu, ni un fissipède. »

Nous venons déjà de voir que le Cochon n'est pas isolé dans la nature, comme l'avance l'éloquent surintendant du cabinet du roi; nous allons montrer que son espèce n'est pas unique, puisque les naturalistes en reconnaissent au moins six. Quant à l'impossibilité d'en faire un fissipède, un pied fourchu ou bien un solipède, il n'importe guère, si ce n'est pour ceux qui voudraient encore suivre la vieille méthode d'Aristote, qui divisait ainsi les animaux. Les Cochons sont, au contraire, si peu isolés dans la nature, d'un côté, et tellement analogues, de l'autre, qu'en assignant le rang qu'ils occupent évidemment dans la méthode du savant Cuvier, on s'est trouvé dans la nécessité de les répartir en trois sous-genres.

Le premier est celui des Cochons proprement dits, qui ont vingt-quatre ou vingt-huit mâchelières, dont la postérieure a sa couronne tuberculeuse, avec les antérieures plus ou moins comprimées, et six incisives à chaque mâchoire.

Le second, celui des Phaco-chæres, qui ont les mâchelières composées de cylindres joints ensemble par un cortical, à peu près comme le sont les lames transverses des mâchelières de l'éléphant, et poussant également d'avant en arrière.

Le troisième, celui des Pécaris ou Dicotyles, où les dents sont à peu près comme dans les vrais cochons; mais où les canines, dirigées comme chez les autres animaux, ne sortent pas de la bouche. Ils manquent d'ailleurs de doigts externes à leurs pieds de derrière.

Chez tous les Cochons, l'œil est petit relativement aux autres parties, mais ardent, quoique stupide par l'expression; et le sens de la vue paraît s'exercer assez médiocrement: l'odorat est au contraire très fin, ainsi que l'ouïe. Tous sont voraces; une abondante nourriture, presque sans choix, est nécessaire pour remplir la vaste capacité de leur estomac, et se métamorphose en une graisse abondante: au lieu de se répandre, comme chez la plupart des mammifères sujets à prendre un embonpoint considérable, en se glissant dans les interstices des muscles, ou par paquets dans certaines parties du corps, cette graisse se dépose en une couche épaisse entre les chairs et la peau, pour y former un lard dont on ne retrouve guère l'analogue que chez les cétacés, et principalement chez les baleines, mammifères qu'on pourrait regarder comme les gigantesques pourceaux de la mer. Leur peau est épaisse, ce qui, joint à la substance graisseuse qu'elle recouvre directement, et qui forme comme un matelas à travers lequel les houppes nerveuses ne pourraient que perdre de leur sensibilité, supposé qu'elles s'y épanouissent, rend le tact extrêmement obtus, si ce n'est vers le boutoir, dans la partie inférieure duquel ce sens paraît très développé, tandis que la supérieure ne sert guère qu'à fouir la terre. A l'extrémité de cet alongement singulier, résident con-

séquemment les deux moyens de perception les plus per-
fectionnés par où les Cochons acquièrent les matériaux
de leurs idées. Ce boutoir est pour eux le nez et la main,
et faisant, ainsi que nous l'avons déjà dit, et proportionnellement à son développement, l'office d'une trompe, il en résulte entre le Cochon et les éléphants un
rapport proportionnel d'intellect. Et qu'on ne croie conséquemment pas, d'après l'assertion de Buffon, que « de
tous les quadrupèdes le Cochon soit l'animal le plus
brut; que toutes ses habitudes soient grossières, tous
ses goûts immondes, toutes ses sensations réduites à
une luxure furieuse et à une gourmandise brutale. » Le
Cochon domestique, dégradé par l'esclavage, offre bien
quelques-uns de ces traits qu'il doit plus au contact per-
nicieux de l'homme qu'à sa nature même; mais dans son
état d'indépendance, il est bien au-dessus du chien par
son intelligence et par son courage, puisqu'il apprécie
tout le prix d'une liberté qu'il a le courage de défendre,
non sans donner de singulières preuves de jugement.

Le SANGLIER, *Sus scrofa*, L., peut être considéré
comme le type de toutes les races de Cochons domestiques nourris dans l'Ancien Continent. Ses défenses redoutables sont légèrement prismatiques, recourbées en dehors
et un peu vers le haut. Son corps est trapu, ses oreilles
sont droites; la couleur de son poil, assez clair-semé, est
noire; mais dans les jeunes, appelés marcassins, des
bandes longitudinales blanches varient agréablement le
pelage de ces petits animaux, qui ne sont pas sans une certaine élégance, même dans leurs formes; devenus à l'âge de
six ou sept ans ce qu'ils doivent toujours demeurer, ils sont
alors de hideuses bêtes, les hôtes les plus redoutables de nos
forêts, soit par le tort qu'ils causent aux biens de la terre,
en bouleversant cette mère féconde pour dévorer les racines des végétaux, soit que, poursuivis par le chasseur,
ils lui résistent avec fureur et souvent même avec succès.
Le Sanglier se plaît de préférence dans les forêts pro-

fondes et humides, dont il ne sort que pour dévaster le domaine de l'homme. Il vit une trentaine d'années, mais il peut entrer en rut dès la fin de la première; au commencement de la seconde, il engendre : ses amours ont lieu vers janvier et février. Les mâles qui vivaient par troupes se dispersent à cette époque, comme pour se mettre en ménage, après avoir disputé à des rivaux la compagne qu'ils se sont choisie; chaque couple se retire dans quelque fourré épais et solitaire, afin de s'y livrer à de brutales tendresses durant environ trente jours. Après ce temps, la femelle, qui porte pendant quatre mois, et, selon son âge, de deux à dix petits, cherche, pour mettre sa progéniture au jour, une retraite où ni le père, ni les loups, ni les hommes, ne la puissent surprendre; elle s'y défend vaillamment en cas d'attaque, et les marcassins, reconnaissants de tant de soins protecteurs, ne se séparent que fort tard de leur mère. Nulle créature, si ce n'est l'homme, ne vit plus réellement en famille, car la laie est ordinairement accompagnée de ses portées de trois années successives, et plusieurs de ces laies se réunissant avec des nourrissons et des aînés qui ne les ont pas abandonnées, forment de véritables sociétés où règne l'ordre, et que la défense mutuelle parfaitement calculée rend presque inattaquables. De telles associations prennent souvent l'offensive contre l'ennemi. Les bêtes féroces les menacent-elles, les faibles sont aussitôt renfermés au centre d'un cercle pressé où les forts présentent le boutoir et leurs crochets terribles. L'assaillant risque d'être dévoré pour peu que la moindre blessure fasse couler son sang. De tels liens de famille, ainsi qu'une tactique si bien appropriée à la résistance, prouvent plus que de l'instinct.

Les vieux mâles, moins sociables, vivent ordinairement solitaires; ils acquièrent de grandes dimensions, et la chasse en est souvent si périlleuse, qu'on la peut bien plus considérer comme une guerre que comme un plaisir. La mort du sanglier de Calydon immortalisa Méléagre ; aujourd'hui, c'est avec une meute aguerrie et de nombreux piqueurs qu'on attaque ces animaux, et leur défaite est toujours accompagnée d'accidents. Intrépide et confiant dans ses forces, le Sanglier ne fuit que lorsqu'il a reconnu l'impossibilité de faire utilement front au danger ; mais en fuyant, comme les Parthes, il se défend avec la plus grande vigueur, s'exposant plutôt à une mort certaine, quand il trouve l'occasion d'éventrer quelque assaillant, que de renoncer à la vengeance. Un coup de feu atteint-il l'intrépide combattant au milieu des chiens qui le harcèlent, il distingue bien d'où vient la blessure ; et perçant à travers les ennemis qui le pressent corps à corps, pour se diriger droit sur celui qui l'a frappé, l'agresseur n'a souvent, pour échapper à une mort certaine, que la ressource de fuir ou de grimper sur l'arbre voisin.

Peut-on disconvenir que dans un pareil acte de désespoir si parfaitement calculé, il n'existe pas un indice évident de jugement, nous oserions presque dire d'héroïsme ? Mais, comme le chien abâtardi, dont tout le courage consiste à se jeter sur le misérable que des haillons trahissent, ou bien à se placer sous la protection d'un maître sanguinaire pour égorger d'autres animaux, le Sanglier ne s'apprivoise pas aux caprices de l'homme, et ne consentirait point, sous l'influence du fouet et du bâton, à payer en bassesses nos soins intéressés. Les auteurs qui ont imaginé qu'on était naturaliste et philosophe en échafaudant des phrases, ont conséquemment fait du Sanglier le rustre de la création, et du chien le touchant modèle de la fidélité.

Cependant, de quelques-uns de ces dévastateurs vagabonds des forêts de l'Ancien Monde, enlevés dès leur plus tendre jeunesse aux leçons d'indépendance que leur avait

données leur mère, sont descendues les races avilies de
Cochons domestiques. A peine le Sanglier est-il devenu
l'un des familiers de notre espèce, que son goût pour la
liberté a été remplacé par le besoin de s'engraisser dans
une loge fétide ; que son courage s'est changé en humeur
brutale, et que son jugement ne s'est plus exercé, même
sur le choix des aliments ; car le Sanglier, devenu Cochon, a été métamorphosé en omnivore. Alors guidé
par l'unique besoin d'avaler, et modèle de gloutonnerie,
la chair corrompue, la chair fraîche, bien plus, la chair
vivante, lui sont devenues comme des aliments de prédilection. Ce sont les Cochons qui, dans les villages mal-
propres de la Pologne, purgent les rues, à peine tracées, des
immondices qui les encombreraient, ainsi que les hyènes
de Gondar y déblaient les carrefours des membres de sup-
pliciés qui y sont inhumainement jetés. En Chine, ils dévo-
rent ordinairement les enfants abandonnés sur la voie publique par de misérables parents. L'auteur de cette notice,
dans l'humide et glaciale nuit qui suivit le terrible combat
de Golimin, attiré par des gémissements étouffés qui
sortaient d'une ferme à demi-détruite, y surprit, à la
lueur de l'incendie, deux Cochons qui mangeaient, dispersées sous leurs dents, les entrailles d'un blessé russe,
dont la poitrine demeurait seule intacte et faisait entendre
les dernières expressions d'une douleur atroce.

Le Cochon domestique est trop connu pour que nous
perdions quelques pages à le décrire ; au sujet de ce qui
concerne son éducation et le parti qu'on tire de ses
moindres parties, nous renverrons au mot *Charcutier*
et même à cette vieille *Maison rustique* qui nous en
apprend beaucoup plus sur les animaux de la ferme
que tout ce qu'on en trouve chez les écrivains naturalistes
qui ont eu la prétention de nous en rapporter l'histoire.
Il suffira de remarquer ici, qu'il existe plusieurs races de
Cochons, dont l'origine pourrait bien remonter à autant
de variétés dans l'espèce sauvage, ou même à des es-

pèces distinctes qui n'ont été qu'imparfaitement observées. Toutes produisent ensemble des métis féconds. Les
principales sont :

Le Cochon de la Chine, dont les jambes sont courtes
au point que le ventre fort gros traîne jusqu'à terre;

Le Cochon de Siam, qui a le front bombé, le museau
raccourci et concave supérieurement, avec des poils
soyeux, crépus sur les joues, la peau noire et le corps
trapu ;

Le Cochon du Cap de Bonne - Espérance, qui paraît avoir été transporté dans le sud de l'Afrique, dont
la taille est petite et le poil tirant sur la couleur marron
foncé;

Le Cochon de Guinée, qu'il ne faut pas confondre
comme on l'a fait avec la variété de Siam, et qui se distingue des autres par une sorte de crinière très prononcée, régnant tout le long du cou et du dos jusque sur les
reins; c'est celui qui est maintenant le plus commun au
Brésil ;

Enfin le Cochon Malai que les navigateurs modernes
ont retrouvé dans presque toutes les îles de l'Océanique,
compagnon des sauvages que nous appellerons neptu-
niens, et dont la souche paraît exister dans la Nouvelle-
Guinée ; au pays des Papous.

Nulle part le Cochon n'était connu au Nouveau-Monde,
quand les Européens en firent la découverte; les Portugais
l'y répandirent ainsi qu'en plusieurs îles désertes; on voit
qu'au temps de Leguat, Mascareigne en était toute remplie, et que ces animaux y devaient l'excellence de leur
chair, à ce qu'ils s'y nourrissaient principalement de sa-
voureuses tortues de terre qui en ont également disparu.
L'Afrique est la partie chaude de l'univers où l'on en voit
le moins, ce qui tient à la croyance mahométane qui
ayant, ainsi que les lois hébraïques, proscrit ces domestiques comme immondes, en empêchent la propa-

gation. Les pays froids ne leur conviennent pas, et l'on n'en trouve plus guère au-dessus du cinquante-cinquième degré nord.

Le Cochon a masque, *Sus larvatus,* Cuv., ou *Sanglier de Madagascar,* a les défenses du nôtre; mais de chaque côté du museau, près des deux défenses, est un gros tubercule soutenu par une proéminence osseuse, de laquelle toute la face de l'animal prend une physionomie fort singulière. On le retrouve encore vers le sud de l'Afrique. C'est un animal sauvage et dangereux, qui atteint à la taille de nos plus grands sangliers communs.

Le Babiroussa ou Cochon cerf, *Sus babyrussa,* L., est le plus haut sur jambes et le moins lourd des cochons. Ses défenses fort longues, plus grêles, redressées verticalement, et les supérieures, presque démesurées, se recourbant en spirale vers l'arrière, le rendent très remarquable. Il s'apprivoise, dit-on, aisément; mais nulle part on ne paraît l'avoir réduit en domesticité. Il se trouve dans les grandes îles de la Polynésie seulement, telles que les Philippines, Amboine, Célèbes et Bornéo, sans qu'on l'ait encore rencontré sur le continent de l'Inde. Il se nourrit d'herbes et de feuillages, a peu ou point de lard, mais sa chair est délicate, et il nage avec la plus grande facilité en plongeant fort long-temps.

Le Cochon d'Afrique et le Cochon éthiopien, *Sus africanus* et *æthiopicus,* Gmel., sont les deux espèces du sous-genre Phaco-chœres de M. Frédéric Cuvier. Outre les caractères dentaires qui les distinguent et dont il a été parlé, leur crâne est singulièrement large, leurs défenses sont arrondies, dirigées de côté et en haut, outre qu'elles sont d'une grandeur effrayante. Ils ont d'ailleurs sur chaque joue un gros lobe charnu bien plus baroque que le tubercule du Cochon à masque. Nul être ne présente une face plus hideuse et plus menaçante. Ils ont deux incisives en haut et six en bas. Le premier de ces Cochons se trouve au Cap-Verd, le second vers la pointe

17.

méridionale de l'Afrique et dans le Congo, où les naturels le nomment engalla ou engulo.

Le Pécari, *Dicotyles torquatus*, n'a pas de queue, et sur ses lombes est une cavité glanduleuse d'où sort une humeur fétide. Son poil, bien plus serré que celui des autres Cochons, est annelé de gris et de brun; il porte, sous le cou, une marque comme un collier blanchâtre; sa taille est de moitié moindre que celle de notre Sanglier ordinaire. Il vit par couple dans les bois des parties méridionales de l'Amérique du sud, et s'apprivoise aisément.

Le Taguicati ou Tajassou, *Dicotyles labiatus*, Cuv., avait été confondu par Linné avec le précédent, sous le nom de *Sus tajacu*. M. Azara en fit la distinction et en publia les différences; il vit dans les mêmes climats et présente avec lui beaucoup de ressemblances physiques; il est néanmoins plus grand et plus brun avec les lèvres blanches. Ses mœurs sont celles de nos races de Cochons sauvages d'Europe, vivant par bandes que composent, dit-on, parfois, jusqu'à trois mille individus; la défense commune y est également calculée sur une excellente tactique, et le nombre suppléant à la force, les chiens et les chasseurs ne les attaquent jamais impunément. On les a confondus, et Buffon notamment, avec les Cochons marrons des colonies européennes qui ne sont que des pourceaux domestiques retournés à l'état sauvage.

B. DE ST.-V.

CODE CIVIL. (*Législation.*) Dans l'exacte application du mot, on serait fondé à croire qu'un *code civil* doit renfermer *toutes les lois de la cité* (*leges civitatis*), et dans ce sens, celles-là même que nous appelons *lois administratives, lois pénales*, et beaucoup d'autres, devraient trouver place dans le code civil, avec autant de raison que les lois relatives à *l'état des personnes* et à leurs *droits de propriété*.

C'est suivant ces primitives idées, qu'une assez grande diversité de matières s'est introduite dans les Codes que nous connaissons; chaque peuple, chaque temps a son mode qui lui est propre, et il ne s'agit pas ici de faire le procès au *passé*, mais de juger ce qui convient le mieux au *présent*.

Si l'on imaginait un grand livre où chaque partie de la législation *complète et bien classée* viendrait prendre son rang, un tel livre, embrassant tout sans rien confondre, serait sans doute le *Code* par excellence; ce serait la *loi générale*, dont le code civil ne formerait qu'un chapitre, mais ce chapitre ne devrait, dans aucun cadre, embrasser des espèces qui lui fussent étrangères; car la confusion des matières nuit à la clarté, et *après la justice*, le premier besoin de toute législation, c'est d'être *claire*.

Heureusement aujourd'hui le nom même de *code civil* a une valeur assez généralement fixée dans l'opinion des citoyens; et quand ce nom est prononcé, il n'est personne qui n'en sépare aussitôt ce qui appartient aux *lois criminelles*, aux *lois administratives*, etc.

Cette acception lève une grande difficulté; car il n'y a plus qu'à suivre l'opinion au lieu de la créer, et c'est une précieuse avance que des distinctions déjà rendues familières, lors surtout qu'un juste esprit d'analyse vient les appuyer ou les confirmer

Les publicistes divisent assez généralement le *droit* en quatre classes principales : le *droit naturel*, le *droit des gens*, le *droit public* et le *droit civil* ou *privé*.

Le *droit naturel* consiste plus en préceptes qu'en dispositions; il conseille, mais il ne commande pas, et il appartient à la morale plus qu'à la législation proprement dite.

Le *droit des gens* règle ou régit les relations de peuple à peuple; il sort de la législation propre à la cité intérieure.

Reste donc à jeter un coup-d'œil sur les deux autres classes, pour juger ce qui appartient à chacune.

Le *droit public* embrasse et règle les rapports du gouvernement avec les gouvernés, ou, en d'autres termes, les rapports de chaque individu avec le *corps de l'État*.

Le *droit civil*, qu'on appelle aussi le *droit privé*, se renferme dans les rapports qui lient tout individu à un autre individu ou à plusieurs.

Ainsi, d'après ce premier aperçu, c'est au *droit public* que se réfèrent, comme à leur source, les lois de l'ordre constitutionnel ou de la politique intérieure, les lois relatives aux cultes religieux, les lois fiscales et de police, les lois militaires, en un mot toutes celles qui regardent l'administration, la tranquillité et la défense du pays.

Hors de là, se trouve le lot du *droit civil*, qui a pour but de régler l'état des personnes et les droits de famille, de protéger la propriété des individus, de régir leurs contrats et de statuer sur les intérêts individuels par des dispositions générales.

Toutefois, il existe aussi des matières mixtes de leur nature et susceptibles d'admettre des réglements spéciaux; tels sont les forêts, le commerce, les mines, l'agriculture : mais, à l'analyse, ce ne sont là que des sous-divisions aboutissant par des points divers aux deux classes principales qui viennent d'être indiquées, *droit public* et *droit civil* ou *privé* : en effet, s'agit-il de la propriété d'une mine? cette question est du ressort des tribunaux, comme appartenante au *droit civil*, et se décide par les principes propres à ce droit. S'agit-il au contraire de règles à faire observer dans l'intérêt général, pour l'exploitation des mines? la question devenant d'*ordre public*, est dévolue à l'autorité administrative.

Les lois pénales sont *mixtes* elles-mêmes, puisque, dirigées également contre les infractions du *droit public* et du *droit privé*, elles ne sont, à proprement parler, que la sanction de ces deux branches de la législation, selon les circonstances propres à chacune d'elles.

Ainsi reste et doit être entendue la division principale dont il a été parlé; c'est celle qui a été suivie dans notre Code : en laissant au *droit public* tout ce qui lui appartient, et en n'exerçant sur les cas *mixtes* que l'influence attachée aux lois de la propriété, l'horizon qu'embrasse un *code civil* est encore bien vaste.

C'est le partage des terres, a dit *Montesquieu* [1], *qui grossit principalement le code civil.* Cette pensée, prise de si haut, ne tend qu'à indiquer l'origine des lois civiles, comme se rattachant à l'époque où les terres devinrent, par le partage et la culture, des propriétés individuelles : en effet, si l'on essayait de pénétrer, par la pensée, jusqu'aux premiers âges du monde, que pourrait-on s'y figurer ? des peuples nomades vivant du produit de leurs chasses ou de leurs troupeaux, et admettant tout au plus quelques usages souvent enfreints par la *force*, qui alors tenait lieu de *droit*.

Les lois civiles sont donc nées de la propriété foncière, et elles en ont graduellement suivi les combinaisons infinies et les immenses résultats, à mesure que les communications se sont étendues, et que les idées d'ordre et de justice se sont établies chez les hommes; mais si le besoin des lois civiles naît avec la civilisation même, combien de siècles ne doit-il pas s'écouler avant qu'on ait acquis les connaissances propres à en bien coordonner toutes les parties !

Les Égyptiens, l'un des plus anciens peuples de la terre, avaient, sur la propriété et sur les effets qui s'y rattachent, des usages dont quelques notions nous ont été transmises par Hérodote et Diodore de Sicile, mais fort confusément; et il est peu vraisemblable que ce peuple, chez lequel tant d'autres nations allaient s'éclairer, eût lui-même un corps de législation méthodiquement établi.

Xénophon nous a donné le tableau des lois de Sparte et d'Athènes [2]; mais les institutions qu'il cite n'étaient

[1] *Esprit des lois*, liv. XVIII, chap. 13.
[2] Cette partie des œuvres de Xénophon a été traduite par le professeur *Gail*.

pas réunies en *corps de droit ;* c'est un historien qui raconte et non le législateur qui parle. Ses récits d'ailleurs sont presque tous relatifs à l'éducation des citoyens, à leurs droits et devoirs envers la cité, au culte des dieux, en un mot à l'*ordre public :* le droit *civil* ou *privé* y est à peine aperçu : et qu'est-ce que pouvait être le *droit civil* des Spartiates, quand leurs institutions politiques autorisaient le *vol* et ne punissaient le voleur que lorsqu'il s'était laissé surprendre en le commettant ?

Les anciens Romains étaient plus avancés en législation, et il était dans le caractère de ce peuple d'aimer à fixer et à rassembler ses lois ; car, dès le temps de ses rois, il avait eu le code *papirien,* et sous la république, postérieurement à la loi des Douze Tables, les codes *flavien* et *célien.* De ces trois codes, il ne nous a été transmis que les *noms,* et nous ne connaissons aussi que de très légers fragments de deux autres codes composés depuis l'établissement de l'empire et sous Dioclétien, par les jurisconsultes Grégoire et Hermogène : ces codes *grégorien* et *hermogénien,* ainsi appelés du nom des compilateurs, s'étant perdus comme les codes plus anciens ; les ténèbres continuent pour nous jusqu'au règne de Théodose le jeune.

Le premier monument législatif qui soit parvenu jusqu'à nous dans son ensemble, est le *Code théodosien* [1], émané de l'empire d'Orient, mais adopté aussi dans l'empire d'Occident sur son déclin ; ce code est un recueil de la législation des empereurs chrétiens, depuis et compris Constantin jusqu'à Théodose le jeune ; il contient, en seize livres, les édits, actes, rescrits et ordonnances des deux empires, tant d'Orient que d'Occident.

Plus tard, parurent les lois de Justinien, dont nous aurons occasion de parler plus particulièrement, lors-

[1] Il fut restitué par Cujas : plusieurs docteurs préféraient certaines dispositions de ce code à celles de Justinien.

qu'elles seront devenues celles d'une partie de la France.

Depuis le Code de Justinien jusqu'à notre Code civil, l'intervalle est bien grand : cet intervalle ne s'écoula point sans qu'il intervînt en France un grand nombre de lois sur diverses matières civiles; mais l'idée de les réunir n'est venue que bien tard.

Quelques États voisins nous ont précédés dans cette entreprise.

Dès le commencement du dernier siècle, Pierre-le-Grand donna un Code à sa nation à demi-barbare [1], et dans le cours du même siècle, les impératrices Élisabeth et Catherine II y firent quelques changements : si cette législation, convenable peut-être aux lieux qu'elle devait régir, ne pouvait, quant au fond, mériter d'être proposée pour modèle à des peuples plus avancés dans la civilisation, c'était du moins pour tous un exemple utile que celui d'une forme *compacte* et *non éparse*.

Cet avantage avait été senti par un grand prince, lorsqu'il donna à la Prusse ce code *Frédéric*, dont le nom est encore honoré, mais dont l'autorité subsista peu de temps, parceque ses dispositions n'étaient pas suffisamment mûries. Ayant reconnu le vice de son ouvrage, le roi philosophe ne fut point découragé; averti seulement du besoin de s'entourer d'un plus grand faisceau de lumières, il les appela de toutes parts et en recueillit ce nouveau projet, qui, adopté et promulgué par son successeur, en 1794, est devenu pour la Prusse la loi connue sous le nom de *Code général pour les États prussiens* [2].

---

[1] Ce Code parut en 1722. Voltaire en parle dans son *Histoire de l'empire de Russie*, chap. 13, *des lois*. Il rapporte la disposition qui défendait, *sous peine de mort*, à tous les juges de substituer à la loi générale leur opinion particulière. Une telle sanction de la loi était un peu sévère.

[2] Ce Code, en cinq vol. in-8°., renferme beaucoup de dispositions qui appartiennent à l'ordre administratif, à la féodalité, aux lois pénales, etc.; ce n'est pas seulement un *code civil*, aussi lui a-t-on donné

Dans tout ce qui précède, on n'a cité que ces masses de
législation qui, sous le nom de *code civil* ou de *code général*, sont propres à former le code principal d'une na
tion.

Parlons maintenant du *Code civil des Français;* et,
pour en donner une idée (car cette notice ne comporte
pas l'examen de toutes ses dispositions), mettons-le en
regard avec la législation qui lui était antérieure et qu'il
remplace : ce point de comparaison, pris sur notre
propre territoire, nous semble être celui qui convient le
mieux.

Mais dans cette comparaison même, quel sera notre
point de départ? Remonterons-nous jusqu'à l'époque la
plus reculée où l'on puisse saisir quelques vestiges du
droit civil de nos aïeux? Si nos recherches s'élevaient
jusqu'aux temps des Gaulois, qu'apercevrions-nous? Que
dès le temps de César ils avaient, sinon des lois, du moins
des usages civils dont quelques-uns se sont retrouvés
dans nos coutumes [1]; que, passés sous la domination
romaine, ils ne tardèrent pas à être pleinement investis
du droit de cité [2], et conséquemment à suivre la législation de Rome, au moins dans les points qui ne blessaient
pas trop ouvertement leurs usages; qu'après la conquête
des Francs, ils furent maintenus dans leur législation civile, qui consistait alors dans le code théodosien [3].

Arrivés à cette époque, nous aurions à examiner comment ils purent conserver la jouissance de leurs lois, surtout après plusieurs générations, et si ces lois ne durent
pas succomber dans leurs fréquentes rencontres avec
celles des Francs, aboutissant toujours à un *combat,*

le nom de *code général;* il est accompagné de lettres-patentes qui ordonnaient des *réunions d'États* pour mettre les coutumes en harmonie
avec les principes du Code. Nous ignorons si ces réunions ont eu lieu.

[1] Notamment la *communauté de biens. Voyez* Cæsar *de Bell. gall.* lib. 6.

[2] A commencer par les *Eduens.* Tacit., *Annal.,* lib. 11, cap. 23 et 24.

[3] Art. 4 de l'Édit de Clotaire.

lorsque les particuliers en litige ne s'accordaient pas [1]; législation sauvage, qui, tirant son origine des Francs, ne fut que trop observée sous l'anarchie féodale [2], où l'on ne connut plus d'autre droit que celui de la force ; tout rapprochement alors nous échapperait, car il n'y en a pas de possible entre le chaos et un ordre quelconque.

Hâtons-nous donc d'arriver à une époque où cet ordre puisse être aperçu : il commença à luire sous Philippe-Auguste [3], à s'établir sous saint Louis [4], et enfin à acquérir sous Philippe-le-Bel une consistance réelle, avec l'institution du parlement rendu sédentaire [5].

Qu'était-ce alors que le *droit civil* des Français ? Des usages *divers* et *non écrits*, formant autant de lois locales applicables à toutes les affaires qui n'étaient point régies par les règles féodales ; mais comme la féodalité s'était glissée partout, elle ne pouvait manquer de jouer un rôle principal : qu'était-elle donc elle-même ?

Le vassal devait à son seigneur, non-seulement la foi-hommage, mais ses services aux *plaids* comme à la guerre, *in pugnâ et in curte :* s'il refusait ses services, il devenait *félon* et encourait la perte de son fief ; de son côté, le suzerain devait à son vassal justice et protection, et, s'il était jugé coupable de *déni de justice*, il perdait sa suzeraineté, qui était dévolue au supérieur immédiat [6].

[1] *Voyez* la loi ripuaire.

[2] Depuis Charles-le-Chauve jusqu'à Philippe-Auguste.

[3] Ce roi, vainqueur des Anglais, et ayant réuni plusieurs grands fiefs à sa couronne, obtint enfin des grands vassaux le respect que la force commande ; l'on put appeler à sa cour, *en déni de justice,* contre les cours de ces grands vassaux.

[4] Voyez ses *Établissements* si souvent cités par Beaumanoir. Les innovations principales dues à saint Louis, sont *l'abolition du combat judiciaire dans ses domaines* et *l'appel à sa cour* de celles des grands vassaux, même pour mal jugé au fond.

[5] En 1302.

[6] D'autres droits et devoirs mutuels s'étaient établis comme conséquences de ceux qui viennent d'être indiqués ; ils sont fort développés dans ces livres *de Feudis,* auxquels Godefroi a ajouté un si grand nombre de notes.

Le même principe régissait tous les degrés de la féodalité ; soit que le vassal résistât ou obéît au seigneur, soit qu'il y eût paix ou guerre entre eux, les charges de la multitude pouvaient bien varier d'intensité, mais elles étaient directement ou par contre-coup, toujours supportées par la *masse sujette*, et c'était la presque totalité de la population, car les hommes libres ou *arimans*, tourmentés par des vassaux ou seigneurs à qui leur condition faisait ombrage, s'étaient la plupart constitués arrière-vassaux, et étaient entrés dans la classe des oppresseurs pour n'être plus opprimés, ou pour l'être moins.

Faut-il retracer quelques-unes de ces charges permanentes qui pesaient, même en temps de paix, sur la multitude ?

Des populations entières ne pouvant moudre leurs grains qu'au moulin du seigneur, et cuire leur pâte ailleurs qu'à son four ;

De pauvres villageois donnant, à titre de corvées, une partie de leurs travaux à leur seigneur ;

Des colons soumis à des censives et dîmes inféodées ;

Des propriétaires ne pouvant aliéner leurs fonds sans la permission du seigneur, et sans lui payer ou lui faire payer par l'acquéreur une quotité quelconque du prix de l'aliénation ;

Des enfants inhabiles à recueillir l'héritage paternel, s'ils n'avaient toujours habité la même maison que leur père ;

Des cultivateurs auxquels il était interdit de tuer le gibier qui venait dévaster leur récolte, parceque ce gibier était réservé aux menus plaisirs du seigneur ;

Des confiscations venant, au détriment des familles, grossir le trésor seigneurial ;

Des amendes infligées pour tout ce qu'il plaisait au seigneur de qualifier *contraventions* ;

Des contributions dues au seigneur lorsqu'il armait son fils chevalier, ou mariait une de ses filles, etc., etc. ;

Et pour veiller à l'exécution ou application de tant de privilèges, des officiers et des juges nommés par le seigneur lui-même.

Voilà ce qui, à quelques nuances près, s'observait partout où le régime féodal exerçait son déplorable empire!

Arrêtons-nous là, car il y aurait trop à dire, si cette nomenclature devait s'étendre à certaines attributions qui, en quelques lieux, s'élevaient jusqu'au point de blesser la pudeur et l'honnêteté publique.

Il convient cependant de remarquer que, dès le règne de Louis-le-Gros, la politique de ce prince et les besoins de la couronne avaient produit quelques affranchissements, et que plusieurs communes avaient, à prix d'argent, recouvré une partie de leur liberté primitive.

De nouveaux affranchissements ou de nouvelles allégeances avaient eu lieu, sous ses successeurs, non-seulement dans les domaines du roi, mais dans ceux des vassaux de tous degrés : engagés dans ces expéditions lointaines, qu'on appelait *croisades*, manquant d'argent et ne pouvant s'en procurer assez par leurs exactions féodales, les ducs, les barons et autres seigneurs croisés se mirent aussi à vendre des affranchissements.

C'est ainsi que le bien naît quelquefois du mal même : ces entreprises, d'abord sottement pieuses, sur lesquelles vinrent s'enter ensuite des idées de vanité non moins sottes, contribuèrent à replacer dans la condition d'hommes libres, non-seulement quelques communes, mais même plusieurs contrées où le *franc-alleu* redevint le droit commun, et où la maxime *nul seigneur sans titre*, prévalut sur celle qui régnait en d'autres lieux, *nulle terre sans seigneur*.

Telle était donc, au commencement du quatorzième siècle, la position de la France, quand, au sommet de l'ordre judiciaire, apparut ce parlement sous le régime duquel, dans le cours de près de cinq siècles, la justice devait reprendre une face nouvelle; les hommes de *robe longue* avaient remplacé les hommes de *guerre* ou de *robe courte*, dans le sanctuaire des lois, et le *droit civil* pouvait y gagner quelques améliorations.

Il ne tarda pas à s'en établir une fort importante pour une partie du territoire français.

C'est ici le lieu d'observer que, dans le treizième siècle, un exemplaire des lois de l'empereur d'Orient, Justinien, (retrouvées, dit-on, à Amalfi, vers l'an 1137) était parvenu en France, et que le roi Louis IX avait donné de la publicité à cet écrit, dans le dessein de préparer les esprits à l'adopter pour loi.

Ces lois de Justinien commençaient donc à être connues, lorsque Philippe-le-Bel (le même roi qui avait rendu le parlement sédentaire), jugeant utile à l'affermissement de son autorité, de rendre quelques droits au corps de la nation, convoqua des états-généraux qui furent quelquefois divisés en deux assemblées d'états ; savoir : *les états des provinces méridionales de la France, au-delà de la Loire, qu'on appelait provinces de Langue d'Oc, et les états des provinces septentrionales, en deçà de la Loire, qu'on appelait provinces de la Langue d'Oyl.*

Par une suite de ces convocations, les lois de Justinien furent adoptées dans l'assemblée de la *Langue d'Oc,* mais l'assemblée de la *Langue d'Oyl* voulut garder ses coutumes : de là la division de la France en deux zones, dont l'une fut appelée *pays coutumier,* et l'autre pays de *droit écrit,* par opposition avec les coutumes qui n'étaient pas encore rédigées par écrit.

Cette absence de l'écriture était un vide immense dans ce pays coutumier ; elle y nécessitait presqu'autant d'*enquêtes par turbes* qu'il y avait d'usages contestés : la lacune fut sentie et réparée ; une ordonnance de Charles VII, de l'année 1457, prescrivit la rédaction *par écrit* de toutes les coutumes : cette sage mesure ne reçut pourtant pas immédiatement son exécution complète ; les localités di-

ligentes furent les moins nombreuses; mais le retard des
autres naissait plus de leur inaptitude que de leur insou-
ciance; car, en général, le besoin de l'ordre était senti,
et l'ordre devait profiter au droit civil.

Après sa rédaction par écrit, la législation *coutumière*
restait fort diverse, mais du moins chaque localité connaissait celle qui lui était propre; les droits des citoyens
n'étaient plus à la merci d'une enquête.

Parmi ces coutumes, au nombre d'environ quatre
cents, les unes étaient appelées *générales*, parcequ'elles
embrassaient toute une province ou contrée, et les autres *particulières*, parcequ'elles n'étaient propres qu'à une
seule ville ou commune.

Leurs dispositions portaient assez ordinairement sur
l'*état des personnes*, sur les *droits des époux*, sur les
successions, sur la faculté de disposer par *testament* ou
autre acte de dernière volonté: plusieurs de ces coutumes
traçaient les règles à observer *entre propriétaires voisins;*
beaucoup d'entre elles avaient un titre ou un chapitre
des fiefs : diverses autres matières se trouvaient dans telle
coutume et manquaient dans telle autre : *ici* étaient des
dispositions fort sages, et *là* des articles bien propres à
justifier les amères épithètes que leur appliquait un très
célèbre jurisconsulte dans un grand ouvrage par lui composé sur ces lois locales [1].

On conçoit aisément que des lois si variées ne sont
pas susceptibles d'une analyse applicable à leur *ensemble*, et dans le nom même de *droit coutumier*, l'on ne
saurait voir qu'une dénomination confuse et fausse, si
l'on entendait, par ce nom quelquefois employé, ramener à un seul principe des éléments si divers et si dissem-
blables, qu'on a souvent peine à comprendre qu'ils aient
pu co-exister entre pays qui n'étaient séparés que par un
chemin ou un ruisseau.

[1] *Voyez* Dumoulin, *passim.*

Le bénéfice de l'*uniformité* n'existait donc en France que pour les pays qui avaient adopté les lois de Justinien, lois dont l'autorité devint si grande, qu'avant la révolution, elles avaient reçu le nom de *raison écrite*, en beaucoup de contrées où elles n'avaient pas force de loi.

Essaierons-nous de donner le *tableau* de ce droit romain? ce serait une entreprise déplacée, car la nature de notre travail nous permet tout au plus d'en offrir le *cadre*.

Ces lois de Justinien se composaient de quatre parties distinctes; ses *Institutions*, vulgairement appelées *Institutes*, le *Digeste* ou les *Pandectes*, le *Code* et les *Novelles*.

Les *Institutions*, divisées en quatre livres, contenaient les premiers éléments du droit sur l'ensemble des matières qu'embrasse une législation civile.

Le *Digeste* était ainsi appelé du verbe latin *digero* (je mets en ordre); et *Pandectes*, par dérivation de deux mots grecs qui réunis, signifient : *je contiens tout*. Ces dénominations fort pompeuses étaient assez mal justifiées par le fond de l'ouvrage. Divisé en cinquante livres, il contenait les réponses et décisions d'anciens jurisconsultes sur une foule de questions diverses ; mais il est assez connu que les matières y sont mal classées, et que les réponses sans embrasser tout (comme le titre l'indique), renferment beaucoup de répétitions inutiles et même de contradictions manifestes.

Le *Code*, divisé en douze livres, était une espèce de collection des *constitutions des empereurs*, depuis Adrien jusqu'à Justinien. Une première rédaction de ce Code avait été publiée par les ordres de Justinien ; mais ce prince ayant depuis jugé à propos d'en retrancher quelques articles et d'y ajouter une cinquantaine de ses propres décisions, la seconde rédaction prit le nom de *Code relu ou révisé (Codex prærepetitæ lectionis)* [1].

---

[1] Cette seconde rédaction était la seule qui fût suivie dans les tribunaux et dans les écoles de notre temps.

Enfin les *Novelles* n'étaient autre chose que cent soixante-huit *constitutions* de Justinien lui-même, promulguées postérieurement au Code, sur divers sujets qui s'étaient présentés en différents temps [1].

Cette masse de législation composait ce qui, de nos jours encore, était appelé le *droit écrit*.

Ainsi, dès le quatorzième siècle, ce nouveau corps judiciaire qu'on appelait *parlement* avait à appliquer, selon la nature des causes, ou les règles féodales, ou les statuts coutumiers, ou les lois de Justinien : c'était beaucoup pour un temps surtout où ces matières n'avaient point été élucidées.

Au quinzième siècle commença en France l'étude sérieuse des lois : le parlement, qui n'avait été rendu que *sédentaire* par Philippe-le-Bel, était devenu *permanent et continu* seulement sous Charles VI; et cette permanence avait rendu bien plus vive cette émulation à laquelle le siècle suivant dut de si grands magistrats et de si grands jurisconsultes.

Dans le seizième siècle parurent les *Cujas*, les *Dumoulin*, les *d'Argentré*, et plusieurs autres profonds interprètes des lois, qui en sondèrent l'esprit, en éclaircirent divers passages ambigus, et montrèrent la bonne voie à ceux qui devaient venir après eux.

Dans le même siècle, vivait un grand et vertueux chancelier [2] dont le nom devrait passer à la postérité, quand il ne lui eût laissé que l'ordonnance de Moulins de 1566; cette ordonnance qui, pour ne pas mettre la fortune de tous les citoyens à la merci de deux témoins, restreignit l'admissibilité de la *preuve testimoniale* aux actes et contrats dont la valeur n'excéderait pas 100 francs [3].

---

[1] Nos *corps de droit* contiennent quelques autres *novelles* données par les successeurs de Justinien.

[2] L'Hôpital.

[3] Il est assez remarquable qu'une loi aussi favorable à la sécurité publique n'existe pas dans la majorité des États européens.

Depuis cette ordonnance et même à partir d'autres plus anciennes, jusqu'à celle de 1629, vulgairement appelée le Code *Michaut*, du nom du chancelier *Michel de Marillac*, et depuis celle-ci jusqu'à celles de Louis XV, sur les *donations*, les *testaments* et les *substitutions*[1], il y en aurait un assez grand nombre à passer en revue et notamment celles de Louis XIV, si cette notice comportait de pareils détails; mais renfermons-nous dans un cercle d'idées propres à l'*ensemble de la législation civile*, puisque nous y sommes condamnés par la nature de notre travail.

Les ordonnances générales des rois, planant également sur les pays de *coutumes* et sur ceux du *droit romain*, tendaient de leur nature à l'*uniformité*, mais cette *uniformité* même pouvait blesser quelques usages décorés du nom de *privilèges* de provinces.

De là s'était, en plusieurs occasions, montrée une résistance morale, dont les parlements s'emparèrent pour s'arroger le droit de refuser l'enregistrement de plusieurs ordonnances, ou de ne les enregistrer qu'avec les modifications qu'ils y apportaient eux-mêmes. Laissons aux écrivains *politiques* le soin d'examiner ce qu'il pouvait y avoir de bon et de mauvais dans cette interposition du pouvoir judiciaire entre le prince et le peuple; cette image de *corps intermédiaire* a eu ses partisans, et pouvait en obtenir dans un temps où il n'existait nul autre frein contre le despotisme; mais dans l'application des lois civiles, l'on n'apercevait qu'une bigarrure de plus, lorsque l'ordonnance ou la loi enregistrée dans un ressort parlementaire était rejetée et sans force dans un autre.

Cette variété de législation était augmentée encore par ces arrêts de réglements que rendaient les cours parlementaires, chacune selon ses propres convenances; et

---

[1] Ces trois ordonnances, la première, de 1731, sur les *donations*; la deuxième, de 1745, sur les *testaments*, et la troisième, de 1747, sur les *substitutions*, étaient toutes les trois l'ouvrage du chancelier d'Aguesseau.

cette espèce de lois n'était pas celle qu'on respectait le moins, elle jouissait de toute l'affection que l'auteur porte à son ouvrage.

Malgré les imperfections que l'on vient de remarquer, et dont le plus grand nombre tenait aux circonstances du temps, il y aurait de l'injustice et même de l'ingratitude envers les parlements à ne point reconnaître les pas qui se firent sous eux vers des améliorations successives dans le droit civil.

Ils introduisirent de la dignité dans le sanctuaire de la justice et une salutaire discipline dans les tribunaux qui leur étaient subordonnés [1]. Ils rendirent surtout un important service à l'État par leur constante et unanime [2] opposition aux invasions de la cour de Rome et des tribunaux ecclésiastiques; les *appels comme d'abus* furent la sauvegarde des libertés publiques et du droit civil.

Ce fut sous le régime parlementaire que la science des lois acquit une juste considération, que les coutumes commencèrent à se débrouiller, et que le droit romain, surtout, fut ramené à ses éléments les plus purs. La mine où avaient puisé les *Cujas* et les *Dumoulin*, et dont plusieurs filons avaient été si savamment exploités par eux, était pourtant encore un chaos quand la lumière et la méthode y furent portées par *Domat*, dans son *Traité des lois civiles*, et par *Pothier*, tant dans ses *Pandectes* que dans ses traités divers. Gloire à ces deux grands jurisconsultes qui n'ont pas seulement rassemblé et mis en ordre des dispositions éparses, mais indiqué avec un rare discernement celles que la justice devait consacrer!

[1] Notamment les *bailliages* et les *sénéchaussées*, noms qui dérivent des anciennes dignités de *grands baillis* et *grands sénéchaux*; dans ces derniers temps, les *bailliages* royaux de première classe avaient encore leur *grand bailli d'épée*; mais ce n'était plus qu'une dignité sans fonctions. Les officiers rendant la justice dans les bailliages devaient être *gradués* aux termes d'un édit de 1493.

[2] On n'a pas indiqué la création successive des divers parlements; ce point est assez connu, et cette notice ne pouvait pas tout dire.

Ainsi, au dix-huitième siècle, les lumières avaient montré la bonne voie; mais deux obstacles majeurs restaient encore sur la route qu'il fallait tenir pour arriver à une législation civile, qui fût dégagée de toutes les vieilles souillures; d'une part, de nombreux vestiges du régime féodal couvraient la surface de la France, et avaient pour partisans ceux dont ils servaient les intérêts, c'est-à-dire les hommes les plus puissants de la nation; d'un autre côté, l'esprit de routine, apanage ordinaire de la multitude, pouvait lui faire apparaître tout changement comme redoutable, et lui faire rejeter jusqu'au bienfait d'une législation uniforme.

Ces deux obstacles disparurent à la révolution.

Nous voici arrivés à *l'état transitoire de la législation civile, depuis* 1789 *jusqu'au Code civil.*

Cette époque n'embrasse qu'un petit nombre d'années; mais elle va offrir de grands changements, et en nous approchant du but essentiel de cette notice, elle nous permettra de nous arrêter un peu plus sur les détails qui se réfèrent aux innovations.

Avant de les retracer, il importe d'observer que ce que nous allons dire n'est point l'image d'un régime particulier, mais le passage d'un régime à un autre.

Trop occupées des questions et des intérêts politiques pour faire un *code civil* qui fût suffisamment élaboré, l'assemblée constituante et la première assemblée législative avaient laissé ce travail à leurs successeurs : il fut entrepris par la convention nationale et par d'autres législatures, mais sans succès, de sorte que, tant les lois romaines que les dispositions coutumières, subsistèrent encore, durant quelques années, dans tous les points qui n'avaient pas subi d'abrogation spéciale : c'est donc à l'indication des points abrogés ou modifiés que s'applique cette partie de notre notice.

La première et la plus importante de ces abrogations,

fut celle du régime féodal, prononcée par les décrets des 4 et 11 août 1789.

Ainsi disparurent le droit seigneurial de chasse, les corvées personnelles, les banalités de toute espèce, la main-morte, les confiscations et amendes au profit du seigneur, etc. Cependant les prestations qui seraient justifiées provenir d'une concession de fonds, ne furent pas immédiatement supprimées; elles avaient été simplement déclarées rachetables à un taux fixé; mais un décret du mois de juillet 1793 étendit la suppression sans indemnité à toutes les prestations qui se trouveraient mélangées avec quelques-uns des droits féodaux abolis : les souvenirs que laissait le régime féodal étaient amers, et sa destruction fut complète.

L'Église avait accumulé des biens immenses qui, mis hors de la circulation, semblaient n'être qu'une masse destinée à enrichir la classe qui, par ses primitives institutions, devait le moins aspirer aux richesses. Un décret du 2 novembre 1789 chargea l'État de pourvoir aux frais des cultes, et réunit ces biens au domaine national : ainsi croulèrent les lois bénéficiales, et les règles de la chancellerie romaine qui s'y appliquaient.

Tout ce qui blessait le droit naturel ou présentait l'image d'une aliénation de la *liberté personnelle*, était en opposition avec l'esprit de réforme qui régnait alors : une loi du 13 février 1790 supprima les vœux monastiques, et releva les religieux de la *mort civile*, en maintenant toutefois ses effets pour le passé.

Les priviléges de masculinité et de primogéniture blessaient l'égalité : ces priviléges furent supprimés par décrets des 15 mars 1790 et 8 avril 1791.

Les substitutions, dont le but tendait nécessairement à enrichir une branche de la famille au préjudice des autres, ne pouvaient être vues qu'avec une extrême défaveur : l'abus en avait été senti, même dans le régime antérieur à la révolution, puisque l'ordonnance de 1747 en avait restreint l'usage; mais l'on n'était plus, dans la révolution, disposé à faire les choses à demi : une loi du 14 novembre 1792 prohiba toutes substitutions et abolit l'effet de celles qui n'étaient pas encore ouvertes.

Dans un tel mouvement des esprits, il était impossible que la faculté de disposer inégalement de son bien par donation entre-vifs, ou à cause de mort, ne fût pas ôtée à celui qui avait des enfants, et qu'elle ne fût pas même très restreinte, à l'égard de toutes autres personnes : un décret du 5 brumaire an II, développé dans la loi du 17 nivôse suivant, dont il prit le nom, fut porté à ce sujet; mais cette loi fut elle-même modifiée par plusieurs autres, en date des 3 vendémiaire an IV, 10 pluviôse an V, et 4 germinal an VIII.

Certaines coutumes excluaient les filles *dotées en mariage* de tout partage dans les successions paternelles et maternelles; et en d'autres lieux, il y avait eu des exclusions de même nature faites par des contrats de mariage : ces exclusions coutumières et contractuelles furent abolies, les premières par une loi du 8 avril 1791, et les secondes par une loi du 17 nivôse an II.

Ces dernières innovations regardaient les biens : en voici qui concernaient plus spécialement l'état des personnes.

Les ministres du culte catholique étaient depuis long-temps en possession des *registres de l'état civil* : sans doute ç'avait été primitivement l'ouvrage de la nécessité; en scrutant la nature de cette institution, l'on reconnut aisément que le droit de constater l'état de chaque citoyen, était un droit municipal et non une fonction pastorale : ce droit fut rétabli par une loi du 20 septembre 1792, et la tenue des registres de l'état civil, ôtée aux curés, fut remise à l'autorité municipale.

Des idées religieuses se rattachant à un culte *dominant* et *exclusif*, avaient, jusqu'à la révolution, fait considérer le mariage comme indissoluble, et la loi civile s'y était conformée, en consacrant cette indissolubilité la *liberté des cultes*, proclamée par nos assemblées nationales, était un principe dont il fallait suivre les conséquences, et la loi du 20 septembre 1792 admit la faculté de divorcer, en la soumettant à quelques épreuves.

Les enfants naturels reconnus, et nés d'un commerce qui n'était ni adultérin, ni incestueux, avaient fixé l'attention des nouveaux législateurs. Tout droit de successibilité était dénié à ces enfants par les anciennes lois : le 12 brumaire an II, cette successibilité fut rendue à ceux dont les père et mère étaient morts : les autres furent, pour la fixation de leurs droits dans les successions futures, renvoyés au Code civil, dont l'émission était alors considérée comme très prochaine [1].

Une autre institution relative à l'état des personnes, l'adoption d'un ou de plusieurs enfants, avait été admise *en principe*, et même plusieurs adoptions avaient été faites en conséquence, et sans attendre l'organisation du principe. Le Code a plus tard donné cette organisation; mais dans un ordre d'idées si différent de celui qui avait été primitivement annoncé, qu'il a semblé convenable de régler, par une loi particulière [2], l'effet des adoptions antérieurement faites.

Jusqu'à la révolution, l'âge de vingt-cinq ans avait été le point légal où commençait la pleine capacité de contracter comme *majeur* : d'après le progrès des lumières et l'état des sociétés modernes, il sembla utile de mettre la capacité *légale* plus exactement en harmonie avec la capacité *effective*, et la majorité fut fixée par la loi du 20 septembre 1792, à vingt-un ans accomplis.

Peu de temps auparavant, une grande restriction avait été apportée à la *puissance paternelle :* dans les principes du droit écrit, le fils de famille, majeur et même marié,

---

[1] La loi transitoire du 14 floréal an XI (4 mai 1803), a statué sur leurs droits.

[2] *Voyez* la loi transitoire du 25 germinal an XI (15 avril 1803).

restait soumis à cette puissance; de telle sorte que, sauf
certains pécules, il ne pouvait rien acquérir que pour son
père, *à moins qu'il n'eût été formellement émancipé par
lui.* La loi du 28 août 1792 abrogea cette législation, et
l'enfant *majeur* devint, par le seul effet de sa majorité,
capable de recueillir et garder pour lui-même le fruit de
ses travaux et de son industrie.

L'on vient d'indiquer quelques innovations faites ou
promises, relativement à certains points de *l'état des personnes*, dans la période que nous parcourons; mais les
contrats ordinaires avaient à subir aussi, en quelques
points, l'influence des nouveaux principes.

Dans la législation antérieure, la stipulation du plus
modique intérêt était réputée *usuraire* et *nulle* dans le
contrat de *prêt à temps;* l'argent prêté ne pouvait porter
intérêt qu'autant que le capital était réputé aliéné, c'est-
à-dire, qu'autant que le prêt était *fait à perpétuité*, et le
remboursement du capital ou des deniers prêtés, *laissé
à la volonté du débiteur*, pourvu qu'il payât exactement
les arrérages de la rente. Cette prohibition d'*intérêts*
dans le *prêt à temps*, tirait sa naissance d'un texte assez
mal appliqué de nos livres saints; sans doute il n'y a de
pure générosité que dans le prêt *sans intérêts*, et cette
condition serait même essentielle pour constituer un vrai
service, si ce mot ne comporte que l'idée d'un secours
gratuit; mais en laissant à l'écart toute idée de *service*
dans le prêt, pour n'y voir qu'un *contrat ordinaire*, l'assemblée constituante ne trouva rien d'immoral à ce que
le prêteur retirât quelque fruit d'un contrat, le plus ordinairement fort lucratif pour l'emprunteur lui-même, et
la loi du 2 octobre 1789 a réduit la question à ce point,
en ne considérant comme *usuraire* que l'intérêt excédant
le taux légal; cette loi favorisait l'industrie nationale par
une circulation plus active des capitaux.

Le commerce et l'industrie n'auraient pas recueilli
d'aussi favorables effets de la loi du 9 mars 1793, qui

abolissait la *contrainte par corps* pour toutes *dettes pu-*
rement civiles ; une philantropie mal entendue avait en-
gendré cette loi : les besoins réels de la société la firent
rapporter quatre ans après [1].

Mais un autre objet d'une grande influence sur la prospérité nationale, vint aussi, dans la période que nous
examinons, prendre place parmi les travaux des législateurs : c'était la matière des *hypothèques,* traitée dans un
système auquel on donnait pour bases essentielles la
spécialité et la *publicité :* la règle *prior tempore, potior*
jure, renfermait presque toute la doctrine du droit romain sur les *hypothèques ;* ainsi le créancier *antérieur*
l'emportait sur le créancier *postérieur ;* c'était la loi qui
veillait pour le plus ancien créancier hypothécaire, quel
qu'il fût, sans autre obligation que celle de vérifier sa
priorité par son titre, dans le concours qu'amenait la
discussion du débiteur. Mais jusque-là, cette priorité
était incertaine, puisqu'il n'y avait nul registre ni tableau
public qui pût éclairer les tiers sur la position de leur débiteur; cette ignorance menaçait également et celui qui
acquérait un fonds déclaré libre bien qu'hypothéqué, et
celui qui confiait son argent au propriétaire d'un bien
présumé libre, quoique réellement grevé; tous les contrats reposaient sur la *bonne foi* supposée au vendeur ou
à l'emprunteur, sans qu'il y eût aucun moyen de s'en assurer.

Les fâcheuses conséquences de cette incertitude avaient,
du moins en partie, été aperçues et senties dans le régime
antérieur à la révolution : un édit de 1771 avait introduit
certaines formalités à la faveur desquelles un acquéreur
pouvait purger les hypothèques; mais ce n'était qu'un
remède partiel et propre au cas de vente.

La loi du 11 brumaire an VII adopta des vues plus générales et plus complètes, à la faveur desquelles les éclair-

---

[1] *Voyez* la loi du 24 ventôse an V (14 mars 1797).

cissements puisés dans des registres publics pouvaient précéder le contrat même et en assurer pleinement l'effet.

Jusqu'à présent, nous n'avons indiqué fort sommairement que les changements survenus dans le fond même de la législation civile, pendant la période de 1789 à 1802. Ces changements assez importants par leurs objets, mais peu considérables par leur nombre, ne pouvaient former un ensemble de législation ; c'étaient quelques dispositions jetées çà et là pour être placées un jour dans un corps ou un cadre plus complet. Nous retrouverons dans le Code civil, sinon les mêmes dispositions, du moins la plupart des matières auxquelles elles s'appliquaient.

Mais après avoir parlé de ces changements, peut-on s'abstenir de parler de ceux que subit l'ordre judiciaire lui-même ? Cet ordre judiciaire est à la législation ce que la forme est à la matière, et de tels éléments sont peu divisibles.

Une grande réforme s'opérait dans le système politique et civil : les parlements avaient joué un grand rôle dans le régime que l'on renversait, et il était difficile qu'ils lui survécussent : les premiers coups les atteignirent donc, et la loi du 24 août 1790 organisa un nouvel ordre judiciaire dans lequel se présentaient d'abord les justices de paix et les bureaux de conciliation. C'était l'entrée du temple de la justice : en pénétrant dans le temple, si les voies amiables avaient été sans succès, l'on arrivait à des tribunaux appelés de *districts* qui, juges en première instance, des causes de leurs propres ressorts, devenaient juges d'appel les uns envers les autres, dans un ordre réglé, mais numériquement tel, qu'après des exclusions facultatives, le tribunal saisi de l'appel semblait l'être en vertu du choix commun des parties : cette ingénieuse idée échoua dans la pratique, et peu d'années s'écoulèrent avant qu'on fût obligé de revenir au mode hiérarchique de tribunaux de première instance et de cours d'appel avec ressorts fixes et distincts.

Au sommet de l'ordre judiciaire avait été placée pour assurer l'exacte application des lois, une cour chargée de casser les arrêts qui leur seraient contraires, et de maintenir par ce moyen une jurisprudence uniforme dans tout le royaume. (*Voyez* CASSATION.)

Cette belle institution créée et organisée par décrets des 13 août et 27 novembre 1790, est restée inébranlable au milieu de tous nos orages politiques : l'obligation imposée par la loi du 24 août 1790, à tous les tribunaux, de motiver leurs jugements, était aussi une innovation trop évidemment utile pour recevoir aucune atteinte des fluctuations propres à des temps où presque tout est *essai*, parceque tout est nouveau.

Les variations qui ont été remarquées dans quelques-unes des lois, même de l'ordre civil, qui appartiennent à cette époque, étaient donc un résultat de la position mobile où se trouvaient et les hommes et les choses.

Mais le moment approchait où plus d'union dans les volontés et plus de force dans le gouvernement allaient donner à la France le code civil qui lui était promis depuis long-temps.

Jetons donc maintenant un coup d'œil sur les circonstances dans lesquelles fut composé le Code civil.

Douze à quinze ans seulement avant l'époque qui va nous occuper, c'eût été une entreprise non-seulement difficile, mais dangereuse peut-être que d'introduire une législation civile *uniforme* chez un grand peuple dont le *territoire était un*, *et les nations diverses* [1]; mais cet obstacle était vaincu.

L'uniformité déjà introduite dans le régime politique avait préparé les esprits à l'uniformité dans le *droit civil :* la constitution de 1791 avait annoncé un *code civil ;* plusieurs projets avaient déjà paru sur cette matière, et au milieu des oscillations et des incertitudes qui naissent

[1] Grande idée et belles expressions tirées du *Discours préliminaire sur le Code civil*, par M. Portalis.

d'un état précaire et provisoire, la masse de la nation attendait comme un bienfait ce qu'elle n'eût autrefois accepté qu'avec répugnance, et peut-être après une vive résistance.

D'un autre côté, le *régime féodal*, incompatible avec toute bonne législation civile, était abattu; il ne restait plus à s'en occuper, et dégagé de sa funeste influence, un *code civil* pouvait sortir pur des mains de ses auteurs.

De même, il n'y avait plus à délibérer si l'on permettrait de reconstituer des biens de main-morte au profit des corps ecclésiastiques ; ce système était manifestement proscrit.

Cependant, et avec ces entraves de moins, ce n'était pas encore une œuvre très facile que celle de régulariser quelques institutions ébauchées, d'en modifier d'autres, d'embrasser le système général des lois, et surtout de faire accorder les principes du droit romain avec les idées propres aux pays coutumiers, sans faire violence à aucune région, et en prenant chez l'une et l'autre ce qu'il y avait de meilleur et de plus juste dans chacune.

Le grand *Frédéric*, lorsqu'il voulut perfectionner son ouvrage, avait appelé à son secours les lumières de tous les pays.

Le moyen d'arriver à de bons résultats par la coopération des hommes les plus instruits, n'a pas manqué à notre propre code.

Plusieurs essais infructueux avaient eu lieu, mais la route commençait à être tracée, lorsque la fameuse journée du 18 brumaire an VIII (novembre 1799) vint placer à la tête du gouvernement français l'un de ces hommes extraordinaires qui n'apparaissent que de loin en loin sur la scène du monde, et chez lequel il n'y avait point d'accès à la médiocrité, pas même dans ses fautes ou ses revers : le temps de ceux-ci n'était point encore arrivé; Napoléon se montrait tout animé du désir de légitimer sa magistrature par des actes utiles au peuple français.

C'était à ce premier magistrat, qu'au commencement de ce siècle, était dévolu le soin de donner à la France un code digne d'elle : c'était pour lui-même des palmes civiles à joindre aux lauriers de la victoire, et il voyait que ces palmes n'avaient pas été dédaignées par des princes que l'histoire avait salués du nom de *grands*.

A peine s'était-il écoulé sept mois depuis son élévation au consulat, lorsqu'à son retour de Marengo, le vainqueur de l'Autriche nomma une commission de quatre jurisconsultes [1] pour présenter au gouvernement un projet de *code civil*. Ces commissaires, jouissant d'une haute réputation de savoir et d'intégrité, se livrèrent avec un zèle extrême à l'honorable tâche qui leur était imposée ; ils l'avaient remplie, et leur projet était imprimé dès le 15 mars 1801, sept mois seulement après leur nomination.

A peine ce projet si important, d'une si grande étendue et se composant d'objets si variés, eût-il été soumis au chef du gouvernement, qu'il en ordonna l'envoi à toutes les cours judiciaires de France, afin de l'examiner et de communiquer toutes les observations qu'il pourrait leur suggérer : belle et noble pensée, qui honorait également et le chef à qui elle était venue, et les cours appelées à cette utile participation ! c'était la France entière qui était, par l'organe de ses principaux magistrats, admise, ou, plus exactement, conviée à préparer elle-même ses lois.

En d'autres temps, une telle mesure eût pu entraîner beaucoup de longueurs ; mais un grand zèle produisit en peu de mois ces nombreuses observations, qui, imprimées et distribuées pour lors, seront, pour tous les temps, un recueil précieux et bon à consulter.

[1] MM. Tronchet, Portalis, Bigot de Préameneu et Malleville ; on eût vu avec plaisir figurer parmi ces noms respectables, celui du célèbre auteur du *Répertoire universel de jurisprudence* et de l'ouvrage connu sous le nom de *Questions de droit*. M. Merlin de Douay, n'ayant été, qu'après l'émission du Code, appelé au conseil d'État, ne put y apporter le tribut de ses immenses lumières.

Pour en recueillir le fruit, l'examen de ces observations avait été renvoyé à la section de législation du conseil-d'État, aux travaux de laquelle furent associés pour cet objet, les auteurs même du projet de code.

Là, dans le silence du cabinet et des passions, fut reprise en entier une discussion où l'amour du bien public présida sans réserve : nul amendement jugé utile ne fut rejeté.

Ainsi épuré, mais devant l'être encore, ce fruit de tant de méditations fut porté au conseil-d'État, et là s'engagea cette intéressante discussion dont la conservation est due aux soins d'un secrétaire-général, dont les propres lumières étaient à la hauteur du sujet[1].

Parlerons-nous de la part que prit à cette discussion l'homme étonnant qui présidait ce conseil, et qui, élevé dans les camps, obtint plus d'une fois l'admiration des plus vieux jurisconsultes par la profondeur de ses vues en législation? Sa présence alors animait tout.

Dans ce conseil d'État, renfermant des connaissances de tout genre, siégeaient des hommes qui, durant la révolution, avaient marché sous diverses bannières; ils étaient alors unis; les nuances avaient disparu; l'oubli des opinions réciproques n'avait pas été proclamé, mais il était mis en pratique; il n'y avait plus qu'un parti, *celui du bien public*[2] : on ne rêvait plus d'*utopies*, mais il n'y avait point d'esprit de retour vers les vieux préjugés; put-on jamais se livrer, sous de plus heureux auspices, à la composition d'un code civil?

Sorti des mains du conseil-d'État, le projet de Code avait encore à subir quelques épreuves, et loin qu'on les redoutât, on allait au-devant d'elles : c'est ainsi qu'après la

[1] M. Locré, auteur de *l'Esprit du Code civil*. Les procès-verbaux qu'il a rédigés seront toujours l'un des plus précieux commentaires du Code.

[2] L'auteur de cette notice, membre alors de la section de législation, a été plus d'une fois le témoin et l'admirateur de cet heureux concours et de cette bonne harmonie.

discussion publique entamée au tribunat, on établit avec les sections de ce corps, des conférences préliminaires dont le résultat lui était reporté, et d'où il jaillit encore diverses améliorations, avant que le projet définitivement arrêté fût porté et soumis au corps législatif.

Là enfin, divisé en plusieurs titres et voté dans le cours de deux sessions, il acquit le caractère complet de *loi*, ce projet sur lequel on avait interrogé et scruté tant d'opinions : une loi postérieure a ordonné la réunion de toutes ces parties en un seul corps, qui a pris le nom de *Code civil des Français*.

Mais comment parler maintenant des dispositions de ce Code, et qu'y aurait-il à dire d'utile sur une multitude d'articles qui ne sont ni critiqués, ni susceptibles de critique? Nous nous bornerons à extraire de cette masse les dispositions qui se rattachent aux principales innovations, après avoir dit deux mots du cadre qui a été adopté par le Code civil.

Parmi les anciens cadres, celui qu'offraient les institutions de Justinien avait l'avantage d'être connu et pratiqué : on s'en est un peu éloigné; l'on a fait un titre préliminaire *sur le droit et les lois en général ;* ce titre répond à celui qui est placé le premier dans le corps même du premier livre des Institutes, et si notre code civil n'a que trois livres, c'est qu'on n'a pas jugé nécessaire d'y joindre le code de *procédure civile*, qui, de sa nature, répond au livre *des actions*, formant le quatrième des Institutes.

Après cette explication, parlons de ces trois livres, qui traitent :

Le premier, *des personnes ;*

Le second, *des biens et des différentes modifications de la propriété ;*

Le troisième, *des différentes manières dont on acquiert la propriété.*

Tout le *droit civil* entre dans cette division.

Le livre premier embrasse *la jouissance et la privation*

des droits civils, les actes de l'état civil, le domicile, l'absence, le mariage, le divorce, la paternité et la filiation, l'adoption et la tutelle officieuse, la puissance paternelle, la minorité, la tutelle et l'émancipation, la majorité, l'interdiction et le conseil judiciaire.

Le deuxième livre contient la *distinction des biens, la propriété, l'usufruit, l'usage et l'habitation; les servitudes ou services fonciers.*

Le livre troisième statue sur *les successions, les donations entre-vifs et les testaments, les contrats ou obligations conventionnelles en général, les engagements qui se forment sans convention, le contrat de mariage et les droits respectifs des époux, la vente, l'échange, le contrat de louage, le contrat de société, le prêt, le dépôt et le séquestre, les contrats aléatoires, le mandat, le cautionnement, les transactions, la contrainte par corps en matière civile, le nantissement, les priviléges et hypothèques, l'expropriation forcée et les ordres entre créanciers, la prescription.*

Dans ces diverses matières, le plus grand nombre reposait sur des principes dont la justice reconnue et l'application constante n'offraient pas d'issue à de graves difficultés; tels étaient les *contrats et obligations* si bien réglés, en général, par les lois romaines, que ces lois étaient devenues le *droit commun* de la France. Cependant les dispositions relatives à la *vente* et au contrat de *louage*, n'étaient pas si parfaites, qu'il n'y eût lieu d'y changer quelque chose. Qu'y avait-il, en effet, qui pût, de *droit commun,* attribuer à un *nouvel acquéreur* la faculté d'expulser un *ancien locataire,* et au *propriétaire* d'une maison, d'en faire sortir celui à qui il l'avait louée, s'il lui plaisait de *l'occuper lui-même?* Qu'une telle faculté puisse être l'effet d'une stipulation précise, cela se conçoit aisément; car cette convention n'a rien en soi d'illicite; mais que, sans elle, un contrat de louage fut dissous par le fait ou la volonté de l'une des deux parties seulement, cela ne pouvait raisonnablement subsister ; les lois *emptorem* et *œde* avaient déplacé le principe, le Code civil l'a rétabli.

D'autres améliorations d'un genre secondaire pourraient être citées sur d'autres matières ; mais jusqu'où cette notice s'étendrait-elle, s'il fallait passer en revue tous les titres du Code ? Arrêtons-nous donc à quelques dispositions d'un *ordre majeur*, et surtout à celles qui peuvent le mieux caractériser l'*esprit* du législateur ; car là où les détails échappent par leur multiplicité, c'est l'*esprit* qu'il faut saisir, et c'est par lui que l'on peut juger de l'ensemble.

Prenons d'abord nos exemples dans la législation appelée *intermédiaire*[1], et comparons cette législation avec celle du Code, relativement au *divorce*, aux *enfants naturels*, aux *successions*, aux *substitutions*.

La loi du 20 septembre 1792 avait donné au *divorce* une telle latitude, que l'institution du mariage semblait ébranlée jusque dans ses fondements ; le Code civil, au contraire, soumettait le divorce à tant d'épreuves et de sacrifices, qu'ils devenaient eux-mêmes la preuve évidente du besoin de dissoudre l'union.

La loi du 2 brumaire an II tendait à procurer aux enfants *naturels reconnus* un état et des droits presque semblables à ceux des enfants *légitimes* : le Code civil a pris un juste milieu entre l'ancienne législation qui refusait presque tout, et la nouvelle, qui accordait trop : une *quotité* des biens reste dévolue, à *titre de créance*, à l'enfant naturel ; assez élevée dans les cas ordinaires, elle décroît, si l'enfant naturel se trouve en concours avec des *enfants légitimes*, comme cela peut arriver, lorsqu'après la reconnaissance d'un enfant naturel, son père se marie.

La loi du 17 nivôse an II réduisait presqu'à rien la faculté de tester, même à l'égard des personnes qui n'avaient point d'enfants ; cette loi avait déjà été modifiée par d'au-

---

[1] On entend par ce nom la législation de 1789 à 1802.

tres, lorsque le Code civil, en consacrant la disponibilité en général, a néanmoins posé des limites aux inégalités que le père de famille voudrait introduire entre ses enfants : ces limites sont plus restreintes que celles de l'ancien droit.

La loi du 14 novembre 1792 avait aboli les *substitutions*. Le Code civil n'a point voulu les rétablir; mais il a voulu subvenir aux justes sollicitudes qu'un fils ou un neveu prodigue pouvait inspirer à son père ou à son oncle ; et il a introduit une espèce de substitution, ou disposition qui, limitée à un seul degré et renfermée dans un cercle très étroit de personnes, n'a pour but que de préserver d'une ruine prochaine les enfants d'un dilapidateur.

Dans ces différents points de comparaison, tout l'avantage appartient évidemment au *Code civil*; mais s'il a corrigé quelques innovations, ce n'a pas été en haine des institutions nouvelles.

Le projet de Code n'admettait pas l'*adoption* : les savants auteurs de ce projet n'avaient fixé leurs regards que sur l'adoption romaine où s'opérait une *exacte mutation de famille*, avec des effets peu compatibles avec nos idées et nos mœurs. Préoccupés de cette pensée, ils avaient écarté de leur ouvrage, cette institution annoncée et promise depuis plusieurs années; mais ne pouvait-on la modifier d'une manière analogue à notre état social? C'est ce qu'a aperçu le législateur et ce qu'il a fait. La fiction s'est arrêtée au point convenable, et l'institution bienfaisante est venue se classer parmi nos lois.

Le projet de Code, au titre de l'*interdiction*, frappait également le prodigue et l'insensé; cependant puisqu'il y a des degrés dans la nature, et des nuances dans les espèces, il peut en exister aussi dans les lois : tel homme se trouve dans un état moral qui ne comporte ou ne mérite pas une *interdiction absolue*, et qui n'appelle que le secours dû à une passion déréglée; le Code a donc, pour le cas de prodigalité, admis le *conseil judiciaire*, qui ne frappe pas l'individu d'une incapacité absolue, mais subordonne seulement la validité de ses actes à l'assistance de son conseil.

Le projet de Code n'admettait pas le nouveau système hypothécaire, et lui avait préféré les dispositions de l'édit de 1771, sur les lettres de ratification; mais cet édit n'avait qu'imparfaitement pourvu aux besoins de la société [1], et le nouveau système a été maintenu avec quelques modifications.

C'est ainsi que puisant, tant dans l'ancien que dans le nouveau droit, ce que chacun pouvait offrir de bon et d'utile, les auteurs du Code civil ont marché d'un pas impartial vers un but raisonnable.

Pour l'atteindre, ils ne devaient point perdre de vue que la loi qu'ils préparaient était destinée à un vaste territoire jusque-là régi par des législations fort diverses.

Cette difficulté était grande, et elle se fit principalement sentir dans la discussion du titre relatif au *contrat de mariage et aux droits respectifs des époux.*

Une grande partie de la France avait adopté et suivait la *communauté de biens :* une autre partie suivait un régime tout opposé, appelé *régime dotal.* Dans un acte aussi important, comment établir l'uniformité sans froisser d'anciennes habitudes, ou comment laisser un libre cours aux habitudes, sans blesser l'uniformité?

Dans cette position, le Code a introduit une espèce de transaction : il a fait de la communauté de biens le *droit commun* et du régime dotal le *droit exceptionnel,* en donnant à chacun son organisation propre, mais sans distinction d'aucune partie du territoire; et de telle sorte qu'il n'y ait partout où les époux voudront suivre le droit exceptionnel, que ces paroles à prononcer, ou d'autres équivalentes : *nous entendons être mariés sous le régime dotal.*

---

[1] *Voyez* ce qui a été dit plus haut sur ce sujet.

Avec tant de précautions et de tempéraments, il n'y avait à craindre ni secousses, ni murmures, et le résultat a répondu à l'attente : le Code civil, composé dans le meilleur esprit, n'avait pu l'être dans un temps plus opportun; *plus tôt* on eût couru le risque des exagérations, et *plus tard* celui des déviations opposées : à son apparition, il a été reçu comme un bienfait, et vingt ans d'expérience ont confirmé ses avantages.

Terminons ici une notice qui serait bien loin de son terme, si elle devait porter sur tous les détails du Code civil : peut-être n'est-elle déjà que trop longue, si l'on juge son point de départ pris d'un peu haut ; mais était-il sans intérêt de connaître le chemin que la société a fait pour arriver du chaos féodal à un bon code civil ? Le voyageur portant ses regards sur les pas difficiles qu'il a franchis, n'en goûte que mieux la douceur du repos au terme de son voyage.

Mais pourquoi, lorsque nous voudrions nous arrêter sur cette riante image, certains changements que nous sommes bien loin de considérer comme des améliorations, viennent-ils nous inspirer de douloureuses réflexions ? Comment le *divorce*, modifié de telle sorte que depuis plus de quinze ans, il n'en avait été prononcé qu'un bien petit nombre sur le vaste sol de la France, a-t-il disparu du Code civil ? Ah ! que deviendront et ce code et tout l'ordre judiciaire, si les maximes exclusives de l'église romaine viennent dicter la législation générale de l'État, et si les décrétales reparaissent comme règles pour les tribunaux ? Cette première brèche au droit civil ne peut-elle en amener beaucoup d'autres, tout à la fois affligeantes pour les citoyens, et funestes pour le gouvernement lui-même ? *Quod Deus avertat!* Th. B.

CODICILLE. (*Législation.*) *Voyez* Testament.

COEUR. (*Histoire naturelle.*) Cet organe important chez un grand nombre d'animaux, et particulièrement chez l'homme, ayant occupé le lecteur dans l'article *Cir-*

culation, sous les rapports de l'anatomie et de la physiologie, il ne nous reste qu'à signaler cette apparente bizarrerie de l'organisation, qui en fait, pour ainsi dire, le centre de la vie chez les animaux réputés parfaits, tandis que les animaux inférieurs, vivants qu'ils soient, en sont souvent absolument privés. Vrai moteur du sang ou de ce qui est analogue à ce fluide, partout où le cœur existe, il suppose l'existence d'un appareil digestif, par lequel le sang doit être préparé, et d'un appareil respiratoire, par lequel les qualités que ce sang a perdues en parcourant la machine, lui doivent être rendues par le contact de l'air.

Dans aucun microscopique, où la transparence du corps laisse distinguer les moindres parties internes de l'animal, nous n'avons reconnu de cœur ; et cet organe n'y peut effectivement exister, puisque nul tube alimentaire n'y prépare le fluide qu'il est destiné à mettre en mouvement. Ce sont bien évidemment les organes digestifs, qui se manifestent les premiers, à mesure que l'organisation se complique; viennent ensuite des cirrhes et des appareils rotatoires, ébauches de l'appareil qui sert à la respiration, dans ces brachionides, qui forment le passage aux crustacés; dans ceux-ci semble se préparer une sorte de cœur qu'on trouve enfin chez les seconds, ainsi que chez les arachnides, et qui se perfectionnant dans les classes plus élevées, devient indispensable et complet dans les oiseaux et dans les mammifères, où il est presque doué d'une vie propre et comme indépendante, à certains égards.

En suivant l'embranchement, qui par les psychodiaires et par les vorticelles, conduit aux rayonnés, le cœur manque, et on ne le retrouve pas même chez les insectes, articulés et déjà si compliqués, puisqu'ils sont doués d'un système respiratoire très développé. Il est vrai que ces animaux offrent dans leur vaisseau dorsal quelque chose d'analogue, et comme une sorte de cœur rudimentaire; mais ce tube, où le fluide contenu, sans communications apparentes avec le reste des parties, a été regardé comme tout autre chose qu'une liqueur sanguine, est-il bien un ébauche de cœur? la chose est loin d'être démontrée.

Ne dirait-on pas qu'en toute chose et en tout lieu, la puissance créatrice procéda par essai et avec économie? Dans les premiers animaux formés des principes moléculaires, obéissant à des lois invariablement impérieuses, la vie ne se manifeste guère que par la locomotion. Un système capable de déterminer cette commotion suffisait donc, et probablement des nerfs, qui échappent à nos moyens d'investigation, constituent ce système. Réduits à ce simple appareil, les premiers enfantements de la molécule obéissante qui tend à l'animalisation, ne pourraient ni croître, ni se reproduire, ni raisonner; l'appareil digestif les vient bientôt compliquer pour leur faciliter ces actes; des trachées, des branchies ou des poumons s'y ajoutent; le cœur vient le dernier, et de ce concours de superpositions d'organes, la création s'élève du *monas* à l'homme de génie. Ce cœur, complément de notre existence, n'apparaît pas d'abord parfait, et tel qu'il est chez les vertébrés, où son développement et ses rapports avec l'appareil respiratoire produisent enfin la température particulière à laquelle les animaux à sang chaud doivent peut-être la plénitude de la vie; et tel est le rôle que joue ce cœur, organe essentiellement complémentaire, qu'autant il est encore voisin de l'état rudimentaire ou imparfait, autant il peut supporter de lésions, sans que l'être chez lequel on le mutile cesse de vivre. Dans les poissons, dans les reptiles même déjà si compliqués, il peut être supprimé, et les fonctions qui résultent des autres organes, n'en sont d'abord nullement altérées en apparence. Une salamandre terrestre à laquelle j'avais adroitement enlevé le cœur, a paru pleine de vie encore pendant plus de quatre jours, et n'est même définitivement morte que dans la semaine suivante, tandis que la partie extraite palpitait encore le lendemain de l'opération. Cette expérience a été faite par beaucoup d'autres avant moi, et notamment sur des grenouilles; mais qu'on blesse le moins du monde le cœur des oiseaux et des mammifères, et que les ventricules ou les oreillettes y soient à peine intéressés, la destruction sera subite.

Je sais bien que certains auteurs parlent d'hommes qui ont vécu après que le cœur leur fut arraché; et Haller même, dont l'autorité ne laisse pas que d'être respectable, dit avoir vu, de ses yeux, trois conspirateurs condamnés à mort, prier, contempler et parler encore sur l'échafaud, quand le bourreau leur eût fait subir cet épouvantable supplice. Quel temps, grand Dieu! que celui où l'on faisait de pareilles exécutions, et où des médecins y assistaient! Ne se sent-on pas le cœur comme serré au seul récit de si grandes horreurs? quel esprit infernal y put jamais pousser des hommes? Ce fut là cependant un des châtiments que l'on imagina lors de la restauration des Stuarts!.... L'affection douloureuse que nous croyons éprouver dans cet organe, à de pareils récits ou dans les chagrins violents et subits, lui est cependant tout à fait étrangère; car, le croirait-on, ce centre de vie paraît être à peu près dépourvu de sensibilité; mais ce qu'on appelle *serrement de cœur* est tel cependant, que les anatomistes eux-mêmes, qui savent bien ce qu'il en est, emploient cette expression vulgaire pour rendre l'effet que leur fait éprouver une peine morale ou quelque injure. De là les fausses idées que le commun des hommes s'est fait du rôle que joue le cœur dans nos passions, auxquelles cette espèce de muscle ou de viscère demeure étrangère. De là cette opinion qui fait supposer un grand cœur aux hommes d'un haut caractère; et cependant Philippe II, ce démon du Midi, le plus lâche des tyrans, ainsi que son indigne duc d'Albe, avaient le cœur énorme, selon la remarque

de ceux qui furent chargés d'embaumer ces deux monstres, qui reposent sous les tombeaux des rois.

Chez les annélides qui ont le sang rouge, on trouve déjà
une sorte de cœur; chez les mollusques cette partie se dessine et se complique bientôt d'une manière qui décèle
l'importance qu'elle doit atteindre en prêtant un plus
puissant moteur aux classes plus élevées. On a décrit le
cœur des mammifères en parlant du nôtre, dans l'article *Circulation*. Celui des poissons et des reptiles ne
présente encore qu'un ventricule, et les batraciens mêmes
n'y ont qu'une oreillette.   B. DE ST.-V.

COEUR. (*Anatomie.*) *V*. CIRCULATION.

COEUR (MALADIES DU). (*Médecine.*) Les maladies du
cœur ne sont pas maintenant plus communes qu'autrefois; mais depuis que les médecins se livrent avec plus
de soin à l'ouverture des corps; depuis qu'ils s'occupent
de rechercher avec plus d'exactitude la cause de beaucoup de symptômes que l'on regardait auparavant comme
autant de maladies; depuis que les savants professeurs
Corvisart et Laennec ont mieux décrit ces maladies, et
indiqué les moyens de les reconnaître, on les a mieux
connues, parcequ'on les a étudiées avec plus d'attention.

On ne s'étonnera pas de la fréquence des maladies du
cœur, quand on se rappellera que cet organe est en action dès que la vie commence, et qu'il ne cesse d'agir
qu'avec elle; en sorte qu'en prenant pour terme moyen
des battements du cœur soixante-dix pulsations par minute, on trouve que, chez un homme qui a vécu quatre-
vingt-dix ans, le cœur a donné trois milliards trois cent
onze millions deux cent quatre-vingt mille pulsations. Les
passions, les affections de l'ame, les diverses maladies,
surtout celles des poumons, en agissant avec plus ou
moins d'activité sur le cœur, modifient la fréquence, la
force et la régularité de ses contractions, et occasionent
souvent le développement de ses maladies. Si l'on ajoute
encore les vices de conformation, les dispositions héré-

ditaires et les nombreuses causes qui font naître les autres états morbides, et à l'influence desquelles le cœur est aussi-bien soumis que les autres organes, on sera étonné que ses lésions ne soient pas encore beaucoup plus fréquentes.

Les divers éléments qui entrent dans la composition du cœur, ainsi que les différentes cavités qui le constituent, peuvent être ensemble ou séparément le siége de nombreuses maladies. On donne le nom de *péricardite* à l'inflammation du péricarde, membrane qui recouvre la face externe du cœur. Cette même membrane peut aussi être affectée d'hydropisie ou *hydropéricarde*, et de toutes les maladies communes aux membranes séreuses. On trouve les parois des cavités du cœur, formées d'un tissu musculaire très contractile, et d'une petite quantité de tissu fibreux, affectées d'*anévrisme*, d'*hypertrophie*, d'*atrophie*, de *cardite*, d'*ulcération*, de *perforation* spontanée ou consécutive, de trouble dans le rhythme habituel de leurs contractions, trouble que l'on connaît sous le nom de *palpitations*. Ces parois peuvent aussi présenter les *dégénérescences* cancéreuse, graisseuse, cartilagineuse et osseuse. Enfin, on trouve dans leur épaisseur et dans les cavités qu'elles forment, des kystes, des hydatides, etc. La membrane qui tapisse les cavités du cœur n'est pas non plus exempte de maladies. L'inflammation de la totalité ou de l'une de ses parties, les *végétations*, les *ossifications* que l'on observe principalement sur les valvules qu'elle forme, et les *rétrécissements* des orifices artériels et auriculo-ventriculaires, constituent les lésions que l'on y observe le plus souvent. Il faut joindre à ces maladies les plaies, et enfin les vices de conformation qui amènent souvent des dérangements dans les fonctions de cet organe. Parmi ces vices, l'un des plus remarquables, la communication des oreillettes par la persistance du trou de Botal, constitue l'affection connue sous le nom de *maladie bleue*.

Telles sont les maladies les plus remarquables qui affectent le cœur. Les bornes dans lesquelles nous devons nous resserrer nous empêchant d'en faire l'histoire détaillée, nous donnerons une courte description de plusieurs de celles que nous venons d'énumérer, et nous exposerons ensuite, d'une manière générale, les symptômes qui les accompagnent, les accidents qu'elles occasionent et les moyens à l'aide desquels on peut les prévenir et les combattre.

ANÉVRISME. (*Voyez* ce mot.) L'anévrisme du cœur consiste dans la dilatation d'une ou de plusieurs des cavités de cet organe. On appelle anévrisme passif, celui qui est accompagné de l'amincissement des parois du cœur, et anévrisme actif, celui qui existe avec épaississement de ces parois. Cette dernière espèce doit être regardée comme une complication d'anévrisme et d'hypertrophie.

Parmi les causes générales que nous avons signalées des maladies du cœur, les affections morales tristes, jointes à une disposition particulière, sont celles qui occasionent le plus souvent les anévrismes du cœur, en gênant le cours du sang et en refoulant, pour ainsi dire, ce fluide vers l'organe central de la circulation. Les ventricules du cœur sont, plus communément que les oreillettes, affectées d'anévrisme. Cette maladie se développe plus souvent vers l'âge mûr et la vieillesse, qu'aux autres époques de la vie : les hommes y sont plus exposés que les femmes.

La couleur particulière du visage des individus qui en sont affectés, le trouble que présente la circulation, les battements étendus, mais moins forts que dans l'hypertrophie, sont, avec les autres symptômes dont nous parlerons en décrivant les maladies du cœur en général, des signes à l'aide desquels on reconnaîtra facilement l'existence de cette maladie. Sa durée peut être fort longue lorsqu'on suit avec exactitude un régime convenable, et que nous indiquerons plus tard. Dans le cas contraire, la dilatation du cœur fait des progrès; les parois de l'organe s'a-mincissent, se perforent quelquefois, et il survient une hémorrhagie mortelle en quelques secondes. Le plus souvent, l'amincissement n'arrive pas à ce degré funeste, mais l'augmentation du volume du cœur amène les suites fâcheuses et les accidents dont nous parlerons à la fin de cet article. On trouve à l'ouverture des sujets qui ont succombé à cette grave maladie, le cœur doublé, triplé ou quadruplé de volume; le foie et les membranes muqueuses des voies digestives souvent gorgées de sang, et les membranes séreuses remplies d'une grande quantité de sérosité.

ATROPHIE du cœur, α privatif, τροφη, nourriture: *Amaigrissement*. Cette affection, signalée surtout dans ces derniers temps, est plutôt une maladie consécutive que primitive. Elle consiste dans la diminution d'épaisseur des parois du cœur, et dans la diminution de leur cavité. On l'observe à la suite des maladies de longue durée, pendant lesquelles la diète et les saignées ont été mises long-temps en usage. Comme, dans ce cas, le cœur n'éprouve qu'une véritable émaciation, il est probable que par le rétablissement de la santé, il reprendrait, comme les autres organes, son volume ordinaire et qu'alors l'atrophie disparaîtrait.

CARDITE. C'est ainsi que l'on désigne l'inflammation du tissu musculaire du cœur. Il est très rare de voir cette maladie envahir la totalité de l'organe; mais on possède quelques observations dans lesquelles l'existence de pus trouvé dans une partie circonscrite du cœur, ne laisse point de doute sur la possibilité de cette phlegmasie. Le peu de fréquence de cette inflammation fait qu'elle est, ainsi que beaucoup d'autres maladies du cœur, fort peu connue. Il paraît d'ailleurs que son développement peut avoir lieu sans de grands dangers, puisque Benivénius trouva un abcès dans les parois du cœur d'un pendu, qui ne paraissait pas malade au moment où il subit son supplice.

Les ulcères et les perforations du cœur, qui sont, le plus souvent, la suite de cardites partielles, sont également difficiles à reconnaître et à prévoir. L'un de nous a beaucoup connu une dame dont l'existence paisible, partagée entre des devoirs pieux et charitables, était depuis long-temps exempte de trouble et d'agitation. Parvenue à un âge assez avancé, cette dame jouissait d'une bonne santé et venait seulement d'éprouver, sans fièvre notable, un peu de toux et d'insomnie, lorsqu'elle mourut tout-à-coup. Nous trouvâmes, avec M. Cayol, le péricarde rempli de sang et une perforation de quelques lignes de diamètre au ventricule gauche, dont le volume n'était pas sensiblement augmenté.

La membrane qui tapisse l'intérieur du cœur, est susceptible d'inflammation. Nous avons eu occasion d'observer un de ces faits à l'Hôtel-Dieu. La couleur violette du visage, l'anxiété du malade, les mouvements tumultueux du cœur, la petitesse, la fréquence et l'intermittence du pouls, le développement subit et la marche rapide de la maladie caractérisaient cette funeste inflammation.

Dégénérescences. Les diverses maladies que nous venons d'indiquer, dont le diagnostic est si difficile et qui, en certains cas, amènent dans l'économie des troubles mortels et dans d'autres passent sans être aperçus, pour ainsi dire, sont peut-être, par les modifications qu'elles occasionent dans l'assimilation, et en général dans la nutrition de l'organe, la cause des nombreuses dégénérescences, dont on le trouve affecté. On a vu le viscère devenir en grande partie cancéreux. Récemment M. Ségalas a présenté à l'Académie royale de Médecine, un cœur dont une grande portion avait subi cette altération. Cet organe avait appartenu à un jeune garçon de onze ans, jouissant habituellement d'une assez bonne santé, et qui éprouva seulement, pendant les derniers jours de son existence, des symptômes qui firent soupçonner une maladie du cœur; la mort survint subitement. Les dégénérescences cartilagineuse et grais-

seuse d'une partie plus ou moins considérable du cœur
ont été observées quelquefois. On trouve dans les Mémoi-
res de Trévoux un exemple d'ossification du cœur, mais
ces diverses affections n'occupent jamais qu'une portion
de l'organe; car la vie cesserait avant que sa totalité pût
en être atteinte. L'ossification des tendons qui se rendent
aux valvules bicuspide et tricuspide, l'ossification de ces
mêmes valvules, de celles que l'on appelle sigmoïdes et du
tissu fibreux qui forme le contour des orifices auriculo-
ventriculaires, sont, ainsi que les végétations que l'on y
rencontre, des lésions accompagnées de symptômes assez
remarquables pour n'être point méconnues par un médecin instruit et attentif.

HYDROPÉRICARDE. ὕδωρ, eau. περικάρδιον, péricarde. On
connaît sous ce nom l'hydropisie du péricarde ou l'accumulation d'une quantité plus ou moins grande de sérosité
dans la cavité de cette membrane. Comme toutes les hydropisies, cette maladie peut être idiopathique ou symptomatique, aiguë ou chronique; tantôt on trouve une livre
de sérosité épanchée, tantôt cette quantité s'élève jusqu'à
six, sept ou huit livres. Ce liquide est quelquefois incolore,
mais le plus souvent, quoique parfaitement limpide et
sans aucun mélange de flocons albumineux, il présente
une teinte citrine, fauve ou même rousse; rarement elle
est sanguinolente.

La cardite aiguë ou chronique, les anévrismes et les
autres maladies du cœur, sont les causes les plus ordinaires de l'hydropéricarde symptomatique; l'hydropéricarde idiopathique est très rare, ses causes sont les
mêmes que celles qui déterminent la formation des autres
hydropisies. Les principales sont : l'affaiblissement de la
constitution, la cessation d'équilibre entre l'exhalation
et l'absorption du fluide qui lubrifie les membranes séreuses.

Outre les signes généraux des maladies du cœur, on
observe dans l'hydropéricarde une fluctuation plus ou

moins marquée dans la région précordiale ; les malades
éprouvent quelquefois la sensation d'un déplacement de
liquide, lorsqu'ils font quelque mouvement ; les téguments
de la région du cœur sont très souvent œdématiés. Lorsque
la maladie est simple, et la quantité de sérosité peu considérable, cette affection n'est pas très grave, et l'on
peut espérer qu'elle se terminera heureusement, par les
moyens que nous indiquerons pour les hydropisies en général. On a proposé pour la guérir de faire dans le péricarde une injection irritante qui déterminerait l'adhérence
des surfaces de cette membrane, et s'opposerait ainsi à
l'accumulation d'une nouvelle quantité de sérosité. Mais
cette opération, très utile pour la cure radicale de l'hy-
drocèle, ne pourrait point être employée sans de grands
dangers, dans le traitement de l'hydropéricarde, et elle
doit être entièrement rejetée.

HYPERTROPHIE, ὑπερ, sur. τροφη, nourriture. *Surnutri-
tion.* On entend par ce mot, l'augmentation d'épaisseur de
la substance musculaire qui constitue les parois du cœur
sans agrandissement dans la capacité des ventricules et des
oreillettes qui, dans quelques cas, est au contraire manifestement diminuée. C'est surtout M. Laennec qui a fixé
l'attention des médecins sur l'existence de cette maladie.
Elle affecte les ventricules plus ordinairement que les
oreillettes et se développe souvent en même temps que les
anévrismes. Cette complication constitue l'anévrisme actif
des auteurs.

L'hypertrophie tient souvent à une disposition congé-
nitale, dans d'autres circonstances elle est occasionée
par les obstacles que chacune des cavités du cœur peut
éprouver pour transmettre le sang dans la cavité qui la
suit. Ainsi, l'ossification des valvules sygmoïdes, le rétrécissement de l'artère aorte et des branches qui en naissent,
produisent l'hypertrophie du ventricule gauche. Le rétrécissement de l'orifice auriculo-ventriculaire gauche,
par l'épaississement du cercle fibreux qui le forme, ou

les maladies de la valvule mitrale, occasionent l'hypertrophie de l'oreillette gauche. On conçoit bien, en effet,
que le sang étant repoussé vers le cœur par les obstacles
qu'il rencontre, doit, par ce refoulement, en dilater
les cavités et développer un anévrisme, ou bien exciter
l'irritabilité et la contractilité de l'agent de la circulation,
augmenter son action et sa nutrition et produire ainsi l'hypertrophie. Telle est du moins la théorie la plus admis-
sible, selon nous, pour expliquer la formation de certaines hypertrophies du cœur.

On reconnaît cette maladie à la vigueur des contractions du cœur, et l'on distingue quelle est la cavité
affectée en examinant à quel endroit de la région précordiale les battements présentent plus de force. C'est
derrière le sternum que l'on peut percevoir, à l'aide de
l'oreille ou du stéthoscope (*voyez* ce mot), les contractions du ventricule droit. C'est vers le mamelon gauche
que l'on distinguera, par les mêmes moyens, les battements du ventricule gauche. Cet examen local et l'existence
des symptômes communs aux maladies du cœur ne per-
mettront pas de confondre l'hypertrophie avec les autres
lésions de cet organe.

En s'opposant de bonne heure aux progrès de cette
maladie, on peut en empêcher l'accroissement. Les
moyens qui conviennent le mieux pour y parvenir, sont
d'abondantes saignées, de larges cautères appliqués sur
la région précordiale, la diète, le repos et tous les
médicaments qui ont la propriété de ralentir la circulation.

MALADIE BLEUE OU CYANOSE, de Κυανός, bleu. C'est
ainsi que l'on désigne une conformation vicieuse, congé-
nitale et rarement accidentelle que présente le cœur.
Elle consiste dans la persistance du trou de Botal après la
naissance, ou quelquefois dans la perforation de la cloison
des ventricules. De sorte que dans le premier cas les
deux oreillettes communiquent l'une avec l'autre, et que

dans le second ce sont les ventricules qui se trouvent en communication.

Le principal effet de cette conformation vicieuse est de permettre le mélange du sang veineux et du sang artériel dans le cœur ; d'où il résulte que l'artère pulmonaire envoie au poumon, et l'artère aorte à toutes les parties du corps, un mélange de sang qui trouble toutes les fonctions, occasione des syncopes très fréquentes, une gêne de la respiration plus continuelle que dans les autres maladies du cœur, et une couleur violette ou bleuâtre du visage, beaucoup plus remarquable que dans d'autres affections. On observe quelquefois cette teinte sur toute la peau, et même dans d'autres organes, à la langue, etc., etc. Cette couleur bleuâtre est, dans cette maladie, bien plus marquée que dans l'empysème du poumon où elle existe également. Aux symptômes que nous venons d'énumérer, il faut joindre un refroidissement constant des membres et les symptômes généraux communs à la plupart des maladies du cœur.

Cette lésion, lorsqu'elle est portée à un certain degré, cause la mort peu de temps après la naissance. Dans quelques cas l'accroissement des valvules qui forment le trou de Botal, peut en diminuer les effets suffisamment pour ne point nuire à l'entretien de la vie. C'est même à ce vice de conformation que quelques personnes attribuent la faculté que certains plongeurs ont de rester pendant long-temps sous l'eau. Enfin on peut espérer qu'avec le temps la cloison des oreillettes se fermera complètement, et que les accidents de la cyanose disparaîtront.

Palpitations. On donne ce nom à des battements du cœur, sensibles et incommodes pour le malade, plus fréquents que dans l'état naturel et quelquefois inégaux sous les rapports de la fréquence et du développement.

Tantôt ces palpitations tiennent à une augmentation de l'action musculaire, déterminée par l'influence nerveuse ou toute autre cause analogue; tantôt elles sont occasionées par une maladie organique du cœur.

Les symptômes qui les caractérisent sont communs à beaucoup d'autres maladies de cet organe. Il faut toute l'attention d'un médecin pour ne point confondre les simples palpitations nerveuses avec celles qui dépendent d'un anévrisme ou de toute autre lésion du cœur. Le traitement des unes et des autres ne diffère pas moins que les causes qui les ont occasionées. Les palpitations que l'on observe dans l'enfance, surtout chez les jeunes filles, se passent ordinairement à l'époque de la puberté, par les seuls efforts de la nature.

Perforation ; voyez ci-dessus *Cardite* et *Maladie bleue.*

La Péricardite est l'inflammation de la membrane séreuse qui, après avoir tapissé la face interne du feuillet fibreux du péricarde, se réfléchit sur les gros vaisseaux et le cœur qu'elle revêt en entier. Cette inflammation peut être aiguë ou chronique. Elle est souvent accompagnée de l'inflammation d'une autre membrane séreuse. Lorsqu'on examine un péricarde atteint de cette maladie, on le trouve légèrement rouge et tapissé par une exsudation pseudo-membraneuse qui ressemble beaucoup à la surface interne du second estomac du veau, connu sous le nom de *bonnet;* sa cavité est remplie d'une sérosité tantôt citrine, et tantôt sanguinolente. Lorsque la maladie est ancienne, les surfaces qui composent cette cavité sont réunies entre elles par des adhérences plus ou moins intimes.

Parmi les causes de la péricardite, nous citerons la suppression de la transpiration, les blessures faites à la région précordiale; enfin on peut joindre à ces causes toutes celles à la suite desquelles les phlegmasies de la poitrine se développent. Il n'est pas de maladie plus difficile à reconnaître que la péricardite; les meilleurs observateurs conviennent que « quelquefois elle est telle-

ment latente, qu'après avoir vu succomber le malade,
dont les organes circulatoires paraissaient être dans le
meilleur état, on est surpris de trouver, à l'ouverture
du corps, une péricardite grave, dont rien n'avait pu
faire soupçonner l'existence. Dans d'autres cas, on observe tous les signes attribués par les nosographes à la
péricardite, et l'on ne trouve, à l'ouverture, aucune
trace de cette maladie. » (Laennec, *Ausculation*. T.
II, p. 378.) Les signes les plus ordinaires de la péricardite, sont : la sensation d'une chaleur concentrée
dans la région du cœur ; des palpitations douloureuses
et irrégulières ; un pouls petit, dur, fréquent, intermittent et irrégulier ; la gêne de la respiration portée quelquefois jusqu'à la suffocation ; une altération particulière des traits du visage ; une douleur vive de la région précordiale lorsqu'on la touche, etc.

Il est rare que cette maladie soit seule ; le plus souvent elle est accompagnée de pleurésie ou de pneumonie,
ce qui rend encore son diagnostic plus difficile. Heureusement le traitement que l'on mettrait en usage pour la
guérir, convient aussi dans ces autres affections. Il consiste dans l'emploi des saignées, des révulsifs et de divers moyens indiqués par les causes, les complications
et la gravité de la maladie.

Parmi les principales maladies du cœur que nous venons de décrire brièvement, les plus graves et les plus
fréquentes sont la dilatation des ventricules, l'épaississement de leurs parois et la réunion de ces deux
affections ; la persistance du trou de Botal et la perforation de la cloison des ventricules qui causent la
cyanose ou maladie bleue ; l'ossification des valvules
sygmoïdes de l'artère aorte, celle de la valvule mitrale ; les excroissances développées sur les mêmes parties ; les productions et les diverses dégénérescences
que l'on observe dans le cœur, sont des affections beaucoup plus rares que les premières, et qui, pour la plu-

part, n'altèrent la santé qu'en devenant la cause de l'hypertrophie ou de la dilatation des ventricules.

Les maladies du cœur sont accompagnées de symptômes communs qui dépendent du trouble de la fonction lésée et des dérangements que les autres fonctions en éprouvent. Ces symptômes sont des battements plus ou moins forts et étendus dans la région précordiale. Ils augmentent par l'action de monter, par une marche rapide et des affections vives de l'ame. Quelquefois ils sont accompagnés d'un bruit particulier analogue à celui du frottement d'une lime sur du bois, et perceptible à l'oreille seule ou armée d'un stéthoscope. Ce bruit, que l'on a nommé *cataire*, parcequ'on l'a comparé au ronflement du chat, indique l'existence d'un obstacle au passage du sang à travers l'un des orifices des cavités du cœur. Le pouls offre quelquefois peu de changements ; dans d'autres cas, on le trouve fréquent, irrégulier, intermittent. La gêne de la circulation capillaire donne une couleur violette aux lèvres et détermine l'injection permanente des petits vaisseaux du nez et des pommettes. Soit que le sang de la tête revienne difficilement au cœur, soit que le ventricule gauche l'y envoie en trop grande quantité ou avec trop de force, les fonctions cérébrales sont plus ou moins troublées ; les malades sont tourmentés de battements douloureux et pénibles dans la tête, de tintements et de bourdonnements d'oreilles qui gênent l'audition. Ils dorment difficilement, ont des rêves fatigants, se réveillent en sursaut, et quelquefois éprouvent des accidents de syncope ou d'apoplexie. Lorsque le cœur a pris un certain volume, et surtout lorsque c'est le ventricule droit qui est malade, la respiration devient difficile, accompagnée d'étouffements, de toux, d'oppression ; quelquefois aussi l'expectoration se charge d'une exsudation sanguinolente. Tantôt la digestion est facile, tantôt elle est laborieuse et augmente les accidents en activant la circulation. Les fonctions du foie sont sou-

20.

vent altérées par la grande quantité de sang dont il se trouve ordinairement gorgé. Enfin, lorsque la maladie devient ancienne, on voit survenir une disposition fâcheuse à la leucophlegmatie. Les membres, surtout les inférieurs, s'infiltrent ; le visage devient pâle et bouffi ; des collections de sérosité s'amassent dans la poitrine ou dans le ventre ; la circulation et la respiration deviennent de plus en plus gênées, et les malades expirent dans un état d'anxiété et d'angoisses difficile à décrire.

Les maladies du cœur ne suivent pas toujours une marche aussi funeste. Les efforts réunis de la nature et de l'art peuvent arrêter leurs progrès, calmer les accidents qui les accompagnent et prolonger la vie jusqu'à son terme ordinaire. Pour arriver à cet heureux résultat, il faut faciliter la circulation du sang par des saignées convenablement répétées. Il faut modérer l'action du cœur par les sédatifs appropriés, tels que la digitale, etc. Il est nécessaire de suivre un régime rafraîchissant et calmant ; de prendre peu de nourriture, d'éviter tout travail, toute contention d'esprit, toute affection vive de l'ame, et de s'abandonner au repos le plus parfait.

En donnant la description des maladies du cœur, nous avons eu plus d'une fois occasion de faire remarquer la difficulté et l'incertitude que leur diagnostic présente dans quelques circonstances. Étroitement lié avec le système nerveux, le cœur en partage toutes les impressions, reste rarement étranger aux souffrances des autres organes, et souvent paraît affecté dans son propre tissu, lorsqu'il ne l'est que par sympathie. Qu'il nous soit donc permis de redire encore que l'on ne doit pas facilement croire à l'existence de ces maladies, parcequ'on en observe les symptômes les plus remarquables ; car on a souvent vu disparaître ces symptômes comme par enchantement, par un changement inespéré de mauvaise fortune, ou par la cessation de chagrins qui avaient uniquement affecté le système nerveux. Nous ajouterons qu'il

n'est presque pas d'étudiant en médecine qui ne se soit cru
atteint d'anévrisme ou de toute autre maladie du cœur,
à mesure qu'il les étudiait, et qui ne les ait vu disparaître lorsque ses connaissances devenaient plus solides.
On doit donc n'admettre l'existence de ces affections
qu'avec la plus grande réserve, et surtout ne point oublier que ces maladies, comme presque toutes les autres,
se guérissent, s'améliorent ou au moins restent stationnaires par des soins appropriés et par l'observation exacte
d'un régime convenable.   M. et M. S.

COHÉSION. (*Physique.*) On entend par *cohésion*
cette force qui unit les molécules matérielles, et qui les
tient comme enchaînées les unes aux autres. C'est en
vertu de cette force, que deux plaques de marbre ou deux
glaces bien dressées et bien polies, qu'on fait glisser l'une
sur l'autre, paraissent s'attacher ensemble d'une telle
sorte, qu'elles sembleraient ne plus former qu'un même
corps. A l'article *Adhésion*, on a déjà fait connaître de
semblables effets, lorsque les corps, mis en expérience,
sont hétérogènes, tandis que nous les supposons ici ho-
mogènes. Mais dans l'un et l'autre cas, les effets dont il
s'agit doivent être regardés comme dépendants de *l'attraction moléculaire*, c'est-à-dire de cette tendance mutuelle
que les molécules des corps ont à se réunir. Une obser
vation très simple peut déjà fournir une preuve de cette
attraction. Si l'on fait avancer doucement deux gouttes
d'eau ou de mercure l'une vers l'autre, on les voit, lorsqu'elles sont au moment de se toucher, s'élancer pour
se confondre en une seule goutte.

L'attraction moléculaire n'agissant d'une manière sensible qu'au contact, ou tout près du contact, les surfaces
des plaques dont nous venons de parler doivent être bien
dressées et travaillées avec soin. La cohésion est d'autant
plus grande que le poli est plus parfait, parceque, dans
cette circonstance, il y a un nombre plus considérable
de molécules qui se trouvent assez rapprochées pour s'at-

tirer. On augmente encore cette cohésion, lorsqu'on étend sur les surfaces de contact une couche très mince de quelque matière grasse avant de les appliquer, ou mieux de les faire glisser l'une sur l'autre. Cette matière sert, en quelque sorte, de lien commun aux deux corps; et de plus, elle multiplie le nombre des points attirants, en remplissant les vides imperceptibles que laissent toujours les aspérités de leurs surfaces.

La cohésion augmente, toutes choses égales d'ailleurs, à mesure que les plaques ou les glaces se touchent par de plus grandes surfaces. Quant à leur épaisseur, elle ne peut avoir aucune influence sur le phénomène, puisqu'il dépend des actions réciproques entre les molécules situées aux surfaces de contact, ou tout près. L'art ne saurait jamais rendre ces plaques assez minces pour atteindre les molécules attirantes dont il est question.

D'après ce qui a été dit à l'article *Adhésion*, il est aisé de concevoir pourquoi on sépare facilement les deux corps si on les fait glisser l'un sur l'autre, tandis qu'ils pourront opposer à leur séparation une résistance considérable, si la force, qui agit pour les détacher, est dirigée perpendiculairement aux surfaces de contact. On a remarqué que cette résistance est plus grande après que les corps sont restés quelque temps appliqués l'un sur l'autre. Il paraît que l'action prolongée de la force attractive sollicite les molécules à de petites oscillations, dont l'effet est de les rapprocher les unes des autres; leurs actions devenant alors plus énergiques, la cohésion augmentera jusqu'à ce que le phénomène ait atteint sa limite.

Il sera impossible d'expliquer ce fait dans l'hypothèse où l'on attribuerait la cohésion à la pression de l'atmosphère. Mais il est prouvé que cette pression ne fait autre chose qu'ajouter à l'effet de l'attraction; car si l'on place les deux corps dans le vide, ils continueront d'adhérer entre eux avec une force qui sera seulement diminuée d'une quantité égale à l'action de l'air.

Lorsqu'après un certain temps, il devient impossible de détacher les deux corps, on peut les séparer, sans aucune difficulté, en les présentant au feu. La chaleur a, comme on sait, une grande influence sur la cohésion : elle en diminue les effets.   T.

COIFFURE. (*Art militaire.*) De tous les vêtements indispensables aux militaires, la *coiffure* est sans contredit l'un des plus importants; tout le monde s'accorde à dire qu'elle devrait être utile, commode, et cependant n'être pas dépourvue de grâce; les différentes coiffures adoptées de nos jours réunissent-elles bien ces qualités? La réponse à cette question semblera facile, quand nous aurons examiné quelques-unes de nos coiffures actuelles.

Le *chapeau*, par exemple, malgré sa forme bizarre, ne garantit ni de la pluie, ni du soleil, et cependant il est encore toléré comme coiffure supplémentaire dans certains corps d'élite; la matière dont il se compose s'imbibe d'eau facilement, et n'est, pour ainsi dire, qu'une éponge qui conserve long-temps l'humidité. On remédie à cet inconvénient, dira-t-on, par des coiffes de toile cirée qui ménagent le chapeau, lequel n'est à son tour conservé que pour ménager le bonnet de peau d'ours et en prolonger la durée; mais si le chapeau, tel qu'il est, a été reconnu depuis long-temps pour une coiffure peu commode, et si le bonnet de peau d'ours est plus incommode encore, il semble qu'on devrait adopter de préférence une coiffure simple, utile à l'homme, agréable à l'œil et peu dispendieuse pour le gouvernement.

Écartons d'abord le préjugé qu'imprime l'habitude de voir des hommes coiffés avec un *bonnet de peau d'ours*, et cherchons la cause pour laquelle on s'est déterminé à le conserver.

Serait-ce pour donner à celui qui le porte un aspect effrayant? Cette idée n'a pu entrer primitivement que dans l'esprit des peuples encore dans l'enfance de l'art militaire; et si par hasard elle parut spécieuse dans le temps où combattant corps à corps on voulait épouvanter son ennemi, il faut convenir que depuis l'invention de la poudre, et de nos jours surtout, elle n'est plus que puérile aux yeux des hommes sensés et braves.

Serait-ce pour donner au soldat ce qu'on appelle vulgairement une bonne tournure ? mais il suffit de regarder un militaire ainsi coiffé, pour s'apercevoir que les traits de la plus belle figure disparaissent sous cette coiffure oblongue, dont les poils couvrent presque le menton ; et si par hasard ce bonnet se trouve avoir une plaque en cuivre sur le devant, comme elle est sans visière, le soldat éprouve une gêne visible, quand il est placé en face du soleil.

Puisque ce long bonnet ne peut être considéré ni comme un épouvantail, ni comme un embellissement, essayons de trouver en quoi il peut être commode. Tout le monde sait que les corps qui ont eu la faculté de le changer, quand ils sont entrés en campagne, n'y ont jamais manqué ; ceux qui l'ont porté à la guerre savent quelle peine on a pour le tenir en équilibre sur la tête. Dans les forêts, il devient un obstacle tel, qu'on a vu des grenadiers le porter sous le bras et y substituer leur bonnet de police ; dans les bivouacs, lorsque les soldats se groupent autour des feux, la flamme, portée de tous côtés par les vents, brûle bientôt les poils de ces bonnets qui, dépouillés alors de ce qui paraissait en faire l'ornement, ne sont plus que des espèces de tuyaux de poile gênants et ridicules.

Enfin, la matière première qui sert à faire ces bonnets n'est pas indigène ; elle coûte fort cher, et nous devenons ainsi tributaires de l'étranger. On objectera peut-être que ces bonnets de poil sont une distinction à laquelle tiennent les troupes d'élite. Il est facile de répondre encore à cette objection, que le soldat qui en est couvert supporte en effet la gêne qu'ils imposent avec une certaine résignation, parcequ'il croit que cela peut le faire remarquer ; mais il est une infinité de manières de remplir le même but, sans recourir à ces énormes bonnets qui incommodent celui qui les porte ainsi que ses voisins. Il serait à désirer que cette coiffure embarrassante, dispendieuse et désagréable à l'œil, fût réformée pour toujours.

« Nous avons eu l'avantage de voir le burlesque cha-
» peau à trois cornes remplacé par le *schakot*, dit un of-
» ficier-général en retraite [1], c'est déjà un pas fait vers
» le mieux ; mais le schakot ne couvre que la moitié, à peu
» près, du haut de la tête.

» Quand un soldat se penche, il est risible de le voir
» rechercher l'équilibre du schakot par une manœuvre
» oblique de la tête ou du corps. Que sera-ce quand il fau-
» dra courir, sauter, se baisser, etc. ? car la mentonnière
» ne signifie rien. Le schakot est de plus fort gênant pour
» les rangs de derrière, à cause de son énorme diamètre
» supérieur.

» Les anciens étaient plus sages que nous sous ce rap-
» port ; leur *casque* était arrondi comme la tête ; il s'em-
» boîtait depuis la nuque jusqu'auprès des sourcils ; il était
» échancré ou relevé par les bords, de manière à ne pas
» comprimer les oreilles, à ne pas gêner la liberté des
» mouvements de la tête, des épaules, des bras, des ar-
» mes ; il ne posait pas immédiatement sur la tête, sans
» quoi les coups seraient devenus trop dangereux. Serait-
» il donc impossible d'imiter les anciens, en donnant au
» soldat le même casque en cuir bouilli ou en toute autre
» matière imperméable ? Après cela, qu'on le surmonte
» pour ornement d'une crête quelconque, ou d'un cimier,
» mais peu élevé, afin de ne pas incommoder les seconds
» rangs. »

Les observations que nous venons de citer nous ont paru tellement fondées, que nous avons cru devoir les présenter en entier aux chefs d'un ordre supérieur, amis

---

[1] *Considérations générales sur l'infanterie française.* Strasbourg, chez Heitz, 1822.

de tout ce qui est utile. Outre les inconvénients dont nous venons de parler, relativement aux schakots, nous ajoutons qu'au lieu de garantir le soldat de la pluie, ils font l'effet tout contraire, étant par leur forme cylindrique une espèce de conducteur qui la dirige dans le dos et sur les épaules. Le casque serait donc préférable au chapeau, au bonnet de peau d'ours et au schakot; le vœu que nous formons n'est pas nouveau, nous le trouvons formellement énoncé dans les écrits d'un de nos grands capitaines. «Au » lieu de chapeaux, disait le maréchal de Saxe, je voudrais » des casques à la romaine; ils ne pèsent pas plus, ne sont » point du tout incommodes, garantissent des coups de » sabre, et sont un très bel ornement. » (Voy. *Casque.*)

Si le *bonnet de police*, tel qu'on le porte aujourd'hui, ne servait au soldat que pendant la nuit ou lorsqu'il est au corps-de-garde, la forme en serait à peu près indifférente; mais cette coiffure sert au jeune soldat presque tous les jours pendant la première année de son service; elle sert aux anciens soldats presque toutes les fois qu'on fait l'exercice de détail; il serait donc utile de lui donner une forme qui garantît l'homme de l'état de gêne dans lequel il est sous les armes. Personne n'ignore que dans les exercices de détail, l'instructeur, qui a la faculté de se placer comme il le juge convenable, tourne ordinairement le dos au soleil, d'où résulte pour le jeune soldat l'obligation de le regarder en face; l'ancien soldat lui-même n'est pas exempt de cette contrainte dans les écoles de peloton et de bataillon. Il n'est pas nécessaire de s'étendre sur les désagréments de cette position; ceux qui ont débuté dans la carrière militaire comme soldats, savent combien elle est fatigante et combien elle cause d'ophtalmies.

Le bonnet de police, en usage aujourd'hui, emploie plus d'étoffe que la casquette supprimée; il est dépourvu de visière et sa forme ne permet pas d'y en adapter une. Comment se fait-il qu'une coiffure utile ait été remplacée par une autre qui évidemment ne l'est pas? Le petit nombre de partisans du bonnet de police dit que par sa forme il est plus facile à plier, et devient un ornement étant placé sous la giberne. Cette raison paraît trop futile pour être réfutée sérieusement. La deuxième objection faite contre la casquette avec visière, c'est qu'elle est une imitation de la coiffure de quelques troupes étrangères ; sans doute il est naturel de ne pas s'assujettir aux modes étrangères, quand elles sont sans utilité et sans commodité ; mais en poussant trop loin cette susceptibilité, il faudrait donc reprendre les guêtres longues avec la jarretière placée au point où elle gênait la progression. Revenons à la casquette avec visière, et disons qu'elle est utile au jeune soldat qui, ainsi coiffé, peut se passer longtemps de schakot ; elle est utile au vieux soldat, dont elle ménage la vue ; elle est même utile à ceux qui lui préfèrent le bonnet de police ; car il est probable que le général, l'officier, le citoyen qui veut lire ou travailler, préférera la casquette avec visière au bonnet de police actuel ; pourquoi donc faire porter au soldat une coiffure dont les généraux ne font pas usage pour eux-mêmes ?

Quant à la crainte d'emprunter aux peuples étrangers ce qu'ils peuvent avoir de bon, ne soyons pas plus fiers que ne l'étaient les Romains, et quoique le sujet dont nous parlons paraisse peu important, ne dédaignons pas les plus petits détails quand ils intéressent le soldat, et rappelons-nous, d'après Montesquieu, « que ce qui a le » plus contribué à rendre les Romains maîtres du monde, » c'est qu'ayant combattu successivement contre tous les » peuples, ils ont toujours renoncé à leurs usages sitôt » qu'ils en ont trouvé de meilleurs. »   N. F.

COIN. (*Mécanique.*) C'est une machine formée de deux plans inclinés. Imaginez qu'on insère le prisme triangulaire AB CD (*fig.* 3o des pl. de géométrie), par l'arrête tranchante AB, dans une fente déjà commencée à un corps, et que, pressant la face DC, on force ce prisme à entrer dans le corps ; la résistance des parties à leur séparation s'opposera à cette introduction et pressera les faces BD, AC, en réagissant contre elles : il y aura entre la force et la réaction du corps un état d'équilibre que la statique a pour objet de déterminer.

Comme la résistance des fibres du corps à leur séparation est en général inconnue, cette théorie a peu d'utilité dans les arts; les couteaux, haches, poinçons, dents, griffes, etc., sont des coins dont il est à peu près impossible de prévoir les effets sous une pression donnée, faute de savoir quelle est la résistance à vaincre, cette réaction variant de mille manières imprévues. Ainsi, quoique le problème, considéré théoriquement, soit complètement résolu, il est bien peu d'occasions où l'on en puisse appliquer la solution. Pour ne pas omettre absolument une doctrine si fréquemment nécessaire, nous exposerons ici le cas où le triangle BCE, base du prisme, est isoscèle, parcequ'il est presque le seul qu'on ait occasion de considérer. Les autres cas se traiteraient de la même manière. (*Voyez* ma Mécanique, n°. 122 de la 5ᵉ. édition.)

La puissance P sera censée perpendiculaire à la face DC, ou *tête du coin*, parceque s'il en était autrement, on pourrait décomposer cette force en deux autres, l'une parallèle à cette face et dont l'action serait nulle pour l'objet qu'on a en vue, l'autre perpendiculaire P que nous considérerons seule. La résistance du corps peut, par la même raison, être représentée par deux forces Q et R perpendiculaires aux faces comprimées. Regardons donc le coin comme retenu en équilibre par les trois forces P, Q et R (*fig.* 31), respectivement perpendiculaires à la tête AB et aux faces AC, BC : d'où l'on voit que chaque force devant détruire la résistance des deux autres, ces trois puissances sont dans un même plan et concourent en un même point F. D'après le théorème du *parallélogramme des forces*, il faut donc que chaque force soit représentée par le sinus de l'angle formé par les directions des deux autres forces, ou par l'angle du triangle ABC qui est opposé à celui-ci ; car l'angle QEP, par exemple, étant supplément de l'angle B (parceque le quadrilatère QNEF a deux angles droits), sin B représentera la force R , et puisque les trois angles du triangle ABC ont leurs sinus proportionnels aux côtés opposés, que nous désignerons par les lettres a , b , c , il s'ensuit que pour l'équilibre , outre les conditions ci-dessus énoncées, qui reviennent à dire que la force P agit au milieu de AB, il faut qu'on ait les proportions P : Q ∷ AB : R ou c : BC ou a : AC ou b ; savoir :

$$Q = \frac{a}{c} P, \qquad R = \frac{b}{c} P.$$

Et par suite Q = R , puisque $a = b$, donc *dans l'équilibre du coin à base isoscèle, la force P est à chaque résistance Q ou R , comme la tête du coin est à l'un des côtés.*

En rapprochant ce qu'on vient de dire des conditions par lesquelles les diverses parties d'une voûte demeurent en équilibre, on reconnaît aisément que ces conditions sont comprises dans ce qui vient d'être exposé.

Il est clair aussi qu'une force P donnée agit avec d'autant plus d'avantage sur un corps dont elle veut séparer les parties, que le coin dont elle se sert à l'angle BCA plus aigu, ou le côté a grand par rapport à la tête c.   F.

COLÉOPTÈRES. (*Histoire naturelle.*) *Voyez* In-sectes.

COLÈRE. (*Morale.*) *Substantif.* Les catéchistes rangent la colère parmi les péchés ; sauf le respect qui leur est dû , j'ose ne pas être de leur avis. Un péché est un acte : or, la colère n'est pas un acte, mais une disposition à certains actes. Les actes qui émanent de la colère sont , sans contredit, des péchés plus ou moins graves ; reconnaissons la colère pour un vice ; mais ne confondons pas la conséquence avec le principe, et le fruit avec l'arbre.

La colère est un vice bien épouvantable , bien déplorable. Il n'en est pas un, voire l'ivrognerie, qui rapproche plus l'homme de la brute. Pendant toute la durée de ses accès, l'action de la raison est suspendue ; l'homme ne parle plus, il ne pense plus, il rugit, il extravague ; il ne connaît personne ; et plus d'une fois, dans l'isolement où l'a laissé sa famille qu'il menace, on l'a vu tourner ses coups contre lui-même.

L'altération de son physique peint assez le désordre de son moral. A ce visage défiguré par des mouvements convulsifs, à ce teint tantôt pâle, tantôt enflammé, à ces yeux étincelants et qui semblent sortir de leur orbite, à cette poitrine haletante et d'où, à travers cette gorge tout à la fois gonflée et contractée, à travers cette bouche écumante et pourtant desséchée, s'échappent tantôt des cris inarticulés, tantôt d'épouvantables blasphèmes ; à ces bras qui se tordent, à ces poings qui se ferment en menaçant, à ces genoux tremblants, reconnaissez un homme en proie au plus affreux de tous les délires, un homme prêt à dire toutes les sottises, prêt à commettre tous les crimes.

Cette tendance à la fureur qui peut résulter de plusieurs passions, telles que l'orgueil, l'avarice, l'ivrognerie, l'amour même, qu'est-ce qui la produit dans l'homme exempt de ces passions ?

Hélas ! et cela n'est que trop prouvé, cette tendance à s'irriter, à s'emporter, qui caractérise certains individus, est le résultat de leur organisation physique.

Les Grecs l'attribuaient à la prédominance et à la nature de la bile, qui, dans leur langue, se nomme χολή, (cholè), d'où dérive colère.

Les Romains avaient la même opinion ; ils regardaient l'organe où se sécrète la bile comme la source de la colère.

> *Cùm tu , Lydia , Telephi*
> *Cervicem roseam , cerca Telephi*
> *Laudas bracchia ; væ ! meum*
> *Fervens difficili bile tumet jecur.*
> HORAT. Od. xiii, lib. 1.

« Quand tu vantes Télèphe au teint de roses, Télèphe aux
» bras de cire, ah! Lydie, comme *mon foie* s'enflamme,
» gonflé d'une *bile* acariâtre. »

Les poètes modernes qui ont essayé de traduire ces vers
dont la grâce est intraduisible, ont substitué au mot *foie*
le mot *cœur*. Le cœur, au fait, est vivement ému par l'affection dont il s'agit; mais l'estomac l'est aussi, mais le
cerveau l'est aussi, mais elle semble avoir autant de foyers
en nous, qu'il se trouve en nous de centres d'irritabilité.

Que la colère ait son siége dans le foie, dans le cœur,
dans l'estomac, ou dans la tête, ce n'en est pas moins une
épouvantable maladie. Est-il quelque moyen de la prévenir ou de la guérir?

Je ne sais quel docteur conseille à cet effet les gouttes
anodines d'Hoffmann comme calmant; la magnésie et la
rhubarbe combinées avec le sel de nitre, comme évacuant.
Ces spécifiques peuvent être excellents contre les conséquences d'un accès de colère; mais ce n'est pas de cela
qu'il s'agit.

L'eau et la saignée, me dira-t-on, sont d'excellents
préservatifs contre la colère. Oui, parcequ'ils affaiblissent le corps. Mais ne serait-il pas plus glorieux de soumettre ce corps à l'empire de l'ame? Et n'est-ce pas elle
qu'il faudrait fortifier?

Le directeur de Richard-Cœur-de-Lion, prince colère
ou colérique s'il en fut, lui avait prescrit, si l'on en croit
sir Walter-Scott, de ne parler, quand il se sentait en
colère, qu'après avoir récité mentalement un *pater* tout
entier. La recette peut être bonne pour certains tempéraments; mais il est certains tempéraments aussi sur lesquels elle produirait un effet tout contraire à celui qu'on
s'en promettrait, et qui, pour avoir différé d'éclater,
n'en éclateraient que plus vivement.

C'est dans des raisonnements et non dans des pratiques
puériles qu'il faut chercher des préservatifs contre la
colère. Que l'on représente à l'homme enclin à cette

passion, tous les risques qu'il court en ne la réprimant pas; qu'on lui rappelle qu'elle rend ridicule l'homme qu'elle ne rend pas atroce; et à défaut de vertu n'eût-il que de l'amour-propre, cet homme parviendra peut-être à se maîtriser.

Montaigne et M. Jourdain ne pensent pas qu'il faille, en cas pareil, contrarier la nature : « Je suis d'avis, dit le » premier, qu'on donne plutôt une baffe (un soufflet) » à la joue de son valet un peu hors de saison, que de » gêner sa fantaisie pour représenter cette sage conte- » nance, et aimerais mieux produire mes passions que » de les couver à mes dépens. Elles s'alanguissent en » s'éventant et en s'exprimant; il vaut mieux que leur » pointe agisse au dehors que de la plier contre nous [1]. »

« Je suis bilieux comme tous les diables, dit le second, » et il n'y a morale qui tienne, je me veux mettre en » colère tout mon soûl quand il m'en prend envie [2]. »

N'en déplaise à ces deux philosophes, dût-on appeler sur soi le mal qu'on détournera de dessus les autres, il vaut mieux refréner de pareils mouvements que de leur lâcher la bride.

Leur morale est celle d'Épaphrodite quand il cassait les os à Épictète. J'aime mieux la morale de Socrate : « Je te battrais si je n'étais pas en colère, disait-il à un » esclave qui avait manqué à son devoir. » J'aime mieux aussi la morale de Louis XIV qui, poussé à bout par Lauzun, jeta sa canne par la fenêtre en s'écriant : « il » ne sera pas dit que j'aie battu un gentilhomme. »

Ni l'un ni l'autre ne sont morts de l'effort qu'il leur a fallu faire pour triompher d'eux-mêmes. Craignez-vous de n'avoir pas sur vous le même empire ? fuyez; il y a presque de l'héroïsme à fuir en pareille circonstance.

Pour guérir les femmes de la colère, peut-être ne faut-il pas tant de raisonnements, peut-être suffirait-il

[1] Essais de Michel de Montaigne, liv. II, chap. 51.
[2] *Bourgeois gentilhomme*, acte 2, scène 6.

de leur présenter une glace, au moment où tous leurs traits sont altérés par cette hideuse passion; ou de leur faire voir dans un individu en état de colère, l'image de leurs propres excès. Ce serait encore les guérir en leur présentant un miroir; recette inventée non par madame de Genlis, mais par Shakespeare, à qui cette dame l'a empruntée. Voyez dans le Théâtre de ce poète celle de ses comédies qui est intitulée *la Méchante Femme*.

On donne souvent le nom de colère à des emportements d'enfants gâtés, à des mouvements d'impatience qui se reproduiraient moins souvent si les individus qui les endurent se montraient moins complaisants. C'est un ridicule qu'on ne corrige que par le ridicule.

Personne ne s'emportait plus facilement que le cardinal Dubois; et dans les accès de sa colère il n'y avait aucun jurement qui ne fût à l'usage de Son Éminence. Vénier, bénédictin défroqué, dont il avait fait son secrétaire particulier, était le seul de ses familiers qui entendît ce bruit sans s'émouvoir. Ce commis osait même, quand la fantaisie lui en prenait, interrompre par des observations les invectives du cardinal.

Un jour que cet étrange ministre ne trouvait pas sous sa main un papier dont il avait besoin : « Vénier, s'écriait-il en jurant et en blasphémant, n'ai-je donc pas » assez de commis ? prenez-en vingt, prenez-en trente, » prenez-en cent. — Monseigneur, répondit tranquillement » Vénier, prenez-en seulement un de plus et donnez-lui » pour emploi l'unique commission de tempêter et de jurer » pour vous, et je vous réponds que vous aurez du temps » de reste et que vous serez bien servi. » Le cardinal se mit à rire et s'apaisa.

La colère en latin s'appelle *ira*, dont nous avons fait *ire* :

> Mais de son *ire* éteindre le salpêtre,
> Savoir se vaincre, et réprimer les flots
> De son orgueil, c'est ce que j'appelle être
> Grand par soi-même, et voilà mon héros.   J.-B. ROUSSEAU.

Il est fâcheux que le mot *ire* soit tombé en désuétude. C'est la racine d'*irritation*, *irritable*, *irritabilité*, *irriter*.

Nous repoussons les mots nouveaux, nous rejetons les mots anciens, et nous nous récrions sans cesse sur la pauvreté de notre langue !

COLÈRE, *adjectif*, enclin à la colère, synonyme de colérique. Achille était très colère. Le marquis de Ximenez, après avoir lu à Piron une tragédie dont Achille était le héros : « Mes caractères ne sont-ils pas bien conservés ? lui disait-il ; comment trouvez-vous mon Achille ? n'est-il pas bien colère ? — Oui, colère comme un dindon, répondit le poète bourguignon. »　　　　　　A.-V. A.

COLIBRI, *Trochilus*. (*Histoire naturelle.*) Genre d'oiseau composé des plus petites, mais en même temps des plus brillantes espèces que l'on connaisse, toutes américaines et des régions les plus chaudes, caractérisées par leur bec grêle, effilé, plus long que la tête, par leur langue extensible, cylindrique à la base et bifide à l'extrémité, enfin par des pieds munis de quatre doigts, dont trois en avant et un en arrière. Ces pieds sont si courts qu'ils sont impropres à la marche.

Selon que ces oiseaux ont leur bec courbe ou droit, on les a répartis en deux sous-genres. Les premiers, un peu plus gros, sont les *Colibris* proprement dits ; les seconds, d'une petitesse souvent incroyable, sont appelés *Oiseaux-mouches*.

Rien n'égale ou ne saurait surpasser en magnificence le plumage de ces charmants habitants de l'air. L'or, le rubis, l'émeraude, le saphir, la topase, y semblent être distribués en profusion, et l'éclat des gemmes y est encore relevé de tous les feux du diamant. Selon les aspects, les reflets de ces teintes merveilleuses changent, se multiplient ou se modèrent pour offrir l'opposition de quelque nuance sombre mais suave. Chaque plume, chaque barbule de plume sont comme autant de multipliants ou de réflecteurs merveilleux qui, suivant l'angle d'incidence que vient à former la lumière, la décomposent et font jaillir en faisceaux divers les couleurs harmonieuses qui en sont les éléments. C'est au microscope surtout qu'un pareil phénomène doit provoquer l'admiration des hommes les moins curieux. Nous nous sommes souvent émerveillés de la complication des plumes de Colibris et d'Oiseaux-mouches grossies de cinq cent et de mille fois. Leurs moindres parties, élégamment divisées, se terminent en filaments, ailés à leur tour et articulés de façon à présenter l'aspect et la texture de certaines plantes marines et particulièrement des plus élégantes céramiaires. Rapport étrange du végétal et de l'oiseau, qui doit confondre l'observateur.

Les Colibris et les Oiseaux-mouches s'éloignent rarement des contrées équatoriales, il leur faut un soleil ardent; on dirait qu'ils furent destinés pour absorber les trésors des rayons de cet astre et pour les réfléchir; en vain a-t-on plusieurs fois essayé d'en transporter en Europe; ils y ont langui, ils y sont bientôt morts. Cependant leur naturel eût pu se plier aisément à la domesticité, car ils sont peu défiants et même familiers. Ces petits animaux se tiennent en grand nombre autour des habitations, dans les jardins, où, comme nos papillons, ils se plaisent à caresser les fleurs; ils volent autour de celles-ci, ou, se fixant à l'entrée de leur corolle sans se reposer, battant toujours des ailes à la manière des sphinx, ils introduisent leur langue effilée afin d'y pomper le miel élaboré dans les nectaires. Ils sont, dit-on, sujets à la colère ainsi qu'à la jalousie; aussi les mâles se battent-ils entre eux avec acharnement pour la possession des femelles. Ils montrent beaucoup de courage pour défendre leur progéniture, qui consiste en deux petits, sortis d'œufs dont la grosseur égale à peine celle d'un pois ordinaire. Le nid, qui n'est souvent guère plus considérable qu'une cupule de gland, est construit en duvet, et souvent une

21.

simple feuille suffit pour le cacher et le mettre à l'abri des intempéries de l'air. On n'en a point trouvé une seule espèce dans l'Ancien-Monde ; on en connaît au moins cinquante dans le Nouveau, où quelques chasseurs leur font la guerre pour enrichir nos collections de leurs riches dépouilles. On en voit fréquemment sur ces buissons d'oiseaux empaillés dont les marchands d'objets d'histoire naturelle décorent nos salons, et les plus recherchés ne sont en général guère plus gros que des bourdons. Quand les Colibris viennent d'éclore, ils n'égalent pas en grosseur une mouche ordinaire, à ce que disent les voyageurs qui en ont trouvé des nids où la femelle et le mâle couvent alternativement. B. DE ST.-V.

COLIQUE. (*Médecine.*) Κωλικος. Ce mot, pris dans son sens étymologique, ne devrait indiquer autre chose qu'une affection de l'intestin colon, mais l'usage lui a donné une acception plus étendue. On l'emploie pour désigner diverses maladies qui ont leur siége dans l'abdomen, et dans lesquelles on observe, le plus souvent, une douleur vive, exacerbante et mobile, avec sentiment de tension et de torsion. On distingue ces maladies en ajoutant au mot colique ceux de *stomacale*, *néphrétique*, etc., etc. Quelques auteurs ont donné le nom de *colique idiopathique* à celle qui affecte spécialement le canal intestinal et avec laquelle les autres espèces ont plus ou moins d'analogie.

Nous essaierons de donner une description générale de cette colique, afin de ne point revenir sur les signes communs à ce genre d'affection, et de n'avoir plus, en parlant des espèces, qu'à faire connaître les traits particuliers qui les caractérisent.

La COLIQUE IDIOPATHIQUE peut être causée par des variations brusques de la température atmosphérique ; par une chaleur excessive ou un froid très intense ; par la suppression de la transpiration ; l'ingestion de boissons glacées, d'eau séléniteuse, de vins frelatés, de liqueurs fortes, etc., etc. ; par l'introduction de substances vénéneuses dans les voies digestives, l'usage d'aliments difficiles à digérer, mal préparés, pris en trop grande quantité, mal triturés par les dents, ou engloutis dans l'estomac avec trop d'avidité. Des digestions troublées, des impressions morales profondes l'occasionent aussi. Ces diverses causes agissent directement ou sympathiquement sur les membranes de l'intestin, et activent ou intervertissent le mouvement péristaltique de leur tunique musculaire.

Le ventre devient le siége de douleurs vives et mobiles. Il est ordinairement distendu; souvent les intestins se dessinent à travers ses parois par une sorte de mouvement vermiculaire, quelquefois accompagné d'un bruit plus ou moins fort, appelé *borborygme*, qui est produit par l'agitation des gaz et des matières contenues dans le canal intestinal. L'abdomen est douloureux quand on le touche; dans d'autres cas, au contraire, la pression diminue la douleur. On observe souvent des nausées, des vomissements de différentes matières, des évacuations alvines abondantes ou une constipation opiniâtre. Tantôt la bouche est sèche, tantôt elle est amère. Le visage est ordinairement pâle et contracté; il exprime une douleur violente et profonde. La respiration est plus ou moins gênée; la peau froide et sèche, ou couverte d'une sueur gluante; le pouls petit, serré, fréquent; le malade agité dans son lit, ressent des crampes dans les mollets et éprouve un sentiment très douloureux de brisement et de fatigue dans tout le corps.

Tels sont les principaux symptômes qui font reconnaître cette maladie. Beaucoup d'autres peuvent s'y joindre; ils caractérisent alors les espèces dont nous aurons à nous occuper plus tard. La maladie suit une marche ordinairement rapide, ne présente pas de danger, excepté dans un très petit nombre de cas, et se termine le plus souvent par le rétablissement de la santé au moyen des seuls efforts de la nature ou des secours que l'art procure.

Le traitement des maladies étant en général basé sur leurs causes, on prévoit aisément qu'il doit beaucoup varier dans celle qui nous occupe. Éloigner ou combattre les causes qui l'ont produite ; placer le malade dans une position aussi commode que possible ; donner à l'intérieur des boissons adoucissantes, narcotiques, antispasmodiques, quelquefois même évacuantes selon les circonstances ; diminuer les douleurs du ventre par des applications de cataplasmes émollients ou narcotiques, par des bains, des demi-lavements émollients, etc., etc. ; telles sont les médications qui conviennent dans un grand nombre de cas. On se déterminera pour l'emploi de ces divers moyens ou de quelques autres que nous indiquerons, selon que l'on aura à traiter l'une ou l'autre des espèces de coliques que nous allons décrire.

On a donné à ces diverses maladies des noms très variés, quelques-unes en ont reçu plusieurs à la fois. Il en est qui tirent leur nom des organes où elles paraissent avoir leur siége : par exemple, les *coliques hépatique, néphrétique, stomacale, utérine,* qui semblent occuper le foie, les reins, l'estomac ou l'utérus. D'autres ont pris le nom de la cause qui les occasione : ce sont les *coliques bilieuse, hémorrhoïdale, inflammatoire, menstruelle, métallique, métastatique, nerveuse, stercorale, végétale, venteuse* et *vermineuse.* La colique de *miserere* est ainsi appelée à cause des secours prompts qu'elle réclame, et des dangers qui l'accompagnent. Quelques-unes de ces maladies ont reçu le nom du pays dans lequel on les observe le plus fréquemment, telles que la colique de Madrid et celle du Poitou. Enfin il en est d'autres auxquelles on n'a point assigné de nom particulier, et qui dépendent de nombreuses lésions dont les divers organes de l'abdomen sont susceptibles. La nature de cet ouvrage nous détermine à prendre l'ordre alphabétique pour décrire succinctement les différentes coliques que nous venons d'énumérer.

COLIQUE BILIEUSE. Maladie causée par un dérangement dans la sécrétion ou dans l'excrétion de la bile. Elle comprend trois variétés; 1°. la colique bilieuse épidémique, estivale et automnale; 2°. la colique bilieuse sporadique; 3°. la colique produite par la présence de calculs biliaires et que l'on appelle aussi colique hépatique. Son traitement varie beaucoup. Il a de l'analogie avec celui que nous avons indiqué pour la colique idiopathique.

COLIQUE HÉMORRHOÏDALE. C'est ainsi que l'on appelle certaines douleurs abdominales qui précèdent ou accompagnent l'apparition des hémorrhoïdes. Ces douleurs se dissipent en excitant l'écoulement du sang au moyen de demi-bains ou de fumigations dirigées vers l'anus, etc., etc. On en obtient encore la diminution par le dégorgement des tumeurs hémorrhoïdales, en appliquant quelques sangsues sur ces tumeurs.

COLIQUE HÉPATIQUE. On donne ce nom aux douleurs causées par la présence de calculs dans le foie et les voies biliaires. (Voyez *Calculs biliaires.*)

COLIQUE INFLAMMATOIRE. C'est celle qui accompagne l'inflammation de l'intestin et du péritoine. (Voyez *Entérite, Péritonite.*)

COLIQUE DE MADRID. (Voyez *colique métallique* et *colique végétale.*)

COLIQUE MENSTRUELLE. C'est ainsi que l'on appelle des douleurs du bas-ventre qui précèdent, accompagnent ou suivent l'éruption du fluide menstruel, ou qui résultent de sa suppression. (Voyez *Menstruation.*)

COLIQUE MÉTALLIQUE. On donne ce nom à une maladie produite par l'action du plomb ou du cuivre sur l'économie. La colique que le plomb occasione a été désignée par beaucoup de noms différents. On l'appelle *colique saturnine*, parcequ'elle est causée par les émanations du plomb, métal comparé à Saturne par les alchimistes. On l'appelle *colique des peintres, des plombiers, des potiers,* etc. , etc. , parceque ceux qui exercent ces professions sont plus exposés que d'autres à en être affectés. On lui a également donné le nom de *colique de Devonshire*, *de Madrid*, *de Poitou*, parcequ'elle ressemble beaucoup à une espèce de colique qui porte ces différents noms, et que l'on appelle plus ordinairement *colique végétale.*

La colique saturnine est causée par l'exercice des diverses professions dans lesquelles on se sert du plomb , par l'usage de l'eau et des aliments long-temps conservés dans ce métal, ou des vins adoucis avec la litharge, ou enfin par l'habitation de lieux qui renferment des émanations de plomb. Ainsi, ce métal exerce son influence malfaisante, soit que son absorption ait lieu par la peau, soit qu'elle ait lieu par la membrane muqueuse des voies digestives, soit qu'elle se fasse par la membrane muqueuse qui tapisse les organes de la respiration. Nous devons dire cependant, qu'en médecine, on emploie sans danger les préparations de plomb à l'intérieur et à l'extérieur, parcequ'on en gradue les doses avec précaution.

On admet généralement que les émanations saturnines agissent sur le système nerveux en le stupéfiant. Elles exercent aussi une fâcheuse influence sur les intestins , soit qu'elles affectent leur membrane muqueuse, leur tunique nerveuse, ou leur membrane musculeuse ; car on n'est point d'accord sur celle de ces diverses tuniques qui se trouve principalement lésée. Il est probable que plusieurs d'entre elles sont à la fois le siége de la maladie ; ce qu'il y a de certain, c'est que l'on trouve chez les sujets qui meurent des suites ou des complications de la colique des peintres, l'intestin épaissi et son calibre très diminué.

Cette maladie est caractérisée par une constipation longue et opiniâtre , par des douleurs abdominales violentes , qui commencent ordinairement vers les reins, s'avancent vers le nombril, remontent vers le creux de l'estomac et sont quelquefois accompagnées de nausées ou de vomissements de nature variable. Le ventre est le plus souvent déprimé, de telle sorte que le nombril semble appliqué sur la colonne vertébrale; quelquefois, au contraire, il est distendu par des gaz; ordinairement, quand on le presse avec la main, le malade éprouve du soulagement; dans d'autres cas, la pression est très douloureuse. Le visage offre, dans son expression, de nombreuses variations, le teint est hâve et, comme on le dit, plombé; le pouls dur, mais presque jamais fébrile. Il n'est pas rare de voir la respiration gênée à cause du soulèvement du diaphragme; les membres sont le siége de crampes très douloureuses; on observe quelquefois des paralysies partielles qui se dissipent difficilement.

D'après les symptômes qui viennent d'être décrits, il sera impossible de ne pas distinguer la colique saturnine des autres. Son pronostic n'a rien de fâcheux lorsqu'elle n'est pas accompagnée de paralysie, ou lorsqu'elle n'est pas compliquée d'accidents inflammatoires; car ce n'est jamais que par la complication d'une maladie grave qu'elle se termine d'une manière funeste.

Abandonnée à elle-même, la colique des peintres peut durer fort long-temps. Si les douleurs du ventre se passent, elles sont remplacées par des paralysies qui deviennent incurables. Lorsqu'au contraire on emploie un traitement convenable, la maladie guérit avec facilité.

Le traitement de la colique métallique a beaucoup varié; on a employé les saignées, les adoucissants et les narcotiques avec peu de succès, et l'on a adopté généralement une méthode entièrement empyrique, connue sous le nom de *traitement de la Charité*, dont les succès nombreux justifient suffisamment l'emploi. Nous dirons seulement que les sudorifiques et les purgatifs tels que le séné, le jalap, la casse, le sulfate de soude et l'émétique portés à haute dose, forment la base de ce traitement. M. Ranque, médecin de l'Hôtel-Dieu d'Orléans, vient de proposer une méthode qui consiste dans l'usage de liniments et de lavements antinévralgiques, et dans l'emploi d'emplâtres irritants qui déterminent sur la peau des reins et du ventre, où on les applique, des boutons nombreux. Cette méthode qui est puissamment dérivative, ne semble pas devoir offrir d'inconvénients, et paraît avoir été couronnée de beaucoup de succès. Voyez *Archives de médecine*, tome VII, page 579.

Il faut autant que possible chercher à prévenir cette maladie par la surveillance des boissons que l'on peut frelater, et des ateliers où le plomb est mis en œuvre.

Les ouvriers qui travaillent le cuivre sont quelquefois atteints d'une affection que l'on nomme *colique de cuivre*, et qui a beaucoup d'analogie avec la précédente; elle attaque spécialement les lapidaires, les monteurs en or, les chaudronniers, etc., etc. On l'observe aussi chez des personnes qui ont pris des aliments préparés dans des vases mal étamés ou qui y ont trop long-temps séjourné. Ses symptômes sont à peu près les mêmes que ceux de la colique de plomb, avec cette différence qu'elle est accompagnée de dévoiement au lieu de constipation, et que le plus souvent le ventre est douloureux au toucher. On emploie pour la combattre le même traitement que pour la colique saturnine; mais avant d'avoir recours à cette médication, il est bon de faire prendre d'abord du lait, des lavements émollients, etc. Ce n'est que quand ces moyens sont insuffisants, et quand il n'y a pas de complication inflammatoire que l'on peut mettre en usage le traitement de la Charité.

COLIQUE MÉTASTATIQUE. C'est ainsi que l'on appelle les douleurs intestinales qui se manifestent après la disparition d'affections rhumatismales ou goutteuses. Ces coliques ne présentent d'autre indication à remplir que de rappeler l'ancienne maladie au lieu qu'elle occupait, par des bains de pieds sinapisés ou des cataplasmes irritants appliqués sur les régions primitivement malades.

COLIQUE DE MISERERE. On donne ce nom à une maladie

particulière de l'intestin, appelée *Iléus*, et dans laquelle la colique n'est que l'un des accidents les moins considérables de la maladie. (Voyez *Iléus*.)

COLIQUE NÉPHRÉTIQUE. Elle dépend de la présence de calculs dans les reins ou les uretères. (Voyez *Calculs urinaires*.)

COLIQUE NERVEUSE ou spasmodique. Ses symptômes ont la plus grande analogie avec la colique idiopathique que nous avons décrite. Elle cède facilement aux antispasmodiques.

COLIQUE DE POITOU. (Voyez *colique métallique* et *colique végétale*.)

COLIQUE STERCORALE, produite par l'accumulation des matières fécales dans l'intestin ; on l'observe chez les personnes dont la membrane muqueuse intestinale sécrète peu, et qui sont habituellement constipées. Elle cède aisément aux boissons relâchantes et aux lavements émollients ou purgatifs.

COLIQUE STOMACALE. C'est une maladie de l'estomac que l'on appelle aussi gastrodynie, etc., de γαϛτηρ, estomac et de οδυνη, douleur. Toutes les causes que nous avons énumérées pour la colique idiopathique peuvent occasioner la gastrodynie. Nous ajouterons seulement que des coups portés sur l'épigastre, un enfoncement contre nature de l'appendice xyphoïde, ou extrémité inférieure du sternum, que l'abus des plaisirs énervants pris surtout à la suite de repas copieux, le défaut d'exercice, les travaux prolongés de cabinet et les affections tristes de l'ame, produisent le plus souvent cette maladie.

Elle commence quelquefois par une diminution graduelle de l'appétit. Dans d'autres cas on la voit paraître sans qu'il y ait eu de symptômes précurseurs. Elle est caractérisée par un sentiment de pesanteur et de malaise au creux de l'estomac, par une douleur sourde, vague et profonde qui occupe cette région et s'étend dans le ventre ou dans la poitrine; tantôt l'épigastre est sensible à la pression, tantôt il est indolent. Quand il y existe une douleur, elle est vague et non continue; quelquefois elle se fait sentir avant le repas, et l'ingestion des aliments la dissipe; dans d'autres cas elle augmente un peu lorsque les malades viennent de manger. Le ventre est tendu par l'accumulation des gaz qui s'échappent ensuite par la bouche ou par l'anus. Le malade n'éprouve ni soif, ni chaleur, ni fièvre; presque toujours il a de la répugnance pour ses occupations habituelles, et se fatigue aisément; son esprit devient lourd, paresseux, et son sommeil accompagné de malaise et de rêves fatigants. Lorsqu'il survient des bâillements et des pandiculations, ils sont accompagnés d'un sentiment de bien-être qui fait supporter les autres douleurs.

Cet état peut persister plusieurs semaines; on le distinguera aisément des autres maladies de l'estomac par les symptômes qui viennent d'être indiqués. L'expulsion de gaz fétides par l'anus et un dévoiement peu abondant sont des signes qui font espérer sa terminaison.

Cette maladie présente un si grand nombre de variétés, qu'il est difficile d'indiquer d'une manière générale les moyens à employer pour la combattre; car c'est toujours en ayant égard à la cause qui l'a produite, au tempérament, aux habitudes, etc., des personnes qui en sont affectées, quo l'on peut, avec espoir de succès, former un plan de traitement. Tantôt de légers toniques tels que l'eau de menthe, de fleurs d'oranger, d'absinthe, pourront la dissiper; tantôt la magnésie sera d'un usage avantageux; quelquefois il faudra avoir recours aux émollients et aux préparations narcotiques à l'intérieur et à l'extérieur. Dans tous les cas on devra faire observer avec soin les règles de l'hygiène, et donner une attention scrupuleuse au régime, aux habitudes et à l'état moral du malade.

Colique végétale. On a désigné sous ce nom la colique observée épidémiquement à Madrid et dans le Poitou, parcequ'on pensait qu'elle était produite par l'usage de fruits acerbes ou de vin nouveau que l'on y avait recueillis. Mais comme les symptômes de la maladie que l'on désigne de cette manière sont semblables à ceux de la colique saturnine, on a pensé qu'elle était plutôt produite par la sophistication des vins de Madrid et du Poitou, à l'aide de la litharge. La colique qui dépendrait de l'usage de végétaux mal choisis, et que l'on pourrait à plus juste titre appeler végétale, offrirait à peu près les mêmes symptômes que celle décrite au commencement de cet article, sous le nom de colique idiopathique.

COLIQUE VENTEUSE, ou flatulente. Cette maladie a aussi une grande analogie avec la colique idiopathique; elle est presque habituelle aux personnes d'une constitution affaiblie par des maladies antérieures de l'estomac ou des intestins. On la voit aussi survenir chez beaucoup d'autres par l'usage de semences farineuses enveloppées de leurs cosses, etc., etc.; certaines boissons, la bière, le cidre et le vin nouveau l'occasionent souvent. Ses symptômes les plus remarquables sont le volume que le ventre est susceptible d'acquérir, la résonnance qu'il présente quand on le percute, et la sortie d'une grande quantité de gaz qui s'échappent avec bruit par la bouche ou par l'anus. Les carminatifs, comme les eaux distillées d'anis, de menthe, etc., etc., sont les remèdes qui conviennent le mieux dans cette maladie; ils agissent en donnant du ton à l'estomac et aux intestins, et en s'opposant à la formation de ces gaz, ordinairement composés d'acide carbonique, d'hydrogène pur ou carboné, ou bien enfin d'hydrogène sulfuré.

COLIQUE VERMINEUSE. La présence de vers dans le canal digestif occasione souvent des coliques caractérisées par les symptômes de la colique idiopathique, et par ceux qui indiquent l'existence des vers dans les voies digestives. On guérit facilement ces coliques par l'usage de l'huile d'amandes douces prise à forte dose, ou bien par les remèdes que l'on emploie pour détruire et expulser les animaux parasites qui les occasionent. (Voyez *Vers*.)

Enfin la colique peut être causée par les hernies et les nombreux accidents qui les accompagnent; par des tumeurs qui se développent dans les parois des intestins, qui gênent le cours des matières qui y sont contenues et en rendent l'expulsion difficile. On rencontre souvent des tumeurs cancéreuses qui produisent ces accidents; dans d'autres circonstances ce sont des corps étrangers qui les occasionent. Nous avons vu à l'Hôtel-Dieu un malade éprouver d'horribles coliques, parceque son rectum était rempli d'une énorme quantité de pepins de raisin que l'intestin ne pouvait chasser au dehors. On voit le développement de la vessie dans la rétention d'urine, de l'utérus dans la grossesse, et dans les nombreuses maladies qui peuvent l'affecter ainsi que ses dépendances, causer des coliques plus ou moins longues et douloureuses. Mais dans ces circonstances comme dans une foule d'autres, la colique n'est, ainsi que nous l'avons dit au commencement de cet article, que le symptôme d'une autre maladie contre laquelle le médecin doit d'abord diriger tous ses soins et toute son attention.   M. et M. S.

COLIQUE. (*Anatomie.*) On se sert de cet adjectif pour désigner les artères qui se rendent à l'intestin colon et qui sont au nombre de six; trois droites qui naissent de l'artère mésentérique supérieure, et trois gauches qui viennent de l'artère mésentérique inférieure. Les artères coliques s'anastomosent entre elles par arcades, et forment autour des intestins cœcum et colon, un réseau vasculaire fort remarquable par le grand nombre de ses divisions et subdivisions. Les veines coliques ont une distribution semblable et se rendent aux veines mésentériques supérieure et inférieure.

COLLÉGES. *Voyez* INSTRUCTION PUBLIQUE.

COLLES. (*Technologie.*) On distingue plusieurs sortes

de colles : la colle forte, la colle d'os, la colle de poisson, la colle de pâte; toutes, à l'exception de celle-ci, sont extraites des matières animales, et sont presque entièrement composées de gélatine. Nous allons parler successivement de la fabrication et des usages particuliers de chacune d'elles.

Colle forte. Les matières avec lesquelles on la prépare, sont les déchets et les rognures de peaux et de cuirs, les effleurures et pellicules des mégissiers et des tanneurs, les tendons et pieds de bœuf, les peaux de vieux gants et de lapins, les rognures de parchemin, substances qui donnent depuis un tiers jusqu'à deux tiers de leur poids de gélatine ou de colle sèche.

Ces débris animaux sont entassés dans une chaudière presque pleine d'eau, et soumis à l'ébullition jusqu'à ce que la dissolution de la partie gélatineuse soit à peu près complète. Le liquide visqueux qui en résulte est coulé ensuite dans une autre chaudière où il dépose lentement les matières hétérogènes qu'il tient en suspension, et lorsqu'il est assez clarifié, on le coule dans des boîtes ou moules un peu évasés, où il se prend en pains après un refroidissement de 12 à 18 heures. On divise les pains en feuilles minces, à l'aide d'un fil de cuivre, et on les expose dans cet état sur des filets pour les faire sécher, et enfin on les transporte dans une étuve chauffée artificiellement, où s'achève leur dessiccation.

La colle forte est d'un usage fréquent chez les menuisiers, les ébénistes et les emballeurs; elle est employée dans la fabrication des papiers collés et dans la préparation des bains gélatineux. Rendue liquide par l'addition de vinaigre et d'alcool, elle est toujours prête à servir et se garde long-temps.

Colle d'os. Elle s'obtient en faisant dissoudre les os par le procédé de la marmite à Papin, c'est-à-dire à une température plus élevée que celle de l'eau bouillante.

Sa préparation est à peu près semblable à celle de la gélatine. (*Voyez* ce mot.)

COLLE DE POISSON ou *Ichtyocolle*. On la prépare avec la vessie aérienne des esturgeons, particulièrement sur les bords de la mer Caspienne et des fleuves qui viennent s'y décharger. C'est une substance blanchâtre, sèche, tenace, demi-transparente, contournée de diverses manières et plus communément sous forme de lyre, composée de membranes contournées.

La Russie est en possession exclusive de fournir le commerce de cette denrée, qui se maintient à un prix assez élevé, quoiqu'il paraisse qu'on pourrait fabriquer de très bonne colle avec les vessies aériennes et les membranes des nombreuses variétés de poissons qui peuplent nos étangs et nos rivières.

Les propriétés de la colle de poisson sont les mêmes que celles de la gélatine, et ses usages sont fort nombreux et assez importants.

Elle est employée en plus grande quantité et le plus fréquemment en France, en Angleterre et en Amérique, pour clarifier le vin, la bierre, les liqueurs, le café. Comme substance alimentaire, de luxe surtout, on en fait encore une assez grande consommation ; dissoute dans l'eau bouillante à la dose de 4 centièmes, elle se prend en gelée par le refroidissement et forme la base de plusieurs mets nutritifs assez agréables. Les divers sucs des fruits, les sucres, les aromates, les acides végétaux s'allient à ces gelées, et paraissent sur les tables les plus somptueuses.

La colle de poisson sert encore à donner l'apprêt aux rubans et aux autres étoffes ; c'est en enduisant le taffetas noir avec une solution d'ichtyocolle qu'on prépare le taffetas d'Angleterre.

Enfin M. Rochen a fait une application intéressante de cette substance, à la préparation de feuilles transparentes propres à remplacer les tables de corne, les vitrages dans la marine, etc. Il enduit de colle fondue des gazes métalliques en laiton, de manière que toutes les mailles se trouvent remplies et tous les fils de laiton recouverts de gélatine. Les feuilles ainsi préparées sont au moins aussi transparentes que celles de corne, et ont en outre l'avantage de recevoir toutes les formes et les dimensions.

COLLE DE PATE. Elle est formée de farine de blé délayée dans l'eau et chauffée à l'ébullition pendant quelques minutes. Le liquide s'épaissit peu à peu par l'effet de la chaleur, et retiré de dessus le feu, il se prend en une gelée tremblante par le refroidissement.

Cette colle qui est, comme on voit, presque entièrement formée d'amidon (*voyez* ce mot), sert principalement aux colleurs de papier, aux cartonniers et aux tisserands pour l'encollage des chaînes de leurs toiles.

L. Séb. L. et M.

COLOMBIA. (*Géographie.*) Cette république de l'Amérique méridionale est comprise entre 12° 30′ de latitude nord et 6° 3′ de latitude sud, et entre 61° 5′ et 84° 43′ de longitude à l'ouest de Paris; sa longueur du nord au sud est de 470 lieues, sa plus grande largeur de l'est à l'ouest, qui est presque aussi considérable, varie beaucoup sur différents points par la ligne très sinueuse des limites terrestres. La surface est de 143,673 lieues carrées. Ce pays est borné au nord par la mer des Antilles, à l'est par l'océan Atlantique, la Guyane anglaise et le Brésil, au sud par le Brésil et le Pérou, à l'ouest par le Grand-Océan, au nord-ouest il confine avec la république de Guatimala. La limite de ce côté est au nord et à l'ouest du lac de Chiriqui à la Punta Careta, sur la mer des Antilles (lat. 9° 36′ N., long. 84° 43′ O.); au sud au cap Burica (lat. 8° 5′ N., long. 83° 18′ O.). Dans l'est elle est formée par le cours du Moroco et du Pomaroun, à l'est du cap Nassau (7° 95′ N., 61° 43′ O.). La frontière court ensuite au S.-O., à travers des savanes et des plaines entièrement inconnues, coupe l'équateur, traverse l'Amazone, arrive à 6° 3' S., remonte au N.-O., et atteint l'embouchure du Rio-Tumbez, dans le Grand-Océan (lat. 3° 23' S., long. 82° 47' O.).

Cet État est formé des pays qui composaient auparavant la vice-royauté de la Nouvelle-Grenade et la capitainerie générale de Caracas. Dans les premiers temps de la découverte de l'Amérique, les parties de ces contrées, baignées par la mer des Antilles, reçurent le nom de Terre-Ferme, parceque ce furent les premières dont on eut connaissance sur le continent. La dénomination de Terre-Ferme fut ensuite plus particulièrement appliquée aux trois petites provinces de Veragua, Panama et Darien, comprises dans l'isthme qui unit les deux Amériques. Des voyageurs et des géographes ont distingué plus tard la Terre-Ferme orientale contenant les provinces de Venezuela, Varinas, Maracaybo, Cumana, la Guiane espagnole et l'île de la Marguerite, de la Terre-Ferme occidentale qui renfermait les provinces de Rio-Hacha, Santa-Marta et Carthagena; celle-ci avait pour limite à l'est le cap de la Vela, à l'ouest l'isthme de Panama; elle appartenait à la Nouvelle-Grenade; l'autre faisait partie de Caracas. Dans cette capitainerie générale, la province de Cumana était formée de la Nouvelle-Andalousie et de la Nouvelle-Barcelone; le nom de Castille d'Or fut donné aussi à une grande partie de ces pays, à cause de la quantité de ce métal précieux que l'on trouva chez les habitants.

Indépendamment des trois provinces citées plus haut, la Nouvelle-Grenade comptait dans ses limites, celles de l'isthme; et Choco, Atacames et Guayaquil sur le Grand-Océan, Popayan, Santa-Fé, Antioquia, Merida, Barbacoa, Pastos, Quito, Riobamba, Cuenca et Loxa dans l'intérieur et à l'ouest des Andes; San-Juan de los Llanos, Macas et Jaen de Bracamoros à l'est de ces montagnes. Aujourd'hui les divisions du territoire ont changé d'étendue et de nom.

L'aspect physique de la Colombie est extrêmement remarquable ; la partie occidentale offre les plus hautes montagnes de l'Amérique ; la partie orientale présente une portion considérable de ces plaines immenses qui couvrent une surface si étendue dans l'Amérique méridionale.

En entrant dans la Colombia, la Cordillère des Andes est formée de trois chaînons ; l'oriental et le central n'ont aucune de leurs cimes qui s'élève jusqu'à la région des neiges perpétuelles sous cette latitude (6° S.). Le chaînon central atteint à peine à 1800 toises ; en avançant vers l'est, on ne rencontre que des rangées de collines. Le chaînon occidental, le plus rapproché des côtes, s'éloigne un peu du littoral, dont jusque-là il a suivi les inflexions ; un peu auparavant, il a présenté des cimes neigeuses ; mais depuis 7° 55′ S. jusqu'au Chimborazo, sur une longueur de 140 lieues, il n'en a aucune. Le chaînon central, auquel s'est uni l'oriental, tourne au nord-ouest, et se joint à l'occidental pour former le grand nœud des montagnes de Loxa. Ce nœud, qui n'a qu'une hauteur moyenne de 1000 à 1,200 toises, occupe un vaste terrain entre 5° 30′ et 3° 30′ de latitude. Son climat tempéré le rend particulièrement propre à la végétation des arbres de quinquina, dont les plus belles espèces croissent dans les vastes forêts qu'ils ont rendues célèbres. Quelques sommets, les paramos d'Alpachaca, de Saraguras, de Savonilla, de Guéringa, de Chulucanas, de Guamani et d'Yacoma, que M. de Humboldt a pu mesurer, s'élèvent de 1580 à 1700 toises, mais ne se couvrent pas même momentanément de neige, dont la chute n'a lieu par cette latitude qu'au-dessus de 1860 et 1900 toises de hauteur absolue. Vers l'est les montagnes s'abaissent rapidement ; elles n'ont plus, en quelques endroits, que de 500 à 300 toises d'élévation.

En avançant des montagnes de Loxa vers le nord, entre les paramos d'Alpachaca et de Sarar (3° 15′ S.), le nœud

22.

de montagnes se ramifie en deux branches qui embrassent la vallée longitudinale de Cuenca, élevée de 1350 toises. Cette séparation n'a lieu que sur une longueur de 12 lieues; car par 2° 27′ S. les deux Cordillères se réunissent de nouveau dans le nœud de l'Assuay, dont le plateau a 2428 toises et entre presque dans la région des neiges perpétuelles.

Au nœud de l'Assuay, qui offre un passage des Andes très fréquenté, entre Cuenca et Quito, succède de 2° 30′ S. à 0° 20′ N., un autre partage des Andes, qui, vu de la plaine, présente l'aspect le plus extraordinaire. Les sommets les plus hauts sont rangés sur deux files; cette double chaîne est devenue célèbre par les travaux des astronomes Français et Espagnols, qui de 1735 à 1741 mesurèrent un degré du méridien dans ces régions équatoriales; ils portaient leurs signaux tantôt sur l'une, tantôt sur l'autre des deux chaînes. La chaîne occidentale est éloignée tantôt de 36, tantôt de 72 lieues du Grand-Océan; les deux chaînes sont distantes l'une de l'autre de 7 à 8 lieues; la plaine a 61 lieues marines de longueur et 5 à 6 de largeur. A la chaîne occidentale appartiennent le Chimborazo (3350 toises), le Cotocaché (2570 toises), l'Yliniza, le Pichincha (2191 toises), le Coraçon, le Carguairazo. Sur la chaîne orientale on remarque l'Antisana (2992 toises), le Cotopaxi (3070 toises), le Tunguragua, le Cayambé, le Sanguay. Plusieurs de ces colosses sont des volcans en activité; d'autres, qui jadis ont vomi du feu, sont aujourd'hui éteints. Le fond du bassin longitudinal, que limitent ces deux chaînes, est élevé dans sa partie orientale de 1340 toises, et dans sa partie occidentale de 1490; la hauteur moyenne de la crête est de 1600 à 1800 toises; or, celles des neiges perpétuelles étant depuis l'équateur jusqu'aux parallèles des deuxièmes degrés de latitude, de 2470 toises, les cimes qui s'élèvent plus haut sont donc les seules qui conservent la neige toute l'année. Celles qui renferment des volcans en activité s'en dépouillent entièrement quelque temps avant l'éruption , ce qui cause quelquefois des inondations terribles.

Sous 0° 40′ S. , entre les cimes d'Yliniza (2717 toises) , et du Cotopaxi (2950 toises), se trouve le nœud de Chifinche , espèce de digue étroite qui ferme le bassin élevé de 1320 toises, et qui partage les eaux entre l'Océan atlantique et le Grand-Océan. C'est une subdivision de la vallée ; car au-delà de la crête de Chifinche , la division de la Cordillère continue depuis 0° 40′ S. jusqu'à 0° 20′ N. , ou jusqu'au volcan d'Imbabura. L'équateur traverse le sommet neigeux du Cayambé. M. de Humboldt pense que , vu le peu de masse du nœud de l'Assuay, et surtout de celui de Chifinche , on est tenté de regarder les trois bassins depuis Cuenca jusqu'au volcan d'Ibarra, comme une seule vallée dont la longueur, depuis le paramo de Sarar jusqu'à la villa de Ibarra près du volcan d'Imbabura , est de 73 lieues marines, et la largeur de 4 à 5, offrant une direction générale N. 8° E. , et divisée par deux digues transversales, l'une sous 2° 27′ S. , l'autre sous 0° 40′ N. Nulle part dans la Cordillère des Andes on ne voit plus de montagnes colossales rapprochées les unes des autres, qu'à l'est et à l'ouest de ce vaste bassin de la province de Quito , un degré et demi au sud, et un quart de degré au nord de l'équateur.

Un peu au-delà de la villa de Ibarra , entre les cimes neigeuses d'Imbabura et de Cotocache , les deux Cordillères des Andes de Quito se réunissent et forment un seul massif, jusqu'au nœud des montagnes de Pastos de 0° 21′ N. ; on trouve dans ce nœud les volcans de Cambal, de Chiles et de Pastos; la dernière éruption de celui-ci est de 1727. Les plateaux habités de ce groupe ont plus de 1600 toises d'élévation au-dessus du niveau de l'Océan. C'est , suivant l'expression de M. de Humboldt , le Tibet des régions équinoxiales du Nouveau-Monde.

Ce plateau de Pastos est le plus vaste comme le plus

élevé de l'Amérique méridionale, il est formé par le dos même des Andes. Sa surface est de 85 lieues carrées.

Au nord de la ville de Pastos (lat. 1° 13′ N., long. 79° 41′ O.), les Andes se partagent de nouveau en deux branches, pour entourer le plateau de Mamendoy et d'Almaguer, qui offre de grandes inégalités. Il est en partie rempli par les paramos de Pitatumba et de Puruguay, et la séparation paraît peu distincte jusqu'au parallèle d'Almaguer (1° 54′, N. 79°, 15′ O.). La direction générale des Andes, depuis l'extrémité du bassin de la province de Quito jusqu'aux environs de Popayan, va un peu plus au N. E. Elle suit la direction des côtes d'Esmeraldas et de Barbcoas.

En partant du parallèle d'Almaguer, les deux divisions des Andes sont plus prononcées; la branche orientale s'élargit beaucoup au nœud du paramo de las Papas et Socobini, qui donne lieu à la naissance de deux grandes rivières du Cauca et du Magdaléna, et qui se divise par 2° 5′ N., en deux chaînons; ceux-ci restent à peu près parallèles jusqu'à 5° N., et bordent la vallée longitudinale, dans laquelle serpente le rio Magdaléna. M. de Humboldt appelle Cordillère orientale de la Nouvelle-Grenade, celle qui est à l'est du Magdaléna, Cordillère centrale, celle qui se prolonge entre le Magdaléna et le Cauca; Cordillère occidentale, celle qui est à l'ouest du Cauca.

Ce chaînon occidental ou du Choco, et de la côte du Grand-Océan, est en général peu élevé, si on le compare aux deux autres; cependant il oppose de grandes entraves aux communications entre la vallée de Cauca et la côte; on ne le traverse que par des chemins affreux. Depuis l'arrête de los Robles, qui sépare le plateau d'Almaguer, élevé de 1160 toises au-dessus du bassin du Cauca, le chaînon conserve une hauteur assez considérable dans les cerros de Carpintéria, et forme la continuation de la Cordillère; elle est brisée par le rio Patias, puis ce chaînon s'abaisse vers le nord à 900 et 800 toises de hauteur, et envoie des contreforts considérables (4° 30′ à 5° N.), vers les sources de plusieurs rivières, dont les unes sont des affluents du rio San Juan del Choco, qui a son embou‧ chure dans le Grand-Océan, et les autres versent leurs eaux dans l'Atrato qui tombe dans la mer des Antilles. Cet élargissement du chaînon occidental forme la partie montueuse du Choco. C'est là que se trouve l'isthme de la Raspadura, devenu célèbre depuis qu'un moine y a tracé une ligne navigable entre les deux Océans. Le point culminant de ce système de montagnes paraît être le pic du Torra.

Dans la province d'Antioquia entre 5° 30′ et 7° N., les Cordillères occidentale et centrale se réunissent pour former un nœud; on peut distinguer dans ce groupe deux grandes masses, l'une à l'est entre le Magdaléna et le Cauca, l'autre à l'ouest entre le Cauca et l'Atrato; la hauteur moyenne de la première n'est que de 1200 à 1350 toises, le point culminant est à Santa Rosa; la seconde donne naissance au rio San Juan, elle atteint sous 7° 15′, sa plus grande hauteur (1500 toises), dans l'alto del Viento, que l'on nommait autrefois sierra de Abibe ou Dabeiba. Il est remarquable que dans ce groupe de plus de 30 lieues de largeur, dépourvu de sommets aigus, entre 5° 25′ et 7° 23′ N., les plus hautes masses se trouvent vers l'ouest, tandis que plus au sud, avant la réunion des deux chaînons, elles sont à l'est du Cauca.

On connaît très imparfaitement les ramifications du nœud d'Antioquia au nord du 7ᵉ parallèle; on sait seulement que leur abaissement est en général plus rapide et plus complet vers le nord-ouest du côté de l'ancienne province de Darien, que vers le nord et le nord-est. Depuis la rive septentrionale du rio Naré, se prolonge le contrefort de la Simitarra ou de la sierra de San Lucar; le rameau de Cacérès, plus à l'ouest, part des montagnes de Santa-Rosa et se termine brusquement au confluent du Cauca et du rio

Néchi (8° 35′ N.), à moins que les collines, souvent coniques, voisines de l'embouchure du rio Sina (8° 33′ N.),
ou même les hauteurs calcaires voisines de Carthagène,
ne puissent être regardées comme le prolongement le plus
septentrional de ce second rameau. Un troisième s'avance
vers le golfe d'Uruba ou du Darien, entre le rio San
Jorge et l'Atrato. Il tient par le sud à l'Alto del Viento,
et s'abaisse très rapidement en avançant jusqu'au huitième parallèle; enfin le quatrième rameau des Andes
d'Antioquia à l'ouest de l'Atrato éprouve une telle dépression, avant d'entrer dans l'isthme de Panama, qu'entre le
golfe de Cupica et le rio Napipi on ne trouve plus qu'une
plaine. M. de Humboldt pense, avec raison, qu'il serait
intéressant de connaître la configuration du sol entre le
golfe San Miguel, sur le Grand-Océan, et le cap Tiburon
sur la mer des Antilles, pour pouvoir déterminer avec
précision où commencent à s'élever les montagnes de
l'isthme de Panama, montagnes dont la ligne de faîte
ne paraît pas avoir au-delà de 100 toises de hauteur.
L'intérieur du Darfour, observe ce savant voyageur,
n'est pas plus inconnu aux géographes que ce terrain humide, malsain, couvert d'épaisses forêts, qui
s'étend vers l'isthme de Panama. Tout ce que nous savons positivement jusqu'à ce jour, c'est qu'entre Cupica et la rive gauche de l'Atrato, il y a soit un détroit
terrestre, soit une absence totale de toute Cordillère. Les
montagnes de l'isthme de Panama peuvent, par leur direction et par leur position géographique, être considérées
comme une continuation des montagnes d'Antioquia et
du Choco, mais il existe à peine à l'ouest du bas Atrato
un seuil ou une faible arrête dans la plaine.

La Cordillère centrale de la Nouvelle-Grenade que
l'on peut aussi appeler chaînon de Guanacas et de Quindiu, se dirige à l'est de Popayan par les hautes plaines
de Malbasa, par les paramos de Guanacas, de Huila, de
Savelillo, d'Iraca, de Baraguan, de Tolima, de Ruiz et

de Herveo. Sous 5° 15′ N., ce chaînon, le seul qui présente des traces récentes du feu volcanique dans les volcans de Sotara et de Puracé, s'élargit considérablement vers l'ouest, et, comme on l'a vu précédemment, se réunit au chaînon du Choco. Cette réunion ferme au nord la province de Popayan; et le Cauca, en sortant des plaines de Bugar, élevées de 500 toises, est forcé, depuis le Salto de San Antonio jusqu'à la Boca del Espiritu Santo, pendant un cours d'une cinquantaine de lieues, de se frayer un chemin à travers les montagnes. La Cordillère centrale offre la cime la plus haute des Andes dans l'hémisphère boréal. Le pic de Tolima (4° 46′ N.) s'élève au moins à 2865 toises. Entre les cimes neigeuses de Tolima et de Baraguan se trouve le passage de la Montana de Quindiu.

La Cordillère orientale ou de la Summa-Paz conserve quelque temps son parallélisme avec les deux autres chaînes, mais sous 5° 30′ elle incline davantage au nordest. Aussi long-temps que le chaînon central présente des cimes neigeuses, aucun pic du chaînon oriental ne s'élève, sous les mêmes parallèles, jusqu'à la limite des neiges perpétuelles entre 2° et 5° 30′. Les paramos ni les cimes de la Summa-Paz, de Chingaza, de Guachaneque et de Zoraca ne surpassent la hauteur de 1900 à 2000 toises, tandis qu'au nord du paramo d'Ervé (5° 5′ N.) le dernier des nevados ou des cimes neigeuses de la Cordillère centrale, on découvre dans le chaînon oriental les cimes neigeuses de Chita (5° 30′ N.) et de Mucachies (8° N.). Ainsi dès le cinquième parallèle nord la Cordillère de l'est est la seule qui conserve de la neige toute l'année.

La Cordillère orientale sépare les affluents du Méta de ceux du Magdaléna; elle se prolonge par les paramos de Chingasa, Guachaneque, Zoraca, Toquillo, Chita, Almorsadero (2010 toises), Laura, Cacota (1700), Zumbador et Porqueros, vers la sierra nevada de Merida. Ces paramos indiquent dix exhaussements partiels du dos des

Cordillères. La pente du chaînon oriental est extrêmement rapide du côté de l'est; à l'ouest il est élargi par
des contreforts qui sont comme des plateaux élevés de
1300 ou 1400 toises.

Les chaînons oriental et central se rapprochent entre
5° et 6° N. à l'est par les montagnes du Sergento, à l'ouest
par des contreforts qui tiennent aux montagnes granitiques de Mariquita et de Santa-Anna; ce rétrécissement
du lit du Magdaléna se trouve sous le même parallèle que
celui du Cauca; mais dans le nœud des montagnes d'Antioquia les chaînons central et occidental se réunissent
eux-mêmes, tandis que les faîtes des chaînons central et
oriental restent tellement éloignés que les seuls contreforts de ce système se rapprochent et se confondent; la
crête de la Cordillère orientale reste séparée du nœud de
35 lieues de distance. La vallée du Magdaléna a d'a-
bord 200 toises, et plus bas 100 toises de hauteur
moyenne au-dessus du niveau des mers. Ainsi dans cette
région, qui a été soumise à des mesures précises, les différents bassins offrent depuis l'équateur un abaissement
très sensible vers le nord.

Une chaîne remarquable s'élève dans la partie septentrionale de la Colombia : c'est la chaîne du littoral de
Caracas. Le chaînon oriental de la Nouvelle-Grenade se
prolonge au nord-est, comme on l'a déjà dit, par la
sierra nevada de Merida, puis par les quatre paramos de
Timotes, Niquitao, Bocano et de las Rosas, dont la hauteur absolue ne peut être moindre de 1400 à 1600 toises.
Après le paramo de las Rosas, plus élevé que les deux
qui le précèdent, on observe une grande dépression : on
ne trouve plus de chaîne ou de crête distincte; on ne voit
qu'un terrain montueux et de hauts plateaux. Les endroits les plus habités du cerro de Altar ont 300 à 350
toises d'élévation au-dessus de l'Océan. Au nord-est du
cerro de Altar suivent les montagnes de Santa-Maria, le
picacho de Nirgua (600 toises), les Palameros et el To-

rito. Ce pays montueux par lequel les Cordillères de Cundinamarca se rattachent à la chaîne côtière de Caracas, séparent les eaux coulant vers le golfe Triste de la mer des Antilles, de celles qui courent au sud vers l'Apure et l'O-rénoque.

Le nœud des montagnes de Barquisimeto, sous le dixième parallèle, se lie au nord-ouest à la sierra de Coro ou de Santa-Lucia, et au nord-est aux montagnes de Capadure, de Porto-Cabello et de la villa de Cura; il forme pour ainsi dire le mur oriental de cette vaste dépression circulaire dont le lac de Maracaybo est le centre, et qui est bornée au sud et à l'ouest par les montagnes de Mérida, d'Ocana, de Perija et de Santa-Marta.

La chaîne du littoral de Venezuela offre vers son centre et vers l'est les mêmes phénomènes de structure que celle des Andes de la Nouvelle-Grenade, savoir la division en plusieurs rangées parallèles et la fréquence des bassins ou vallées longitudinales; mais comme les irruptions de la mer des Antilles paraissent avoir englouti très anciennement une partie de ces montagnes, les chaînons partiels se trouvent interrompus, et quelques bassins sont devenus des golfes. Le chaînon septentrional renferme la Silla de Caracas (1351 toises), la plus haute cime à l'est des Andes. Le chaînon méridional, éloigné d'une douzaine de lieues du versant méridional du premier, borde l'immense bassin des Llanos. Ces deux chaînons sont liés par l'arrête ou nœud de montagnes, nommé Altos de las Cocuyzas (845 toises) et Higuerota (835 toises), par 69° 30′ et 69° 50′ de longitude. A l'ouest de cette arrête est le bassin du lac de Valencia, élevé de 220 à 250 toises, à l'ouest celui de Caracas élevé de 460 toises au-dessus du niveau de la mer des Antilles. Les îles voisines du continent offrent la continuation de ces montagnes, dont les caps Codera et Paria sont les extrémités les plus remarquables. La chaîne de Venezuela a été désignée par différents noms : montagnes de Coro, de Caracas, du Bergantin, de Barcelone, de Cumana, de Paria; ils ne désignent que la même chaîne dont la hauteur moyenne est de 750 toises.

Au milieu des plaines qui s'étendent du golfe de Darien par l'embouchure du Magdaléna au golfe de Maracaybo, s'élève brusquement le groupe des montagnes de Santa-Marta, qui est couvert de neiges éternelles; il doit avoir plus de 3000 toises de hauteur. Sa crête la plus haute, éloignée de 9 lieues de la côte, n'a que 3 à 4 lieues de long de l'est à l'ouest, l'el Picacho et la Horqueta (latitude 10° 51′, long. 75° 58′); ses points culminants sont placés près du bord occidental du groupe; ils sont entièrement séparés du pic San Lorenzo, également couvert de neiges éternelles, qui n'est éloigné que de 4 lieues du port de Santa-Marta. De faibles arrêtes et une suite de collines indiquent peut-être une liaison de la sierra de Santa-Marta, d'un côté par l'Alto de las Minas, son prolongement par le sud-ouest, avec les rochers du Penon et de Banco sur les bords du Magdaléna (lat. 8° 30′, long. 76° 13′), de l'autre par la sierra de Perija avec les montagnes de Chiliguana et d'Ocana, qui sont des contreforts du chaînon oriental de la Nouvelle-Grenade.

Autrefois les géographes plaçaient dans la Guyane espagnole le grand lac de Parime. Des notions plus précises ont fait disparaître ce lac. Son nom indique aujourd'hui un groupe de montagnes remarquables qui est compris entre les troisième et huitième parallèles nord, et entre les méridiens de 61° et 71° 30′. La sierra Parime est moins une chaîne qu'un amas de montagnes granitiques qui sont séparées par de petites plaines sans être partout disposées par rangées. Ce groupe se rétrécit considérablement entre les sources de l'Orénoque et les montagnes de Demerary dans les sierras de Quimiropoca et de Paracaymo. On peut suivre les montagnes de la Parime sur une longueur de 250 lieues : leur hauteur moyenne est de 800 toises; dans sa partie méridionale, le Duida,

qui est sa plus haute cime connue, s'élève à 1500 toises
(3° N.); son sommet, à l'entrée et à la fin de la saison des
pluies, jette de petites flammes; un autre rocher, sur la
rive opposée de l'Orénoque, présente le même phénomène.

Les montagnes de la Parime ne sont pas liées aux
Andes de la Nouvelle-Grenade, un espace de 80 lieues
les en sépare; elles se terminent brusquement vers l'ouest.

Vers les sources du Rio-Negro et de deux de ses affluents (1° à 2° 30′ N., 72° à 74° O.), il existe
un petit plateau montueux. Ses points culminants n'ont
probablement pas 100 à 120 toises de haut. Ce système
de montagnes peu connues paraît s'étendre vers le sud
et vers l'ouest, où des arrêtes de rochers occasionent des
cataractes dans le cours des rivières. Des géographes
modernes, sans doute pour orner leurs cartes, ont placé
des montagnes qui unissent les Andes à la Parime, et
celle-ci à la chaîne de Caracas; mais ces montagnes sont
purement imaginaires.

Le long de l'océan Atlantique, la côte de la Colombia
est basse et inondée, et court au nord-ouest jusqu'à la
longue presqu'île terminée à l'est par le cap Paria. Entre
cette partie de la côte, les bouches de l'Orénoque et l'île
de la Trinité, s'ouvre le golfe de Paria. Le long de la mer
des Antilles au contraire, la côte se prolonge à l'ouest
du cap Paria en formant un mur de rochers à cimes arrondies et à contours ondoyants, jusqu'à l'extrémité occidentale de la Péninsule d'Araya. Entre ce point et le
cap Codera, la côte offre un enfoncement léger, c'est le
golfe de Cumana, qui renferme la baie de Cariaco; des
îlots y présentent comme les débris de l'ancienne côte.
Depuis le Morro de Barcelona, les terres s'abaissent en se
retirant vers le sud. Au-delà du cap Codera la mer, auparavant tranquille, devient houleuse. A ce promontoire,
haut de 200 toises, commence une côte rocailleuse et
très haute. La montagne de Niguatar et la Silla de Ca-

racas montrent l'aspect des Pyrénées dépourvues de neige. Les navigateurs modernes ont nommé golfe Triste l'espace compris entre le cap Codéra et l'embouchure du Tocuyo. A la pointe San-Juan, qui est au nord, la côte devient beaucoup moins haute, et tourne en s'arrondissant vers le nord-ouest jusqu'à l'isthme étroit de Medanos, qui unit la presqu'île de Paraguana au continent. De l'autre côté de l'isthme, la côte se dirige au sud-ouest jusqu'à l'embouchure du lac de Maracaybo, puis tourne au nord-ouest en formant le golfe du même nom, et ensuite au nord-est. Arrivée au cap Galinas, point le plus septentrional de la république, la côte va au sud-est; elle forme le cap de la Vela, célèbre dans les fastes de la navigation, et ancienne limite des anciennes divisions du pays. La côte, toujours basse, est coupée plus loin par l'embouchure du Rio de la Hacha. A Santa-Marta, où s'élève la pointe San-Lorenzo, elle se retire au sud, puis revient au nord en entourant la baie de Zienega. De l'embouchure du Rio Magdaléna, elle va au sud jusqu'au golfe de Darien, en présentant plusieurs baies, entre autres celle de Carthagène. Le golfe de Darien est entouré de terres basses. La côte se dirige au nord-ouest en s'arrondissant le long de l'isthme de Panama, s'incline au sud-ouest depuis la pointe de Manzanillo à l'est de Porto-Bello, et ensuite au nord-ouest jusqu'à la limite du pays, à l'ouest du lac Chiriqui.

Le long du Grand-Océan, la côte est haute et s'avance à l'ouest jusqu'à l'embouchure du Rio de Veragua; elle s'arrondit au sud-ouest, puis au nord-est et revient au nord-ouest, et décrit un grand détour au nord pour retourner au sud en formant le golfe de Panama jusqu'au cap San-Francisco Solano. Plus loin, au sud, on rencontre la baie de Choco; la côte incline à l'ouest, elle est haute, sinueuse et découpée par plusieurs baies; enfin à son extrémité s'ouvre le golfe de Guayaquil.

La Cordillère des Andes est si rapprochée de la côte

du Grand-Océan, que les fleuves qui se jettent dans cette mer ne sont pas remarquables par la longueur de leur cours. Les plus remarquables en allant du sud au nord sont le rio de Guayaquil, dont l'embouchure est extrêmement large, le rio de las Esmeraldas, le rio Patia et le rio San-Juan. Toutes ces rivières ont un cours très rapide, et arrivent à la mer par un cours en partie parallèle à la côte ou à la Cordillère. Les vallées transversales dans lesquelles elles coulent, sont remarquables par l'abaissement rapide de leur fond. La vallée de Patias, qui va du nord-est au sud-ouest, n'a que 35o toises de hauteur au-dessus de la mer, et cependant elle est entourée de très hautes cimes.

Dans l'isthme de Panama, on remarque le Chagres, qui prend sa source dans les montagnes de cette langue de terre et se jette dans la mer des Antilles; il facilite le transport des marchandises d'un océan à l'autre.

Le golfe de Darien reçoit le rio Atrato, dont la source est dans le Choco à l'ouest de celle du rio San-Juan.

On a vu précédemment que le rio Magdaléna et le Cauca sortent de deux points voisins dans le paramo de las Papas; ces deux rivières coulent dans deux bassins presque parallèles; en plusieurs endroits ces bassins se rétrécissent par le rapprochement des montagnes qui les bordent, ils se réunissent sous le 9° 4o' N., et le Magdaléna, avant d'arriver à la mer des Antilles, se partage en plusieurs bras. L'air est étouffant dans la partie inférieure de son cours. Le lit du Cauca, extrêmement resserré, en s'éloignant de sa source, rend la navigation souvent dangereuse et même impraticable. Le Magdaléna au contraire forme, au milieu de la Cordillère, le canal de communication entre les pays hauts et la mer. Ce fleuve ne serait pourtant qu'un grand torrent navigable, si dans plusieurs endroits son cours n'était barré par des rochers disposés de manière à briser sa violence.

Toutes les rivières qui descendent du flanc oriental

des Andes, depuis le 3me. parallèle nord jusqu'à la limite méridionale de la Colombia, coulent vers l'Amazone, qui, à ce point, entre dans le territoire de la république; ce fleuve y coule dans un terrain élevé, puis entre des rochers (lat. 5° 31′ S., long. 80° 56′ O.); de là au Pongo de Rentema, il suit une longue série d'écueils, dont le dernier est le Pongo de Tayouchouc, entre le détroit de Manseriche et le village de San-Borja. L'Amazone ne change la direction de son cours, qui va d'abord au nord, puis à l'est, qu'à 3 lieues au nord-est du point où elle s'est engagée entre les rochers; ceux du fameux détroit de Manseriche ont à peine 40 toises d'élévation. Au-delà de San-Borja, l'Amazone reçoit à gauche le Pastaza, dont les eaux viennent du bassin de l'Assuay et de l'Alto de Chisinché, le Napo, qui sort du pied du Cotopaxi, et dont les affluents ont leurs sources au bas de l'Antisana et du Cayambé; le Putumayo ou Ica, qui sort de la Sinéga de Sebondoy, lac Alpin au nord-est de Pasto; le Yupara ou Caqueta, qui a son origine à peu de distance, et dont un affluent arrive de la Cordillère même.

Depuis le troisième parallèle nord, le versant oriental de la Cordillère envoie toutes ses eaux à l'Orénoque. Derrière le paramo de la Summa Paz, naît l'Ariari, et un peu au-dessous, vers le paramo de Aponte, on trouve le Guayavera; ces deux rivières se réunissent pour former le Guaviare. Au nord du quatrième parallèle, naît le rio de Aguas Blancas, qui, avec le Pachaquiaro ou rio Negro d'Apiay, forme le Méta. L'Apure et ses nombreux affluents descendent de la Cordillère des Andes et de celle de la côte. Ce n'est que depuis le voyage et les savantes recherches de M. de Humboldt que l'on connaît bien toutes les rivières qui parcourent la partie orientale de la Colombia; les cartes publiées avant la sienne n'offrent qu'une image confuse du système des eaux de ces régions.

L'Orénoque et tous ses affluents de droite prennent leur

source dans les montagnes de la Parime. On connaît le cours de ce fleuve jusqu'au point où, sous 3° 18′ N. et 67° 38′ O., il forme, dans les vallées alpines de Mara- guaca, une cataracte ou un raudal. On ignore ce qui est à l'est. Il court d'abord à l'ouest, en passant au sud du Duida; il envoie au sud le Cassiquiare, puis se dirige à l'ouest-nord-ouest, comme s'il devait déboucher dans le Grand-Océan; il reçoit à droite le Ventuari. Ensuite, au confluent du rio Atabapo, qui vient du sud, et près de celui du Guaviare, qui arrive de l'ouest, il commence à incliner vers le nord; le Méta et l'Arauca lui arrivent à gauche; à l'embouchure de l'Apure, il change de nou- veau de direction. Dans cette partie de son cours, l'Oré- noque remplit une espèce d'enfoncement formé par la faible pente qui descend de la chaîne très éloignée des Andes de la Nouvelle-Grenade, et de la contre-pente extrêmement courte qui se relève à l'est vers la côte abrupte des montagnes de la Parime. Cette disposition du terrain est la cause pour laquelle les plus grands af- fluents de ce fleuve sont ceux de l'ouest. Son lit se trouve obstrué par des rochers; c'est la région des grandes ca- taractes : le fleuve, en mugissant, se fraie un passage à travers les contreforts qui s'avancent vers l'ouest. Près du confluent de l'Apure, l'Orénoque, qui jusque-là coulait du sud au nord, commence brusquement à courir de l'ouest à l'est, ou dans un sens parallèle, mais contraire à sa première direction. Son chenal est formé au nord par une pente presque insensible qui se relève vers la chaîne côtière de Venezuela; au sud, par la contre-pente courte et rapide qui s'appuie à la Sierra-Parime. Par cette disposition particulière du terrain, l'Orénoque entoure un même groupe de montagnes au sud, à l'ouest et au nord, et après un cours de 450 lieues, il se trouve à 100 lieues de son origine; elle est à deux degrés près dans le méridien de son embouchure.

Depuis le confluent de l'Apure, l'Orénoque reçoit, à

droite, le Cauca et le Carony; mais à gauche, aucun affluent remarquable ne lui arrive.

Depuis son embouchure jusqu'au confluent de l'Anoveni, sur une étendue de 260 lieues, la navigation de
l'Orénoque n'est point entravée; on y rencontre des
écueils, des tournoiements d'eau et des rapides; mais
jamais le lit n'est barré en entier. Dans toute cette navigation, les voyageurs ne connaissent d'autre danger que
les radeaux naturels formés par les arbres que le fleuve
déracine et entraîne dans ses grandes crues. Au-delà du
rio Anoveni, on rencontre les grandes cataractes d'Atu-
rès et de Maypurès. Ces deux barrages, qui s'étendent
d'une rive à l'autre, offrent en général un aspect à peu
près semblable; ce sont des îlots rocailleux sans nombre, des digues de rochers, des blocs de granite entassés
et couverts de palmiers, entre lesquels le fleuve se brise.
Au-dessus de Maypurès, l'Orénoque est de nouveau libre
d'obstacles, sur une longueur de plus de 167 lieues, jusque près du point où cesse la connaissance que l'on a de
son cours.

A 25 lieues de la mer, le tronc principal de l'Orénoque se partage en deux bras; celui du nord se partage
en une infinité de ramifications dont les embouchures
portent le nom de *Bocas-Chicas* (petites bouches). Le
plus grand écartement des bouches du fleuve est de 47
lieues marines. On peut compter au moins onze embouchures assez considérables. La portion septentrionale du
Delta est baignée par les eaux du golfe de Paria (jadis
golfe Triste); il communique avec la mer des Antilles par
les fameuses bouches du Dragon (*Bocas de Dragos*),
que les pilotes côtiers, depuis le temps de Christophe
Colomb, regardent, quoique assez improprement, comme
les bouches de l'Orénoque.

Lorsque ce grand navigateur arriva sur cette côte, le
15 août 1598, il fut convaincu pour la première fois de
l'existence du continent de l'Amérique, en éprouvant

l'effet du courant qui sort avec impétuosité des bouches du Dragon. « Une si prodigieuse quantité d'eau peu sa-»lée, se dit Colomb, n'a pu être rassemblée que par un »fleuve d'un cours très prolongé; la terre qui donne cette »eau doit être un continent et non pas une île. »

La bouche principale de l'Orénoque est la plus orientale qui verse les eaux du fleuve dans l'Océan atlantique; on la nomme *boca de Navios*. Le canal navigable a 2,800 toises de largeur. Quand on est entré dans le lit même de l'Orénoque, la largeur est de 5,000 toises. Le flux et le reflux se font sentir, au mois d'avril, lorsque le fleuve est le plus bas, à 85 lieues de la mer. Sa largeur varie beaucoup à mesure qu'on le remonte. A l'Angostura, ou rétrécissement, où est situé San-Tomè, capitale de la Guyane, elle est tantôt de 380, tantôt de 490 toises, suivant la hauteur des eaux. Depuis le confluent de l'Arauca jusqu'à celui du Méta, elle est le plus souvent de 1,500 à 2,500 toises; à Baraguan, entre ces deux embouchures, des rochers la réduisent à 889 : voilà pourquoi on appelle ce passage un détroit.

C'est dans la première partie de son cours, là où il coule de l'ouest à l'est, que l'Orénoque forme cette fameuse bifurcation dont M. de Humboldt a le premier pu déterminer la position par des observations astronomiques, à 3° 10′ N. et 68° 57′ O. Un des bras de l'Orénoque, le Cassiquiare, se dirigeant du nord au sud, se jette dans le Guaïnia ou rio Negro, lequel, à son tour, se réunit au fleuve des Amazones. Mais comme le Cassiquiare est redouté à cause de la force de son courant, du manque de vivres que l'on éprouve au milieu des forêts désertes qu'il parcourt, et du tourment que font endurer les mosquitos, on préfère aller par l'Atabapo, que l'on remonte jusqu'à une distance de moins de deux lieues d'une petite rivière débouchant dans le rio Negro. M. de Humboldt prit cette route, et lorsqu'il se fut avancé sur le rio Negro jusqu'aux confins du territoire

portugais, il remonta cette rivière et entra ensuite dans
le Cassiquiare, qui le ramena dans l'Orénoque.

Ce savant voyageur, en descendant le rio Negro, avait
passé devant l'embouchure d'un bras du Cassiquiare,
dont l'existence est un phénomène bien remarquable dans
l'histoire des embranchements des rivières; il sort du Cassiquiare sous le nom d'Itinivini, et après avoir traversé
sur 25 lieues de long un pays uni et presque entièrement
dépourvu d'habitants, il se jette dans le rio Negro sous
le nom de Conorichité, par une bouche large de 120
toises.

Dans la partie supérieure du cours de l'Orénoque, entre
le troisième et le quatrième parallèles, la nature a plusieurs fois répété le phénomène singulier de ce que l'on
appelle les eaux noires. L'Atabapo, le Témi, le Tuamini
et le Guaïnia, ont les eaux d'une teinte de couleur de
café. A l'ombre des massifs de palmiers, leur couleur
passe au noir foncé; mais dans des vaisseaux opaques,
les eaux sont d'un jaune transparent. Partout où ces eaux
coulent doucement, elles offrent à l'astronome qui observe avec des instruments de réflexion, un excellent horizon artificiel. Le manque de crocodiles et de poissons,
un nombre moindre de mosquitos, et un air salubre, distinguent la région des rivières noires; elles doivent probablement leur couleur à une dissolution de carbure
d'hydrogène, à l'abondance de la végétation, et à la multitude de plantes dont est couvert le sol qu'elles traversent.

On trouve plusieurs lacs dans la région supérieure des
Andes de la Nouvelle-Grenade; ils donnent, la plupart,
naissance à des rivières. Le lac de Guatavita, au contraire, n'a pas d'écoulement. Il est situé à la hauteur
de plus de 1,400 toises sur le dos des montagnes de Zi-
paquira, dans un lieu sauvage et solitaire, au nord de
Santa-Fida-Bogota. Suivant la tradition des indigènes,
ce lac renferme des trésors que leurs ancêtres y cachè-

rent à l'époque de l'invasion des Espagnols. Un autre
lac qui n'envoie point ses eaux à la mer, est celui de
Tacarigua ou Valentia, situé au sud de la Sierra-Mariara
qui fait partie de la chaîne côtière et borne la vallée d'A-
ragua, fermée à l'est et à l'ouest, de collines assez hautes
pour déterminer le cours des eaux, et au sud par la chaîne
du Quacimo et de Yusma. Le lac est élevé de 666 toises
au-dessus de la mer des Antilles ; il renferme quelques
îles, de temps en temps il en paraît de nouvelles ; cette
circonstance et la retraite progressive des eaux ont fait
penser qu'il pourrait bien se dessécher entièrement. Ses
rives au sud sont désertes, nues et presque inhabitées ;
celles du nord, au contraire, sont riantes et ornées de
riches cultures de cannes à sucre, de coton et de cafiers.
Sa longueur est de 10 lieues ; sa largeur, très inégale, ne
dépasse pas 2 lieues entières.

Le lac de Maracaybo, dont la position a déjà été indiquée, communique directement avec un golfe de la
mer des Antilles, qui porte le même nom : il est de
forme ovale ; sa longueur, depuis la barre extérieure jusqu'à son extrémité méridionale, est de 60 lieues ; sa largeur de 35, et sa circonférence de plus de 210 lieues ;
il reçoit beaucoup de rivières, on y navigue facilement ;
il peut porter les plus grands navires. Dans les forts coups
de vent du nord, il est dangereux pour les canots ; alors
une partie de ses eaux participe de la salure des eaux de
la mer ; dans tout autre temps, elles sont douces et potables. La marée s'y fait sentir ; la stérilité et l'insalubrité
générale de ses bords en repoussent la culture et la population. Jadis les Indiens, au lieu d'y fixer leur demeure,
aimaient mieux habiter sur le lac même ; les Espagnols
y trouvèrent beaucoup de villages construits sans ordre
ni alignement, mais dont les maisons très solides étaient
élevées sur des poteaux de bois incorruptibles ; c'est ce
qui lui fit donner le nom de Venezuela (Petite Venise)
qu'il n'a pas gardé, mais qui a passé à la province. Les

Indiens ont encore quatre villages sur le lac. Une église également sur l'eau est desservie par un curé qui ne peut être amené que par un zèle véritable dans cette demeure aquatique; car au bout de quinze jours sa santé est ordinairement altérée, et plus souvent encore sa vie ne s'y prolonge pas au-delà de six mois. Quelques habitations espagnoles sont disséminées dans la partie occidentale où le terrain est bon. La partie septentrionale beaucoup plus saine que les autres, a quelques villages. La ville de Maracaybo est sur la rive gauche du goulet qui conduit à la mer. Au nord-est et dans la région la plus stérile, il existe à la Ména un fonds inépuisable de poix minérale qui, mêlée avec du suif, sert à goudronner les navires. Les vapeurs bitumineuses de cette mine s'enflamment si aisément à l'air, que pendant la nuit, surtout dans les grandes chaleurs, on y voit sans cesse des feux phosphoriques: on les appelle la lanterne de Maracaybo, parcequ'ils servent de phare aux Blancs et aux Indiens qui naviguent sur le lac sans instrument et sans boussole. Ce lac reçoit le Sulia et la Chama.

La pente méridionale de la chaîne côtière est assez rapide; de là on entre dans les plaines de la Colombia. On nomme *llanos* les plaines presque désertes qui s'étendent depuis les montagnes de Mérida, couvertes de neiges perpétuelles, jusqu'au-delà de l'Orénoque, et depuis la chaîne côtière de Vénézuela jusqu'à la vallée du fleuve des Amazones. « Il y a, dit M. de Humboldt, quelque chose d'imposant et de triste dans le spectacle uniforme de ces steppes. Tout y paraît immobile : à peine quelquefois l'ombre d'un petit nuage qui parcourt le zénith et annonce l'approche de la saison des pluies, se projète sur leur surface; dans les temps de sécheresse elles prennent l'aspect d'un désert. L'herbe dont elles s'étaient couvertes pendant la saison des pluies, se réduit en poudre; la terre se crevasse, les crocodiles et les grands serpents restent ensevelis dans la fange desséchée jusqu'à ce que les premières ondées du printemps les réveillent d'un long assoupissement. Ces phénomènes se présentent sur des espaces arides de 50 à 60 lieues carrées, partout où ces immenses plaines ne sont pas traversées par des rivières; car sur le bord des ruisseaux et autour des petites mares qui renferment une eau croupissante, le voyageur rencontre, de distance en distance, même pendant les plus grandes sécheresses, des bouquets de Mauritia, palmier dont les feuilles en éventail conservent une brillante verdure.

Le llanos de Cumana, de Caracas et du Méta n'ont que 40 à 50 toises de hauteur au-dessus du niveau de l'Océan; elles sont inclinées vers l'est et vers le sud : leurs eaux courantes sont des affluents de l'Orénoque. La pente des rivières y est extrêmement douce, souvent presque insensible. C'est pourquoi le moindre vent et les crues de l'Orénoque font rétrograder le cours des rivières qui se jettent dans ce fleuve. Le rio Arauca offre souvent ce spectacle vers le haut; les Indiens croient descendre pendant une journée en naviguant de l'embouchure vers les sources; les eaux qui descendent sont séparées de celles qui remontent par une grande masse d'eau stagnante, dans laquelle il se forme, par la rupture de l'équilibre, des tournants dangereux pour les bateaux.

Toutes les parties de ces plaines offrent un niveau parfait; cette égalité de surface règne surtout depuis les bouches de l'Orénoque jusqu'à la villa de Arauca et à Ospinos, sur un parallèle de 180 lieues de long, et depuis San-Carlos jusqu'aux savanes du Caquéta du nord au sud-sud-ouest, sur une longueur de 200 lieues.

On rencontre néanmoins dans les llanos deux genres d'inégalité : le premier désigné par le nom de *bancos*, présente des couches fracturées de grès ou de calcaire compact, qui sont placés plus haut que le reste de la plaine; ils ont quelquefois 3 à 4 lieues de long, sont entièrement unis à sa surface horizontale; on ne s'aperçoit de leur

existence que quand on en examine les bords ; ce sont
de véritables bancs , des hauts-fonds. Le second genre
d'inégalités que l'on nomme *mésas,* consiste en petits plateaux ou plutôt en éminences convexes qui s'élèvent insensiblement à quelques toises de hauteur. Ces mésas ,
malgré leur peu d'élévation , partagent les eaux dans la
province de Cumana, entre l'Orénoque et la côte septentrionale.

Les llanos qui forment le bassin du Bas - Orénoque ,
communiquent avec le bassin de l'Amazone et du rio
Negro , limité d'un côté par la Cordillère de Chiquitos ,
de l'autre par les monts Parime. L'ouverture qui reste
entre ces derniers et les Andes de la Nouvelle - Grenade,
donne lieu à cette communication ; c'est une espèce de détroit terrestre. Le terrain entièrement uni entre le Guaviare, le Méta et l'Apure, ne présente aucun vestige d'une
irruption violente des eaux ; mais sur le bord de la Cordillère de la Parime, entre les quatrième et les septième
parallèles, l'Orénoque s'est frayé un chemin à travers les
rochers ; les grandes cataractes , comme on l'a déjà vu ,
sont placées dans cet intervalle.

Les llanos du Bas-Orénoque et du Méta portent différents noms : depuis les bouches du Dragon , suivent de
l'est à l'ouest, les llanos de Cumana , de Barcelona et de
Caracas ou Venezuela. Au point où ces steppes tournent
vers le sud et le sud-sud-ouest, depuis le huitième parallèle et entre les soixante-dixième et soixante-treizième
méridien , on trouve du nord au sud les llanos de Varinas , de Casanare, du Méta , du Guaviare, du Caguan et
du Caquéta.

M. de Humboldt qui a parcouru les llanos , a calculé
leur surface depuis le Caquéta jusqu'à l'Apure, et de
cette rivière au delta de l'Orénoque , et l'a trouvée de
26,600 lieues carrées. La partie dirigée du nord au sud est
presque le double de celle qui se prolonge de l'est à l'ouest ,
entre le Bas-Orénoque et la chaîne côtière de Caracas.

Rien n'égale la pureté de l'air dans les llanos, depuis décembre jusqu'en février; la bise de l'est et de l'est-nord-est souffle avec violence. Vers la fin de février l'atmosphère devient moins nette, la brise moins forte, moins irrégulière, elle est plus souvent interrompue par des calmes plats. Des nuages s'accumulent vers le sud-sud-est; à la fin de mars, la région australe de l'atmosphère est éclairée par de petites explosions électriques; la brise passe de temps en temps à l'ouest et au sud-ouest; vers la fin d'avril le ciel se voile, la chaleur s'accroît progressivement, les pluies commencent; c'est la saison des orages, les rivières grossies ne tardent pas à déborder, elles inondent les contours qu'elles parcourent; les llanos offrent alors l'image d'une vaste mer.

A l'exception des llanos et des forêts presque impénétrables, comprises entre l'Orénoque et le Cassiquiare, le reste des provinces de Caracas offre 10,000 lieues carrées, d'un sol fertile et facile à cultiver. Ce pays renferme à la fois des climats froids et tempérés; on y cultive le froment, même à 270 ou 300 toises, au-dessus de la mer, dans les monts de Mérida, au milieu des cafiers et des cannes à sucre; la température moyenne de ces cantons est de 25 degrés.

Dans la Nouvelle-Grenade, occupée entièrement par la Cordillère, on divise le terrain en terres chaudes, qui sont ordinairement les vallées des fleuves et les provinces maritimes, terres tempérées, terres froides; *paramos*, terres stériles; enfin, en *nevados*, terres couvertes de neiges. Quelquefois la même montagne les renferme toutes.

Le climat des terres chaudes renfermées dans la Cordillère, est brûlant sans être malsain; la température rafraîchie par les brisées bienfaisantes des Andes, n'est pas mortelle pour l'Européen. Dès qu'on s'élève à 400 toises au-dessus du niveau de la mer, on respire un air plus frais, mais qui n'est pas encore tempéré; on le trouve plus convenable à 600 toises; enfin, à 900, on s'y plaît : ce sont les terres froides. Plus. haut, dans les Paramos, le froid paraît rigoureux, et dans les Nevados on est glacé.

Au pied de la Cordillère, l'air chargé de vapeurs et d'exhalaisons frappe désagréablement l'odorat; au-dessus de cette région brûlante, embaumé par les émanations suaves des fleurs et des plantes aromatiques, il flatte tous les sens.

On éprouve dans la Cordillère deux saisons sèches et deux saisons pluvieuses; les premières commencent avec les solstices, les secondes avec les équinoxes; leurs époques varient quelquefois d'une quinzaine de jours. La température reste la même; deux degrés produisent une différence sensible entre le froid des saisons des pluies et celui des saisons sèches; elle est plus grande à mesure que l'on descend vers le pied des montagnes, alors elle est quelquefois d'un tiers, de sorte qu'après la pluie le thermomètre baisse quelquefois de 24 degrés à 16.

Les montagnes neigeuses rafraîchissent l'atmosphère des parties plus basses et intérieures qui les environnent. A l'est des montagnes de Santa-Marta, la chaîne côtière, pressée d'un côté par la mer, de l'autre par de vastes plaines, reçoit les vents de tous côtés. Celui du sud domine dans la Cordillère pendant le beau temps, celui du nord pendant la pluie et les orages. Tous les lieux situés en dehors des montagnes à l'est sont exceptés de cette loi; ils sont soumis aux vents des llanos; les provinces baignées par le Grand-Océan le sont aux vents de mer; et celles qui sont au sud de la ligne à ceux du nord-ouest.

Rarement dans la Cordillère il pleut durant les saisons sèches; rarement aussi dans les saisons humides, un jour se passe sans qu'il pleuve. Il pleut en mars, avril, mai, juin; le ciel est pur en juillet, août, septembre; les pluies recommencent en octobre, novembre et décembre; enfin,

depuis les derniers jours de ce mois jusqu'au commencement de mars le temps est beau.

Dans les parties mêmes, où par un effet de la grande
élévation au-dessus de la mer, la température ressemble
à celle de l'Europe, on remarque la même influence tro-
picale; les arbres y sont toujours verts; la nature y a
remplacé les pluies qui inondent les llanos depuis juin jusqu'en octobre, par des brouillards glacés qui rendent les
jours caniculaires très froids.

La Nouvelle-Grenade est riche en métaux; les mines
d'or se trouvent dans les provinces de Quito, et d'Antioquia; elles sont surtout d'une richesse extrême dans le
Choco où l'on rencontre aussi le platine exclusivement.
Les mines d'argent de Marquetones, dans le territoire de
Pamplona et d'autres, sont très abondantes. Il en existe
aussi de cuivre, de plomb et de fer, les métaux ont en quelque sorte, comme les végétaux, leurs régions distinctes;
à 50 toises au-dessus de la mer on commence par rencontrer la zone de l'or et du platine: plus haut celle de l'argent; celle du cuivre et du fer touchent presque aux extrémités supérieures des monts. Les mines d'émeraude de
Muzco sont célèbres.

Le Caracas, quoique moins fameux que la Nouvelle-
Grenade pour ses richesses métalliques, n'en est cependant
pas dépourvu. Jadis des mines d'or et d'argent furent exploitées sur le flanc des monts; on y découvre
encore quelques grains d'or. La mine d'Aroa, dans les
montagnes qui joignent la chaîne côtière aux Andes,
fournit du cuivre; les rochers d'amphibole des montagnes
de transition de Tucumiento, renferment des filons de
malachite et de pyrite cuivreuse. On y rencontre aussi
des indices de fer, soit ochracé, soit magnétique, dans la
chaîne côtière, de l'alun natif à Chiaparipari, du sel dans
la péninsule d'Araya, du kaolin sur les bords de la Silia,
du jade sur ceux du Haut-Orénoque, du pétrole à Buen-
Pastor, du soufre dans la partie orientale de la Nouvelle-

Andalousie. Les pêcheries de perles de l'île de la Marguerite, jadis célèbres, sont aujourd'hui fort négligées ; celles du golfe de Panama et de l'embouchure du rio de la Hacha sont encore assez actives.

On conçoit, d'après la diversité de température de la Colombia, que ses productions végétales doivent être extrêmement variées ; les forêts sont remplies de grands arbres, dont les bois sont propres aux constructions navales et aux travaux de charpente et d'ébénisterie ; d'autres donnent des écorces, des résines, des baumes salutaires : le quinquina abonde dans les Andes, et se retrouve aussi dans quelques endroits de la chaîne côtière. Un Européen qui pénètre pour la première fois dans les forêts de l'Amérique méridionale, s'aperçoit à chaque pas qu'il est au centre de la Zone Torride, sur un vaste continent où tout est gigantesque. On dirait que la terre, surchargée de plantes, suivant la belle observation de M. de Humboldt, ne leur offre pas assez d'espace pour se développer. Partout le tronc des arbres est caché sous un tapis épais de verdure. Les mêmes lianes qui rampent sur le sol, atteignent la cime des arbres, et passent de l'une à l'autre à plus de 100 pieds de hauteur. L'arbre le plus singulier de ces régions est celui duquel on obtient, par des incisions faites à son tronc, un lait abondant répandant une odeur de baume très agréable, et fournissant un aliment salutaire. Ces propriétés l'ont fait nommer *Palo de vaca* (arbre de la vache).

Dans les terres chaudes et tempérées on cultive le bananier, l'igname, la canne à sucre, le cacao, le cafier, le tabac et le maïs : des champs de froment, d'avoine et de pommes de terre, couvrent la région des terres froides, et, suivant les localités, celle des terres tempérées. Grâce à la régularité des saisons et à la douceur du climat, la terre ne trompe presque jamais l'attente du laboureur. Cette fécondité nuira encore long-temps aux progrès de la civilisation ; chaque famille de colons forme, dans plusieurs endroits, une peuplade isolée : des provinces très peuplées paraissent presque désertes, parceque l'homme, pour s'y nourrir, ne soumet au labourage qu'un petit nombre d'arpents; mais la solitude développe aussi, et raffermit chez lui le sentiment de l'indépendance et de la liberté.

Les chevaux et les bœufs que les Européens ont introduits dans le Nouveau-Monde se sont multipliés prodigieusement dans les llanos; l'éducation du bétail semble être le seul genre d'occupation auquel on puisse se livrer au milieu de ces terrains nus que bordent des forêts immenses, et que, pendant six mois, le débordement des fleuves fait ressembler à une suite de vastes marécages. On rencontre çà et là un *hato de Guanado*, c'est-à-dire une maison isolée dans la Steppe, et entourée de quelques petites cabanes qui sont couvertes en roseaux et en peaux. Les bœufs, les chevaux, les mulets, ne sont point parqués; ils errent librement dans une étendue de plusieurs lieues carrées, nulle part on ne voit un enclos. Des hommes nus jusqu'à la ceinture et armés d'une lance, parcourent les savanes pour inspecter les animaux, ramener ceux qui s'éloignent trop des pâturages de la ferme, marquer d'un fer chaud tout ce qui n'a pas encore la marque du propriétaire; tous ces animaux sont petits et indomptables dans les plaines; dans les montagnes au contraire ils sont grands, forts et dociles. Il n'y a pas de moutons dans les llanos, on n'en voit que sur le plateau de la province de Quito. On a, sur la fin du dix-huitième siècle, fait venir des Canaries dans la Venezuela, des chameaux qui se sont propagés; la multiplication de cet animal sera très utile pour le transport des marchandises à travers les plaines brûlantes du Casanare, de l'Apure et de Calabozo, qui, dans la saison des sécheresses, ressemblent aux déserts de l'Afrique.

Les hommes et le bétail ont à craindre dans les steppes les attaques des jaguars et les piqûres des serpents; ils y sont tourmentés par des nuées de mosquitos et par des chauve-souris énormes. Le lamantin remonte très haut dans les eaux de l'Orénoque. Ce fleuve et le Magdaléna sont infectés par les crocodiles ; les forêts sont peuplées de singes de diverses espèces, parmi lesquels on distingue l'alouate ou singe hurleur qui, à l'époque des pluies, fait retentir de sa voix forte les échos de ces solitudes. Les rivages de la mer sont habités par des courlis rouges et d'autres oiseaux aquatiques : on trouve dans l'intérieur des terres les oiseaux propres à chaque zone ; et souvent on voit le condor, dont le séjour habituel est à 1600 toises au-dessus du niveau de la mer, planer à plus de 3640 toises. La rapacité de ce puissant volatile l'attire dans ces régions à la poursuite des vigognes qui errent en troupeaux dans les plaines voisines des neiges éternelles.

Quand les Européens abordèrent pour la première fois les contrées qui composent aujourd'hui la Colombia, ils trouvèrent les plaines couvertes de forêts et entrecoupées de rivières, et peu peuplées : des peuplades errantes, séparées par la différence du langage et des mœurs, vivaient éparses le long des côtes de la mer, des bouches et des rives de l'Orénoque ; chacune de ces peuplades portait le nom de nation, quoique souvent le nombre des individus qui la formaient fût à peine de 1000, et que rarement il passât 10,000.

On a vu plus haut que Colomb découvrit ces contrées en 1498. Après avoir reconnu le golfe de Paria, il longea la côte jusqu'à la pointe d'Araya, puis il fit voile au nord. Ojeda et Americ Vespuce suivirent la découverte en 1499, et allèrent jusqu'au cap de la Véla. Des navires espagnols vinrent ensuite échanger à cette côte des bagatelles contre de l'or, des perles, du brésillet, etc. ; mais en allant plus loin, à l'ouest, ils rencontrèrent à leur grand étonnement des Indiens disposés à leur enlever ce qu'ils avaient. En 1510, Ojeda et Nicuessa découvrirent les côtes du golfe de Darien. La même année Balboa s'avança dans l'intérieur de ces pays, et en 1513, il franchit le premier l'isthme de Panama. Cependant les Espagnols formaient des établissements sur les côtes, ils y bâtissaient des villes; ils exterminaient les Indiens qui leur résistaient, et réduisaient en esclavage tous ceux qui échappaient au massacre; une loi de Charles-Quint les y autorisait. Les crimes commis par la nuée de brigands que l'avidité du pillage attirait dans ces pays malheureux, devinrent si grands et si nombreux qu'ils parvinrent jusqu'à l'administration de Saint-Domingue : en 1527, elle envoya Jean Ampues pour mettre un terme à ces atrocités.

Des missionnaires étaient déjà venus pour prêcher l'Évangile aux Indiens; les militaires, dont ils ne partageaient pas les excès, les avaient contrariés dans leur projet; les religieux furent égorgés par les Indiens par un effet de la haine qu'on portait aux Espagnols. En 1520, Las Casas, qui s'est immortalisé par son zèle persévérant à défendre les Indiens, arriva pour la première fois sur la côte de Cumana pour y fonder une colonie de cultivateurs; ceux-ci furent égorgés pendant son absence. Ampues parvint à rétablir l'ordre, en se déclarant le protecteur des opprimés; par malheur la province de Venezuela venait d'être cédée par Charles-Quint aux Welzers, négociants d'Augsbourg, en paiement de sommes qu'il leur devait. La férocité des agents de ces Allemands venus en 1528, surpassa celle des Espagnols. Enfin les Welzers furent dépossédés en 1545 ; l'oppression des Indiens cessa; ils furent déclarés libres, sans même excepter ceux qui seraient pris les armes à la main. Mais, persuadés par une triste expérience que les Européens n'avaient d'autre intention que celle de les exterminer, ils ne voulurent pas écouter la voie de la persuasion pour se ranger sous les lois des Espagnols; ceux-ci, réduits au parti de renoncer au pays ou de s'y établir par la force, adoptèrent ce dernier moyen. Tous les Indiens défendirent leur territoire avec une ténacité dont on ne les croyait pas capables. Les Espagnols soumirent successivement la plus grande partie de ces contrées, mais ils ne parvinrent à fonder le plus petit établissement qu'après avoir combattu la peuplade qui occupait le terrain. Celles qui se réfugièrent dans les forêts de l'Orénoque, réussirent à conserver leur liberté.

De même que dans le reste de l'Amérique, les Espagnols qui parvinrent en 1537 des rives du Magdaléna aux plaines élevées de Bogota, furent frappés du contraste qu'ils observèrent entre l'état sauvage des hordes éparses qui habitaient les régions chaudes voisines de l'embouchure de ce fleuve, et la civilisation des peuples montagnards. Ceux-ci étaient distribués par communes, cultivaient la terre, fabriquaient des toiles de coton qui formaient leur vêtement. Quoique le sol fût peu fertile, les champs offraient partout de riches moissons de maïs, de quinoa, et de *turmas* ou pommes de terre. Quatre nations, les Muyscas, les Guanes, les Muzos et les Colimas, vivaient sur le plateau de Cundinamarca; celle des Muyscas ou Mozcas paraît avoir été la plus nombreuse. Suivant leurs traditions fabuleuses, Bocachica ou Idancazas avait réuni en société les hommes épars, et introduit le culte du soleil. Voyant les chefs des différentes tribus se disputer l'autorité suprême, il leur conseilla de choisir pour zaqué ou souverain, l'un d'eux révéré par sa justice et sa haute sagesse.

La forme de gouvernement que Bocachica donna aux habitants de Bogota, est très remarquable par l'analogie qu'elle présente avec les gouvernements du Japon et du Tibet. Les chefs des quatre tribus choisissaient le grand-prêtre d'Iraca ou Sogamozo, lieu saint des Muyscas. Le peuple se portait en foule à ce *chunsua* ou sanctuaire, pour visiter les lieux devenus célèbres par les miracles de Bocachica, et pour porter des présents au pontife. Au milieu des guerres les plus sanglantes, les pélerins jouissaient de la protection des princes par le territoire desquels ils devaient passer. Le chef séculier, appelé zaqué de Tunja, auquel les zippa ou princes de Bogota payaient un tribut annuel, et les pontifes d'Iraca étaient deux puissances distinctes.

Les Muyscas attribuaient aussi à Bocachica l'invention du calendrier. L'année civile était divisée en vingt lunes; l'année sacerdotale en renfermait trente-sept. La plus petite division de temps était une période de trois jours; le premier était destiné à un grand marché.

La langue de Bogota, dont l'usage s'est entièrement perdu depuis la fin du dernier siècle, était devenue dominante par les victoires des zaqués et l'influence du grand-pontife sur une vaste étendue de pays, depuis les plaines de l'Ariri et du Méta, jusqu'au nord de Sogamozo : elle est connue dans le pays sous la dénomination de *chybcha*. Les Muyscas, qui ne connaissaient ni l'art de préparer le papier, ni l'écriture, avaient des chiffres; ils les gravaient sur des pierres, ainsi que les signes qui présidaient aux années, aux lunes, et aux jours lunaires.

Une période de quinze ans représentait une des quatre saisons de la grande année de soixante ans. Le commencement de chaque période était marqué par le sacrifice d'une victime humaine. Ces cérémonies barbares paraissent toutes avoir eu rapport à des idées astrologiques. D'ailleurs, les Muyscas n'offraient ordinairement à leurs Dieux que des oiseaux auxquels ils avaient appris quelques mots de leur langue, afin que les divinités déçues les acceptassent comme des victimes humaines.

Le pays de Cundinamarca fut conquis par Gonçalo Ximenez de Quesada. Enflammé par les récits d'un grand nombre d'Indiens, qui, en lui montrant le sud, lui assuraient qu'il trouverait dans cette direction un empire riche et puissant, il partit, au mois d'avril 1536, à la tête de 620 fantassins et de 85 cavaliers. Ce ne fut qu'avec des peines infinies que ses bateaux, légers et mal construits, purent remonter le Magdaléna. Un grand nombre de ses compagnons périrent de fatigue et de misère. Enfin il réussit dans son entreprise, fut vainqueur dans tous les combats qu'il livra aux Indiens, et reconnut qu'on ne l'avait pas abusé par ce qu'on lui avait raconté de la richesse de Cundinamarca. Les Indiens se défendirent avec un courage que les armes à feu de leurs ennemis rendirent inutile; en un an, la conquête fut achevée.

Au moment où elle se terminait, Benalcazar, un des lieutenants de Pizarre, ayant soumis Quito, Pasto, Popayan et la vallée du Cauca, passa le Quindiu et le Magdaléna, et arriva dans la plaine de Bogota. Quito avait précédemment formé un État indépendant : les Incas du Pérou s'en étaient emparés depuis un demi-siècle.

Pour remplacer les Indiens, qui avaient disparu dans les plaines de Venezuela, les Espagnols y amenèrent des nègres d'Afrique que leur constitution rendait capables de supporter le travail auquel les Indiens avaient succombé. Il n'en était pas de même dans les montagnes; aucun Indien n'y périt accablé par la fatigue : ce peuple y était sous un climat qui convenait à ses forces; sa population, bien loin de diminuer, s'y accrut considérablement, parceque la paix régna constamment dans ces contrées élevées.

Elles reçurent le nom de Nouvelle-Grenade, et dépendirent du Pérou. En 1718, ce pays fut érigé en vice-royauté; en 1731, les provinces de Venezuela, qui avaient appartenu au gouvernement de Saint-Domingue, en furent distraites et placées sous l'autorité d'un capitaine général résidant à Caracas.

Rien n'avait altéré la tranquillité intérieure dont ces contrées jouissaient depuis que l'Espagne les possédait, lorsque tout-à-coup le Socorro, province de la Nouvelle-Grenade, se souleva en 1781 au sujet de l'impôt de l'alcavala. Les rebelles s'avancèrent jusqu'aux portes de Bogota; des troupes marchèrent contre eux. L'archevêque employa la persuasion pour apaiser le mouvement, il y parvint. Le Socorro fut pacifié ; sa population fut décimée par le gouvernement espagnol ; il envoya un grand nombre d'habitants périr dans les cantons insalubres de la côte.

Les fondements de l'empire espagnol étaient ébranlés en Amérique. La révolution des États-Unis leur donna une nouvelle secousse ; les esprits commençaient à s'agiter ; on montrait secrètement de la prédilection pour le gouvernement républicain. La commotion se fit de nouveau sentir à la nouvelle de la révolution de France. En 1794, *la déclaration des droits de l'homme* fut imprimée à Santa-Fé : le gouvernement comprima bientôt ce mouvement. Les exemplaires de l'ouvrage furent brûlés ; les traducteurs, jeunes encore, furent envoyés en Espagne les fers aux pieds.

En 1796, la ville de Caracas montra une telle indignation contre une mesure de police ordonnée par l'audience, que le gouverneur-général, pour empêcher le tumulte, prit le sage parti de faire droit aux réclamations du peuple, qui étaient justes.

En 1797, trois prisonniers d'État condamnés en Espagne, pour des délits révolutionnaires, à être enfermés à perpétuité dans les casemates de la citadelle de la Guayra, parvinrent à ourdir une conspiration qui avait pour but de renverser le gouvernement. Ils s'enfuirent ; plusieurs conjurés furent punis.

Il s'était fait dans les idées une révolution dont les suites ne seraient de long-temps devenues funestes pour la métropole, si le ministère n'avait continué à froisser tous les intérêts et à contrarier tous les vœux ; on désirait un avenir plus heureux. Cette disposition des esprits n'annonçait pourtant rien d'hostile ; car en 1806, la tentative de Miranda, soudoyé par le ministère britannique, n'aboutit qu'à la prise de quelques places qui furent bientôt rendues aux Espagnols.

La nouvelle de l'emprisonnement de Ferdinand, roi

24.

d'Espagne, en 1808, produisit l'événement qui, tôt ou tard, devait arriver. Des agents du nouveau roi arrivèrent d'Europe à Caracas, et exigèrent en son nom le serment de fidélité; on ne leur répondit que par les cris de *vive Ferdinand!* Quito proclama l'indépendance en 1809; l'élan ne fut arrêté qu'avec beaucoup de difficulté. Cette ville se souleva encore la première en 1810; ce mouvement n'influa pas sur le reste du pays haut. A Caracas, un manifeste publié le 19 avril 1810 annonça le projet de mettre ce pays à couvert des projets de la France et de la junte centrale d'Espagne, et de soutenir Ferdinand VII. Le 25 juillet, on courut aux armes à Santa-Fé, sous le prétexte que les troupes de Napoléon menaçaient la Nouvelle-Grenade; une junte déclara que l'on reconnaissait Ferdinand VII pour souverain de Cundinamarca: rappeler cet ancien nom était déjà indiquer que l'on voulait un nouvel ordre de choses.

Le vice-roi fut arrêté; on l'accusait d'avoir voulu vendre l'Amérique à Napoléon; il fut envoyé à Carthagène. Caracas, invité par Cundinamarca à faire cause commune, répondit qu'elle ne reconnaîtrait jamais de rois, et ne se soumettrait qu'au gouvernement établi par ses représentants. Le congrès qui avait succédé à la junte suprême, le 2 mars 1811, déclara l'indépendance de Venezuela, le 5 juillet. Ce congrès tint ses séances à Valencia, dans les vallées d'Aragua, en mars 1812.

Cependant les Espagnols conservaient des forces dans le pays. Les progrès de ces troupes furent hâtés par un tremblement de terre qui renversa Caracas, le 26 mars 1812. Le peuple vit dans cet événement affreux la main de la Providence punissant la révolte. Monteverde réussit, sans effort, en août, à reconquérir Venezuela pour la métropole. Miranda, qui était revenu à Caracas, et qui avait obtenu le commandement de l'armée, fut constamment battu. Une capitulation signée dans les derniers jours de juillet, promit une amnistie générale. Néanmoins, Miranda, livré à

Monteverde, fut envoyé en Europe et mis en prison à Cadix.

Monteverde, violant ouvertement la capitulation, remplit les cachots de toutes les personnes qui avaient pris part à la révolution. Le signal des supplices fut donné. Les actes de rigueur augmentèrent le mal que l'on voulait ; les proscrits réfugiés à la Trinité et dans d'autres îles, organisèrent des partis et vinrent attaquer Caracas. La capitale ouvrit ses portes à Bolivar le 16 août 1813. Ses compatriotes lui décernèrent le titre de libérateur de Venezuela.

Battu ensuite par les Espagnols, il escalada les montagnes de la Nouvelle-Grenade, où il obtint des succès contre des troupes indépendantes qui fatiguaient le pays de leurs divisions. En 1815, il fut abandonné par la fortune sous les murs de Carthagène. La guerre civile avait éclaté ; Bolivar, délaissé par ses soldats, obtint la permission de s'exiler : il s'embarqua pour la Jamaïque. Les Espagnols maîtres de Venezuela depuis juillet 1814, le devinrent de Bogota en juin 1816. La même année, Bolivar débarqua à l'île de la Marguerite, et revint sur le continent, s'enfonça dans les déserts de la Guyane et harcela les généraux espagnols.

Morillo, arrivé d'Espagne, s'empara de Carthagène qui fit une vigoureuse défense : il commandait des troupes bien disciplinées, tout plia devant lui. La guerre s'était faite avec une cruauté inouïe ; Morillo, après la victoire, employa les moyens les plus affreux pour étouffer le dernier germe de la rébellion. Mais plus il faisait fusiller d'Américains, plus il augmentait le nombre des mécontents.

En 1817, tout parut tranquille à Morillo dans la Nouvelle-Grenade ; il y laissa pour vice-roi Samanon, et s'occupa de purifier Venezuela. Santander accrut le nombre des victimes. Chacun craignant d'être mis sur la liste de proscription, se réfugia dans les plaines. Ces fugitifs furent réunis en troupes régulières par les généraux indépendants.

Morillo ne voulut pas se hasarder dans les forêts de l'Orénoque; il tourna ses armes contre l'île de la Marguerite où commandait Irismendi; il éprouva une défaite complète et revint à Caracas; le manque de soldats, car presque tous les Espagnols étaient morts ou par le fer ou par les maladies, le retint dans cette capitale. D'ailleurs les Américains, qui d'abord s'étaient joints à lui, l'avaient quitté, parcequ'il offensait continuellement leur amour-propre.

Il reçut des renforts d'Espagne : Bolivar le surprit en 1818, à Calabozo, et le poursuivit jusqu'aux portes de Valentia : battu à son tour, il rentra dans les déserts de Casanare. Le second congrès de Venezuela fut installé à San-Tomé, le 18 février 1819. La loi fondamentale qui réunit le Venezuela à la Nouvelle-Grenade, sous le nom de Colombia, fut proclamée le 17 décembre. Bolivar franchit les paramos de la Cordillère, et, malgré un échec, marcha sur Santa-Fé, il mit en déroute les Espagnols à Boyaca, près de Tunja, et s'empara de la capitale.

Il redescendit promptement dans les plaines de Caracas. Ses soldats y soutinrent fréquemment des combats contre ceux de Morillo; les succès furent partagés. Bolivar, dans une entrevue avec le général espagnol, le 25 novembre 1820, convint d'une trève de six mois; on ignore par quel motif il l'enfreignit en s'emparant de Maracaybo. Morillo était retourné en Espagne. La Torre qui lui succéda fut battu à Carabobo et obligé de se réfugier dans les murs de Puerto-Cabello.

Un congrès fut assemblé à Cucuta; il assit les bases d'un nouveau gouvernement. La constitution fut publiée le 30 août 1821; elle est modelée sur celle des États-Unis de l'Amérique septentrionale; le président est en exercice pendant quatre ans. Le congrès rédigea aussi plusieurs lois et déploya une activité extraordinaire.

La guerre s'étant rallumée dans le sud, Bolivar marcha sur le Pasto où des mécontents du nouveau régime s'étaient réunis aux Espagnols en 1822 ; il soumit cette province, puis vola au secours de Sucre, son lieutenant, qui était devant Quito. Les Espagnols furent mis en déroute par les Américains indépendants à la vue du Pichincha ; et ce terrible volcan a donné son nom à la bataille.

Depuis cette époque, Bolivar et Sucre sont allés affermir l'indépendance du Pérou par leurs victoires sur les Espagnols.

La république a été reconnue par la Grande-Bretagne en 1825, comme un État indépendant. La Colombia et le Mexique ont conclu, le 3 octobre 1823, un traité d'alliance.

D'après le décret du 23 juin 1824, le territoire de la république est divisé en douze départements, qui sont : Orinoco, Venezuela, Apure, Sulia, Boyaca, Cundinamarca, Cauca, Magdaléna, Ystme, Équateur, Assuay, Guayaquil : les départements sont divisés en provinces qui renferment chacune un certain nombre de cantons ; les cantons comprennent des cabildos ou municipalités.

La population de la Colombia s'élève probablement à près de 2,800,000 habitants. Sur ce nombre, la moitié à peu près appartient aux races mélangées, un quart est composé de blancs créoles, un huitième d'Indiens ; un seizième de nègres libres ou esclaves, le reste d'Européens.

La diversité des couleurs est telle parmi les Colombiens, que l'on croirait être dans un pays habité par plusieurs nations, tant est dissemblable l'aspect des hommes que l'on aperçoit dans les différentes villes. On ne retrouve presque la race indienne que parmi les tribus indépendantes qui vivent dans les forêts de Llanos, et dans des montagnes où les Espagnols n'ont jamais pénétré. Des voyageurs ont observé que la beauté semble, dans la Colombia, être le partage des races mélangées : seules elles ont de la finesse dans les traits, de la vivacité dans les yeux, de l'éclat dans le teint. Les hommes les plus vigoureux et les plus courageux sont ceux qui s'éloignent le moins du type primitif indien ou nègre.

En général les créoles appelés blancs proviennent du croisement des Espagnols avec les Indiens et les Nègres. Ceux de la côte ont tous les traits espagnols, mais peu de barbe ; ceux des régions froides de la Cordillère en ont davantage ; ils ressemblent beaucoup aux Européens du nord, quoique leurs yeux aient conservé en grande partie l'obliquité de ceux des Indiens, et qu'ils aient en général, comme ceux-ci, les cheveux noirs et rudes.

Un grand nombre d'habitants de la Colombia sont défigurés par des goîtres ; on en voit dans les pays les plus chauds de même que dans les régions froides ; cependant ils sont bien plus communs dans les vallées des montagnes et dans les lieux éloignés de l'influence des brises de mer : on n'en rencontre ni dans la Cordillère occidentale, ni sur le revers oriental de celle de l'est. Les Indiens et les Nègres de race pure sont à l'abri de cette infirmité.

Tous les Indiens ont été déclarés libres depuis la révolution. On les distingue en civilisés et sauvages ; tous ceux des montagnes, excepté dans quelques parties du Quindiu et de Santa Marta, sont classés dans la première catégorie avec un petit nombre des Indiens des plaines, le reste est compris dans la seconde. Les Nègres sont le plus répandus dans les provinces maritimes. Le nouveau gouvernement s'est montré, de même que l'ancien, très favorable aux esclaves ; d'après la loi qu'il a rendue, on n'en verra plus dans la république après l'an 1860.

La plupart des peuplades indiennes indépendantes ou civilisées ont leur idiome particulier ; celles-ci parlent aussi l'espagnol qui est la langue de tous les autres habitants de la Colombia.

La religion catholique a été déclarée religion de l'État ; les autres cultes sont tolérés. On compte dans la république deux archevêques et dix évêques. Le clergé est riche et puissant. Il n'a pas usé de son influence pour répandre les bienfaits de l'instruction. L'autorité des curés est absolue, on leur reproche de traiter les Indiens avec beaucoup de dureté. Ils cherchent plus à entretenir dans leur troupeau l'attachement aux pratiques extérieures de la religion, qu'à lui inculquer les vrais principes de la morale évangélique. Plusieurs ecclésiastiques ont pris une part active à la révolution, et se sont fait remarquer par leurs principes démocratiques ; quelques-uns siégent dans la chambre des représentants.

On trouve dans tous les rangs, chez les Colombiens, une politesse et une douceur recherchées, quelquefois même exagérées ; ils sont hospitaliers ; ils ont un grand respect pour leurs parents. On les accuse d'être vindicatifs, enclins au mensonge, à la jalousie et à l'ingratitude. Le goût des jeux de hasard est très répandu.

Au milieu des préjugés et de l'ignorance dans lesquels languit une grande partie de la population, il est facile de reconnaître un vif désir d'apprendre et une disposition heureuse à favoriser toutes les entreprises utiles.

La culture des denrées coloniales est moins avancée que celle des grains et des plantes de l'Europe. Le gouvernement républicain s'est occupé des moyens de favoriser l'agriculture ; il concède à un prix très modique les terres vagues, et en distribue même gratuitement aux familles étrangères qui s'établissent dans le pays.

La facilité de se nourrir sans beaucoup travailler, dans les terres chaudes où le climat invite au repos, y favorise la fainéantise ; elle arrête l'industrie qui se traîne dans l'ornière de la routine. On corroie des cuirs, on prépare des maroquins, on fabrique des draps et des couvertures de laine, des tissus et des hamacs de coton. Les arts mécaniques sont extrêmement arriérés. Quelques édifices publics, remarquables par leur architecture, doivent le paraître d'autant plus, qu'on ne peut se faire une idée de la peine qu'ils ont coûté par le manque d'ouvriers et le défaut d'outils; il a fallu enseigner la coupe des pierres aux maçons et faire fabriquer les instruments de travail et les machines. Précédemment les mines étaient fort mal exploitées.

La Colombia tire des pays étrangers du drap, des camelots, des casimirs, des toiles de lin et de coton, de la mousseline, du nankin, des souliers de femme, des chapeaux, des rubans, de la soie torse, des mouchoirs et des bas de coton, des indiennes, du fer en barres, de l'acier, du fer-blanc, de l'eau-de-vie, des vins secs d'Espagne, du vin de Bordeaux, des amandes, des raisins secs; enfin les objets de ferronnerie et de quincaillerie les plus usuels. Les ports de la mer des Antilles reçoivent de France et des États-Unis de l'Amérique de la farine, de la morue, des salaisons et des planches. Les ports du Grand-Océan sont approvisionnés d'huile du Chili, de vins du Pérou et du Chili, de chapeaux de paille et de diverses denrées du Pérou, de salaisons de Costa-Rica.

Les riches productions du sol de la Colombia fournissent une quantité considérable de marchandises à l'exportation qui consiste en cacao, coton, café, sucre, indigo, tabac, bœufs, chevaux, mulets, viande sèche, cuirs, bois de marqueterie et de construction, baume de Tolu, ipécacuana, quinquina, cusparé et autres racines fébrifuges, quassia, amandes huileuses du Juvia, caoutchouc, salsepareille, vanille, rocou, brésillet et autres substances colorantes; or, platine, cuivre, argent et or monnayés. On estimait leur valeur au commencement du dix-neuvième siècle, à plus de 9,000,000 de piastres. Les importations s'élevaient un peu au-delà de cette somme.

Les principaux ports de commerce sont Cumana, Barcelona, la Guayra, Rio-Hacha, Santa-Marta, Carthagena, Porto-Bello, Chagres, sur la mer des Antilles, Panama et

Guayaquil, sur le Grand-Océan; les étrangers fréquentent peu les ports de Campano, Burburata, Puerto-Cabello, Coro et Maracaybo, sur la première de cés mers; San-Buenaventura, sur la seconde, et San-Tomé, sur l'Orénoque.

Dans un pays dépourvu de grandes routes et de roulage, les moyens de communication pour le commerce se trouvent restreints à la navigation; elle a lieu par le Magdaléna, le Cauca, l'Atrato, le Dagua, le Chagres, l'Orénoque et ses nombreux affluents et le Sulia. Le nouveau gouvernement s'est occupé des moyens de faciliter les transports par eau et par terre. Il fait ouvrir des routes et encourage les bateaux à vapeur. Tout est à créer : les chemins ne sont praticables que pour des mules ; en quelques endroits on ne les parcourt que sur des bœufs, parceque le pas sûr de cet animal lui permet de sortir des marais où l'on enfonce à chaque pas. Dans plusieurs passages des profondes vallées qui séparent les montagnes, le bœuf même devient inutile, alors ce sont des hommes qui le remplacent; ils portent sur leur dos les voyageurs; c'est ainsi qu'on traverse le Quindiu et la Cordillère qui sépare le Cauca du Grand-Océan.

Pour traverser les vallées, on a fait des ponts de la construction la plus grossière. Ils ne consistent qu'en arbres jetés d'un bord à l'autre et couverts de fascines et de terre, ou bien en cordes faites de différents matériaux, et le long desquelles glissent les hommes et les animaux, attachés et suspendus par un appareil; mais si les chemins de la Colombia ont offert jusqu'à présent de grandes difficultés, du moins les voyageurs ont pu les parcourir avec sécurité; c'est, comme l'observe avec raison M. Mollien, un fait honorable pour le caractère des habitants, qu'après une guerre civile si acharnée on ne rencontre aucun brigand; rarement on est insulté sur les grandes routes.

Les ports de ces contrées, jadis fermés par le gouvernement espagnol, sont aujourd'hui ouverts à toutes les nations; le cabotage est réservé aux indigènes, les étrangers ne peuvent transporter d'un port à un autre que les marchandises dont leurs navires sont chargés. Les droits d'entrée varient suivant la nature des objets et suivant que ceux-ci sont importés sur des navires nationaux ou étrangers; les droits les plus forts sont de 3o pour cent, les plus modérés sont de 10 pour cent de la valeur des choses. Celles qui tendent à favoriser les progrès des sciences, des arts et de l'industrie, les instruments d'agriculture divers, les ustensiles et les armes ne paient rien. Les exportations sont également soumises à des droits.

Située entre la mer des Antilles et le Grand-Océan, la Colombia pourra un jour devenir un des entrepôts du commerce entre l'Europe et l'Asie, et lui ouvrir ainsi une nouvelle route. On trouve sur le territoire de la république trois points qui offrent la possibilité d'ouvrir une communication directe entre les deux mers; ce sont l'isthme de Panama, entre 8° 15′, et 9° 36′ N.; l'isthme de Cupica et de Darien (6° 4o′ et 7° 12′), le canal de la Raspadura, entre le rio Atrato et le rio San-Juan du Choco (4° 58′ et 5° 2o′). Ce n'est pas en coupant les isthmes, que l'on joindra une mer à l'autre; ce sera par des canaux de grande dimension, par l'emploi des bateaux à vapeur et des chemins en fer, et par l'introduction des chameaux; mais, comme le dit M. de Humboldt, on contribuera ainsi à la prospérité de l'industrie américaine, mais on n'influera que très indirectement sur les intérêts généraux des peuples civilisés. Cependant rien n'empêche que par la suite on ne parvienne, en exécutant de grands travaux, à faire passer de gros navires d'une mer à l'autre. L'embouchure du rio San-Juan est éloignée de 75 lieues de celle du rio Atrato, et cependant, en temps de guerre, on a expédié par cette voie des quantités considérables de cacao de Guayaquil à Carthagène. Le canal de la Raspadura n'offre le passage qu'à de petits bateaux, mais il peut être facilement agrandi et vivifier le commerce entre le Pérou et la mer des Antilles.

Les finances de la Colombia ne peuvent, au commencement de l'existence de la république et à la suite d'une guerre intestine, être dans un état brillant. Les recettes se sont élevées à peu près de 900,000 piastres. Les dépenses ont souvent dépassé cette somme. Un emprunt de 40,000,000 de piastres obtenu en Angleterre a aidé à combler le déficit. Plusieurs impôts, empruntés du système financier de l'Espagne, sont défavorables à l'industrie au commerce; le monopole du tabac est désastreux dans un pays où cette plante peut fournir un objet d'exportation très important.

L'armée de la République s'est élevée à plus de 32,000 hommes, 25,750 d'infanterie, 4,300 de cavalerie, et 2,520 d'artillerie. Cette arme est la plus régulièrement tenue. Le soldat colombien est sobre, patient, robuste; il supporte très bien les fatigues et les privations, pourvu qu'on ne le fasse point passer trop brusquement du climat des montagnes dans les plaines brûlantes ou dans les vallées de la côte; car un changement subit de température lui est aussi funeste qu'aux Européens.

La marine de la Colombie consiste en une vingtaine de bâtiments de guerre, tels que corvettes, brigs et goëlettes. Les places fortes situées le long de la côte, sont généralement en bon état.

Bogota, 4° 35′ N. 76° 34′ O. capitale de la République, est dans une plaine à 1,570 toises au-dessus de la mer, sur le Funzha et au pied de deux hautes montagnes qui la mettent à l'abri des grands vents de l'est; le climat y est généralement pluvieux et froid; le thermomètre s'élève rarement au-dessus de 14°; les rues sont larges et bien alignées, mais mal pavées; les maisons sont en briques séchées au soleil, la plupart couvertes en tuiles; les murs extérieurs sont blanchis; elles sont peu commodes. Depuis quelque temps on les construit avec plus de goût. L'ameublement est simple; l'église cathédrale est d'une architecture remarquable par son élégante simplicité; on compte trente-six autres églises toutes resplendissantes d'or dans l'intérieur. Il y a plusieurs couvents et trois collèges. L'ancien palais des vice-rois, où réside aujourd'hui le président, n'a rien de magnifique. Les palais du sénat et de la chambre des représentants ne sont pas plus somptueux. Les autres édifices sont, l'hôtel des monnaies et le théâtre. Les places publiques sont spacieuses et ornées de fontaines. Le marché est bien approvisionné des productions végétales de l'Amérique et de l'Europe réunies. Le samedi, cette ville est infestée d'une nuée de mendiants qui s'y précipitent de tous les côtés. Cette plaie est un résultat des institutions vicieuses qui régissaient jadis ces contrées. Bogota est entouré de jolies promenades, mais les environs de cette ville n'offrent pas ces retraites champêtres si communes autour des cités d'Europe. Les femmes de Bogota sont généralement jolies et bien faites; quoiqu'il y ait dans cette capitale plusieurs hommes instruits, les sciences et les lettres y sont peu cultivées. La population est d'environ 25,000 ames.

Au sud-ouest de Bogota, la Funzha sortant de la plaine par une crevasse étroite, se précipite à une profondeur de 100 toises: c'est ce que l'on nomme le saut de Tequendama, une des curiosités naturelles les plus remarquables de la Colombia. A peu de distance est le pont naturel de Pandi ou d'Icononzo.

Quito (0° 13′ S. 81° 5′ O.) est au pied du Pichincha, à 1,480 toises au-dessus de la mer. C'est une ville laide et mal bâtie; les maisons y sont couvertes en feuilles de chaguarquen ou agave; les rues sont mal pavées et étroites, très irrégulières et raboteuses, à cause de l'inégalité du sol. Les crevasses sont si nombreuses sur les hauteurs voisines, que plusieurs maisons sont bâties sur des arcades. Les montagnes des environs offrent peu de ver-

dure; le ciel est triste et nébuleux, et le froid y est assez
âpre. Cependant les habitants de Quito sont gais, vifs,
aimables. La vie est assez chère dans cette ville; l'eau y
est mauvaise. Emprisonnée dans les montagnes, ne pouvant communiquer que par des chemins affreux avec les
côtes du Grand-Océan, dont elle n'est éloignée que de
35 lieues, et par conséquent obtenir les marchandises
d'Europe qu'à un prix exorbitant; la population a été obligée
de se créer plusieurs branches d'industrie; elle a des manufactures de toiles et de draps dont le tissu est grossier,
mais solide. Quito a une université dont les docteurs n'ont
pas, jusqu'à présent, brillé par la profondeur de leur
science. (40,000 hab.)

Popayan (2° 26′ N., 79° O.) dans une belle vallée à 984
toises d'élévation absolue, sur une rivière rapide qui va se
joindre au Cauca, éloigné d'une lieue. Cette ville est dans
une très belle position et très bien bâtie. On y respire un
air très pur, la température très douce; les campagnes
voisines arrosées par les eaux qui descendent des sommets
neigeux du Puracé, sont très fertiles. On fabrique à Popayan des lainages communs. (20,000 habitants.)

Guayaquil (2° 11′ S., 81° 16′ O.) est sur une rivière
large et profonde qui porte le même nom. Les navires peuvent la remonter jusque devant la ville, dont les rues sont
larges, bien alignées et pavées; les maisons sont en bois,
mais très propres et solides. Les femmes y sont belles et
très blanches, ce qui est surprenant dans une ville située
à si peu de distance de l'équateur et au niveau de la mer,
et où la chaleur est excessive pendant toute l'année. Les
boutiques et les magasins du port ne sont ouverts que depuis six heures jusqu'à dix heures du soir. Le sucre, le
cacao, le coton, le tabac, le bois de construction, que
produisent les environs de Guayaquil, font la base d'un
commerce considérable. On fabrique dans cette ville des
nattes de jonc très fines, des hamacs, des chapeaux et
des cuirs. Une partie des habitants pauvres vit sur la rivière

où ils couvrent des radeaux de planches et y adaptent des poteaux qui soutiennent un toit en feuilles de bananier ou de cocotier. (20,000 habitants.)

A l'entrée du golfe de Guayaquil, vis-à-vis de l'embouchure de la rivière, est l'île de Puma, célèbre dans l'histoire de la conquête du Pérou. Le climat y est très chaud pendant le jour; l'air que la brise de terre y apporte pendant la nuit, est embrasé comme la vapeur qui sort d'un four. Cette île est grande et fort basse; les maisons de la bourgade, bâtie sur la côte du nord-est, sont élevées sur des poteaux, à cause des inondations.

San Buenaventura, petit port dans la baie du Choco, à l'embouchure du Dagua, n'offre qu'une douzaine de cases peuplées de nègres et de mulâtres, une caserne gardée par onze soldats, et la maison du gouverneur, construite, de même que celle de la douane, en paille et en roseaux, sur la petite île de Cascacral, couverte, comme toutes les terres basses de ces contrées, de végétaux épineux, d'herbes touffues, de fange, de serpents, de crapauds et d'insectes dégoûtants. Le commerce n'est cependant pas sans importance dans ce lieu malsain qu'une disette continuelle désole. Ce n'est qu'avec une peine extrême que l'on s'y procure des vivres, même du poisson.

Ce port dépend de la province du Choco qui, au nord, confine avec la mer des Antilles ; elle est remplie de canaux naturels qui établissent des communications commodes entre cette mer et le Grand-Océan. On a déjà parlé de celui de la Raspadura. Cette quantité d'eau cause dans le pays une humidité excessive que la nature du terrain contribue à entretenir; il est bas et couvert de forêts impénétrables. Tous les jours il y tombe des torrents de pluie. Le climat n'y est pas trop chaud, mais très malsain; rarement on aperçoit le soleil. L'on ne découvre des rochers que dans le lit des nombreuses rivières. Les terres voisines des montagnes sont grasses, mais peu cultivées. Depuis 260 jusqu'à 2072 pieds d'élévation au-dessus de la mer, on trouve de l'or et du platine partout où l'on creuse le sol. L'homme y est misérable au milieu de tant de richesses : il n'a pu établir sa demeure que sur les tertres épars le long des rivières ; il a été obligé de l'exhausser sur des poteaux ; elle n'est composée que de roseaux. Il faut de même placer sur des planchers semblables la terre dans laquelle on veut cultiver les plantes potagères et les légumes ; autrement l'humidité ferait tout périr. Le maïs, la banane et la canne à sucre se plaisent dans cette contrée marécageuse, mais les bois qui la couvrent sont tellement imprégnés d'eau, qu'on ne peut les brûler pour nétoyer une grande étendue de terrain et la consacrer à la culture ; par la même raison, les pâturages sont rares. Le Choco a plus de 100 lieues de longueur, on y compte à peine 20,000 habitants, la plupart nègres ; il y a quelques mulâtres et des Indiens presque sauvages.

Panama (8° 58′ N., 81° 47′ O.) est au fond de la baie de son nom, sur le Grand-Océan, et sur la côte méridionale de l'isthme qui joint les deux Amériques. Cette ville bâtie partie en bois, partie en paille, a beaucoup perdu de l'importance qu'elle avait lorsqu'elle était la seule qui reçût à travers l'isthme les marchandises d'Europe, destinées pour les ports du Grand-Océan. Les rues sont étroites, obscures et sales ; il y a quelques beaux édifices ; les boutiques et les magasins sont tenus avec un ordre et une propreté que l'on cherche en vain dans l'intérieur de la Colombia. Panama est bâtie sur une péninsule ; l'air y est malsain. Il n'y a pas réellement de port. Les navires se tiennent sur une rade fermée d'un côté par trois îles, mais ouverte aux vents du nord. Quoique le commerce de Panama ait beaucoup diminué, il est encore considérable.

Le terrain au nord de Panama est sans cesse inondé par les pluies que les orages sortis des deux mers y envoient chaque jour. L'on est constamment dans la boue.

Le voyageur parvenu à peu près à la moitié de la largeur de l'isthme, descend la pente des monts qui est bien plus rapide du côté de la mer des Antilles, que de celui du Grand-Océan; on arrive ainsi à Cruces, village situé sur le Chagres. Rien n'égale la beauté de la scène sauvage des rivières de cette contrée. Les forêts touffues qui ombragent les montagnes et les vallées, la diversité du feuillage des arbres, la quantité de singes qui sautent d'une branche à l'autre, une foule d'autres animaux, et la grande diversité d'oiseaux offrent un tableau singulier. Le Chagres a peu de largeur, mais ses eaux paisibles et profondes offrent une navigation sûre. Le village de même nom construit à droite de son embouchure, est l'entrepôt des marchandises que l'on expédie de la mer des Antilles à Panama, et de celles qui viennent de cette ville.

Porto-Bello (9° 25′ N., 81° 33′ O.) est fameuse dans l'histoire du commerce. C'est dans son port commode et sûr qu'abordaient exclusivement les galions qui apportaient les marchandises d'Europe, et qui remportaient dans cette partie du monde les trésors de l'Amérique. Les relations des voyageurs présentent une description animée du mouvement et de l'activité qui régnaient à Porto-Bello, pendant le séjour des vaisseaux dans le port; après leur départ, tout était silencieux dans cette ville fort petite et entourée de montagnes qui en rendent l'air malsain.

Carthagène (10° 25′ N., 77° 50′ O.) est située sur une île sablonneuse jointe au continent. Baignée au nord-ouest par la mer des Antilles, elle a, du côté opposé, son port qui est à l'extrémité d'une baie vaste et fort sûre. Carthagène est bâtie en pierre, les rues sont bien alignées, mais étroites, son aspect est sombre et triste. C'est une place très forte. Le climat y est très chaud. Les orages et la pluie ne discontinuent pas depuis mai jusqu'en novembre; alors les rues ressemblent à des rivières et le pays voisin à un océan. On profite de cette saison pour rem-

plir les citernes. La fièvre jaune exerce de fréquents ravages dans cette ville qui, malgré ses fortifications, a été
prise plusieurs fois par les ennemis de l'Espagne. Depuis
la guerre de l'indépendance, les deux partis s'en sont emparés tour-à-tour. C'est par ce port que s'exportent la
plupart des marchandises du pays haut de la nouvelle
Grenade. (20,000 hab., la plupart gens de couleur.)

Santa - Marta (11° 19′ N., 76° 28′ O.), sur une
plage sablonneuse au nord-ouest de la principale embouchure du Magdalena, est assez grande et bien bâtie.
L'intervalle qui la sépare de la haute montagne de San-
Lorenzo, est rempli de jardins. Le commerce a beaucoup
diminué. (3,000 hab.)

Maracaybo est sur la rive gauche de l'embouchure du lac
du même nom, à six lieues de la mer. Malgré la chaleur
extrême, le séjour n'en est pas malsain. On n'y boit
d'autre eau que celle du lac, dont le goût est peu agréable
et la qualité quelquefois mauvaise. Le commerce avec les
Antilles et l'Amérique du nord est assez actif; on y construit beaucoup de navires. (22,000 hab.)

Coro, située à l'extrémité orientale du Golfetto, subdivision du golfe de Maracaybo, et au commencement de
l'isthme de Melanas, fut la seconde ville fondée par les
Espagnols sur cette côte; elle resta long-temps la capitale du Venezuela; la stérilité de ses environs la fit abandonner par le gouverneur et les autres autorités. Coro
expédie pour les Antilles des mulets, des chèvres, cuirs,
fromages, etc. (10,000 hab.)

Puerto-Cabello doit sa naissance au commerce inter-
lope, attiré par la sûreté de la rade. Dans le dix-huitième
siècle, Puerto-Cabello, qui n'était qu'un hameau, devint
une ville fortifiée; on y bâtit des calles de construction;
elle a le meilleur port de toute la côte; elle est l'entrepôt de toute la partie occidentale de la province de Venezuela. Le climat y est moins ardent que dans les autres
villes maritimes, où les maisons sont appuyées contre les

rochers. La brise y est forte, fréquente et régulière, et circule librement entre les montagnes et la côte. Une partie de la ville est malsaine, à cause d'une plage argileuse dans laquelle les eaux pluviales, et celles d'une petite rivière, s'arrêtent. Il y a des salines dans cet endroit. (9,000 habit.)

La Guayra (10° 36′ N., 69° 26′ O.) est un des plus mauvais ports de la côte, c'est même plutôt une rade; la mer y est constamment houleuse, et les navires souffrent à la fois par l'action des vents, les lits des marées, le mauvais ancrage et les tarets; les chargements se font avec difficulté, et la hauteur des lames empêche qu'on ne puisse embarquer des mulets. Les maisons de la ville se trouvent adossées à un mur de rochers escarpés; l'espace qu'elles occupent entre ce mur et la mer n'a que 100 à 140 toises de longueur. La chaleur y est étouffante de jour et même pendant la nuit. La température moyenne du mois le plus froid est de 24° 3′; celle du mois le plus chaud de 29° 3′. La fièvre jaune s'y fait sentir de juin en novembre. La Guayra n'étant éloignée que de cinq lieues de Caracas, est très fréquentée. Le chemin qui conduit à cette dernière ville est très escarpé; il faut gravir sur les montagnes jusqu'à une hauteur de 684 toises, puis en descendre 234 pour arriver à Caracas. (8,000 hab.)

Nueva Barcelona (10° 6′ N.) est dans une plaine agréable, sur la rive gauche et à une lieue de l'embouchure de Neveri, dans la mer des Antilles; son port offrant la communication la plus facile avec les llanos, est celui par lequel s'expédie la plus grande quantité de chevaux, de mulets, de bœufs et de viande sèche pour les Antilles. (18,000 hab.)

Cumana (10° 28′ N., 66° 30′ O.) est sur la rive droite et à un mille de l'embouchure du Manzanarès, dans le golfe de Cariaco. La rade offre un excellent mouillage, les ouragans des Antilles ne s'y font jamais sentir. La ville, bâtie au pied d'une colline sans verdure, est dominée par un château; des tamariniers, des cocotiers et des dattiers s'élèvent au-dessus des maisons, dont les toits sont en terrasse. Les plaines environnantes, surtout du côté de la mer, offrent un aspect triste, poudreux et aride. La chaleur moyenne de juin en novembre est de 29° 3′, et dans les mois les plus froids de 29° 1′; une végétation fraîche et vigoureuse fait reconnaître les sinuosités de la rivière qui sépare la ville du faubourg. Cumana est la ville la plus ancienne de ces contrées; elle fut fondée en 1520. Les tremblements de terre y sont très fréquents; celui de 1797 a renversé les quatre cinquièmes des maisons. (18,000 hab.)

Cariaco, au fond du golfe de son nom et à l'embouchure d'une rivière, est dans une plaine très bien cultivée, mais malsaine. Le commerce en sucre, coton et cacao est très actif. (6,500 hab.)

Au nord du golfe de Cumana, et à peu de distance de la côte, est l'île de la Marguerite, dont la circonférence est à peu près de 10 lieues; l'eau douce y manque; l'aridité du terrain s'oppose à une grande culture; on y compte cependant près de 14,000 habitants; ils récoltent des fruits et du maïs, engraissent de la volaille, font la pêche et fabriquent des hamacs de coton d'un tissu très fin.

Santo-Thomas de la Nueva Guayana, vulgairement appelé l'Angostura (le détroit) 8° 8′ N., 66° 15′ O., est située sur la rive droite de l'Orénoque, à 100 lieues de son embouchure. Cette capitale de la Guyane est adossée à une colline dépourvue de végétation. Les rues sont droites, les maisons élevées, agréables et la plupart construites en pierre. Dans les grandes crues du fleuve, ses eaux inondent les quais, et dans la ville même, des hommes imprudents deviennent la proie des crocodiles. L'air y est assez sain. L'Angostura fait un commerce actif avec la province de Caracas dont elle reçoit les produits, et à laquelle elle expédie les marchandises d'Europe. (6,000 hab.)

Caracas (10° 30′ N. , 69° 25′ O.) , situé à 414 toises au-dessus de la mer , doit à cette position l'avantage d'un climat tempéré relativement à sa latitude. Cette ville est située à l'entrée de la plaine de Chacao , sur un terrain inégal. Elle est arrosée par quatre petites rivières. Le Quayré l'Anauco, le Caraguata et le Catuchè. Elles se réunissent dans la vallée de Chacao , dont les eaux vont grossir le Tuy qui se jette dans le golfe de Cumana. Les rues de cette ville sont longues et bien alignées; les maisons sont spacieuses et plus élevées qu'elles ne devraient l'être. On y voyait une cathédrale , huit églises, cinq couvents et une salle de spectacle, une université et un collége. Cette ancienne capitale de capitainerie générale fait un commerce considérable avec l'étranger par le port de la Guayra , et avec les provinces de l'intérieur dont elle est l'entrepôt. Le thermomètre centigrade se soutient dans la saison froide , en novembre et en décembre , le jour entre 21° et 22°, la nuit entre 16° et 17°; dans la saison chaude , en juillet et en août, de jour 25° à 26°, de nuit 22° à 23°. Le 27 mars 1812 , un tremblement de terre renversa les trois quarts de la ville et les édifices publics, et fit périr au même instant plus de 20,000 habitants dans la province de Venezuela. On comptait alors dans la capitale près de 50,000 habitants. Les bouleversements politiques qui ont suivi cette catastrophe ont réduit cette population à moins de 20,000 ames. Ces désastres se réparent lentement. Lorsque l'on apprit aux États-Unis de l'Amérique la catastrophe de Cacaras, le congrès, assemblé à Washington, décréta unanimement l'envoi de cinq navires chargés de farine , aux côtes de Venezuela , pour être distribuée aux habitants les plus indigents.

Les autres villes les plus remarquables de la Colombia sont Varinas dans la plaine , Nueva Valencia dans la chaîne côtière, Truxillo, Merida, Pamplona, Antioquia, dans les Andes au nord de l'équateur; Cuenca, Loxa, Jaen de Bracamoros au sud. Plusieurs de ces villes sont grandes, décorées et agréables. Dans presque toutes, les architectes sont obligés, par la nature du sol fréquemment agité, de sacrifier l'élégance à la solidité; c'est pourquoi les maisons sont peu élevées, quoique les murailles en soient extrêmement épaisses.

Ces terribles convulsions de la nature étendent au loin leurs ravages : celui de 1812 fit sentir ses funestes effets dans les provinces de Venezuela, de Varinas et de Maracaybo, le long de la côte et surtout dans les montagnes de l'intérieur; plusieurs villes furent presque entièrement détruites. Il se fit sentir dans la Nouvelle-Grenade depuis les embranchements de la sierra de Santa-Marta, jusqu'à Bogota. Dans ces occasions, la terre entr'ouverte vomit souvent des torrents d'eau.

Le 4 février 1797, la ville de Riobamba fut renversée par un tremblement de terre, le plus funeste de ceux dont la tradition ait conservé la mémoire. Latacunga et Ambato éprouvèrent le même sort; près de 40,000 habitants perdirent la vie.

La Colombia renferme plusieurs systèmes de montagnes volcaniques. « Il paraît probable, dit M. de Humboldt, que la partie élevée de la province de Quito et des Cordillères voisines, loin d'être un groupe de volcans isolés, forme une seule masse bombée, un énorme mur volcanique prolongé du sud au nord, et dont la crête offre près de 600 lieues carrées de superficie. Le Cotopaxi, le Tunguragua, l'Antisana, le Pichincha, sont placés sur cette même voûte, sur ce même terrain soulevé. On leur donne des noms différents, quoique ce ne soient que différents sommets d'un même massif volcanique. Le feu se fait jour tantôt par l'un, tantôt par l'autre de ces sommets; les cratères obstrués nous paraissent des volcans éteints; mais il est à présumer que, lorsque le Cotopaxi ou le Tunguragua ne font qu'une ou deux éruptions dans le cours d'un siècle, le feu n'en est pas moins continuellement actif sous Quito, sous le Pichincha et l'Imbabaru.

» En avançant vers le nord, on trouve les systèmes volcaniques de los Pastos et de Popayan. Leur liaison dans
les Andes s'est manifestée d'une manière incontestable ;
une colonne épaisse de fumée sortait depuis le mois de novembre 1796 du volcan de Pasto, situé à l'ouest de la ville
de ce nom ; elle s'élevait tellement au-dessus de la crête
de la montagne, qu'elle fut constamment visible aux habitants de la ville. A leur grand étonnement, ils la virent disparaître le 4 février 1797, sans qu'aucune commotion se fît sentir, et à l'instant Riobamba, situé à 65 lieues
plus au sud, entre le Chimborazo, le Tunguragua et le
Capac-Urcu, était renversé. »

Souvent les secousses de tremblement de terre sont accompagnées d'un bruit souterrain très fort et très prolongé.
En 1812, on en entendit un semblable à Calabozo, dans
les llanos et sur les bords du rio Apuré, dans une étendue de 4,000 lieues carrées ; il ressemblait à des décharges
réitérées du plus gros calibre.

Les côtes septentrionales de Cumana, de Nueva-Bar-
celona et de Caracas présentent des phénomènes que l'on
croit liés aux causes qui produisent les tremblements de
terre et les coulées de lave. Ce sont de nombreuses sources chaudes et bouillantes, le volcan d'air ou salses de
Cumacatar, des sources de pétroles, des flammes sorties
de terre près de Cumana, en 1797, et de la montagne
de Cuchivano, près de Cumanacoa ; la source d'asphalte
de Mena, sur les bords du lac Maracaybo.

L'expression de sauvage, dont on se sert pour distinguer
l'Indien libre ou indépendant de l'Indien réduit vivant
dans les missions, indique une différence de culture, qui
souvent est démentie par l'observation. « Dans les forêts de la Colombia, dit M. de Humboldt, il existe des
tribus d'indigènes qui, paisiblement réunis en villages,
obéissant à des chefs, cultivent sur un terrain assez étendu, des bananes, du manioc et du coton, et emploient
ce dernier à tisser des hamacs. Ils ne sont guère plus

barbares que les Indiens nus des missions, auxquels on a appris à faire le signe de la croix. L'agriculture a existé long-temps avant l'arrivée des Européens; elle existe encore entre l'Orénoque et l'Amazone, dans les clairières des forêts où les missionnaires n'ont jamais pénétré. Ce que l'on doit au régime des missions, c'est d'avoir augmenté l'attachement à la propriété foncière, le goût pour une vie plus douce et plus paisible; mais ces progrès sont lents, souvent même insensibles, à cause de l'isolement absolu dans lequel on tient les Indiens. L'Indien réduit est souvent aussi peu chrétien, que l'Indien indépendant est idolâtre; l'un et l'autre occupés des besoins du moment, montrent une indifférence prononcée pour les opinions religieuses, et une tendance secrète pour le culte de la nature et de ses forces.

Les Indiens indépendants ont disparu depuis un siècle au nord de l'Orénoque et de l'Apure, c'est-à-dire depuis les montagnes neigeuses de Mérida jusqu'au cap Paria; mais il existe aujourd'hui autant d'indigènes dans ces contrées que du temps de Las-Casas. Les missions ont été presque partout utiles à l'accroissement de la population qui est incompatible avec la vie inquiète des Indiens indépendants. A mesure que les religieux avancent vers les forêts et gagnent sur les indigènes, les colons blancs cherchent à envahir à leur tour le territoire des missions; les missionnaires sont remplacés peu à peu par des curés. Les blancs et les castes de sang mêlé s'établissent au milieu des Indiens. Les missions deviennent des villages où la langue espagnole est en usage, et les indigènes perdent jusqu'au souvenir de leur idiome national.

Quelquefois les villages changent de place; on en a vu qui, en moins d'un siècle, ont été transportés trois fois d'une position à une autre. L'Indien est attaché par de si faibles liens au sol qu'il habite, qu'il reçoit avec indifférence l'ordre de démolir sa maison et d'aller la rétablir ailleurs. Partout où l'on trouve de l'argile, des roseaux, des feuilles de palmiers, la oaso est reconstruite en peu de jours. Ces changements forcés n'ont souvent d'autre motif que le caprice d'un missionnaire nouvellement arrivé d'Europe, et qui s'imagine que le site du village est insalubre.

Les missions des capucins aragonnais ont paru à M. de Humboldt gouvernées d'après un système d'ordre et de discipline, qui malheureusement est peu commun dans le Nouveau-Monde. Les Indiens sont traités avec douceur; ils travaillent en commun, et on leur distribue du maïs, des vêtements, des outils et quelquefois de l'argent.

Dans d'autres missions l'Indien des bois est traité comme un serf, et c'est par cette raison que les établissements chrétiens de l'Orénoque restent déserts. On frappe impitoyablement les Indiens, ou bien on leur met les jambes dans des entraves pour les contraindre à faire ce que l'on désire. Cet abus de la force produit son effet accoutumé.

Des garnisons ont été entretenues dans des lieux reculés, non-seulement pour protéger les missions contre les incursions des Indiens indépendants, mais aussi pour faire une guerre offensive à ceux-ci; cela s'appelait aller à *la conquête des ames*. On tuait tout ce qui osait faire résistance, on brûlait les cabanes, on détruisait les plantations, et l'on amenait comme prisonniers les vieillards, les femmes et les enfants; ces infortunés étaient répartis dans les missions éloignées de leur pays natal, afin qu'ils ne fussent pas tentés d'y retourner. Ce moyen violent, quoique prohibé par les lois espagnoles, était toléré par les gouverneurs civils, et vanté comme utile à la religion et à l'agrandissement des missions par les supérieurs des jésuites. Les religieux qui ont succédé à ceux-ci n'ont pas suivi le même système; leurs supérieurs désavouent les incursions que se permettent quelquefois des hommes poussés par un zèle peu charitable. Ce sont les excursions des militaires et les incursions hostiles des moines qui ont éloigné les Indiens des rives de l'Orénoque. Si les missionnaires abandonnaient le système déraisonnable d'introduire le régime du couvent dans les forêts et les savanes de l'Amérique, s'ils laissaient l'Indien jouir du fruit de son travail, et s'ils le gouvernaient moins, c'est-à-dire, s'ils n'entravaient pas à chaque instant sa liberté naturelle, ils verraient s'agrandir rapidement la sphère de leur activité qui devrait être celle de la civilisation humaine.

Les missions des Portugais dans le voisinage du rio Négro et de l'Amazone, sont dix fois plus peuplées que toutes celles du territoire espagnol, du haut et du bas Orénoque, du Cassiquiare, de l'Atabapo et du rio Négro. Ce contraste est l'effet des institutions politiques. Sous le régime colonial des Portugais, les Indiens dépendent à la fois de chefs militaires et civils, et des religieux. Les missionnaires espagnols de l'Orénoque réunissent au contraire tous les pouvoirs dans une seule main. Il règne plus d'aisance et de civilisation dans les missions portugaises.

Plusieurs peuples indépendants, qui habitent les montagnes de la Parime et les forêts ainsi que les savanes de l'Orénoque, sont antropophages. Ce n'est ni le manque de nourriture ni des superstitions de culte, qui les portent à se repaître de la chair de leurs semblables. Cet affreux usage est généralement l'effet de la vengeance du vainqueur, et d'un appétit déréglé.

Entre le Méta et l'Apure habitent les Otomaques. Pendant la durée de l'inondation qui est de deux à trois mois, il est aussi impossible de se procurer du poisson dans les fleuves devenus plus profonds, qu'il l'est de pêcher en pleine mer. Alors les Otomaques, pour apaiser la faim, avalent tous les jours des quantités considérables d'une terre glaise très fine et très onctueuse; leur santé n'en est pas altérée. D'autres peuplades de ces contrées regardent aussi la terre comme un aliment.

Les Guaraons ou Guara-Unu, presque tous libres, vivent dispersés dans le Delta de l'Orénoque, dont eux seuls connaissent bien les canaux multipliés. Ils doivent leur indépendance à la nature de leur pays mouvant et fangeux. Dans les grandes crues du fleuve, ils suspendent aux troncs des mangliers et des palmiers mauritia, des nattes qu'ils remplissent de terre, et allument sur une couche humide de glaise, le feu nécessaire pour les besoins de leur ménage. Ils font du pain avec la farine médullaire du mauritia qui est le sagoutier de l'Amérique. Les missionnaires, malgré leur zèle, n'ont pas encore été tentés de suivre les Guaraons sur la cime des arbres.

Les plaines de Varinas offrent quelques faibles monuments de l'industrie d'un peuple qui a disparu. Ce sont des tertres coniques élevés à mains d'hommes, et qui, probablement, renferment des ossements comme ceux des steppes de l'Asie. Entre Varinas et Canagua on trouve une belle route, longue de cinq lieues et faite par les indigènes dans des temps reculés, long-temps avant la conquête. C'est une chaussée en terre haute, de quinze pieds, et traversant un terrain souvent inondé. Les Indiens que l'on trouve aujourd'hui entre le Méta et l'Apuré, sont trop abrutis pour penser à faire des chemins ou à élever des tertres.

Entre les rives du Cassiquiare et de l'Orénoque, et dans les savanes voisines de l'Atabapo et du rio Négro et vis-à-vis de l'embouchure de l'Apure et ailleurs dans la Guyane, l'on aperçoit souvent des figures hiéroglyphiques tracées grossièrement sur les granits les plus durs. Ces figures, représentant le soleil, la lune et des animaux, sont placées à une si grande hauteur, qu'on ne pourrait y atteindre qu'au moyen d'échafaudages extrêmement élevés. Lorsqu'on demande aux indigènes comment ces figures ont été sculptées, ils répondent, en souriant, qu'à l'époque des grandes eaux, leurs pères allaient en canot à cette hauteur.

Ces monuments attestent l'existence d'un peuple antérieur très différent de ceux qui habitent aujourd'hui sur
les bords de l'Orénoque; et ces restes, d'une ancienne
culture, frappent d'autant plus qu'ils occupent un espace
plus grand, et qu'ils contrastent davantage avec l'abru-
tissement dans lequel on voit, depuis la conquête, toutes
les hordes des régions chaudes et orientales de l'Amérique du Sud.

Walter, *Voyage à l'isthme de l'Amérique.* — Gili, *Histoire de l'Orénoque.* — De Pons, *Voyage à la Terre-Ferme.* — La Condamine, *Voyage
à l'Équateur.* — Bouguer, *la Figure de la terre.* — Juan et Ulloa, *Voyage
en Amérique.*—Humboldt et Bonpland, *Voyage aux régions équinoxiales
du nouveau continent.* — Humboldt, *Tableaux de la nature,* traduit de
l'Allemand, par J. B. Eyriès. — Mollien, *Voyage dans la république de
Colombia,* en 1823. — *Letters written from Colombia,* 1823. — Co-
chranes, *Voyage to Colombia.* — B. Hall's, *Extracts from a journal written on the coasts of Chili, Peru and Mexico,* 1820, 1822.   E...s.

COLONIES. (*Politique.*) Pays conquis et assujetti à la
patrie des conquérants. — peuplé par des migrations qui
demeurent soumises à leur métropole. — grands établissements de culture, d'industrie, de commerce, exploités
ou exclusivement dirigés et protégés par la nation qui les
fonde. On entend aussi par colonie la réunion des colons
qui l'habitent; ainsi, dans ses diverses acceptions, cette
expression est applicable ou aux habitants, ou au territoire, ou à la nature des possessions.

Les Phéniciens et les Carthaginois, attirés par les profits du commerce, établirent au loin de nombreux marchés, où les produits de leur industrie étaient offerts à
des hordes encore sauvages ou barbares. On ignore les
liens qui rattachaient ces colonies à leur métropole.

Les républiques de l'antiquité durent les leurs à des
émigrations suscitées par les persécutions intérieures ou
par ce besoin qu'éprouve une population surabondante
de franchir des limites qui l'emprisonnent. Placée sous la
tutelle de la mère-patrie aussi long-temps qu'elle eut

besoin de sa protection, chaque colonie grecque forma un État indépendant aussitôt que sa force lui permit de revendiquer sa liberté.

Rome conquit ses colonies à notre manière ; elle fit pour les conserver tout ce que put imaginer une aristocratie ombrageuse ; assassinat, esclavage, dévastation, arbitraire, parjure, rien ne fut négligé. Le temps suivit son cours : la civilisation de la ville du monde enrichit et enhardit les provinces ; bientôt il fallut leur donner des lois ; le droit de cité fut ensuite accordé ; les barbares devinrent Romains, parceque les Romains corrompus ou timides s'acheminaient vers l'esclavage, et déjà les colonies lointaines arboraient l'étendard de l'indépendance, lorsque les irruptions du Nord vinrent renouveler la face de l'Europe.

Dans le moyen âge, Venise, Gênes fondèrent des colonies ; mais trop faible pour les maîtriser à la manière des Romains, l'Italie n'eut dans la Méditerranée que des entrepôts et des lieux de commerce. Comme les Tyriens, les Carthaginois, les Phocéens, elle ne chercha pas à conquérir le territoire ou le peuple chez lequel elle se fixa. Protégés par de petites villes aristocratiques sans force réelle et sans industrie nationale, tous ces établissements furent envahis par la puissance musulmane ou le meilleur marché des États chrétiens.

C'est à la boussole que les peuples modernes doivent leurs colonies, les seules qu'il nous importe de connaître. Il est nécessaire de jeter un coup-d'œil rapide sur le tableau vaste et mouvant de leurs conquêtes avant d'exposer les bases de leur système colonial.

Les Portugais s'emparèrent les premiers du sceptre de la mer ; l'intrépidité de Vasco-de-Gama et les nobles vertus d'Albuquerque leur ouvrirent l'Afrique et l'Asie. Une tempête poussant Cabral à travers des mers inconnues, leur donna le Brésil. Leurs premiers établissements semblaient indiquer la route et favoriser le passage vers les deux Indes : Madère et l'archipel des Canaries, Tercère et l'archipel des Açores, San-Yago et l'archipel du Cap-Vert, protégeaient leurs relations avec l'Amérique et l'Hindoustan ; Goa dominait le commerce d'Inde en Inde, Mélinde maîtrisait le commerce d'Afrique, Macao leur donna le commerce de la Chine et du Japon, Ormuz celui de la Perse et de l'Arabie, Socotora celui de la mer Rouge. Aucune puissance moderne ne posséda jamais un aussi vaste empire et des sources aussi fécondes d'une intarissable richesse ; mais le Portugal, faible en Europe, ne pouvait conserver par la force ses brillantes conquêtes, et ne sut point se les attacher par des lois justes et libérales. Macao dans la Chine, Goa dans l'Inde, Mozambique en Afrique, les îles du Cap-Vert et Madère, voilà les seuls établissements qui lui restent : encore ces débris d'une gloire antique et réelle, sont-ils placés de fait sous la protection anglaise : le Portugal est même, s'il est permis de parler ainsi, une colonie de la Grande-Bretagne ; et le Brésil, dont le temps fera sans doute un riche et brillant empire, appartient encore à la dynastie de ses rois ; mais s'est à jamais séparé de leur vieux royaume.

Nous verrons plus tard ce que les colonies peuvent ajouter aux richesses de leur métropole : reconnaissons déjà qu'elles n'ajoutent rien à leur force. Un siècle après que le Portugal se fut élevé à ce haut degré de puissance et de gloire, il tomba lui-même sans résistance et sans honneur, sous la domination espagnole ; et les Hollandais, peuple industrieux, économe, patient, qui avait arraché sa liberté à la tyrannie des rois et sa patrie à la fureur des éléments, envahit peu à peu, et presque sans secousse, sans violence, ces immenses établissements, que le courage d'Albuquerque, l'intrépidité de Vasco, la sagesse du roi Emmanuel avaient élevés pour la prospérité de leur pays.

Les conquêtes hollandaises se firent sur un plan nouveau ; le Portugal avait traîné à sa suite l'arbitraire et le catholicisme, les Hollandais y conduisirent la justice et la tolérance. Ils introduisirent un nouveau genre de culture, et la *traite* pour laquelle ils avaient long-temps combattu, leur devint presque inutile. Ils imaginèrent une monstruosité politique, et livrèrent leurs conquêtes à la compagnie des Indes. Cette compagnie acquit dans les premiers temps d'incalculables richesses; sujette en Hollande, despotique sur les mers, formant un État dans l'État, un gouvernement dans le gouvernement, elle eût pu détruire les colonies, l'industrie, le commerce, bouleverser la métropole; et cependant, prêtant ses richesses à l'État qui lui prêtait ses forces, elle fut souvent, grâce à la constitution républicaine du pays, utile à la prospérité de la Hollande. Amsterdam devint le premier marché, le grand entrepôt, l'unique ville libre du commerce de l'univers. (Voyez *Compagnie.*)

Des hommes qui avaient conquis sur les mers et distribué avec tant de sagesse le sol de la patrie, devaient apporter une prudence égale dans leurs conquêtes lointaines. Java leur donna le commerce de l'Inde, Formose celui de la Chine et du Japon; les Moluques façonnèrent pour la première fois les Européens aux cultures orientales. Amboine fut consacrée aux girofliers, les îles Banda aux muscadiers, Ceylan aux cannelliers, à l'oraque, au bétel; enfin Batavia défendue par un ciel meurtrier, devint pour les colonies hollandaises, ce qu'Amsterdam était pour la Hollande, le centre du pouvoir, de la force, du commerce, de l'industrie de l'Inde.

Voilà le bien; il est dû aux vertus des Hollandais, à leur liberté, à leur bonne foi, à leur économie, à leur amour du travail. Voici le mal; on le doit à la funeste invention de la *compagnie des Indes*, aussi fatale à l'industrie qu'à la politique. Pour des profits souvent incertains et toujours médiocres, les Hollandais voulurent conserver à Dezima quelques relations avec le Japon, et faisant céder la foi de leurs pères et leur propre croyance à un vil intérêt mercantile, ils s'asservirent à d'odieuses pratiques qui outragent à la fois la majesté du ciel et la dignité de l'homme. A Banda, ils voulurent être propriétaires, et fondèrent leur propriété sur le massacre complet des indigènes.

Les Hollandais ont commis deux fautes graves dans leur système colonial ; ils ont tardé près d'un siècle à s'emparer du Cap de Bonne-Espérance ; et lorsqu'enfin ils s'y sont établis, ils n'ont pas vu qu'ils y pouvaient dominer le commerce de l'Europe entière avec les Indes, y ouvrir un entrepôt général, et y fixer le marché de l'Orient. Là se trouvait la place d'un immense empire agricole et commercial ; les céréales, le vin, tous les produits de l'Europe y fleurissent avec une incroyable facilité. Mais lorsque Van-Risbek y arrêta les Hollandais, cette république s'égarait déjà dans le dédale des monarchies : séduite par l'exemple des Portugais et des Espagnols, elle n'usait du commerce que pour transporter la servitude au-delà des mers. Le Cap, ville libre, eût attiré l'industrie du monde ; esclave, il fallut en écarter tout ce qui pouvait lui porter l'exemple et le désir de la liberté. Les Hollandais aimèrent mieux voir les côtes désertes qu'indépendantes, et pour éviter tout contact étranger, ils forcèrent l'agriculture à se retirer dans l'intérieur des terres, afin de pouvoir l'asservir avec plus de facilité.

La seconde cause de leur ruine provient encore du désir, toujours funeste aux républiques, d'imiter les monarchies. La Hollande avait détrôné le Portugal dans les Indes orientales ; elle le poursuivit aussi dans l'Occident, et tenta de lui enlever l'immense empire du Brésil. Ici, par un contraste bizarre, les Portugais avaient établi les lois de la métropole ; les colons y jouissaient de quelque liberté, et les indigènes d'une sécurité profonde et d'une complète indépendance. Les Hollandais, après leur victoire, voulurent y porter le système colonial tel que l'Espagne venait d'en faire l'application : les hommes pour

qui les théories politiques ne sont que la science du bien-
être, virent bientôt que toute liberté serait perdue pour
eux sous la tyrannie d'une telle république, et que les priviléges de l'humanité leur restaient du moins sous la protection de leur monarchie; colons, indigènes, nègres, le
Brésil entier se souleva contre la Hollande, lui arracha sa
proie, et la chassa pour jamais de l'Amérique. Ainsi, la seule
grande colonie que le Portugal ait conservée, est la seule
où elle avait établi une ombre de liberté; et la seule que
la Hollande ne put lui enlever, est la seule qu'elle attaqua
par la violence et qu'elle voulut conserver par l'arbitraire.

Proscrits sur le continent américain, les Hollandais
connurent leur faute, et voulurent conquérir par un commerce libre ce qu'ils ne pouvaient envahir par un pouvoir
oppresseur. Ils se fixèrent sur quelques rochers des Antilles, qui devinrent l'entrepôt et le marché des produits du Nouveau-Monde; établissement qui, avec Amsterdam et Batavia, fit de la Hollande le centre de tous
les échanges de l'univers. Ainsi le monde acquit une
nouvelle preuve que la liberté seule peut conserver même
ce qui est acquis par la violence.

L'Espagne va démontrer jusqu'à l'évidence cette éternelle vérité. Cet empire, qui faillit réaliser le rêve de
la monarchie universelle, était descendu des montagnes
des Asturies, en criant : *Dieu et la liberté !* Une croyance
ferme et un noble désir d'indépendance suffirent à une
poignée de proscrits pour chasser les Maures et reconquérir la patrie. Ils y avaient ajouté les Pays-Bas,
la Franche-Comté, la Sardaigne, la Sicile, le Milanais,
le royaume de Naples, le Portugal, le sceptre de l'Allemagne et la domination morale de l'Europe. Ximenès leur avait ouvert l'Afrique; on y pouvait fonder non
des colonies, mais des provinces, et la monarchie ne sut
y fixer que des galères et des prisons. Les îles Canaries,
les Philippines, les Mariannes, les appelaient déjà sur
l'Océan. Colomb semble alors leur donner un monde nou-

veau, et l'Espagne s'y précipite pour l'envahir. Saint-
Domingue, la Jamaïque, Cuba, Porto-Rico, Cumana,
la Marguerite, la Trinité, et, sur le continent, l'ancien et
le nouveau Mexique, la Floride, Guatimala, la Nouvelle-
Andalousie, la Nouvelle-Barcelone, la Nouvelle-Grenade,
le Pérou, le Chili, les provinces de la Plata, le Paraguay, la Guyane, Buénos-Ayres, le pays des Amazones,
les deux Océan semés de leurs îles, l'Amérique entière
devenue leur proie; l'or, les diamants, tous les produits
de la nature, toutes les richesses de l'univers furent envahis par la puissance espagnole. Que reste-t-il de cet immense empire? l'île de Cuba, minée sourdement par des
divisions intestines, Porto-Rico, quelques rochers de l'O-
céan, sans valeur et sans culture, et ce cadavre de l'Espagne, dont le fanatisme et le pouvoir absolu se disputent les
lambeaux. Quelles mains firent donc tomber ce colosse
qui, pendant un siècle, domina le monde? Eh! ne le
voyez-vous pas? le despotisme et la superstition qui sous
nos yeux s'arrachent chaque jour les déplorables débris
qu'ils n'ont pas dévorés encore.

Isabelle seule, aidée de Ximenès, de Gonsalve et
de Colomb, jeta les fondements de cette imposante grandeur. Mais déjà son époux Ferdinand, que l'Europe appela le *Perfide*, que Rome nomma le *Catholique*, introduisit l'inquisition, et fit disparaître les Maures et les
arts, les Juifs et le commerce. Mais déjà sous Charles-
Quint, le massacre général des indigènes laissa les colonies désertes, et l'or du Nouveau-Monde servit à chasser de l'Espagne la liberté expirante sur l'échafaud de
Padilla. Mais déjà, sous Philippe II, il fallut disséminer
les Castillans sur le territoire de l'Amérique, laisser la
Péninsule déserte sans pouvoir repeupler les vastes déserts du Mexique, et payer l'or du Pérou par une dette de
cent quarante millions de ducats. Mais déjà, sous Philippe III, après avoir perdu les Provinces-Unies, et avec la
Hollande le commerce des Indes, il fallut accorder les

26.

honneurs de la noblesse à tous les laboureurs espagnols.
Mais déjà, sous Philippe IV, on se laissa ravir le Portugal
et le Brésil, et Charles II fut enfin forcé d'enlever le sceptre à sa famille, et d'appeler le duc d'Anjou, moins au
trône qu'à la protection de cet immense empire expirant,
sans gloire et sans secousse, dans la longue et ignomi-
nieuse agonie du despotisme monarchique et sacerdotal.
Les États grandissent quand la puissance protège la liberté;
ils meurent dans la honte et la misère, quand un pouvoir
oppresseur s'oppose à l'entier développement des facultés
humaines.

Après avoir parcouru cette moitié de l'univers, conquise par l'Espagne, et près de dérouler le vaste tableau
des possessions anglaises, un Français éprouve je ne sais
quelle pudeur à s'arrêter un instant sur les colonies de la
France. Certes ce beau pays, baigné par deux mers qu'il
n'a pas su dominer, n'a manqué ni de grands hommes
d'État, ni d'illustres renommées maritimes, ni d'excellents administrateurs coloniaux; les projets de Coligny,
les tentatives de Colbert, les talents de Tourville, le courage de Duquesne, l'audace de Duguai-Trouin; Dupleix,
La Bourdonnaye dans l'Inde, D'Ogeron à Saint-Domingue,
et tant d'autres célébrités dont l'Angleterre hérite, mais
qu'elle n'a point éclipsées, attestent que notre misère coloniale est le résultat des principes sur lesquels l'ancien
gouvernement était assis. Les Français pouvaient tout conquérir; mais un pouvoir qui voulait gouverner les hommes
sans eux et malgré eux, devait tout perdre. Venus après
tous les peuples de l'Europe, ils s'étaient établis au Sénégal où ils pouvaient faire et d'où ils pouvaient dominer cet effroyable trafic de la traite des noirs, que les
blancs appellent encore un commerce. Les îles de France,
de Bourbon, de Madagascar, l'Inde où nous avons possédé des côtes immenses, un pays trois fois plus vaste que
la France, et tout le commerce de la Chine; dans l'Amérique du Nord, le Canada, les bancs de Terre-Neuve, l'A-

cadie , la Louisiane et toutes les îles voisines; dans le continent méridional , Cayenne et la Guyane; dans les Antilles, la Martinique, la Guadeloupe, la Dominique, Sainte-
Lucie , la Grenade , Tabago , un grand nombre d'îles du
second ordre , et enfin ce Saint - Domingue à jamais
regrettable , qui lui seul donnait à la métropole plus de
produits que la moitié de l'Amérique ne donnait d'or
à l'Espagne ; voilà ce que la France avait conquis au gouvernement; je n'ose dire ce que le gouvernement en a
conservé à la France. Ce n'est pas seulement le funeste
système des compagnies qu'il faut accuser de notre ruine;
dominatrices en Angleterre et vivaces en Hollande , il ne
faut pas rejeter sur elles plus de mal qu'elles n'en ont
fait , plus qu'elles n'en peuvent faire. Les compagnies
nous eussent assuré une grande partie de ces brillantes
possessions. Ce qui a tout perdu en France , ce qui per-
dra la France même, c'est la tyrannie ministérielle. Ephé-
mère royauté sans base et sans avenir , elle se hâte de dévorer le présent; ne pouvant assouvir par elle - même
cette soif de pouvoir et d'or que les colonies irritaient
sans cesse, elle a vendu à des compagnies le droit de les
ravager; et dans son insatiable rapacité, elle assujettissait
leurs priviléges à de minutieuses restrictions qui devaient
empêcher toute administration régulière , afin de les mar-
chander une à une et de les revendre encore. On pourrait calculer les cessions des colonies par les fortunes mi-
nistérielles du vieux temps; et quand les ministres ne
trouvaient plus de marchands à qui les vendre, ils cherchaient des grands seigneurs à qui les donner. Ne voulant
pas y introduire la liberté que leur avait promise Coligny,
ne sachant pas y protéger le pouvoir par la marine qu'a-
vait créée Colbert, ils imaginèrent le misérable système
d'asservir les possessions d'outre-mer aux compagnies, et
les compagnies au caprice des ministres. Aussi tout fut
violent, arbitraire , sans législation reconnue, sans protection assurée. Aussi notre marine , troublant les colo-

nies qu'elle devait secourir, les servant mal, ou les abandonnant quand il fallait les défendre ; ne voulant pas se
soumettre à nos compagnies, qui, à leur tour ne voulaient pas obéir à nos amiraux, a causé la perte de
l'Inde. Aussi ces compagnies créées, réformées, soutenues, délaissées, et toujours pressurées, étaient con-
traintes à leur tour de porter le ravage dans nos îles pour
assouvir leur propre avarice et la rapacité ministérielle.
Je le répète, ce n'est point le fatal système des compagnies, qui après tout est encore un système, mais le ministère qui, en dénaturant à son profit cette funeste invention, a réduit la France à l'île Bourbon, improductive et
onéreuse ; à la Guyane et au Sénégal, qui coûtent beaucoup et ne rapportent rien ; et enfin à la Martinique et à
la Guadeloupe, qui ne valent pas la marine qui les pro-
tége. La France sera désormais une puissance coloniale
comme la Suède, comme le Danemark, comme cette
Italie sacerdotale qui, après avoir découvert la boussole et
produit Christophe-Colomb, Améric-Vespuce, Verazanni,
Cabot et presque tous les grands explorateurs de l'Océan,
n'y possède pas un rocher où puisse flotter son pavillon.

Disputée et conquise tour à tour par les peuples de
l'Europe, la souveraineté coloniale est depuis long-temps
acquise à l'Angleterre. Nous verrons plus tard sur quelle
base large et solide elle a élevé l'immense monument de ses
richesses, l'habile organisation de sa compagnie des Indes,
la prospérité de ses possessions, la sécurité de son commerce, la prépondérance irrésistible de sa marine ; et ces
rapports de libéralité, de profits réciproques, de protection mutuelle, qui bien plus que la force et l'arbitraire
attachent à la métropole ces États si vastes qui sont de
simples provinces, et qui formeraient de brillants empires. Les Anglais, maîtres, en Afrique, des bords de la
Gambie et de toute la côte occidentale, depuis ce fleuve
jusqu'au Benin, abandonnent la traite des Noirs qui
plaça Liverpool au rang de leurs grandes villes, au mo-

ment où ils pourraient faire ce trafic à l'exclusion des autres peuples. Ils peuvent fermer le commerce de l'Inde, si les princes de l'Europe tentaient de se rouvrir l'antique passage des Sésostris. L'île de Socotora leur assujettit le détroit de Babel-Mandel ; Gibraltar, la Méditerranée ; Corfou, l'Adriatique : l'île de France, le Cap de Bonne-Espérance et Sainte-Hélène forment leurs grandes stations dans la traversée des Indes. L'Hindoustan tout entier semble promis à leur empire : Madras maîtrise les côtes de Coromandel, Bombay celles de Malabar, et le Maïssour réunit ces deux possessions dont l'île de Ceylan défend les approches ; ici l'empire d'Angleterre s'étend sur quatre-vingt mille lieues carrées et sur plus de cinquante millions de sujets.

Presque à l'époque où elle chassait les Français de l'Inde, elle les poursuivit encore dans les Antilles ; leur enleva ce qu'ils possédaient de Saint-Christophe, où croît le plus beau sucre du Nouveau-Monde, et dont elle décupla la population ; occupa Antigoa, dont elle fit l'arsenal de ses colonies, et la rade protectrice de sa marine occidentale ; elle s'empara de la Jamaïque, la plus fertile, la plus commerçante, la plus riche de ses colonies, véritable Saint-Domingue de l'Angleterre, et plus importante encore parceque sa position entre le continent et l'Archipel, lui permet de protéger ou de troubler la moitié du commerce du Nouveau-Monde. La Grande-Bretagne qui, par le traité de Paris, nous laissa la Martinique et la Guadeloupe pour seules colonies, nous avait déjà enlevé la Dominique, qui ne lui peut être utile que pour nous enlever à son gré la Martinique et la Guadeloupe qu'elle nous a laissées. C'est encore à nous qu'elle a ravi l'Acadie et le Canada, qui fournissent les Antilles de lin, de chanvre, de céréales et de bétail ; et les bancs de Terre-Neuve qui approvisionnent de morue et d'huile de baleine, l'Amérique et l'Europe entière. Le reste des possessions anglaises, les Lucayes, les Bermudes, la

Grenade, Tabago, Saint-Vincent, les îles de Saint-Jean et du Cap Breton, sont encore de peu d'importance. Enfin si l'on joint en idée à ces gigantesques possessions, ces États-Unis qui semblaient plutôt une partie de l'Angleterre qu'une colonie anglaise, que la métropole a perdus par sa faute, et qui déjà lui offrent sur les mers une nation rivale, on complétera le tableau des richesses et de la souveraineté de la Grande-Bretagne.

Cromwel avait suscité cet esprit de colonisation dont il fit à la Jamaïque un admirable essai. Mais cet esprit, comme nous venons de le voir, appartient à tous les peuples, parceque tous possèdent un désir effréné d'émotions, de jouissances et de bien-être; d'autres causes particulières à l'Angleterre ont dû concourir à sa prospérité coloniale, et la plus efficace, selon nous, est d'être venue la dernière sur les mers promises à son empire. Par là elle a pu profiter des fautes de ses devanciers, et produire ce système colonial qui, malgré ses imperfections, n'en doit pas moins servir de type à toutes les nations que le pouvoir a si long-temps égarées. La situation constitutionnelle de la Grande-Bretagne a, plus encore que sa position insulaire, contribué à ses conquêtes : ses crimes ne pouvaient être, comme chez les autres peuples, rejetés sur ses rois; et les ministres, pour échapper à la responsabilité du siècle et de l'avenir, ne se les ont jamais permis pour des forfanteries d'amour-propre. Il a fallu leur donner un vernis d'utilité publique : par là ils sont devenus plus rares; et à travers les parjures, le despotisme et la rapacité du ministère, ses propres agents, habitués aux garanties et aux libertés d'un gouvernement représentatif, se sont bien plus rarement permis ces effroyables carnages et ces terribles dévastations, dont les annales des Deux-Indes conservent la mémoire, pour la honte éternelle des nations de l'Europe.

La compagnie des Indes, si fatale chez les autres peuples, a été jusqu'ici utile à l'Angleterre; là comme jadis

en France , elle exploite les Indes à son profit ; souveraine et sujette tout ensemble , elle donne et reçoit des
lois. Mais les Anglais , peuple ombrageux et turbulent,
se font honneur de l'opposition , et ne redoutent point les
périls de la résistance ; ils virent bientôt que cette compagnie qui , sous le despotique protectorat de Cromwel , n'avait pour objet que l'utilité générale , devenait,
sous la royauté corruptrice de Charles II , un instrument
ministériel de vénalité , d'injustice , de banqueroute , de
corruption et de ruine; on eût dit la compagnie des Indes
de France. Mais ce peuple qui venait de livrer à la restauration toutes les libertés publiques , lui refusa le droit
d'attenter aux immunités de l'industrie et du commerce;
la soif de l'or fit ce que le patriotisme n'avait su faire. La
moderne Carthage attaqua violemment les priviléges de
la compagnie; la résistance fut universelle , et ce parlement , ignoblement fameux par son obséquieuse servi-
lité , se trouva forcé de condamner les prétentions de la
cour , et d'admettre une seconde compagnie des Indes ,
qui , après l'heureuse révolution de 1688 , se réunit à la
première , et forma le *statu quo* colonial de l'Angleterre.

Toute compagnie est un monopole , et par conséquent
le plus grand malheur qui puisse atteindre le commerce
et l'industrie. Toutefois elles furent une heureuse idée :
il fallait à l'époque de leur création, ou que les gouvernements exerçassent ce monopole par eux-mêmes , ou qu'ils
le vendissent ; c'était toute la science coloniale du
temps. Le pouvoir portant dans les établissements com-
merciaux , la tyrannie, l'exclusif , la mobilité de ses con
ceptions politiques , eût ravagé et perdu les colonies.
Les compagnies les ont placées au contraire à l'abri de la
rapacité des ministres, du triomphe des partis opposés, des
troubles et des révolutions des métropoles : la Hollande
et l'Angleterre en offrent la preuve; la France n'a pas le
même avantage ; le pouvoir, qui chez nous se mêle de
tout , voulut s'immiscer dans le régime intérieur des com-

pagnies, et aucune n'a pu lui résister ; le même inconvénient est arrivé en Portugal ; le même en Espagne.

Par lui-même, le monopole des compagnies est préférable à celui des gouvernements ; il est moins exclusif,
moins tyrannique, et l'on peut recourir à l'autorité du
gouvernement contre l'arbitraire des compagnies. Une autre raison se présente encore : lorsque le pouvoir n'exploite pas les colonies par lui-même, il est moins intéressé, il entend mieux les plaintes, il voit mieux les abus,
et finit tôt ou tard par y porter remède. Peu à peu il circonscrit le monopole ; en Hollande il n'est plus rien ; en
Angleterre il est peu de chose ; celui de l'opium et du thé
est le seul qui reste dans les Indes. En France, les compagnies avaient ruiné le commerce dans l'intérêt du pouvoir ;
dans la Grande-Bretagne, le pouvoir mine les compagnies
dans l'intérêt du commerce. La dernière session du Parlement vient de nous l'apprendre : bientôt le système commercial triomphera du système colonial et du régime des
compagnies.

Le pouvoir n'aperçut dans les colonies qu'une conquête
productive de peuples et de territoires ; c'était n'y voir que
la dévastation. Cromwell, plus habile, y vit un débouché
pour le superflu de la population ; c'était renouveler le génie colonial de la Grèce : il alla plus loin, il en fit le refuge
de la partie du peuple turbulente par misère ou opprimée
par esprit de parti ; il fixa enfin le véritable objet des colonies, et la Jamaïque devint un grand établissement de
culture. Si l'esprit de l'usurpateur eût plané sur les conseils de l'Angleterre, elle posséderait encore la moitié de
l'Amérique, la taxe des pauvres n'alimenterait pas trois
millions d'Anglais sans travail et sans pain, et vingt
milliards de dette publique n'accableraient pas le présent
et ne fermeraient pas l'avenir.

Les colonies, en effet, ne peuvent être que des établissements de culture ; la métropole qui achète leurs produits agricoles, doit leur livrer par échange tous les pro

duits industriels. Mais la mère-patrie fait toujours de ce commerce un monopole abusif; elle veut vendre cher et acheter à bon marché ; la colonie se lasse de ces traités de dupe , elle tâche de se suffire à elle-même , et aussitôt qu'elle est devenue tout à la fois agricole , industrielle et commerçante, elle brise le joug et prend place parmi les nations. Les États-Unis d'Amérique prouvent cette vérité.

La métropole s'assujettit les colonies, parcequ'elles produisent certaines denrées; mais c'est parcequ'elles manquent des denrées qu'elles ne produisent pas, que les colonies restent assujetties. La mère-patrie doit veiller attentivement à ce qu'elles reçoivent en échange tous les objets de nécessité ou d'agrément; dès qu'elle ne peut suffire à leurs besoins , elle leur devient inutile , et voilà pourquoi les colonies de l'Espagne et du Portugal se sont soustraites à une servitude sans compensation.

Les colonies considérées comme de grands établissements de culture ou de vastes marchés , doivent par conséquent jouir d'une paix assurée et perpétuelle. Les divisions entre les agents de la compagnie française des Indes et les agents du ministère, en ayant troublé la tranquillité, la France a été chassée de l'Hindoustan.

La paix ne suffit point aux colonies; il leur faut encore cette sécurité que procure la protection prompte, assurée, irrésistible de la métropole. L'Angleterre est aujourd'hui la seule puissance qui puisse efficacement protéger ses établissements maritimes, et c'est par conséquent la seule qui possède réellement des colonies ; la guerre lui livrera presque sans résistance les possessions d'outre-mer de tous les princes de l'Europe.

La mère-patrie doit importer dans les colonies tous les produits nécessaires , en échange des denrées qu'elle en exporte; l'Espagne et le Portugal, ne pouvant satisfaire à cette condition , ont perdu invinciblement l'Amérique du sud.

La métropole doit offrir tous les objets d'échange de la

meilleure fabrique et au meilleur prix possible ; c'est dire que les pays industriels peuvent seuls posséder des colonies. Le Portugal, ne pouvant satisfaire aux nécessités du Brésil, s'était placé lui-même sous le protectorat de l'Angleterre ; il conservait ainsi les honneurs d'une souveraineté dont elle seule avait les profits.

La qualité et le prix des objets échangés n'étant pas toujours à la disposition de la métropole, il est impossible qu'elle puisse exercer long-temps le monopole de la colonie. Le meilleur marché s'y fera jour légalement ou en secret, et nous voyons déjà s'établir, à l'insu du pouvoir, un *système commercial* qui mine et finira par détruire le *système colonial*. Le meilleur marché du commerce anglais a fait abolir l'exclusif de la compagnie des Indes ; le meilleur marché des États-Unis a triomphé dans les Indes de l'exclusif du commerce anglais ; et bientôt les ports de l'Hindoustan seront complètement ouverts à toutes les nations.

Les colonies ne pouvant être que de grands établissements de culture, la métropole leur doit tous les instruments de production adaptés au sol et au climat. Le blanc ne peut féconder les pays équinoxiaux, et le nègre est le seul qui cultive des champs dévorés par le soleil. Le noir est donc l'agriculteur naturel et nécessaire de la zone torride ; il faut ou qu'elle demeure perpétuellement stérile, ou qu'elle soit fertilisée par ses mains. Ici se présente le crime le plus effroyable de l'espèce humaine depuis l'établissement du christianisme. Le Nègre pouvait être cultivateur à la manière des paysans de l'Europe qui, par un contrat volontaire, de bonne foi, synallagmatique, fécondent la propriété d'autrui pour un salaire ou une part de produits, réglés par les lois ou l'usage dans l'intérêt mutuel du propriétaire et du laboureur. L'un eût conservé le domaine, l'autre sa liberté ; et la paix des colonies, fondée sur le bien-être réciproque de celui qui travaille et de celui qui jouit, eût été assise sur les mêmes bases

que la sécurité des propriétaires et des laboureurs du
Vieux-Continent. L'avarice rapace du possesseur envi-
sagea le Nègre, non comme *cultivateur*, mais comme
instrument de culture, comme une bête de somme ou de
labour; on fonda sur la ruse, la force et la cruauté, un
état violent, que réprouvaient à la fois la religion, la morale et la politique. Le pontificat, qui avait aboli l'esclavage des républiques de l'antiquité, qui avait détruit la
servitude du régime féodal, approuva la *traite* des hommes de couleur : la morale, qui dans les temps d'ignorance,
se règle sur les décisions du sacerdoce, imita cet exemple,
et les rois vendirent l'humanité à la fortune. Je ne dirai
ni les fraudes cruelles employées sur les rivages d'Afrique
pour attirer le Nègre dans le piége, ni les souffrances
atroces du voyage, ni les lentes douleurs de la captivité;
qu'il suffise de savoir que les Antilles ont dévoré six millions
d'hommes. La dévastation du Nouveau-Monde idolâtre
et libre, et les moyens affreux imaginés pour le repeupler
catholique et asservi, coûtent à l'espèce humaine plus
de sang et de pleurs que n'en ont versé toutes les révolutions du monde connu, depuis l'établissement du christianisme. Heureusement le crime est toujours stérile, et
l'Europe ne pourrait citer aujourd'hui un État, un prince,
un individu enrichi par cet effroyable moyen de fortune.

Le Nègre était seul producteur ; plus on avait de Nègres, plus le produit croissait. Bientôt le nombre des esclaves fut hors de proportion avec celui des maîtres; et le
patronage, forcé d'asservir une plus grande masse d'individus, devint chaque jour plus vigilant et plus rigoureux.
Toutefois, la servitude n'en était pas moins stable ; le noir,
qu'on feignait de croire hors de l'espèce humaine, était
réellement hors de toute civilisation : ignorant et sans
moyens d'instruction, faible et sans instrument d'agression ou de défense, il gémissait sous un joug qu'il ne pouvait briser. Sans résistance contre une oppression régulière, permanente et générale, son unique recours était

la mort, jour heureux où les proscrits espèrent revoir leur patrie, et planer encore autour des objets de leurs affections premières.

Cependant, pour s'épargner les frais et les soins de la traite, les blancs imaginèrent le mariage des esclaves; tantôt concubinage misérable et immoral, maudit à la fois par les pères et les enfants; tantôt espèce de haras où l'avarice sollicitait la fécondité. Cette déplorable filiation introduisit bientôt une tradition de servitude, de malheur et de haine; elle détruisit l'imbécillité native du Nègre, et l'instruction, quoique informe et grossière, se transmit et s'accumula de génération en génération : cette race d'esclaves croissait pour la liberté. La débauche mêlant les deux couleurs, créa des métis, souvent élevés dans la maison paternelle, toujours en contact avec des hommes libres, tour à tour instruits ou voyageant dans la vieille Europe; notre éducation, notre intelligence, nos sentiments, nos besoins devinrent les leurs. La plus effroyable législation des Antilles, le Code-Noir de Louis XIV, avait accordé les droits de cité aux hommes de couleur libres; mais cette couleur, comme un signe de réprobation, les fit toujours exclure par la tyrannie coloniale, encore plus ombrageuse que le Code-Noir. Par une inconcevable bizarrerie, on les priva de ces mêmes immunités dont on leur avait fait un besoin. Rejetés par les blancs, ils firent, font et feront cause commune avec les noirs, et entre l'esclave et le maître, où l'intelligence est égale, le reste est une question de force et d'opportunité.

Depuis long-temps et dans toutes les colonies, les blancs ont résolu la question de force en faveur des Nègres : à Saint-Domingue, vingt mille maîtres s'étaient placés en présence de cinq cent mille esclaves; cette inégalité créée par l'avarice, était moins considérable dans le reste des Antilles; mais partout elle est assez forte pour que la servitude puisse se tourner en liberté.

La question d'opportunité peut offrir des chances plus

variées. Sur le continent de l'Amérique, le colon protégé par toute la puissance du corps social, partout présente et partout concentrée, pèsera longuement sur le malheureux Africain. L'humanité, la justice feront seules, avec le temps, ce qu'on ne peut attendre de la force et du désir inné de l'indépendance individuelle. Déjà, dans le sud des états de l'Union, la philosophie religieuse des Américains forme des associations pour l'affranchissement futur des esclaves. Malheureusement, entre l'intérêt et la vertu, le combat sera long et le succès douteux; mais il ne faut pas désespérer du triomphe de l'humanité chez un peuple qui, seul peut-être aujourd'hui, possède encore l'unique mobile des actions généreuses, une liberté qu'il aime et une religion à laquelle il croit.

Ces mêmes Américains partagent avec les Hollandais et les Danois un merveilleux instrument de servitude; ils savent la rendre tolérable, facile et presque volontaire. Si l'esclave n'y fait point, comme dans les tribus romaines, partie de la famille, il n'est point comme dans les États de Sparte, complètement abruti par la misère et l'abjection. La révolte n'est que le fruit d'une tyrannie extrême, aussi ces métropoles assisteront les dernières à l'insurrection de leurs colonies.

On a cru long-temps que les forts et les garnisons étaient un moyen assuré de perpétuer l'asservissement des colonies et l'esclavage des Nègres; l'établissement républicain des États-Unis, l'indépendance de l'Amérique du sud, les massacres de Saint-Domingue, ont victorieusement réfuté ce sophisme. Le rapport de la population des colonies à celle des métropoles, du nombre des noirs à celui des blancs, n'eût pas dû permettre à une pareille erreur de s'accréditer. Les pontons d'Angleterre nous ont appris d'ailleurs que ces garnisons, insuffisantes contre une insurrection coloniale, deviennent, dans une guerre entre les métropoles, la proie facile de la puissance qui domine les mers. Par le seul fait d'une guerre maritime, la Grande-Bretagne a été et sera l'unique métropole de toutes les colonies de l'Europe.

Avertis que les colonies sont majeures et qu'elles ne souffriront désormais que ce qu'il leur plaira d'endurer, les gouvernements doivent s'efforcer de rendre leur domination plus juste, afin que l'émancipation soit plus tardive; et leur action plus régulière et plus sage, pour que la résistance soit moins cruelle et moins ruineuse. C'est ainsi que les Portugais du Brésil s'assurèrent des Indigènes, que les Jésuites dominèrent le Paraguay, que l'autocrate Francia le domine encore. La force et l'astuce durent peu et coûtent beaucoup : le Mexique et le Pérou dévastés ont à leur tour dévasté l'Espagne et rejeté sa tyrannie. Les Anglais si habiles dans cette science que Machiavel fonde sur les serments et les parjures, ont perdu les États-Unis. C'est en vain qu'on les voit dans l'Inde, diviser pour régner, isoler pour détruire, enrégimenter des Indiens pour les opposer aux Indiens, interdire aux étrangers l'intérieur de l'Hindoustan, empêcher leurs propres concitoyens d'y former des établissements trop nombreux ou trop durables. Quarante mille Anglais sont face à face de cinquante millions d'Hindous; ils ont long-temps vaincu, ils vaincront long-temps encore; mais leur seule présence dans l'Orient en accroît la civilisation, en augmente le bien-être, les moyens de résistance, les motifs d'agression; les défaites finiront par enseigner la victoire, et tous ces instruments de richesse et de destruction, que la Grande-Bretagne accumule dans l'Inde, serviront à sa ruine. Tôt ou tard instruits dans les arts heureux et funestes de l'Europe, les Hindous se compteront, et les Anglais auront disparu de l'Hindoustan.

Telle est la loi de la nécessité : le Parlement d'Angleterre semble la prévoir et l'éluder. Ayant à choisir pour l'Inde, entre notre désastre de Saint-Domingue et sa catastrophe des États-Unis, il choisit la dernière. Il ouvre l'intérieur du pays aux Anglais, les ports aux Américains, et favorise exclusivement le commerce d'Inde en Inde; il aime mieux être utile que formidable, et riche que puissant. Je crains toutefois qu'on ne puisse achever un ouvrage dont la civilisation et l'humanité devraient s'enorgueillir : il existe entre l'industrie et la souveraineté de l'Inde une funeste opposition. La guerre des Birmans en est une preuve actuelle; elle est inutile et dispendieuse pour le gouvernement et la compagnie : les généraux l'ont seuls déterminée; la victoire est pour eux un moyen de fortune, et tandis que le commerce a besoin de paix, les soldats qui protègent le commerce ont besoin de guerre. Ce cercle vicieux renferme tout le système colonial de l'Inde et mérite l'attention des hommes d'État.

Les mêmes principes s'appliquent encore aux colonies occidentales : ce n'est point la force, c'est le bien-être qui peut les rattacher à la métropole. La violence a été impuissante contre les États-Unis ; nous la voyons encore se débattre sans succès dans l'Amérique du Sud; tandis que ces mêmes États de l'Union enchaînent à leur prospérité, par le seul lien des besoins réciproques et d'un bonheur mutuel, des pays dont ils semblaient ne devoir attendre que l'inimitié. Des Espagnols superstitieux, des Français catholiques partagent une souveraineté protestante; ils conservent les mœurs, le langage, les habitudes, les théâtres, le costume, l'amour de leur ancienne patrie, au milieu d'un peuple d'Anglo-Américains. Mais les traditions ont cédé à la nécessité; le bonheur leur a donné une autre patrie, et cette Nouvelle-Orléans, qui voit aujourd'hui quatre cents navires suffire à peine à ses relations commerciales, se souvient que tour à tour, sous le monopole de la France et de l'Espagne, quatre bâtiments suffisaient à l'échange de sa misère et de ses besoins. Les Anglais mêmes ont apprécié avec justesse tout ce qu'exige le voisinage de la liberté. Leurs possessions du Canada sont plus libres que leurs autres colonies, plus libres que l'Angleterre même. Craignant que le Canada ne s'incorpore aux États-Unis, c'est par l'appât de l'indépendance et du bien-être, et non par les efforts de l'arbitraire et de la violence, qu'ils s'efforcent de le conserver.

Tout ce que nous disons des colonies continentales s'applique spécialement aux îles qu'on maîtrise, il est vrai, plus long-temps, mais qui échappent aussi sans retour. La question de l'esclavage y complique encore celle des colonies. Il faut, par une sage liberté, maintenir l'harmonie entre les Colons et la mère-patrie, et entretenir par une servitude tolérable, la paix entre l'esclave et le Colon ; il faut limiter le nombre des Noirs de façon à ce qu'ils puissent être contenus dans la dépendance ; leur créer une existence légale, laborieuse, mais supportable ; leur donner pour les abus et les excès dont ils peuvent avoir à se plaindre, des juges qui ne soient ni Colons ni maîtres d'esclaves ; il faut enfin rendre la liberté facile et appeler au droit de cité les hommes de couleur libres. Voilà les seules conditions auxquelles la servitude moderne offre moins de périls ; mais les Colons prennent l'arbitraire pour la puissance, et s'ils ne sont des tyrans, ils ne croient pas être des maîtres.

L'oubli de ces principes entretient, dans toutes les Colonies de la zone torride, une fermentation qui finira tôt ou tard par l'extermination des blancs. L'avarice des maîtres semble ne pas laisser de terme moyen aux esclaves ; on les a placés dans l'effroyable alternative de l'oppression ou du soulèvement. La prudence des métropoles est aveuglée, l'humanité des Colons endurcie : le pouvoir n'a de force que pour attaquer les hommes éclairés qui signalent une grande catastrophe prochaine ; on les persécute comme complices, lorsqu'il faudrait les honorer comme prophètes. Quand on pèse ces grands intérêts, les paroles ne sont d'aucun poids dans la balance ; c'est la tyrannie seule qui fit sonner sur les mornes ensanglantées de St.-Domingue le tocsin de la liberté. A Dieu ne plaise, qu'on ne voue à l'exécration ce terrible soulèvement où l'esclave et le maître trempaient également dans des flots de sang humain, les débris du despotisme expirant et les prémices de la liberté naissante ! Mais les mêmes hommes qui, depuis trente ans, condamnent, au nom de la religion et de la morale, l'insurrection de St.-Domingue, ont approuvé, pendant trois siècles, au nom de cette morale et de cette religion, le massacre des indigènes d'Haïti, l'extermination de douze millions d'Américains et la lente agonie de six millions de Nègres. Pour nous, dont le Dieu et la conscience ne changent pas au gré de nos passions, nous ne savons pas choisir entre les malheurs et les forfaits ; nous vouons notre haine à tous les crimes, nous consacrons notre pitié à toutes les douleurs : nos compatriotes assassinés à St.-Domingue, nos frères dans la Grèce, des hommes dans le Maïssour et chez les Birmans, frappent notre cœur d'une tristesse égale ; et peut-être dans ces grands attentats, l'esclave qui veut remonter à la dignité de l'espèce humaine, mérite-t-il plus de faveur que le tyran qui refoule l'humanité vers l'esclavage.

Qui sème la tyrannie recueillera la liberté : St.-Domingue était libre par le fait ; une auguste volonté vient de donner à cette indépendance la sanction politique d'un droit sacré. Cet acte renouvelle la face des Antilles, et leur improvise une destinée inattendue. Les exterminateurs des Français accueillis par la France, une colonie libre par l'insurrection, traitant d'égal à égal avec sa métropole, une république reconnue par une monarchie, une puissance noire s'élevant au milieu des blancs, forment une page extraordinaire dans les annales politiques de l'espèce humaine. J'ignore quelles sont les immunités du despotisme et les devoirs de la servitude ; je sais qu'Haïti avait poussé jusqu'à la férocité le désespoir de l'esclavage, et qu'en présence du général Leclerc, il porta jusqu'à l'héroïsme le courage civique ; il était libre, il pouvait jouir de sa liberté ; car en politique, le droit est toujours forcé de venir sanctionner un fait constaté et inattaquable. Toute-

27.

fois, Haïti , forcé d'acheter chèrement des protections
trompeuses , des débouchés incertains , des marchés à
vil prix , vivait d'une existence précaire; sans cesse sous
les armes, produisant peu, vendant mal , et craignant
toujours. La France imprime sur ce front noir le sceau
monarchique d'une légitimité républicaine , et soudain
il prend sa place parmi les nations, livre ses soldats à l'a-
griculture , règle ses douanes, ouvre, ferme ses ports à
son gré , et n'est plus à la merci des Antilles qui le haïs-
sent, de l'Amérique qui le craint, de l'Angleterre qui le
dédaigne. Les familles françaises , il est vrai, lui vendent
leur patrimoine; les fils , le sang de leur père ; la royauté,
la république; cent cinquante millions soldent l'oubli du
passé, les terreurs du présent , les prospérités de l'avenir.
Mais cette perte sera bientôt compensée ; quelques années
encore, et les produits agricoles seront doublés , et l'industrie élèvera ses fertiles établissements , et les bénéfices
d'importation et d'exportation ouvriront une source immense de richesses. Haïti reconnu par la France , est un
peuple nouveau; et l'on doit avouer, sans discuter les
droits des hommes à leur affranchissement , que l'opportunité de la reconnaissance de St.-Domingue lui assure
irrévocablement la liberté , la sécurité et la fortune.

Aucune crainte n'a pu engager la France à vendre ainsi
son avenir; l'exemple de Louis-le-Gros mettant à l'encan
la liberté des serfs , le désir magnanime de constater l'indépendance des Nègres, d'appeler une république aux
honneurs de la souveraineté, d'offrir à l'industrie française un vaste bazar, au commerce un immense débouché,
d'ouvrir à notre profit de riches marchés qu'une nation
rivale eût tôt ou tard envahis , de procurer aux malheureux Colons une tardive et légère indemnité, et enfin la
manipulation ministérielle de cent cinquante millions,
ont déterminé vraisemblablement l'émancipation royale
d'Haïti.

Toutefois si les offres des Haïtiens ont été blâmées par

les esprits hardis qui pensent que le fait n'a pas besoin de la sanction du droit, l'acte de reconnaissance a de même encouru le blâme de ceux qui croient que la puissance royale ne pouvait porter à l'intégrité du territoire français, une atteinte qui fut interdite à François Ier. traitant pour la liberté de sa personne et la paix du royaume. L'esprit de parti flétrit tout ce qu'il touche; l'opposition républicaine ne voit pas qu'Haïti n'achète point une liberté dont il jouit déjà, mais une sécurité dont il ne jouissait pas encore; l'inimitié royaliste feint de ne pas voir que la France cède ce qu'elle ne possède plus, ce qu'elle ne peut plus conquérir, et que gagner cent cinquante millions à une reconnaissance que la force des choses a rendue nécessaire, est un acte de sagesse. Une seule considération me frappe, c'est l'exemple funeste qu'une telle cession par simple ordonnance crée en faveur des prérogatives de la couronne.

Cette sagesse cependant se trouve en présence d'une effrayante responsabilité; non parcequ'elle légitime une liberté acquise par l'insurrection, l'incendie, le massacre; les faits consommés sont hors de tout pouvoir : mais parcequ'elle semble indiquer aux Nègres la route de l'indépendance; qu'elle va porter au milieu des Antilles et de l'Amérique du sud, la turbulence chez les noirs, la terreur chez les blancs; qu'elle crée un centre d'espérances, de craintes, de fermentation, de troubles; qu'elle assure à l'esclave fugitif, insurgé, criminel, un asile protecteur, et qu'enfin c'est d'Haïti que surgira tôt ou tard le soulèvement de ces hommes que la plus odieuse servitude pousse, depuis si long-temps, à la liberté. Cette frayeur avait arrêté le Directoire, le Consulat et l'Empire; elle avait irrité les puissances et les talents de l'Europe les plus favorables aux noirs, lorsque le Danemark promit leur émancipation à une époque assez éloignée. Chacun prétendait que les Danois étaient trop désintéressés dans la question des colonies, pour prendre l'initiative de cette

grande mesure. Nous sommes dans une position semblable:
les mêmes clameurs s'élèveront contre nous dans toutes
les mers du Sud; et l'avenir peut seul couronner notre
prévoyance ou condamner notre témérité. Les œuvres qu'il
produira, feront de la France ou la providence des nègres
ou l'ange exterminateur des blancs.

Cet acte du Danemark qui promet l'émancipation des
noirs, les décisions du congrès qui prohibent la traite,
la reconnaissance de Saint-Domingue qui établit une
république au milieu des Antilles, prophétisent aux
métropoles la perte prochaine de toutes les colonies
équinoxiales. Placés entre un lucre incertain et un péril imminent, les Colons sentiront bientôt les dangers de leur position. Heureux si le défaut de Nègres
et la diminution des produits les forcent sans violence
à repasser les mers! Spectacle funeste si la liberté est
contrainte de s'asseoir encore sur des débris ensanglantés!

L'Angleterre, fatiguée de dépenser beaucoup et de gagner peu dans toutes ses colonies occidentales, a vu la première que les frais de souveraineté absorbaient plus que
les profits du commerce. L'intérêt fera ce que des principes sacrés n'ont pu faire. La Grande-Bretagne prend
l'initiative, l'Europe la suivra forcément. Les colonies
combattent aujourd'hui pour se séparer des métropoles,
qui bientôt, par un calcul plus sage, abandonneront les
colonies. Elles sont parvenues à leur majorité, et nous
prouvent qu'elles sont de force à rejeter notre tutelle.
Mais, qu'on ne s'y trompe pas; les colonies insulaires, cultivées par des noirs, ne peuvent se passer de métropoles;
il faut établir la liberté des nègres avant de penser à l'indépendance des blancs : le jour où les maîtres seraient
privés de la protection de la mère-patrie, les esclaves n'auraient plus de maîtres.

Le temps approche donc où l'Europe va perdre ses colonies : cette perte est-elle à déplorer? Pour résoudre cette question, il faut savoir ce qu'elles produisent et ce qu'elles coûtent. Ce budget ne peut s'établir toutefois sur la nature ou la masse de leurs récoltes, que le lecteur trouvera exactement appréciées dans les excellents articles géographiques de notre savant collaborateur, M. Eyriès. C'est la valeur que le commerce donne à ces denrées qu'il faudrait connaître, ce sont les frais de souveraineté qu'il faudrait déduire de cette valeur. Ici toutes les données manquent; les gouvernements cachent toujours avec soin les sources de leur prospérité et les causes de leur ruine; et nous n'aurions, pour nous guider, que les hostilités des oppositions ou les mensonges des ministères. Heureusement on peut en juger par l'état misérable de l'Espagne qui, malgré les deux cent millions extraits annuellement de ses mines, est graduellement tombée, depuis qu'elle s'est ouvert ces sources trompeuses de richesses, dans un état de misère, de dépopulation et de faiblesse dont rougiraient sans doute Isabelle et Charles-Quint; on peut en juger encore par la position faible et précaire du Portugal qui, loin de pouvoir protéger ses colonies, est contraint de se placer lui-même sous la protection de l'Angleterre; on peut en juger enfin par l'état d'abjection, de servitude et de misère des colonies espagnoles et portugaises, forcées d'arriver, par l'insurrection, à la prospérité agricole, industrielle et commerciale. La France, à travers le voile mystérieux dont elle enveloppe son budget colonial, ne peut nous dissimuler que ses possessions d'outremer, chétives et précaires qu'elles soient, lui coûtent seize millions par an, c'est-à-dire, la moitié de ce qu'elles produisent et le double de ce qu'elles nous rapportent. Elle nous prouve que ses colonies commencent à lui peser, par l'ordonnance qui, refusant d'en faire les frais, leur abandonne l'administration intérieure; elle nous prouve enfin qu'elles ne valent pas les dépenses nécessaires pour

leur conquête et leur défense, par cette autre ordonnance
qui reconnaît à si bon marché la république d'Haïti.

L'Angleterre nous offre encore des documents plus curieux ; elle possède les meilleures, et pour mieux dire, toutes les colonies productives du monde, et cependant elle a
détruit dans l'Inde le monopole de sa compagnie, d'abord
en faveur des Anglais, ensuite pour les États-Unis, enfin
pour toutes les puissances commerciales ; et cependant en
prenant l'initiative contre la traite des Nègres, elle ruine
tous ses établissements de la zone torride ; et cependant elle
pose déjà les bases sur lesquelles seront bientôt délaissées
toutes ses possessions occidentales. L'Angleterre passe chaque jour du système colonial au système commercial, par
la seule raison qu'elle entend mieux l'intérêt que l'orgueil,
et la richesse que le pouvoir. Les colonies pèsent aussi
sur l'Angleterre ; que serait-ce si elle plaçait encore dans
la balance, les incalculables capitaux qu'elle a consacrés
à ses ports, ses rades, ses arsenaux ; les immenses dépôts
de ses chantiers, les armements de ses vaisseaux, les dépenses de sa marine, les guerres soutenues pour établir,
agrandir ou défendre sa puissance coloniale ? Les colonies
anglaises ont dévoré deux siècles d'économie, l'or de l'Angleterre, les richesses de l'Inde, et laissent encore à la métropole une dette de vingt milliards !

Nous pourrions trouver dans les archives de la compagnie anglaise des Indes, des données irrécusables, si, d'accord avec le gouvernement, elle n'avait aussi ses secrets et
ses mensonges ; et surtout si ces données n'étaient incom-
plètes par la mauvaise organisation des douanes, par tout
ce qui est inconnu dans les importations et les exportations, et ce que la contrebande peut soustraire à la vigilance. Ce qui va suivre n'est qu'une appréciation d'intérêts ; nous garderons un triste silence sur les parjures,
les trahisons, les cruautés qui, pendant soixante ans de
ravages et d'extermination, ont flétri la domination an-

glaise de l'Inde. Le résultat de tous ces crimes nous prou-
vera, mieux qu'un livre de morale, ce que les crimes produisent. La compagnie, imaginée par Élisabeth, organisée par Cromwell, dénaturée par Charles II, restaurée
par Guillaume, avec toute la sagesse qu'il est possible de
mettre dans l'accord antipathique du monopole et de la
liberté, la compagnie exploitait l'Inde à son profit, et
tous les rois de l'Europe seraient moins riches qu'elle,
si les colonies pouvaient produire la richesse. Le commerce d'Orient ne peut se faire qu'avec l'argent; celui
de la société fut bientôt épuisé, et elle a porté successivement à quarante mille le nombre de ses actions. Ces
nouvelles ressources s'épuisèrent à leur tour; il fallut
emprunter à plusieurs reprises, tantôt en Angleterre,
tantôt dans l'Inde; et tous ces emprunts réunis obligèrent
la compagnie à payer annuellement un intérêt de cinquante-quatre millions de francs. Ce crédit s'épuisa encore; ne pouvant plus emprunter aux particuliers, on eut
recours au gouvernement, qui prêta des billets de l'échiquier, et à qui l'on doit 3,925,000 fr. d'intérêts annuels.
On voit déjà que la compagnie ressemble au gouvernement, accablé comme elle d'une dette qu'il ne peut éteindre. L'Inde dévora toutes ces richesses; la société n'eut
plus de piastres à y porter, et le commerce tomba. La
compagnie abdiqua le monopole, et le commerce fut libre pour tous les Anglais. L'or de l'Angleterre fut bientôt
absorbé, et il fallut encore admettre la concurrence de
toutes les nations; tel est l'état actuel de l'Inde. Voyons
celui de la compagnie; elle doit :

Intérêts de la dette dans l'Inde, 5 p. 0/0...........	1,700,000 l. st.
Intérêts de la dette en Angleterre, 4 et 2 p. 0/0....	422,000
Intérêts pour les billets de l'Échiquier, 1 p. 0/0....	157,000
Dividende des quarante mille actions de 200 l. sterl.	800,000
Frais de souveraineté et d'administration coloniale.	14,000,000
	17,079,000 l. st.

Observons d'abord que les intérêts à 2 pour 0/0 de la dette non-liquidée, montent à 4, à mesure que les liquidations s'opèrent; que, forcée d'emprunter pour retirer ses billets de l'échiquier, la compagnie paiera 4 pour 0/0 ce que le gouvernement lui prête à 1; qu'enfin les frais de souveraineté augmentent sans compensation, par l'état de guerre dans lequel les militaires maintiennent l'Inde pour se procurer des moyens d'avancement ou de fortune; ainsi le passif de la compagnie s'accroîtra de jour en jour.

Les revenus de la souveraineté s'élèvent à.........	14,000,000 l. st.
Les revenus domaniaux à	1,000,000
Commerce d'Angleterre en Inde, objet de perte pour la compagnie, depuis 1796.	
Commerce d'Inde en Inde....................	2,500,000
	17,500,000

La balance offre un bénéfice de cinq cent mille livres sterling qui pourraient servir à l'amortissement de la dette, et qui l'auraient amortie dans un demi-siècle. Mais il est prouvé que les revenus de la souveraineté peuvent décroître, la compagnie même reconnaît qu'ils seront stationnaires jusqu'à ce que les Indiens aient pris les mœurs anglaises.... alors l'Inde sera libre. Le commerce d'Inde en Inde offre, il est vrai, d'énormes bénéfices; il a pour objet unique l'opium et le thé que la compagnie accapare dans l'Hindoustan et vend dans la Chine; et si ce monopole, le dernier qui lui reste, lui échappe à son tour, elle éprouve une ruine subite et complète.

Arrêtons nous: nous ne faisons ni l'histoire de la compagnie des Indes (*V.* Compagnies) ni celle du commerce de l'Orient (*V.* Commerce et Monopole). Nous avons prouvé que déjà les colonies sont à charge aux métropoles, que bientôt elles le seront aux compagnies exclusives. Voilà pourquoi l'Angleterre en ouvre les ports à toutes les nations. En Occident, elles ne valent pas les frais de souveraineté; en Orient, il y a presque compensation; mais partout la souveraineté fait la perte, et le commerce le profit. Pour résoudre le problème, il faut abandonner lentement et sans secousse les honneurs du pouvoir aux indigènes, et se réserver les profits de l'industrie. L'Angleterre y tâche. La Russie, moins pauvre et plus civilisée, pourrait lui ravir par la mer Noire les bénéfices de l'Inde; la Perse, la Turquie, moins abruties par le despotisme et la superstition, le pourraient de même; mais sur cette route de l'Orient, si facile et si prompte, les Grecs seuls ont le génie du commerce : les Grecs seront exterminés. L'Angleterre veille sur le présent, la Russie sur l'avenir; et l'Europe appelée par la religion, l'humanité, l'intérêt, l'Europe dort. Le Cap ne peut être long-temps le chemin de l'Hindoustan : l'Amérique y pénètrera par les mers du Sud; la mer Noire, Constantinople ou Alexandrie seront tôt ou tard les entrepôts européens de l'Inde. Napoléon l'avait pressenti, et l'Angleterre fut son implacable ennemie : Alexandre le devine, et la paix ne peut être longue sur le continent.

La guerre n'éclatera plus pour la souveraineté coloniale, mais pour le commerce des colonies. Quelques esprits du vieux temps semblent croire encore que ce commerce dépend de cette souveraineté et ne peut exister sans elle; ils citent pour exemple l'Espagne et le Portugal. Cet exemple prouve au contraire que la souveraineté dépend du commerce; le Portugal et l'Espagne n'ont pu satisfaire aux besoins de l'Amérique, et l'Amérique a brisé leur joug. Désormais l'industrie est la métropole réelle des colonies, le commerce est le seul roi des mers; la meilleure confection et le meilleur marché créeront un monopole commercial contre lequel viendront se briser irrésistiblement tous les monopoles politiques de l'univers. Ainsi le commande l'intérêt de l'espèce humaine. Je le sais, les hommes justifient tous les crimes par la doctrine de l'intérêt : Helvétius a outré le système de l'intérêt particulier, M. Bentham propage la théorie de l'utilité générale, réunion sociale de tous les intérêts privés; nous revenons au vieil adage, l'intérêt gouverne le monde. Des esprits élevés, moins religieux que mystiques, ne trouvant point de place pour les rêves fantastiques de leur brillante imagination, dans cet ordre de choses laborieux et positif, ont attaqué notre antique axiome; ils ne l'ont pas compris. La religion, la morale, n'ont rien d'idéal, rien d'imaginaire; réelles, positives comme l'intérêt même, elles sont le premier, le plus sacré des intérêts de l'homme. En tout temps, en tout lieu, lorsque la religion et la morale luttent directement contre l'intérêt, ouvrez les yeux, vous reconnaîtrez d'abord que cette religion est fausse ou mal interprétée, que cette morale est absurde, ou que cet intérêt pousse au crime et par conséquent n'est pas un intérêt.

L'intérêt bien entendu de toutes les nations industrielles et commerciales, les place dans une route nouvelle; éclairées désormais par une longue et ruineuse expérience, elles renouvelleront tout le système colonial, et se débarrassant successivement des frais de souveraineté, elles s'enrichiront des profits du commerce. Par malheur, les gouvernements d'orgueil et de luxe se laisseront devancer par les pouvoirs fondés sur la prévoyance et l'utilité. L'Angleterre et les États-Unis arriveront les premiers partout et en tout temps. Je sais que, durant la paix, notre brillante industrie sera présente dans tous les marchés de l'univers, et que, si l'autorité lui assure égalité de droits et de protection, elle peut soutenir sans perte la concurrence et la rivalité. Mais au premier bruit d'une guerre maritime, le commerce français sera refoulé dans l'intérieur; nos magasins s'encombreront de marchandises sans débit, nos manufactures épuiseront leurs capitaux à fabriquer sans vendre. Sur les mers tous les débouchés nous seront fermés, tous nos marchés envahis, toutes nos relations enlevées, tous nos établissements détruits, tous nos entrepôts dévastés, tous nos bâtiments enlevés par l'Angleterre. Qui sait même si ce tyran des mers n'aura pas, selon sa coutume, consommé notre ruine avant de signifier son hostilité, et remporté la victoire avant de déclarer la guerre? N'oublions pas que c'est ainsi que, dans les quatre guerres maritimes qui précédèrent la révolution, elle fit pour cent soixante-dix-neuf millions de prises sur le commerce de l'Europe; et que la rupture du traité d'Amiens ne fut si brusque, si imprévue, qu'afin de pouvoir enlever au seul commerce français quarante millions de cargaisons. Le passé devrait nous éclairer sur l'avenir; mais la France, toujours imprévoyante et toujours aventureuse, compense avec une singulière légèreté les chances de gain et de perte, et ne règle ses comptes qu'après l'événement.

Le système colonial nous est funeste, parcequ'en tout temps les colonies coûtent beaucoup et rapportent peu. Le système commercial doit être préféré, parceque, du moins, durant la paix, il nous offre des profits réels et considérables. Mais quel que soit le parti adopté par le gouvernement, souvenons-nous que sans forces maritimes, il ne faut rien attendre de la mer, et qu'au premier cri de guerre, commerce et colonies, tout sera envahi par l'Angleterre. (*Voy.* Marine.)

Voyez Raynal, *Établissements... etc., dans les Indes;* M. de Pradt, *des Colonies;* M. de Montvéran, *Situation de l'Angleterre.* J.-P. P.

COLORIS. (*Beaux-Arts.*) L'on ne peut s'attendre à trouver, dans ce dictionnaire, un traité chimique de l'emploi et de la composition des couleurs. Des ouvrages spéciaux sont consacrés à cette partie de l'art du peintre; les élèves, les maîtres eux-mêmes feront bien d'y recourir; car les connaissances de détails s'acquièrent lentement, et il est cruel pour l'artiste de survivre, pour ainsi dire, à son ouvrage, quelque heureuse qu'en soit la conception, faute d'avoir apprécié le travail futur des couleurs sur la toile, leurs réactions réciproques, leurs dégradations successives, ou leurs accroissements d'intensité qui finissent par rompre l'harmonie d'un tableau. De grands peintres auraient à gémir aujourd'hui, s'ils étaient témoins de l'état où leur imprévoyance a jeté leurs ouvrages. Ainsi quelques-uns des feuillets du beau poème consacré, par Le Sueur, à la vie du moine Bruno, sont dominés par la toute-puissance non prévue du bleu d'outre-mer. Le même envahissement est remarquable dans certaines parties des *Batailles d'Alexandre*, par Le Brun, qui d'ailleurs ont poussé au noir d'une manière déplorable; et notre illustre David, après avoir déroulé devant nous les annales de Rome et de la Grèce, s'il est assez heureux pour porter encore une fois ses pas dans cette galerie du Luxembourg, dont ses chefs-d'œuvre forment le plus bel ornement, aura sans doute à s'affliger lorsqu'il reconnaîtra combien ont pâli des scènes que son pinceau avait rendues plus vivantes.

Pourquoi, dans les ventes et dans les cabinets des riches, les productions des diverses écoles d'Italie obtiennent-elles, sur les compositions de la nôtre, une préférence de recherche? Nous pouvons répondre : parcequ'elles sont coloriées avec plus de vigueur et surtout avec plus de vérité; parcequ'on a l'expérience acquise que ce coloris bravera les outrages du temps, tandis que l'éclat fugitif de la palette française est dévoré dans le rapide cours de quelques années. Aussi croyons-nous devoir recommander aux artistes de l'époque présente, l'étude des couleurs considérées sous leurs rapports chimiques. Nous les engageons à ne jamais perdre de vue le principe qui dirige l'architecte dans la confection de ses plus nobles travaux; principe en vertu duquel, après avoir projeté sur le papier, ses voûtes, ses coupoles, ses pilastres, ses colonnes et ses massifs, il apporte le plus grand soin au choix des matériaux destinés à leur donner

une réalité d'existence, sans quoi les retraits, les tasse-
ments, les collisions et les poussées ne tarderaient pas
à changer en cruel désappointement, la joie que lui promet la pose des dernières assises d'un temple ou d'un
palais. Ainsi arriva-t-il au fameux constructeur de Sainte-
Geneviève. Les couleurs sont aussi les matériaux du peintre; c'est par elles, c'est avec elles qu'il ira à la postérité,
ou que ses froids camaïeux, occupant plus les murailles
qu'ils ne les couvriront, seront sans force pour arrêter le
promeneur entraîné vers un Titien ou un Morillo.

Laissant à l'écart le matériel proprement dit des couleurs, dont cependant nous n'avons pas voulu dissimuler
l'importance, nous allons nous occuper de leurs effets
combinés dans un tableau à l'instant où il sort de l'atelier; et c'est comme résultat d'un système suivi, et comme
formant un système dans la méthode de l'artiste, qu'elles
vont fixer notre attention.

Pour s'exprimer avec exactitude, le coloris n'est encore
qu'un juste emploi de la lumière et de l'ombre, puisque
d'une part, la lumière contient, en soi, toutes les couleurs ou au moins en favorise l'apparence, et que, de
l'autre, l'ombre plus ou moins prononcée en est la né-
gation plus ou moins positive. Or, nous avons traité de
cette partie essentielle de l'art dans notre article du *Clair-
obscur*, auquel nous renvoyons le lecteur, souhaitant lui
épargner ainsi qu'à nous des redites inutiles.

Versé dans la science du clair-obscur, le peintre est
bien près d'être habile coloriste. Assuré des effets et de
la manière de les obtenir, il ne pourrait se tromper que
sur le ton général de sa couleur. Celle-ci aura toujours
pour mesure le degré de rectitude de son organe visuel.
Ainsi ses sites, ses ciels, ses arbres, ses fabriques, ses
personnages, ses draperies, se placeront, sur sa toile,
tels qu'il les voit dans la nature. Si son œil, à travers
lequel lui parviennent les impressions du dehors, est un

réseau absolument diaphane, si cette vitre est pure et transparente comme l'air d'un beau jour, nul doute que le pinceau ne donne aux objets leur couleur propre, nous entendons celle dont ils se revêtent en présence de la plupart des hommes ; ils seront vrais, par conséquent ils seront bien rendus. Dans l'autre cas, leurs formes pourront être respectées, leurs distances respectives bien accusées, mais ils se montreront avec la teinte dominante dans l'organe qui aura servi à leur examen. De même que le peintre peut se faire une fausse manière de voir, il peut améliorer sa vue et la rectifier : ainsi quelques artistes, à diverses époques de leur carrière, ont changé leur couleur ; cependant les droits de la nature étant imprescriptibles, les ouvrages du plus grand nombre se ressentiront toujours des dispositions avec lesquelles chacun s'est adonné à la culture de l'art. Dès que la pratique de la palette est supposée connue, les erreurs dans le coloris ne sont plus que des torts de l'œil, et, tant que l'œil se trompera, la main ne fera qu'en répéter les aberrations. Exiger autre chose de l'artiste, ce serait prétendre qu'il cessât d'être lui-même ; et alors ne serait-il pas en droit de vous dire : « Qui vous a garanti sur moi la supériorité » du regard ? » La première loi de l'ouvrier est de se consulter, puis de se plaire ; car s'il ne croit en soi, il n'est plus qu'un vil manœuvre.

L'emploi des couleurs dans un tableau, soit qu'on dégrade, soit qu'on renforce leurs teintes, doit toujours être dirigé par le sentiment de la lumière et de l'ombre qui en font avancer ou reculer les parties principales. Voilà pourquoi une draperie de pourpre éclatante siérait aussi peu dans un local faiblement éclairé, dans un crépuscule par exemple, que des couleurs ternes seraient déplacées sur des figures inondées de lumière, ainsi que nous les représentent les *noces de Cana* de Paul Véronèse. Les peintres ayant choisi un clair-obscur, qu'ils se sont approprié suivant les diverses écoles auxquelles ils ont appartenu, ont également adopté un genre particulier de coloris, plus ou moins riche, qui se distingue dans leurs tableaux et leur donne un air de famille. Cependant cette règle ne laisse pas d'être modifiée par la nature des sujets traités, sans quoi ils pécheraient par le défaut de couleur locale. Bien que le célèbre Vernet (nous sommes forcé, pour le mieux faire connaître, de déclarer qu'il s'agit ici du peintre de marines), bien que le célèbre Vernet eût généralement une palette brillante, il n'a pas oublié de rembrunir ses pinceaux quand il leur a demandé des tempêtes, ou de voiler d'ombres sa toile, lorsqu'il a voulu nous montrer quelques pêcheurs arrêtés, en panne, sous un beau clair de lune, et préparant leur modeste repas, dans le silence du soir, à la lueur des tisons enflammés; encore, à cet égard, laisse-t-il désirer quelque chose de plus vague et de plus indécis sur les premiers plans de ses admirables compositions. Peu riche de coloris, Poussin a eu l'étonnante et heureuse audace d'en afficher le dénuement absolu dans son tableau du *Déluge*. Là tout est sombre, tout est terne et chargé non pas précisément de ténèbres, mais d'un crêpe noirâtre, uniforme, humide, et transparent dans sa demi-teinte effrayante. C'est la nature aux abois, c'est son dernier soupir. Jour ou non, vous avez devant vous une nuit visible, et on le sent, elle pèse comme une nuit de mort. L'impression est aussi profonde qu'elle pouvait l'être, pourtant on n'a guère mis sous vos yeux qu'une estampe : mais celle-ci est une forte contre-épreuve d'une soirée calamiteuse d'hiver, alors qu'attiré à votre croisée par des cris déchirants, vers la fin de décembre, vous contemplez, avec un cœur serré, l'inondation du ciel et de la terre prête à engloutir des villages auxquels vous désespérez de pouvoir porter secours.

Brillante de lumière, l'école vénitienne a dû l'être aussi de ses couleurs. Sans manquer de vérité, elle éblouit, elle fatigue; c'est un étalage de friperie, où le clinquant et les oripeaux prennent souvent trop de place.

Y aurait-il excès de hardiesse à dire que l'éclat du coloris n'est pas une des qualités les plus heureuses de la composition? Avec de faibles moyens, des artistes habiles ont obtenu de grands effets, tandis que le développement des grands moyens en peinture ne mène le plus souvent qu'à de faibles résultats. Les couleurs, quelque unies par des nuances et des demi-teintes qu'on les suppose, ne brillent en réalité que parcequ'elles font opposition, autrement leur uniformité lasserait : or, dans ce cliquetis, la pensée ne se repose pas plus que la vue; on n'a pas le temps de réfléchir; qui ne sait pourtant que, faute de réflexion, l'ame ne sera ni attendrie ni touchée? Les mouvements passionnés peuvent naître du spectacle de l'agitation dans la vie réelle et positive : dans la vie que donnent les arts, l'émotion seule est permise et elle veut du calme. Voyez le peintre des Andelys, dont nous parlions tout-à-l'heure; c'est un bien pauvre coloriste, mais que de choses il nous a dites ! que de sentiments il réveille au fond des cœurs! Moraliste, historien, poète, en nous faisant entendre la voix des temps passés, il nous instruit, il nous charme. Cet homme a des pensées et des sentiments au bout de son pinceau; il est vrai qu'il écrit avec, plus qu'il ne peint.

Nous aurions tort de faire le procès à la couleur, puisqu'elle est une partie importante de l'art. N'a-t-elle pas en effet couvert bien des fautes chez Rubens? Nous ne voulons pas lui accorder trop non plus; il nous semble qu'on pourrait la comparer au style qui, dans la littérature, ajoute infiniment aux mouvements de l'ame et de la pensée par une belle et noble propriété des termes, mais qui, malgré l'artifice de la phrase, laisse le lecteur de glace, quand il est employé à colorer des idées communes. Simon Vouet était coloriste; qui le cherche? L'éloquence de Fléchier est pompeuse ; qui le lit? A coup sûr les couleurs, par leurs sages ruptures et par leurs passages harmonieux, ont un grand mérite, puisqu'elles nous mettent en présence des objets. Quand elles servent à les rendre avec fidélité, elles exercent une sorte de séduction. Cependant il vaudrait mieux être médiocre dans cette partie que de lui sacrifier les autres; et, à ce que nous disions de notre Poussin, nous ajouterons que Raphaël d'Urbin, dont le pinceau n'a semblé quelquefois qu'effleurer la toile, occupe sans rivaux le trône de la peinture comme un roi pacifique; on le voit inspirer le respect et l'amour à tout ce qui l'approche, tant la représentation de la nature morale et animée est au-dessus de l'imitation la plus riche de la nature matérielle et même organique.

Une des premières lois imposées au coloris, est d'être en rapport exact avec les faits que l'on veut retracer et les impressions que l'on prétend produire. Nous n'ignorons pas que la nature est souvent contradictoire à ce précepte; car tous les jours, les fêtes de l'hymen se célèbrent sous un ciel chargé de nuages, et l'on voit des amis éplorés accompagner, vers la tombe, des restes encore chers au milieu de l'éclat d'un beau jour; mais le peintre est un magicien auquel son art donne tous les droits. Comme une autre baguette d'Armide, le pinceau entre ses mains, lui permet de changer un désert en élysée, et de substituer aux gazons et aux arbustes fleuris, les sites âpres d'une nature ingrate. Certainement si la toile est bien frappée, ce n'est pas du sein d'un frais bocage que les trois sorcières du divin Shakespeare adresseront à Macbeth la fatale prédiction de sa grandeur future. La détermination de ces sortes d'analogies et des métamorphoses qu'elles appellent, rentre dans le domaine d'un goût judicieux; c'est à lui qu'il appartient de prononcer sur leurs opportunités. Ici nous ne saurions donner un meilleur conseil qu'en recourant encore au peintre des Andelys, et cette fois c'est en parlant lui-même de son art,

28.

qu'il va nous instruire [1]. Avant d'entreprendre une composition, il examinait attentivement le caractère de son sujet, et après l'avoir arrêté dans sa pensée, il y appliquait un des *modes* grecs, dont il se pénétrait pour tout le temps que durait son travail. C'est dans cette disposition d'esprit qu'il prenait le pinceau, donnant un ton austère ou dorien à tout ce qui pouvait être réclamé par ce mode, non-seulement aux figures, mais même au site, ou répandant un charme touchant sur sa toile au moyen du mode lydien qui le remplissait de pensées douces et de souvenirs mélancoliques. Nul doute qu'il ne se soit laissé aller à ces dernières impressions, en composant son *Arcadie*, son *Moyse sauvé* et son charmant tableau de *Rébecca*, idylle aimable bien supérieure, par la vérité des attitudes et la grâce naïve des têtes, au même sujet traité par Coypel avec un style affecté qui fut d'un bien triste augure pour l'école. Au contraire, le mode dorien le dirigea lorsque, jetant un crêpe funèbre sur la nature entière, il nous appela aux obsèques du genre humain par son sublime tableau du *Déluge*; sans doute le mode phrygien servit de diapason à ses vives *Bacchanales*, comme à son *Enlèvement des Sabines*. « J'entends, écrivait-il à » M. Chantelou, par le mot *mode*, la raison, la mesure ou » la forme dont je me sers dans tout ce que je fais, et par » laquelle je me sens obligé à demeurer dans de justes » bornes, et à travailler avec une certaine médiocrité, » modération et ordre déterminés, qui établissent l'ou- » vrage dans son état véritable. »

Voilà comment on est peintre; voilà par conséquent à notre avis comment on doit être coloriste dans un sujet donné !

L'école française, très remarquable par les talents épars qui font sa gloire, n'a en propre à elle ni style, ni clair-obscur, ni coloris. Quoique imitatrice, comme le carac-

[1] Passage extrait de l'ouvrage sur *le Beau dans les arts d'imitation*, par l'auteur de cet article, tom. II, pag. 220. (Audot, lib. 1822.)

tère national, pas plus que lui elle ne se laisse dominer. De grandes renommées peuvent surgir chez elle, mais elles sembleront toujours improvisées, et ne se lieront à aucun système suivi de peinture. Impatiente dès l'origine de la règle que lui imposait M. David, l'école ne reconnaît aucun chef, et elle rappelle à beaucoup d'égards ces temps où il n'y avait point de rois en Israël, et où chacun faisait ce qui lui semblait bon. Ce n'est pas précisément de l'anarchie, c'est toutefois plus que de l'indépendance, et l'art en souffre. En effet, MM. Gérard, Girodet, Gros, Lethière, Regnault, Guérin, Vernet, Hersent, Bouton, Langlois, etc., n'ont aucun lien qui les rassemble; la couleur n'est pas leur qualité dominante. En masse, on peut dire que l'école française est faible sous ce rapport, et nous aimons autant cette faiblesse qu'une force déplacée. Félicitons M. Gros de ce qu'il sait mettre du sang dans les chairs, du mouvement dans les membres, de la souplesse dans les draperies, de chauds reflets dans les ombres et dans les demi-teintes : si la *Didon* de M. Guérin n'a pas de vigueur dans les tons, elle est ravissante de volupté et de couleur locale; sujets au même reproche, la *Psyché* et les *Trois âges* de M. Gérard sont riches de pensées et de sentiments; admirables de contours, les ouvrages capitaux de Girodet, sans exceller par le coloris, ont une grande puissance sur l'ame; le *Brutus* de M. Lethière est loin d'offrir la touche de Rubens, mais à beaucoup d'égards, il n'en est pas moins un des plus beaux tableaux de l'Europe.   K...Y.

COMBAT. (*Art militaire.*) En donnant la définition du mot *bataille*, nous avons donné celle du mot *combat*. L'un est une action générale, l'autre une action partielle : dans la première, l'armée entière, ou la plus grande partie de l'armée, est mise en action et prend part au choc ou aux manœuvres. Dans la seconde, un corps séparé, qui n'est souvent qu'une faible fraction de l'armée, est seul engagé.

Les combats sont quelquefois aussi sanglants que les batailles ; tel fut celui de Senef, qu'amenèrent en 1674 l'imprudence du prince d'Orange et l'impétueuse ardeur du grand Condé.

Souvent on engage un combat pour avoir une bataille, mais un grand général sait rendre inutiles les tentatives de ce genre, et ne livre une bataille que dans le lieu et au moment qu'il a fixés. Sous ce rapport, comme sous beaucoup d'autres, Luxembourg se montra, en 1676, au combat de Saint-Jean-des-Choux, supérieur à M. de Lorraine.

Il y a des combats qui ont les suites et l'influence d'une bataille, mais ils sont le développement d'une grande manœuvre stratégique et de marches savantes. Tel fut, dans l'hiver de 1674, le combat de Mulhausen, où Turenne, qui était au milieu des cantonnements de l'armée de l'Empire, délivra l'Alsace, et contraignit plus de soixante mille hommes à repasser honteusement le Rhin ; le combat de Calcinato, livré en 1706 par Vendôme, avait aussi le but d'enlever les quartiers du prince Eugène, entre les lacs de Guarda et d'Isko ; mais l'exécution fut moins prompte, moins décisive, et le succès ne fut pas tel que l'annonçait le début.

Au commencement d'une guerre, on livre souvent des combats pour aguerrir ses soldats. C'était sans doute le but que se proposaient dans les premiers jours de la révolution, les généraux qui firent les malheureuses tentatives sur Mons et sur Tournay. Nous réussîmes mieux sur d'autres points, et c'est en se mesurant tous les jours avec l'ennemi, que les bataillons de volontaires apprirent à le vaincre.

Les batailles sont le patrimoine exclusif des généraux en chef : leurs noms seuls, chargés de trophées, échappent à l'oubli et rappellent ces grands événements. Les combats appartiennent aux simples généraux à qui la faveur et les circonstances ont souvent manqué pour parvenir aux premiers grades dont ils étaient dignes. Combien ne pourrions-nous pas en citer qui développèrent de grands talents, un courage opiniâtre et toutes les qualités qui constituent le vrai général ! Corbach n'a-t-il pas immortalisé M. de Saint-Germain à qui l'envie ne rendit jamais une justice complète ? Marceau, Richepanse, Lecourbe, Gudin, Desaix, Morand, Regnier, Sainte-Suzanne, Harispe, Gérard, Clausel, Lobeau, Belliard, Foy, Sébastiani, et tant d'autres que la mort a dévorés, ou que l'on condamne à une mort anticipée, n'ont-ils pas prouvé, à la tête d'un petit nombre de braves, ce qu'ils auraient pu faire s'ils avaient commandé des armées ?

Il serait intéressant de suivre dès leur début les généraux qui ont acquis une juste renommée, d'étudier dans les premiers combats qu'ils livrèrent ce qu'ils devaient être un jour. On y découvrirait déjà leurs qualités dominantes, la manœuvre favorite, la combinaison particulière qui depuis leur a assuré des victoires. Comme nous l'avons établi ailleurs, chaque homme est plus resserré qu'on ne le pense, dans un cercle étroit d'idées qui le dominent; mais souvent ces idées cèdent à l'influence de son caractère. Ainsi Condé, brave, impétueux, s'irritant, s'enflammant à l'aspect de l'ennemi, n'aura pas la faculté de mesurer le danger, d'apprécier les obstacles, et il attaque de front, et tête baissée, à Fribourg, comme à Rocroi, comme à Nordlingue. Luxembourg au contraire montre, au fameux combat de Voërden, une audace que la sagesse tempéra toujours dans sa glorieuse carrière. Déjà en combattant sous Condé, sous Luxembourg, sous Créqui, Villars avait fait paraître cette hardiesse de conception, cette décision, cette confiance dans sa fortune qui le firent vaincre à Friedlingue et à Denain : mais pourquoi remonter à des époques éloignées, quand le temps présent nous offre tant d'exemples mémorables ?

Dans l'invasion hasardeuse et trop vantée que Pichegru fit de la Flandre en 1794, Moreau ne révéla-t-il pas aux brillants combats de Moëscroën et de Bonsbock, ce qu'il serait un jour ? Ne voit-on pas dans le général de division cette prévoyance qui diminue le domaine du hasard, ce coup d'œil sûr qui juge la valeur de toutes les positions, ce courage calme qui inspire la confiance, préserve de toutes les fautes et permet de profiter de celles que commet l'ennemi ? Le maréchal Soult s'est principalement fait remarquer par sa science dans la tactique, par la sagesse de ses plans, par les ressources qu'il trouve dans les circonstances les plus périlleuses, les plus désespérées. Ne voit-on pas le germe de ces qualités, quand, à la tête de trois bataillons et de deux cents chevaux, il se retire, en 1793, devant les Autrichiens qui vainement cherchent à l'entamer; quand, dans la campagne suivante, trompant l'ennemi par une manœuvre habile, il rejoint sur le Haut-Mein, l'armée de Jourdan, qui le croyait perdu ? C'est par des combinaisons également savantes et audacieuses que, dans l'immortel siége de Gênes, il s'empara du camp de Farcio, se laissa couper sa communication avec Masséna, et revint vainqueur des troupes du général Olt, qui croyait le tenir prisonnier.

Si l'on voulait réfléchir sur le mécanisme des batailles, on verrait que les événements imprévus qu'on appelle *hasard*, y ont une grande part. Dans les combats, au contraire, tout dépend des dispositions du chef. Il voit par ses yeux, il donne directement des ordres; et le succès, plus flatteur pour lui, est tout entier son ouvrage.

Dans une bataille on peut souvent faire des diversions, tourner les positions par un mouvement stratégique; mais dans les combats, il faut presque toujours aborder de front, ou se borner à quelques démonstrations sur les flancs. Dans la guerre de montagnes, cependant, les sinuosités du terrain, les ravins escarpés, les vallées profondes offrent quelquefois le moyen de détacher, sans se compromettre, une partie de ses forces et de dérober leur marche à l'ennemi. C'est ainsi qu'en 1635 manœuvra aux combats de Luvin et de Mazzo, dans la Valteline, le fameux duc de Rohan. C'est ainsi que presque sur le même théâtre, le général Dessole jeta, en 1799, un de ses régiments derrière les formidables retranchements que les Autrichiens avaient élevés à Glurenz et à Taufers, et fit par cette belle manœuvre plus de prisonniers qu'il n'avait de soldats.

Les combats se décident ordinairement par l'occupation d'un point important, qui est la clef de toute la position, et le talent consiste à savoir le juger, l'emporter ou s'y maintenir. Au début de l'immortelle campagne d'Italie, le colonel Rampon se dévoue à une mort presque certaine pour défendre la redoute de Monte-Legino; il fait partager à ses soldats l'enthousiasme qui l'anime, triomphe du nombre, de l'obstination de l'ennemi, et prépare la brillante bataille de Montenotte. Aux Pyrénées occidentales, Moncey, qui préludait à sa carrière de gloire, se jette, le 9 février 1794, dans la redoute de la Liberté, dont il juge toute l'importance; il ne se laisse pas intimider par les Espagnols qui le débordent, qui le cernent, et ramène par son exemple et son courage la victoire sous nos drapeaux.

Quelquefois une succession rapide de combats, où l'on renverse l'ennemi des positions qu'il occupait, a le résultat d'une bataille et décide du sort d'une campagne. Ainsi, Hoche, à peine parvenu au commandement de l'armée, livre des combats sanglants à Woglowehe, à Otterberg, à Kayserslautern; ne pouvant réussir à faire lever par cette voie le siége de Landau, il quitte les bords de la Sarre, traverse les gorges des Vosges, et se portant sur la droite des Prussiens, il livre de nouveaux combats à Dawendorf, à Freschweiller, à Geisberg, et atteint enfin le but glorieux qu'il se proposait. C'est par le même système d'attaques promptes et successives que Bonaparte débuta dans sa campagne d'Italie. A peine est-il arrivé à la tête de cette armée que nous le voyons frapper à coups

redoublés, et en onze mois d'une campagne sans exemple,
soixante-quatre combats précèdent ou suivent vingt-sept
batailles dont ils préparent ou complètent le succès.

Dans la guerre de montagnes, les batailles ne sont
qu'une suite de combats livrés sur des points séparés
quelquefois par de grandes distances, et cependant tellement dépendants que la chute de l'un entraîne la chute de
l'autre. Quand Dugommier, qu'avait fait connaître le
siége de Toulon, délivra notre territoire et força la formidable barrière qui sépare le Roussillon de la Catalogne,
c'est par les brillants combats du Boulou, de Bagnols, de
Saint-Laurent, de la Monge, qu'il prépara la reprise de
Colliourre, de Port-Vendres, et la bataille de la montagne
Noire, où vingt-cinq mille Français battirent plus de cinquante mille Espagnols, et où, comme Épaminondas, dont
il avait les vertus, le général républicain périt au sein de la
victoire. Cette campagne si importante, si glorieuse, n'est
qu'une succession de combats livrés sur les points culminants de Saint-Laurent à la mer. Sauret, Victor, Péri-
gnon, Augereau alors brave et fidèle, s'y couvrirent de
gloire.

A l'autre extrémité des Pyrénées, les mêmes manœuvres, la même manière d'attaquer successivement, sur des
points éloignés, un ennemi supérieur en nombre, nous
valurent les mêmes succès, et c'est par les combats
d'Ispegny, de Bartau, de Saint-Martial, etc., que Muller
parvint à forcer les lignes de la Bidassoa et à s'emparer
de Fontarabie et de Saint-Sébastien.

Dans les guerres civiles, dans les luttes où les peuples
prennent une part réelle, comme dans les expéditions
d'Espagne et de Naples, les combats sont fréquents, parceque les ennemis sont sur tous les points ; mais ces
combats où souvent brillent d'un vif éclat le courage, la
résolution, l'à-propos, n'ont pas de grands résultats, et
c'est étrangement juger les choses que de leur attribuer
la délivrance de la Péninsule. L'armée française en retira

le grand avantage d'y former une multitude de bons officiers, d'excellents généraux, qui apprirent à agir par eux-
mêmes, et à ne pas redouter la responsabilité des ordres
qui écrasent souvent des hommes chez qui le caractère
n'égale pas le talent.

Nous avons un dictionnaire des batailles, en six volumes. On pourrait en faire un de cent volumes sur les
combats; mais cet ouvrage ne serait d'aucune utilité :
jamais les circonstances ne sont les mêmes; il vaut mieux
étudier la philosophie de la guerre et apprendre à agir
sur les hommes que les mêmes passions agitent sans
cesse.   M. L.

COMBAT NAVAL. Nous avons annoncé au mot BA-
TAILLE NAVALE, que nous traiterions ici d'une action de
guerre entre des forces maritimes quelconques. Cette tâche n'est pas peu difficile à remplir; un pareil sujet demanderait à être traité plus amplement que ne le com-
portent les limites de cet ouvrage. Il faudrait l'envisager
sous le triple point de vue didactique, historique et philosophique; et cet examen, en s'y livrant d'une manière
aussi complète que l'immense importance du sujet le réclame, ouvrirait une vaste carrière, qu'il nous est interdit
de parcourir dans toute son étendue. Ce n'est pas assez de
la voir se rétrécir, nous sommes encore forcés d'y entrer,
pour ainsi dire, sans guide.

Plus heureux que nous, l'écrivain militaire marche appuyé sur des autorités nombreuses et imposantes : l'art
de la guerre sur terre a son histoire et ses traités. La
guerre maritime n'offre pas les mêmes ressources. Les
faits recueillis par portions, çà et là, n'ont été présentés
nulle part dans leur ensemble, et les préceptes isolés que
chacun d'eux pouvait fournir, n'ont jamais été réunis en
corps de doctrine. Une histoire philosophique de la marine
et des combats de mer nous serait du plus grand secours;
mais un tel ouvrage n'existe pas encore; et, puiqu'il faut
le dire, la France, à cause du peu de popularité dont y

jouit la marine, n'est probablement pas le pays qui lui donnera naissance.

A défaut d'histoire spéciale, nous rechercherons dans l'histoire générale des peuples, anciens et modernes, les principaux événements qui se rapportent directement à notre sujet; nous les passerons rapidement en revue pour essayer de faire ressortir les conséquences qu'ils ont pu avoir, non sous les points de vue philosophique, moral ou politique, mais uniquement sous le rapport naval, et marquer ainsi les progrès successifs de l'art de la guerre sur mer.

L'origine de cet art se perd dans la nuit des temps avec celle de la navigation. Et en effet, dès que les hommes ont osé s'aventurer sur l'élément liquide, ils ont nécessairement dû chercher les moyens de s'y combattre; mais dans le principe, ces moyens durent être aussi grossiers que les navires étaient imparfaits.

Les premières époques de l'histoire des combats de mer ne sauraient par conséquent nous offrir presque rien d'utile à l'art, ni qui puisse satisfaire autre chose qu'une stérile curiosité, et nous retirerions peu de fruit de nos laborieuses investigations. D'un autre côté, il nous semble que les recherches de ce genre sont plutôt du ressort des antiquaires et des membres de l'Académie des Inscriptions, que de celui de l'écrivain militaire.

Nous ne nous arrêterons donc pas sur les temps appelés héroïques, ou, avec plus de raison, fabuleux. Que servirait, par exemple, de rappeler ici les traditions antiques suivant lesquelles Neptune, amiral de son père Saturne, couvrait la Méditerranée de ses puissantes flottes? A quoi bon disserter longuement sur l'entreprise si célèbre de Jason et des Argonautes, ou sur les fables de la fuite de Dédale et d'Icare, du combat de Persée contre Méduse, etc., que d'ingénieux commentateurs nous présentent comme ayant pour fondement des faits relatifs à la navigation, et faisant allusion à des expéditions maritimes?

Tout le monde sait combien il est facile d'étaler de l'érudition d'emprunt; de la sorte on n'en impose plus à personne , et les longues pages que nous pourrions citer d'Hérodote ou de Thucydide, ne jetteraient d'ailleurs qu'un faible jour sur une partie de notre sujet, l'état de l'art des combats de mer chez quelques-uns des peuples dont ces auteurs ont tracé l'histoire. Nous n'irons pas non plus chercher dans Homère des notions positives sur la marine des Grecs , à l'époque de la guerre de Troie. L'énumération qu'il fait dans l'Iliade des différents États qui fournirent leur contingent de vaisseaux pour cette mémorable expédition, est sans doute très belle et très poétique; mais comment discerner ce qu'il peut y avoir de vrai au milieu des fictions du poète? Si l'on pouvait regarder comme certain que la flotte rassemblée en Aulide se composait de douze cents vaisseaux , portant cent deux mille hommes , on devrait se former une assez haute idée de la puissance navale de la Grèce à cette époque , et l'on en pourrait déduire une notion sur la grandeur des bâtiments de sa marine encore naissante. Malheureusement rien ne prouve qu'on doive compter sur l'exactitude de ce dénombrement. N'a-t-on pas d'ailleurs révoqué en doute la réalité de la guerre de Troie , et n'est-on pas même allé jusqu'à nier qu'il ait existé une ville semblable dans la Phrygie [1] ?

Si nous passons aux temps historiques , nous ne trouvons encore, pendant des siècles , qu'obscurité et incertitude sur l'objet qui nous occupe , et les renseignements peu nombreux que nous fournissent les historiens , sont toujours vagues et souvent contradictoires; l'esprit s'égare au milieu de ce chaos. Essayons néanmoins de résumer en peu de lignes ce qu'on sait de plus positif sur la marine des anciens Grecs. Nous ne parlerons pas des Phéniciens ,

[1] Voyez entre autres ouvrages sur ce sujet , *A Dissertation concerning the war of Troy, and the expedition of the Grecians, as described by Homer : showing that no such expedition was ever undertaken , and that no such city of Phrygia existed*, by P. Bryant, in-4°. deuxième édition, 1799.

qu'on regarde généralement comme ayant été le premier
peuple navigateur et commerçant. Les conquêtes de ce
peuple, les établissements qu'il fonda sur tant de points
divers des côtes de la Méditerranée et même de l'Océan,
supposent nécessairement l'existence d'une marine militaire formidable ; mais nous n'avons à cet égard que des notions trop peu précises, et d'ailleurs l'on est fondé à croire
que cette marine servit de modèle à celle des Grecs, qui
furent long-temps sans perfectionner leurs vaisseaux de
guerre [1]. La même raison nous fera garder le silence sur
les Rhodiens, peuple célèbre dans les annales de la marine,
principalement par ses lois sur la navigation. Le type de
leur marine militaire se retrouve en grande partie dans
celle des Romains et des Carthaginois, à l'époque de la
première guerre punique.

Il paraît que la plupart des premiers vaisseaux des Grecs
n'étaient pas pontés et n'avaient qu'un seul mât; on les
faisait principalement voguer avec des rames ; et c'est une
chose singulière que la connaissance qu'ils avaient de l'u-
sage des voiles, n'ait été pendant long-temps appliquée
qu'à leurs vaisseaux de charge. Les rameurs grecs, de la
dextérité desquels dépendait presqu'entièrement le sort
des combats, devinrent extrêmement habiles. Leur adresse
à éviter le choc d'un vaisseau ennemi, ou à pousser la
proue du leur contre ses flancs, était admirable. Les vaisseaux de guerre étaient distingués des autres par un casque
sculpté à la tête du mât, et par des tours du haut desquelles on lançait des traits sur les vaisseaux ennemis.
Le rostrum, ou bec des vaisseaux grecs, était renforcé
de lames de bronze très épaisses; souvent plusieurs de
ces becs garnissaient la proue d'un même vaisseau; on en
cite pour exemple le vaisseau de Nestor, auquel un auteur

---

[1] Le savant Bochartus, dans sa *Geographia Sacra* (p. 819 et 820), dit
que Jason ou Glaucus construisit le premier vaisseau de forme alongée,
qu'il le nomma *Argo*, d'un mot phénicien qui signifie *long*, et lui donna
des formes empruntées aux vaisseaux phéniciens.

grec applique l'épithète de δεκεμβολος (armé de dix becs).

Les Grecs se servaient, à bord de leurs vaisseaux, de diverses machines de guerre, qu'il serait trop long d'énumérer et de décrire ici. Les lecteurs, curieux de les connaître en détail, peuvent consulter la traduction de l'histoire de Polybe, commentée par le chevalier Folard. L'une des plus remarquables, parmi ces machines, était celle qu'ils nommaient δελφιν : c'était un énorme morceau de plomb ou de fer fondu, ayant la forme d'un dauphin, qu'on suspendait aux vergues, d'où on le laissait tomber de tout son poids sur les vaisseaux ennemis pour les crever et les couler à fond. Dans le principe, l'équipage des vaisseaux grecs n'était composé que d'une seule classe de marins; les mêmes hommes qui maniaient la rame, couraient aux armes lorsqu'il fallait défendre leur vaisseau ou attaquer ceux de l'ennemi. Quand l'art de la marine se fut un peu perfectionné, on jugea nécessaire d'établir des divisions analogues aux diverses opérations de la manœuvre et du combat, et de donner à chacune des attributions fixes et précises. Le maniement des rames fut affecté, comme châtiment, à des malfaiteurs enchaînés à leurs bancs. Les marins destinés à combattre avaient, outre les armes dont se servaient les soldats sur terre, d'autres armes qui leur étaient particulières, telles que des piques d'une longueur extraordinaire et qui excédait quelquefois vingt coudées, des espèces de faux ou croissants fixés au bout de longs manches, et qu'ils employaient à couper les cordages qui tenaient suspendus les vergues des vaisseaux ennemis, et d'autres instruments tranchants destinés à couper les courroies qui retenaient la rame courte et large, qui servait de gouvernail. Outre les armes de main, il y avait sur les vaisseaux grecs des machines pour lancer des traits, des pierres ou des grappins de fer sur les vaisseaux ennemis.

Le premier soin des Grecs, pour se préparer au combat, était d'alléger leurs vaisseaux ; ils abaissaient leurs mâts et leurs voiles, et se débarrassaient de tout ce qui pouvait donner prise au vent, ne se fiant, pour les évolutions du bâtiment, qu'à leurs rames, dont ils se servaient avec tant d'habileté. L'ordre de bataille variait suivant les circonstances; quelquefois la flotte était rangée en demi-cercle, le côté concave tourné vers l'ennemi; au milieu de cette ligne courbe étaient placés les vaisseaux les plus forts et pourvus des meilleurs équipages; d'autres fois, c'était le côté convexe qu'on présentait à l'ennemi. Outre ces deux ordres de bataille, les Grecs en avaient divers autres, et, dans certaines occasions, ils rangeaient leur flotte en cercle, ou sous la forme d'un $\vee$, dont tantôt les branches et tantôt la pointe regardaient l'ennemi.

Quand tout était prêt, le signal de commencer l'action se donnait en arborant à bord du vaisseau amiral un bouclier doré ou une bannière rouge. A la vue de ce bouclier renommé, les marins et soldats entonnaient un hymne à Mars; après quoi les trompettes sonnaient sur le vaisseau amiral, et leurs fanfares étaient répétées à bord de chaque vaisseau. Quand la bataille était terminée, les Grecs avaient coutume de chanter leur *pæan*, espèce d'hymne en l'honneur d'Apollon.

Les Grecs employaient leurs flottes à bloquer des ports ennemis. Pour cela, ils plaçaient leurs vaisseaux en ligne serrée devant l'entrée du port, et les liaient entre eux avec des chaînes; ils établissaient aussi, de l'un à l'autre, des ponts sur lesquels étaient postés des hommes armés. Pour se mettre en garde contre les sorties des assiégés, Démétrius inventa une estacade composée de quantité de mâts hérissés de pointes de fer, espèce de chevaux de frise flottants. Il en établit une de ce genre devant l'entrée du port de Rhodes, lorsqu'il bloqua cette ville. Les Grecs fermaient quelquefois l'entrée d'un port en y coulant à fond des vaisseaux, ou, comme fit Alexandre au siége de Tyr, en y élevant un môle, à l'aide duquel ils entraient souvent dans la ville.

Divers auteurs nous apprennent que les anciens Grecs connaissaient les brûlots et s'en servaient avec un grand succès. Ils enduisaient un gros vaisseau de poix, de goudron, de suif et de soufre en fusion, puis l'ayant chargé de matières inflammables, le dirigeaient à la voile et à la rame vers l'ennemi, et, après avoir mis le feu aux artifices, se retiraient dans leurs chaloupes. Nous aurons occasion de mentionner plusieurs autres ressources dont les Grecs faisaient usage dans la guerre sur mer, en parlant des succès qu'elles procurèrent à d'autres peuples qui les leur avaient empruntées.

Après avoir brillé d'un assez bel éclat, la marine des Grecs tomba en décadence. Les Carthaginois, dignes rejetons des Phéniciens, portèrent après eux le sceptre de la mer. Les Grecs ne se servaient plus de la fameuse trirème, qu'ils avaient inventée et qui avait fait triompher leurs armées navales de celles des autres peuples. Les Carthaginois, au contraire, conservaient toujours le navire le plus ancien, que les Grecs nommaient pentecontore, parcequ'il avait cinquante rameurs. Vers le temps où les Athéniens triomphaient de la flotte de Xercès, à Salamine, grâce aux trirèmes que Thémistocle leur avait persuadé de construire, les Carthaginois égalaient en puissance les nations maritimes les plus célèbres.

Les Romains qui, dès les premiers siècles de leur établissement, se rendirent si redoutables sur terre, furent long-temps sans avoir, à proprement parler, de marine militaire, et leurs expéditions maritimes n'étaient que des pirateries. Quand la fameuse querelle entre Rome et Carthage éclata, les Romains se trouvèrent dans la nécessité de se créer une armée navale. La mer séparant les deux républiques, c'était en partie sur cet élément qu'elles devaient se combattre, puisque leurs armées avaient à le franchir pour attaquer réciproquement leur territoire. Elles commencèrent, comme on sait, par se disputer la Sicile, et ce fut sur les côtes de cette île célèbre que furent livrés tous les combats de mer qui marquèrent la première guerre punique, et dont Polybe nous a transmis le tableau.

La première bataille remarquable qui eut lieu, entre les flottes de Rome et de Carthage, fut celle de Myle. La présomption des Carthaginois causa leur défaite. Comptant sur leur grande habileté et sur le peu d'expérience des Romains dans les combats de mer, ils dédaignèrent presque de se ranger en bataille, et tournant les proues de leurs vaisseaux contre ceux de leurs ennemis, rangés sur une double ligne, ils se persuadèrent qu'ils en triompheraient sans peine. Leur amiral, qui se nommait Annibal, s'avança contre la flotte romaine sans faire garder d'ordre à ses vaisseaux, et même sans attendre qu'ils fussent tous sortis du port. La même confiance animait les Romains; Duillius, leur général, la fondait sur la valeur de ses soldats, et en effet il remporta la victoire. Il la dut en partie à l'emploi d'une machine, dont quelqu'un lui suggéra l'idée de s'aider, et qui reçut depuis le nom de corbeau de Duillius; au moyen de cette machine, on accrochait un vaisseau ennemi et l'on pouvait passer à son bord, ce qui changeait les combats de mer en combats de terre. De la sorte, au lieu de servir uniquement d'armes de jet, on était à même de se joindre corps à corps et de combattre avec la lance et l'épée.

Duillius fut le premier général romain qui obtint les honneurs du triomphe après une victoire navale. Indépendamment de ces honneurs fugitifs, on lui érigea une colonne rostrale, dont quelques fragments furent trouvés dans des fouilles faites à Rome, il y a environ deux siècles.

Les Romains se signalèrent d'une manière plus éclatante encore à la bataille d'Ecnome, l'une de celles des temps antiques où il y eut le plus grand nombre de vaisseaux et d'hommes engagés. La flotte des consuls Manlius et Régulus était composée de 330 vaisseaux pontés, qui portaient 140,000 hommes; celle des Carthaginois était encore plus formidable : Polybe dit qu'elle comptait 350 vaisseaux montés par plus de 150,000 hommes. Le sénat romain avait décidé de porter le théâtre de la guerre en Afrique. La flotte qu'il avait fait partir à cet effet, rencontra celle des Carthaginois entre Héraclée et Ecnome. Polybe a décrit avec une précision admirable, et sans doute avec une exactitude parfaite, l'ordre dans lequel les deux flottes se présentèrent au combat. Les consuls rangèrent la leur d'une manière singulière. L'ayant partagée en quatre divisions, ils formèrent, avec les trois premières, un triangle, au sommet duquel ils placèrent les deux vaisseaux qu'ils montaient. Parallèlement à la base, ils établirent en ligne les bâtiments de transport, et derrière ceux-ci rangèrent également en ligne la quatrième division des vaisseaux de guerre. Cette disposition était aussi bien conçue pour l'attaque que pour la défense. Elle convenait à merveille au dessein qu'avaient les consuls de percer le centre de la flotte ennemie, et permettait de soutenir et de repousser les attaques que ses différents corps, composés de vaisseaux légers et manœuvrés avec dextérité, auraient pu tenter sur les flancs ou en queue de la flotte romaine. De cette manière aussi, les transports se trouvaient parfaitement protégés. L'amiral carthaginois avait de même partagé sa flotte en quatre divisions ; les trois premières, rangées sur une seule ligne de bataille, faisant face à l'ennemi, et la quatrième placée en potence derrière le dernier vaisseau de la gauche de cette ligne, dont la droite était appuyée vers la côte. De la sorte, il mettait sa flotte à l'abri d'être tournée par les ailes, et se donnait le moyen de porter une de ses divisions sur le flanc ou sur les derrières de la flotte romaine. Tel était l'ordre de bataille des deux flottes quand l'action s'engagea. Après un combat opiniâtre, la victoire se déclara pour les Romains, et fut encore due au corbeau de Duillius.

Enhardis par ces premiers succès, les Romains cherchèrent toutes les occasions de joindre leurs ennemis sur

29.

mer. Ils les rencontrèrent de nouveau près du promontoire d'Hermée, mirent leur flotte en déroute, et lui prirent 114 vaisseaux avec tout leur équipage.

Les victoires navales des Romains contribuèrent tant à décider le résultat des guerres puniques et le sort de Carthage qu'on ne saurait s'empêcher, dit M. Leroy, dans son *Traité des navires des anciens*, d'être frappé de l'influence que peut avoir une nouvelle machine de guerre sur la puissance et la durée des plus grands empires.

Quelque peu avancé que fût encore l'art de la guerre sur mer, son influence était déjà considérable, et nous le voyons faire pencher tour à tour la balance en faveur de chacune des deux nations rivales.

Les Carthaginois, malgré leur supériorité dans la construction des vaisseaux et la manière de les manœuvrer, avaient été vaincus par l'effet d'une seule invention qui était venue contre-balancer et annihiler ces avantages. Ils s'appliquèrent à les récupérer. Toute leur habileté leur devenait inutile, dès que les vaisseaux romains venaient à bout d'accrocher les leurs; c'est à éviter ces funestes abordages qu'ils mirent tous leurs soins. Ils rendirent leurs navires encore plus légers, y disposèrent avec plus d'art les files de rameurs, et, par des exercices assidûment répétés, parvinrent à les faire évoluer avec plus d'adresse et de célérité. Ayant ainsi mis à profit leurs revers, ils furent en état de prendre une revanche signalée à la bataille de Drépane.

« Le combat, dit Polybe, fut d'abord assez égal, parcequ'il eut lieu entre l'élite des troupes embarquées sur les deux flottes; mais les Carthaginois ne tardèrent pas à obtenir, sur leurs ennemis, la supériorité que devaient leur procurer les soins qu'ils avaient apportés à perfectionner leurs navires et à exercer leurs marins. L'excellence de la coupe de leurs vaisseaux et l'habileté des rameurs qui les faisaient voguer, rendaient leur sillage très

rapide. D'un autre côté, en rangeant leur armée en bataille, ils avaient eu l'attention de choisir un lieu spacieux,
laissant la haute mer derrière eux. Si quelques-uns de
leurs vaisseaux étaient pressés par ceux des ennemis, ils
se retiraient en arrière sans danger, en voguant légèrement et prenant le large; puis décrivant une ligne courbe,
ils revenaient avec toute la vitesse de leurs rames tomber
sur le flanc du vaisseau qui s'était mis à leur poursuite,
et qui ne pouvait se retirer que lentement à cause de sa
pesanteur et du peu d'adresse de ses rameurs; ils le choquaient avec violence, le coulaient à fond, et couraient
sur un autre pour lui faire éprouver le même sort. »

Les Romains, pour avoir négligé de s'instruire, comme
ils auraient dû le faire, dans l'art nautique, portèrent dou-
blement la peine de leur négligence. Leur flotte, après
avoir été battue par les Carthaginois, fut presque entièrement détruite par une affreuse tempête. De 464 vaisseaux
qui la composaient, il ne s'en sauva que 80. On frémit en
songeant à la multitude d'hommes qui durent périr dans cet
épouvantable naufrage, si chacun des vaisseaux submergés était monté, comme ceux qui combattirent à Ecnome,
par 300 rameurs et 120 soldats : près de deux cent mille
hommes engloutis à la fois dans les flots ! Ces désastres
découragèrent les Romains et leur firent prendre la résolution de renoncer tout à fait à la mer. Cependant, au bout
de quelques années, ils construisirent une nouvelle flotte.
Ayant reconnu comme une des principales causes de leur
défaite à Drépane, l'imperfection de leurs navires, ils en
changèrent le plan et adoptèrent pour modèle une pen-
tère très parfaite qu'ils avaient prise aux Carthaginois.
Non contents de cela, ils choisirent soigneusement leurs
rameurs, et les exercèrent avec assiduité et constance jusqu'à ce qu'ils fussent parvenus à faire exécuter aux vaisseaux toutes les évolutions possibles avec précision et célérité. Ainsi préparés, ils mirent en mer; la puissance de
l'art se manifesta encore dans cette campagne. Les Ro-

mains furent récompensés de leurs peines par la victoire
qu'ils remportèrent sur les Carthaginois, à la bataille
d'Éguse. Leur général, Caïus Luctatius, sut habilement
profiter, pour attaquer la flotte ennemie, du moment où
elle était chargée de munitions, que l'amiral carthaginois
voulait débarquer de dessus ses vaisseaux afin de les remplir d'excellents soldats. Il ne lui en laissa pas le temps,
et le força à en venir aux mains. D'un côté on voyait des
navires d'une construction légère, montés par des soldats aguerris et des rameurs très exercés, et de l'autre
des vaisseaux pesants et encombrés, que manœuvraient
des rameurs levés nouvellement et au hasard; le succès,
ne pouvait être douteux. Dès la première attaque, cinquante vaisseaux carthaginois furent coulés à fond, les
Romains en prirent soixante-dix autres tout armés, et
le reste se hâta de prendre la fuite. Cette victoire décida
du sort de la première guerre punique, et obligea les Carthaginois à demander la paix.

Nous nous sommes un peu étendus sur les événements
de cette époque, parceque c'est celle où les marines de
Rome et de Carthage se montrèrent le plus formidables,
et où leurs vaisseaux parurent avoir atteint le plus haut
degré de perfection; telle est l'opinion de beaucoup
de savants, et entre autres de M. Leroy, que nous avons
déjà cité [1]. De quel avantage, d'ailleurs, n'était-il pas
pour nous d'avoir un historien comme Polybe, et un
commentateur tel que Folard! Nulle autre époque ne
nous offrirait les mêmes ressources. D'un autre côté, nous
sommes trop circonscrits par l'espace, pour pousser plus
loin nos observations sur la marine des Romains. Nous
passerons sous silence toutes les batailles navales pos-
térieures à la première guerre punique, et nous ne parlerons pas même de celles de Sextus Pompée contre
Agrippa, général d'Octave [2], ni de cette célèbre bataille

[1] *Navires des anciens*, pag. 40 et 41.

[2] Ce général avait imaginé, avant le combat, un harpon dont il se

d'Actium, qui plaça la couronne impériale sur la tête de l'heureux triumvir. Cette réticence est d'autant plus naturelle, que l'art des combats de mer ne paraît avoir fait aucun progrès, depuis les batailles sur lesquelles nous venons d'arrêter l'attention des lecteurs. Laissant également de côté les événements maritimes qui ont marqué l'histoire du Bas-Empire, nous nous hâterons d'arriver au temps où une découverte, d'une immense importance, vint changer totalement le système de la guerre, tant sur mer que sur terre.

Avant d'aborder cette seconde grande division historique de notre sujet, récapitulons brièvement les notions qui nous sont parvenues sur la manière de combattre des forces navales des Romains et des autres peuples contemporains. Toute la force des vaisseaux des anciens était dans leur proue, laquelle était armée d'un bec pointu ou éperon très solide, qu'on cherchait à pousser avec violence contre le flanc d'un vaisseau ennemi, pour le briser ou le couler à fond, soit en le crevant, soit en le faisant chavirer par l'effet du choc. La manœuvre d'un vaisseau, dans le combat, se réduisait par conséquent à une chose bien simple, et toute l'habileté d'un capitaine consistait à présenter toujours l'avant à l'ennemi, et à éviter de lui prêter le côté. Pour cela, il suffisait d'exercer une vigilance active sur les mouvements de l'ennemi, et d'avoir sous ses ordres des rameurs vigoureux et parfaitement exercés. Ceux qui étaient dépourvus de cet avantage, et qui évoluaient avec moins de célérité, conservaient une ressource : c'était, en évitant le mieux qu'il leur était possible, d'être heurtés de bout au corps par le vaisseau ennemi qui fondait sur eux, de l'accrocher pour le combattre à l'abordage; genre de combat où toute l'habileté

servit avec le plus grand succès. Comme il était très léger, on pouvait le lancer de loin sur les vaisseaux des ennemis pour les accrocher, et cependant ils ne pouvaient le couper, parcequ'il était garni de fer dans une grande longueur. (LENOY, *Navires des anciens.*)

nautique est annihilée, et où les meilleurs soldats doivent triompher. Voilà ce que nous avons vu les Romains exécuter avec succès, à l'aide du corbeau de Duillius. En traitant plus loin des batailles navales modernes, nous présenterons quelques considérations sur le combat à l'abordage, qui, de tout temps, fut généralement la ressource des marins malhabiles, quand ce n'était pas un de ces actes d'audacieuse intrépidité, tentés pour triompher d'un ennemi dont les forces matérielles étaient par trop supérieures pour laisser d'autre chance de succès que celle d'une lutte corps à corps.

Comme les vaisseaux de deux flottes ennemies ne se joignaient pas toujours, de manière à ce que les hommes qui les montaient pussent combattre avec les armes de main, ils employaient les uns contre les autres une grande quantité d'armes de jet. Les vaisseaux romains, comme ceux de leurs adversaires, étaient armés de balistes, de catapultes et d'autres machines propres à lancer des traits ou des pierres. Nous avons vu qu'ils faisaient usage en outre de machines d'un autre genre, telles que le corbeau de Duillius et le harpon d'Agrippa. C'est ici le lieu de faire remarquer que le premier n'avait pas été inventé par le général dont il reçut le nom. C'était, assure-t-on, une machine anciennement connue; et le fameux corbeau, avec lequel Archimède enlevait, du haut des remparts de Syracuse, les vaisseaux qui assiégeaient cette place, pour les laisser retomber en suite dans la mer où ils étaient submergés, n'était pas non plus de son invention. Suivant plusieurs auteurs, l'architecte Chariction l'employa au siége de Samos, 228 ans avant celui de Syracuse; et au dire de Quinte-Curce, les Tyriens en firent usage long-temps avant eux, lorsque leur ville fut assiégée par Alexandre-le-Grand.

Nous avons dit plus haut que les Grecs connaissaient les brûlots; l'usage de ces bâtiments incendiaires ne pouvait, par conséquent, être ignoré des Romains; mais nous ne savons pas comment ils les composaient, ni de quelle manière ils les lançaient contre les vaisseaux ennemis. Leurs auteurs parlent quelquefois de vaisseaux brûlés, comme, par exemple, à la bataille d'Actium; mais ils ne spécifient pas s'ils furent incendiés la torche à la main ou à l'aide de brûlots. Ceux-ci furent employés fréquemment dans les guerres maritimes du Bas-Empire, ainsi que le fameux feu grégeois, dont le secret a été perdu.

Nous avons peu de chose à dire des divers ordres de bataille qu'avaient adoptés les anciens dans leurs combats de mer. Nous nous bornerons à faire remarquer que combattant à la rame, et pouvant par conséquent se diriger dans tous les sens à volonté, ils pouvaient varier ces ordres à l'infini, pour la défense comme pour l'attaque; mais qu'ils ne paraissent pas y avoir mis beaucoup de variété, et que, sauf quelques occasions, telles que la bataille d'Ecnome, où nous trouvons des ordres sagement conçus, ils se sont montrés peu habiles dans l'art de ranger leurs flottes selon les circonstances, et n'ont pas su donner à leur tactique navale tous les développements dont elle était susceptible.

Tous les combats de mer de l'antiquité se sont livrés de temps calme ou par un vent très faible; c'est une conséquence naturelle de ce que les anciens ne combattaient qu'à la rame, dont on se sert difficilement quand la mer est agitée. D'un autre côté, leur peu d'expérience nautique et la nécessité de naviguer proche des côtes, les obligeaient, par un vent fort et une mer grosse, à ne songer qu'au salut de leurs vaisseaux; et à l'approche d'une tempête, ils se hâtaient de fuir devant le temps et de se réfugier dans le premier port sous le vent.

Il est une chose qui a toujours étonné les personnes étrangères à l'art de la marine : c'est que les anciens qui avaient des voiles sur leurs vaisseaux, et qui s'en servaient pour naviguer, toutes les fois que le vent le leur

permettait, ne se battissent qu'à la rame. Le fait est que
la flotte même qui avait l'avantage du vent, pliait et
abaissait ses voiles. Cet étonnement doit cesser en réfléchissant à la manière de combattre des anciens, qui consistait à tourner toujours la proue à l'ennemi. Nul doute
qu'ils ne se fussent livré combat à la voile, si la chose
eût été praticable, c'est-à-dire, si deux vaisseaux construits et gréés comme les leurs eussent pu venir sous
voile directement à la rencontre l'un de l'autre; mais ils
n'avaient pas une forme de carène, ni un système de voilure capables de leur permettre de tenir le travers au vent,
et encore moins ce que nous appelons le plus près[1]. Ils
n'étaient donc pas en état de faire des routes directement
opposées avec le même vent. Reste à expliquer pourquoi
la flotte qui avait l'avantage du vent pliait et abaissait ses
voiles comme l'autre. Il semblerait, au premier abord,
qu'elle pouvait profiter de cet avantage pour fondre sur
la flotte ennemie, avec toute la vitesse que le vent lui
communiquait; mais il devient évident que celle-ci ne
trouvant plus la chance égale, se serait servie elle-même
de ses voiles pour fuir; la flotte du vent eût-elle eu une
supériorité de marche capable de lui faire joindre et heur-
ter les vaisseaux qui cherchaient à se dérober à sa poursuite, il n'en aurait pu résulter de chocs assez violents
pour briser ou faire chavirer les vaisseaux heurtés, ainsi
que c'était le but principal de toute attaque dans les combats de mer de l'antiquité.

Le peu de détails dans lesquels nous venons d'entrer,
suffisent pour donner une idée de ce qu'était la marine
des anciens, et des moyens qu'ils employaient pour se

[1] Allure où la quille du vaisseau, dans le sens de la route, fait avec la
direction du vent un angle des trois quarts de l'angle droit, et où, par
conséquent, le vaisseau s'élèverait d'un quart de ce même angle, ou
d'un seizième de la circonférence vers l'origine du vent, s'il ne dérivait
pas, c'est-à-dire, s'il ne tombait pas un peu en travers sous le vent par
l'effet de la résistance imparfaite de l'eau.

combattre sur mer. Tout cela est bien peu de chose
comparé à la puissance formidable des marines modernes.
Un seul de nos vaisseaux, avec ses formes perfectionnées,
son système de voilure, qui lui permet toutes sortes d'é-
volutions, et son artillerie qui vomit le fer et le feu,
pourrait lutter contre ces flottes si vantées, qui comptaient deux ou trois cents bâtiments, et portaient des
armées de cent à cent cinquante mille hommes. Tel est
le résultat des progrès étonnants qu'a faits en peu de
siècles l'art des combats de mer.

La plus grande partie de ces progrès fut le fruit d'une
seule découverte, celle de la poudre, que suivirent, comme
des conséquences naturelles, l'invention et l'usage de l'artillerie. L'époque de cette découverte, si importante par
la révolution qu'elle opéra dans le système général de la
guerre, n'est pas fixée d'une manière bien précise. Au
reste, que l'art de fabriquer la poudre nous soit venu des
Chinois, ou bien qu'il ait été trouvé par l'un ou l'autre des
deux moines, Roger Bacon et Bertold Schwartz, peu importe; nous ne trouvons de traces certaines de l'usage de
l'artillerie sur terre que vers le milieu du quatorzième siècle, à la bataille de Crécy entre les armées française
et anglaise, l'une commandée par Philippe de Valois et
l'autre par Édouard III et son fils, le prince Noir; sur mer,
elle fut employée pour la première fois, vers l'année 1380,
par les Vénitiens et les Génois.

Jusqu'à cette époque, l'art des combats de mer était de-
meuré stationnaire. Voltaire, en parlant d'une bataille navale que se livrèrent, en 1540, les flottes de Philippe de
Valois et d'Édouard III, dit : « Les batailles navales étaient
alors plus meurtrières qu'aujourd'hui : on ne se servait
pas du canon, qui fait tant de bruit; mais on tuait beaucoup plus de monde. Les vaisseaux s'abordaient par la
proue; on en abaissait de part et d'autre des ponts-levis
et on se battait comme en terre ferme. Les amiraux de
Philippe de Valois perdirent soixante-dix vaisseaux et

près de vingt mille combattants [1]. Ce fut là le prélude de
la gloire d'Édouard, et du célèbre prince Noir, son fils,
qui gagnèrent en personne cette bataille mémorable. »
Abstraction faite des temps et des lieux, la bataille dont
il s'agit, ressemble tout à fait à celles des Romains et des
Carthaginois. Ainsi, chose étonnante, quinze siècles n'a-
vaient amené aucun changement dans le système de l'attaque et de la défense des vaisseaux !

Les Vénitiens qui portèrent pendant plusieurs siècles
le trident de Neptune, et qui acquirent tant de gloire dans
leurs guerres maritimes contre les Turcs et contre les Génois, ne perfectionnèrent point non plus l'art de la guerre
sur mer, jusqu'à l'époque où ils armèrent leurs vaisseaux
de canons. Leurs célèbres batailles de Caristo, des Dar-
danelles, de Cagliari, de Sapienza et d'Antium, n'offrent
rien d'intéressant sous le rapport de l'art : on y combattit
comme à Myle et à Ecnome.

Voltaire, que nous venons de citer, dit : « Il est bien
étrange que l'usage de la poudre ayant dû changer absolument l'art de la guerre, on ne voie point l'époque de ce
changement. » Le fait est qu'il ne s'opéra pas tout d'un
coup. Ce ne fut qu'assez long-temps après l'invention des
canons qu'on sentit la révolution que l'emploi de ces nouvelles armes nécessitait dans le système général des constructions navales. On commença par les approprier le
mieux possible aux vaisseaux que l'on possédait, et l'on
finit par reconnaître qu'il fallait en construire qui fussent
appropriés à leur usage. C'est de là seulement que datent
les grands progrès de l'art des combats de mer, et vérita-
blement cette époque est un peu incertaine. Quant à celle
de l'adoption de l'artillerie sur les vaisseaux, elle nous paraît assez précise. Les Vénitiens, comme nous l'avons dit
plus haut, furent les premiers qui armèrent de canons leurs

[1] Nous verrons en effet que, dans les plus sanglantes batailles navales
des derniers siècles, la perte des deux armées ne s'éleva jamais à un tel
nombre.

galères, seule espèce de vaisseaux de guerre qui existas-
sent alors. Les Génois tardèrent peu à les imiter : il n'y a
pas à douter que c'est dans l'année 1378 qu'on vit les
bouches à feu remplacer, sur les flottes de ces deux républiques, les anciennes machines destinées à lancer diverses espèces de projectiles. M. Daru, en parlant du siége
de Mestre, que d'autres auteurs regardent comme le premier où l'on se soit servi d'artillerie, dit : « L'assiégeant
avait du canon, car, déjà l'art de l'artillerie, quoiqu'il
n'eût encore que quelques années d'existence, était généralement répandu, et nous le verrons dans cette même
guerre adopté sur les vaisseaux [1]. » A l'occasion de la campagne de l'amiral Pisani, en 1378, ce même auteur s'exprime ainsi : « Il remonta la côte, s'empara de la ville
d'Arbo, et canonna en passant la ville de Zara. Ce ne
pouvait être avec un grand effet; l'artillerie des vaisseaux
n'était pas encore assez puissante pour réduire les villes
fortifiées [2]. »

Il est à regretter qu'un historien aussi exact n'ait pas
été à même de nous apprendre comment s'opéra ce grand
changement dans l'armement des flottes vénitiennes, ni
quel fut le nombre et le calibre des canons établis primitivement à bord des vaisseaux de la république. Il ne précise rien sur les deux derniers points qu'à l'égard des bâtiments qui composaient la marine vénitienne, deux siècles
environ après l'époque dont nous parlons. « Les galères de
moyenne grandeur, dit-il, portaient, vers la fin du seizième siècle, quinze pièces d'artillerie, savoir, un canon
de chasse de vingt-cinq livres de balles, deux de douze,
six fauconneaux de deux et six autres petites pièces appelées *smerigli*. » Nous suppléerons autant que possible à
cette omission causée sans doute par le défaut de renseignements, et nous essaierons de montrer par quels degrés

---

[1] *Histoire de Venise*, tom. 11, pag. 6.
[2] *Ibid.* pag. 12.

successifs on a dû passer, pour arriver au mode actuel d'armement des vaisseaux.

Il est nécessaire, auparavant, de rappeler que l'on a contesté autrefois, et que même aujourd'hui l'on cherche encore à contester aux Vénitiens, la priorité au sujet de l'emploi de l'artillerie sur les vaisseaux. M. James qui vient de publier une histoire navale de la Grande-Bretagne, de 1793 à 1820, prétend qu'il a été fait usage de canons dès le treizième siècle, dans un combat naval entre le roi de Tunis et le roi Maure qui régnait à Séville. Nous sommes persuadés qu'il y a ici une méprise. « Le mot de canon, dit Voltaire, qui ne veut dire que *tuyau*, nous a, je crois, jetés long-temps dans l'erreur. On se servait dès l'année 1338, de longs tuyaux de fer qui lançaient de grosses flèches enflammées, garnies de bitume et de soufre. » C'est sans doute de canons de ce genre qu'on fit usage dans le combat en question. Peut-être aussi n'était-ce autre chose que les siphons à feu que l'empereur Léon a décrits dans sa Tactique, et dont les navires vénitiens étaient armés trois siècles avant l'époque mentionnée par M. James. Revenons à notre sujet.

D'après ce que nous avons dit plus haut, il est évident qu'on ne dut placer de l'artillerie sur les bâtiments de guerre, tels qu'ils existaient, qu'aux deux extrémités et principalement sur l'avant. La première raison pour le faire, c'est que ces deux parties du bâtiment étaient les seules libres, les flancs étant occupés par les rameurs. Un second motif plus important était que, dans l'attaque, on présentait la proue et dans la retraite la poupe à l'ennemi. Ce même motif porta à établir sur l'avant les canons en plus grand nombre et de plus fort calibre. Pour se défendre sur les flancs, on établit entre les rames une ligne de petits canons d'une ou deux livres de balles, montés chacun sur un chandelier de fer à pivot. C'est ainsi que durent être armées les galères vénitiennes ; tels l'étaient encore les bâtiments de ce nom

qui faisaient partie de notre marine, plus particulièrement sur la Méditerranée, et dont on abandonna entièrement l'usage dans le courant du siècle dernier. De nos
jours même, deux canons de gros calibre en chasse, un
troisième en retraite et une ligne de pierriers sur la muraille, de chaque bord, ont presque toujours formé l'armement des chaloupes canonnières, notamment de celles
de la fameuse flottille de Boulogne.

Lorsqu'on eut reconnu l'excellence de l'artillerie, on
rechercha les moyens de placer le plus grand nombre
possible de canons sur les bâtiments de guerre. Pour en
établir sur les flancs, il fallut renoncer à l'usage habituel
des rames et disposer les bâtiments de manière à les faire
voguer le plus généralement à la voile, ce qui obligea de
changer la forme de leur carène et l'ensemble de leur gré-
ment; c'est ainsi qu'on arriva graduellement à avoir des
vaisseaux tels que nous les voyons aujourd'hui. Toute la
force des bâtiments de guerre qui, peu de temps auparavant, était à leurs extrémités, et plus anciennement à
la proue seule, se trouva transportée sur leurs flancs; la
manière de se présenter à l'ennemi changea totalement,
et il fallut inventer de nouvelles manœuvres pour prendre
et conserver dans le combat la position la plus avantageuse,
celle où l'on pouvait faire jouer sur l'ennemi le plus grand
nombre de bouches à feu. L'extension donnée à l'emploi
de l'artillerie dans la marine bouleversa donc de fond en
comble le système des constructions et de la tactique navales.

Cette révolution, bien qu'un peu tardive peut-être,
fut générale, et les flottes des différents états maritimes
furent plus ou moins promptement, suivant l'activité de
chacun d'eux, composées en grande partie de vaisseaux
de divers rangs. On conserva néanmoins les galères pendant long-temps encore, à cause des avantages qu'elles
présentaient dans certaines circonstances, telles que des
opérations le long des côtes et dans les mers intérieures,

comme la Baltique et la Méditerranée, mais surtout en considération de la qualité précieuse de pouvoir faire jouer leur artillerie en avançant directement sur l'ennemi. Les chaloupes canonnières qui les remplacent, voguent moins légèrement à la rame, mais naviguent mieux à la voile, et sont plus capables de résister aux tempêtes.

Avant de construire des vaisseaux armés d'artillerie sur les flancs, les Vénitiens perfectionnèrent les galères; ils en bâtirent de plus grandes et de plus fortes, qu'ils nommèrent galéasses et qui, ayant une carène mieux coupée, des fonds moins plats, une voilure à la fois plus étendue et plus maniable, et étant plus élevées sur l'eau, se comportaient infiniment mieux à la mer. « Les Vénitiens, dit M. Daru, avaient une si haute idée de leurs galéasses, que ceux qui en prenaient le commandement étaient obligés de s'engager par serment à ne pas refuser le combat contre vingt-cinq galères ennemies. »

Il n'entre pas dans notre objet de détailler les opérations maritimes des Vénitiens; c'est à l'histoire proprement dite qu'il appartient de rappeler les événements de leur longue et mémorable lutte contre la république de Gênes, et les succès divers des huit ou neuf guerres que Venise eut à soutenir avant de pouvoir écraser sa rivale; ce tableau, d'ailleurs, a été tracé naguère d'une main habile [1]. Nous avons dû nous borner à ce qui avait un rapport direct avec les progrès de l'art des combats de mer. Nous venons d'exposer succinctement ces progrès et leurs principaux résultats. Quant aux batailles qui furent livrées par la marine vénitienne, depuis l'établissement de l'artillerie sur les vaisseaux, il n'en est aucune qui mérite d'être mentionnée ici [2],

---

[1] Dans l'*Histoire de Venise*, de M. Daru.

[2] Parmi ces batailles, les plus remarquables furent celles de Gallipoli, en 1416, et celles données sur le Pô près de Crémone et de Casal - Maggiore, en 1431 et 1448; mais qu'est-ce que des batailles navales livrées sur un fleuve, à cinquante lieues de la mer?

jusqu'à cette fameuse bataille de Lépante [1], qui délivra la chrétienté des craintes que lui inspirait alors la puissance ottomane, mais après laquelle on sut si peu profiter de la victoire, qu'il semblait, dit Voltaire, que les Turcs eussent gagné la bataille.

Cependant jamais aucune action entre deux armées navales n'avait été plus décisive. La flotte chrétienne, commandée, comme on sait, par don Juan d'Autriche, fils naturel de Charles-Quint, et composée d'escadres et de divisions fournies par les divers États du midi de l'Europe, mais principalement par la république de Venise, les royaumes d'Espagne et de Naples, et l'état de l'Église [2], comptait deux cent vingt galères, six grandes galéasses vénitiennes et vingt-cinq vaisseaux de charge ou bâtiments de transport; cette flotte portait plus de cinquante mille hommes. Celle des Turcs lui était quelque peu supérieure pour le nombre des bâtiments; on ne connaît pas exactement celui des hommes qui la montaient. Lorsque les deux flottes se furent formées en ligne de bataille, elles s'avancèrent à la rencontre l'une de l'autre. Les six galéasses vénitiennes marchaient en avant de la ligne des confédérés. Ces bâtiments très supérieurs aux galères par leur masse et leur artillerie, devaient nécessairement enfoncer le centre de la ligne ottomane. Les Turcs le sentirent et prirent le parti de s'écarter d'eux-mêmes, afin de laisser passer les galéasses et de se porter par derrière elles contre les galères ennemies. Ce mouvement mit du désordre dans leur ligne, et eut sans doute une grande influence sur le sort de la bataille. Cependant l'amiral ottoman atteignit en partie le but qu'il s'était proposé : son vaisseau, après avoir tourné les galéasses, ou passé

---

[1] 7 octobre 1571.

[2] Les douze galères du pape lui avaient probablement été fournies avec toute leur artillerie et leurs agrès, par les Vénitiens, ainsi qu'ils s'y étaient engagés par l'acte de confédération ou ligue perpétuelle, conclu entre le Pape, le roi d'Espagne et la République.

VII.   30

entre elles, arrivait sur le centre et venait droit à la galère de don Juan, lorsque celle de l'amiral vénitien et la capitane du Pape se portèrent rapidement au secours du généralissime. La mêlée devint bientôt générale, et plus de cinq cents bâtiments se trouvèrent aux prises. « Les deux flottes, dit Voltaire, se choquèrent avec toutes les armes de l'antiquité et toutes les modernes, les flèches, les longs javelots, les lances à feu, les grappins, les canons, les mousquets, les piques et les sabres. » Après une lutte opiniâtre et sanglante, la victoire demeura aux Chrétiens. Elle fut des plus complètes. Les Turcs perdirent deux cents bâtiments pris, brûlés, coulés à fond ou échoués. Leur perte en hommes ne put s'évaluer; mais, bien qu'elle dût être très considérable, M. Daru pense qu'on a exagéré en la faisant monter à trente mille hommes. Voltaire ne l'évalue qu'à la moitié de ce nombre. Les alliés eurent quatre ou cinq mille hommes tués et un nombre beaucoup plus grand de blessés.

Cette bataille était digne, sous tous les rapports, de fixer notre attention. Le triomphe éclatant qu'y remportèrent les Chrétiens fut dû à plusieurs causes. Sans doute on doit placer au premier rang leur bravoure; mais ce n'est pas à elle seule qu'il faut attribuer le succès. M. Daru est de notre avis à cet égard. « On remarqua, dit-il, que les galéasses vénitiennes, quoiqu'en bien petit nombre, puisqu'il n'y en avait que six, avaient puissamment contribué à mettre le désordre dans l'armée ennemie, par la supériorité de leur artillerie, et parceque, placées comme six redoutes en avant du corps de bataille, elles avaient forcé les Turcs de rompre leur ligne pour parvenir à celle des alliés. Les Ottomans n'avaient d'ailleurs qu'une très faible mousqueterie. Ils se servaient d'arcs et de flèches; cette manière de combattre, beaucoup plus fatigante que l'arquebuse, était beaucoup moins meurtrière. » Ajoutons que très-probablement l'artillerie des Turcs n'était ni aussi bien installée ni aussi habilement manœuvrée que celle de

leurs ennemis. Nous voyons donc encore ici l'art, c'est-à-
dire la force intelligente, triompher de la force brute. La
bataille de Lépante mit le comble à la gloire de la marine vénitienne : ce fut l'apogée de la puissance navale de Venise.

Après avoir brillé du plus bel éclat au moyen âge,
cette république déchut ensuite du haut rang où elle
s'était élevée, à l'aide du commerce et par le soin
apporté à cultiver et perfectionner l'art de la guerre sur
mer. Il serait hors de propos d'énumérer ici les causes
de cette décadence, à la tête desquelles il faut placer
la découverte d'une nouvelle route pour aller aux Indes
et celle de l'Amérique.

Les grandes entreprises des Portugais et des Espagnols,
aux quinzième et seizième siècles, ne jetèrent qu'un
lustre passager sur leurs marines. Elles retombèrent
bientôt dans leur première obscurité, et l'empire des
mers échut finalement à l'Angleterre, qu'une position
géographique à peu près semblable à celle de Venise,
porta à tourner toutes ses vues vers le commerce maritime et l'entretien des forces navales nécessaires pour le
protéger.

La marine anglaise, qu'on peut considérer comme le type
de toutes les marines modernes, fixera donc principalement
notre attention. L'histoire de cette marine à jamais célèbre,
est, jusqu'à un certain point, l'histoire de celles des autres
peuples qui ont combattu sur mer depuis plus de deux
siècles. En parlant des guerres dans lesquelles on la vit
jouer un si grand rôle, nous abandonnerons enfin les
combats de galères, si semblables à ceux des marines de
l'antiquité, pour nous occuper des batailles où l'on vit
figurer des vaisseaux proprement dits, c'est-à-dire des bâtiments voguant uniquement à la voile, et armés sur leurs
flancs d'autant d'artillerie qu'ils pouvaient en porter.
L'usage devenu presque général de cette espèce de bâtiment, marque, ainsi que nous l'avons dit, le commencement de la seconde grande période de l'histoire de l'art de

la guerre sur mer. De là seulement date la nouvelle ère que lui ouvrit la découverte de la poudre et l'invention de l'artillerie.

Les Anglais, qui se servirent de canons sur terre, à la bataille de Crécy, en 1346, ne paraissent pas les avoir employés aussi anciennement sur leurs vaisseaux. Sans pouvoir préciser l'époque où l'artillerie commença à être en usage dans leur marine, on sait que les vaisseaux anglais en portaient sous les règnes de Richard III et de Henri VII. Alors, il est vrai, les canons n'étaient pas pointés comme aujourd'hui à travers des embrasures ou sabords, mais montés *en barbette,* de manière à tirer par-dessus la muraille du bâtiment. Les vaisseaux, par conséquent, ne pouvaient avoir qu'une batterie ; et quand on considère qu'ils n'avaient incontestablement qu'un seul mât, on peut concevoir quels pygmées étaient ces vaisseaux, comparés aux géants de nos jours [1].

La première trace de sabords s'aperçoit dans l'image du *Henri grâce de Dieu,* bâti à Érith, en 1515. Cette invention d'un constructeur français donna le moyen d'ajouter une seconde et même une troisième rangée de canons de chaque côté, l'une au-dessus de l'autre, et l'on put avoir ce que nous nommons une marine de haut-bord. Le vaisseau en question est représenté avec deux batteries entières et deux espèces de demi-ponts ou plate-formes devant et derrière. Dans ce temps, les canons n'étaient pas désignés par le poids des boulets de leur calibre, par la raison que ces boulets n'étaient pas tous du même poids, attendu qu'on les faisait tantôt de fer et tantôt de plomb ou de pierre, matières d'une pesanteur spécifique très différente. Le *Henri grâce de Dieu* paraît avoir été armé de quatre-vingts canons de tous les calibres alors en usage. De ces quatre-vingts canons, il n'y en avait pas plus de cinquante-quatre en batterie sur les flancs du vaisseau ; le reste était

---

[1] James, *Nav. hist. of Great-Brit.*

monté comme canons de chasse ou de retraite devant et derrière, ou comme pièces meurtrières (*murdering pieces*) établies à l'arrière du château d'avant. L'usage de ces pièces meurtrières qui, dans l'estampe représentant le *Henri grâce de Dieu* [1], sont toutes pointées vers la tête du grand mât de hune, n'est pas facile à deviner. Ce vaisseau avait quatre mâts.

Il est probable, dit l'auteur anglais que nous avons déjà cité [2], que c'est vers le milieu du 17ᵉ siècle qu'on renonça, dans la marine anglaise, à l'usage aussi absurde qu'incommode de placer sur le même pont des canons de calibres différents. Les autres marines n'adoptèrent pas aussitôt ce perfectionnement [3]; et, en effet, dans le 18ᵉ siècle, on leur prit de temps en temps quelques vaisseaux armés de cette manière vicieuse. Ce fut à peu près à la même époque qu'on débarrassa l'avant et l'arrière des vaisseaux de ces châteaux gothiques qui s'y élevaient à une hauteur si ridicule. On soulagea encore les vaisseaux en supprimant les pièces meurtrières et en ne leur laissant pas de canons de chasse et de retraite à demeure. Ces canons, ordinairement les plus gros qu'il y eût à bord, chargeaient les extrémités du vaisseau d'une manière extrêmement nuisible à sa solidité. A partir de là, tout bâtiment de guerre anglais put faire jouer à la fois la moitié de ses canons sur le bâtiment qui se présentait par son travers. Cette disposition de l'artillerie devint générale dans toutes les marines, et n'a pas changé depuis.

L'artillerie des vaisseaux n'ayant éprouvé postérieurement qu'une seule modification importante, nous allons

---

[1] Cette estampe se trouve dans le sixième volume de l'ouvrage intitulé : *Archæologia*. Nous avons lieu de douter qu'elle offre une image fidèle du vaisseau en question.

[2] James, *Nav. hist.*, etc.

[3] C'en était un très grand ; car la variété des calibres devait nécessairement occasioner de la confusion et du retard, dans le service de l'artillerie.

en parler tout de suite pour n'avoir plus à revenir sur ce sujet. La modification dont il s'agit est l'adoption des *carronades* (*Voyez* CANON), pour former en partie ou en totalité l'armement des bâtiments de guerre. La première pièce de ce genre qui soit sortie de la fonderie de Carron, quoique plus courte que le canon marin de 4 et à peine plus lourde que celui de 12, était d'un calibre de huit pouces, et pouvait, par conséquent, lancer, outre ses boulets, des obus de ce calibre. L'inventeur de ce nouveau canon lui donna le nom de *broyeur* [1] à raison de l'effet que produisaient ses boulets sur le bois contre lequel ils étaient tirés; et le considérant comme un excellent canon de marine, il s'efforça de le faire adopter sur les vaisseaux. N'ayant pu y réussir, et pensant que le poids considérable des boulets du *broyeur*, qui les rendait trop difficiles à manier, était principalement ce qui avait milité contre lui, il fit fondre, sur le même modèle, des pièces de tous les calibres en usage dans la marine, qui reçurent le nom de carronades; le *broyeur* conserva le premier rang parmi ces pièces sous le nom de carronade de 68; mais on en fondit très peu, et l'on n'en fit pas un emploi aussi fréquent qu'on aurait dû le faire. Ce que nous avons dit à l'article *Canon* des avantages qu'offrent les carronades, se trouve confirmé d'une manière frappante par l'exemple suivant.

En 1782, le *Rainbow*, petit vaisseau de 44 canons, qui portait 20 pièces de 18 à sa première, et 22 de 12 à sa seconde batterie, fut armé de 20 carronades de 68 à l'une et de 22 de 42 à l'autre, plus 6 carronades de 32 sur les gaillards. Ce nouvel armement élevait le poids des boulets qu'il pouvait lancer par bordée, de 318 livres à 1238, presque le quadruple. Ce bâtiment ainsi armé découvrit et chassa la frégate française l'*Hébé*, portant

---

[1] Le mot anglais est *smasher*. On le chercherait en vain dans la plupart des dictionnaires.

4o canons de 18 et de 12. Les seuls coups que le *Rain-bow* put lui tirer pendant la chasse, partirent d'une des carronades de 52, établies sur le gaillard d'avant. Quelques boulets tombèrent à bord de la frégate. Le capitaine français ayant conclu assez raisonnablement que, si de pareils boulets partaient du gaillard d'avant du vaisseau ennemi, on devait s'attendre à en recevoir de beaucoup plus pesants de sa batterie basse, tira sa bordée pour l'honneur du pavillon, et se rendit.

Maintenant que nous avons exposé les divers changements survenus dans l'armement des bâtiments de guerre, depuis le premier établissement de l'artillerie sur leurs flancs, il convient de reprendre notre espèce de précis historique des combats de mer.

Henri VIII fut, à proprement parler, le créateur de la marine royale d'Angleterre. Jusqu'à son règne, l'État n'avait pas eu de vaisseaux en propre, et ses flottes ne se composaient que de bâtiments appartenant à des particuliers et mis en réquisition au moment du besoin [1]. Ce roi eut la gloire d'organiser le matériel et le personnel de la marine britannique. Il ne fit pas la guerre sur mer en personne et n'y remporta point de victoires, mais il prépara les triomphes qui illustrèrent les armes de ses successeurs.

Élisabeth mit tous ses soins à achever, ou du moins à perfectionner l'ouvrage de son père. La défaite de l'invincible Armada, que Philippe II avait équipée à si grands frais pour envahir l'Angleterre, fut le prix de ces soins; et si les éléments eurent part à la destruction de l'immense armement des Espagnols, les amiraux de la grande reine y contribuèrent aussi d'une manière notable.

Sous les Stuarts, la marine militaire de la Grande-Bretagne, d'abord languissante, prit un nouvel essor, et

[1] Ch. Dupin, *Voyages dans la Grande-Bretagne*, deuxième partie, tom. 1, p. 7.

les prétentions de ce pays à la domination des mers se
manifestèrent avec encore plus d'arrogance que dans les
règnes précédents.

A cette époque la marine anglaise eut à lutter contre
celle des Hollandais, qui depuis la mort d'Élisabeth s'était
élevée au premier rang. La fortune [1] se déclara d'abord
pour la dernière, et l'on vit Ruyter brûler les vaisseaux
anglais jusque dans le port de Chatham, et Tromp, vainqueur des fiers insulaires, se promener le long de leurs
côtes avec un balai arboré en tête de son grand mât,
comme pour annoncer qu'il venait de nettoyer les mers
des tyrans qui les infestaient. Mais les marins bataves furent vaincus à leur tour, et l'empire des mers demeura
sans conteste aux Anglais, jusqu'à ce que Louis XIV
entreprît de le leur ravir, après avoir commencé par
unir ses flottes aux leurs pour combattre celles de la
Hollande.

Il serait superflu de rappeler ici tout ce que fit Louis XIV
pour la marine militaire de notre pays; quel Français
aurait pu l'oublier? Avant son règne, cette marine avait
jeté peu d'éclat. Richelieu l'avait en quelque sorte créée,
car c'est à ce ministre que la France dut ses premières escadres de vaisseaux de haut-bord. Elle n'en possédait pas un
seul quand Louis XIII le plaça au timon des affaires. Environ deux ans après, les Anglais étonnés en virent flotter
vingt-trois sur la rade de Brest. Au bout de deux autres
années, nous eûmes une flotte qui empêcha ces mêmes
Anglais de secourir la Rochelle. Les marines de l'Angleterre et de la Hollande, qui figuraient alors en première
ligne, étaient loin de pouvoir se comparer à ce qu'est
aujourd'hui celle de la plus faible de ces puissances, pour

---

[1] La fortune! on lui attribue communément trop d'influence sur les
événements de ce monde. Il serait absurde sans doute de prétendre
qu'elle n'en ait aucune à la guerre; mais c'est là principalement que le
talent sait la fixer, et qu'on la voit se ranger du côté des plus habiles, et, comme marins, les Hollandais l'étaient alors.

le nombre et la force des vaisseaux. En effet, le vaisseau, *la Couronne*, qui fut construit par l'ordre de Richelieu, et qui excita l'admiration universelle, n'avait que cent vingt pieds de quille et ne portait que soixante-douze canons, un peu plus de la moitié des plus grands vaisseaux d'aujourd'hui [1] : ce grand ministre considérait quarante bâtiments de guerre de divers rangs comme suffisants pour garder toutes nos côtes.

Le successeur de Richelieu, Mazarin, s'occupa comme lui de faire fleurir notre marine, jusqu'au temps où les discordes civiles vinrent absorber toute son attention. Ses efforts nous procurèrent des succès sur mer pendant la dernière partie du règne de Louis XIII et la minorité de Louis XIV. Le duc de Brézé, amiral de France à cette époque, battit plusieurs fois les flottes des Espagnols sur leurs propres côtes, et périt glorieusement à la bataille d'Orbitello.

A peine Louis XIV eut-il commencé à gouverner son royaume en personne que, malgré les guerres qu'il eut à soutenir sur le continent, on le vit s'occuper avec une infatigable activité à rendre notre marine militaire la terreur et l'admiration de toutes les puissances maritimes. Dignement secondé dans cette grande et noble tâche par un ministre tel que Colbert, il la remplit d'une manière qui aurait suffi pour illustrer son règne, si tous les genres de gloire n'eussent pas dû lui assurer la plus belle place dans les fastes de la monarchie française. Non content d'accroître et de perfectionner le matériel de notre marine, il donna au personnel de cette arme une organisation faite pour

---

[1] On peut induire de ce que nous disons ici qu'il y a erreur dans la description du *Henri Grâce de Dieu*, construit plus d'un siècle avant *la Couronne*; et l'on est d'autant plus fondé à le croire, que Ste.-Croix, dans son *Traité de la puissance navale de l'Angleterre*, dit qu'à la mort d'Élisabeth, toutes ses forces navales ne consistaient qu'en quarante-deux bâtiments de guerre, dont les plus forts portaient seulement 40 canons.

établir l'ordre et la discipline si nécessaires à bord des vaisseaux, et qui sont pour toute force militaire les premiers éléments du succès. Il détermina d'une manière positive les attributions de chacun et régla toutes les parties du service avec une précision admirable. Son ordonnance de 1689, qui renferme le système complet de cette belle organisation, passe avec raison pour un chef-d'œuvre. Elle a servi de base à toutes celles qui ont été rendues postérieurement sur le même objet, comme aux réglements généraux de toutes les marines militaires de l'Europe.

Passons des éloges aux faits qui les justifient. Quand Louis XIV prit en main les rênes du gouvernement, nos forces navales se bornaient au petit nombre de vaisseaux que Mazarin avait laissé pourrir dans les ports. Le roi ordonna de les réparer et en fit acheter quelques autres en Hollande et en Suède. L'accroissement de notre marine fut rapide. Dès l'année 1665, nous eûmes soixante bâtiments de guerre de grandes dimensions; en 1672, la France avait en mer ou dans ses ports soixante vaisseaux de ligne et quarante frégates. L'année précédente elle s'était alliée avec l'Angleterre contre la Hollande. Dans le courant de celle-ci, les flottes anglaise et française, commandées l'une par le duc d'York (depuis Jacques II), et l'autre par le comte d'Estrées, livrent bataille à la flotte hollandaise sous les ordres du célèbre Ruyter, et après l'avoir battue, la contraignent à regagner ses ports. Il y eut environ quatre-vingts vaisseaux en ligne de chaque côté dans cette bataille, et l'on combattit de part et d'autre avec un grand acharnement. L'année suivante, les alliés remportèrent de nouveaux avantages sur les Hollandais que commandaient Ruyter et Tromp.

Ces affaires avaient eu lieu dans la mer du Nord; peu d'années après, la guerre changea de théâtre, et nos flottes, que celles des Anglais ne secondaient plus [1], eurent à

---

[1] En 1673, l'Angleterre se détacha des intérêts de la France.

combattre à la fois dans la Méditerranée, et les Hollandais, toujours commandés par Ruyter, et les Espagnols, qui avaient à cœur de nous reprendre Messine. Le roi avait confié à Duquesne le commandement de la flotte équipée en Provence pour couvrir Messine et empêcher les escadres ennemies de seconder les troupes espagnoles qui en faisaient le siége. Cet amiral livra plusieurs combats à Ruyter. Les Hollandais y éprouvèrent des pertes considérables; mais la plus funeste pour eux, fut celle de cet illustre marin.

Les combats dont nous venons de parler furent suivis de la célèbre bataille de Palerme. Les ennemis, au nombre de vingt-sept vaisseaux, quatre brûlots et dix-neuf galères, étaient embossés sur une seule ligne, sous la protection des forts. La flotte française, commandée en chef par le duc de Vivonne, ayant sous ses ordres Duquesne à l'avant-garde, et M. Gabaret à l'arrière-garde, s'avança pour attaquer la ligne ennemie avec une audace et une intrépidité dont les annales des diverses marines du monde n'ont plus offert qu'un seul exemple [1]. En vain les Hollandais et les Espagnols font le feu le plus terrible sur les vaisseaux français; ceux-ci ne ripostent que lorsqu'ils sont arrivés à portée de mousquet des ennemis, et mouillés sur la bouée de leurs ancres. Intimidés par une attaque si résolue, ils coupent leurs câbles pour aller se jeter à la côte. Les brûlots français profitent de ce désordre, et vont accrocher plusieurs vaisseaux qui deviennent la proie des flammes; de ce nombre est l'amiral hollandais; l'amiral espagnol est réduit à s'échouer entre la ville et le môle. La perte des ennemis, dans cette journée, fut de douze vaisseaux, quatre brûlots, six galères, quatre mille hommes, et six à sept cents pièces de canon : les amiraux des deux nations coalisées y furent tués. La manière dont Duquesne conduisit cette attaque acheva de le couvrir de gloire.

---

[1] Ce fut à la bataille d'Aboukir.

Notre cadre est trop étroit pour pouvoir y faire entrer, non pas un récit détaillé, mais même une simple mention de tous les combats de mer du règne de Louis XIV. Ce règne ayant été l'époque la plus brillante de notre marine, les événements en sont généralement connus de tout le monde, et nous avons peu à regretter de n'être pas à même de nous étendre sur un sujet qui a exercé la plume de tant d'écrivains. Nous nous bornerons à rappeler que, dans toutes les batailles navales que les flottes françaises livrèrent sous le grand roi, l'avantage leur demeura toujours jusqu'à la malheureuse journée de la Hogue, en 1692.

Observateur trop scrupuleux des ordres de la cour, qui lui enjoignaient impérieusement d'aller chercher l'ennemi pour le combattre, fort ou faible, Tourville, avec quarante-quatre vaisseaux, osa attaquer une flotte de quatre-vingt-dix vaisseaux anglais et hollandais. Malgré leur immense supériorité, les ennemis ne purent obtenir aucun avantage sur notre flotte. Encouragés par l'exemple de leur amiral, les marins français firent des prodiges de valeur; ils parvinrent, sur tous les points de la ligne, à repousser les vaisseaux qui entouraient les leurs, ainsi qu'à écarter les brûlots détachés pour les incendier, et même ils firent sauter un vaisseau aux alliés, et en coulèrent un autre à fond. La nuit mit fin au combat. Les deux flottes avaient été aussi maltraitées l'une que l'autre dans leurs mâtures et leurs agrès, et avaient éprouvé une perte à peu près égale en tués et en blessés. Cette journée fut glorieuse pour les armes françaises; mais elle eut des suites fatales. Tourville avait rempli strictement le devoir d'un militaire, en obéissant aux ordres qu'il avait reçus. Satisfait d'avoir pu soutenir une première lutte contre des forces aussi supérieures aux siennes, il devait en éviter une seconde, et ne songer qu'à la retraite. Malheureusement il ne se trouvait dans le voisinage aucun bon port où il pût mettre ses vaisseaux délabrés à couvert des entreprises de l'ennemi, et réparer leurs dommages. Sa flotte se dispersa ; une partie des vaisseaux se dirigeant vers Brest , et d'autres vers la Hogue. Il fut contraint lui-même par le vent et la marée de faire route avec dix vaisseaux pour cette rade qui offrait à une escadre assez d'abri contre les tempêtes , mais où il n'existait point de batterie capable d'en interdire l'approche aux ennemis. Les alliés parvinrent à brûler les douze vaisseaux qui s'y étaient réfugiés. On sait que Tourville , de retour à Versailles, reçut de grands éloges du Roi, et obtint , peu de temps après, le bâton de maréchal.

Les batailles navales du dix-septième siècle , dont nous venons de citer les principales, forment une époque remarquable dans l'histoire de l'art des combats de mer , et méritent à ce titre d'arrêter un moment notre attention. Ce sont les premières où l'on vit lutter entre elles des flottes composées de vaisseaux de haut-bord, et où l'on éprouva les avantages et les désavantages du nouveau système d'armement consistant à répartir également tous les canons d'un bâtiment de guerre sur ses deux flancs.

Cette disposition de l'artillerie pèche principalement en ce qu'un vaisseau se portant directement sur l'ennemi ne peut faire aucun usage des bouches à feu et est exposé à recevoir d'enfilade tous les coups que celui-ci lui envoie. En second lieu , tous les mouvements d'une ligne de vaisseaux qui sont dans le cas de faire un usage instantané de leur artillerie , doivent s'exécuter par le flanc ; la marche en bataille leur est interdite , sous peine de s'exposer tous au danger que nous venons de signaler pour un vaisseau isolé. De quelque manière qu'on varie l'attaque, elle doit donc généralement s'opérer par une marche oblique, qui ne permet d'engager à la fois qu'une seule aile ; mais celle-ci peut se trouver compromise, même quand elle serait parvenue à tourner et à mettre entre deux feux une des ailes de l'ennemi , ou à percer son centre, et en assaillir quelques vaisseaux des deux bords, pourvu qu'il y ait égalité de bravoure et d'habileté nautique chez les amiraux et capitaines des deux flottes opposées.

Ces désavantages que l'établissement de l'artillerie sur les flancs des vaisseaux présente pour l'attaque, deviennent autant d'avantages pour la défense; le principal est qu'une force navale quelconque a moins à redouter d'être prise entre deux feux, et qu'un vaisseau attaqué de chaque bord par un autre vaisseau de sa force peut opposer à chacun d'eux le même nombre de canons qu'il dirige sur lui, soutenir pendant quelque temps leurs efforts, et même les battre, ou simplement s'en faire abandonner, si ses canonniers sont adroits, puisqu'il suffit de quelques coups bien pointés pour démâter un vaisseau ou lui causer d'autres avaries qui le mettent hors de combat. Le nombre ne reprend son influence que quand l'action se prolonge; parcequ'à égalité d'adresse, le vaisseau pris entre deux feux doit éprouver deux fois autant de dommage qu'il en cause à chacun de ses adversaires.

N'écrivant qu'un court précis et non un traité complet sur l'art des combats de mer, nous n'étendrons pas davantage ces considérations; elles suffisent pour faire sentir quel immense changement dut s'opérer dans la tactique navale. Bornée autrefois à un petit nombre de principes et à quelques mouvements fort simples, elle devint une des branches de la science navale le plus étendue et le plus compliquée : nous en traiterons plus particulièrement en son lieu, et nous terminerons ce qu'il nous a paru indispensable de dire sur ce sujet par une remarque judicieuse extraite du bel ouvrage de M. Ch. Dupin, qui nous a déjà fourni plusieurs citations importantes.

« Quelques hommes de génie, dit cet auteur, ont, dans le siècle de Louis XIV, découvert de belles combinaisons, pour certains cas particuliers. Mais on peut dire que, jusqu'aux guerres de la révolution française, l'art de disposer et de conduire les forces navales pour leur faire produire l'effet le plus prompt et le plus complet, n'avait pas été réduit en pratique raisonnée. »

Nous partageons en grande partie cette opinion, et des exemples viendront la justifier à mesure que nous avancerons vers les dernières époques de notre histoire navale.

Toutefois nous pensons qu'il faut se garder d'accorder trop d'éloges aux manœuvres générales et aux mouvements de guerre des amiraux du dix-septième siècle. Leurs batailles nous paraissent ressembler encore trop à celles des temps antiques et du moyen âge, et n'être pas des applications assez parfaites du nouveau système de guerre, conséquence de l'invention de l'artillerie. Pour appuyer notre sentiment, nous en appellerons à M. Dupin lui-même. « L'artillerie, sur mer comme sur terre, augmenta, dit-il, l'espace qui séparait ordinairement les combattants avant que d'en venir à la mêlée. » D'après cela, un des premiers principes généraux de la nouvelle tactique dut être de tenir l'ennemi à distance pour l'empêcher de ramener le combat à l'enfance de l'art, c'est-à-dire à une lutte corps à corps avec les armes de main. Mais les batailles navales du dix-septième siècle furent presque toujours des mêlées. C'est pour cette raison, peut-être, qu'elles furent plus décisives que celles livrées à une époque postérieure. Plus tard, en effet, la science des évolutions navales ayant fait des progrès et étant plus généralement répandue, les amiraux purent profiter des avantages que, dans le nouveau système, la défense a sur l'attaque, et l'on sut mieux de part et d'autre éviter le combat, ce que l'une des deux flottes ennemies a presque toujours intérêt de faire.

Quoi qu'il en soit, on ne saurait nier que les batailles dont il s'agit ne furent pas des batailles de manœuvre. Disons plus, elles ne pouvaient l'être, et l'on doit convenir que, quand même la tactique navale eût été portée alors au plus haut degré de perfection, des flottes de soixante, quatre-vingts et jusqu'à près de cent vaisseaux, étaient trop nombreuses pour pouvoir les faire évoluer avec préci-

sion , et sans éprouver une perte de temps assez considérable pour laisser échapper l'occasion d'engager la bataille de manière à la rendre décisive [1]. Souvent, dans
les batailles si brillantes des amiraux et des capitaines
de Louis XIV, on combattit de vaisseau à vaisseau :
chacun se choisissait un adversaire; quelquefois il arrivait
d'en avoir plusieurs à combattre; celui qui se trouvait
débarrassé allait chercher à dégager un de ses compagnons
trop pressé par les ennemis , ou se réunir à d'autres pour
accabler un de ces derniers. Elles n'offrent donc à proprement parler que la réunion simultanée de plusieurs de
ces combats singuliers, où notre marine s'est toujours
plus signalée que dans les affaires générales. Que fallait-
il alors pour vaincre? un amiral résolu , des capitaines in-
trépides, des vaisseaux agiles [2], et des équipages d'une
bravoure égale à celle de leurs chefs.

Les marins du siècle de Louis XIV ont fréquemment
eu recours à l'abordage pour triompher de leurs ennemis,
et de brillants succès obtenus de cette manière, ont po-
pularisé en France ce genre de combat. Depuis cent cinquante ans on y préconise l'abordage comme la manière
de combattre par excellence. « L'abordage est le pas de
charge des marins français !» s'écriait-on au commencement de la dernière guerre maritime [3], par allusion à la
manière dont les soldats républicains remportaient les
plus brillantes victoires sur les armées de la coalition.
« Je suis persuadé que l'abordage est la seule façon de
combattre avantageusement pour les Français , » dit un

---

[1] Nelson pensait ainsi à l'égard d'une flotte de 30 à 40 vaisseaux, et
nous avons presque copié les expressions de son ordre général pour l'attaque des flottes française et espagnole, avant la bataille de Trafalgar.
(Voyez *Victoires et Conquêtes des Français* , t. XVI, p. 164.)

[2] Les vaisseaux français, pour la perfection de leur carène, d'où résulte la rapidité du sillage et la précision des mouvements giratoires ,
ont, depuis près de deux siècles, servi constamment de modèles aux Anglais.

[3] Nous ne regardons ici la paix d'Amiens que comme une trève.

auteur estimé de tous les marins [1]. « L'abordage, avons-
nous dit nous-mêmes en traitant cet article, est un genre
de combat favorable à l'impétuosité française. » Nous
avons dit une chose vraie : mais nous sommes loin de
croire qu'il y ait à nous en glorifier. Cette aptitude, si
nous pouvons nous exprimer ainsi, est le fruit d'un des
défauts de notre caractère national; elle semble destinée
à suppléer à la patience et au sang-froid dont nous manquons généralement dans le combat. Nous aspirons à
le terminer tout d'un coup par quelque acte d'audace et
d'intrépidité. Les autres peuples, ceux du Nord principalement, attendent avec flegme le résultat lent, mais
presque certain de leur habileté dans les détails de la
manœuvre du vaisseau, ainsi que du calme qu'ils apportent au service de leur artillerie et de la précision
du tir qui en est la conséquence. Le but principal de la
tactique navale moderne, disions-nous tout à l'heure, est
de tenir l'ennemi à distance pour l'empêcher de nous forcer
à une lutte corps à corps, où la supériorité des moyens
que l'art nous a fournis se trouve annihilée. Ce principe
est une sentence portée contre l'abordage. Que prouve
après tout notre impatience d'aborder l'ennemi, quand
nous combattons à force égale? — « L'ardeur guerrière de
notre nation, va-t-on s'écrier de toutes parts. » — Oui
sans doute, mais bien plus encore que nous ne savons
pas manœuvrer nos vaisseaux, ni servir nos canons; en
un mot, que nous ne sommes pas assez habiles dans l'art
nautique pour prendre ces positions où un vaisseau accable
son ennemi de ses coups sans presque en recevoir de lui,
ou que, quand nous sommes opposés canon à canon,
nous perdons une grande partie de nos boulets en l'air
ou dans l'eau.

Arrivons au règne de Louis XV. Sous la régence, la
marine fut laissée dans le plus coupable abandon. Le car-

[1] Bourdé de Villehuet (*Manœuvrier*, p. 514).

VII. 51

dinal de Fleury, par l'effet d'une parcimonie honteuse, que souvent les ministres décorent du beau nom d'économie, et plus encore de sa confiance imprudente dans les prétendues intentions pacifiques de l'Angleterre, négligea à son tour l'entretien de nos forces navales, au point que, lorsqu'après sa mort, la guerre vint à éclater, à peine la France se trouva-t-elle avoir un vaisseau en état de prendre la mer. Cette longue inaction n'avait pas été favorable à l'instruction des officiers de la marine, et nous débutâmes en 1744, par un échec que nous éprouvâmes en combattant, de concert avec les Espagnols, la flotte anglaise aux ordres de l'amiral Mathews. Cette guerre ne fut pas longue, mais pendant le peu de temps qu'elle dura, le matériel de la marine s'accrut, et le personnel acquit des connaissances qui promettaient de rendre plus nombreux et plus brillants les succès que nous commencions à obtenir. Celle de 1756 s'ouvrit par une victoire remportée sur cet infortuné Byng, qui expia sur l'échafaud [1] le crime d'avoir été battu par la Galissonière. Malgré ce glorieux début, la guerre fut tellement malheureuse, que nous fûmes contraints de souscrire, en 1763, à un traité de paix fort peu honorable pour la France.

Il n'y a guère de réflexions à faire sur les combats de mer livrés sous Louis XV. C'est particulièrement au règne de ce prince que M. Dupin fait allusion quand il dit : « Les belles inspirations du dix-septième siècle semblèrent entièrement perdues pour les amiraux du siècle suivant : on ne vit plus d'actions navales décisives; on eût dit que la guerre maritime avait enfin pris pour modèle cette ridi-

[1] On contestera peut-être la propriété de cette expression, à cause du genre de supplice infligé à Byng. Nous n'ignorions pas qu'il fut fusillé sur un ponton à Portsmouth ; mais nous avions en vue de mieux faire sentir l'ignominie dont on couvrit injustement un guerrier brave, mais malheureux. Un de nos poëtes a dit :

Le crime fait la honte, et non pas l'échafaud.

cule stratégie des Condottieri, qui réduisaient à des si-
mulacres de combat, les campagnes qu'ils entreprenaient
pour les petites républiques du moyen âge. »

La guerre dite d'Amérique, c'est-à-dire celle entreprise
pour assurer l'indépendance des États-Unis, est généralement considérée comme la seconde époque brillante de
la marine française. Accoutumés à l'entendre répéter par
tout le monde, il nous fut impossible de ne pas le croire,
et nous demeurâmes persuadés que nos marins y avaient
remporté de grandes victoires, et fait éprouver à l'ennemi de sanglantes défaites. Cette erreur dura jusqu'au
moment où nous dûmes faire notre étude spéciale des
combats des guerres passées, pour y puiser l'instruction
nécessaire à l'accomplissement de nos devoirs. Nous
reconnûmes alors que cette épithète de brillante ne convenait nullement à la guerre dont il s'agit, et que l'ensemble de ses opérations avait présenté moins d'éclat que
d'utilité. Quant aux détails, nous les trouvâmes beaucoup
moins intéressants que nous ne nous y attendions. Nous
fûmes frappés de ne rencontrer dans toutes les batailles,
suivant l'expression de M. Dupin, que « les revers insi-
gnifiants et les succès illusoires des forces navales adverses. » Et cela à tel point, qu'il nous semblerait fastidieux
aujourd'hui d'en faire l'énumération, pour n'avoir à parler
constamment, excepté dans une occasion unique, que de
quelques mâts coupés et d'une poignée d'hommes tués
ou blessés de part et d'autre, sans pouvoir citer la prise
d'un seul vaisseau. C'est à cela pourtant que se réduisent
les exploits des d'Orvilliers, des d'Estaing, des Guichen,
des Lamotte-Piquet et même du bailly de Suffren, le
plus renommé des amiraux de cette guerre. Pour le comte
de Grasse, il se signala par une défaite d'autant plus
éclatante, que ce fut la seule qui ait été éprouvée entre
les deux marines rivales. Nous devons nous hâter de dire
que les combats singuliers furent infiniment plus remarquables que les affaires générales ; il y en eut même de faits

pour immortaliser ceux qui y prirent part ; mais ayant plus
spécialement consacré cet article aux grandes opérations
de la guerre maritime et aux principes généraux qui doivent les diriger, nous renvoyons les actions particulières
au mot *Engagement.*

Laissons maintenant de côté les apparences pour peser
les résultats. D'abord le but principal de la guerre fut
atteint, puisqu'après cinq années d'efforts inutiles, l'Angleterre se vit obligée de conclure la paix avec nous, et
de reconnaître l'indépendance de ses colonies révoltées.
D'un autre côté, les flottes que nous avons vues livrer tant
de combats sans succès décisifs, étaient destinées à protéger des opérations militaires dont la plupart ont réussi.
Avec l'assistance de ces flottes, nous avons pu attaquer et
conquérir diverses possessions anglaises dans les deux
Indes, et faire passer constamment des secours aux
insurgés américains. L'apparition dans la Manche,
en 1779, de l'armée navale aux ordres du comte d'Orvilliers, ne fit-elle pas trembler l'Angleterre qui se crut à la
veille d'une invasion ? Certes, voilà des résultats d'une
haute importance. Et si, pour les obtenir, nos amiraux
durent faire abnégation de toute ambition personnelle,
et renoncer à la gloire qu'ils eussent pu acquérir en livrant
leurs batailles de manière à les rendre décisives, un tel
sacrifice est extrêmement méritoire et plus glorieux que
de sanglants et stériles trophées.

« En marine, avons-nous dit ailleurs [1], le combat n'est
jamais le but qu'on doit se proposer, à moins qu'on ne
possède une telle supériorité de forces sur son ennemi,
qu'on puisse espérer parvenir à anéantir bientôt toutes
les siennes, et mettre tout d'un coup fin à la lutte. Les
bâtiments de guerre ont ainsi toujours une destination autre que de combattre l'ennemi ; et il arrive souvent que,
quelle que soit l'issue du combat, cette destination pre-

---

[1] *Victoires et Conquêtes*, t. VII, p. 250.

mière et principale ne peut plus être remplie. L'important pour l'État est qu'un commandant de forces navales s'acquitte de la mission dont il est chargé, et non qu'il la manque pour faire preuve de courage et acquérir une gloire stérile pour son pays. »

Tout nous porte à croire que c'est d'après ce principe qu'il faut juger la conduite des amiraux qui commandèrent nos flottes et escadres dans la guerre d'Amérique. Vraisemblablement ils avaient des ordres précis d'éviter de compromettre leurs forces par une action trop décisive, et ils exécutèrent ces ordres ponctuellement. Pour y parvenir, malgré tous les efforts de l'ennemi, ils durent évoluer avec beaucoup d'habileté. C'est là, selon nous, le trait caractéristique de cette guerre que nous pourrions appeler une guerre d'évolutions. A aucune autre époque les officiers de la marine française ne se montrèrent aussi versés dans la tactique navale. Ils étaient infiniment supérieurs, sous ce rapport, à leurs adversaires. Contraints par obéissance aux volontés du gouvernement, à nous tenir sur la défensive, nous le fîmes en dépit de tout, parceque nous savions nous défendre, et que les Anglais ne savaient pas encore attaquer. Ils l'apprirent enfin; et Rodney fit le premier un heureux essai du nouveau système d'attaque qui venait de leur être suggéré par un homme absolument étranger à la marine [1]. Ce fut à la célèbre et funeste bataille du 12 avril 1782. Cet amiral y vint couper par le centre la ligne de la flotte française aux ordres du comte de Grasse, qui, bientôt entouré d'ennemis, fut contraint de se rendre, ainsi que plusieurs des vaisseaux qui avaient leur poste dans cette partie de la ligne.

Depuis Louis XIV jusqu'à cette époque, on n'avait

---

[1] John Clerck, professeur à Edimbourg, et auteur d'un ouvrage sur la tactique navale, auquel on attribue le changement qui s'est opéré subitement dans le système d'attaque des amiraux anglais, vers la fin de la guerre d'Amérique.

connu et observé, dans l'attaque d'une flotte ou escadre en pleine mer que deux ordres réguliers, l'ordre parallèle et l'ordre oblique. L'inefficacité du premier ne tarda pas à être remarquée; cependant ce fut celui qu'on employa le plus souvent dans les guerres maritimes du 18e. siècle; et l'on vit souvent des batailles où les deux flottes adverses établies au même bord sur deux lignes parallèles, se canonnaient plusieurs heures sans autre résultat que des avaries à peu près égales et rarement la perte d'un ou deux vaisseaux pour la flotte battue. Quant au second, nous avons fait voir déjà qu'il ne devait guère produire de résultats plus avantageux pour l'assaillant; et que l'aile portée en avant était exposée à se trouver compromise, même dans le cas où elle serait parvenue à doubler et mettre entre deux feux l'aile correspondante de l'ennemi.

Les Anglais eurent le bonheur d'être les premiers pénétrés de l'excellence de ce grand principe de tactique générale, applicable sur mer comme sur terre; que, pour obtenir de grands succès dans une bataille, on doit s'attacher à porter rapidement des masses sur certaines portions de l'armée ennemie pour les écraser avant que les autres puissent venir à leur secours. Nous dûmes nos plus belles victoires sur terre pendant la guerre de la révolution, à la manière habile dont nos généraux, et par-dessus tous Napoléon, surent mettre ce principe en pratique.

L'adoption par les Anglais du système d'attaque qui vient d'être développé, et l'établissement à bord de leurs vaisseaux, vers la même époque, de la nouvelle espèce de bouches à feu (les carronades) sont les deux plus grands perfectionnements que l'art de la guerre ait éprouvés sur mer, depuis la fin du 17e. siècle. Ils ont assuré à la marine de la Grande-Bretagne une supériorité qu'on lui vit conserver dans la guerre suivante, et qu'une foule de causes d'une nature étrangère à l'art contribuèrent encore à augmenter.

Nous voici arrivés à une époque bien féconde en événements, mais plus particulièrement en désastres : celle de la double guerre maritime de la révolution française. Nous craindrions avec raison d'aborder l'histoire, bien que très succincte, de ces événements si récents, et de retracer ces grandes scènes dont plusieurs des principaux acteurs existent encore, si nous ne l'avions déjà tenté avec quelque bonheur. Les relations que nous avons présentées dans les *Victoires et Conquêtes*, des batailles, combats et expéditions de cette guerre mémorable, n'ont été le sujet d'aucune réclamation; et les Anglais eux-mêmes ont reconnu en particulier l'exactitude et l'impartialité de celle de la trop fameuse affaire de Trafalgar; bien plus, un de leurs historiens a jugé à propos d'adopter et de faire graver, pour son ouvrage, le plan que nous avons donné de cette bataille [1]. Nous ne reculerons donc pas devant une tâche qui n'est plus nouvelle pour nous ; et d'ailleurs, c'est l'histoire de l'art que nous esquissons ici, et non celle des hommes.

Dix-huit mois environ s'écoulèrent depuis le commencement des hostilités avec l'Angleterre, sans une seule rencontre, à la mer, entre les flottes et escadres des belligérants. La première eut lieu vers la fin du mois de mai 1794 [2].

Le 28 de ce mois, la flotte anglaise de la Manche, commandée par l'amiral Howe, le même qui s'était signalé en dernier lieu par le secours de Gibraltar, en présence des flottes combinées de la France et de l'Espagne, et une flotte française, sortie récemment de Brest, se joignirent. Cette dernière était commandée par le contre-amiral Villaret, l'un des officiers de l'ancienne marine royale, qui avaient jugé à propos de servir la république plutôt que d'émigrer, comme la plupart de leurs cama-

[1] James, *Nav. hist. of Great.-Brit.*, etc., t. III.
[2] Nous ne tenons pas compte de celle du 1er. août 1795, où une flotte anglaise et une flotte française s'aperçurent près des côtes de Bretagne, sans s'approcher.

rades. Cet amiral était bon officier, et son zèle pour la cause qu'il s'était voué à défendre n'avait pas encore été mis en doute [1]. Malheureusement il était entravé dans ses opérations par le représentant Jambon-Saint-André, l'un de ces proconsuls chez qui, pour la plupart, l'ineptie et la lâcheté égalaient le sot orgueil, et sous la tutelle humiliante desquels la convention plaçait nos généraux de terre et de mer.

La journée du 28 se passa en manœuvres sans autre résultat qu'un combat assez vif entre la tête de la flotte anglaise et les derniers vaisseaux de notre arrière-garde. Le trois ponts *le Révolutionnaire*, quoique coupé de sa ligne et entouré d'ennemis, ne céda pas au nombre, et se défendit au contraire de la manière la plus brillante.

Le 29, les choses prirent une tournure plus sérieuse ; on manœuvra encore plus que la veille. L'amiral, voulant faire couper la ligne française, vers la queue, donna l'exemple lui-même, et pénétra entre les cinquième et sixième vaisseaux. Dans ce mouvement, il désempara deux vaisseaux français. Villaret, par une manœuvre judicieuse, sut dégager ceux-ci du péril auquel leur délabrement les exposait, et frustra les desseins de son habile antagoniste par une habileté non moins remarquable. Les deux flottes se séparèrent ensuite. Dans cette occasion, Howe imita, à peu de chose près, la fameuse attaque de Rodney contre de Grasse [2]. La différence du résultat fait suffisamment l'éloge du talent de Villaret.

Le 1er. juin était destiné à figurer d'une manière à jamais mémorable dans les annales des deux nations. On évolua peu dans cette journée ; mais on se battit de plus près et sur toute la ligne. La flotte anglaise étant au vent

[1] L'amiral Villaret, membre du conseil des cinq cents, fut condamné à la déportation le 18 fructidor, avec beaucoup d'autres membres de cette assemblée.

[2] La différence consiste en ce que Howe coupa la ligne française plus en arrière, ce qui, en cas de succès, devait le rendre moins décisif.

se porta sur la nôtre. Quelques vaisseaux ennemis cou-
pèrent la ligne française, afin d'engager par dessous le
vent ceux qui leur étaient directement opposés, tandis
que d'autres demeurèrent au vent pour combattre leurs
adversaires. Bientôt la mêlée devint générale, et l'on avait
peine à se reconnaître au milieu de la fumée. Des deux côtés on se battit avec un acharnement sans exemple. Les
matelots français en particulier étaient animés d'un enthousiasme inconnu jusqu'alors parmi eux, et qu'ils ne
manifestèrent plus jamais au même degré. Au bout de
quelques heures, le nombre des vaisseaux démâtés étant à
peu près égal de part et d'autre, mais aucun n'ayant encore
amené son pavillon, l'ardeur du combat commença à se
ralentir, et les deux amiraux cherchèrent à rétablir l'ordre dans leur flotte. Howe n'y put parvenir, tant ceux de
ses vaisseaux qui conservaient leurs mâts étaient endommagés d'ailleurs. Villaret, au contraire, réussit à former
une ligne de douze vaisseaux en bon état, avec lesquels on
croyait qu'il allait ramasser les vaisseaux démâtés français
et anglais qui étaient demeurés, pour ainsi dire, pêle-mêle
sur le champ de bataille. Il rallia en effet à lui quelques-
uns des premiers; mais ensuite, par un motif inconcevable alors, mais connu depuis [1], on le vit s'éloigner, en
abandonnant six autres qui devinrent la proie de l'ennemi, lorsqu'enfin il fut en état d'en prendre possession.
« Ainsi, avons-nous dit en parlant ailleurs de cette bataille,
» l'impéritie ou la pusillanimité du conventionnel député
» auprès de notre armée navale, et la trop facile condes-
» cendance de l'amiral aux désirs de cet inhabile procon-
» sul, changèrent un beau triomphe en une défaite signa-
» lée [2]. »
    La seconde bataille rangée de cette guerre eut lieu, dans
la Méditerranée, le 14 mars 1795, entre l'escadre fran-

[1] Ce fut le représentant du peuple qui força l'amiral à la retraite.
[2] *Victoires et Conquêtes*, t. V, p. 267.

çaise, forte de treize vaisseaux à deux batteries, commandée par l'amiral Martin, et celle du vice-amiral anglais Hotham. Les Anglais comptaient quatorze vaisseaux, dont quatre à trois ponts, ce qui joint aux avantages propres à ces derniers vaisseaux, donnait à leur escadre une supériorité de 140 canons sur la nôtre. A raison de cette inégalité de forces, l'amiral français eût peut-être désiré ne pas engager d'affaire; mais il préféra le risque de combattre avec des chances défavorables à la honte d'abandonner un de ses vaisseaux (le *Ça-ira*) qui, désemparé d'une partie de sa mâture, ralentissait la marche bien supérieure de notre escadre, et lui enlevait l'avantage que, sous ce rapport, elle avait sur les Anglais.

Le 15, la tête de l'escadre anglaise parvient à engager le *Ça-ira* et le vaisseau qui le précédait dans la ligne, et qui se trouvait comme lui à une grande distance en arrière du gros de l'escadre; mais l'avant-garde ennemie seule ayant pu donner, et nos deux vaisseaux lui ayant opposé une vigoureuse résistance, elle dut se replier pour éviter d'être compromise par un mouvement de plusieurs de nos vaisseaux qui se portaient, quoique un peu tard, au secours de leurs compagnons.

Le lendemain, les deux vaisseaux délabrés se trouvaient encore plus arriérés. Les Anglais renouvelèrent leur attaque de la même manière. Une manœuvre bien combinée, mais mal exécutée, au lieu d'amener notre escadre entre celle des ennemis et les deux vaisseaux en péril, de manière à les couvrir et les dégager, n'eut d'autre résultat que d'exposer trois autres de nos vaisseaux à essuyer le feu de toute l'escadre anglaise, à laquelle néanmoins ils firent beaucoup de mal. Le *Ça-ira* et le *Censeur* tombèrent au pouvoir de l'ennemi, après la défense la plus honorable pour les braves qui les montaient. L'escadre anglaise, quoique n'ayant eu affaire qu'à une portion de nos vaisseaux, avait été assez maltraitée pour ne pouvoir poursuivre ses succès.

Le combat de Groix, qui eut lieu le 23 juin même année, entre lord Bridport, avec quatorze vaisseaux, dont huit à trois ponts, et l'amiral Villaret, avec douze vaisseaux, dont un seul à trois ponts, ne fut qu'une retraite exécutée en désordre, et dans laquelle le général français abandonna trois de ses vaisseaux, qui furent pris après avoir soutenu vaillamment l'honneur du pavillon national.

A la suite de ces affaires malheureuses, la France demeura trois années sans livrer de grands combats sur mer. Pendant ce temps, les marines de nos alliés, les Espagnols et les Hollandais, éprouvèrent chacune une défaite signalée.

Le 14 février 1797, une armée navale espagnole, forte de vingt-sept vaisseaux de ligne dont sept à trois ponts, fut attaquée et battue sous le cap St.-Vincent, par une escadre anglaise de quinze vaisseaux, sous le commandement de sir John Jervis. Cette affaire, si glorieuse pour la marine britannique, à raison de l'inégalité de force des deux partis, eut pour résultat la prise de quatre vaisseaux espagnols. Nelson qui, comme capitaine de vaisseau, jouissait déjà d'une grande réputation, prit à lui seul deux de ces quatre vaisseaux; il aborda l'un avec son propre vaisseau, et l'autre avec celui qu'il venait d'enlever l'épée à la main.

On pensa dans le temps qu'il fallait attribuer en grande partie le succès inouï de cette bataille, au mécontentement qu'avait causé aux officiers de la marine espagnole l'alliance de leur gouvernement avec la république française, et au peu de zèle qu'ils mirent en conséquence à défendre la cause commune. Un auteur anglais, au contraire, impute la défaite des Espagnols à la conduite des équipages, et fait l'éloge des officiers. « Tout considéré, dit-il ensuite, la victoire de St.-Vincent, qui fut très importante par ses résultats matériels, ne saurait être envisagée comme également glorieuse par tout homme impartial [1]. » Quoi qu'il en soit, sir John Jervis fut élevé à la pairie sous le titre de lord St.-Vincent.

Le 11 octobre de la même année, les flottes anglaises et hollandaises des amiraux Duncan et Dewinter, fortes chacune de seize vaisseaux, se livrèrent un combat sanglant près des côtes de la Hollande. La victoire se déclara encore pour les armes britanniques, et le brave amiral Dewinter, après avoir fait des prodiges de valeur et s'être couvert d'une gloire toute personnelle, fut fait prisonnier. On assure qu'il ne fut pas également bien secondé par tous ses capitaines. La perte des Hollandais fut de neuf vaisseaux de ligne et plusieurs frégates.

L'ordre chronologique nous amène à parler de la bataille tristement célèbre d'Aboukir. Le 1er. août 1798, l'amiral Nelson vint, avec treize vaisseaux de ligne, dont douze de 74 [2] et un de 50, attaquer dans la baie de ce nom l'escadre française qui avait escorté l'expédition d'Égypte. Cette escadre commandée par le vice-amiral Brueys, ayant sous ses ordres les contre-amiraux Duchayla, Decrès, Villeneuve et Ganteaume, était forte également de treize vaisseaux, dont un de cent vingt, trois de quatre-vingts, et neuf de soixante-quatorze, plus quatre frégates. Contre l'avis de plusieurs officiers expérimentés, on l'avait établie et maintenue à ce mouillage, comme dans une position inexpugnable. L'événement prouva combien l'on s'était trompé. Cinq des vaisseaux anglais passèrent à terre de notre ligne d'embossage, en la doublant par la tête, ce qu'on avait regardé comme tout à fait impossible, et en attaquèrent les quatre premiers vaisseaux de ce côté, tandis que six autres s'établissaient au large des 3e., 4e., 5e., 6e., 7e. et 8e., et que les deux derniers prenaient position, l'un en travers entre les 5e. et 6e. de notre ligne

[1] James, *Nav. hist.*, etc., t. II, p. 69.

[2] Un treizième vaisseau de soixante-quatorze, le *Celladon*, échoua en entrant dans la baie, et ne prit aucune part au combat.

de manière à les enfiler tous deux, et l'autre dans la hanche de notre amiral après l'avoir doublé par derrière. Plus de la moitié de notre escadre se trouva de la sorte mise entre deux feux. Les vaisseaux qui la composaient se défendirent avec toute la bravoure qui caractérise notre nation ; mais l'inexplicable, disons mieux, la coupable immobilité des derniers vaisseaux de notre ligne, qui n'appareillèrent point pour venir au secours de leurs compagnons, assura la victoire aux Anglais. L'explosion du vaisseau amiral français put y contribuer aussi en frappant de stupeur les équipages de quelques vaisseaux, mais la chose n'est pas bien certaine. De toute notre escadre, il n'échappa que deux vaisseaux et deux frégates ; le reste fut pris ou brûlé soit par les Anglais, soit par les Français eux-mêmes. Villeneuve devint plus tard victime d'une faute pareille à celle qu'il commit lui-même dans cette bataille.

Le combat naval d'Aboukir a quelque ressemblance avec la bataille de Palerme, et des hommes jaloux de la gloire de Nelson ont prétendu qu'il n'avait fait qu'imiter Duquesne. Nous dirons à ce sujet qu'à la guerre, il n'est pas toujours nécessaire d'inventer et qu'une semblable imitation eût été très louable; mais nous avons prouvé quelque part [1] que, dans tous les cas, l'imitateur ne fut pas Nelson, et que la belle et audacieuse manœuvre qui lui valut la victoire appartient, pour l'exécution et pour la conception, à un de ses officiers, le capitaine Foley du Goliath.

Il s'écoula de nouveau trois années pendant lesquelles on ne vit aucune affaire de quelque importance, quant au nombre de vaisseaux, entre les marines des puissances belligérantes. Nous ne considérons pas comme un combat naval proprement dit, l'attaque des Anglais contre les batteries et la ligne d'embossage qui défendaient Copenhague, le 2 avril 1801. La nature des forces que les Da-

---

[1] *Victoires et Conquêtes*, t. IX, p. 108 et suiv.

nois opposèrent à cette attaque en fait une affaire mixte et qui ne saurait entrer dans notre cadre. Tout ce que nous pouvons en dire, c'est que l'intrépidité de Nelson et son heureuse désobéissance aux ordres du commandant en chef, l'amiral Parker, valurent aux Anglais une victoire qui leur fut vaillamment disputée par les Danois. On cite à ce sujet l'anecdote suivante. Quelque temps après que Nelson eut commencé l'attaque, Parker lui fit le signal de cesser le combat; Nelson à qui on l'annonça, s'écria : « Du diable, si je le fais. Je suis borgne, j'ai le droit d'être aveugle quelquefois. » Puis appliquant sa lunette à l'œil dont il avait perdu l'usage, il ajouta : « En vérité, je ne vois pas le signal. »

Le 6 juillet de la même année, eut lieu le combat d'Algésiras. Trois vaisseaux français et une frégate qui étaient à l'ancre dans cette baie y furent attaqués par une escadre de six vaisseaux de ligne anglais sous les ordres de sir James Saumarez. Cet amiral voulut imiter Nelson et renouveler pour nous le désastre d'Aboukir; mais les choses tournèrent différemment. Nos vaisseaux, secondés par quelques batteries de terre, se défendirent avec intrépidité et forcèrent l'ennemi à la retraite vers Gibraltar. Un de ses vaisseaux, l'*Annibal*, ayant échoué près de notre ligne fut contraint à baisser son pavillon. Les Français le remirent à flot et l'ajoutèrent à leur escadre. Les Anglais nous ont reproché d'avoir fait sonner trop haut cette affaire. Cependant le contre-amiral Linois, qui commandait notre escadre, ne reçut point d'avancement. Le combat d'Algésiras fut le dernier de la partie de la guerre maritime de la révolution qui précéda le traité d'Amiens.

Depuis la reprise des hostilités, la France ne livra que très peu de batailles navales, et la marine impériale ne s'y montra pas plus heureuse que la marine républicaine. La première de ces affaires fut celle du 22 juillet 1805 entre les flottes combinées de la France et de l'Espagne, sous les ordres des amiraux Villeneuve et Gravina, et l'escadre anglaise de l'amiral Calder. Ce dernier n'avait que quinze vaisseaux, et les flottes combinées en comptaient vingt. En dépit de cette infériorité, et malgré la belle et audacieuse manœuvre de deux capitaines français, MM. Cosmao et Maistral aîné, l'amiral anglais réussit à s'emparer de deux vaisseaux espagnols. Ces deux vaisseaux ayant été désemparés dès le commencement du combat, étaient tombés sous le vent, et la brume qui les déroba ensuite à la vue, fut cause qu'on ne put aller les dégager. Les Anglais purent s'en faire un trophée. Cependant leur escadre avait plié dans le combat; et, sans l'accident qui les mit en possession de ces deux vaisseaux, bien que l'affaire n'eût pas été décisive, l'avantage nous fût resté. « Ainsi, par une bizarrerie que nous ne chercherons pas à expliquer, l'amiral français, après avoir été réellement vainqueur, laissait entre les mains de son adversaire le gage de la victoire. Ce résultat rappelle celui du fameux combat du 13 prairial [1]. » On sait que Calder fut puni pour n'avoir pas fait davantage avec quinze vaisseaux contre vingt. Ce trait est l'un des plus saillants de la jactance britannique.

Nous avons maintenant à rappeler le plus grand désastre qu'ait jamais éprouvé notre marine, celui de Trafalgar. Les détails de cette sanglante et malheureuse affaire ne peuvent trouver place ici [2]. Nous ne devons nous attacher qu'à ce qui fait l'objet principal de cet article, et nous borner à exposer le système qui fut suivi de part et d'autre pour l'attaque et la défense, ainsi que les conséquences qui en résultèrent.

L'armée navale franco-espagnole était forte de trente-

---

[1] C'est le nom que les marins ont donné au combat entre Villaret et Howe; les Anglais appellent cette journée *le glorieux premier de juin*. Le passage cité ci-dessus se trouve dans les *Victoires et Conquêtes*, t. XVI, p. 143.

[2] Les détails les plus étendus sur la bataille de Trafalgar et ses suites, ont été consignés dans les *Victoires et Conquêtes*, t. XVI, p. 158 et suivantes.

trois vaisseaux de ligne. Nelson n'hésita pas à venir l'attaquer avec vingt-sept vaisseaux seulement. Disons en passant que cette différence était peu considérable, et que plus les flottes sont nombreuses, et moins l'inégalité de leurs forces devient sensible, puisque, pour obtenir la victoire, il n'est pas nécessaire d'attaquer et de battre à la fois toute la flotte ennemie. Ce cas même est le plus avantageux pour livrer bataille avec une grande infériorité numérique.

Les dispositions pour donner et recevoir la bataille furent bien différentes : d'un côté nous voyons le respect le plus absurde pour la vieille routine ; de l'autre, une inspiration du génie [1]. « Le combat de Trafalgar, dit M. Dupin, offre la plus belle application des vrais principes de l'art : application telle qu'on devait l'attendre de l'amiral, que la nature avait doué du coup-d'œil militaire et de l'instinct stratégique, les plus vastes et les plus rapides. L'armée française se présente sous le vent en ligne, au plus près, et n'ayant pas assez de vitesse pour pouvoir prendre un ordre parfait, avant d'être atteinte par l'ennemi. Nelson se hâte de former deux colonnes d'attaque qu'il dirige sur deux points du centre de notre flotte. »

Cette manière inusitée de se présenter au combat, avons-nous dit nous-même dans la relation détaillée de la bataille de Trafalgar, avait été choisie par Nelson pour éviter le retard que met toujours une flotte nombreuse à se former en ligne, et par d'autres motifs détaillés dans son ordre général du 10 octobre, adressé aux capitaines des vaisseaux de sa flotte. Cet ordre est considéré comme un chef-d'œuvre par les marins éclairés. On y lit la défaite presque inévitable de toute flotte qui n'opposera à cette attaque d'un genre nouveau que les moyens de défense ordinaires. En considérant l'état de la science na-

---

[1] On va voir plus loin que cette inspiration ne fut pas subite, comme on pourrait le croire en lisant la citation qui suit.

vale, à cette époque, on ne peut guère s'empêcher de penser avec les Anglais que *cette attaque était irrésistible*, du moins en se conformant pour la défense aux règles de la tactique. Que devait-il donc arriver, si, par impéritie, indécision, ou toute autre cause, on négligeait où l'on tardait d'employer à la défense commune même les ressources insuffisantes qu'offrait la tactique?

La colonne dirigée par Nelson en personne coupa notre ligne en arrière du 12e. vaisseau, celui de l'amiral Villeneuve, en abordant et entraînant sous le vent le *Redoutable*, qui s'était audacieusement placé en travers du passage par lequel voulait pénétrer cette colonne. La tête de celle du vice-amiral Collingwood pénétra en arrière du 16e. (la *Santa Anna* montée par le vice-amiral Alava), tandis que le reste de cette colonne vint couper la ligne en divers endroits, ou prendre en dehors les positions les plus avantageuses pour écraser nos vaisseaux de leur artillerie sans en recevoir de grands dommages.

L'affaire ainsi engagée, on combattit avec un courage qui fait le plus grand honneur aux marins des trois nations. Si les uns attaquaient avec une admirable audace, les autres se défendaient avec la plus rare intrépidité. Efforts glorieux, mais stériles. Le sort en était jeté, nous devions succomber.

En vain on fit des prodiges de valeur au centre et à l'arrière-garde de notre flotte, l'inconcevable inaction de l'avant-garde entière (dix vaisseaux!), le retard qu'elle mit à obéir aux signaux de l'amiral qui lui ordonnaient de se porter au feu, lorsque le devoir le plus impérieux prescrivait à chaque capitaine de le faire sans attendre de signal, et enfin la retraite d'un contre-amiral qui s'éloigna du champ de bataille, quand ses vaisseaux pouvaient encore y être de quelque utilité, assurèrent notre défaite; elle fut complète. Des trente-trois vaisseaux de la flotte combinée, à peine en échappa-t-il dix; le reste fut pris, brûlé ou fit naufrage. Les Anglais toutefois ne profitèrent immédiatement que d'un seul vaisseau français et de trois espagnols qu'ils ne purent même faire arriver qu'avec des peines incroyables à un port aussi voisin que Gibraltar. Ils s'emparèrent peu après des quatre vaisseaux qu'avait emmenés le contre-amiral commandant notre avant-garde.

Nous ne nous appliquerons pas ici à relever les erreurs de jugement ou de conduite qui eurent une si grande part au résultat funeste de cette bataille. Nous suivrons à cet égard la marche que nous avons adoptée précédemment. En comparant attentivement les détails des diverses affaires mentionnées dans cet article avec les principes généraux que nous y avons exposés sur l'art des combats de mer, on peut facilement reconnaître les fautes commises par nos amiraux, sans qu'il soit besoin de les signaler plus particulièrement. Quant aux autres causes qui ont contribué aussi puissamment peut-être à nos désastres, nous les développerons au mot Marine.

Il convient de nous arrêter ici. La bataille de Trafalgar nous paraît devoir terminer le précis que nous avons entrepris de tracer. En effet on y combattit avec presque tous les moyens matériels connus et employés jusqu'à présent à la guerre sur mer, et en appliquant de la manière la plus admirable les principes de la tactique navale moderne. Elle peut donc servir à préciser l'état de l'art des combats de mer à notre époque.

Sans doute, les canons à bombe, la force de la vapeur appliquée aux bâtiments de guerre, et les bâtiments sous-marins, pourront, d'ici à un temps plus ou moins éloigné, opérer une révolution nouvelle dans la manière de combattre sur mer; mais jusqu'à ce que l'usage en ait été généralement adopté, ils ne doivent pas fixer notre attention : c'est de l'art, tel qu'il est maintenant, que nous avons à nous occuper, et non de ce qu'il pourra être un jour.

Il nous resterait à parler des combats singuliers, partie

la plus honorable de notre histoire navale, et dans laquelle on trouve des actions dont l'éclat offre une compensation, toute faible qu'elle soit, à nos revers en bataille rangée; mais l'espace nous manque, et d'autres considérations exposées plus haut nous portent à renvoyer la relation de ces glorieux faits d'armes à un autre article.

Quant aux dispositions pour le combat à bord des vaisseaux, comme elles rentrent tout à fait dans la partie technique, nous en traiterons au mot EXERCICE.

Nous voudrions clore cet article par une description qui transportât en idée nos lecteurs sur un vaisseau de guerre pendant le combat, et les fît assister à cette terrible solennité; mais un pareil tableau demanderait une main plus habile que la nôtre. Nous sentons que nous resterions bien au-dessous de la grandeur de notre sujet. Nous manquons de talent pour peindre ce que nous avons vu et les émotions que nous avons éprouvées en commun avec nos compagnons d'armes. Nous ne rendrions qu'une faible justice aux marins militaires de notre pays; à ces hommes qui, pour l'honneur, la gloire et l'intérêt de la patrie, affrontent les innombrables dangers que la guerre et les éléments accumulent à la fois sur leurs têtes. Ce n'est pas à notre humble voix qu'il appartient de leur payer le tribut qu'on doit à leur noble courage et à leur admirable patriotisme. Mais, s'il est quelque chose dont nous puissions être fier, c'est d'avoir partagé pendant une partie de notre vie et leurs travaux et leurs malheurs :

> Quæque ipse miserrima vidi,
> Et quorum pars......

Hâtons-nous d'ajouter : *verumtamen non magna.*

J.-T. P.

COMBINAISON. (*Chimie.*) Lorsque deux ou un plus grand nombre de corps se sont réunis pour former une masse, dont les molécules ou parties les plus ténues renferment un atome de chacun des corps employés, on dit

32.

qu'il y a eu combinaison. Il est alors impossible de séparer les corps combinés par des forces physiques; l'affinité les a réunis, et pour les disjoindre il faut une somme d'affinité plus considérable que celle qui les tient rassemblés. Ainsi quand on fait fondre ensemble, dans de certaines proportions, du cuivre et du zinc, il en résulte un alliage (cuivre jaune ou laiton); cet alliage est une combinaison. Chaque petite partie de cet alliage renferme une molécule de zinc et une molécule de cuivre; la masse est partout identique; tous les moyens mécaniques que nous possédons seraient employés à leur séparation, qu'il serait impossible de l'effectuer. Il n'en serait pas de même si on mettait en contact avec cet alliage, un corps qui eût plus d'affinité pour le cuivre que le zinc n'en a pour ce métal, car alors la séparation des deux métaux s'effectuerait; mais on peut voir par cet exemple, que pour détruire la combinaison, nous avons été obligés d'employer une force d'affinité plus considérable que celle qui existait entre les deux corps combinés : aussi toutes les combinaisons découlent-elles de l'affinité des corps les uns pour les autres, et renvoyons-nous, pour tout ce qui leur est relatif, aux mots AFFINITÉ, PROPORTIONS CHIMIQUES et THÉORIE ATOMISTIQUE.   O. et A. D.

COMBINAISONS. (*Mathématiques.*) Lorsqu'on a plusieurs choses, que nous désignerons par les lettres *a*, *b*, *c*, *d*...., et qu'on en assemble un certain nombre, on peut varier ces assemblages de diverses manières, en prenant toujours le même nombre de ces objets; on donne le nom de *Combinaisons* à ces assemblages, quand on ne veut pas avoir égard à l'ordre que les objets observent entre eux; et celui *d'arrangements* ou *permutations*, quand on veut considérer le rang que chaque lettre se trouve occuper : *abcd*, *acbd*, *bdac*, sont des arrangements différents de quatre lettres, et ne constituent qu'une même combinaison. Quelques auteurs, modifiant à tort ces dénominations, imposées par D. Bernoulli et reçues de tous les algébristes, ont cru devoir donner le nom de *produits différents* à ce que nous appelons des combinaisons, parcequ'en effet les facteurs peuvent changer de place sans que pour cela le produit soit changé; mais on conçoit que ab et cd, quoique formant des combinaisons différentes de deux lettres, pourraient cependant donner le même produit, c'est ainsi que $2 \times 6 = 3 \times 4$; ainsi le terme de *combinaisons* doit être préféré à celui de *produits différents*, comme offrant une idée plus précise.

Étant données m lettres a, b, c, d...., proposons-nous d'abord de trouver de combien d'arrangements différents elles sont susceptibles, en n'en prenant que 4, de toutes les manières possibles. Pour cela, ôtons la lettre a, et imaginons que nous sachions effectuer toutes les permutations 3 à 3 des $(m-1)$ lettres restantes b, c, d...., telles que seraient bcd, cdb, ccb, cdc...., dont nous représenterons la quotité par x; puis apportons a en tête de chacun de ces x résultats. Il est clair que nous aurons ainsi x arrangements de 4 lettres, savoir : $abcd$, $acdb$, $aceb$, $acdc$....; ces résultats seront visiblement tous différents les uns des autres, au moins par l'ordre des lettres qui y entrent, et constitueront tous ceux des arrangements demandés de 4 lettres, qui ont a pour initiale, sans qu'aucun soit omis ni répété; car, d'une part, nous venons de voir qu'il n'y a pas de répétition du même résultat; et d'une autre part, pour qu'un arrangement de 4 lettres, ayant a en tête, fût oublié, il faudrait qu'on eût omis l'arrangement de 3 lettres qui accompagne a, ce qui est contre l'hypothèse.

Ainsi il y a x arrangements de 4 lettres, commençants par a. Il y en a de même x qui ont b en tête, x qui ont c pour initiale, etc.; car on peut raisonner successivement pour b, c..., comme nous l'avons fait pour a; et puisqu'il y a m lettres en tout, on trouve de la sorte mx résultats; donc m lettres produisent mx arrangements différents 4 à 4, x désignant le nombre d'arrangements qu'on peut faire avec ($m - 1$) lettres, en les prenant 3 à 3. Ce raisonnement est général, et il est clair que m lettres arrangées n à n donnent mx résultats différents, x étant la quotité d'arrangements de ($m-1$) lettres prises ($n-1$) à ($n-1$).

D'après cela cherchons le *nombre des permutations* 2 à 2; x sera le nombre d'arrangements de ($m - 1$) lettres 1 à 1, savoir : $x = m - 1$; ainsi on voit que mx devient dans ce cas $m (m - 1)$; c'est la quantité demandée.

Si l'on veut avoir le *nombre des permutations* 3 à 3, x désignera le nombre d'arrangements de ($m - 1$) lettres 2 à 2 ; changeons donc m en ($m - 1$) dans le résultat qu'on vient d'obtenir, et x sera $= (m - 1) (m - 2)$; donc mx, ou le nombre cherché, est $= m (m - 1) (m - 2)$.

Pour les *arrangements* 4 à 4, x sera le nombre des permutations 3 à 3 de ($m - 1$) lettres, savoir : ($m - 1$) ($m - 2$) ($m - 3$), en changeant ci-dessus m en ($m-1$); et mx devient $= m (m - 1) (m - 2) (m - 3)$.

Et ainsi de suite. Comme il faut sans cesse changer m en ($m - 1$) dans chaque résultat pour avoir la valeur de x qui convient au suivant, puis multiplier par m, il est clair que le nombre des facteurs m, $m-1$, $m-2$, etc., est égal à celui des lettres qui entrent dans chaque arrangement. Ainsi le *nombre des arrangements différents qu'on peut faire avec* m *lettres, en les prenant* n *à* n, est

$$A = m (m-1) (m-2) \ldots (m-n + 1) \ldots \quad (1)$$

Et s'il arrive qu'on veuille comprendre toutes les m lettres dans chaque arrangement, en leur attribuant d'ailleurs toutes les places possibles à l'égard les unes des autres, on fera ici $n = m$; donc le *nombre des arrangements de* n *lettres* n *à* n, est

$$B = n (n - 1) \ldots 3.2.1 = 1.2.3 \ldots n \ldots \quad (2)$$

C'est ainsi qu'on trouve que 10 personnes qui veulent
s'asseoir à une table, peuvent, en changeant leurs situations relatives, former ce nombre de résultats 1.2.3....
10 = 3628800. En supposant qu'une minute soit le temps
nécessaire pour effectuer chacun des déplacements, on
trouve qu'il faudrait 60480 heures, ou près de 14 ans,
à raison de 12 heures par jour, pour accomplir les déplacements propres à réaliser tous les arrangements possibles. On remarquera la prodigieuse rapidité avec laquelle
croissent les nombres de permutations de m choses, quand
la quantité m augmente.

Les 90 numéros de la loterie produisent ce nombre
$89 \times 90 = 8010$ de permutations 2 à 2, savoir : 8010
ambes déterminés contenus dans la roue de fortune,
en sorte qu'il y a 8010 chances, dont une seule se réalise.

Cherchons maintenant le *nombre* X *de combinaisons
de* m *lettres, prises* n *à* n. Pour cela, imaginons que nous
ayions sous les yeux tous les arrangements différents n à
n, dont le nombre est A; écrivons ces résultats sous forme
de tableau, en mettant dans une même colonne tous ceux
de ces résultats qui ne contiennent que les n mêmes lettres diversement rangées; la première colonne contien-
dra, par exemple, tous les arrangements *abcd...*, *bacd...*,
dbac..., etc. Dans la deuxième, seront des termes qui dif-
féreront des précédents par quelque lettre substituée à
l'une des premières; mais ils seront tous formés des mêmes lettres diversement rangées, et ainsi de suite pour
les autres colonnes.

Pour avoir les combinaisons de m lettres n à n, il faudrait
donc prendre seulement l'un des termes de chaque colonne; ainsi il y a autant de combinaisons que de colonnes;
nous en représentons la quotité par X. Mais dans chacune
sont placés tous les arrangements des n lettres, en sorte
que le nombre des termes est ce que nous avons appelé
ci-dessus B. Puisqu'il y a B termes dans chaque colonne,

et X colonnes, le tableau contient BX termes, savoir :
BX = A, puisque la totalité des termes est le nombre A
des arrangements *n* à *n*. Ainsi en mettant pour A et B
leurs valeurs obtenues précédemment, on trouve pour le
nombre X *des combinaisons de* m *lettres* n *à* n

$$X = \frac{A}{B} = \frac{m}{1} \cdot \frac{m-1}{2} \cdot \frac{m-2}{3} \cdots \frac{m-n+1}{n}. \quad (3)$$

Si, par exemple, on veut avoir le nombre d'extraits,
ambes, ternes et quaternes contenus dans les 90 numéros de la loterie, on fera $m = 90$, et successivement
$n = 1$, $= 2$, $= 3$ et $= 4$. On aura ces résultats

Extraits. 90

Ambes. . . . . $\dfrac{90.89}{2} = 4005$

Ternes. . . . . $\dfrac{90.89.88}{2.3} = 117480$

Quaternes. . . . . $\dfrac{90.89.88.87}{2.3.4} = 2555190$

puisqu'à chaque tirage il ne sort que 5 numéros, produisant 5 extraits, 10 ambes, 10 ternes et 5 quaternes,
on reconnaît que les nombres respectifs de chances, dont
une seule se réalise, sont les suivants : 18 pour l'extrait,
$400 \frac{1}{2}$ pour l'ambe, 11748 pour le terne, 51104 pour le
quaterne.

Comme les joueurs se persuadent que le sort doit plus
volontiers réaliser certaines chances que d'autres, ils ha-
sardent de préférence leur fortune sur des numéros d'élite,
qu'ils combinent 2 à 2, 3 à 3, etc. Le tableau suivant,
composé comme il sera bientôt expliqué, ou même d'après
l'équation (3), donne le nombre d'ambes, de ternes, etc.
contenus dans une quantité désignée de numéros. On y
voit, par exemple, que 9 numéros produisent 36 ambes,
84 ternes, 126 quaternes, etc....

Triangle arithmétique ou *Table des nombres de combinaisons.*

2	1	Nombre de choses à combiner............										2
3	3	1	....									3
4	6	4	1	....								4
5	10	10	5	1	....							5
6	15	20	15	6	1	....						6
7	21	35	35	21	7	1	....					7
8	28	56	70	56	28	8	1	....				8
9	36	84	126	126	84	36	9	1	....			9
10	45	120	210	252	210	120	45	10	1	...		10
11	55	165	330	462	462	330	165	55	11		1	
12	66	220	495	792	924	792	495	220	66		12	
13	78	286	715	1287	1716	1716	1287	715	286		78	
14	91	364	1001	2002	3003	3432	3003	2002	1001		364	
15	105	455	1365	3003	5005	6435	6435	5005	3003		1365	
16	120	560	1820	4368	8008	11440	12870	11440	8008		4368	
17	136	680	2380	6188	12376	19448	24310	24310	19448		12376	
18	153	816	3060	8568	18564	31824	43758	48620	43758		31824	
1	2	3	4 à 4	5 à 5	6 à 6	7 à 7	8 à 8	9 à 9	10 à 10	11 à 11		

On comprend bientôt l'usage de ce tableau; la 11ᵉ. ligne, par exemple, indique que 11 lettres produisent 11

combinaisons 1 à 1; 55 combinaisons 2 à 2; 165, 5 à
3, etc. Pour obtenir ces nombres, il suffira de faire
$m = 11$ dans l'équation (3), et successivement $n = 1$,
2, 3, 4.... Cette équation est donc la valeur du terme
qui occupe le rang n dans la ligne dont m est le numéro
initial; en sorte qu'on peut obtenir un nombre quelconque
de ce tableau, directement et indépendamment de
tout autre, par la connaissance du rang où il se trouve,
c'est-à-dire des numéros m et n, dont l'un désigne la
ligne et l'autre la colonne. L'équation (5) est ce qu'on
appelle le *terme général* du tableau.

On a coutume de placer à gauche une colonne qui ne
contient que des 1, pour représenter les combinaisons
o à o, que Bernoulli appelait des *nullions*, et aussi pour
plus de symétrie; car il est évident que la ligne du numéro
11, par exemple, est formée de la suite des coefficients
de la 11e. puissance d'un binôme $a + b$, excepté
celui du premier terme qui est 1; ce terme se trouve
donc ne plus manquer, lorsqu'on y a joint cette colonne
d'unités. Ce qu'on vient de dire résulte de la loi des
coefficients de la formule du binôme $(a + b)^m$, lorsque
l'exposant m est un nombre entier et positif, puisqu'on
sait (*voyez* le mot *Binôme*) que le terme général
de ce développement, ou le terme qui en a n avant lui,
est $= X a^n b^{m-n}$, X conservant la valeur donnée par l'équation
(5).

L'emploi de cette équation donne chaque terme par un
calcul qu'on peut abréger beaucoup, lorsqu'on veut composer
le tableau entier, parcequ'on a deux procédés
fort simples pour déduire les termes les uns des autres,
de proche en proche. En comparant deux termes successifs
de la ligne m^e, l'un X y occupe le rang n, l'autre Y
le rang $n + 1$: l'équation (5) donne le premier; le second
s'en déduit en changeant n en $n + 1$ dans X; en
sorte que Y est formé de tous les mêmes facteurs fractionnaires
que X, mais en outre, en a un de plus, savoir :

$$Y = X \times \frac{m - n}{n + 1} \qquad (4)$$

Ainsi on voit que Y se déduit de X, en multipliant ce nombre par $\frac{m - n}{n + 1}$. Le premier terme d'une ligne est m, le suivant se formera en multipliant m par $\frac{m - 1}{2}$, le troisième, en multipliant le deuxième par $\frac{m - 2}{3}$, et ainsi des autres. Voulons-nous, par exemple, composer les combinaisons de 12 lettres, nous écrirons les facteurs $\frac{11}{2}$, $\frac{10}{3}$, $\frac{9}{4}$, etc., et les produits résultants seront les termes demandés, savoir :

$$12 \times \tfrac{11}{2} = 66, \ 66 \times \tfrac{10}{3} = 220, \ 220 \times \tfrac{9}{4} = 495, \text{ etc.}$$

Ces résultats sont conformes à ce qu'on a dit au mot *Binôme*, sur la loi de dérivation des coefficients successifs du développement de $(a + b)^m$.

D'un autre côté, ajoutons X aux deux membres de l'équation (4), nous trouvons

$$X + Y = X \left(\frac{m - n}{n + 1} + 1 \right) = X \times \frac{m + 1}{n + 1}.$$

Rétablissons dans le second membre, pour X, sa valeur (3), mais écrivons le facteur $m + 1$ le premier, nous aurons

$$X + Y = \frac{m + 1}{1} \cdot \frac{m}{2} \cdot \frac{m - 1}{3} \dots \frac{m - n + 1}{n + 1},$$

Or, cette expression revient à l'équation (5), où l'on aurait changé m en $m + 1$, et n en $n + 1$; elle exprime donc le terme du tableau, qui a le rang $n + 1$ dans la ligne $(m + 1)^e$, terme qu'on obtient par une seule addition des nombres X et Y qui entrent dans la ligne précédente (la m^e) aux rangs n et $n + 1$. Supposons donc qu'on ait formé la ligne des combinaisons de 9 lettres, savoir : 1, 9, 36, 84, 126, etc., on trouvera les combinaisons de 10 lettres par ce calcul : $1 + 9 = 10$, $9 + 36 = 45$, $36 + 84 = 120$, $84 + 126 = 210$, etc., et puisque les premières lignes du tableau sont très faciles à calculer directement, ainsi qu'on l'a dit ci-dessus, il est clair qu'il sera très aisé d'en déduire les lignes suivantes de proche en proche, et par conséquent de prolonger si l'on veut le tableau indéfiniment.

C'est cette propriété qui vient d'être démontrée, que Pascal avait découverte, et qui lui servit à composer, pour la première fois, le tableau des nombres de combinaisons ou des coefficients de la formule du binôme ; il donna au système de toutes ces quantités ainsi disposées, le nom de *triangle arithmétique*, à cause de la forme que le tableau se trouvait prendre par ces calculs. Mais ce savant n'avait pu découvrir la loi générale de tous ces nombres, qui permet de trouver l'un quelconque indépendamment des autres, et c'est Newton qui le premier obtint cette loi exprimée par l'équation (3), quel que soit m.

On remarquera dans chaque ligne que les mêmes nombres se reproduisent *en ordre rétrograde*, à partir d'un terme moyen, qui lui-même se répète quand le nombre des choses à combiner est impair. Il est facile de se rendre raison de cette circonstance, d'après la règle de dérivation qu'on vient d'exposer ; car admettons que cette loi soit vérifiée pour les nombres de l'une des lignes, la 8e. par exemple, 1, 8, 28, 56...; lorsqu'on en voudra déduire les nombres de la ligne n°. 9, en ajoutant ces quantités deux à deux, il est visible que les résultats formeront des sommes qui se reproduisent aussi en ordre rétrograde, puisqu'ils seront formés de l'addition des mêmes nombres. Ainsi il suffit que cette loi de reproduction ait lieu dans une ligne, pour qu'elle subsiste dans toutes les suivantes; et il est clair qu'elle a lieu dans les premières lignes, par exemple 1, 2, 1, ou 1, 3, 3, 1.

La loi dont il s'agit ici revient à dire que dans le développement de $(a + b)^m$, lorsque l'exposant m est entier et positif, les coefficients à égales distances des extrêmes sont égaux deux à deux, et que les termes moyens ont mêmes coefficients quand m est impair; proposition, pour ainsi dire, évidente d'elle-même, puisque $(a + b)^m$ et $(b + a)^m$ sont identiques.

Il nous resterait à dire beaucoup de choses sur le sujet qui vient d'être traité; il faudrait par exemple, trouver le nombre de combinaisons ou permutations différentes, lorsqu'il y a des lettres égales, ou lorsqu'on exige que dans chaque résultat il entre un certain nombre de choses désignées, etc. Mais la nature du dictionnaire que nous publions ne nous permet pas d'entrer dans ces détails. Consultez l'*Ars conjectandi* de D. Bernoulli, et le second volume de notre *Cours de mathématiques pures*. Voyez aussi le mot *Figuré*. F.

COMBUSTION. (*Chimie.*) Depuis près de deux siècles, ce phénomène est l'objet des méditations des chimistes les plus distingués, et cependant il est encore difficile, peut-être même impossible, d'en assigner la cause générale; aussi la plupart des définitions qui ont été données de la combustion, reposent-elles sur des bases mal assurées. Les anciens, qui n'avaient égard qu'à la chaleur et à la flamme produites pendant la combustion, croyaient qu'il existait un élément qu'ils appelaient feu, et qui avait la propriété de dévorer certains autres corps pour les convertir en sa propre substance. Hooke, en 1665, regarda l'air comme le mobile de ce phénomène, et supposa dans ce fluide l'existence d'un corps analogue à celui qui est fixé dans le salpêtre, corps qui aurait eu la propriété de dissoudre tous les combustibles lorsque leur température aurait été suffisamment élevée. La lumière et le calorique n'étaient, suivant lui, que le résultat

du mouvement rapide imprimé aux particules de la matière par le fait seul de la combinaison.

Dix ans après, Mayow publia, à Oxford, un Traité sur
le salpêtre, dans lequel il reproduisit la théorie de Hooke,
et où il désigna sous le nom de *spiritus-nitro-aereus*, la
substance dissolvante des corps combustibles; il exagéra
même les idées de ce savant, en considérant le soleil comme
le résultat de particules nitro-aériennes dans un état permanent du mouvement le plus rapide.

Peu de temps après, Stahl développa une théorie proposée par Becher, et l'étaya de recherches si nombreuses,
de raisonnements si persuasifs, qu'elle fut adoptée avec enthousiasme et qu'elle reçut le nom de théorie stahlienne de
la combustion. Stahl supposait dans tous les corps susceptibles de brûler un principe auquel il donnait le nom de
phlogistique. Lorsque le corps entrait en combustion, il
dégageait le phlogistique qu'il contenait et le résidu dépourvu de ce principe était incombustible. Il expliquait la
chaleur et la flamme par l'état d'agitation et le mouvement
violent dans lequel se trouvait le phlogistique à sa sortie
du corps. Ainsi le fer était considéré comme un composé
de phlogistique et de chaux de fer (oxide de fer); lorsqu'on le faisait brûler, le phlogistique se dégageait et il
restait de la chaux de fer; si au contraire on soumettait
à une température élevée de la chaux de fer, mélangée
avec du charbon, on obtenait du fer métallique formé
de phlogistique et de chaux de fer, parceque dans ce
cas le charbon avait cédé à l'oxide de fer toute la quantité de phlogistique que cet oxide avait perdue pendant
la combustion.

Dans cette théorie, Stahl avait considéré la lumière
et la chaleur comme une modification du phlogistique.
Macquer fit observer qu'il résultait des expériences de
Newton que la lumière était un corps *sui generis*, et que par
cela même cette manière de voir était inadmissible, ce qui
l'engagea à considérer le phlogistique comme n'étant

autre chose que la lumière fixée dans les corps. Il restait à expliquer la source de la chaleur, on la regarda comme une modification de la lumière; mais Black démontra que le calorique était susceptible de se fixer dans les corps réputés incombustibles, et il fallut considérer ce fluide comme un corps particulier. La nature du phlogistique fut encore une fois changée et son domaine agrandi : la chaleur, la lumière, le magnétisme, l'électricité et la gravitation ne furent plus considérés que comme un effet d'un fluide éminemment subtil, et ce fluide, l'*éther* de Hooke et de Newton, ce fut encore le phlogistique. On le regarda comme un corps essentiellement léger, en sorte que par son dégagement lors de la combustion on expliquait l'augmentation de poids du corps brûlé.

Priestley s'occupait alors avec ardeur d'expériences relatives à la chimie pneumatique. Il avait remarqué que l'air dans lequel on avait fait brûler des corps n'était plus propre à la combustion et qu'il ne pouvait plus entretenir la vie des animaux; il en conclut qu'il avait subi une altération notable et que cette altération consistait dans sa combinaison avec le phlogistique dégagé du corps brûlé. Il lui supposa même, pour cette substance, une affinité telle, qu'aucune combustion ne pouvait avoir lieu sans qu'elle s'exerçât; mais, dans cette hypothèse, il restait encore à expliquer la source de la chaleur et de la lumière, et c'est ce que Crawford essaya de faire. Il supposa que le phlogistique, en se combinant avec l'air, sépare de ce fluide le calorique et la lumière avec lesquels il était combiné. Jusqu'alors il restait beaucoup d'incertitude sur la nature intime du phlogistique, Kirwan s'efforça de prouver que ce corps n'était autre chose que de l'hydrogène; il admit son existence dans tous les corps; sa séparation pendant la combustion et la production du calorique et de la lumière comme un effet de sa combinaison avec l'oxigène de l'air. Cette théorie, beaucoup plus satisfaisante que toutes celles qui avaient été émises, fut accueillie avec la plus grande faveur, et les savants les plus distingués l'adoptèrent exclusivement.

Bayen, en 1774, porta les premières atteintes à la théorie de Stahl, plus ou moins modifiée. Il lut à l'Académie un mémoire sur les oxides de mercure, dans lequel il démontra que le deutoxide se réduisait à l'état métallique, en perdant de son poids et en abandonnant un gaz que l'on pouvait recueillir et qu'il s'était contenté de peser sans en examiner la nature; il en conclut que dans la combustion, il était impossible qu'il se dégageât du corps brûlé une substance quelconque, puisque ce corps était plus pesant après qu'avant ce phénomène. Ces conclusions étaient encore appuyées par les expériences que Lavoisier avait publiées en 1772 et 1773, sur la combustion du phosphore, du soufre et de quelques métaux, pour prouver qu'ils augmentaient de poids en fixant une portion d'air atmosphérique. Cependant le fait annoncé par Bayen, ne suffisait pas pour renverser une théorie professée depuis plus de cinquante ans, par tous les chimistes de l'Europe. Aussi ne fut-ce qu'en 1777, lorsque Lavoisier développa sa théorie à l'Académie des Sciences, que celle de Stahl commença à être mise en doute. Mais jusqu'en 1785, la théorie ancienne prévalut sur celle de Lavoisier; à cette époque, Berthollet, dans une assemblée académique, s'avoua pleinement convaincu et abjura ses anciennes opinions; Fourcroy et Morveau suivirent son exemple, et bientôt l'Europe entière, entraînée par ces hommes célèbres, méconnut la théorie de Stahl.

Dans tout cas de combustion, l'oxigène se combine avec le corps qui brûle: telle est la simple proposition émise par Lavoisier pour expliquer ce phénomène. Développons cette proposition. Lorsque le phosphore, par exemple, entre en combustion, il se produit une très grande quantité de calorique et de lumière; il se forme de l'acide phosphorique et de l'oxide rouge de phosphore. Dans ce cas, d'après Lavoisier , le phosphore a absorbé l'oxigène de l'air pour former naissance à l'acide phosphorique et à l'oxide rouge, et l'oxigène a abandonné toute la quantité de calorique et de lumière qu'il retenait lorsqu'il était à l'état gazeux. Le produit de la combustion est plus pesant puisqu'il est formé par la réunion de deux corps. Ainsi, par cette théorie, tous les phénomènes se trouvent expliqués et leur cause connue ; mais Lavoisier ayant surtout égard à la cause de la combustion, la combinaison de l'oxigène, appliqua cette dénomination aux cas où il y avait union de ce gaz avec un corps combustible, sans qu'il y eût dégagement de calorique ou de lumière. Aussi définit-il la combustion un phénomène dans lequel l'oxigène se combine avec un corps quelconque, et désigna-t-il l'oxigène sous le nom de *corps comburent*, et toutes les substances susceptibles de se combiner avec lui, sous celui de *combustibles*. Cette définition et ces dénominations sont encore admises par quelques chimistes célèbres. Nous prouverons qu'elles sont inexactes.

Dans l'état actuel de la science, la théorie de Lavoisier ne peut plus être admise ; en effet elle pèche par deux points essentiels. 1°. Ce célèbre chimiste supposait que le calorique et la lumière, dégagés pendant la combustion, provenaient du changement d'état de l'oxigène. Ainsi un corps gazeux n'était tenu à cet état que par le calorique et la lumière ; s'il passait à l'état liquide, il dégageait tout le calorique qui le maintenait à l'état gazeux ; si de l'état liquide il devenait solide, il abandonnait une nouvelle quantité de calorique et de lumière, en sorte que dans la combustion le dégagement de ces corps était soumis au changement d'état plus ou moins marque des corps combinés. Cette explication est bonne pour un grand nombre de cas ; elle est insuffisante pour d'autres. Ainsi lorsqu'on enflamme de la poudre dans le vide, il se produit une très grande quantité de calorique et de lumière, et cependant l'oxigène qui était à l'état solide dans la poudre, passe à l'état gazeux; en un mot, c'est une matière solide dont les éléments se combinent en d'autres proportions, pour donner naissance à des corps gazeux. Quand on projette de l'acide nitrique dans de l'huile de térébenthine, il s'opère une combustion très rapide, et cependant les deux corps sont liquides et produisent des substances gazeuses. 2°. Certains corps qui ne contiennent pas d'oxigène peuvent se combiner entre eux et développer tous les phénomènes de la combustion la plus vive. Ainsi le soufre s'unit au cuivre à une température élevée, avec dégagement de calorique et de lumière. Le chlore et l'iode peuvent se combiner à froid avec des corps qui ne renferment pas d'oxigène, et il se produit néanmoins pendant la combinaison, tous les phénomènes de la combustion. Que l'on verse dans un flacon rempli de chlore gazeux un peu d'arsenic ou d'antimoine en poudre, et toutes les parcelles métalliques prendront feu en traversant le flacon. La combustion de l'hydrogène avec le chlore est l'une des plus violentes et peut-être celle qui produit le plus de calorique et de lumière; cependant il n'existe pas d'oxigène dans le produit de la combustion, les deux corps combinés étaient gazeux et l'acide hydrochlorique qui résulte de la combinaison, est encore gazeux.

C'est d'après la connaissance de ces faits que Thomson a établi trois genres de corps : des soutiens de la combustion, des corps combustibles et des corps incombustibles. Les premiers, qui sont l'oxigène, le chlore et l'iode, ne sont jamais susceptibles d'éprouver la combustion, mais ils l'entretiennent constamment, et leur présence est indispensablement nécessaire pour qu'elle ait lieu. Les seconds, ou les corps combustibles, sont de plusieurs espèces; ils peuvent être simples, tels que l'hydrogène, le carbone, le bore, le sili cium, le phosphore, le soufre et les métaux; ils peuvent être composés, et alors tantôt de deux éléments, les oxides, les chlorures, les iodures; tantôt de trois corps simples, les matières végétales; de quatre substances élémentaires, les matières animales. Lorsqu'un soutien de la combustion s'unit à un corps combustible, le résultat de son union est ce que Thomson appelle un *produit* de la combustion; et comme lorsque la combustion s'opère, il y a toujours, suivant lui, dégagement de calorique et de lumière, et que d'une autre part il ne peut pas y avoir combustion sans que ce ne soit un résultat de l'union de l'un des trois soutiens de la combustion avec un corps combustible, Thomson conclut de là que le calorique ou la lumière existe à l'état de combinaison avec l'oxigène, le chlore et l'iode. Mais comme l'intensité de la lumière produite, est le plus souvent modifiée par la nature du corps combustible, il est porté à penser que ce fluide existe dans un très grand nombre de ces corps. Ainsi, quand on combine du phosphore avec de l'oxigène, il se développe une très grande quantité de lumière; lorsqu'on unit de l'hydrogène à de l'oxigène, il se manifeste beaucoup de chaleur et peu de lumière. Déjà cette manière d'envisager le dégagement de la lumière pendant la combustion avait été émise même à l'époque où l'on croyait au phlogistique. Thomson l'a développée par l'explication suivante : « Les parties constituantes des corps soutiens, sont, 1°. une base; 2°. le calorique. Les parties composantes des combustibles sont également, 1°. une base; 2°. la lumière; pendant la combustion, la base du corps soutien se combine avec la base du combustible, et cette combinaison forme le produit, tandis qu'en même temps le calorique du corps soutien se combine avec la lumière du combustible, et le composé se dégage sous la forme de feu. La combustion est donc une double décomposition; le corps soutien et le combustible se divisent chacun d'eux-mêmes en deux portions qui se combinent deux à deux; l'une de ces combinaisons forme le produit et l'autre le feu. Si l'oxigène des produits est insuffisant pour la combustion, c'est que son calorique lui manque. Si la combustion ne peut pas avoir lieu lorsque l'oxigène se combine avec les produits ou avec la base des corps soutiens, c'est que ces corps ne contiennent pas de lumière. Le calorique de l'oxigène n'en est donc pas séparé, et il n'y a pas apparence de feu. Mais cet oxigène, qui retient encore son calorique est capable de produire la combustion, si on lui présente un corps quelconque qui contienne la lumière, et dont la base ait de l'affinité pour l'oxigène. Dans tous les cas semblables, il se fait une double décomposition; l'oxigène du produit se combine avec la base du combustible, tandis que la lumière du combustible se combine avec la base du produit. » Les idées de Thomson sur la combustion sont beaucoup plus exactes que toutes celles qui avaient été émises avant lui; seulement il est tout à fait inutile d'admettre les trois espèces de corps qu'il établit. Sa division est d'ailleurs vicieuse, puisque certains corps jouent dans certains cas le rôle de combustibles, et dans d'autres celui de soutiens de la combustion. Le soufre en est un exemple : quand il se combine avec l'oxigène il est corps combustible, et lorsqu'il s'unit au cuivre il devient soutien de la combustion.

Après avoir exposé les théories qui ont été émises à ce sujet, cherchons à bien spécifier ce qu'il faut entendre ous le nom de combustion.

La combustion doit être envisagée comme un phénomène très général, qui entraine nécessairement un dégagement de calorique et de lumière et qui résulte de la *combinaison* de deux ou d'un plus grand nombre de corps entre eux, quelle que soit leur nature. S'il ne se dégage pas de calorique et de lumière, il n'y a pas de combustion. N'est-il pas en effet au moins déplacé de regarder

comme une combustion la combinaison de l'oxigène avec
une foule de métaux pour former des oxides , combinaison qui s'opère dans la plupart des cas sans aucun dégagement de calorique? N'est-ce pas ôter au mot combustion la signification qui lui est propre? n'est-ce pas
donner la même acception aux mots combinaison et combustion? n'est-ce pas enfin prendre la cause qui produit
dans certains cas le phénomène, pour le phénomène lui-
même? Ainsi donc , toutes les fois que deux ou un plus
grand nombre de corps se combinent et qu'il y a dégagement de calorique et de lumière , on doit dire qu'il s'est
opéré une combustion ; la nature des corps combinés
importe peu. Mais la combustion dans le sens qu'elle doit
être définie, entraîne toujours une combinaison , et c'est
en cela que ce phénomène se distingue de l'ignition où
il y a seulement élévation de la température du corps
jusqu'au rouge de feu, sans que pour cela il se soit opéré
aucune combinaison chimique. Ainsi l'on doit rapporter
à l'ignition une foule de phénomènes indépendants de
l'affinité et qui peuvent simuler une combustion : si, par
exemple, on frappe vivement un morceau de fer avec
un marteau, il devient incandescent; si l'on comprime
avec force et instantanément une colonne d'air, d'oxigène
ou de chlore, placée dans un tube de verre, il se produit
un dégagement considérable de calorique et de lumière , et cependant la nature de ces gaz et leur force
élastique n'ont pas été modifiées. Si, comme l'a fait Rum-
ford , on prend deux cylindres en métal de canon, l'un
creux, susceptible de recevoir dans sa cavité, l'autre qui
est plein, et que l'on imprime à l'un des deux un mouvement rapide de rotation sur son axe, les deux cylindres
deviennent incandescents et dégagent par conséquent du
calorique et de la lumière ; après l'expérience, et lorsque
le refroidissement est complet, les deux cylindres n'ont
perdu ni de leur calorique libre, ni de leur calorique la-

tent; leur densité n'a pas augmenté et leur nature n'a été en rien modifiée. Quand on place un fil métallique dans le courant d'une pile en activité, le fil rougit si l'étendue de sa surface ne suffit pas à l'écoulement du fluide électrique; il en est encore de même lorsqu'on remplace le fil métallique par un morceau de charbon, et ces expériences réussissent aussi bien dans le gaz azote que dans l'air ou l'oxigène; par conséquent il ne s'opère pas de combinaison. Dans tous les cas de combustion, au contraire, il y a toujours un produit formé.

Mais d'où proviennent le calorique et la lumière qui se dégagent pendant la combustion? La combustion entraînant nécessairement une combinaison, il est naturel de rechercher en premier lieu si l'affinité n'est pas la cause du dégagement de calorique et de lumière, et s'il en est ainsi ce dégagement devra être d'autant plus considérable, que l'affinité des deux corps combinés sera plus grande. Il est vrai de dire que dans le plus grand nombre de cas, lorsque deux ou un plus grand nombre de corps ont entre eux beaucoup d'affinité, ils se combinent avec dégagement de calorique et de lumière. Mais l'affinité ne rend compte que de la combinaison et n'explique pas le dégagement de ces fluides; aussi a-t-on donné pour cause immédiate de leur production le rapprochement des molécules, qui est presque toujours une suite nécessaire de la combinaison.

Les corps, en passant de l'état solide à l'état liquide et de l'état liquide à l'état gazeux, absorbent une très grande quantité de calorique. Ils en perdent dans la même proportion, en revenant à l'état solide, c'est-à-dire lorsque leurs molécules se rapprochent; et, comme dans le plus grand nombre des combinaisons, il y a un rapprochement considérable des molécules, on a attribué le dégagement de calorique et de lumière au changement d'état des corps qui s'opérait pendant la combustion. Mais déjà nous avons fait voir que certains corps, en passant de l'état solide à l'état gazeux, dégageaient une très grande quantité de calorique. Nous ajouterons que les expériences récentes de M. Becquerel démontrent que plusieurs produits de la combustion ont pour le calorique une capacité plus considérable que la somme de capacité des deux corps qui ont servi à le former, (l'acide carbonique a plus de capacité pour le calorique que la somme de capacité de l'oxigène et de la vapeur de carbone ;) ce qui ne peut pas se concevoir dans l'hypothèse que nous venons d'établir, puisque nous admettons que ces deux corps, en se combinant, ont perdu une énorme quantité de calorique. La connaissance de ces faits est d'autant plus fâcheuse pour cette théorie, qu'avec elle on expliquait facilement tous les phénomènes d'après cette loi établie, qu'il suffit d'un dégagement de cinq cents degrés de calorique pour qu'il se produise de la lumière; car on disait, lorsque le phosphore, par exemple, se combine avec l'oxigène, ce gaz passe à l'état solide, en formant, par son union avec le phosphore, de l'acide phosphorique. Il perd toute la quantité de calorique qui le maintenait à l'état gazeux, et cette quantité de calorique dégagé est suffisante pour produire de la lumière.

Il paraît actuellement très probable que dans la plupart des combinaisons chimiques, il se dégage du fluide électrique. Admettrons-nous, pour expliquer les phénomènes de la combustion, l'opinion de M. Berzelius, qui la développe ainsi dans son Essai sur la théorie des proportions chimiques : *Dans toute combinaison chimique, il y a neutralisation des électricités opposées, et cette neutralisation produit le feu de la même manière qu'elle le produit dans les décharges de la bouteille électrique, de la pile électrique et du tonnerre, sans être accompagnée, dans ces derniers phénomènes, d'une combinaison chimique.* Mais ainsi qu'il le fait observer lui-même, les phénomènes électriques ordinaires expliquent bien l'action des corps à plus ou moins de distance, leur attraction avant l'union, et le feu que cette union produit; mais ils ne nous éclairent pas sur la cause de l'union permanente des corps avec une si grande force, après que l'état d'opposition électrique est détruit. Nous ajouterons au raisonnement de ce savant chimiste, que si le fluide électrique était toujours la cause du dégagement de calorique et de lumière, le calorique et la lumière dégagés devraient être toujours dans les mêmes proportions, l'un par rapport à l'autre, tandis qu'il n'en est pas ainsi. La combustion de l'oxigène et de l'hydrogène donne lieu à l'émission d'une énorme quantité de calorique, mais au dégagement de fort peu de lumière. Celle du phosphore dans l'oxigène produit beaucoup de lumière et très peu de chaleur.

Que conclure de tous ces faits? que le dégagement de calorique et de lumière qui s'effectue pendant la combustion, est un phénomène qui peut dépendre de plusieurs causes à la fois; causes qui probablement sont variables, suivant certains cas; que les théories de leur production, données jusqu'à ce jour, prises isolément, sont insuffisantes pour l'expliquer, et doivent être rejetées par cela seul qu'il est des faits dont elles ne rendent pas compte; que tout porte à croire qu'avec les données que l'on possède aujourd'hui, on trouvera dans peu, pour expliquer la combustion, une cause qui, comme l'affinité, sera susceptible d'être modifiée par des agents et des circonstances nombreuses. Mais dans l'état actuel de la science, on doit se tenir dans le doute; et, si l'on veut expliquer, choisir pour chacun des cas en particulier la cause qui paraît la plus probable. O. et A. D.

COMBUSTION HUMAINE SPONTANÉE. (*Médecine légale.*) L'idée d'une combustion humaine spontanée, portée jusqu'à l'incinération la plus complète, paraît au

premier abord une chose surnaturelle; surtout lorsqu'on
réfléchit à la difficulté qu'éprouvaient les anciens lorsqu'ils voulaient réduire en cendres les corps de leurs
pères. Un très grand nombre de faits bien avérés ont ce
pendant démontré qu'elle pouvait avoir lieu, même sans
le secours d'un corps en combustion. Pour bien faire
connaître un phénomène qui doit surtout intéresser les
magistrats, nous relaterons ici les faits les plus curieux
de combustion spontanée, quoique la plupart d'entre eux
aient été déjà transcrits dans plusieurs ouvrages.

« *Don Gio Maria Bertoli* [1], prêtre domicilié au mont
Volère, dans le district de *Fivizzano*, se transporta,
le 25 septembre 1776, à la foire de *Filetto*, où
l'attiraient quelques affaires. Après avoir employé toute
sa journée à des courses dans la campagne des environs, il s'achemina sur le soir vers *Fenile*, et alla descendre chez un de ses beaux-frères qui y avait une habitation. En arrivant, il demanda à être conduit dans l'appartement qui lui était destiné. S'y étant rendu, il se fit
passer un mouchoir entre les épaules et la chemise, et
tout le monde s'étant retiré, il se mit à dire son bréviaire.
Quelques minutes s'étaient à peine écoulées, lorsqu'on
entend un bruit extraordinaire dans l'appartement où
Bertoli venait d'être installé; et ce bruit, à travers lequel
on distinguait les cris du prêtre, ayant fait accourir pré-
cipitamment les gens de la maison, on trouve, en entrant,
ce dernier étendu sur le pavé et environné d'une flamme
légère qui s'éloigne à mesure que l'on approche, et qui
enfin s'évanouit. On le porte aussitôt sur son lit, et on
lui administre tous les secours qu'on pouvait avoir sous
la main. Le lendemain matin, je fus appelé, dit Battaglia, et ayant examiné avec soin le malade, je trouvai

---

[1] Observation insérée dans un des journaux de Florence, du mois
d'octobre 1776, par Joseph Battaglia, chirurgien, à Ponte-Bossia.

que les téguments du bras droit étaient presque entièrement détachés des chairs et pendants, de même que la
peau de l'avant-bras. Dans l'espace compris entre les
chairs et la cuisse, les téguments étaient tout aussi fortement endommagés que ceux du bras droit ; le lendemain, la main droite était complètement gangrénée. A ma
troisième visite, toutes les autres parties du blessé furent
également sphacélées ; le malade se plaignait d'une soif
ardente et était agité d'horribles convulsions ; il rendait
par les selles des matières putrides, bilieuses, et était en
outre fatigué d'un vomissement continuel, accompagné
de beaucoup de fièvre et de délire ; enfin, le quatrième
jour, après deux heures d'un assoupissement comateux, il
expira. Pendant qu'il était plongé dans son sommeil lé-
thargique, j'observai avec étonnement que la putréfaction
avait déjà fait tant de progrès, que le corps du malade
exhalait une puanteur insoutenable. On voyait les vers
qui en sortaient courir jusque hors du lit, et les ongles se
détacher d'eux-mêmes des doigts de la main gauche.

» Ayant eu le soin de prendre des informations du malade lui-même sur tout ce qui s'était passé, il m'apprit,
en me garantissant la vérité des faits, qu'il avait senti
comme un coup de massue qu'on lui aurait donné sur le
bras droit, et qu'en même temps il avait vu une bluette
de feu s'attacher à sa chemise, qui en fut dans un instant réduite en cendres, sans néanmoins que ce feu ait
touché en aucune manière aux poignets. Le mouchoir
qu'en arrivant il s'était fait appliquer sur les deux épaules, entre la chemise et la peau, s'est trouvé dans toute
son intégrité, et sans la moindre trace de brûlure ; les
culottes sont également restées intactes, mais la calotte a
été entièrement consumée, sans que pourtant il y ait eu
un seul cheveu de la tête de brûlé. »

La femme de l'infortuné *Millet*, sujette à l'ivrognerie,
fut trouvée, le 20 février 1725, presque entièrement ré-

duite en cendres, à un pied et demi du foyer de sa cuisine.

Une lettre du général américain William Stepherd renfermait le fait suivant. Le cadavre d'une vieille femme s'évapora et disparut par une cause interne, inconnue, dans l'espace d'environ une heure et demie. Une partie des individus de la famille était allée se coucher, et les autres étaient sortis; la vieille resta levée pour garder la maison. Peu après, un de ses petits-enfants rentra et vit le plancher en feu. Il donna l'alarme dans la maison, on apporta des lumières, et on procéda à l'extinction du feu. Tandis qu'on était ainsi occupé, on aperçut quelque chose de singulier sur le sol; il y avait une espèce de suie grasse et des cendres, avec des restes d'un corps humain; une odeur extraordinaire se répandait dans la chambre; tous les vêtements étaient consumés par le feu, et la grand'mère ne se retrouvait plus. On crut d'abord qu'en voulant allumer sa pipe de tabac, elle était tombée dans le feu et s'était brûlée; mais en voyant le foyer si petit, on jugea qu'il eût été impossible qu'elle fût consumée totalement, quand même il y en aurait eu dix fois autant. La combustion des vêtements ne pourrait jamais amener une incinération aussi complète, puisque les anciens étaient obligés d'employer des cordes de bois tout entières pour arriver à ce résultat, et qu'ils choisissaient même ceux qui contenaient le plus de matières résineuses, tels que ceux de sapin, d'if, de frêne, de mélèse, etc.

Nous pourrions citer un bien plus grand nombre de faits analogues; ils nous présenteraient les mêmes résultats. Toutefois il résulte de tous ceux que l'on possède jusqu'ici, que la combustion humaine spontanée se remarque presque toujours chez les sujets au moins sexagénaires, très gras ou très maigres, mais alors d'une constitution très débile, adonnés à l'ivresse, et surtout à celle

qui est due aux boissons alcooliques ; qu'elle est plus fréquenté chez les femmes que chez les hommes, et en hiver
qu'en été ; qu'elle se développe instantanément, envahit
la presque totalité du corps, et le consume dans l'espace
de quelques heures et souvent beaucoup plus rapidement ;
que la flamme qu'elle produit est toujours faible, peu
élevée, et développe peu de chaleur, puisqu'elle n'attaque
presque jamais les meubles qui environnent le cadavre en
combustion, de manière à ce que la chambre reste intacte
et est seulement tapissée par une suie grasse et épaisse ;
que, dans les cas observés jusqu'à présent, on a le plus
souvent trouvé une lampe, une chandelle, un foyer de
peu d'étendue, etc., à une distance plus ou moins éloignée du lieu où avait existé l'incinération ; que l'eau éteint
difficilement la flamme, et que malgré sa cessation, la
combustion n'en persiste pas moins à l'intérieur, ou que
les parties du corps qui y ont été soustraites sont frappées
de sphacèle.

La combustion humaine spontanée peut-elle être expliquée ? Les théories émises jusqu'à ce jour nous paraissent
tout à fait insuffisantes et peuvent être facilement renversées par des arguments puisés dans la physiologie ou
dans la chimie. Aussi nous contenterons-nous de rapporter les deux principales théories adoptées. Les uns supposent que les liqueurs alcooliques qui sont continuellement ingérées dans l'estomac, pénètrent tous les tissus
de l'économie, les imbibent pour ainsi dire, et qu'il arrive un moment où il suffit du voisinage d'un corps en
combustion pour que les tissus eux-mêmes brûlent et
se consument. Les autres, ayant égard au développement d'une plus ou moins grande quantité d'hydrogène
qui se rencontre constamment dans les intestins, supposent que ce gaz peut aussi bien se produire dans
les autres parties de l'économie ou les pénétrer, de
manière à s'enflammer à l'approche d'un corps en com-

bustion ou sous l'influence du fluide électrique; fluide qui se serait alors manifesté instantanément dans l'individu même, comme on le voit se développer chez un grand nombre d'animaux ou dans quelques parties de certaines personnes placées dans des circonstances particulières.

Cette dernière opinion surtout qui appartient à un médecin légiste très distingué, est entièrement détruite par les expériences de Davy. Ces expériences prouvent que la flamme ne peut pas traverser une toile métallique dont les ouvertures sont d'un très petit diamètre. Dans cette hypothèse, il faudrait admettre que la flamme du corps en combustion, placée près de l'individu incinéré, aurait pénétré à travers les pores de la peau, phénomène inadmissible. Que si on reporte la cause de la combustion de l'hydrogène au fluide électrique développé instantanément chez l'individu, l'explication tombe encore d'elle-même, quand on réfléchit que l'hydrogène ne peut pas brûler sans le contact de l'oxigène, quelle que soit la quantité d'étincelles que l'on y fasse arriver.

O. et A. D.

COMBUSTIBLE. (*Technologie.*) Le combustible est l'élément indispensable d'une multitude d'usines telles que les forges, les fonderies, les verreries, les fabriques de poterie de toute espèce, les teintures, etc.; il n'est presque pas d'art où l'on n'en fasse une consommation plus ou moins étendue; et les besoins de l'économie domestique en réclament des quantités plus ou moins considérables. Le combustible est l'aliment nécessaire de ce grand nombre de machines à vapeur qui multiplient à un si haut degré nos forces et nos ressources. De là l'importance du produit pour les nations industrieuses et la nécessité de nouveaux efforts pour le fournir en abondance aux usines, dont il fait la vie et la prospérité.

Pendant long-temps le bois, réduit ou non en charbon,

a été presque le seul combustible employé; mais nos forêts, faisant place graduellement à des cultures plus productives, diminuent tous les jours de nombre et d'étendue, et deviennent de plus en plus insuffisantes pour notre consommation. La houille, ou charbon de terre, supplée déjà à ce besoin, et remplace avec avantage, dans la plupart des cas, le bois et le charbon végétal. L'exploitation des mines de ce combustible fait journellement de rapides progrès et promet d'immenses ressources. Plus de la moitié des départements français contiennent des mines de houille exploitées ou susceptibles de l'être, et nos richesses en ce genre sont si étendues, qu'on ne saurait fixer, dans l'avenir le plus éloigné, l'époque de leur épuisement.

Entre le bois et la houille, la nature nous offre encore, en quelques localités, d'immenses dépôts de tourbes, qui ne sont autre chose que des amas et des débris de matières végétales à demi-carbonisées. De ces trois produits naturels, l'art extrait trois produits correspondants, dont la consommation est également très considérable; ce sont le charbon de bois, le coke ou charbon de houille, et enfin le charbon de tourbe.

A quantités égales, tous les combustibles sont loin de donner les mêmes quantités de chaleur; ils en fournissent d'autant plus qu'ils renferment plus de carbone et d'hydrogène, et en général la chaleur développée est proportionnelle à la quantité d'oxigène absorbée dans la combustion. Il est donc important, sous le rapport de l'emploi économique du combustible, de connaître la valeur calorifique de chacun. Le tableau suivant fait connaître ces relations et unités de chaleur, c'est-à-dire qu'il désigne le nombre de kilog. d'eau que peut élever d'un degré intégral un kilog. de combustible; ou, ce qui revient au même le nombre de degrés qu'un kilog. de combustible pourrait donner à un kilog. d'eau.

COMBUSTIBLES ESSAYÉS.	Rumford.	Laplace.	Clément-Désormes.
Bois de chêne sec..............	3146	»	3666
— de hêtre sec..............	3600	»	3666
— — séché à l'air......	3300	»	2945
— de peuplier sec..........	3700	»	3666
— — séché à l'air......	3460	»	»
Charbon de bois.............	»	7226	7050
Houille contenant 0.2 de terre..	»	»	5932
— 1re. qualité 0.02 de terre..	»	»	7050
Coke contenant 0.1 de terre....	»	»	6345
Suif........................	8369	7186	»
Cire blanche................	9479	10500	»
Huile d'olive...........	9044	11160	»
— de Colza épurée........	9307	»	»
Naphte, pes. spécifi. à 827, à 13°.3.....................	7338	»	»
Alcool à 42°, à 15°.5 de tempér.	5195	»	»
— à 33°...............	5261	»	»
Ether sulfurique, pes. spécifique 0.728 à 20° de tempér........	8030	»	»
Gaz........................	»	25400	22125

Nous ne nous attacherons, dans cet article, à considérer les combustibles que sous le rapport de leur emploi domestique et dans les manufactures. Le bois a été pendant long-temps le seul aliment de nos manufactures; nos voisins d'outre-mer nous ont appris à lui substituer la *houille,* qu'on nomme vulgairement *charbon de terre.* Au mot *Houille* nous ferons connaître ce combustible et ses diverses espèces; nous indiquerons dans cet article les manipulations qu'on emploie pour épurer la houille et la réduire en *coke.* On commence à employer à Paris, avec avantage pour les usages domestiques, le *coke,* qui ne donne ni fumée, ni mauvaise odeur, et dont la chaleur est très intense.

Nous renvoyons de même au mot *Tourbe* les détails que nous avons à fournir sur ce combustible et sur les moyens employés pour le carboniser.

La manière dont on opère pour carboniser le bois dans les forêts, c'est-à-dire pour obtenir du *charbon de bois,* est trop connue pour que nous en donnions ici la description. Il sera plus intéressant de dire un mot sur les procédés qu'on a substitués aux anciens. On fait un trou cylindrique dans la terre, d'environ dix pieds de diamètre et de sept à huit pieds de profondeur, on le revêt intérieurement en briques, à peu de frais. Au fond de ce trou, on pratique une galerie circulaire qui permet de donner par des ouvreaux un accès régulier à l'air utile à la carbonisation. On range le bois en tas, de la même manière que les charbonniers le pratiquent dans les forêts, et l'on recouvre le tout d'un couvercle conique en tôle, terminé par un tuyau court par lequel on introduit le feu pour allumer le bois. Un autre tuyau conduit les gaz de la carbonisation dans des tonneaux placés debout, qui se communiquent de l'un à l'autre. Ces gaz s'y condensent, et lorsque la carbonisation est achevée et que le tout est froid, on trouve dans le trou un charbon de bonne qualité, dur, sonore, exempt de fumerons, et en plus grande quantité, dans la proportion d'un cinquième au moins, que par les procédés ordinaires des forêts.

On recueille, dans les tonneaux, de *l'acide acétique,* de *l'huile empyreumatique* et du *goudron.* On purifie toutes ces substances, qui sont très recherchées dans les arts industriels.

Comparaison des différents combustibles sous le rapport de l'économie. D'après les règles générales que nous allons tracer, il sera facile à chacun de reconnaître dans le pays qu'il habite, quel est le combustible auquel il doit donner la préférence sous le rapport de l'économie. Nous appliquerons ces règles à quelques exemples.

Nous nous bornerons à faire observer que la préférence doit toujours être donnée au combustible qui produit le plus de chaleur, qui dure le plus long-temps au feu, et qui coûte le moins cher; ce qui dépend des productions de chaque pays.

Comme le bois se trouve partout, son usage est le plus généralement répandu; mais dans les pays où l'on peut se procurer facilement de la houille, le bois lui est inférieur sous tous les rapports. Il en est de même dans les lieux où se trouve la tourbe; elle est préférable au bois, quoiqu'elle ne le soit pas à la houille. Il faut faire attention que nous ne parlons ici que de la tourbe crue et non carbonisée.

Pour apprécier convenablement l'avantage qu'une espèce de combustible peut avoir sur les autres, on ne doit pas les comparer par leur volume, mais bien par leur poids, parceque le feu dure plus ou moins long-temps, à raison de la quantité de matière qu'on soumet à son action. Or, la quantité de matière s'évalue par le poids et non par la place qu'elle occupe. On sait, par exemple, qu'un quintal de tourbe crue ne coûte qu'environ 1 fr. 20 cent., tandis que le même poids de houille se paie le double. Il ne faut pas encore juger par les prix; car il est impossible qu'il soit plus avantageux, plus économique, d'employer la houille de préférence à la tourbe, si pendant la combustion, le quintal de houille présente plus d'activité, et que la durée surtout surpasse celle de deux quintaux de tourbe. Nous allons rapporter le résultat des expériences qui ont été faites par un homme respectable, dans la vue d'éclairer ce point important.

Dans un rapport fait par M. *Gillet de Laumont* à la Société royale et centrale d'agriculture, on voit qu'avec poids égal de bois de chêne, de tourbe d'Essonne et de houille du Creuzot, l'évaporation de l'eau, dans le même fourneau, a lieu dans les proportions suivantes.

L'évaporation produite par le bois de chêne étant comme 4, celle produite par la tourbe est comme 5, et celle produite par la houille est comme 10.

Il résulte donc qu'en préférant la tourbe au bois, on

VII.   34

gagne un cinquième, et qu'en employant la houille, on gagne la moitié sur la tourbe et les trois cinquièmes sur le bois de chêne.

Comparons actuellement le prix de ces trois combustibles; nous ne ferons entrer dans nos calculs ni le prix du transport, ni celui du sciage du bois, ni les autres menus frais qui sont à la charge du consommateur. C'est à chaque particulier à prendre en considération une dépense qui varie selon les circonstances.

Au prix auquel le bois s'est vendu et que nous prenons ici pour notre règle, le quintal revient environ à deux francs, tandis que celui de la tourbe ne vaut qu'un franc, ce qui fait que la tourbe présente un bénéfice de moitié ou cinq dixièmes relativement au prix. En ajoutant ces cinq dixièmes aux deux dixièmes que M. *de Laumont* a trouvés de bénéfice par l'emploi de la tourbe, on voit qu'à Paris il y a une économie des sept dixièmes à user de la tourbe de préférence au meilleur bois.

Pareillement on doit préférer la houille au bois de chêne; car, d'après le même rapport, elle gagne les six dixièmes sur le bois : à l'égard du prix, le quintal de houille vaut 2 francs 50 centimes, tandis que le quintal de bois ne coûte que 2 francs; c'est un cinquième ou deux dixièmes de bénéfice en faveur de ce dernier. Par conséquent si, des six dixièmes gagnés par la houille sur le bois, on déduit deux dixièmes ou un cinquième qu'elle perd sur le prix, elle offre encore une économie de quatre dixièmes ou deux cinquièmes sur le bois de première qualité que l'on brûle à Paris.

La tourbe est plus économique que la houille; car d'après les bases que nous donne le même rapport, la houille gagne moitié sur la tourbe, c'est-à-dire que deux quintaux de tourbe produisent le même effet qu'un quintal de houille; mais un quintal de houille coûte 2 francs 50 centimes, tandis que deux quintaux de tourbe crue ne coûtent que 2 francs ; donc la tourbe présente un cinquième d'économie sur la houille.

Tous ces calculs ont été faits pour Paris ; mais ils doivent servir d'exemple pour les différents lieux dans lesquels on se trouve.

Concluons de ces expériences qu'à Paris la tourbe crue est le plus économique de tous les combustibles ; qu'après la tourbe vient la houille, ensuite le charbon de tourbe, puis le bois ; et qu'enfin le plus dispendieux et le plus dangereux de tous les combustibles par les mauvais effets de la vapeur qu'il répand, c'est le charbon de bois.

L. Séb. L. et M.

COMÉDIE. (*Littérature.*) *C'est l'image en action des caractères, des mœurs des hommes, et d'incidents de la vie ridicules, plaisants ou intéressants.* On sait que rien n'est aussi difficile qu'une définition exacte et complète : nous hasardons celle-ci que nous essaierons de justifier dans le cours de cet article.

L'art a devancé les préceptes ; ainsi, lorsqu'on traite de la comédie, remonter à sa source, la suivre dans ses développements, indiquer les changements que la forme des institutions, la différence des pays et des mœurs ont dû lui faire subir, signaler les chefs-d'œuvre, enfin établir les règles, telle est la marche la plus simple et celle que la nature elle-même semble avoir tracée.

La naissance de l'art dramatique se perd dans la nuit des temps. Chez tous les peuples on en trouve des traces dès les premières lueurs de la civilisation. Athènes et Rome attireront seules nos regards : nous devons cet hommage à nos premiers maîtres.

A Athènes, la comédie, la tragédie et la satire eurent une origine commune. L'art les distingua bientôt par des nuances. La tragédie retint les passions fortes ; la comédie mit les mœurs en action, et se confondit avec la satire.

Tel fut chez les Grecs le premier état de la comédie,

34.

qu'on a désignée sous le nom de *comédie ancienne*. Elle fleurit vers la 82me. olympiade, sous les pinceaux d'Eupolis, Cratinus et Aristophane.

Ce dernier est le seul dont les ouvrages soient parvenus jusqu'à nous. Les anciens, Platon lui-même et tous nos hellénistes lui accordent une grande pureté de diction; on ne peut nier qu'il n'ait des idées ingénieuses, bouffonnes et même comiques. Mais quel genre étrange de comédie! la vertu sans tache, la sagesse des institutions, la sainteté même des Dieux, rien n'y fut épargné. Un Socrate, un Périclès, Eschyle, Sophocle, furent traînés sur le théâtre, et désignés à la moquerie du peuple d'Athènes. Il nous reste d'Aristophane onze pièces. Celle *des Nuées* est tristement célèbre; vingt-cinq ans après sa représentation, Anytus reproduisit contre Socrate les accusations du poète grec.

Les magistrats ouvrirent enfin les yeux sur les abus, et défendirent de mettre en scène des personnes vivantes. Telle fut l'origine de *la comédie moyenne*. Elle ne perdit presque rien de son amertume. On joua des événements vrais sous des noms supposés. Les actions et les personnes y furent représentées avec une vérité d'autant plus séduisante pour le public, qu'il eut la satisfaction de deviner les modèles.

Un troisième édit donna naissance à *la comédie nouvelle*. Alors la fiction remplaça entièrement la réalité; et il fallut suppléer par l'intérêt d'une intrigue divertissante à l'attrait de la satire personnelle.

Ménandre, dont le temps a épargné quelques fragments, se distingua dans ce nouveau genre. Voici l'opinion qu'en porte Plutarque. « *Ménandre sait adapter son style et proportionner son ton à tous les rôles, sans négliger le comique, mais sans l'outrer. Il ne perd jamais de vue la nature; la souplesse et la flexibilité de son expression ne sauraient être surpassées.... Il est fait pour être lu, représenté, appris par cœur....* »

Combien nous devons regretter les productions de celui dont Plutarque fait un si bel éloge, et que Térence prit pour modèle !

Les Romains reçurent la comédie des Étrusques, l'an de Rome 514, qui répond à la 135me. olympiade; et elle servit long-temps à augmenter la pompe des fêtes sacrées.

Nous ne connaissons rien d'*Ennius* et de plusieurs autres dont les noms sont à peine venus jusqu'à nous; nous savons seulement qu'ils imitèrent les premiers comiques grecs.

Plaute suivit aussi leurs traces; et vingt-une pièces qui nous restent encore de lui, nous mettent à même d'apprécier le talent de cet écrivain. Il offre des situations plaisantes, un dialogue vif et des scènes remplies de gaîté; son style est déjà d'une pureté remarquable. Du reste, ses comédies sont trop uniformes, ses personnages sont de convention, et rarement il se propose la nature pour modèle. Chez lui *Dave* s'exprime comme un héros. La jeune courtisane, la vieille qui la vend, le jeune homme qui l'achète, le père qu'on dupe, tous parlent le même langage; et ce langage ne varie jamais dans les situations les plus opposées. Plaute n'a qu'un but, celui de faire rire : il ne le perd jamais de vue; il lui sacrifie tout. Il a fourni à notre grand Molière l'idée de *l'Avare* et de *l'Amphytrion;* à Regnard, *les Ménechmes* et *le Retour imprévu.*

Térence fit à Rome ce que P. Corneille fit pour la comédie en France. Il ennoblit ses personnages, et mit dans leur bouche des plaisanteries de bon goût. Parmi les comiques anciens qui nous restent, c'est lui qui fit entendre le plus souvent, sur la scène, le ton de la nature et le langage vrai des passions. Il connaissait le théâtre : son style est élégant, souple et gracieux. Il manquait seulement à Térence plus d'invention et de force comique. Baron, ou selon d'autres le père Larue, a reproduit *l'Andrienne,* une des meilleures pièces du poète latin.

La comédie se divisait, à Rome, en *prætextata*, *togata* et *tabernaria*. Cette dernière se subdivisait elle-même en *attellana* et *palliata*. Ces diverses espèces empruntaient leur nom du vêtement et de la condition des personnages.

C'est dans les premières années du douzième siècle, qu'on retrouve en France les traces de la comédie; soit qu'elle se fut perpétuée par le souvenir durant la nuit du moyen âge, soit qu'elle naquit comme en Grèce, par le seul penchant de l'homme à imiter la nature, origine primitive de tous les arts.

Les troubadours apportèrent l'idée des spectacles du beau ciel de Provence, où brillaient déjà les premières étincelles de poésie. Philippe-le-Bel établit la *bazoche* dont l'occupation la plus importante était de représenter au palais des pièces de théâtre. Enfin, en 1402, le roi Charles VI accorda des lettres pour l'établissement des *Frères de la passion*.

Vers le même temps, parurent encore les *Enfants sans souci* ; ils joignaient la richesse à l'amour des plaisirs, et se formèrent sur un plan singulier. Ils imaginèrent une principauté établie sur le genre humain, qu'ils nommèrent *sottise*, et l'un d'eux en reçut la qualité de *prince*. Ce fond, comme l'on voit, était assez ingénieux ; mais pour l'exploiter il fallait des mains plus habiles.

Ces trois sociétés se renfermèrent quelque temps dans les bornes d'une critique sans aigreur. Sur la fin du règne de Charles VI, les guerres civiles ôtèrent l'énergie aux lois ; la licence s'accrut par l'impunité, et le théâtre devint une arène où chaque parti triomphant diffamait le parti vaincu. Ce fut pour nous le siècle d'Aristophane.

Charles VII rétablit la paix. Il s'occupa de réformer les mœurs, et ferma le théâtre au lieu de l'épurer. Cette mesure donna aux esprits le temps de se calmer, aux passions celui de s'éteindre.

Louis XII, à son avénement, permit aux poëtes d'exposer de nouveau sur la scène les vices de toutes les personnes de son royaume, sans aucune exception, *afin*, dit Bouchet, *de savoir beaucoup de choses, lesquelles autrement il lui était impossible d'entendre.*

Cette époque est remarquable par *la farce de l'Avocat Patelin*. C'est pour ainsi dire une œuvre de la civilisation née au milieu d'une barbarie absolue. Quelle naïveté ! quel naturel ! Comme la première scène entre *Guillaume* et l'avocat est bien conduite ! avec quelle adresse insinuante ce dernier fixe l'attention du marchand et fait naître sa confiance ! Quelle gaîté dans la scène où il feint de le prendre pour son apothicaire ! dans celle où, devant le juge, *Guillaume*, dominé fortement par deux idées, ne peut mettre aucun ordre entre elles et confond son drap et ses moutons ! Que de bouffonneries dans le rôle du berger *Aignelet !* La farce du quinzième siècle enrichit la langue de proverbes très usités encore et d'un mot nouveau. *Patelin* désigna une classe d'hommes, comme depuis *Harpagon, Tartufe, Turcaret*, et autres.

Si l'on excepte cette pièce, on ne trouve sur notre théâtre, durant cette première époque, que des scènes décousues, sans fond, intrigue ni caractères. Les personnages y étalent les mœurs et y parlent le langage des halles ; le dialogue, quelquefois naïf, est égayé plus souvent par une bouffonnerie grossière.

Au milieu du seizième siècle, la comédie prend une forme plus régulière. L'action se complique ; mais elle devient double, obscure et embrouillée. Comme les auteurs ignorent l'art d'attacher par la peinture et le développement des caractères, ils s'efforcent d'y suppléer en multipliant les événements. Ils ne songent pas encore à étudier la nature : ils courent après le comique et sont loin de soupçonner qu'il en existe dans nos travers une source abondante. Ils le cherchent dans les incidents ; tandis que les incidents ne sont qu'un moyen secondaire de le mettre en jeu.

L'Espagne et l'Italie exercent sur nous une influence active, et retardent les progrès de l'art en jetant les imitateurs dans une fausse route. Les déguisements, les ressemblances, les suppositions de noms, les rencontres imprévues, les billets interceptés, et toutes les machines invraisemblables du théâtre espagnol, prennent possession du nôtre. Nous empruntons aux Italiens leurs caricatures grotesques; enfin le dialogue devient un composé de ce que les deux théâtres offrent de plus bizarrement ridicule : l'enflure et l'affectation.

Étienne Jodelle est le premier qui paraît avoir écrit d'après les anciens. Il fit jouer, en 1552, une comédie intitulée : *Eugène, ou la Rencontre.* Cette pièce respire toute la licence du règne, qui prépara celui de Henri III. Il y a de l'action et du jeu théâtral; les convenances y sont mieux gardées que dans les tragédies du même auteur; le dialogue est plus vrai, et quelquefois même il est semé de traits assez comiques.

Plus tard, Grévin composa une comédie intitulée la *Trésorerie;* une seconde, deux ans après, sous le titre *des Esbahis.* On s'aperçoit de quelques faibles progrès. Ses plans sont mieux faits que ceux de Jodelle, sa versification est moins rude.

Baïf traduisit le *Miles gloriosus*, de Plaute, et *l'Eunuque*, de Térence.

La Rivey, dont le nom mérite peut-être d'être plus connu, fit pour la comédie ce que Garnier son contemporain fit pour la tragédie. On trouve, dans ses pièces, l'étude des Latins; sa diction est passable, ses intrigues sont divertissantes, ses personnages d'assez bon goût. Quelques comiques du beau siècle n'ont pas dédaigné d'emprunter à sa comédie des *Esprits*, des traits et même des situations. Après lui la comédie languit, paraissant quelquefois rétrograder, sans faire jamais un pas vers la perfection.

Cependant la France touchait à l'âge de ses Euripide,

de ses Eschyle, de ses Sophocle. Corneille paraît! la nature a formé son génie de tout ce que la pensée comporte d'élévation; l'ame, d'énergie; les sentiments, d'héroïsme et de grandeur. Il va donner à la tragédie une majesté inconnue, une voix éloquente, harmonieuse et vraie. Il excitera tour à tour la pitié, la terreur et cette ivresse de l'esprit ravi, hors de lui-même, par les conceptions du poète.

Il s'en fallut beaucoup qu'on soupçonnât Corneille dans l'auteur de *Mélite*. « Toutefois, dit Fontenelle, cette pièce est divine en la comparant à celles du temps. Le théâtre y est mieux entendu, le dialogue mieux tourné, les mouvements mieux conduits, et surtout il y règne un certain air assez noble, et la conversation des honnêtes gens n'y est pas mal représentée. » C'est à ces qualités que *Mélite* dut un succès qui, faible d'abord, alla croissant avec le nombre des représentations.

Les *Ménechmes*, de Rotrou, imités servilement de Plaute, la *Veuve*, de Corneille, la *Galerie du Palais*, la *Suivante*, la *Place royale*, l'*Illusion comique*, du même auteur, et quelques autres pièces inférieures à celles-ci nous conduisent au *Menteur*.

Dans cette dernière comédie, sortie de la même plume qui venait de tracer *Pompée*, on découvre des beautés d'un ordre nouveau : le personnage de *Dorante*, soutenu jusqu'à la fin avec un art admirable; le caractère naïf de son valet; la finesse des rôles de ses maîtresses, et ce père tout à la fois si crédule et si noble. C'est ainsi que Corneille fut le précurseur de Molière.

Molière! à ce nom l'esprit s'étonne et la raison admire. Corneille avait été précédé par Sophocle, et plus tard le génie s'est élevé presqu'à sa hauteur. Molière porte l'art à sa perfection, crée un genre, en marque la dernière limite par ses chefs-d'œuvre, et semble ensevelir son secret avec lui. Sous la plume de cet homme divin la comédie étend son domaine : une morale élevée,

une philosophie sublime se mêlent pour la première fois
aux flots d'un comique inépuisable. Traits plaisants, pensées naïves, mots heureux, vers charmants qui naissent
sans effort et se gravent dans le cœur ou dans la mémoire ; tout ce qui suffirait pour assurer la gloire d'un
autre est son moindre mérite.

Molière *sait la nature par cœur*. Sa critique est vive,
mais elle est juste et vraie. Il ne décrit point le ridicule,
il le met en action. Il lui suffit quelquefois de ramener
sous nos yeux une scène à laquelle nous n'avions pas
prêté assez d'attention dans la vie : le poète semble ne se
douter de rien, et c'est le spectateur qui fait la critique.

Son esprit vaste embrasse tous les temps. Une seule de
ses bonnes comédies est l'histoire complète des ridicules
de son siècle, et de ces travers qui tiennent plus profondément au cœur humain et s'éternisent avec les générations. Dans ses farces les plus frivoles on retrouve l'observateur philosophe. Toujours des ridicules, toujours
de la morale : il ne les cherche pas, ils viennent s'offrir d'eux-mêmes. Nous ne croyons pouvoir mieux donner au lecteur une idée de ce que doit être la comédie,
qu'en lui offrant un aperçu rapide du théâtre de Molière.

Dans l'*Étourdi*, sa première comédie, quelle fécondité d'imagination, de ressources comiques ! Si la critique
a reproché à cette pièce des incidents un peu trop multipliés, quelques froideurs, quelques invraisemblances, ces
défauts sont balancés à la représentation par une variété
amusante, et un jeu théâtral qui tient continuellement le
spectateur en haleine. On sait que Molière a emprunté
son *Mascarille*, comme plus tard son *Scapin*, au *Dave* de
Plaute.

Les situations du *Dépit amoureux* sont peut-être mieux
amenées. Le dialogue de *Valère* avec *Ascagne* déguisée
en homme, la scène des deux vieillards, *Lucile* accusée
devant son père, le moyen de *Valère* pour amener son

valet à lui dire la vérité ; tout cela est ingénieux, comique. La brouillerie, la réconciliation d'*Éraste* et de *Lucile*, imitées de l'ode d'Horace *donec gratus eram*, sont admirables.

Les Précieuses sont le premier acte d'hostilité contre les ridicules. Molière invente la petite pièce en un acte et l'élève jusqu'à la haute comédie par la critique fine et déliée qu'il sait y répandre. Il attaquait un vice d'autant plus difficile à détruire, qu'il était devenu un signe de bon ton. Il frappa juste et fort puisque le vice disparut. Il ne fit pas un mot nouveau, mais il changea son acception reçue, et *précieux* devint l'épithète d'un ridicule.

Le Cocu imaginaire, ainsi que le titre semble l'annoncer, fut composé plutôt pour égayer le public que pour satisfaire au goût des gens délicats. C'est un badinage où d'un seul quiproquo naissent une foule de situations plaisantes.

L'intrigue *des Fâcheux* est nulle ; mais chaque scène détachée est pleine de charme. Cette pièce, la première de nos *comédies à épisodes*, est une lanterne magique où passent sous nos yeux une foule d'originaux peints avec les couleurs les plus vives.

Nous ne nous arrêterons point à *don Garcie de Navarre*, quoiqu'il contienne de belles parties de scènes, que Molière reproduisit dans le *Misanthrope*.

L'idée de *l'École des maris* est prise des *Adelphes*, de Térence. Molière doit même quelques détails aux Italiens, si l'on en croit les satires du temps. Les satires, les *farces* qui lui servirent, dit-on, de modèle, sont oubliées, et *l'École des maris* restera éternellement au théâtre. L'intrigue du poète français est plus fine, plus intéressante que celle du poète latin. Les moyens qu'*Isabelle* met en usage pour duper son tuteur amènent les situations les plus piquantes, et le dénoûment le plus heureux en sort tout naturellement.

Nous arrivons au premier de ses chefs-d'œuvre, *l'É-*

cole des femmes : de combien d'autres il sera suivi !
La *beauté du sujet*, dit Molière, *consiste surtout dans
les confidences perpétuelles que fait Horace au seigneur
Arnolphe*. Rien d'aussi simple que le fond, d'aussi varié
que les scènes, d'aussi gradué que l'action; et comme on
s'attache au caractère d'Agnès ! que d'esprit dans sa naïve
ignorance ! avec quel plaisir nous la voyons opposer aux
reproches du jaloux *Arnolphe,* la simplicité de ses aveux !

> « Le deviez-vous aimer, impertinente ?

lui dit celui-ci,

>   Hélas !
> Est-ce que j'en puis mais ?....

lui répond la sensible Agnès..., et ce vers charmant s'é-
chappe de son cœur,

> « Le moyen de chasser ce qui fait du plaisir ! »

Dans la même scène, *Arnolphe,* certain de l'amour d'A-
gnès pour *Horace,* tombe aux genoux d'une enfant, et lui
dit :

> « Mon pauvre petit cœur, tu le peux si tu veux,
> Écoute seulement ce soupir amoureux,
> Vois ce regard mourant........ »

et tout à coup il ajoute :

> « Jusqu'où la passion peut-elle faire aller ! »

A ce dernier trait, quel retour la plupart des hommes
ne sont-ils pas obligés de faire sur eux-mêmes !

Nous devons savoir gré aux ennemis de Molière, qui
lui fournirent le sujet de sa critique de *l'École des femmes,*
où ce dernier, en traçant ce qui se passa dans les cercles,
au sujet de sa pièce, nous a laissé une copie si plaisante du
langage et du caractère des gens du monde.

L'Impromptu de Versailles est une esquisse charmante
et vraie des mœurs des comédiens; c'est en outre une

réponse, peut-être un peu trop vive, de Molière à ses ennemis. Messieurs les critiques, gardez-vous de mettre un lion en colère.

Nous ne parlerons pas de la *Princesse d'Élide;* elle est du petit nombre des pièces faibles échappées à Molière, pressé de travailler pour la cour. Mais le *Mariage forcé!* Le ridicule d'un vieillard qui veut épouser une jeune personne coquette et prodigue, ses traverses, ses incertitudes, le dénoûment si comique pour le public, si triste pour *Sganarelle,* qui voit un funeste avenir dans le mariage auquel il est forcé par sa poltronnerie, tout cela ne forme-t-il pas une excellente comédie de mœurs? Les docteurs *Pancrace* et *Marphurius* sont une critique fort plaisante du verbiage scientifique du temps, et de la manie de philosopher sur tout.

Le caractère de *don Juan,* si effroyablement beau; la physionomie perpétuellement comique de l'honnête valet Sganarelle; la scène de *don Louis,* qui rappelle si heureusement le père du Menteur; la tirade de l'hypocrisie, où Molière prélude si énergiquement au *Tartufe,* font presque un chef-d'œuvre du *Festin de Pierre,* comédie hors des règles, et composée uniquement pour les besoins du théâtre.

Que de donneurs d'avis dans le monde, à qui l'on pourrait dire, avec le *Sganarelle de l'Amour médecin: Vous êtes orfèvre, M. Josse!* Ne voyons-nous pas se renouveler chaque jour sous nos yeux, la scène où les quatre docteurs, réunis pour délibérer sur l'état de *Lucinde,* parlent de la bonté de leur mule, de la querelle de leurs confrères, et donnent effrontément leur avis sur un mal dont ils n'ont pas dit le plus petit mot?

Le *Misanthrope* nous semblerait le dernier effort de l'art, si nous ne possédions *Tartufe.* Lisez cette pièce admirable; car les traits saillants entraînent l'esprit à la représentation, et l'empêchent de se fixer sur les teintes plus douces. *Alceste* occupe le premier plan du tableau;

à côté, *Philinte*, dont l'indulgence prête de l'éclat à la
vertu sauvage de son ami. Les couleurs se dégradent avec
art, en se rapportant toujours au *Misanthrope*. La vanité, la coquetterie, la jalousie, la médisance, groupées
autour de lui, le poussent dans l'excès, et tiennent son
caractère en haleine; source abondante de comique! Enfin ces misérables passions mises en jeu, nous font connaître le bavard, le mystérieux, le conteur, l'orgueilleux,
le bel esprit : enchaînement admirable dans lequel les
ridicules se trahissent l'un par l'autre, et qui nous donne
la connaissance d'une société tout entière pour nous
amener à celle de l'homme. Et cet amour *d'Alceste!* que
de moyens nouveaux il fournit à l'auteur pour développer
son principal personnage!

Un dialogue étincelant de verve et d'originalité, des
situations bouffonnes, et une foule de ces mots naïfs et
piquants, qui deviennent proverbes, distinguent le *Médecin malgré lui*.

On aime dans le *Sicilien* la finesse et le gracieux du
dialogue. La peinture d'un amour ombrageux chez *don
Pèdre*, toujours soumis et tendre dans le gentilhomme
français, la singularité des mœurs, la variété des costumes, les scènes de nuit, les danses et la musique de
Lully, prêtent à cette pièce un aspect animé et pittoresque; et quelques critiques pensent qu'elle a donné naissance à l'opéra-comique.

Quoi de plus hardi que l'invention du *Tartufe*, de plus
parfait que son exécution! Un misérable cachant une ame
noire sous les dehors de la piété, trompe un homme honnête et s'empare de sa confiance, au point que ce dernier
le loge, le nourrit, lui veut faire épouser sa fille, et lui
fait donation de tous ses biens. L'hypocrite cherche à
séduire la femme de sa dupe, à le chasser de sa propre
maison, enfin à le faire arrêter en abusant d'un dépôt
qui lui a été confié. Que de vérités morales vont jaillir de
ce drame effrayant! C'est ce que prévoyaient ceux qui,

dès sa naissance, vouèrent le *Tartufe* à la persécution. Mais ce drame sera-t-il comique? ici l'exécution commence à devenir merveilleuse. Une seule pensée préside à la conduite du poëme. Molière distingue dans l'imposteur l'homme du masque : il laisse le premier dans l'ombre, et fonde en partie contre lui l'intérêt de la pièce. Le masque seul peut devenir plaisant; et comment ne le serait-il pas, lorsque Molière épuise à le rendre tel, toutes les ressources de son invention féconde? *Orgon* embrasse plus fortement son erreur à mesure que tout concourt à le détromper. C'est un excès; et tout excès est ridicule. Enfin *Orgon* a tout vu de ses propres yeux, et madame *Pernelle* refuse d'en croire son récit : il s'emporte, le comique ne saurait aller au-delà. Et que de secrets de l'art à méditer dans chaque scène ! L'exposition *qui vaut seule une pièce;* les exclamations compatissantes d'*Orgon* pour *le pauvre homme;* la distinction que *Cléante* établit entre l'hypocrisie et la dévotion véritable; la brouillerie entre *Valère* et *Marianne;* l'entrée de *Tartufe*, si impatiemment attendue; la scène sublime où ce personnage oppose une humilité feinte à l'accusation du bouillant *Damis*. Pénétrons-nous de ces beautés et de tant d'autres éparses dans la pièce, et cherchons des paroles qui ne soient pas insuffisantes à rendre notre admiration !

Amphytrion est imité de Plaute et bien supérieur à celui du poète latin. Cette pièce fait rire le peuple et plaît aux gens de goût. Le prologue de la Nuit et le monologue de *Sosie,* qui nous paraît avoir un air de parenté avec *Sancho Pança* de Cervantes, sont ingénieux, plaisants et écrits avec autant de pureté que d'élégance.

L'Avare est emprunté à *l'Euclion* de Plaute; mais combien le personnage de Molière est plus comique que celui du poète latin ! *Euclion*, né pauvre, a trouvé son cher pot de terre et s'en contente; Harpagon a soif de nouvelles richesses. La proposition d'épouser *sans dot,* le vol du trésor, le désespoir du vieillard, sa fille séduite, la méprise et le quiproquo, sont indiqués dans Plaute; Molière a de plus fait *Harpagon* amoureux d'une fille pauvre, et usurier envers son propre fils. Les détails dans ce dernier sont bien supérieurs à ceux de Plaute. Ses traits sont plus délicats; sa pièce est exempte de grossièretés. Il frappe toujours le but; souvent Plaute le dépasse ou ne peut l'atteindre. Dans la pièce française l'action est mieux conduite; chaque scène est une situation, et nulle part Molière n'a répandu plus de force comique. Lorsque l'Avare parut, une comédie en prose était une nouveauté, et cette circonstance nuisit à son succès. Le public ne sentait pas encore que si la poésie ajoute quelquefois de l'énergie et de l'éclat à la pensée, elle lui ôte parfois le naturel.

Le sujet de *Georges-Dandin* est pris à deux nouvelles de Bocace; mais les caractères et les mœurs sont entièrement à Molière. Et quel autre que lui eût trouvé les rôles si comiques de M. et Mme. Sottenville? L'*intrigue* est d'une extrême simplicité, et la pièce indécente peut-être, mais non immorale, attaque un travers aussi durable que la vanité, celui de la roture enrichie, s'alliant à la noblesse nécessiteuse.

M. de Pourceaugnac est une farce, en ce sens que l'auteur ne peint, dans cette pièce, ni les ridicules de la société ni les vices de l'homme. Mais quelle scène que celle où *Éraste* persuade à *Pourceaugnac*, qu'il a habité deux ans Limoges, et que pendant ce séjour il n'a pas cessé de le fréquenter lui et toute sa famille!

On a dit que le *Bourgeois gentilhomme* était la moitié d'un chef-d'œuvre. Les trois premiers actes sont parfaits. L'exposition est heureuse; l'ordonnance des personnages, admirable. Autour de M. *Jourdain*, dont le ridicule domine la composition, viennent se grouper Mme. *Jourdain*, et son humeur chagrine; *Nicole*, et sa gaîté; les maîtres, et leur querelle; le philosophe avec ses belles maximes sur la modération, et son accès de colère. La leçon de M. Jourdain, sa niaise galanterie, les railleries de l'homme de cour, le dépit de Cléonte, tout cela est du grand peintre de l'homme. Quelle leçon enfin que le bourgeois ridicule mangé par le courtisan escroc !

De tous les valets intrigants mis au théâtre, celui des *Fourberies de Scapin* a le plus de fécondité dans l'imagination, le plus de verve dans le langage. Molière a pris deux scènes au *Pédant joué* de Cyrano, et quelques idées à *la Sœur* de Rotrou ; mais comme de faibles idées deviennent supérieures entre des mains habiles !

L'auteur des *Précieuses* porta le dernier coup au bel esprit dans *les Femmes savantes*. Il répandit ici le grand art des contrastes que nous remarquerons ailleurs. A *Philaminte, Armande* et *Bélise*, toutes trois entichées de pédantisme, il oppose l'innocente et naïve *Henriette*, la bonne *Martine*, *Clitandre* et l'excellent *Chrysale*. Ce dernier avec sa faiblesse et sa raison, qui saisit tous les travers de sa femme, mais n'ose les signaler qu'en les appliquant à sa sœur, qui affecte une volonté et se ploie toujours à celles des autres, rappelle aux spectateurs bien des maris de leur connaissance. Enfin de tous ces personnages aucun ne se ressemble, et les trois savantes elles-mêmes ont dans le caractère une nuance qui les distingue. Il ne fallait rien moins qu'une variété pareille et toutes les ressources de Molière, pour tirer d'un sujet aussi simple un chef-d'œuvre en cinq actes.

La comtesse d'Escarbagnas présente un tableau animé des ridicules que les provinciaux apportent chaque jour à Paris ; et la comtesse, M. *Thibaudier* et M. *Harpin* sont le type de trois caractères développés mille fois depuis au théâtre.

Le *Malade imaginaire* est empreint de tout le génie de Molière. La peinture de cet amour excessif de la vie qui porte l'homme à l'épuiser à force de soins ; le caractère avide et la tendresse affectée de *Béline* ; la sensibilité d'*Angélique* qui fait taire l'amour devant un intérêt plus sacré,

élèvent cette dernière production de notre auteur au rang
de ses meilleures comédies.

Voilà ces chefs-d'œuvre, voilà ces comédies immor-
telles, ces *farces* si plaisantes et si philosophiques qui dé-
cernent à Molière une supériorité immense sur les auteurs
comiques de tous les temps et de toutes les nations!

Seul, il suffit pour donner à notre théâtre la prééminence dans l'art de la comédie; et cependant telle est
notre richesse que, sans lui, nous pourrions la disputer
encore.

Parmi les ouvrages de ses contemporains, nous dis-
tinguons la *Mère coquette*, de Quinault, remarquable
par une versification aisée, quelques peintures gracieuses
et la scène des deux amants; quelques pièces moins comiques que burlesques de Scarron; les *Plaideurs*, cet
élégant badinage de notre Euripide, assaisonné de tout le
sel attique d'Aristophane; la *Femme juge et partie* et la
fille Capitaine, de Montfleury, l'une trop romanesque,
l'autre trop graveleuse, mais toutes deux pleines de comique; le *Deuil*, le *Cocher supposé*, la comédie si amusante
de *l'Esprit follet*; la bouffonnerie si originale de *Crispin
médecin*; la pièce épisodique, écrite avec tant d'élégance et de comique, du *Mercure galant*; celle plus sérieuse, mais non moins bien versifiée, d'*Ésope à la cour*;
le *Grondeur*, de Bruëis et Palaprat, dont le premier acte
est si piquant de vérité; le *Muet*, imitation de *l'Eunuque*, heureuse sous une foule de rapports; enfin cette
farce, ou plutôt cette bonne comédie, de *l'Avocat Patelin*, que Bruëis sut rajeunir, en lui conservant sa vieille
naïveté.

Vingt-trois ans après Molière, une comédie de caractère révèle à la France son second auteur comique, Régnard, ami des plaisirs, incapable d'assujettir son esprit
à la gêne des règles, et dont les écrits, pleins de beautés
et de défauts, portent l'empreinte d'une imagination vive
et insouciante.

La force et la vérité du caractère principal de son chef-d'œuvre, le *Joueur*, la scène où ce dernier met en gage le portrait de sa maîtresse, et les variations de son amour; l'esprit satirique répandu à flots dans le *Distrait*, dans *Démocrite amoureux*; les ressources inventives de *Merlin*, du *Retour imprévu*; le style brillant des *Folies amoureuses*; les incidents si plaisants des *Ménechmes*; l'abondance et la verve comique du *Légataire universel*, assurent à Régnard le premier rang après Molière. Il s'est approché le plus près du maître; mais qu'il en est encore séparé par un long intervalle! Molière fait toujours penser et rire; Régnard fait rarement penser, mais il fait toujours rire.

Aux compositions spirituelles et gracieuses de Dufresny, aux ouvrages piquants, naïfs et vrais de Dancourt, succède une comédie, la première peut-être après celles de Molière, *Turcaret*, la seule pièce en cinq actes de Le Sage; mais son *Gil-Blas* n'est-il pas une suite d'excellentes comédies en quatre volumes?

Survient Destouches : il n'a point la verve de Régnard, et cherche à y suppléer par le travail et l'étude. Que de mérite encore dans le *Glorieux*, le *Dissipateur*, le *Philosophe marié!*

Après lui, la comédie dégénère. La Chaussée veut plaire par la nouveauté; il fonde ses succès sur l'intérêt de compassion et rejette le ridicule, véritable objet de la comédie; on peut le regarder comme l'inventeur du drame.

Si Marivaux est toujours recherché, maniéré dans son dialogue, il est toujours vrai dans la peinture du cœur des femmes. Son plus grand tort est de fonder une mauvaise école : ses imitateurs ne copient que ses défauts.

Tandis que Voltaire, si supérieur dans tous les autres genres de littérature, se montre spirituel, intéressant, mais faible et peu naturel dans la comédie, apparaît la *Métromanie*, chef-d'œuvre de style, signalé d'ailleurs

35.

par un caractère bien annoncé, bien soutenu, et par un grand comique de situations et de détails.

Vers le même temps, le *Méchant* se fait remarquer par l'éclat et la vigueur de son style, la vérité de ses tableaux et une foule de mots et de vers devenus proverbes. Dorat et Lanoue se traînent sur les traces de Marivaux. Sédaine, Diderot et Beaumarchais nous offrent des drames plus naturels et peut-être plus intéressants que ceux de La Chaussée. Beaumarchais relève la comédie; il invente un genre où le comique de situation est soutenu par l'épigramme et la satire. Son *Figaro*, valet philosophe, remplace les Frontins et les Crispins de la manière la plus heureuse. Enfin Collin-Harleville, Andrieux et Fabre d'Églantine ramènent l'art à son véritable objet, la peinture des mœurs et des travers.

Telle est l'histoire de la comédie en France jusqu'à la fin du dix-huitième siècle. Nous nous abstiendrons de parler des auteurs du dix-neuvième. Que le lecteur nous permette maintenant de lui soumettre quelques réflexions inspirées par les pièces que nous venons de passer en revue.

Nous avons défini la comédie, *l'image en action des caractères, des mœurs des hommes et d'incidents de la vie ridicules, plaisants ou intéressants.* De là trois genres bien distincts : la comédie de *caractère*, celle de *mœurs* et celle d'*intrigue*. Cette division n'est pas neuve, mais nous l'adoptons parcequ'elle nous paraît faciliter l'application des principes. De ces trois genres, les anciens n'avaient connu que les deux derniers; après la renaissance des lettres, on s'attacha long-temps aux pièces d'*intrigue*, parceque, toutes frivoles, elles sont les plus faciles. La comédie de *caractère*, à peine essayée par les anciens, est donc une création de notre grand siècle littéraire; Molière laissa les premiers modèles qu'il nous paraît impossible d'atteindre.

Ce genre consiste dans l'imitation fidèle d'un caractère particulier; le poète a plusieurs moyens de le développer.

Tantôt, à côté du personnage principal, il place un personnage d'opposition ; ainsi l'indulgent *Philinte* donne plus d'éclat à la vertu farouche d'*Alceste*. Tantôt un personnage secondaire devient pour ainsi dire le complément du personnage principal, comme *Tout-à-Bas* du *Joueur*, *Francaleu* de la *Métromanie*. Dans ce genre, qui exige un art infini, chaque rôle doit avoir une physionomie particulière. Le choix d'aucun de ces rôles n'est indifférent ; ils sont là pour réfléchir la lumière sur le caractère qui fait le fond de la pièce ; tout doit tendre à le présenter dans tout son jour et sous le plus grand nombre de faces.

Les incidents sont encore un moyen de développer le sujet : ou le personnage est placé dans une situation opposée à son caractère, ou bien cette situation est telle qu'il nous fait connaître, comme d'effusion de cœur, ses plus secrètes pensées. *Valère* perd-il ? il maudit le jeu, le destin, retrouve son amour, et cherche des consolations dans Sénèque. La fortune lui devient-elle favorable ? sa passion favorite s'épanche à son aise, plus d'amour, plus de livres : *en vérité*, s'écrie-t-il,

> « Il n'est point dans le monde un état plus aimable,
> Que celui d'un joueur. . . . .
> . . . . Sa poche est un trésor,
> Sous ses heureuses mains le cuivre devient or. »

C'est un emploi très heureux du deuxième cas.

Un intérêt puissant naît de la situation opposée au caractère. Le spectateur est impatient de savoir si les circonstances s'accommoderont au caractère, ou si le caractère pliera sous leur effort. Enfin la lutte entre le caractère et la passion est le moyen le plus fécond peut-être en ressources comiques. Molière l'emploie toujours avec un succès également supérieur. *Alceste* aime une coquette, *Harpagon* une fille dans l'indigence, *Tartufe* est emporté par sa lubricité. La comédie de *caractère* est le genre le plus élevé ; c'est aussi le plus durable, puisqu'il peint l'homme de tous les temps.

La comédie de *mœurs* se propose de mettre sous nos yeux les habitudes d'une certaine classe d'hommes, ou d'une condition déterminée. Elle fronde ces ridicules que la mode enfante et détruit, et mêle quelquefois à leur peinture celle de mœurs ingénues et aimables. Ici la pièce n'est pas fondée sur un seul caractère; elle doit présenter la réunion des diverses nuances dont chacune, prise séparément, ne pourrait faire le sujet d'une comédie. Or, comme ces nuances varient à l'infini, et que le même siècle voit souvent les mœurs changer plusieurs fois dans son cours, ce champ offre au poète une moisson toujours nouvelle. Il ne lui suffit pas de peindre fidèlement, il doit surtout choisir avec soin les modèles de ses tableaux. Il faut que ses mœurs soient vraies et comiques; toutes les scènes de la vie ne sont pas également bonnes à reproduire; laissons à nos petits théâtres les succès fondés sur la peinture théâtrale des mœurs populaires. Évitons peut-être avec plus de soin encore ces mœurs de convention, cette délicatesse idéale de mœurs et de sentiments, attribuée aux *comtes*, aux *marquis*, aux *chevaliers*, comme un privilége exclusif des gens de qualité. Les mœurs franches et naïves de la bourgeoisie sont le vrai patrimoine de la comédie. Molière nous en a donné l'exemple : excepté dans le *Misanthrope*, il a toujours placé la scène chez des bourgeois.

Enfin, la comédie d'*intrigue* est, comme nous l'avons dit, le plus léger des trois genres; elle plaît par la singularité des incidents, par une suite variée d'aventures bouffonnes, ou bien par une action intéressante. La fable dont on fait choix, doit produire au moins l'intérêt de curiosité; qu'elle soit bien exposée, nouée avec art, et accomplie par un événement imprévu et tiré du sujet. Les situations doivent naître l'une de l'autre. S'il y a des épisodes, il faut les lier avec soin à l'action principale, sans jamais l'embarrasser. Observez rigoureusement l'unité d'action et d'intérêt, respectez le plus possible celle de temps et celle de lieu. Il n'en est pas ici comme de la comédie de *caractère* et de *mœurs*, où l'on ne doit jamais forcer le trait. Le poète peut multiplier les incidents, pourvu qu'il amuse : les méprises ouvrirent long-temps à ce genre une source abondante de comique; et comme rien ne produit plus de méprises que les ressemblances, ce moyen fut mis en œuvre par une foule de comiques. Nous ne nous flattons pas de connaître toutes les pièces composées sur un pareil fond; nous pourrions cependant en compter jusqu'à vingt. L'*Amphytrion* de Molière nous paraît s'élever de beaucoup au-dessus des autres. Nous avons parlé quelquefois de pièces à *épisodes;* elles rentrent dans la comédie de *mœurs.*

Toutefois ces trois genres sont loin d'être aussi distincts en effet que nous venons de les présenter en théorie. N'oublions pas qu'il faut des caractères et des mœurs dans la comédie d'*intrigue*, comme il faut de l'intrigue dans la comédie de *caractère* et dans celle de *mœurs.* La comédie la plus belle est celle qui réunit le mérite des trois genres; le *Tartufe* atteint cette perfection.

Que le dialogue soit naturel et pittoresque; au milieu des saillies continuelles d'une gaîté franche et de bon aloi, que le spectateur voie toujours le personnage et jamais le poète. Dans l'expression comme dans la peinture des mœurs, soyez comique, plaisant, bouffon même, jamais trivial, jamais de mauvais goût. Ne faites pas toujours parler les gens du peuple comme ils parlent, mais ne les faites jamais parler comme ils ne parlent pas. Évitez la prétention, l'afféterie, la déclamation. Tâchez de trouver le vers satirique de Régnard, ou plutôt le vers naturel et énergique de Molière. Fuyez le langage musqué de Dorat; mieux vaut encore la phrase touchante du drame. Enfin ne perdez jamais de vue que l'auteur comique est un peintre, et qu'à ce titre le public exige de lui correction de dessin et vérité de couleurs.

Nous ne dirons rien des principes qui concernent l'exposition, le nœud, le dénoûment, l'union des scènes, la division des actes, etc. ; ils sont consignés dans toutes les poétiques.   L.-B. P.

COMÈTE. (*Astronomie et Physique.*) Astre chevelu, du mot grec χόμη, chevelure. C'est le nom que les anciens ont donné à des corps célestes, qui participent de la nature des planètes, sous le rapport des lois de leur mouvement; mais qui s'en distinguent dans leurs apparences physiques, par une traînée de lumière qui est généralement opposée au soleil. C'est cette traînée de lumière qui, vue de la terre, suivant la direction qu'elle affecte par rapport au corps principal de l'astre, a donné lieu à la division vulgaire des comètes, en *comètes à queue*, à *chevelure*, à *barbe*, etc. Les comètes décrivent des orbes très alongés autour du soleil; leurs révolutions embrassent souvent un grand nombre de siècles, et elles ne deviennent visibles pour nous, que quand elles parcourent la partie de leur orbite voisine du soleil et de la terre. Les anciens n'ont pu connaître que des comètes brillantes et d'une certaine grandeur ; mais le télescope en a fait découvrir un grand nombre d'autres qui, par leur petitesse, la rapidité de leur mouvement et leur grande distance, auraient échappé pour jamais aux regards des hommes, sans le secours de cet instrument.

La théorie générale des comètes comprend deux parties distinctes, savoir : la théorie mathématique des lois de leur mouvement, et la recherche de la nature physique de ces astres, avec l'explication des apparences qu'ils présentent. Nous allons tracer l'histoire des efforts qu'on a faits pour établir cette théorie, et l'on prendra facilement une idée de l'état actuel de nos connaissances, sur un sujet aussi difficile qu'intéressant.

Les opinions que les anciens ont eues sur les comètes peuvent se diviser en deux classes.

Dans la première, on ne regardait pas les comètes comme des astres réels : quelques philosophes soute-

naient qu'elles n'en étaient qu'une fausse apparence ; d'autres, qu'elles étaient formées par les rayons du soleil qui
se réfléchissaient dans l'étendue des cieux, comme ils
l'auraient fait sur un miroir ; d'autres enfin, tels que Démocrite et Anaxagore, croyaient que les comètes étaient
produites par la rencontre de plusieurs planètes qui se
trouvaient si voisines, que leurs lumières réunies se confondaient sous la figure d'un seul astre.

On peut répondre aux premiers, que ce qui n'existe qu'en
apparence ne peut exister long-temps, et présente toujours quelques circonstances qui dévoilent les causes ac-
cidentelles du phénomène ; ce qui n'arrive pas aux comètes, car elles sont souvent visibles pendant plusieurs
mois ; et tous les changements qu'elles éprouvent, en
grandeur et en lumière, se font régulièrement, par degrés et selon les lois des distances. Ces changements tiennent donc à des causes permanentes, et l'hypothèse est
détruite.

On répond aux seconds, qu'une image, formée par réflexion, doit suivre l'objet réfléchi dans tous ses changements, et qu'il n'est aucun astre connu dont le mouvement
ait un rapport avec celui des comètes. D'ailleurs quelle est
la nature de la surface réfléchissante ? pourquoi n'existe-
t-elle pas toujours ? pourquoi les autres corps célestes
ne s'y peignent-ils pas comme les comètes ?

Quant aux troisièmes, pour adopter leur opinion, il faut
admettre avec eux que l'on ne connaît pas encore le nombre des planètes, et qu'il peut être assez grand pour
que leur rencontre soit aussi fréquente que l'apparition
des comètes. Cela est difficile dans l'état actuel de l'astronomie.

Dans la seconde classe, on regardait les comètes comme
des astres réels :

Les comètes sont produites par une exhalaison sèche et
chaude, qui s'élève dans les régions supérieures, s'y condense et s'y enflamme par une cause quelconque, telle

que la rapidité du mouvement, ou l'action des astres.
L'embrasement dure tant qu'il trouve des matières inflammables, ou qu'il en reçoit de la terre, après quoi il n'y
a plus de comète.

Voilà le sentiment d'Aristote sur les comètes. Son influence a été de longue durée ; elle a traversé les siècles,
et s'est opposée à la connaissance du véritable système de
ces astres, tant que l'autorité du philosophe grec a régné
dans les écoles. Et, en effet, comment se serait-on donné
la peine d'observer les lois que suivent des vapeurs qui
flottent en l'air d'une manière vague et incertaine ? Nous
ne donnerons point ici les raisons qui détruisent ce système ;
elles découleront naturellement de l'histoire des progrès
de la science.

Les disciples d'Aristote ne se sont pas contentés d'embrasser le sentiment de leur maître, ils l'ont encore tra-
vesti par des idées souvent ridicules. Ils prétendaient que
Saturne et Mars préparaient la matière des comètes, l'un
en resserrant les pores de la terre, pour accumuler les
exhalaisons, et l'autre en les élargissant, pour leur
donner une libre sortie. Ils disaient, en outre, que
les atomes qui voltigent aux rayons du soleil, reçus
par une ouverture étroite dans une chambre obscure,
sont les cendres d'une comète consumée.

Pythagore et ses disciples regardèrent les comètes
comme des planètes qui se montrent dans une partie
de leur orbe, et qui, invisibles dans tout le reste, ne
reparaissent qu'après de longs intervalles. Hippocrate de
Chio et son disciple Eschile, avaient le même sentiment.
Voilà les premières idées saines que l'on rencontre chez
les anciens.

Apollonius de Mynde pensait que les comètes étaient
d'autres planètes qui sont cachées pendant quelque temps,
parcequ'elles sont trop éloignées de nous, et qui paraissent
quelquefois, lorsqu'elles descendent vers notre système,
suivant les lois qui leur sont prescrites.

Sénèque embrassa le sentiment d'Apollonius. Deux comètes qui parurent de son temps, lui fournirent l'occasion de réfléchir sur la nature de ces astres. Il les rangea au nombre des corps célestes permanents, et qui probablement sont aussi anciens que le monde. Il montra la faiblesse et l'insuffisance des autres systèmes, développa le sien, en l'appuyant de tout ce que les lumières de son temps pouvaient lui fournir, et donna cette fameuse prédiction de la connaissance future du retour des comètes, dont les savants modernes lui font honneur.

Voilà la substance de tout ce qu'on a dit sur les comètes, pendant le long intervalle qui s'est écoulé jusqu'à l'école d'Alexandrie. Hipparque et Ptolémée, qui rendirent cette école célèbre, n'ont pas dit un mot de ces astres; il faut croire qu'ils n'en ont pas vu, ou qu'ils les confondaient avec les météores, qui ne sont point du domaine de l'astronomie.

Ptolémée, admettant le plein absolu de la nature, la solidité et l'impénétrabilité des cieux, devint, par là, une autorité puissante en faveur du système des péripatéticiens. Aristote, pour la physique, fut mis à côté du restaurateur de l'astronomie moderne. On ne vit plus que par ce génie; tout ce qui n'était pas renfermé dans sa doctrine était regardé comme faux et absurde. En vain son système était démenti par l'observation et la physique; l'aveuglement pour ce philosophe fut si grand que, pendant près de quatorze siècles, on ne put voir reparaître les vérités pressenties par les pythagoriciens, Apollonius et Sénèque.

L'intervalle compris entre le deuxième et le seizième siècles de notre ère, est un intervalle de stérilité pendant lequel l'ignorance et la superstition exercèrent leur empire. On s'occupait bien des comètes, mais c'était moins pour rechercher leur véritable nature, que pour connaître leur influence sur l'avenir. On avait ajouté à la définition d'Aristote qu'une comète *est un signe;* l'appa-

rition de ces astres devint un événement qui répandit
souvent la terreur parmi les hommes ; on la regarda
comme le présage de fâcheux événements, tels que les
guerres, la peste, la famine, la mort des princes, etc. On
prétendit reconnaître à quel signe les comètes menaçaient
de tel ou tel malheur, et l'on rédigea des codes dans lesquels
on trouvait les lois de leur signification, suivant les lieux
où elles étaient engendrées, les constellations qu'elles
parcouraient, les couleurs qu'elles avaient, la forme de
leurs queues, etc. Cette superstition avait gagné les plus
grands esprits depuis long-temps : Sénèque, lui-même,
en fut atteint ; Pline rapporte les visions des astronomes de
son temps ; Tite-Live débite sur ce sujet les fables les plus
grossières ; en un mot, tous les historiens romains qui
parlent des comètes ne le font qu'avec le sentiment de la
frayeur qu'elles leur inspirent.

Au commencement du seizième siècle, les lettres re-
prenaient une nouvelle vie, mais les sciences étaient encore dans une obscurité profonde. Vers le milieu de ce
siècle, on commença cependant à observer le ciel avec
plus d'attention. Pierre Appien, astronome de Charles-
Quint, suivit le cours de cinq comètes qui parurent dans
l'intervalle de 1531 à 1539. Il remarqua le premier,
que la direction de la queue de ces astres est opposée
au soleil. Regiomontanus avait imaginé les parallaxes, et
fait sentir le parti que l'on pourrait en tirer avec de
bons instruments. Appien et Cardan en firent usage,
et reconnurent que les comètes sont placées dans les régions supérieures de la lune. Ces deux découvertes importantes fournirent deux faits incompatibles avec le
sentiment d'Aristote. L'un annonçait une action directe
des rayons du soleil sur la comète, et l'autre tendait
à détruire la solidité des cieux. Mais ces traits de lumière firent peu de sensation. Regiomontanus, Appien, Cardan, Paul Fabrice, Camérarius, Amerbach,
comprirent bien que les comètes étaient dignes de l'at-

tention des savants ; ils pressentirent bien la permanence
de ces astres, mais ils s'occupèrent moins à faire triompher
des vérités qui avaient encore besoin d'être confirmées ,
qu'à mettre la postérité dans le cas d'en juger. D'ailleurs,
presque aucun d'eux n'avait encore secoué les préjugés
de leur temps ; et, tout en reconnaissant que les comètes
devaient être mises au rang des astres , ils n'en procla-
maient pas moins *qu'elles étaient en dépôt dans quelque
coin du ciel, pour paraître lorsque les circonstances l'exi-
geaient.*

Vers la fin du seizième siècle , on commença à douter
plus fortement de l'influence des comètes. Plusieurs auteurs écrivirent sur ce sujet ; mais leurs écrits demeurèrent sans effet , et les comètes conservèrent encore le
droit d'annoncer des événements fâcheux.

Bientôt parut Tycho-Brahé : jusqu'à lui l'étude du véritable système des comètes avait été fort négligée. Zélé
pour les progrès de l'astronomie, précis dans ses observations, judicieux dans ses raisonnements , il put, au moyen
des instruments qu'il fit construire à grands frais, suivre
les mouvements des astres avec beaucoup plus d'exactitude qu'on ne l'avait fait jusque là. Ses observations sur
les comètes de 1577 à 1596 confirmèrent que ces astres
n'ont pas de parallaxe sensible. Il remarqua , en outre ,
qu'ils se meuvent en tous sens , et ont une marche régulière. Il fut donc à même de prouver que les comètes sont
placées dans les régions supérieures de la lune , que les
cieux ne peuvent être solides, ni les orbites matérielles.

Tycho assigna aux comètes leur véritable place en
les établissant au-dessus de la lune , et leur vraie route ,
en les faisant mouvoir autour du soleil. Mais il se trompa
avec tous ses contemporains, en continuant de les regarder comme des météores qui s'allumaient tout à coup
dans l'espace, et qui étaient susceptibles d'une prompte
destruction. Il ne fut pas plus heureux dans son explication sur la formation de la queue de ces astres : il

pensait avec Appien, Cardan, et plusieurs autres qui sont venus après, que les comètes sont diaphanes ; que les rayons du soleil éprouvaient en les traversant une réfraction semblable à celle qui s'opère dans le passage d'un verre lenticulaire ; et qu'ils formaient, en se réunissant au-delà du noyau, la traînée de lumière qui accompagne les comètes. Cette explication est contraire aux lois de l'optique : les rayons de la lumière ne sont visibles qu'autant qu'ils parviennent jusqu'à l'œil ; or, les rayons du soleil, rompus par la tête de la comète, ne peuvent arriver jusqu'à nous qu'autant qu'ils rencontrent au-delà du noyau une matière capable de les réfléchir. Il faut donc admettre, dans les environs de la comète, une atmosphère, un éther quelconque, ce qui rend l'explication dont il s'agit insuffisante.

Toutes les parties de l'astronomie faisaient des progrès rapides ; celle qui concerne la nature des comètes demeurait seule stationnaire. Ces astres étaient toujours vus comme des signes passagers dont on redoutait l'apparition, et qu'on ne considérait qu'avec la curiosité de l'effroi.

La raison reprenait lentement. Kepler qui eut l'heureux privilége de changer des idées reçues, et d'annoncer des vérités qui répandirent leur influence sur le reste des siècles, Kepler échoua et ne fit qu'augmenter les preuves de la faiblesse de l'esprit humain, quand il voulut expliquer la formation des comètes. Donnons à ce grand génie une preuve de notre respect, en laissant dans l'oubli les idées qu'il a émises sur la nature et l'influence de ces astres ; hâtons-nous de passer à ce qu'il a dit en expliquant la queue des comètes, où il a été un peu plus heureux. Il la reconnaît toujours opposée au soleil, et croit qu'elle est produite par le choc des rayons solaires qui traversent la masse de la comète, et emportent avec eux les parties les plus légères de sa substance. Il observe, en outre, que la queue des comètes est

courbée vers son extrémité. Il n'attribue point cette courbure aux rayons solaires qui se meuvent toujours en ligne
droite, mais il reconnaît qu'elle vient de ce que le noyau
de la comète se meut avec plus de vitesse que l'extrémité
de la queue. Ces explications sont restées en partie.

Galilée qui a fait tant de découvertes utiles, eut une
fausse idée de la nature des comètes. Il donna un système
que la physique et l'astronomie désavouent, mais il n'a-
vança aucun sentiment sur la formation de leur queue.

Gassendi n'eut pas d'idées déterminées sur la nature des
comètes ; mais il entreprit la destruction totale du pé-
ripatétisme. Il réfuta les opinions émises avant lui, et délivra l'astronomie des erreurs de l'astrologie, dont les
plus grands esprits n'avaient pu se garantir.

Hévélius, dont le zèle infatigable embrassa toutes les
parties de l'astronomie, ne regarda pas les comètes comme
des astres. Toutefois, il sentit la nécessité de les étudier,
lorsque celle de 1664 vint lui offrir l'occasion du grand
travail qu'il a laissé. La connaissance de la parallaxe de
cette comète lui donna la satisfaction de confirmer, avec
Tycho, que ces astres n'étaient point des météores de
notre atmosphère ; mais qu'ils occupaient et traversaient
les espaces de l'éther comme les planètes. Il n'y avait
donc plus moyen de les faire naître des exhalaisons de
la terre et des matières inflammables qu'elles charrient.
Ces connaissances acquises ne préservèrent point Hévélius
de l'erreur qu'il a commise en établissant son opinion sur
la nature des comètes. Sa doctrine forme une espèce de
roman dont aucune partie ne saurait soutenir l'examen.
Il compare les comètes aux taches du soleil ; il établit
qu'elles sont formées d'un amas de matières hétérogènes, et composées de plusieurs noyaux contigus, qui
peuvent se séparer et se rejoindre ; elles sont, ajoute-
t-il, produites par les exhalaisons des autres corps célestes, et elles ont des transpirations comme la terre. Hévélius était bon astronome, mais peu physicien ; la manière

dont il explique la formation de la queue en est une
nouvelle preuve ; il dit que toute la matière qui compose la
comète, n'est pas propre à se condenser assez fortement
pour acquérir la solidité du noyau, et que la partie la
moins dense forme une atmosphère environnante. Les
rayons du soleil agissant sur cette atmosphère, en dilatent les parties et les chassent à l'opposite ; et ces rayons
solaires traversant les noyaux qui composent la tête, sont
diversement réfléchis et rompus ; par conséquent, en sortant de la comète, ils répandent la lumière dans l'atmosphère qui les attend, et produisent l'apparence de la
queue.

L'opinion d'Hévélius sur la manière dont les comètes
sont formées étant fausse, l'explication de la queue tombe
d'elle-même. D'ailleurs, les réflexions et les réfractions
dont il s'agit sont contraires aux lois de l'optique.

Claude Comiers, qui écrivait quelques années avant Hévélius, émit une idée qui, quoique mal exprimée, était
assez bonne. La queue des comètes, dit-il, est la dis-
sipation de leur atmosphère, poussée par les rayons du
soleil, lesquels réunis au derrière de la tête, échauffent,
raréfient et dissipent davantage leur atmosphère pour en
former des queues et barbes d'une prodigieuse longueur.

Descartes imagina un système du monde faux dans presque toutes ses parties. L'univers est une machine construite d'après les lois de la mécanique, et non d'après
celles de la métaphysique. Descartes n'était point astronome ; obligé de lier les comètes à son système des tourbillons, il le fit par des hypothèses ingénieuses, mais
contraires aux lois de la physique et de l'astronomie. Selon lui, les comètes et les planètes ont été autrefois des
soleils ; les étoiles fixes le sont encore, et peuvent, comme
le soleil, contracter des taches ; ces taches s'accumulent
et forment bientôt une croûte qui éteint la lumière de
l'étoile. L'étoile alors cesse d'être soleil ; elle perd la
force qui la maintient au centre de son tourbillon ; d'au-

tres centres d'attraction s'en emparent, elle est emportée
çà et là, et vole de tourbillon en tourbillon, jusqu'à ce
qu'elle devienne planète de quelque soleil, ou jusqu'à ce
que sa croûte étant dissipée, elle reprenne son premier
état; et se forme un nouveau tourbillon.

Une vérité de fait reconnue et qui détruit l'hypothèse
de Descartes, c'est la variété des mouvements directs
ou rétrogrades que présentent les comètes; car, si les
tourbillons planétaires ont dans leur révolution assez
de force pour entraîner les comètes, celles-ci ne peuvent suivre que le mouvement du tourbillon une fois
qu'elles y sont tombées. On ne conçoit pas alors comment
elles pourraient se mouvoir dans un sens contraire à ce
torrent de matière circulante. Mairan sentit bien que ces
directions ne pouvaient avoir lieu dans le sein même des
tourbillons; il aurait voulu, pour lever la difficulté, reléguer les comètes au-delà de l'orbe de Saturne; mais il
était démontré, par les parallaxes observées, que ces astres approchent plus près de la terre que toutes les planètes principales. Il fallut recourir à d'autres hypothèses.
L'ingénieux défenseur de Descartes imagina que le tourbillon du soleil devait être extrêmement aplati. Les comètes alors pouvaient s'approcher de nous, sinon dans le
sens du diamètre du tourbillon, du moins dans celui de
son épaisseur. Mais la nature, rebelle à la doctrine de
Descartes, fit paraître des comètes qui traversaient l'é-
cliptique et par conséquent le tourbillon aplati.

Suivant Descartes, la cause qui produit la queue est la
réflexion de la lumière du soleil sur le corps de la comète, et diversement rompue dans sa progression de la
tête à l'œil de l'observateur.

Si cela était vrai, la queue des comètes devrait offrir
cette variété de couleurs, qui se manifeste dans tous les
phénomènes où il y a décomposition de lumière. D'un
autre côté, si la queue des comètes n'est que la réfraction
des rayons de lumière entre la comète et la terre, si

l'éther qui remplit l'univers, est capable d'opérer cette réfraction, pourquoi les planètes et les étoiles fixes n'ont-elles pas de queues ? pourquoi la direction de cette queue des comètes n'est-elle pas toujours la même, pour les mêmes parties du ciel ? pourquoi enfin, cette direction varie-t-elle suivant les différentes positions du soleil par rapport à la comète ? Concluons donc que l'explication, pour être neuve, ne vaut pas plus que celles qui la précèdent.

Les comètes de 1652, 1664 et 1665, vinrent offrir de nouvelles observations à faire, et de nouveaux systèmes à établir. Un nombre infini d'écrits, de traités, de dissertations, de systèmes, etc., sortirent des presses, et proclamèrent de nouveau les vains efforts des hommes pour atteindre la vérité. Paris vit, à ce sujet, une assemblée aussi bizarre qu'extraordinaire, s'établir pour traiter de la nature des comètes. Le P. d'Arrouis ouvre la séance par la défense du système de Démocrite ; Roberval prouve que les comètes sont des exhalaisons de la sphère élémentaire, qui forment une longue traînée, et que le feu, courant d'un bout à l'autre, la comète paraît avoir un mouvement propre ; Philippeaux se déclare pour l'opinion de Descartes ; enfin le P. Grandami explique un système par lequel il prétendait que les comètes sont des parties du ciel condensées par l'action des astres ; que leur mouvement propre venait de ceux qu'elles suivaient; et qu'elles étaient détruites ou par l'action de quelques autres, ou par la cessation de l'action des premiers. L'assemblée se dissout sans rien décider, et devient l'objet de plusieurs écrits dans lesquels les divers systèmes furent critiqués d'une manière plus ou moins piquante.

Pierre Petit, invité par Louis XIV à dire son sentiment sur la comète de 1664, composa une dissertation sur la nature de ces astres. D'un esprit juste, capable de discerner le vrai, de le suivre et de le défendre, Petit réfute les sentiments d'Aristote et de Descartes. Il expose l'opinion de ceux qui croient les comètes de nouvelle génération, et reconnaît l'impossibilité de concilier ce système avec la régularité du mouvement de ces astres. Il admet donc, avec Sénèque, que les comètes sont des ouvrages éternels de la nature, qu'elles deviennent invisibles par leur grande distance, et qu'elles reparaissent dans des temps périodiques et déterminés. Il étudie alors les comètes en véritable observateur; il entrevoit d'une manière générale l'espèce de leur mouvement; et il est probable qu'il en aurait reconnu la nature, s'il eût voulu admettre celui de la terre pour en combiner l'effet, avec le mouvement elliptique de la comète.

Cet astronome ne se dissimule point les difficultés qui se présentent quand on veut expliquer la formation et les apparences de la queue des comètes. Il montre l'insuffisance de ce qu'on a dit jusqu'à lui pour rendre raison de ce phénomène, et avance trois opinions, comme étant ce que l'on peut conjecturer de plus vraisemblable.

1°. Il suppose qu'il y a des corps célestes qui ont une lumière propre, plus brillante que celle des planètes, et plus faible que celle du soleil et des étoiles. Ces astres, intermédiaires en éclat, sont les comètes. Lorsque dans leur mouvement ils s'approchent de nous, leur lumière diminue par la présence du soleil et offre le phénomène d'une lumière faible, offusquée par une plus forte. Lorsqu'enfin la comète est très près de nous, les rayons qu'elle lance du côté du soleil sont éclipsés par la grande lumière de cet astre; on n'aperçoit plus que ceux qui sont dans une situation opposée, et que la tête de la comète garantit en quelque sorte d'une disparition totale.

2°. Petit, en admettant la première idée qu'il avait eue, que les comètes sont des météores, dit que la queue pourrait être formée par des exhalaisons célestes émanées des planètes et du soleil. Ces exhalaisons répandues dans l'univers, s'ébranlent, s'agitent par l'approche d'une comète; elles vont bientôt se précipiter sur le nou-

36.

vel astre, s'attacher à lui, et le suivre, en restant en arrière, comme font des corps légers et mobiles répandus sur la surface de l'eau, quand un corps beaucoup plus gros flotte dans leur voisinage. La comète, dans son mouvement, balayant les espaces célestes, se présente au soleil avec toutes les matières étrangères qu'elle a ramassées sur sa route ; le soleil les éclaire, l'impulsion de ses rayons les chasse et les range derrière le corps de l'astre où elles forment une queue plus ou moins longue.

3°. Enfin, Petit pense que les comètes peuvent avoir, comme la terre, une atmosphère qui les environne et les accompagne. Les rayons du soleil venant à les éclairer, poussent les parties qui sont au-devant de la comète et les chassent derrière où elles vont former la queue.

Voilà, ajoute ce savant, de quoi satisfaire les esprits : chacun choisira selon sa manière de voir. Personne, aujourd'hui, n'adopte les deux premières opinions : l'une ne peut rendre raison des diverses apparences de la queue des comètes, et le moindre défaut de l'autre est de ne pas faire naître la queue de l'astre même. La dernière est plus heureuse ; il en est resté quelque chose qu'on retrouvera dans les idées qui règnent aujourd'hui.

La comète de 1652 vint exercer le zèle du grand Cassini, et parut faire éclore des vérités nouvelles sous le beau ciel de l'Italie. Cet astronome adopta d'abord la naissance fortuite des comètes ; il les regarda quelque temps comme des météores qui s'allument pour s'éteindre. Mais dès qu'il eut reconnu que leur mouvement était régulier, il ne put croire que tant d'ordre appartînt à des corps produits par le hasard ; il les rangea dans le nombre des planètes, leur donna la même ancienneté, et alla jusqu'à concevoir leur retour. L'espèce de ce mouvement devint l'objet particulier de ses recherches ; mais sa délicatesse pour la religion, l'empêchant de secouer un préjugé, et comme Petit, n'admettant pas le mouvement de la terre, il produisit un système juste en ce qui regarde la nature permanente des comètes, mais faux en ce qui concerne les véritables lois de leur mouvement. Cassini ne cherche point à expliquer la queue des comètes.

La comète de 1680, une des plus belles qui aient paru, occupa les astronomes, et enflamma de nouveau leur imagination. Elle était encore devant leurs yeux, et mille écrits circulaient déjà. L'hydre de la superstition, que Gassendi avait renversée, sembla vouloir renaître. On eut des systèmes plus ridicules encore que ceux qui avaient paru jusqu'alors. De ce conflit d'opinions, s'échappent à peine quelques rayons de lumière. Newton paraît enfin : c'est un nouveau soleil sur l'horizon, à l'aspect duquel les tourbillons de Descartes se dissipent. Son vaste génie embrasse l'univers. Sublime dans ses vues, profond dans ses recherches, fort dans ses raisonnements, interrogeant sans cesse la nature, il lui fut donné d'instruire les hommes sur les lois qui régissent les corps célestes. *La gravitation universelle et le vide*, ou du moins, *un milieu d'une résistance insensible*, voilà toute sa philosophie ; *les comètes sont des planètes*, voilà les conséquences du système, et l'explication du mystère profond que les hommes cherchaient à pénétrer depuis tant de siècles. Quand on considère la variété des opinions humaines, qu'on voit comme elles se succèdent et se détruisent, combien il est difficile d'assigner aux phénomènes ou aux apparences physiques une cause qui soit vraie pour tous les temps, on sent combien il y a de gloire pour Newton d'avoir laissé après lui une opinion qui est à l'épreuve des siècles, et qui règne à jamais sur la terre ! Sa doctrine cométaire est universellement admise. Aussi, parmi les savants de tous les pays, on ne voit plus, comme autrefois, ni sectes, ni doutes, ni objections ; Newton les a toutes anéanties : le vide est rétabli dans la nature ; les préjugés attachés à l'apparition des comètes sont ren-

versés, le véritable lieu de ces astres est fixé, leurs mouvements sont réglés; les méthodes mathématiques, appliquées aux observations astronomiques, prédisent toutes
les circonstances de ces mouvements, et les événements
vérifient les prédictions.

L'impulsion était donnée; les astronomes et les géomètres du dix-huitième et du dix-neuvième siècles l'ont
suivie. Newton en tête, Halley, Clairaut, Euler, La-
grange, Laplace, Legendre, Gaus, Lambert, Olbers, De-
lambre, Enke, etc., sont ceux qui ont particulièrement
créé cette partie de la science, soit par des travaux
analytiques du premier ordre, soit par les immenses
calculs que l'application des formules exige. Ce n'est pas
dans un ouvrage de la nature de celui-ci, qu'on peut
développer les recherches de tant d'hommes de génie; le
lecteur qu'une pareille étude peut intéresser, doit recourir aux traités spéciaux qu'ils ont publiés. Notre tâche est
de tracer la marche de la science, en indiquant les sources
où l'on doit puiser pour la connaître à fond.

On sait qu'il n'est pas possible de déterminer exactement le temps de la révolution d'une comète, d'après
les observations d'une seule de ses apparitions; mais un
arc d'ellipse, dans l'hypothèse du grand axe infiniment
alongé, se confondant sensiblement avec un arc de para-
bole, les astronomes sont à même de calculer les comètes, comme si leur mouvement s'exécutait dans une
orbite parabolique. Trois observations alors suffisent
pour déterminer exactement les éléments de ce mouvement, qui sont : la distance périhélie de la comète; la position du périhélie; l'instant du passage par le périhélie;
l'inclinaison de l'orbite à l'écliptique et le lieu de ses
nœuds. Ces éléments auxquels on arrive, servent non-seulement à représenter les positions de l'astre pendant la durée de son apparition, mais ils fournissent encore les
moyens de le reconnaître quand il revient au périhélie.

Cent vingt-huit comètes observées jusqu'ici ont confirmé la vérité de la théorie qui sert au calcul. Halley appliquant cette théorie à vingt-quatre comètes qui lui semblèrent assez bien observées, trouva que les éléments de celles qui ont paru dans les années 1531, 1607 et 1682, étaient à fort peu près les mêmes; il en conclut qu'ils appartenaient à une même comète dont la révolution est d'environ soixante-seize ans. Il osa annoncer que cet astre paraîtrait de nouveau en 1758 ou 1759. Mais cette annonce n'était fondée que sur une estime vague des perturbations que la comète devait éprouver par l'action de Jupiter et de Saturne. Clairaut, plus tard, put en faire une plus précise en appliquant au calcul des perturbations ses formules pour *le problème des trois corps*. Il trouva que la comète mettrait à revenir au périhélie six cent dix-huit jours de plus que dans la révolution précédente; ce qui fixait son passage vers le milieu d'avril 1759, avec une incertitude d'un mois en plus ou en moins, à cause des petits termes qui avaient été négligés. L'événement justifia l'annonce de Halley, et la prédiction plus exacte de Clairaut. La comète passa au périhélie le 12 mars 1759, dans les limites assignées par ce dernier. Le même astre doit revenir en 1835; suivant les calculs de M. Damoiseau, qui a tenu compte de l'action de la planète Uranus qui n'était pas connue du temps de Clairaut, il passera au périhélie le 16 novembre de la même année.

Jusqu'à ces derniers temps, il n'existait que la comète de Halley, dont les retours au périhélie eussent été observés et dont la révolution périodique fut bien connue. Les durées des révolutions des comètes étant fort longues et ces astres n'ayant été suivis avec un peu de soin que depuis deux siècles, il n'est pas étonnant que leurs retours soient si rares. Mais ce phénomène intéressant vient de se reproduire à l'égard de la comète découverte, à Marseille, le 26 novembre 1818, par M. Pons. La comparaison de ses éléments paraboliques avec ceux d'une comète observée en 1805, fit soupçonner l'identité de ces deux astres.

On reconnut, de plus, que cette comète devait être celle qui avait déjà été vue en 1795 et 1786. D'après ces conjectures, le temps de la révolution du nouvel astre devait être d'un petit nombre d'années. M. Enke, en ayant égard à l'ellipticité de l'orbite dans des calculs fondés sur les observations de 1805 et sur celles de 1818, trouva des éléments qui devaient appartenir à une même comète, dont le temps périodique est d'environ *trois ans et demi*. Cet habile astronome fut donc à même d'assigner son prochain retour pour l'année 1822. Il en calcula une éphéméride relative à cette apparition, en ajoutant que la comète, d'après ses déclinaisons, ne serait pas visible en Europe et qu'il faudrait se transporter dans l'hémisphère austral pour l'observer. L'événement a encore été vérifié : la comète à *courte période* est revenue à son périhélie vers la fin de mai 1822, et elle a été observée avec soin par les astronomes de Paramatta, dans la Nouvelle-Hollande.

Le même savant, pour faciliter la recherche du nouvel astre à son retour en 1825, en avait encore donné une éphéméride avec l'annonce qu'il passerait au périhélie, le 17 septembre de la même année. M. Damoiseau, de son côté, avait fait les mêmes calculs. Tous les deux, en considérant la petite élongation de la comète au soleil, pendant la durée de son apparition en 1825, avaient témoigné la crainte qu'elle ne pût être aperçue. Mais les astronomes, attentifs à un phénomène si remarquable, sont parvenus à la découvrir dans des positions exactement conformes à celles qu'annonçait le calcul de M. Enke. A l'époque où nous écrivons cet article, l'astre est visible pendant quelques instants le matin avant le lever du soleil, et on l'observe assidûment en France, en Italie et en Allemagne.

Les détails que nous venons de donner, faisant connaître l'accord admirable qui règne entre le calcul et l'observation, indiquent aussi que la théorie des mouvements des comètes est à peu près complète. Il n'en est pas de même de l'état actuel de nos connaissances sur la constitution physique de ces astres. C'est un problème qui fixe l'attention des astronomes et des physiciens, mais sur lequel on a peu de notions précises, faute d'observations bien constatées. Les comètes qui, par leur grandeur et leur éclat, pourraient donner lieu à ces observations, sont rares; le temps seul, par la succession des phénomènes, mettra les savants à même de former une réunion de faits propres à établir des vérités plus positives. En attendant, nous allons faire connaître les faits généralement observés et les opinions qui règnent aujourd'hui, pour expliquer les causes qui les produisent.

Les comètes, vues au télescope, présentent un amas de vapeurs, formant une nébulosité, au centre de laquelle on distingue quelquefois un *noyau* ou disque, plus ou moins bien terminé. Cette partie constitue le corps de la comète; elle en est la plus brillante et la plus dense. Si la nébulosité qui environne le noyau s'étend plus d'un côté que de l'autre, elle prend le nom de *chevelure* ou *barbe*; et si le prolongement en est considérable, elle s'appelle *queue*. La matière qui forme ces chevelures, barbes ou queues, est d'une rareté extrême; la lumière des plus petites étoiles n'éprouve pas d'affaiblissement sensible en la traversant, même dans le voisinage du noyau.

Les comètes ne prennent de queues qu'en s'approchant du soleil. Le phénomène commence ordinairement à une distance à peu près égale au rayon de l'orbite de la terre. A mesure que la comète approche, l'atmosphère qui environne son noyau diminue d'étendue, la queue, au contraire, augmente de jour en jour, et parvient à son plus grand éclat et à sa plus grande longueur quelque temps après le passage au périhélie. Bientôt, un effet opposé s'opère; la comète s'éloigne, la queue diminue de longueur et l'astre n'est plus qu'une simple nébulosité qui cesse enfin d'être visible.

Les queues des comètes sont généralement opposées au soleil, et leur position ne dépend pas de la direction suivant laquelle l'astre se meut ; mais l'axe de la queue n'est pas rigoureusement en ligne droite avec le rayon vecteur mené du soleil à la comète. Il forme, avec le prolongement de ce rayon, un angle qui varie pour le même astre avec sa position par rapport au soleil.

Les queues des comètes n'ont pas toutes la même forme. Ordinairement, elles ne sont composées que d'un faisceau de lumière, qui se termine par une pointe presque imperceptible, et dont l'éclat va en s'affaiblissant de l'origine à l'extrémité. Quelquefois, la queue se divise en deux branches qui se prolongent en ligne droite ; on en a vu dont le nombre des branches était plus considérable et qui dessinaient dans l'espace la figure d'un éventail. Telle était la comète de 1744 ; elle avait six queues, comprises dans un angle d'environ 60°, toutes à l'opposite du soleil et séparées entre elles par des espaces entièrement obscurs. Les queues, lorsqu'elles sont longues, éprouvent, vers leurs extrémités, une légère courbure, dont le sens est en général le même pour toutes les branches. La belle comète de 1811 fait exception à cette remarque ; ses deux branches formaient deux courbes opposées par leur convexité. On a observé des comètes dont la queue, extrêmement longue, serpentait dans l'espace en présentant plusieurs inflexions. Enfin, la comète de 1823 est venue ajouter une forme singulière et nouvelle à toutes celles que l'on connaissait : outre la queue ordinaire opposée au soleil, elle en avait une seconde dirigée vers cet astre. Le 23 janvier 1824, la longueur de la première paraissait d'environ 5° et celle de la seconde n'était guère que de 4°. Leurs axes formaient entre eux un angle approchant de 180°, qui, dans les jours suivants, diminua jusqu'à 165°. La queue extraordinaire se distinguait à peine dans le voisinage du noyau ; son maximum de lumière en paraissait éloigné d'environ 2°. Elle s'éteignit peu à peu, et dans les premiers jours de février, on ne voyait plus que la queue ordinaire. Ce phénomène, bien constaté par la plupart des astronomes du Continent, ne paraît pas s'être présenté dans les comètes observées jusqu'à ce jour.

Voilà les faits qu'il faudrait expliquer.

De quelque manière que l'on envisage la nature de la lumière, soit qu'on la regarde comme une matière à laquelle le corps lumineux imprime des ondulations qui se transmettent de proche en proche, soit qu'on la considère comme provenant d'une émission des particules que ce corps lumineux lance de tous côtés, on pense généralement, mais sans preuves décisives, que les rayons solaires sont capables d'exercer une force d'impulsion sur des vapeurs aussi légères que celles qui environnent les comètes. On sait, en outre, que la chaleur dilate tous les corps, et qu'elle en réduit un grand nombre de l'état solide à l'état fluide, et du fluide au gazeux. Les comètes, par l'action solaire, doivent donc être exposées à des vicissitudes extraordinaires, elles doivent supporter un froid extrême dans leur éloignement du soleil, une chaleur excessive dans leur proximité de cet astre. La comète de 1680 qui fut dans son périhélie cent soixante-six fois plus près du soleil que la terre, dut éprouver une chaleur vingt-sept mille cinq cents fois plus forte que celle que notre globe acquiert en été, si, comme on le pense, celle du soleil est proportionnelle à l'intensité de la lumière. Cette chaleur surpasse deux mille fois celle d'un fer rouge. Bien supérieure à celle que nous pouvons produire, il est probable qu'elle volatiliserait en un instant la plupart des substances terrestres.

Cela admis, les comètes, dans leur aphélie, sont et demeurent long-temps à une distance prodigieuse du soleil. Ce temps est pour elles une espèce d'hiver long et rigoureux pendant lequel tout se condense fortement à leur surface; mais quand elles s'approchent du soleil, la dilatation s'opère, les vapeurs s'élèvent autour du noyau et forment ces nébulosités dont les comètes sont presque toujours environnées. Bientôt une plus grande proximité du soleil amène un plus grand développement de chaleur, les vapeurs sont prodigieusement dilatées, et leurs molécules d'une ténuité extrême, transportées à de grandes distances par l'impulsion des rayons solaires, forment ces traînées de lumière qui, dans cette hypothèse, doivent toujours être situées au-delà de la tête des comètes, par rapport au soleil, en même temps qu'elles ne doivent atteindre leur *maximum* de grandeur qu'après le passage au périhélie. De plus, les molécules les plus volatiles que la chaleur du soleil élève de la surface des comètes, étant soumises à l'impulsion des rayons solaires, en même temps qu'elles participent du mouvement propre de l'astre dont elles émanent, doivent, pendant leur élévation, se conformer au double mouvement dont elles sont animées, et prendre une route oblique qui est celle de la résultante des deux directions. Chaque molécule décrit ainsi une courbe hyperbolique dont la branche conjuguée a le soleil pour centre. La suite des molécules mues sur ces courbes depuis la tête de la comète, fait que la queue n'est pas exactement opposée au soleil, qu'elle est un peu inclinée au côté que l'astre abandonne en s'avançant dans son orbite, et qu'elle présente une inflexion plus marquée vers son extrémité, quand sa longueur est d'une grande étendue. Les différences de volatilité, de grosseur et de densité des molécules, devant en produire de considérables dans les courbes qu'elles décrivent, on conçoit qu'il doit en résulter de grandes variétés dans la forme, la longueur et la largeur des queues des comètes.

Ces explications sont conformes aux faits généralement observés; mais il en est parmi ceux que nous avons cités, qu'il est difficile de concilier avec l'hypothèse de l'impulsion des rayons solaires. La comète de 1811, avec sa queue à deux branches infléchies en sens contraire,

et la comète de 1825 avec deux queues presque diamétralement opposées, ajoutent de nouvelles difficultés à
celles qu'on pouvait élever. Le problème n'est donc pas
encore résolu, et peut-être faut-il attendre de l'étude des
propriétés des gaz le moyen d'y parvenir d'une manière
satisfaisante.

Un autre problème qui occupe encore les astronomes et
les physiciens, est celui qui concerne la nature de la lumière des comètes. Sont-elles opaques, diaphanes ou lu-
mineuses par elles-mêmes ? En les observant avec de fortes
lunettes et dans des circonstances où l'on ne devrait apercevoir qu'une partie de leur hémisphère éclairé, on n'y
découvre point de phases. Mais les masses des comètes
sont d'une petitesse extrême, et les diamètres de leurs
disques doivent être presque insensibles; ce que nous
nommons *leur noyau*, n'est probablement formé que des
couches les plus denses de la nébulosité qui les environne. Aussi, peu de comètes, jusqu'ici, ont offert un
disque bien distinct, et ce n'est qu'avec un très fort télescope qu'Herschel parvint à voir dans le noyau de celle
de 1811, un point brillant qu'il jugea être le disque
même de l'astre. Il est donc très difficile de constater les phases que les comètes peuvent présenter. Toutefois, Hévélius et Lahire ont cru en apercevoir à celle
qui parut en 1682. Lahire en a dessiné les formes une
seule fois dans les registres de l'Observatoire royal de
Paris; mais cette observation unique ne décide rien,
car il serait possible que ce qui a été pris pour une
phase ne fût qu'une irrégularité dans la forme du noyau,
comme cela est arrivé pour la comète de 1819: le noyau
lumineux de cet astre avait un diamètre sensible, et l'on
distinguait aisément qu'il n'était pas sphérique : un astronome a cru y voir des phases, mais il a été facile
de reconnaître que cette supposition n'expliquait pas les
irrégularités aperçues. (Voyez *le tome XIV des Annales*

de chimie et de physique, juin 1820, par MM. Gay-Lussac et Arago.)

L'existence des phases établirait incontestablement que les comètes sont des corps opaques, qui réfléchissent la lumière solaire comme les planètes; mais quand il serait prouvé qu'il y a absence absolue de ce phénomène, on ne serait pas autorisé pour cela à penser que les comètes brillent de leur propre lumière; car si, comme on commence à le croire, ces astres sont des amas de vapeurs légères et diaphanes, la lumière du soleil, pénétrant toute leur masse, doit également se réfléchir de tous leurs points. Pour éclaircir la question, il serait important de pouvoir observer le passage de quelques grandes comètes sur le disque du soleil. Dans le cas d'opacité, le noyau soutendant une angle sensible, se montrerait comme une tache obscure, et dans celui de diaphanéité, la comète, traversée par la vive lumière du soleil, ne serait probablement pas visible. Ce phénomène intéressant et rare s'est présenté à l'égard de la comète qui parut en juillet 1819. Les éléments de son orbite ayant été calculés, M. Olbers reconnut qu'elle avait dû se projeter sur le disque du soleil, le 26 juin depuis 5 heures 13 minutes du matin jusqu'à 8 heures 50 minutes, les heures étant comptées sur le méridien de Paris. Mais le passage a eu lieu plusieurs jours avant l'apparition de l'astre; les astronomes qui ne le prévoyaient pas, ne l'ont pas observé. Ce n'est que par l'examen des taches que le hasard aurait fait observer le jour même, qu'on aurait pu juger si ce qui a été vu sur le soleil pendant la durée du passage était réellement la comète ou une tache ordinaire. Malheureusement il ne s'est pas rencontré d'observations décisives (Voyez *le Mémoire de M. Olbers inséré dans les Éphémérides de Berlin pour* 1823), et la question sur la nature de la lumière des comètes reste encore plongée dans la même obscurité.

Les phénomènes récemment découverts par les physiciens, et qu'ils ont désignés sous le nom de *polarisation de la lumière*, fourniront peut-être un jour le moyen de la décider. M. Arago a donné l'exemple de ce genre de recherches (Voyez *Annales de chimie, tome XIII, janvier* 1820). Dans ces phénomènes, les rayons directs et les rayons réfléchis ont des propriétés distinctes, qui se manifestent surtout dans l'acte de la double réfraction. Les premiers de ces rayons donnent toujours deux images également vives, tandis que les deux faisceaux réfractés des autres ont des intensités inégales qui varient avec la position du prisme dont on se sert relativement aux plans sur lesquels les rayons ont été réfléchis. Le 3 juillet, jour de la première apparition de la comète de 1819, à Paris, M. Arago soumit la lumière de cet astre à cette épreuve, et reconnut qu'elle présentait quelques traces de polarisation. Il varia ces expériences, afin d'éviter toute erreur, les répéta un grand nombre de fois avec trois prismes différents et toutes indiquèrent uniformément l'espèce de polarisation que la lumière solaire aurait éprouvée en se réfléchissant sur la queue de la comète. MM. de Humboldt, Bouvard, Mathieu et Nicollet prirent part à ces épreuves, et arrivèrent aussi de leur côté au même résultat. Elles tendent donc à prouver que la comète n'était pas lumineuse par elle-même, et qu'elle réfléchissait les rayons du soleil; mais il ne faut regarder ce résultat que comme une probabilité, jusqu'à ce que de nouvelles expériences, répétées sur des comètes un peu brillantes, le confirment.

Revenons aux apparences variées que les comètes présentent.

Une comète peut avoir une queue et en paraître dépourvue. Il suffit, pour cela, qu'elle soit en opposition avec le soleil; car alors on ne verra que la largeur de la queue confondue avec la nébulosité du noyau, et l'on ne pourra pas juger de sa longueur.

Il peut arriver qu'une comète brillante soit sur l'horizon sans qu'on s'en doute, et que tout à coup elle apparaisse aux regards des hommes. Il faut, pour cela, que, voisine du soleil, elle se lève et se couche à peu près aux mêmes instants que cet astre. Elle deviendra ensuite visible, quand, par l'effet de son mouvement relatif, elle se sera assez éloignée en élongation pour n'être pas effacée par la lumière du jour. La comète de 1819 a été dans ce cas. Par suite, si une comète déjà aperçue, gagne, par l'effet de son mouvement relatif, la région occupée par le soleil, elle cessera d'être visible ou pourra reparaître après s'être dégagée de cette position, selon que sa distance à la terre sera ou ne sera pas assez grande pour la dérober à la vue; ce cas est fréquent.

Les apparences des queues des comètes varient souvent avec les lieux d'observation; elles ne sont ni également brillantes, ni également longues pour différents observateurs; mais il ne faut assigner à ces différences d'autre cause que notre atmosphère qui, par ses divers états de pureté, produit ces illusions. Les comètes sont généralement trop éloignées de la terre pour qu'on doive attribuer ces grands changements à des différences de parallaxe. On en a vu qui, entre les tropiques, avaient 90° degrés d'étendue, et qui, en Europe, n'en avaient que 15 ou 20. La matière dont les queues sont formées étant fort rare, un léger nuage de notre atmosphère peut s'interposer, nous dérober la vue des parties les moins denses de la queue et la présenter plus ou moins longue, suivant les différences des instants et des lieues d'observation.

C'est à des illusions semblables qu'il faut rapporter ces ondulations et ces changements rapides que l'on a cru remarquer dans les queues des comètes. Pingré dit avoir observé qu'une étoile qui paraissait dans la queue de la comète de 1769, s'en éloigna dans très peu d'instants. Il est difficile d'attribuer aux molécules de vapeurs qui formaient la queue, des oscillations aussi rapides, dont l'étendue surpasserait plusieurs millions de lieues.

Les comètes sont susceptibles d'offrir des caractères différents à chacun de leurs retours. En effet, pour qu'au
bout d'une révolution une comète reparût avec les caractères qu'elle avait à l'apparition précédente, il faudrait
que sa période fût exactement un nombre entier d'années,
sans quoi elle trouverait, en revenant à son périhélie, la
terre dans un point différent de son orbite, et changerait
ainsi le point de vue sous lequel elle avait été observée la
première fois. Or, quoique les durées des révolutions
des comètes ne soient pas connues, il ne paraît pas,
en général, qu'elles soient d'un nombre entier d'années. De plus, le lieu de la comète étant le même sur son
orbite, sa distance peut varier dans les limites de une à
deux fois la distance du soleil à la terre, selon les points
que celle-ci occupera sur l'écliptique. Ces causes seules
suffiraient donc pour changer les apparences d'une comète à chacun de ses retours au périhélie. Mais il en est
d'autres très probables, plus extraordinaires, et qui doivent produire de plus grands effets. Les substances évaporables qui environnent le noyau solide diminuent probablement à chacun des retours et finissent par se dissiper
entièrement dans l'espace. Il arrive un temps où la comète ne présente plus qu'un noyau fixe, et ces effets doivent se produire plus promptement pour celles dont la
révolution est plus courte. La comète de Halley offre un
exemple de ces changements successifs qui font conjecturer qu'elle approche de son état de fixité. En 1456, elle
avait une queue de 60° dont la lumière tirait sur le jaune;
son noyau était aussi brillant qu'une étoile fixe. Elle répandit la terreur dans l'Europe, et le pape Calixte ordonna
des prières publiques dans lesquelles on la conjurait.
En 1682, elle fut encore brillante; mais, en 1759,
elle n'avait ni une aussi grande intensité ni une queue
aussi longue que dans son apparition de 1456. On peut
donc croire que les causes auxquelles sont dus ces changements vont en s'affaiblissant, et qu'il arrive une époque où

les substances évaporables qui environnent le noyau, étant
en trop petite quantité, pour former, par leur dilatation,
une nébulosité sensible, la comète devient pour toujours
invisible. Peut-être même quelques-uns de ces astres fi-
nissent-ils par se dissiper; peut-être est-ce une des causes
qui en rendent les réapparitions si rares et qui font que
plusieurs comètes dont on pouvait suivre la marche dans
le ciel au moyen des éléments de leurs orbites, ont disparu plus tôt qu'on ne devait s'y attendre. Les retours
fréquents de la comète à courte période, et le retour,
en 1835, de la comète dont nous venons de parler, fourniront probablement de nouvelles notions à cet égard.

Disons maintenant à l'avantage de l'influence des sciences
sur la société, que les comètes qui partageaient avec les
éclipses le droit d'épouvanter les hommes, n'excitent plus
que leur curiosité et leur intérêt, depuis que ce sont les
astronomes qui en font l'histoire et la description. «Dans
les temps d'ignorance, on était loin de penser que la nature obéit à des lois immuables. On attribuait aux causes
finales et au hasard les phénomènes qui se succédaient
avec régularité, et l'on regardait comme autant de signes
du courroux céleste ceux qui semblaient contraires à l'ordre naturel; mais ces terreurs imaginaires se sont successivement dissipées avec les progrès de nos connaissances. »
On s'est familiarisé avec les éclipses depuis qu'on les voit
si exactement annoncées, on se familiarise de même avec
les comètes depuis que les astronomes en découvrent un
si grand nombre et qu'ils sont à même d'annoncer si
promptement les caractères qu'elles présenteront et la
route qu'elles suivront pendant toute leur apparition. Il
se passe peu d'années sans qu'on en découvre; mais elles
sont, pour la plupart, si peu remarquables que le public
n'y attache aucune importance.

Toutefois, on a vu les frayeurs changer d'objet :
rassurés sur les événements qu'on redoutait à l'apparition
des comètes, on a craint que dans le grand nombre de

celles qui traversent en tous les sens le système planétaire, il ne s'en trouvât qui vinssent un jour choquer la
terre et la bouleverser. Les savants ne sont pas complètement innocents de ces nouvelles craintes. Newton
avait cherché à les prévenir, en montrant que toutes les
orbites des comètes connues jusqu'à lui étaient placées
de manière à rendre impossible une rencontre qui pourrait produire de si terribles effets. Lalande, en convenant
de la justesse de cette assertion, examina superficielle-
ment la question de savoir si les perturbations ne pourraient
pas changer les nœuds et les inclinaisons, de manière
qu'une comète à son retour, pût se trouver sur le chemin
de la terre. Il crut la chose possible, et sur la simple annonce d'un mémoire dans lequel il déterminait celles des
comètes observées, qui peuvent le plus approcher de la
terre, on vit, en 1773, la plus grande frayeur se répandre dans Paris, et de là se communiquer à toute la
France. Tant il est vrai que tous les maux attachés à
l'ignorance. et à la faiblesse de l'homme seraient prompts
à se reproduire, si le flambeau des sciences venait à s'é-
teindre !

On peut excuser ces terreurs, quand l'imagination s'arrête un instant aux effets qu'un pareil choc peut produire.
« L'axe et le mouvement de rotation changés ; les mers
» abandonnant leur ancienne position pour se précipiter
» vers le nouvel équateur ; une grande partie des hommes
» et des animaux noyée dans ce déluge universel, ou dé-
» truite par la violente secousse imprimée au globe ter-
» restre ; des espèces entières anéanties ; tous les monu-
» ments de l'industrie humaine renversés ; tels sont les
» désastres que le choc d'une comète a dû produire, si sa
» masse a été comparable à celle de la terre. On voit alors
» pourquoi l'Océan a recouvert de hautes montagnes, sur
» lesquelles il a laissé des marques incontestables de son
» séjour ; on voit comment les animaux et les plantes du
» midi ont pu exister dans les climats du nord, où l'on

37.

» retrouve leurs dépouilles et leurs empreintes; enfin on
» explique la nouveauté du monde moral, dont les monu-
» ments certains ne remontent pas au-delà de cinq mille
» ans. L'espèce humaine réduite à un petit nombre d'in-
» dividus et à l'état le plus déplorable, uniquement occu-
» pée pendant très long-temps du soin de se conserver, a
» dû perdre entièrement le souvenir des sciences et des
» arts; et quand les progrès de la civilisation en ont fait sen-
» tir de nouveau les besoins, il a fallu recommencer comme
» si les hommes eussent été placés nouvellement sur la
» terre (*Système du monde*).

Quoi qu'il en soit de cette cause bien douteuse assignée par
quelques philosophes à ces phénomènes, on doit être pleinement rassuré sur un aussi terrible événement. Le choc,
quoique possible, est si peu vraisemblable dans le cours
de quelques siècles, il faudrait un hasard si extraordinaire pour la rencontre de deux corps aussi petits, relativement à l'espace dans lequel ils se meuvent, que l'on
ne peut concevoir, à cet égard, aucune crainte raisonnable. L'effet des perturbations que supposait Lalande peut
aussi-bien être contraire à l'événement que favorable, et
en l'admettant comme lui, il ne suffirait pas que la comète traversât le plan de l'écliptique en un point de l'orbite de la terre, que le rayon vecteur de la comète fût
égal à celui que la terre aurait en ce point; mais il faudrait encore que la comète et la terre se trouvassent au
même instant au lieu d'intersection des deux orbites;
en sorte que la probabilité de la rencontre est si faible,
qu'on ne doit pas s'en inquiéter. Au reste, parmi les cent
vingt-huit comètes observées jusqu'à ce jour, il n'en est
aucune qui puisse rencontrer la terre.

D'une autre part, les comètes passent si rapidement près
de nous, que les effets de leur attraction ne sont point à
redouter. Il paraît que leurs masses sont d'une petitesse
extrême, et cette petitesse est généralement indiquée par
leur influence insensible sur le système planétaire. De tou-

tes les comètes observées, la première, qui parut en 1770, est celle qui a le plus approché de la terre, qui, par conséquent, aurait dû en éprouver une action sensible, si la masse de cet astre était comparable à celle de notre globe. Si les indications du calcul sont vraies, il en résulte qu'en 1767 et 1779, cet astre a traversé le système des satellites de Jupiter, et toutes ces circonstances ont eu lieu sans causer le plus léger trouble, et sans indiquer aux astronomes le moindre changement à faire dans leurs tables astronomiques. Il est donc très vraisemblable que le choc de la terre par une comète ne pourrait produire qu'une révolution locale. Nous ne voyons donc, dans tout cela, rien que de très rassurant; et c'est parcequ'on n'avait pas lu le mémoire de Lalande, que les idées qu'il énonça comme des probabilités extrêmement invraisemblables, causèrent des terreurs si extravagantes.

Quelque long que paraisse cet article, nous sommes loin, cependant, d'avoir approfondi un sujet aussi rempli de difficultés que d'intérêt. L'ordre que nous avons suivi nous dispense de donner le catalogue considérable des livres qui en ont traité, en indiquant suffisamment ceux qui méritent d'être consultés, par les noms des auteurs que nous avons été dans le cas de citer. Nous nous bornons donc à recommander ici la *Cométographie* de Pingré, pour toute recherche à faire sur les comètes antérieurement au dix-neuvième siècle.   N...T.

COMICES. (*Antiquités.*) Les comices, *comitia*, étaient à Rome les assemblées du peuple, qui avaient pour objet les affaires de l'État.

Ces assemblées étaient d'abord convoquées et dirigées ou par un des deux consuls, ou par l'*interrex*, par un préteur, un dictateur, un tribun du peuple, un décemvir, ou un édile, et plus rarement par un souverain pontife.

Les comices se tenaient pour l'élection d'un magistrat, pour quelque innovation dans les lois, pour une résolution de guerre, l'élection d'un gouverneur, la déposition d'un général , ou pour le jugement d'un citoyen. On s'assemblait dans le Champ-de-Mars , dans le Forum , à l'endroit appelé *comitium*, ou dans le Capitole.

On ne réunissait point les comices les jours de fête ou de foire , ni les jours malheureux.

Les jours *comiciaux*, au nombre de 184 , étaient marqués par un *C* dans le calendrier , et ils étaient remis quand il tonnait ou quand il faisait mauvais temps. Comme les pontifes étaient les seuls dépositaires du livre des fastes , ils pouvaient , sous prétexte de *fastes* et de *néfastes*, avancer ou reculer le jugement des affaires les plus importantes et traverser les desseins les mieux concertés des magistrats et des particuliers. Cette autorité des pontifes dura quatre cents ans ; mais un certain *Cneius Flavius* trouva le moyen de transcrire de leurs livres la partie des fastes qui concernait la jurisprudence romaine. Le peuple l'en récompensa par l'emploi d'édile curule, et les fastes furent gravés dans la place publique, sur une colonne d'airain.

On était admis dans les comices à l'âge de dix-sept ans, et on en était exclu à soixante.

La distinction des comices suivit la distribution du peuple romain en centuries, en curies et en tribus. Les centuries étaient relatives au cens, les curies à la division des quartiers de Rome, et les tribus à celle du territoire de la cité : aussi, ne comptait-on que quatre tribus urbaines, et trente-une tribus rustiques.

Il y avait plusieurs sortes de comices :

Les *comitia centuriata*, ou comices par centuries.

Les *curiata*, comices par curies.

Tributa, comices par tribus.

Consularia, où on élisait les consuls.

Ædilitia; on y élisait les édiles curules et plébéiens.

Censoria; on y élisait les censeurs.

Pontificia; le peuple n'y était réuni qu'au nombre de

dix-sept tribus choisies par le sort. On y élisait le souverain pontife, et elles furent convoquées par un pontife, jusqu'à ce que ce droit eût été transféré aux consuls par la loi *Domitia*. Les comices qu'on appelait *prætoria*, *proconsularia*, *prop.rætoria*, *quæstoria*, *tribunitia*, indiquent assez qu'on y élisait les préteurs et les propréteurs, les proconsuls, les questeurs et les tribuns.

Les autres magistrats étaient élus dans les *comices par tribus*. C'était dans ces comices que se faisaient les lois appelées *plébiscites*. Le droit de cité était accordé par un *plébiscite*, ou décret du peuple. Les comices par tribus avaient plus d'autorité réelle que les comices par centuries.

Les *Comitia calata* étaient des assemblées où l'on faisait les actes appelés *adrogations* ou *adoptions;* on y passait les testaments appelés de ce nom : *testamenta calata.*

Servius Tullius est l'auteur de l'institution qui remit entre les mains des propriétaires l'autorité principale, et qui contint la liberté dans ses véritables limites. Ce monarque avait divisé le peuple romain en six classes, composées de cent quatre-vingt-treize centuries qui eurent un suffrage égal, quoiqu'elles fussent composées d'un nombre très inégal de citoyens.

La première classe comprenait, du temps de ce roi, ceux qui possédaient au-delà de *cent mille as*, et elle embrassait, seule, quatre-vingt-dix-huit centuries. Aussi les classes inférieures ne jouissaient-elles que d'une très faible influence dans cette espèce de comices; elles n'étaient même pas consultées quand les suffrages étaient unanimes dans la première classe ; et dans les comices par centuries, la sixième classe n'était jamais appelée à voter ni à délibérer.

Après l'expulsion des rois, les consuls jugèrent les affaires civiles. Le pouvoir des consuls étant devenu excessif, on fit la loi *valérienne*, qui permit d'appeler au peuple de toutes les ordonnances qui mettraient en péril la vie d'un citoyen.

Dans la seconde conjuration pour le retour des Tarquins, on assembla pour juger les coupables le sénat et les *comices* (Denys d'Halicarnasse, liv. v, p. 322).

La création des tribuns fut suivie de l'institution des *comices par tribus*, où chaque citoyen jouit d'un suffrage égal, et qui ne tardèrent pas à rivaliser les *comices par centuries*. Les patriciens n'avaient pas même le droit de voter, dans ces comices par tribus, lorsqu'ils étaient présidés par un tribun. Cependant, avec une puissance moins apparente, ils conservèrent une supériorité d'opinion qui refluait sur les lois et sur les décrets qui en émanaient, et c'était par leurs suffrages qu'étaient élus les premiers magistrats.

Les tribuns furent créés par les plébéiens, l'an 261 de Rome, mais il ne leur était pas permis de convoquer le peuple, et ils n'étaient élus dans les *comices par curies* que sous la présidence d'un consul : ces tribuns, en 263, formèrent les *comices par tribus* et s'arrogèrent le droit, non-seulement de convoquer le peuple, mais de faire juger les sénateurs eux-mêmes dans ces *comices par tribus.*

Les tribuns poussèrent bien plus loin leurs entreprises, qui peuvent être justifiées en partie par les injustices du sénat envers les plébéiens.

C'était le sénat qui décidait quand il fallait assembler les comices par centuries, et qui préparait les matières soumises à leur décision. Lorsqu'une loi avait reçu l'approbation du sénat, elle était exposée aux regards du peuple pendant trois jours de marché, afin que les habitants des campagnes fussent instruits et du jour de la tenue des comices, et des affaires dont on devait s'y occuper.

Pour entendre les débats, le peuple se réunissait sans ordre dans le lieu désigné pour les comices. Le crieur public lisait la loi, celui qui la proposait en établissait la nécessité par un discours. La parole était ensuite accordée aux autres magistrats et quelquefois à de simples particuliers qui ne pouvaient haranguer qu'avec la permission du président de l'assemblée, mais qui parlaient avant les magistrats, afin qu'ils ne fussent point intimidés par leur autorité.

Les harangues duraient quelquefois plusieurs jours. Lorsqu'elles étaient terminées, les différentes classes du peuple prenaient le rang qui leur était assigné. On apportait au président une urne où il jetait le nom des tribus ou des centuries de la première classe, selon l'espèce de comices que l'on tenait. La première qui sortait se nommait *prærogativa;* son suffrage était d'autant plus important qu'il était ordinairement suivi de ceux des autres tribus ou centuries. Lorsque le nom de la tribu ou de la centurie *prærogativa* était proclamé, les citoyens se rendaient, pour donner leurs suffrages, dans de petits retranchements appelés *ovilia.* Quand les comices se rassemblaient ailleurs qu'au Champ-de-Mars, on formait, avec des cordes, différents espaces séparés. On sortait de chaque retranchement par une espèce de pont, à la tête duquel chaque citoyen recevait deux bulletins, et il allait mettre l'un des deux dans une corbeille à l'autre bout du pont; les gardiens comptaient alors les suffrages, et le crieur proclamait le résultat du scrutin.

Dans l'origine des comices, on donnait les suffrages de vive voix; mais depuis l'an 614 on employa les bulletins.

Il n'y avait pas de moyens que certains candidats crussent honteux pour obtenir les suffrages. Afin d'empêcher qu'on ne les influençât, Marius rendit si étroits les ponts qu'il fallait traverser pour donner son bulletin, qu'il fût impossible d'y passer deux de front. On cherchait à corrompre ceux qui donnaient les bulletins, ceux qui les recevaient, ceux qui comptaient les suffrages; on surprit plusieurs fois des citoyens, même des sénateurs, qui jetaient dans l'urne de faux bulletins.

Vers les derniers temps de la république, on envoyait de bonne heure ses partisans s'emparer de la place publique; on chassait par la violence ceux qui étaient attachés à la cause contraire; le caractère des tribuns et des consuls n'était plus respecté : on n'avait égard ni aux auspices ni à aucune opposition légale, et ce qu'on présentait comme la volonté du peuple romain, n'était que le résultat des intrigues et de l'audace d'un petit nombre de factieux.

La violence et la corruption triomphèrent; les désordres restèrent impunis, et la république n'avait plus de la liberté qu'un vain nom, quand Jules-César essaya de substituer l'autorité monarchique aux excès de l'anarchie.

C'est dans l'organisation des assemblées du peuple qu'ont échoué la plupart des législateurs; si leur influence est trop étendue, elle se change bientôt en anarchie; si elle est trop restreinte, l'aristocratie ne tarde point à se rendre oppressive; tant il est difficile d'empêcher que l'autorité publique ne devienne l'instrument des passions privées !

Les comices par centuries étaient organisés de manière à donner toute l'influence au premier ordre de l'État, et ne servaient, pour ainsi dire, qu'à légaliser sa conduite oppressive. C'est pourtant aux comices par centuries que l'empire romain dut sa grandeur. Ce furent leurs suffrages qui donnèrent à Rome cette suite de consuls, ou plutôt cette continuité de grandes vertus et de talents militaires dont les annales d'aucune nation n'offrent d'exemples. C'est des comices par centuries que sont sorties les lois les plus révérées des Romains : l'élection des magistrats inférieurs avait été abandonnée aux tribus, mais celle des consuls, des censeurs et des préteurs avait toujours été réservée aux grands comices.

Un simple citoyen ne pouvait être condamné à mort, si l'arrêt n'était approuvé des comices par centuries.

La politique avait accumulé des moyens de s'opposer aux résolutions nuisibles qui auraient été l'effet d'un mouvement d'erreur, de haine ou d'enthousiasme. L'opposition d'un augure ou d'un tribun pouvait dissoudre les comices par centuries. Il suffisait pour cela qu'un augure prétendît avoir aperçu un mauvais présage; la superstition y ajoutait beaucoup d'autres motifs; s'il y avait un orage, si le tonnerre se faisait entendre, si un hibou avait pris son vol à gauche, si quelqu'un éprouvait une attaque d'épilepsie, les comices se trouvaient interrompus.

Les comices par tribus, livrés à toute l'influence des factions, auraient eu souvent besoin d'être contenus par de semblables obstacles; mais ils étaient les seuls sur lesquels les auspices n'eussent aucun pouvoir. Il est vrai que dans les occasions importantes, et lorsque l'on avait sujet de craindre les effets de la malveillance, le sénat déclarait que ceux qui interrompraient le vote des centuries, sous le prétexte des auspices, seraient réputés ennemis de l'État, et que cette menace redoutable produisait toujours son effet.

Les comices par curies, qui devaient être populaires, ne le furent jamais qu'en apparence. Chaque citoyen avait, il est vrai, un suffrage égal dans la curie à laquelle il était attaché, et c'était le sort qui décidait seul du rang dans lequel on prenait les votes; mais aucune matière n'y était mise en délibération qu'après avoir été débattue dans le sénat, dont le consentement était également nécessaire pour donner de la validité aux élections ou aux décisions du peuple. Le magistrat qui présidait aux comices et les augures avaient le droit de rompre à chaque instant l'assemblée, par l'annonce d'un mauvais présage.

Comme tout dégénère, les prétendus comices par curies n'en furent plus sous Auguste que le simulacre. Un magistrat, assisté de trois augures, faisait semblant de prendre les suffrages de trente licteurs qui représentaient alors les trente curies. Cependant cette formalité n'était pas tout à fait vaine : elle pouvait mettre un frein à l'ambition des proconsuls.

Tous les décrets qui concernaient la guerre ne pouvaient recevoir d'exécution, s'ils n'étaient confirmés par cette espèce de comices qui étaient consacrés à consulter la volonté des Dieux, que l'on croyait révélée aux augures par les signes célestes.

Une loi *curiale* était nécessaire pour qu'un général obtînt les honneurs du triomphe, pour que le sénat pût lui accorder la permission de faire des levées et de puiser des fonds dans le trésor public.

Lorsqu'on eut créé des censeurs, ils distribuèrent arbitrairement les citoyens dans les différentes tribus, sans aucun égard pour la partie du territoire qu'ils habitaient. Les suffrages des citoyens étaient égaux dans chaque tribu ; mais il dépendait des censeurs de rendre une tribu plus ou moins nombreuse : or, toute la populace de Rome étant renfermée dans les quatre tribus urbaines, elle n'avait que quatre suffrages, tandis que les autres citoyens, qui n'étaient peut-être pas beaucoup plus nombreux, en avaient trente-un.

On décerna le titre de Grand à Fabius, pour avoir ainsi relégué la multitude indigente dans les quatre tribus urbaines; mais cette sage disposition fut changée par l'intrigue et l'ambition d'un homme qui cherchait les moyens d'influencer le peuple et d'ôter aux suffrages leur liberté. Le censeur Appius, après avoir expulsé du sénat ses membres les plus distingués et les avoir remplacés par des hommes obscurs et des fils d'affranchis, dispersa dans toutes les tribus la populace de la ville, resserrée jusqu'alors dans les quatre tribus urbaines.

En 574, les censeurs changèrent l'ordre dans la manière de rendre les suffrages. Ils divisèrent les citoyens de chaque tribu selon la qualité, la profession et le métier.

Alors le sénateur vota le premier, ensuite le chevalier, enfin tous les différents états, selon le rang qu'ils occupaient.

Le peuple romain était déjà trop nombreux lorsque les peuples de l'Italie prirent les armes pour obtenir le droit de suffrage. Après une guerre désastreuse, le sénat parut enfin céder à leurs désirs, et les relégua dans huit tribus nouvelles qui n'eurent d'abord aucune influence ; mais des factieux, qui ne craignaient pas de bouleverser la république, pourvu qu'ils y exerçassent les premiers emplois, détruisirent ces huit tribus et répandirent les nouveaux citoyens dans les trente-cinq tribus anciennes. Dès lors, les comices ne cessèrent plus de présenter l'image de l'anarchie ; les tribuns s'environnaient d'une foule de mercenaires qu'ils soulevaient contre le sénat, et la violence seule dictait les décrets du peuple.

« Quand les peuples de l'Italie, dit Montesquieu, furent devenus les citoyens de Rome, chaque ville y apporta son génie, ses intérêts particuliers et sa dépendance de quelque grand protecteur. »

Les ambitieux firent venir à Rome des villes et des nations entières pour troubler les suffrages ou se les faire donner ; les assemblées furent de véritables conjurations : on appela *comices* une troupe de quelques séditieux. L'autorité du peuple, ses lois, lui-même, devinrent des choses chimériques ; et l'anarchie fut telle, qu'on ne put plus savoir si le peuple avait fait une ordonnance, ou s'il ne l'avait point faite.

Cicéron fait voir à quel point le pouvoir du peuple était devenu illusoire, en citant dans une de ses lettres à Atticus (lib. IV, ep. 18) la convention de deux consuls avec ceux qui voulaient se faire désigner pour l'année suivante, convention d'après laquelle on devait supposer un décret qui n'existait pas, et faire croire au peuple qu'il l'avait rendu dans les comices.

Sous Auguste, l'autorité du sénat et du peuple continua d'être respectée, du moins en apparence; rien ne se faisait sans l'assentiment de ces deux puissances; mais Tibère, qui craignait les assemblées d'un peuple si nombreux, lui ôta le privilége qu'avait paru lui laisser Auguste, d'élire les magistrats : et en donnant ce privilége au sénat, qui lui était dévoué, il se le donnait à lui-même. Il exclut donc le peuple de toute espèce d'administration, et c'est à son règne qu'on peut fixer l'abolition des comices. En vain de temps en temps, le peuple chercha-t-il à ressaisir ses anciens droits; toutes ses tentatives furent vaines. Le despotisme des empereurs subsista jusqu'à la chute totale de l'empire.

Les auteurs qui ont écrit sur les comices, ou dans les ouvrages desquels on peut trouver des détails relatifs à ces assemblées, sont : Aulus-Gellius (L. XV, c. 27), Alexander Neapolitanus, Onuphrius Panvinius, Jacobus Perizonius, Vigenère sur *Tite-Live*, Carolus Sigonius, Nicolaus Gracchuius, Paulus Merula, Joan. Rosinus, Thom. Dempsterus, Joan. Scorius Zamoscius, Joan. Stadius, le P. Cantel, le chevalier de Jaucour, dans *l'Encyclopédie*; Montesquieu, dans *l'Esprit des lois* et dans la *Grandeur et la décadence des Romains*; enfin de Bugny, dans l'ouvrage intitulé : *Pollion ou le Siècle d'Auguste*, tome II, chap. 40.

D. M.

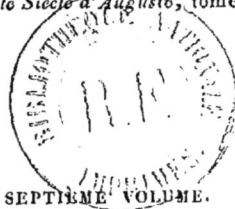

FIN DU SEPTIÈME VOLUME.